八思巴字资料与蒙古字韵

宋洪民　著

2017年·北京

图书在版编目(CIP)数据

八思巴字资料与蒙古字韵/宋洪民著. —北京:商务印书馆,2017

ISBN 978-7-100-13891-8

Ⅰ.①八… Ⅱ.①宋… Ⅲ.①八思巴字—研究 ②蒙古语—韵书 Ⅳ.①H212.2 ②H212.1

中国版本图书馆 CIP 数据核字(2017)第 101774 号

八思巴字资料与蒙古字韵

宋洪民 著

商 务 印 书 馆 出 版

(北京王府井大街 36 号 邮政编码 100710)

商 务 印 书 馆 发 行

北京市十月印刷有限公司印刷

ISBN 978-7-100-13891-8

2017 年 9 月第 1 版 开本 787×1092 1/16

2017 年 9 月北京第 1 次印刷 印张 32½

定价:98.00 元

序

宋洪民教授著《八思巴字资料与蒙古字韵》是近年来汉语语音史领域内取得的重要的成果之一。作为曾经与他一起学习和研究过（2001—2004）的相知相识，见到此专、深、精、透、博的新成果，忻喜云何！感慨云何！

八思巴字和蒙元语言研究，经过前辈学者的艰苦开拓，几代人的奋力掘进，或以照那斯图先生、杨耐思先生和宁忌浮先生取得的丰硕成果为代表，至二十一世纪的前十年，似“已当凌绝顶”，一般认为，至少是系统可说，成批可道的不很多了。2008 年被录取为中国社会科学院民族学与人类学研究所博士后的宋洪民君，在导师照那斯图先生的指导下，受照那先生“整理八思巴字汉语实际文献材料”思路的启发，立下“八思巴字汉语实际应用文献材料的全面整理与音系归纳”的宏愿。2008 年 8 月我在南昌音韵学会议上见到他们师徒二人，除了诚贺照那先生收授高徒之喜，悦其和聂鸿音先生等的伯乐胜识之外，对谈及的研究思路再攻八思巴字的构想有点诧异：从龙果夫、罗常培到晚近杨耐思、宁忌浮，相关课题资料都被这些专治汉学史、语音史、音韵学的大家搜遍，都有重要成果问世了，构想似难切入呵！

谁也没有料到，切入点就在照那先生为其选择的文献整理上。从二十世纪三十年代（洪民视此为八思巴字研究的第二历史时期的起点）以来，“学者们似乎对《蒙古字韵》关注太多，而对八思巴字译写汉语的实际应用文献（圣旨碑刻等）却从来无人进行系统整理研究”，从无人问津处切入，这就是洪民君的学术的执着、自信和历史担当。洪民君著作的原名是《元代汉语音系研究：基于八思巴字文献资料》不论是原名还是现名，皆明示可知，学术信念专注于文献，研究实践立足于文献整理，洪民君的成果，本质上是专门史、专题史文献学成果。文献整理和文献学，是清代学术的旧天地，现代早期老派学者的硬工夫，当代学子洪民君偏偏踵武于“旧学商量加邃密”，与时下之商品潮涌动路隔千万。洪民君首次对圣旨碑刻等八思巴字汉语实际应用文献进行全面整理研究，按韵重新编排，归纳其语音系统，从中得出一个真正的活的八思巴字汉语拼写语音系统。换言之亦戏言之，要是谁做个语音史实验，按洪民找到的“活系统”，用死文字八思巴字来拼写一部现代汉语文字书，也会熨帖合榫的。书中将八思巴字文献音系与元代韵书《蒙古字韵》比较，分析异同，确立后者的音系性质，乃至它在蒙元国家语言文字政策中的地位。至于原本和《蒙古字韵》有关的前修《新刊韵略》，后修《古今韵会举要》，皆可推本八思巴字旧迹，还原八思巴字存在样态；和同时代的语音史界碑著作《中原音韵》的比较，又可在宋元韵书的传统及流变、北方官音等更为广阔的学术视野中细察八思巴字的影响和作用，八思巴字文献音系成了所有这些领域的存在者自身和研究实践的本体。总之，洪民君入于八思巴字文献音系，而又出于其文献音系，走向更广阔的语音史空间，这里，比较法，科学的还原法等历史语言学方法都与具体对象研究相结合而新生魅力。总之，洪民“新知培养转深沉”的宽广视域，又让我们歆羡。这自然会让我想到我对他的一贯了解，他的颖悟睿智触处可见，他的刻苦用功默默无闻。“好学近乎智”（《中庸》），两者是一致的。刻苦加睿智，亦所谓“聪明、老实二义”，不断地驱动着他的创新潜力。近年来他围绕一个中心“八思巴字音系”推出的系列论文，正是他的内生驱动力引擎从不停息的证明。

洪民的著作分上下两篇，上篇将八思巴字文献与《蒙古字韵》作对比研究，下篇八思巴字 58 种汉语文献的系统整理与研究。上篇除绪论外分五章：首章从文献与《字韵》的异同看《字韵》，二章言《字韵》声母系统，三章言韵母系统，四章言八思巴字拼写规则，五章从《字韵》看元代语音研究。工程浩大，皇皇巨著不下五十万字。全书既立足于文献，专注于文献，就脱不了学术研究史的干系。可以说，全书有两个本体研究，一是八思巴字文献音系与《蒙古字韵》的关系的对象本体研究，一是引进历代学者研究成果，学术史本体研究。这两个本体融贯于全书，互相依存和促进，且前者是横向的，后者是纵向的。横向的就主要概念及其体现而言，纵向的就历代学者的阐说、揭橥而言，经作者的艰苦努力，横向和纵向形成综合，而非“两张皮”式的离散。在综合中，重点始终专注于第一个本体研究，而以第二个本体研究为参照点，以致全书形成“接着讲”的总格局。“综合”和“接着讲”，这本身就是对传统学术研究中必然遇到的“双本体”关系处置的创新。例如“八思巴字官印用字与《蒙古字韵》之比较”题，文中举出照那先生《元国书官印汇释序言》中的话，以八思巴字为“国书最重要的用途”，又举出罗常培、蔡美彪说官印“由中书礼部造发”，对“当时统一规定用蒙古字”起直接作用，循前贤之指点和思路，作者遂即展开他的大规模工程：对官印字作全面整理研究，将官印字全部编进统一的总字表，总字表的制订体例，即字头整体排列全部按《蒙古字韵》十五韵部进行。

又如，在《蒙古字韵》的研究中，遇到元代汉语中的特有的声母格局影、幺、鱼、喻、疑分立。该问题一直是一个难以索解的难题。文中引诸家之说如杨耐思（1984、1997）、李新魁（1986）、竺家宁（1986）、郑张尚芳（1998）、王硕荃（2002）等，认为他们的说法是“比较稳妥的”，“也确实符合事实，即声母确实会因所拼韵母洪细的不同产生音值上的差异”，特别是杨耐思先生在《汉语“影、幺、鱼、喻”的八思巴字译音》（1984）与《八思巴字汉语声类考》（1997）两篇文章中都阐述了这样的观点：这些声母在与韵母拼合上都表现出“洪、细”之分，所以必须采用音位归纳的原则，与同期的其他汉语音韵资料相结合，将影、幺，鱼、喻，合、匣分别合并，它们是八思巴字系统区别等第的一种表现手段。在时彦卓识的基础上，洪民提出了另一个独到之见：元代汉语声母“影、幺、鱼、喻、合、匣”的分立缘于八思巴字拼写系统的需要，喻三入疑就是由此而形成的特殊现象，其根源是八思巴字系统的“以声别韵”。八思巴字是一种蒙古文，它首先是用来拼写蒙古语的，它与藏语文、与蒙古文的关系更密切，适应性更强。而后才用来拼写元帝国境内的各个民族的语言（照那斯图、杨耐思 1984；杨耐思 1997）；当其功能扩大到译写一切语言包括汉语时，拼写规则不适应处显然，需据汉语的实际加以调整事属必然。洪民指出：存浊系统不允许零声母影、喻、疑等合并；牙喉音严辨四等要求影、喻、疑诸母等第不同则读音必异；汉语零声母与八思巴字符号的对应关系复杂；u类韵母假四等八思巴系统无相应韵母形式促成了以声别韵。总之，在零形式a的表达中就可以看得很清楚：诸母分立是八思巴字系统以声别韵的需要。这首先在逻辑上是能成立的，理论形态的逻辑系统的范畴在推理中获得功能意义时，范畴本身的真值性常常因逻辑语境的变化而变得内容丰富，范畴本身会获得某些鉴定和调整，以加强其真值性。十分重要的是，《蒙古字韵》声母系统格局只是个语言经验逻辑系统，无论是系统本身的构成，还是获得实践功能时，调整和改制因经验本身的丰富和多样变得不仅可能，而且必要。

应当说及的是，洪民对第二本体的研究也是下苦功的。例如聂鸿音先生（1998）据回鹘文《玄奘传》的对音资料，提出汉语的见溪疑晓匣五个声母在回鹘文中依韵母的洪细分为q-、k-两类，可以引发我们对古汉语声母颚化现象的某些思考。洪民在充分肯定聂先生成就卓识的同时，具体到八思巴字，洪民认为，八思巴字中声母分立的是古汉语的影、喻、疑、匣诸母，见溪晓却并未分立，所以八思巴字中的这几个声母的分立似乎不是导源于声母的颚化与否。正是循此前行，才发现“诸母分立是八思巴字系统以声别韵的需要”。诚然，洪民这一事关八思巴字全局的解释还需要求真研究实践的反复检验，但至少是作为研究史的一个阶段的标志性成果，是能自圆其说的。据称，洪民的这一发现是在送孩子上学的路上悟出的，《庄子・达生》“用志不分，乃凝于神”，中国的学问用中国特有的思维方式“悟”而知之，不亦可乎！

藏文产生于公元七世纪，使用至今，脱胎于藏文（照那先生说）的八思巴字颁行于1269年，使用了八十多年告结（1352年）。韩国的谚文产生于15世纪李氏朝鲜王朝时期，此前鲜族人（即韩族人，“韩”匣元、“鲜”心元二字上古汉语都是元部字，且声母一为匣纽，一为心纽，心、匣二纽古通，上古匣纽字“慧惠”从心，心纽字“邃”从匣纽字“穴”）一直使用汉字记录他们的语言。日本的平假名公元九世纪已经形成，片假名在平安朝时代（794—1185）为训读而产生，但一直到十八世纪后半期的明治维新时代才定下来。谚文、假名的使用也不是一帆风顺的，甚至可以说是艰难曲折的，日语汉字今天还在广泛使用，韩国的有识之士仍主张重要文献要用汉字书写。用汉字书写安南（越南）语，起于汉代，成于宋代，宋以后逐渐改革成喃字，但直至今天那里仍有人主张要完全恢复使用汉字。八思巴字是当年蒙元人以政治强势、文化弱势对付文化强势、政治无势者的。汉字文化圈内的谚文、假名、喃字的产生都是力图以政治弱势、文化弱势抗衡政治强势、文化强势者的。文化的抗衡，认同，融合、创新，乃至成功和失败等，是个极其复杂问题。洪民的著作，从学术性、科学性言八思巴字语言文字天地，攻坚克难，深邃博奥，弥足珍贵，对八思巴字在文化学上的价值性，是否也能给我们些许启发呢？这是需要另行认真思考的。文化学上的价值评判也是个重要的课题，但这显然已在洪民课题的视域之外。

我本人于八思巴字胸无点墨，洪民君将学习和欣赏其大著的机会先期相赠，十分感念。为不辞信托，不负期待，写下了以上感言，以求教于学界和洪民君本人。

李开

2015 年 6 月于澳门科技大学

一、圣旨

1. 龙门神禹庙圣旨碑，至元十二年（1275）二月　日，元世祖（以下各份材料中当时在位皇帝从略），陕西韩城。图：罗常培、蔡美彪《八思巴字与元代汉语》增订本（以下省称罗、蔡“增”），页35图版四。另，胡海帆《北京大学图书馆藏八思巴字碑拓目录并序》1（以下省称“胡”）。照那斯图师所赠国家图书馆藏拓片（各地1366）少碑额，罗、蔡“增”所录图片碑额两侧无字部分为空白。最终高树伟君协助采用了最完整的台湾“中研院”历史语言研究所所藏拓片。

上左半部

2. 重阳万寿宫圣旨碑，至元十七年（1280）正月　日，陕西户县。图：罗、蔡“增”页36图五。胡4。图片采自罗、蔡“增”。

3. 儒学免役圣旨碑，至元二十五年（1288），浙江会稽。罗、蔡“增”页 61 图三十。胡 6。

罗、蔡“增”所录图片无碑额，台湾“中研院”历史语言研究所所藏拓片碑额两侧无字部分为空白，无图案，照那斯图师所赠国家图书馆藏拓片（各 6211）最为完整，今采用之。

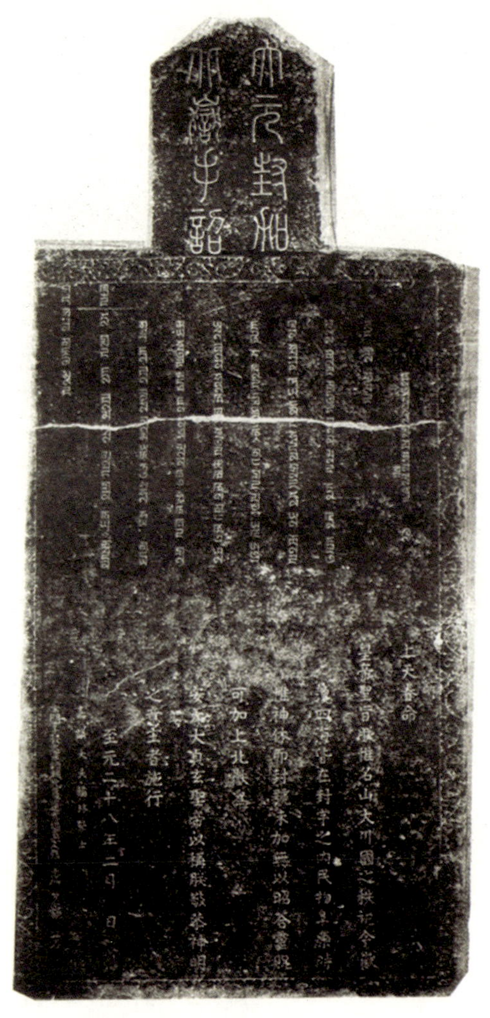

4. 加封北岳庙圣旨碑，至元二十八年（1291）二月　日，河北曲阳。罗、蔡“增”页 37 图六。胡 9。采自《中国金石综录》。

5. 文宣王庙圣旨碑，至元三十一年（1294）七月　日。罗、蔡“增”页 39 图八。胡编目 14。

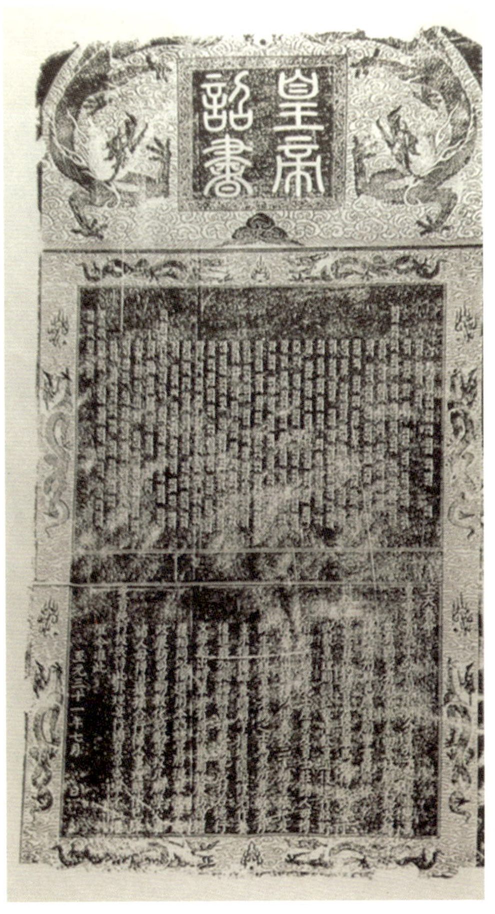

6. 孔子庙学圣旨碑，至元三十一年（1294）七月　日，浙江会稽。罗、蔡“增”页 38 图七。国家图书馆编目为各地 5244，又各地 5728。胡 13。采自国图。

7. 孔子庙学圣旨碑，至元三十一年（1294）七月　日，江苏松江。罗、蔡“增”页59图二十八。国图“皇帝诏书碑”5728。北京大学图书馆25515a。与上碑（6. 孔子庙学圣旨碑）文字相同。采自罗、蔡“增”。

8. 东平学圣旨碑，至元三十一年（1294）七月　日，山东东平。罗、蔡“增”页58图二十七。胡14。采自罗、蔡“增”。

9. 齐圣广祐王庙碑，元贞元年（1295）二月，河北磁县。罗、蔡“增”40页下附注：原碑剥蚀过多，不能制版。胡26。中国社会科学院民族所胡鸿雁老师提供。

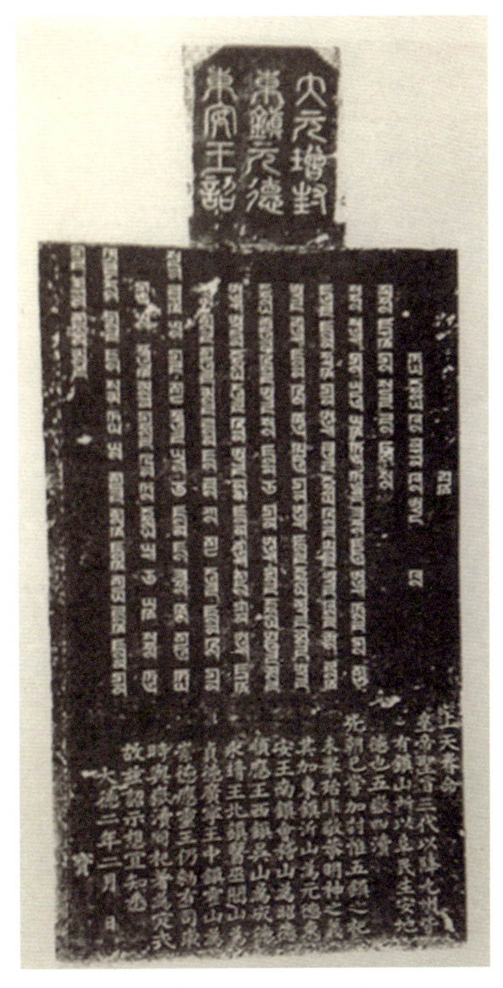

10. 加封东安王圣旨碑，大德二年（1298）二月　日，山东临朐。罗、蔡“增”页60图二十九。胡15。采自罗、蔡“增”。

11. 加封孔子制诏，大德十一年（1307）七月　日，河南原武。罗、蔡“增”页 40 图九。胡 32。采自罗、蔡“增”。

12. 加封孔子制诏，大德十一年（1307）九月　日，河北定州。罗、蔡“增”页 42 图十一。胡 22。高树伟君协助采用台湾“中研院”历史语言研究所藏拓。

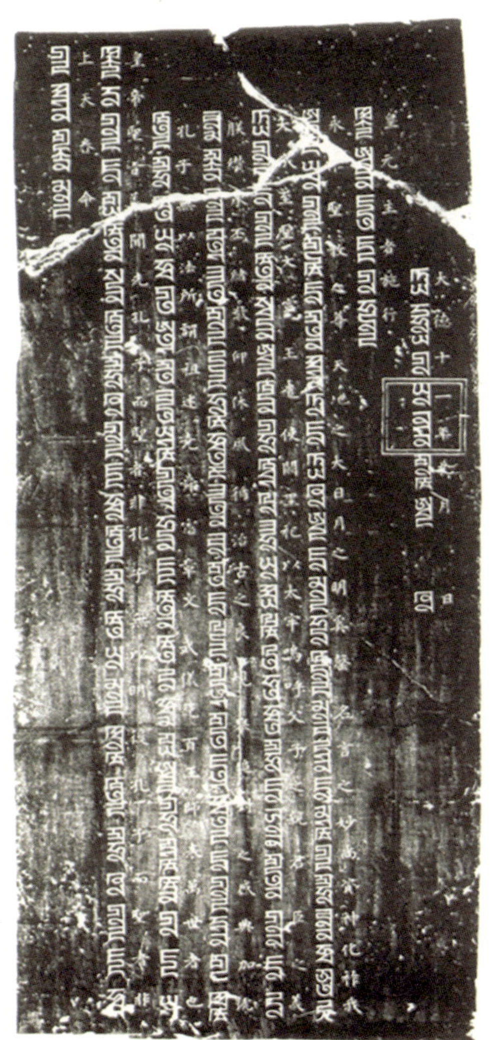

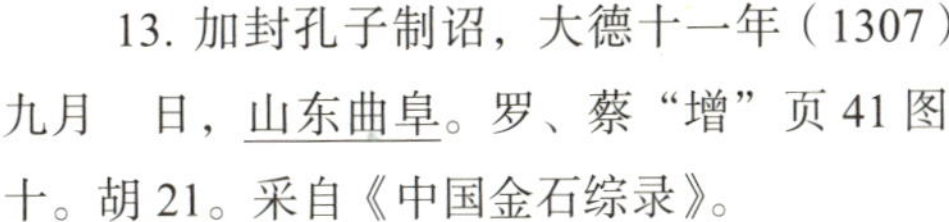

13. 加封孔子制诏，大德十一年（1307）九月　日，山东曲阜。罗、蔡“增”页41图十。胡21。采自《中国金石综录》。

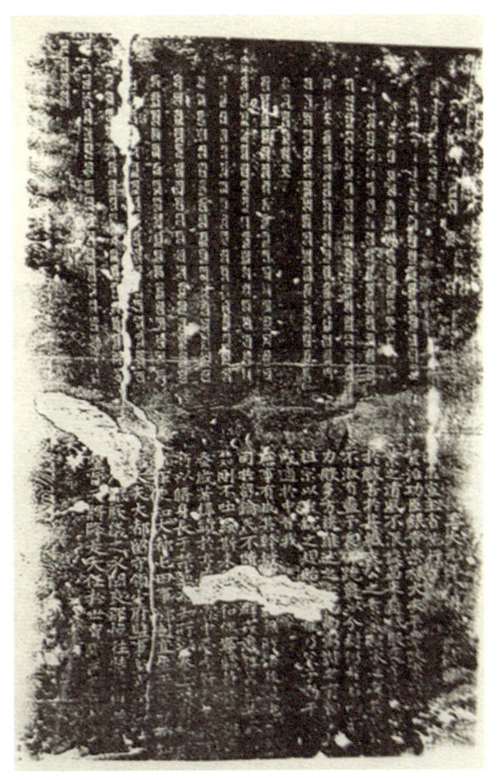

14. 特赠郑制宜制诰，至大元年（1308）月　日，山西阳城。罗、蔡“增”页43图十二。胡25。采自罗、蔡“增”。

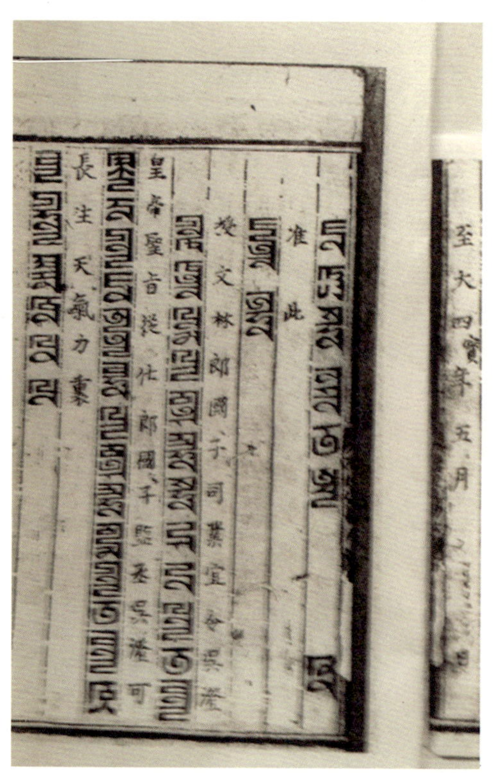

15. 授吴澄文林郎国子司业，至大四年（1311）五月　日，刻本，见于《临川吴文正公草庐先生集》，明永乐四年，1406年（以下与此出处相同者，省称“《临川》，永四”。）。初据神田喜一郎著《东洋学文献丛说》（1969年3月东京二玄社）73-109页“八思巴文字的新资料”所提供图片，后采李治安文《元吴澄八思巴字宣敕文书初探》（载《元史论丛》第十四辑，天津古籍出版社2014）所附图片（复制自日本东京宫内厅书陵部所藏明刻百卷本《临川吴文正公集》）。

16. 特赠郑鼎制诰，皇庆元年（1312）三月　日，山西阳城。罗、蔡“增”页44图十三。胡29。

17. 重阳万寿宫授孙德彧圣旨碑，皇庆二年（1313）九月　日，陕西户县。罗、蔡“增”页45图十四。胡39。

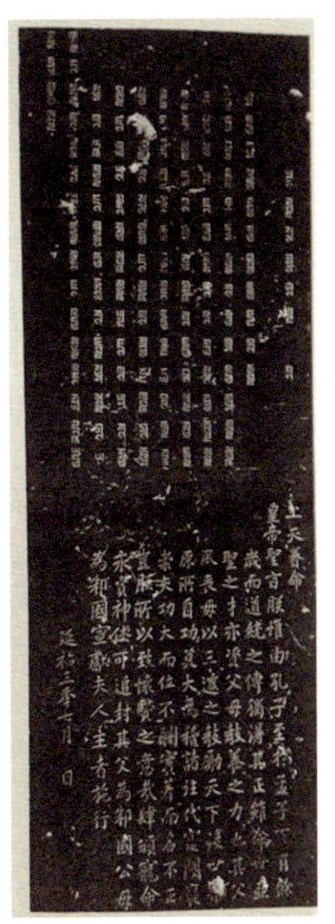

18. 加封孟子父母制，延祐三年（1316）七月　日，山东邹县。罗、蔡“增”页46图版十五。胡38。

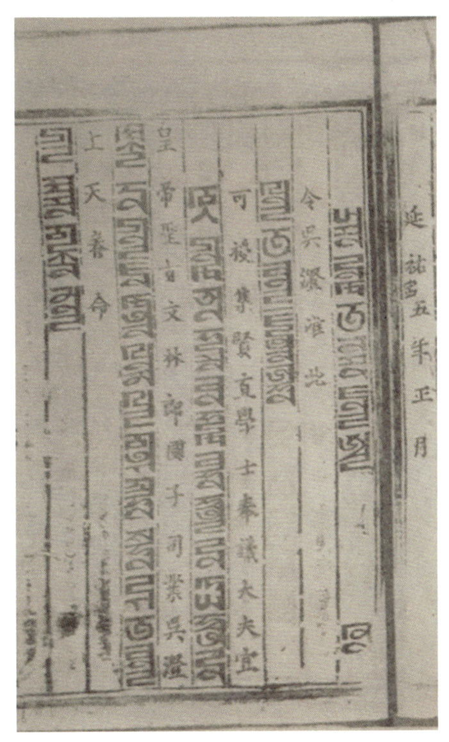

19. 授吴澄集贤直学士奉议大夫，延祐五年（1318）正月　日，刻本，《临川》，永四。初据神田喜一郎1969，后采李治安2014。

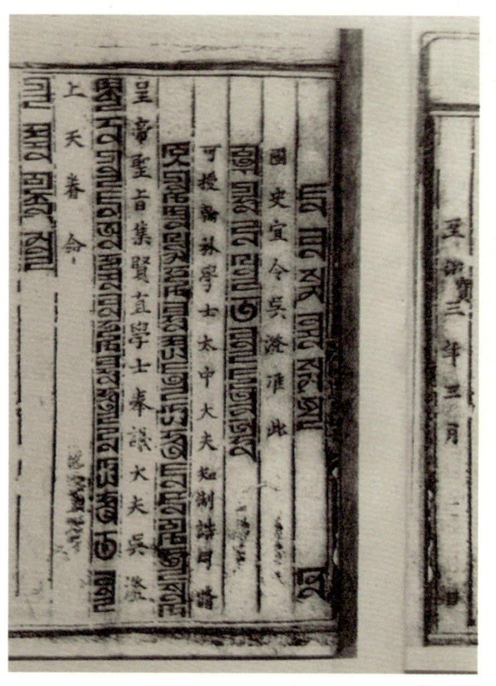

20. 授吴澄翰林学士太忠大夫知制诰，至治三年（1323）三月　日，刻本，《临川》，永四。初据神田喜一郎 1969，后采李治安 2014。

21. 赠吴澄父亲枢左丞上护军制诰，泰定二年（1325）正月　日，刻本，《临川》，永四。初据神田喜一郎 1969，后采李治安 2014。

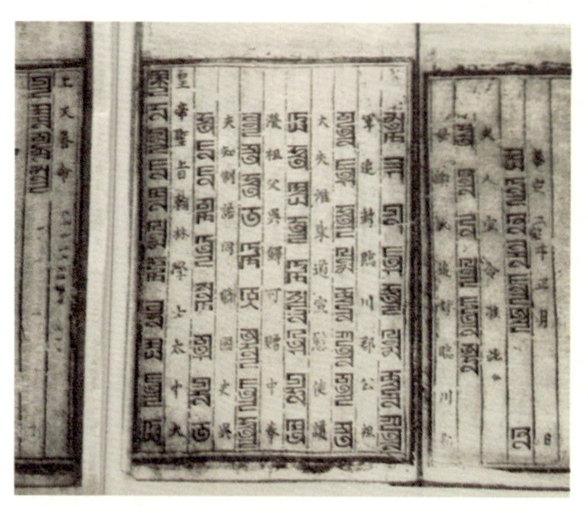

22. 赠吴澄祖父吴铎宣慰使护军制诰，泰定二年（1325）正月　日，刻本，《临川》，永四。初据神田喜一郎 1969，后采李治安 2014。

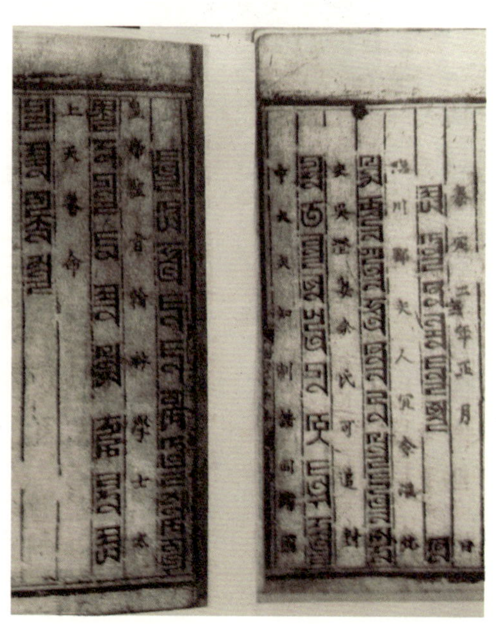

23. 追封吴澄妻余氏临川郡夫人制诰，泰定二年（1325）正月　日，刻本，《临川》，永四。初据神田喜一郎 1969，后采李治安 2014。

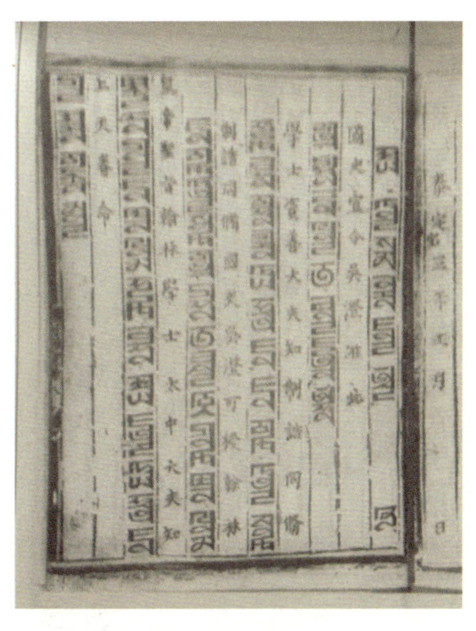

24. 授吴澄翰林学士资善大夫制诰，泰定三年（1326）正月　日，刻本，《临川》，永四。初据神田喜一郎 1969，后采李治安 2014。

左半部

25. 加封兖国复圣公制词，至顺二年（1331）九月　日，山东曲阜。罗、蔡“增”页 48 图十七左半部。胡 51。

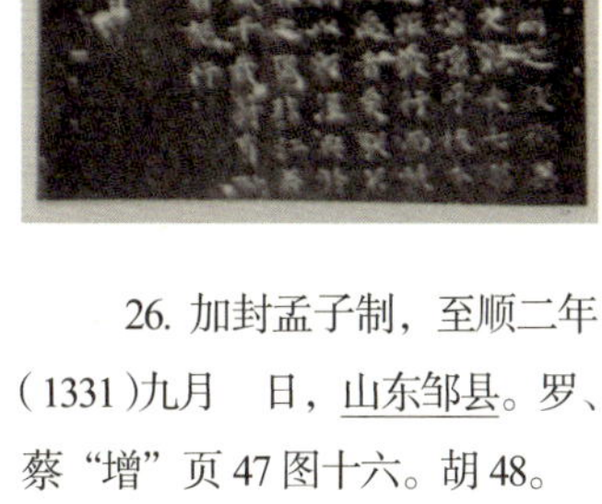

26. 加封孟子制，至顺二年（1331）九月　日，山东邹县。罗、蔡“增”页 47 图十六。胡 48。

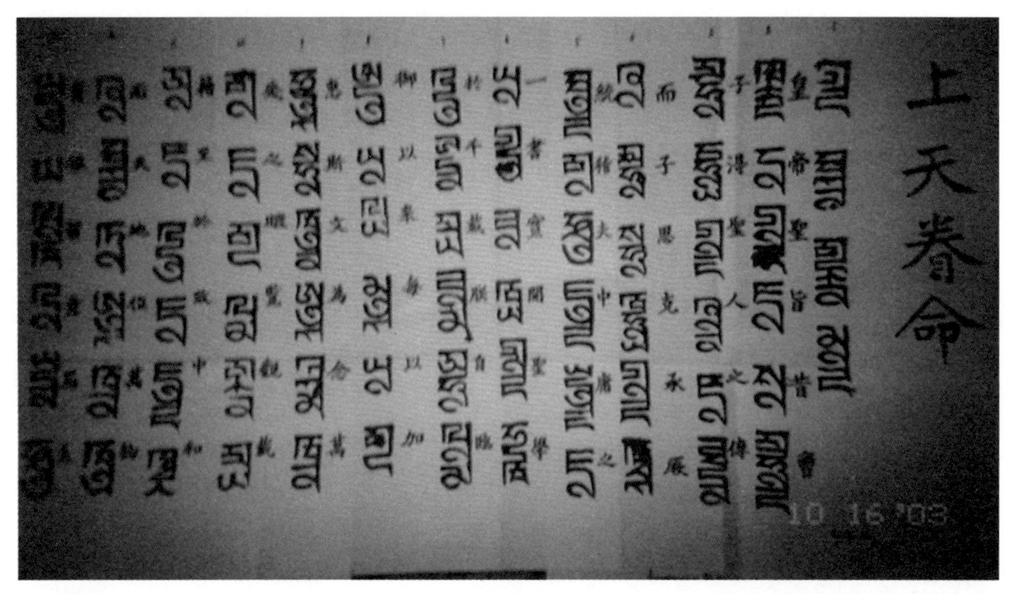

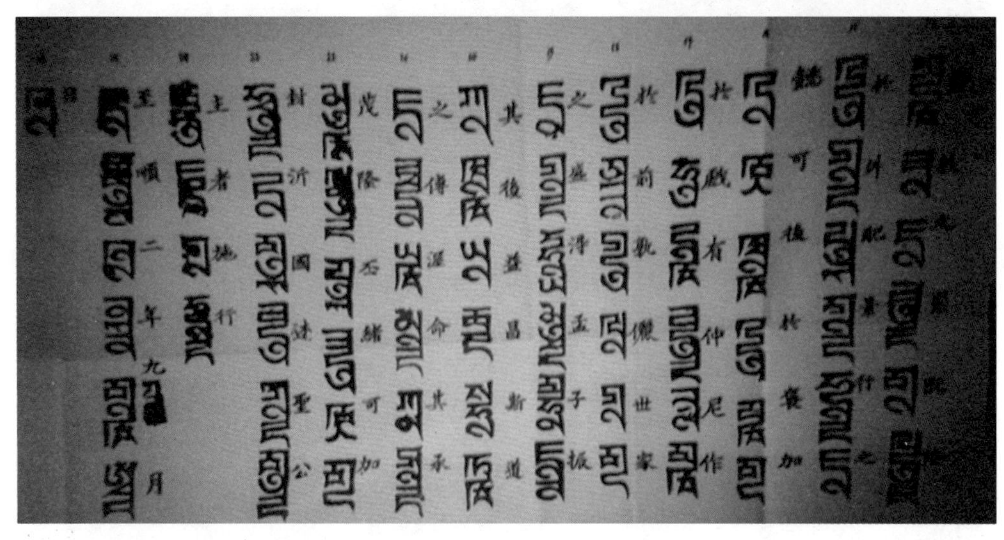

27. 加封孟子沂国述圣公制抄件写本，至顺二年（1331）九月　日，文献，俄国人波兹季涅耶夫刊布于《蒙古文献学讲义》，1897。照那斯图师提供照片。

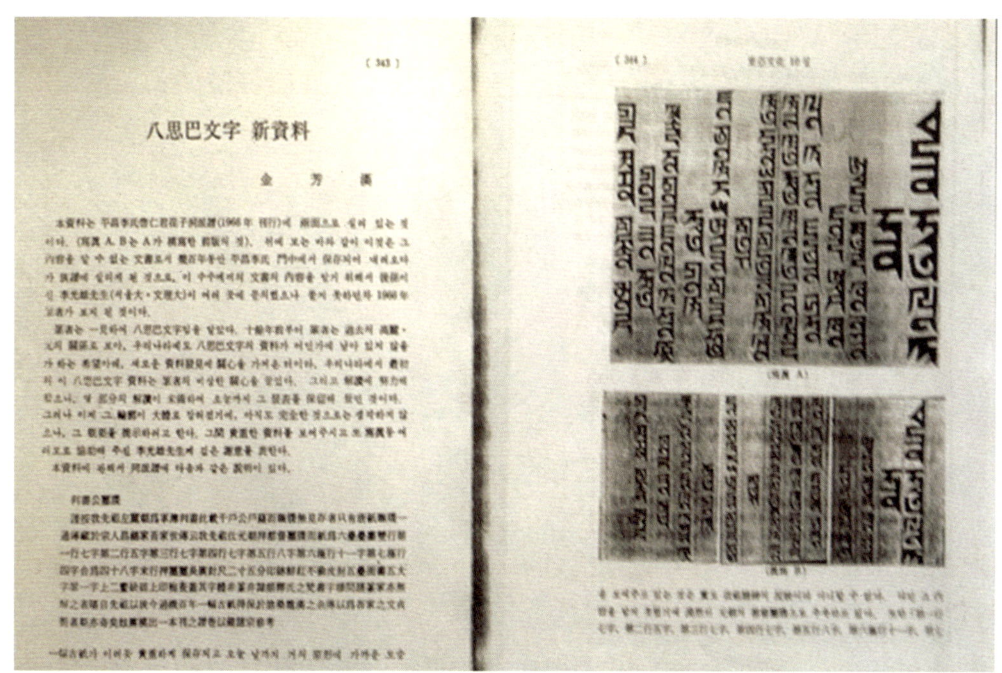

〔343〕

八思巴文字 新資料

金 芳 漢

28. 宣付李达汉承袭高丽万户圣旨抄件刻本，元统二年（1334）正月　日，刊布于韩国《平昌李氏启仁君茌子洞派谱》。

图片采自〔韩国〕金芳汉《八思巴文字新资料》(韩文),《东亚文化》第一辑（1981）。照那斯图师复制自澳大利亚大学图书馆（1984.5.11）。

29. 追封兖国夫人制词，元统三年（1335）五月　日，山东曲阜。罗、蔡“增”页48图十七右半部。胡51。采自罗、蔡“增”。

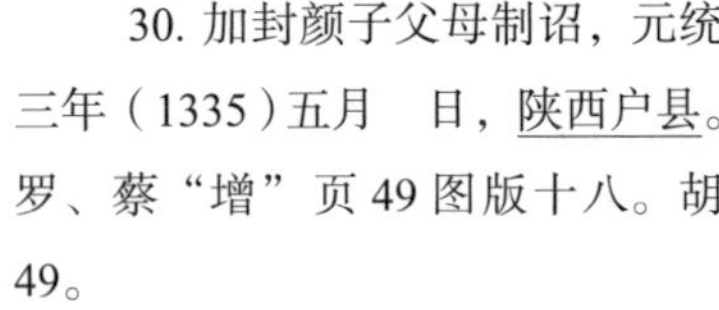

30. 加封颜子父母制诏，元统三年（1335）五月　日，陕西户县。罗、蔡“增”页49图版十八。胡49。

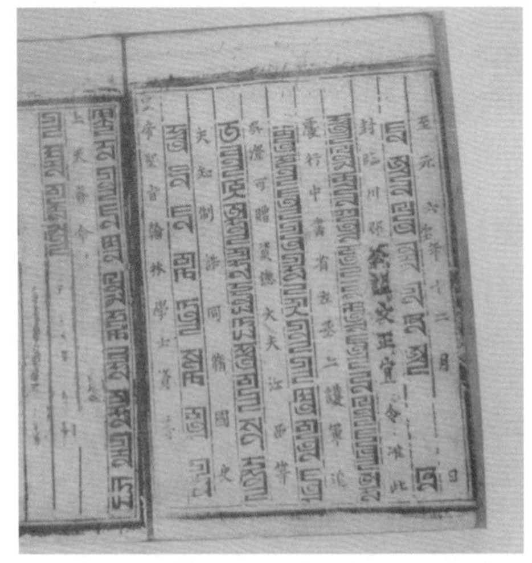

31. 赠吴澄左丞上护军制诰，后至元六年（1340）十二月　日，刻本，《临川》，永四。初据神田喜一郎1969，后采李治安2014。

32. 重阳万寿宫宣付焦德润圣旨碑，至正十八年（1358）八月　日，陕西户县。罗、蔡“增”页 50 图十九。胡 62。

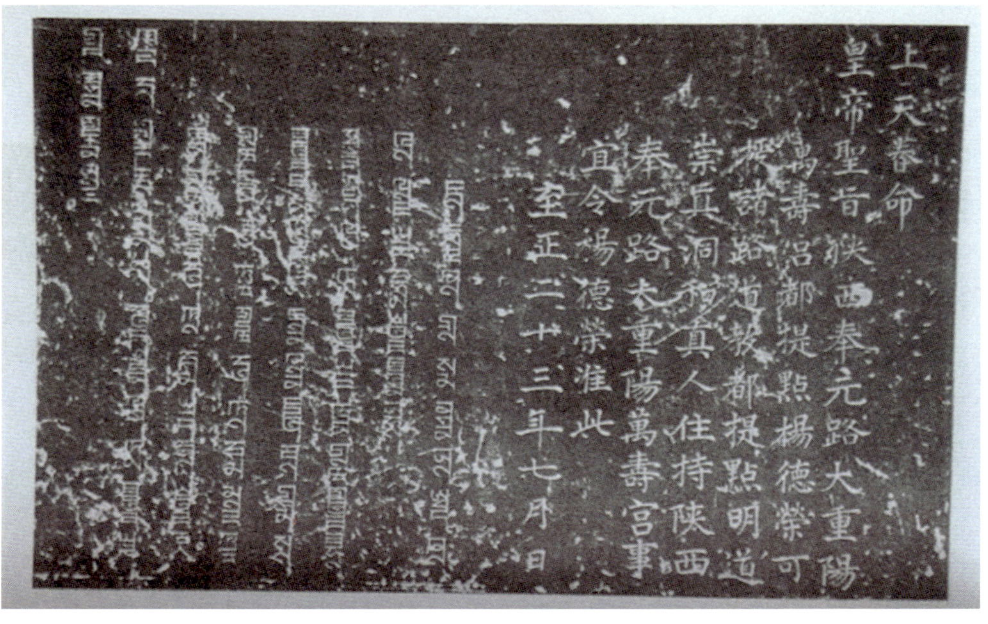

33. 重阳万寿宫授杨德荣圣旨碑，至正二十三年（1363），陕西户县。罗、蔡“增”页 51 图版二十。胡 63。

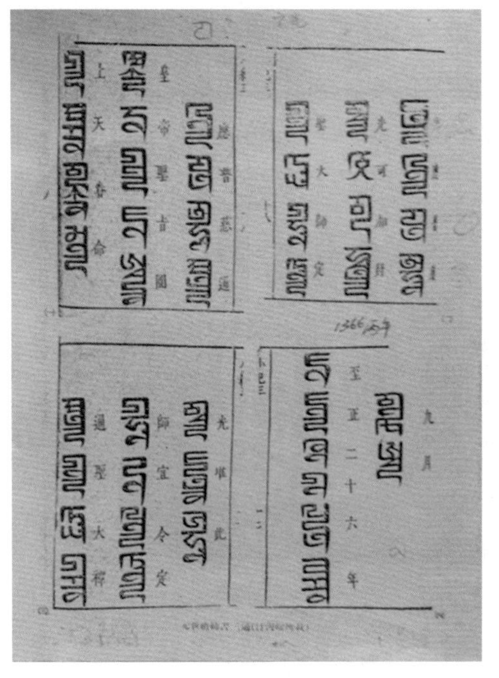

34. 加封定光圣旨抄件刻本，至正二十六年（1366）九月　日，见于明张之焕诗集《汗漫吟》附录“禅院小纪”。

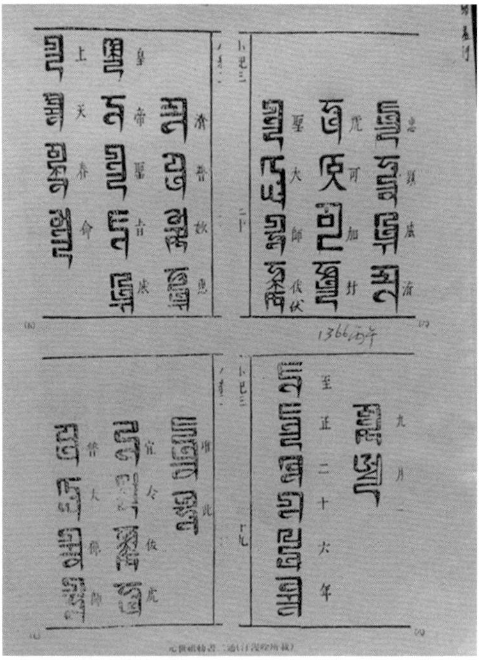

35. 加封伏虎圣旨抄件刻本，至正二十六年（1366）九月　日，出处同 34。

二、令旨

右半部

36. 皇子安西王付李道谦令旨，至元十四年（1277）六月　日，陕西户县。罗、蔡“增”页 36 图五右半部。胡 4。

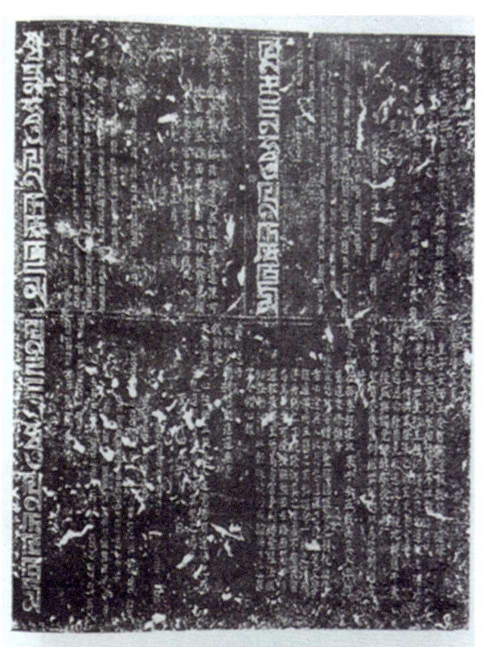

左下部

37. 阿难答秦王付李道谦令旨，至元二十年（1283）十一月　日，陕西户县。罗、蔡“增”页 36 图五左下部，无汉字。胡 4。

三、皇太后玉册

38. 元加上皇太后尊号玉册，无年款，文献（拓本）曾影刊于《艺林月刊》第七十六期（1936.4），蔡美彪《八思巴字玉册两种译释》（《考古》1994 年 10 期）。有完整摹本，又收入蔡美彪《八思巴字碑刻文物集释》（中国社会科学出版社 2011 年版）。图片采自后者。

四、中书省牒

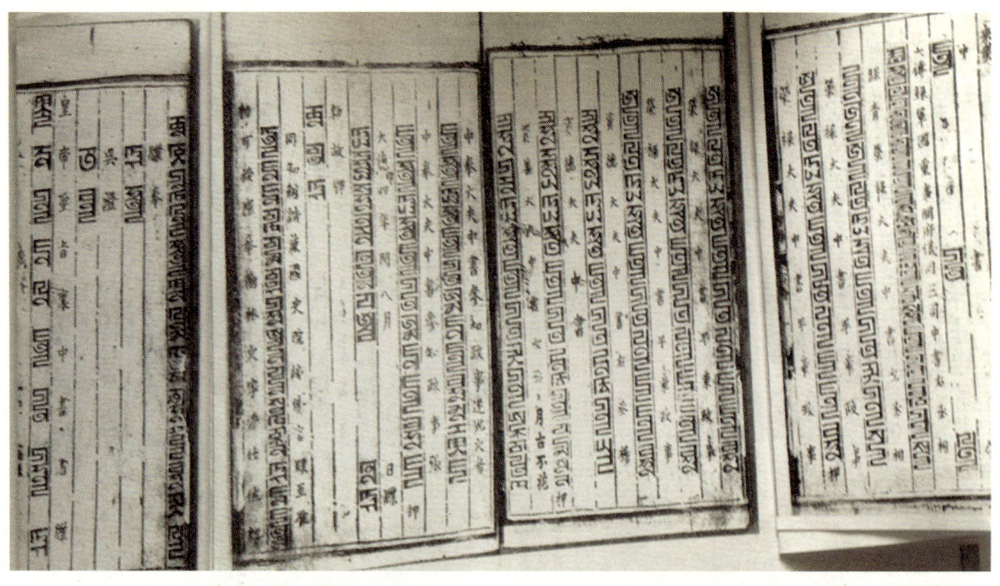

39. 授吴澄应奉翰林文字将仕佐郎同知制诰兼国史院编修官，大德四年（1300）闰八月，刻本，《临川》，永四。初据神田喜一郎 1969，后采李治安 2014。

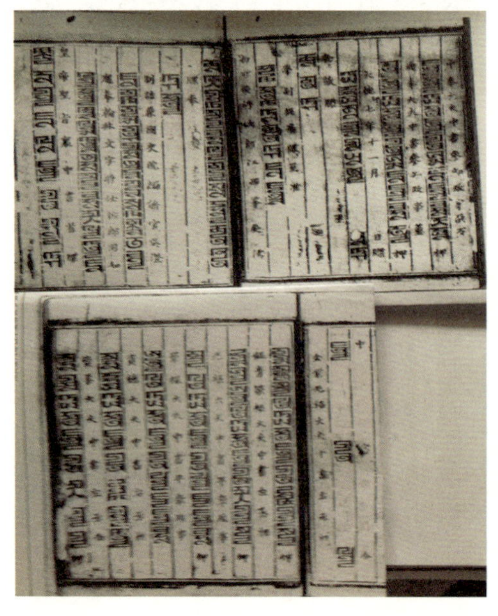

40. 授吴澄将仕郎江西等处儒学副提举，大德七年（1203）十一月　日，刻本，《临川》，永四。初据神田喜一郎 1969，后采李治安 2014。

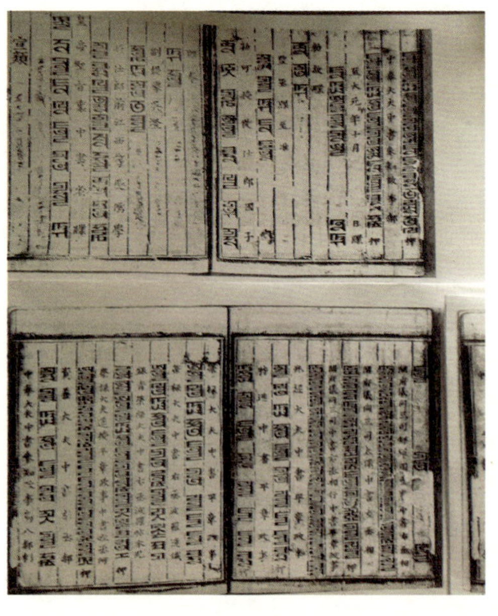

41. 授吴澄从仕郎国子监丞，至大元年（1308）十月　日，刻本，《临川》，永四。初据神田喜一郎 1969，后采李治安 2014。

五、碑额

42. 只必帖木儿大王令旨，牛儿年（1277）十月初六日，陕西户县。正文回鹘式蒙古文，额八思巴字写汉语（《民族语文》1998 年 2 期道布、照那斯图、刘兆鹤《回鹘式蒙古文碑铭只必贴木儿大王令旨再释读》）。

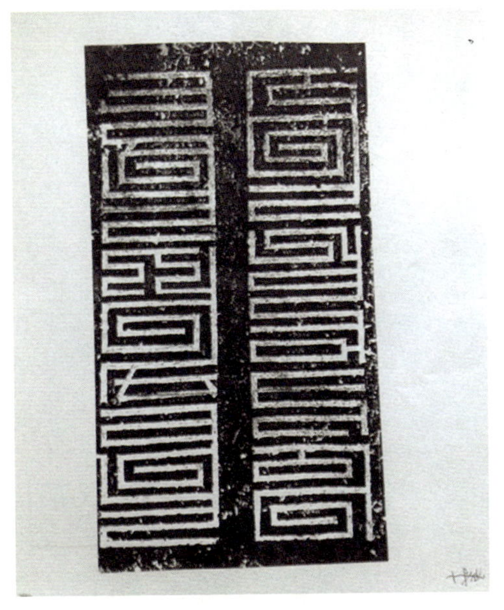

43. 重修崇庆院之记，八思巴字篆书，至元二十六年（1289）八月十五日（立石），正文汉字正书，河南新乡。罗、蔡“增”页 52 图二十一。胡 8。

44. 中山府儒学圣旨碑碑额，至元三十一年（1294）七月　日，河北定县。罗、蔡“增”页 53 图版二十二。胡 12。

45. 刘义神道碑碑额，大德四年（1300）二月十四日（立石），山西左权。罗、蔡“增”页54图版二十三。胡18。

46. 加封孔子制诏碑碑额，大德十一年（1307）月　日，江苏无锡。罗、蔡“增”页55图二十四。胡24。

47. 重修伏羲圣祖庙记，至大三年（1310）正月，山东泰安。胡 27。中国社科院民族所胡鸿雁老师提供。

48. 傅岩庙碑碑额，延祐元年（1314）四月八日，山西平陆。国图各地 6338。

49. 张氏先茔碑，元统三年（1335）正月。内蒙古赤峰。胡 50。

50. 云南王藏经碑，后至元六年（1340），云南昆明筇竹寺。正文回鹘式蒙古文，额八思巴字汉语（楷书）：“云南王藏经碑”。（包祥《一三四〇年昆明蒙文碑铭再释读》，《民族语文》1980 年 4 期）

51. 灵济昭祐显圣王庙记，至正十年（1350）八月十六日（立石），河南孟县。胡 59。

52. 宝昌州创建接官厅记，至正十六年（1356），内蒙古太仆寺旗。胡 60。中国社科院民族所胡鸿雁老师提供。

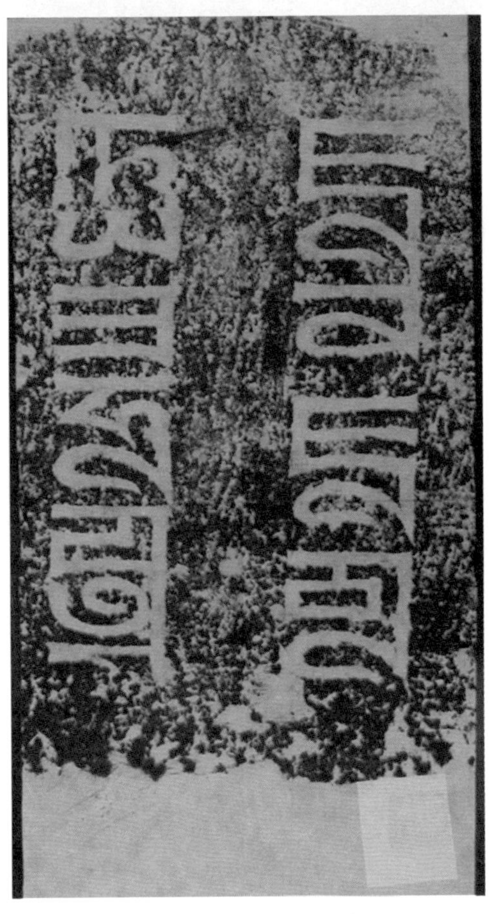

53. 代祀北镇记，无年款，辽宁北镇。胡 65。中国社科院民族所胡鸿雁老师提供。

六、年款

54. 付范士贵执照，至元二十七年（1290）十二月初七日。江淮等处行中书省颁文。江苏吴县。胡目，其他八思巴字碑刻5。采自国图（顾专1033。顾千里、瞿镛藏拓）。

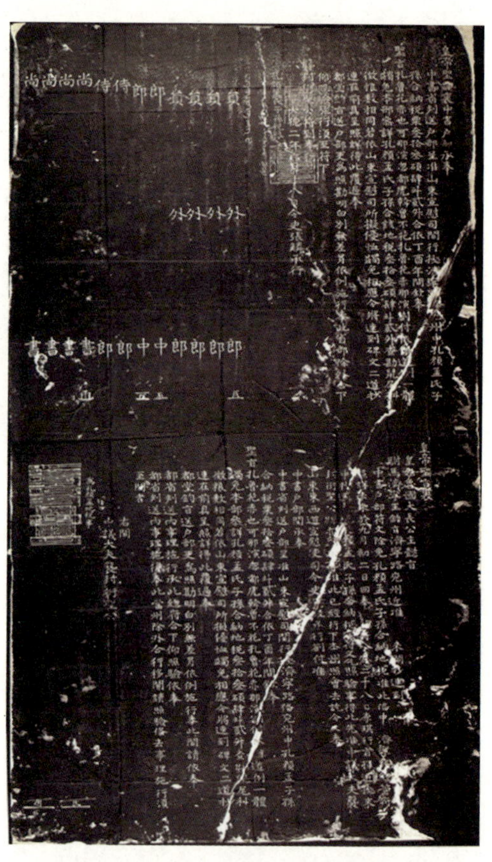

55. 免税粮符文碑，大德二年（1298）九月初二日，山东曲阜。胡16。高树伟君协助采自北京大学图书馆。

56. 衍圣公给俸牒，大德四年（1300）九月二十八日，翰林国史院颁文。山东曲阜。胡 19。高树伟君协助采自北京大学图书馆。

图一　洋山砂岸复业公据八思巴字部分

57. 庆元儒学洋山砂岸复业公据碑，延祐二年（1315）五月，庆元路达鲁花赤总管府所颁公据，浙江宁波。照那斯图、罗·乌兰《释“庆元儒学洋山砂岸复业公据”中的八思巴文》（《文物》2008 年第 8 期页 74-76）。

58. 善选法师传戒碑，至正二十四年（1364）九月，北京护国寺。胡 64。采自洪金富《元朝怯薛轮值史料考释》，载台湾《中央研究院历史语言研究所集刊》74 本 2 分（2003 年）。

目　　录

上篇

下篇

上篇

绪论

一　八思巴字及其文献的研究历史与现状

1.1 八思巴字的早期研究阶段

八思巴字是元世祖忽必烈特命国师八思巴创制的一种拼音文字，当时作为国书推行和使用，用来“译写一切文字”，在有元一代及后来的北元时期大约通行使用了一百一十年的时间，所以留下了大量八思巴字文献资料。迄今为止，已经发现的就有八思巴字元代官厅文件或元代碑刻、印章、牌符、钱钞等多种文物，以及《萨迦格言》蒙译本残页、《蒙古字韵》、《百家姓》等文献。就所拼写的语言对象而言，有蒙古语、汉语、藏语、梵语、维吾尔语等。这些文物和文献不仅记录了当时好几个民族的语言，而且反映了当时的社会政治、经济、文化、地理、宗教和典章制度等方面的一些情况，成为语言学、历史学、民族学、考古学、宗教学等学科的极为可贵的资料。

但八思巴字随着元朝的灭亡而逐渐被废弃，成了一种死文字。八思巴字被废弃以后，明、清两代，很少有人对它进行研究，国内只有少数金石家，收集一些八思巴字文物拓本，加以摹写，以备博览。如明赵崡《石墨镌华》（1618）录入了一份陕西周至“重阳万寿宫圣旨碑”八思巴字全文。但他不识八思巴字，抄录时依汉文行款自右至左，刚好与八思巴字行款相反。清《西清古鉴》也辑录了一些。近代罗振玉《历史符牌图录》、《隋唐以来官印集存》、罗福颐《东北古印》、金毓黻《东北古印钩沉》都有收辑。也有人传抄八思巴字文献，如贞节堂袁氏钞《译语》一卷，清乾隆间（1736—1795）传抄的朱宗文校订的《蒙古字韵》二卷。这些八思巴字文物的辑录和文献的传抄，对于流传、介绍、保存八思巴字资料起了很好的作用，但它本身毕竟还不能算是研究。（杨耐思、照那斯图 1981，又见照那斯图 1991，页 59）

西方人对八思巴字的关注始于十九世纪三十年代，最先德国人贾柏莲（H. C. von der Gabelentz）从赵崡《石墨镌华》摘录出“重阳万寿宫圣旨碑”（按，此碑刻今天学界称为《普颜笃皇帝虎年圣旨（3）》)的八思巴字，公之于世，题为《一个古代蒙古碑文的研究》（发表于《东方艺术杂志》第 2 卷第 1 期，1839）。1855 年，在上海发现了一个八思巴字碑刻，有人把它的拓本寄往伦敦，缩影后发表在《皇家亚洲学会中国部事务汇报》（Transactions of the China Branch of the Royal Asiatic Society，Part 5，1855）上，这是八思巴字拓本第一次传入欧洲，也是欧洲第一次看到八思巴字的真迹。1857 年，涅兹切（M. Netscher）在爪哇泗水发现了镌有八思巴字的蒙古语钱币，朴节（G. Pauthier）撰写了题为《关于泗水发现的两个铜币的报告》（载《亚洲学报》第 5 卷第 15 期，1860 年)的文章，对此作了报导和研究。1862 年，朴节又撰写了题为《八思巴蒙古字字母表》（载《亚洲学报》第 5 卷第 19 期，1862 年）的文章，进一步探讨了汉语的八思巴字铭文问题，并且研究了汉文文献里八思巴字正字法，还率先把《元史》里的“八思巴传”以及《书史会要》里有关八思巴字的章节翻译成法文，然后通过藏文、梵文、蒙古文字母的对照，构拟出每一个八思巴字母的音值。另一方面，他也开了八思巴字与汉语音韵学研究相结合的先河，他关于入声韵尾消失的解释，跟西方学者关于近代汉语语音的早期论述十分相似。

在西方引起更大反响的是维利（A. Wylie）对居庸关六体石刻的报道（题为《中国北方居庸关古代佛经石刻》，载《英国皇家亚洲学会杂志》第 5 卷第 1 期，1870 年）。于是在 1894 年，西方学者便开始撰文释读探讨不同的文种的石刻内容，其中八思巴字是由沙畹（E. Chavannes）释读的（见《居庸关石刻》“第一部分，汉文和蒙古文石刻”，载《亚洲学报》第 9 卷第 4 期，1894 年）。而后，有些西方学者又对当时已经知道的八思巴字文献进行了整理、汇刊。有的学者如柯劳孙（G. L. M. Clauson）和约瑟特克（S. Yoshitake）、伯希和（P. Pelliot）等则利用现有资料对八思巴字进行了初步研究。俄国人波兹德涅耶夫[①]1897年出版了《蒙古文献学讲义》，书中讨论了八思巴字问题并第一次刊布了八思巴字文献《百家姓蒙古文》。另外，日本人寺本婉雅发表了《帕克巴喇嘛的新蒙古文字》（载《佛教文学》第1卷第11期和第2卷第2期，1912年）、鸳渊一发表了《用八思巴字转写的中原音韵中的汉字音》（载小川博士还历纪念，《史学地理学丛书》，页601—641，1930年）。

上述自十九世纪三十年代到二十世纪三十年代，可称为八思巴字研究的早期阶段。这一阶段的特点是收集、整理八思巴字资料，进行初步解读。该时期得到的材料较少，研究工作因此而受到了一些限制，就不够全面和系统。

1.2 八思巴字的系统研究阶段

而真正使八思巴字的研究实现系统化从而将其推向一个全新阶段的当首推龙果夫和波普（一译鲍培或尼・鲍培），龙氏代表了当时在拼写汉语资料方面八思巴字的研究水平，波普则代表了当时在拼写蒙古语资料方面八思巴字的研究水平，同时也在八思巴字正字法方面做了有益的探讨。这二人可称作是八思巴字研究史上的双璧。正因为有了这二位的引领，后来的继起者就不乏其人了，形成了一支蔚为壮观的研究队伍。总体上来，无论是龙、波二氏还是后来的追随者，其研究主要集中在以下两个方面：八思巴字文字体系一般理论的研究；八思巴字与汉语音韵学研究。

1.2.1 八思巴字理论体系的建构

先看八思巴字文字体系一般理论的研究。这方面主要的代表人物是波普（一译尼・鲍培），但我们不应忘记，在八思巴字研究的早期阶段还有一位朴节，他对八思巴字正字法进行了初步研究，还首次从文献中引证了相关资料（见上文）。鲍培则是承前启后的重要学者，继之而起的则是照那斯图，他们都在八思巴字的文字类型与文字性质等方面进行了有益的探索，做出了巨大的贡献。波普在其专著《方体字》中利用当时所见八思巴字拼写蒙古语的资料提出了八思巴字字母表，解

---

① “波兹德涅耶夫”，俄国学者。中国著作中有不同译法，如乌兰《元朝秘史》校勘本（2012）“前言”页22作“波兹德涅耶夫”，而孙伯君《西夏新译佛经陀罗尼的对音研究》（2010）页41作“波斯季涅耶夫”。

释了八思巴字拼写法，描写了元代蒙古语的语音系统和语法形式，整理了词表，而且对资料所涉及的有关问题作了详细的考证和论述。波普的这本书是八思巴字研究的代表作，对八思巴字本身的体系，第一次作了较全面、系统的说明，对于人们学习、了解、研究八思巴字提供了一部完整的参考书。

照那斯图在鲍培的基础上建立了自己的理论体系，对后者的观点有不少的修正和补充完善。照那先生对八思巴字字母的来源、字母表的组成、八思巴字的文字类型、字母的构成要素等都进行了深入讨论，同时也对鲍培的一些看法进行了纠正。1980 年，先生发表了一篇全面探讨八思巴字系统问题的理论文章《论八思巴字》(《民族语文》1980 年 1 期)。文中首次提出了八思巴字字母表的“原字母表”和“总字母表”的新概念，并通过论证确定了两者的界限和具体内容：原字母表由 41 个字母组成，在八思巴字实际资料中多出的其他字母为后增字母，属于总字母表范围。还有，先生在文中专门指出，八思巴字的“ ’ ”字母不表示任何实际语音，它不是表示元音 a 的专门字母，而是表示某些元音前的零声母（零辅音）符号；元音 a 在八思巴字里没有自己的专门字母，只有自己的表现形式——零形式，这个零形式与其他元音字母相对立而存在。据此断定八思巴字不是音节文字，而是典型的音素文字。这就对传统的理论提出了挑战，而且从文字体系与文字类型上对八思巴字进行了科学认定，为以后的研究奠定了坚实的基础。

接下来，照那斯图又发表了几篇重要的理论性文章，将八思巴字的理论探讨全面推向一个新的高度。其一为《八思巴字的零声母符号》(《民族语文》1989 年 2 期)，进一步探讨了零声母（零辅音）符号及其表示法和具体使用情况，这是在理论上的继续深化。其二是《八思巴字元音字母字形问题上的两种体系》(《民族语文》1987 年 4 期)，文中先生首次提出，八思巴字元音字母 i、u、ė（八思巴字蒙古语与八思字汉语中 ė 与 e 的转写正好掉了个个儿，照那斯图决定统一按八思巴字蒙古语的转写，但未及公开即溘然长逝）、o 分别由三个不同要素组成：它们是元音字母本身，字头符和连接符。这些新见解实际上是对八思巴字内部体系的重新勾画，是对传统理论的全面挑战，是揭示八思巴字体系内在规律的有益探讨，这不仅是对八思巴字本身研究的深化，对普通文字学研究也有一定的参考价值。这些观点得到了学界的认可和支持。

因为其理论体系是我们进行八思巴字文献整理和研究的基础，所以下面再进行一下详细讨论。

关于八思巴字的来源，元人盛熙明《法书考》和陶宗仪《书史会要》都记载为“采诸梵文”。照那先生认为，这个说法，只有在字母体系的源头这个范围内才是正确的。事实上，八思巴字的直接源头——说得确切一些，字母表的源头——不是梵文，而是藏文，说得更明确些是藏文字母的所谓“有头字”。八思巴字字母表，是在藏文字母基础上组成的。因此，单就字母表而言，八思巴字跟藏文非常相似，它的大多数字母与藏文相同或相似，有几个借自梵文，还有几个为新制。因为研究八思巴字的学者各人所依据的标准、原则不尽相同，所以对八思巴字字母表所含字母的数目看法也不一致。照那先生认为，对八思巴字字母表应该有一个统一的概念，而这个概念的确立应以原始字母表为依据。所谓原始字母表即八思巴字设计的最初的字母表。这可以从有关文献记载中推求出来。明确记有八思巴字字母总数或者同时还列有八思巴字母表的早期文献有《法书考》《元史》《书史会要》等。这些文献中所列字母或为四十一或为四十二，但字母表后都有如下一句话：“汉字内则去 [illegible] [illegible] [illegible] 三字而增入 [illegible][illegible][illegible][illegible] 四字”。由此可见，这些文献所载八思巴字字母表不是专门用于哪一具体语言的字母表，而是当初设计或者公认的原始字母表。由此可见，说有四十一个字母，而所列字母与此说相合的文献，指的是八思巴字的原始字母表；说有四十三个字母，而所列字母为四十二的文献，包括了汉字内“去三增四”而多出的一个字母（若说四十三则再加上标志唇齿音分化的另一个后增字母），指的是用来拼写汉语而增加新字母的八思巴字字母表。大家知道，八思巴字是“译写一切文字”的一种音标式的文字。因此它的字母表不像别的只拼写某一种语言的文字那样有相对的稳定性，而是随着译写对象的增加，或者根据某种语言进一步区分语音的需要，随时增加相应的新字母。

关于八思巴字的文字类型，照那先生明确提出八思巴字是拼音文字，而且是音素文字。它的字母体系中有辅音字母和元音字母的区别，而每个字母分别表示一个音素。这里需要特别说明的是元音 a 的表示方法问题。在八思巴字字母表里，没有专门的字母表示元音 a，但是元音 a 并非没有自己的表现形式。元音 a 是通过零形式来表现的。所谓零形式有两层意思。一是其他元音既然已经各有字母表示，那么不用字母表示的就只有 a 了。二是零形式的存在以辅音字母为前提，即一定条件下的辅音字母后无元音字母时表示辅音后有 a。

关于八思巴字的类型问题，以波普（照那斯图文中用此译名）教授为代表的八思巴字研究家们一直认为，在八思巴字里每个辅音字母同时含有元音 a，表示辅音和元音 a 构成的音节。因此，得出结论说，八思巴字是音节文字。照那先生认为，这个看法不能成立。即使说辅音字母带有元音 a 构成音节，可是单由一个辅音和元音 a 构成的表音单位能不能代表和决定整个八思巴字的类型？更何况在八思巴字里，并非每个辅音字母在任何情况下都含有元音 a。首先，事实上辅音字母并不始终含有 a，例如辅音字母与元音字母相拼或辅音字母做韵尾（音节尾）时，辅音字母就不含 a；其次，既然把辅音和元音 a 当作一个表音单位，那么为什么还用辅音字母和元音字母的概念，而把一个音节单位称作“辅音字母”呢？这不是难以自圆其说吗？至于含元音 a 的音节，在整个八思巴文字中，与用其他元音字母表示的音节相比，只不过是一部分，不能以偏概全。由此可见，说八思巴字为音节文字，是站不住脚的。应该按八思巴字的整个表音体系，把元音 a 的表示归结为零形式，把八思巴字的类型定为音素文字。这样看才符合八思巴字的实际。

关于八思巴字的文字类型的争论还有一个重要的关捩点，那就是字母 ꡖ 的性质问题。即 ꡖ 到底是语音符号还是书写符号？波普教授为代表的传统看法中把 ꡖ 当作词首元音 a 的专门语音符号（不过，处于 ö、ü 前的 ꡖ 是被看作字冠或叫字头符，这一点是正确的）。照那先生认为，把 ꡖ 看作元音 a 的专门语音符号的观点，不仅把 ꡖ 统一的一个功能（在 a、e、eo、eu、u̯ 前作零辅音符号）割裂开了，而且还割裂了八思巴字所特有的元音 a 用零形式表示的表音体系和所有元音在词首与零辅音符号结合的体系，还混淆了元音字母和辅音字母的区别。搞清楚了这一问题，我们就可以说，位于词首的元音 a 不是用字母 ꡖ 本身来直接表示的，而是字母 ꡖ 后的零形式（元音字母的零形式）表示的，所以 ꡖ 为零辅音符号，其后不写元音字母时，与其他辅音字母一样，这种零形式就表示元音 a。

在八思巴字的拼写法方面，早期的文献只有一些简略的记载。例如陶宗仪《书史会要》说："切韵多本梵法，或一母独立一字，或二三母凑成一字。"《元史》载："其字仅千余，其母凡四十有一。其相关纽而成字者，则有韵关之法；其以二合、三合、四合而成字者，则有语韵之法。而大要则以谐声为宗。"这些记载揭示了八思巴字的拼写法的大致情况。所说的"其字仅千余"是指作为书写单位的音节而言的。至于"纽而成字"有"韵关之法"，大概是指单由辅音字母表现的书写单位里，有辅音字母和元音 a 相拼的规则；"合而成字"有"语韵之法"，大概是指由辅音字母和元音字母的组合而表现的书写单位里，有辅音字母和元音字母直接相拼的规则。"大要则以谐声为宗"，是说八思巴字的拼写性质。至于具体的拼写规则，文献中没有记载。既然文献不足征，于是照那先生就利用现存的八思巴字实际材料来推求。

照那先生提出，八思巴字拼写具体语言的原则有两种：一是语音学原则，一是传统原则。据现在所知，八思巴字对蒙古语和汉语用的是语音学原则，即根据这两种语言的实际口语拼写它们的语音；对藏语和梵语而言，用的则是传统原则，即完全根据这两种语言的书面形式一对一地转写它们的字母。因此，对藏语和梵语而言，八思巴字无所谓拼写法，因而照那先生所说的八思巴字拼写法，只适用于蒙古语和汉语。

八思巴字的行款从左向右、自上而下直写，这种行款既不同于藏文，也不同于汉文，而是与回鹘式蒙古文相同。八思巴字的书写单位是音节，对于汉语而言相当于一个汉字；对于藏文而言相当于作为书写单位的词中的一个音节（藏文有音节符号）；对于蒙古语而言相当于把语义单位分解成的音节。八思巴字行款和书写单位的确定，显然是参照了蒙古文、藏文和汉文。行款的确定选择了蒙古文为依据，而书写单位的确定则选择了藏文和汉文的传统。正因如此，所以八思巴字书写单位的确定对蒙古语并不见得很适合，甚至有些不太适合，带来了一些不便。因为蒙古语是黏着语，它的语义单位往往是多个音节，即一个词多数情况下由两个以上的音节组成，所以以音节为书写单位的八思巴字有时会混淆词的界限，给认读带来很大困难，这是八思巴字译写蒙古语时表现出来的一个重要缺陷。即使是对于汉语，因为八思巴字无法标注声调，所以如果没有汉字对照，认读也存在很大的困难。

照那先生还对八思巴字字母的构成提出了全新的观点，推进了这一领域的研究。他指出，在八思巴字的书写系统中，还有两个非常重要的辅助符号，那就是字头符和连接符。当元音字母（或半元音字母）居于字首（包括自成音节和音节首）时，或加字头符“—”，或带零声母符号“’”。其中 i、u、e/ė、o 四个元音字母用字头符“—”。连接符则用在同一个书写单位中各个要素之间。所谓各个要素包括字头符、元音字母、半元音字母和辅音字母。连接符一般居于右侧，只有 o 在跟字头符或其他字母相连时才居于中间；u 跟字头符相连时，或已跟字头符相连的 u 后面再连其他字母时，连接符也用在整个字体的中间。学界对字头符和连接符的认识是有一个过程的。在有关八思巴字字母表的史料中，元音字母 i、u、e/ė、o 的形体为ꡞ、ꡟ、ꡠ、ꡡ。八思巴字的研究者一向把它们看作单纯的元音字母，并且解释为词首形式，进而把与它们相对的另一些形式解释为词中、词末形式，从而提出元音字母多体说，这以波普教授为代表。而据照那先生的研究，有关八思巴字史料中所写上述四个元音字母的形体，以及波普等人当作元音字母原体的那些形体，实际上并不是单纯的元音字母。换句话说，不是独体形式，而是元音字母加了其他书写符号（即字头符、连接符）的合体形式。照那先生通过对八思巴字书写单位诸要素的分析，得出了八思巴字元音字母原体的形式。这些原体形式可以从作为八思巴字来源的藏文中找到根据，证明八思巴字元音字母的原体形式同相应的藏文元音符号完全相合。

八思巴字拼写中的一个居于重要地位的要素当推“零辅音符号”（上节我们已谈过ꡝ 为零辅音符号）。其实，在八思巴字中不表达实际语音而只作书写符号的字母有ꡝ 和ꡖ，有条件的表示这种功能的字母还有ꡗ 和ꡭ（后者只出现于汉语）。它们均表示元音前的零辅音，只是出现场合不同，照那先生称之为“零辅音字母”或“零辅音符号”。在八思巴字里还有一个表达同样作用的符号“—”，称之为“字头符”。以上这几个符号的出现是有条件的，而且是互补的。下面我们以表格的形式来展示：

位置	零声母符号	出现条件
词首	ꡖ	a、e、ö（eo）、ü（eu）、ụ前
	—（字头符）	i、u、ė、o前
词中	ꡝ	a、e、u、o
	ꡗ	i前

以ꡝ、ꡗ为首的音组，如果是独立的书写单位，零辅音符号表示其后元音的独立性，单独构成音节；如果不作独立的书写单位，而与前头的音组连写，零辅音符号则表示前后元音的组合（连读）：前后元音相同者表示长元音（前一个元音字母省去不写），前后元音不同者表示复元音（在我们的转写中长元音和复元音在相应两个元音上用“⁀”表示，以区别于八思巴字中另一不连写的形式）。

上述几位先驱对八思巴字正字法的探讨及其理论建构构成了我们研究的基础，如笔者对零形式 a 的探讨就是直接基于照那先生的理论的，再有笔者对元代与零声母相关的影、幺、疑、鱼、喻几声母的讨论，也完全是在照那先生对八思巴字零声母研究的基础上展开的（参看第二章声母的讨论）。

1.2.2 八思巴字与汉语音韵学研究

在八思巴字与汉语音韵学研究上当首推龙果夫教授，尽管前此也有朴节导夫先路，但直到龙氏发表了《八思巴字和古官话》，才真正把八思巴字与汉语音韵史的研究联系起来。龙氏利用八思巴字碑刻的 703 个对音，研究了元代官话的语音系统，把八思巴字的研究推向了一个新的阶段。

龙氏的著作发表后，中国的学者进行了译介并加以评述（唐虞译、罗常培校订），使其得以在中国传布。罗常培介绍龙氏的著作是在 1938 年，无独有偶，1939 年罗先生在昆明又得到陈寅恪赠给的大英博物馆藏《蒙古字韵》旧写本的照片（这照片是于道泉拍摄，由向觉民赠给陈寅恪），于是罗先生又写了一篇《蒙古字韵跋》。后来又利用北京大学文科研究所收藏的艺风堂拓片中的八思巴字碑刻和北京大学图书馆收藏的元刊《事林广记・百家姓蒙古文》，与蔡美彪先生合作，进一步收集八思巴字资料，继续开展研究，即在 1938 年旧稿的基础上，分析新的资料，说明八思巴字的创制和推行情况。罗先生原来计划通过校订《蒙古字韵》一书，同《古今韵会举要》《中原音韵》等韵书作对比，求出八思巴字对音所代表的汉语语音系统，对龙氏所得出的结论有所补充和修正。可惜罗先生不幸病逝，计划未能实现。1959年出版了罗常培、蔡美彪《八思巴字与元代汉语》[资料汇编]；关于八思巴字汉语的音韵问题，只有一个初稿，《中国语文》杂志社为纪念罗先生逝世一周年，由陆志韦先生校订后发表了。罗先生关于八思巴字音韵问题的初稿，也是继龙果夫之后，从语言学上探讨八思巴字的一个良好的范例，有很重要的参考价值。

自《蒙古字韵》面世之后，研究者不乏其人。服部四郎1946年出版《元朝祕史の蒙古语を表はす漢字の研究》（龍文書局印行，昭和二十一年）一书，服部首先通过蒙古语的汉字注音研究了《蒙古秘史》的蒙古语，其次他又介绍和分析了八思巴字的重要文献——旧写本《蒙古字韵》，他认为《蒙古字韵》所代表的语音系统，是反映宋朝国都迁至临安时所带来的汴京方音。跟《蒙古字韵》几乎同时的《中原音韵》所代表的是北方话语音系统，即是现代普通话的源头。

尾崎雄二郎则对《蒙古字韵》进行了文献学上的考证。他依据书里的避讳字，考证出这个写本的抄写年代，并对《蒙古字韵·序》作了解说。他承前人服部四郎和赵荫棠的看法，认为《蒙古字韵》里已显示出汉语见系字已经腭化。庆谷寿信论述了《蒙古字韵》入声字的韵尾 -k、-t、-p 消失的历程。花登正宏则撰《〈蒙古字韵〉札记》一文讨论了《蒙古字韵》的一个“校”字译作 ts-，认为是见系开口二等字腭化的反映。

而从语言学方面研究八思巴字汉语的学者中，最有成就的要数中野美代子和桥本万太郎。中野1971年出版的《八思巴字和〈蒙古字韵〉音韵研究》，利用了其时已经刊布的全部八思巴字资料和前人的研究成果，对八思巴字译写的汉语进行了比较细致的探讨，对八思巴字反映的近代汉语语音系统的许多问题，都作了一些说明和提出了自己的看法。这部著作的内容相当丰富，但是关于近代汉语语音的考订和构拟，还只是提出了一个初步的设想，有一些看法还需要进一步讨论。桥本1971年发表了《梗摄字的八思巴字对音》，利用八思巴字对译汉语的大量材料，采用语言学的方法，对近代汉语“梗”摄字的读音进行了深入细致的考订和构拟，揭示了由中古汉语到近代汉语的某些语音演变现象，归纳出一些重要的音变规律。后来他又发表了《近代汉语的八思巴字对音》第一部分和第二部分（1974—1975），充分利用八思巴字资料来探讨近代汉语语音系统的全貌。其主要内容是将八思巴字材料列出韵表，并将对音用罗马字母转写。桥本的这部著作虽然所利用的八思巴字资料有些不够全面，在音韵的分析和转写上也不无就商之处，但却是头一次把全部八思巴字对音按音韵学原则整理出来，对于进一步探讨近代汉语语音问题有很重要的参考价值。与中野、桥本方法相近的是2008年出版的沈钟伟的 *Studies on the Menggu Ziyun*（《蒙古字韵研究》）。与前两家相似，沈氏也是充分运用了西方音系学的理论，对《蒙古字韵》的语音系统在深入分析的基础上提出了一些自己的看法，另外，他还对八思巴字正字法做了一些有益的探讨。近来又有杨征祥、王玉枝（韩国）、陈鑫海等都在各自的学位论文中对《蒙古字韵》的语音系统及其拟音提出了自己的看法。

对《蒙古字韵》的深入研究，自然要涉及一个关键问题，那就是十三至十四世纪汉语语音问题。龙果夫据八思巴字对音资料研究后认为，当时的官话语音系统不是纯一的，可以分为甲、乙两派，甲派是官方的，乙派是近代的土话。八思巴字纪录的属于甲派，在有些地方被当作标准官话，可是这些地方的口语是属于乙派的。罗常培先生对龙氏的看法“相当地赞成”，并进一步明确指出，“一个是读书音，一个是说话音。”服部四郎认为甲派读音是临安的汴京方音，还有待进一步的证实。关于这一问题，宁忌浮在《古今韵会举要及相关韵书》中曾有涉及，后来又写了专文《重读〈论龙果夫《八思巴字和古官话》〉》（忌浮2007，载耿振生主编《近代官话语音研究》页45—50，语文出版社），指出《蒙古字韵》的语音格局是继承前代韵书造成的。而Coblin.W.South（柯蔚南）的 *A Handbook of 'Phags-pa Chinese.*（八思巴字汉语手册）中则提出《蒙古字韵》的语音基础应是“泛通语综合音系”。

与此问题密切相关的是《蒙古字韵》与《古今韵会举要》诸韵书的关系问题。郑再发从文献本身入手，以《古今韵会举要》对《蒙古韵略》的频繁征引为据，提出《古今韵会举要》抄袭了八思巴字韵书，而不是服部四郎说的《蒙古字韵》因袭《古今韵会举要》。对此问题杨耐思在《近代汉语音论》中谈了自己的观点，他几次重申，《韵会》抄了《蒙古字韵》，而它们的来源则都是《七音韵》。我们则在前修时贤论证的基础上谈了自己的看法，我们与他人的不同之处在于，我们首先是从《蒙古字韵》中八思巴字字头音节的拼写形式入手，来探讨某些学者引为证据的那些语音现象是否可信，然后依据史实提出自己的看法。

与之相关的一个问题是《蒙古字韵》所反映的语音系统与实际语音的相符程度问题。不少学者将《蒙古字韵》的语音特点作为近代汉语中有无某现象的证据来加以推阐，如张渭毅探讨重纽的演变时就以《蒙古字韵》作为元代重纽格局的代表，而冯蒸则用《蒙古字韵》与《切韵指掌图》格局的相近来论证后者反映了实际语音。我们认为，《蒙古字韵》的不少语音现象并不十分可靠，这需要从八思巴字拼写规则入手去认真探讨。

上述学者的研究都在相应领域内取得了丰硕的成果，而且与八思巴字相关的领域也都给予了不同程度的关注。不过，总体来看，有些方面尚未引起足够的重视，有待加强：

A. 在研究材料上，学者们似乎对《蒙古字韵》关注太多，而对其他的八思巴字汉语材料则重视不够，如八思巴字译写汉语的实际应用文献（圣旨碑刻等）至今无人进行系统整理研究，而这些材料对于《蒙古字韵》而言则具有不可替代的重要价值。因为《蒙古字韵》是静态的书写规范；而圣旨碑刻材料则是活生生的实际应用文献，必须结合起来研究。

B. 在研究视角上，过于重视《蒙古字韵》音系的个案研究而对不同韵书间的交叉、综合研究投入不足。研究《蒙古字韵》的学者较多，而把它跟《中原音韵》《古今韵会举要》《七音韵》等进行比较研究的，老学者杨耐思、宁忌浮之后就后继乏人。

C. 在研究方法上，理论总结与实践操作结合尚不够密切。一般情况下，八思巴字专家都更注重文字体系的一般理论建构或某些实物文献资料的整理发掘，而没有全身心投入汉语音韵学的研究（这些学者一般也是非汉语学界的学者）；而汉语音韵学者们尽管利用八思巴字材料，但杨耐思、宁忌浮之外的学者大都没有对八思巴字进行较为全面的研究，因此而带来两大语音系统之间的比较不够。

这种现状很容易带来这样的不良后果：

治《蒙古字韵》者，关注语音系统而忽视拼写规则研究，因而误把受特殊规则制约的变异拼写形式当作真实读音的反映；

治音韵学者，关注《韵会》而未及《字韵》，所以误把源于《字韵》的现象作为真实的汉语音变看待。

为克服以上问题，我们在研究中则下大功夫研究了八思巴字正字法，注意挖掘《蒙古字韵》及八思巴字拼写中的非表音成分，尽量将其与表音成分区分开来，然后再参照语音史的发展去构拟其语音系统。

1.3 研究意义

总体上看，通过八思巴字文献资料对元代语音史进行研究具有理论和现实两方面的意义。

其理论意义在于：首先可以对以往元代语音史的研究成果起到一定的补充和完善作用，从而为建构更为系统、全面的汉语语音史作出应有的贡献，这样就有利于我们从总体上去把握语音史的整体发展。

其现实意义在于：元代汉语一直被看作普通话的源头，研究元代语音史的成果会使我们更好地认识普通话的发生发展规律，从而为国家语言文字政策的制定提供借鉴和参考。

二　研究材料、基本思路和方法

八思巴字是拼音文字，八思巴字文献则是用表音方式来记录元代汉语的第一手材料，且最具系统性，其功用是不可替代的。因为传统的汉语韵书、韵图展示的都是音类的区分，从未有音值的准确记录，而八思巴字文献正好弥补了这一缺憾。所以我们应该利用好这些材料，对元代汉语音系做出更为深入的研究。迄今为止，我们能见到的八思巴字拼写汉语的材料共有 58 件。其中：一、圣旨 35，二、令旨 2，三、玉册 1，四、中书省牒 3，五、碑额 12，六、年款 5，计 58 份。具体目录见下篇“文献目录”。

附：御赐忠毅公诏书碑，至元十六年，1279 年，山西临汾。有八思巴字无汉文。参看宋洪民《新发现元代八思巴字碑刻“御赐忠毅公诏书碑”》，《中国文字研究》

第二十三辑。

以上材料有的已被前修时贤征引过。如罗常培、蔡美彪《八思巴字与元代汉语》[资料汇编]就收集了上述材料中的一半，在当时可以说其收集的八思巴字译写汉语的资料非常丰富，有碑刻图版27个，钱钞拓本图版2个，铜权拓本图版1个，还有元顺帝至元六年（1340）郑氏积诚堂刊本《事林广记·蒙古字百家姓》影印本，日本元禄十二年（1699）刊本《事林广记·蒙古字百家姓》影抄影印本，写本《蒙古字韵》影抄影印本等。此外，该书还对这些资料作了全面的说明和一些考释，这是迄今最为完备的一个拼写汉语的八思巴字资料汇编。但因为罗常培先生过早去世，所以这些八思巴字材料在汉语音韵学上的研究价值尚未充分挖掘出来，即没有发挥应有的作用。中野1971年出版的《八思巴字和〈蒙古字韵〉音韵研究》，利用了其时已经刊布的全部八思巴字资料和前人的研究成果，对八思巴字译写的汉语进行了比较细致的探讨。但中野对八思巴字资料的利用限于征引其中的例证来探讨字母的拼写等问题，并没有将材料全面整理研究，也没有与《蒙古字韵》作全面比较。

更为重要的是，在罗先生和中野的研究之后，又有不少八思巴字资料被发现刊布。如日本学者神田喜一郎著《东洋学文献丛说》(1969年3月东京二玄社)，其中“八思巴字的新资料”刊录了《临川吴文正公草庐先生集》(1406年即明永乐四年刻本）中收录的一批元代八思巴字汉语圣旨资料。近日南开大学李治安先生又从日本拍回了更加清晰的照片并撰写了论文（李治安2014《元吴澄八思巴字宣敕文书初探》，载《元史论丛》第14辑）。这又极大丰富了八思巴字的研究资料。另外，还有《宣付李达汉承袭高丽万户圣旨抄件刻本》、《元加上皇太后尊号玉册》文献拓本等资料。最后，我们还要强调的是，八思巴字材料还会被不断发现，如山西临汾尧庙博物馆藏有新发现的《御赐忠毅公诏书碑》，笔者已进行了详细考证并撰文发表。

正因为这些极为丰富的八思巴字材料有好些未被利用或说有些未被充分利用，所以我们对这些材料加以全面整理研究，来与《蒙古字韵》作比较就是很有必要的了。还有一个非常关键的问题，那就是《蒙古字韵》的地位与性质也需要从圣旨碑刻等权威文献中得以确认。

我们拟从以下三个方面来入手：

1. 八思巴字汉语实际应用文献材料的全面整理与音系归纳。

八思巴字译写汉语的实际应用文献（圣旨碑刻等）现存不少，但迄今无人进行系统整理研究。照那斯图倾多年之力，搜集了大量资料，命笔者整理研究。其中圣旨 35，令旨 2，玉册 1，中书省牒 3，碑额 12，年款 5，计 58 份。这些材料大部分属碑刻材料，且原碑大都存在，拓片在国家图书馆或北京大学图书馆等处都有收藏。个别材料为其他文献中所收录，且刊布时学者们已作过文献学上的考证。

我们将首次对这些圣旨碑刻等八思巴字汉语实际应用文献进行全面整理研究，按韵重新编排，归纳其语音系统，从中得出一个真正的活的八思巴字汉语拼写语音系统。

2. 八思巴字汉语音系与元代韵书音系的比较。

A. 八思巴字文献音系与《蒙古字韵》比较。将文献归纳所得音系与《蒙古字韵》作比较，分析异同。从而确定后者的性质及其在蒙元国家语言文字政策中的地位。

B.《古今韵会举要》与《蒙古字韵》比较。象“侯”在拼写上与“尤幽”等韵母相同而与“钩”等字不同，这是受八思巴字特定拼写规则制约而出现的特有现象，而《举要》却径直将侯入鸠字母韵，我们认为这是《举要》误袭《字韵》。这也就进一步证实了杨耐思《韵会举要》可能抄《字韵》的说法（《近代汉语音论》页 42）。照此推论，那《举要》的语音性质恐怕要重新审视。总之，《字韵》与《举要》必须结合起来研究。

C. 它们与《中原音韵》比较。通过彼此之间的比较，进一步探讨蒙元的正音观念，如果说它们都代表北方官音，那其间的差异是如何形成的，受何种因素的影响和制约，要摸清其来龙去脉，这对研究宋元韵书的传统及流变都是有帮助的。

3. 八思巴字文字体系理论及音系对应关系研究。这可以为我们的研究实践提供理论指导。如依据《法书考》《书史会要》等文献对八思巴字母表进行过深入研究，对零形式 a 也曾加以探讨，今后将进一步对八思巴字拼写汉、梵、藏、蒙古语的情况加以研究，更为全面地归纳八思巴字正字法（即拼写规则）。在此基础上对八思巴字符号与汉语真实音值间的对应关系做出较为全面、准确的分析、描述。

在研究方法上，我们坚持将八思巴字文字体系的一般理论与具体的八思巴字汉语文献的拼写实际相结合，将不同韵书这些同时代材料的共时分析与今天方言与韵书的相互印证这种历时研究结合起来，将《蒙古字韵》音系的个案研究与元代音系的系统研究结合起来。

本研究的重点是圣旨碑刻等八思巴字汉语实际应用文献材料的全面整理研究，这是本课题的基石，是其他工作进一步开展的依托。

本研究的难点在于如何在全面归纳八思巴字正字法（拼写规则）基础上对八思巴字符号与汉语真实音值间的对应关系做出较为全面、准确的分析、描述。这也正是该研究的突破口，因为八思巴字毕竟不是国际音标，其符号数量是有限的，与其所从出的梵、藏文拼写相一致，都是五元音系统，且在拼写复合元音上很受限制（无法拼 iɛ 等），于是只好通过其他迂曲手段如用单元音代替双元音或用辅助手段以济其穷。所以这实际上是两个系统间的对应关系，各个个体之间相互制约和影响。

本研究的创新之处在于：

（1）对圣旨碑刻等八思巴字汉语实际应用文献加以全面整理研究，归纳分析，得出一个活的八思巴字汉语拼写语音系统。

（2）将从文献中归纳的语音系统与《字韵》比较，进一步明确其性质地位。

（3）《蒙古字韵》与《韵会举要》及《中原音韵》比较，明确三者之间的关系及各自在元代语音史上的地位，从而为普通话源头——北音的研究作出更为全面的阐释。

第一章　从八思巴字资料看《蒙古字韵》

《蒙古字韵》用八思巴字标音，是元代的一部重要汉语韵书，对该书的深入研究无疑会推动整个元代语音史的研究。缘于此，不少学者对其语音性质、成书年代及其与同时代韵书的关系进行了较为全面的研究。

我们今将现在所能见到的八思巴字实际应用文献进行了全面整理归纳，对其中的每一个字头进行了比对，并按《蒙古字韵》的排列方式进行了重新编排，与《字韵》进行了全面比较。下面看我们的比较结果。

第一节　八思巴字资料与《蒙古字韵》的异同

今将文献中的全部用例按《蒙古字韵》音节表顺序列如下（每一八思巴字字头前的数字即为该字头在《蒙古字韵》中的总体音节排列序号），具体排列规则为：

首先，据十五韵部分列，而后每一韵母各为一类（无用例出现的韵母也列出以资参照），无用例出现的字头音节略去；

其次，每一字头下先列出该八思巴字头出现的总次数，而后在括号中将该字头所对应的汉字依次列出，并注明每一汉字使用的次数。当个别用例中仅有八思巴字头而对应的汉字不出现时（如有的文献中的镶边大字一般就不出现对应的汉字），就在次数后用“+某数”来表示，意即汉字使用次数之外八思巴字又多出现了该次数；

第三，当文献用例中八思巴字头的拼写与《蒙古字韵》（以照那斯图、杨耐思《蒙古字韵校本》为准）不同时，则在总次数（也包含与《字韵》拼写不同的用例）后用“—某数”来表示，意即这几例与《字韵》不合。对于不合用例，我们重点讨论拼写形式的不同影响声韵类别的，如声母上的清浊相异，韵母上的不同等第间的混淆等。至于那些规律性出现的实属字形区分不够严格的情况，如ꡜ、ꡣ不甚区别，ꡂ、ꡀ区分不明，-ꡡ诸韵中-ꡟ-时作ꡦ-等，这在《字韵》写本中就多如此，故这类情形暂不计入[①]。

一东：八思巴字头 22 个，字次 337-4；汉字 51 个，字次 337；

ꡟꡃuŋ：

001 ꡂꡟꡃguŋ：34（公 20，功 6，工 4，贡 4）；

002 ꡁꡟꡃk' uŋ：21（孔 21）；

003 ꡊꡟꡃduŋ：7（东 4，董 3）；

004 ꡉꡟꡃt' uŋ：12（通 5，统 7）；

005 ꡈꡟꡃtuŋ：23（同 18，洞 1，动 2，洞 2）；

007 ꡆꡟꡃdžuŋ：75（中 63，衷 1，忠 6，种 1，众 4）；

008 ꡅꡟꡃtš'uŋ：5（充 1，冲 2，宠 2）；

009 ꡄꡟꡃtšuŋ：14-1（崇 14-1）；

013 ꡏꡟꡃmuŋ：4（孟 4）；

014 ꡜꡧꡟꡃhụuŋ：33（风 8，封 25）；

015 ꡰꡟꡃɦụuŋ：24（奉 23，凤 1）；

017 ꡐꡟꡃdzuŋ：9（宗 5，总 4）；

020 ꡛꡟꡃsuŋ：1（宋 1）；

024 ꡣꡟꡃɣuŋ：2（洪 2）。

① 这里的统计数字与宋洪民《从八思巴字文献材料看〈蒙古字韵〉的性质与地位》（《语文研究》2014 年 4 期）一文不完全吻合，其原因是资料中文字有些看不清楚，为慎重起见，我们对碑刻中文字又进行了仔细辨认，两次工作中例字的去取会有细微调整，所以造成了差异。特此说明。

ėuŋ：

027 gėuŋ：14（宫 6，恭 3，供 4，共 1）；

030 tšėuŋ：10-2（重 2，仲 1，重 7-2）；

031 dzėuŋ：1（從 1）；

033 tsėuŋ：3（从 3）；

035 zėuŋ：5（颂 1，讼 4）；

038 'ėuŋ：26（荣 18，永 7，咏 1）；

040 jėuŋ：9-1（庸 2，茔 1-1，勇 1，用 5）；

041 lėuŋ：5（隆 4，龙 1）。

二庚：八思巴字头 29 个，字次 468-3；汉字 59 个，字次 468；

iŋ：

043 giŋ：11（矜 1，景 1，敬 9）；

044 k'iŋ：5（庆 5）；

047 diŋ：5（丁 4，鼎 1）；

049 tiŋ：8（定 8）；

050 niŋ：5（宁 5）；

051 džiŋ：47-2（贞 3，正 7，政 28-1，正 9-1）；

052 tš'iŋ：2（称 2）；

053 tšiŋ：17（澄 15，郑 2）；

054 biŋ：1（兵 1）；

056 piŋ：20（平 15，並 1，病 4）；

057 miŋ：59（明 15，名 8，铭 1，命 35）；

058 dziŋ：2（精 1，旌 1）；

059 ts'iŋ：8（清 3，青 4，请 1）；

060 tsiŋ：3（静 1，靖 2）；

063 $š_2$iŋ：81（圣 78+1，胜 1，有 1 例汉字作"外"，误，究系何字

待考）；

064 $š_1$iŋ：45（成 10，城 1，承 8，丞 22，盛 4）；

066 ·iŋ：15（英 2，应 12，鹰 1）；

069 liŋ：40（灵 5，龄 1，领 6，令 27+1）；

070 žiŋ：4（仍 4）。

hiŋ：

073 dhiŋ：14（登①1，等 13）；

075 nhiŋ：2（能 2）；

082 dzhiŋ：1（曾 1）；

083 tshiŋ：6（赠 6）；

085 $š_2$hiŋ：19（生 13；省 6）；

ħėuŋ：

091 ħėuŋ：1（雄 1）；

ėiŋ：

092 gėiŋ：4（经 3，耿 1）；

093 k'ėiŋ：3（罄 3）；

094 hėiŋ：3（兴 3）；

：

ėiŋ：

097 ħėiŋ：37-1（行 36，衡 1-1）。

三阳：八思巴字头 32 个，字次 324-2；汉字 57 个，字次 323；

aŋ：

098 gaŋ：2（刚 1，纲 1）；

099 k'aŋ：1（康 1）；

101 daŋ：8（当 8）；

---

① 本作“得”，似为“登”之讹。我们这里主要统计八思巴字字头的使用次数，汉字志此以存疑。

102 t‘aŋ：1（汤 1）；

103 taŋ：3（唐 1，螳 1，荡 1）；

105 džaŋ：27（张 2，章 20，彰 2，长 1，掌 2）；

106 tš‘aŋ：5（昌 5）；

107 tšaŋ：8（长 8）；

113 hu̯aŋ：12（方 3，访 8，放 1）；

115 waŋ：9（妄 4，望 5）；

118 tsaŋ：2（藏 2）

119 saŋ：1（丧 1）；

120 š$_2$aŋ：1（商 1）；

121 š$_1$aŋ：54（常 6，尝 1，尚 9，上 38）；

122 ɣaŋ：1（航 1）；

124 jaŋ：21（阳 8，杨 3，扬 1，养 9）；

125 laŋ：8（郎 8）；

126 žaŋ：1（攘 1）。

（-）ėŋ（i̯a-）：

127 gėŋ：20（疆 1，姜 2，江 5，讲 4，降 8）；

128 k‘ėŋ：1（羌 1）；

130 ŋėŋ：5（仰 5）；

131 dzėŋ：9（将 9）；

134 sėŋ：15（相 14，想 1）；

136 hėŋ：3（乡 1，享 2）；

137 ɦėŋ：1（降 1）；

139 lėŋ：13（良 5，粮 8）。

u̯aŋ：

140 gu̯aŋ：13（光 11，广 2）；

149 ’u̯aŋ：21-1（王 18-1，往 3）；

[illegible]：

151 džhaŋ：4（庄 4）；

152 tš‘haŋ：1-1（抢 1-1）；

oŋ：

155 ɣoŋ：52（皇 51+1 有八思巴字无汉字）；

u̯ėŋ：

156 hu̯ėŋ：1（贶 1）。

四支：八思巴字头 60 个，字次 1451-35；汉字 227 个，字次 1441；

i：

157 gi：6（几 1，既 3，记 2）；

158 k‘i：14-1（起 1，杞 2，岂 3-1，器 1，气 6，乞 1）；

159 ki：46-2（其 30，期 1，及 13-1，极 2-1）；

160 ŋi：50-5（宜 25，仪 8，沂 2-1，矣 4-4，议 3，义 7，毅 1）；

161 di：48（邸 1，底 1，帝 45+1）；

162 t‘i：6（体 5，替 1）；

163 ti：27（提 14，地 11，迪 2）；

165 dži：238（知 24，支 4，祇 2，之 105，旨 50+2，指 1，止 1，致 3，至 32，志 1，制 10，职 3）；

166 tš‘i：11-1（摛 1-1，侈 1，炽 1，敕 8）；

167 tši：28-5（持 2，治 7-1，滞 1-1，示 1-1，谥 8-1，秩 3-1，直 2，实 3，食 1）；

168 ňi：1-1（尼 1-1）；

169 bi：9-1（妣 1，比 3-1，俾 2，臂 1，必 2）；

172 mi：7（弥 1，迷 1，弭 1，米 4）；

173 hu̯i：13（飞 1，非 12）；

175 wi：7（微 2，未 5）；

176 dzi：15（济 4，祭 5，际 1，即 4，绩 1）；

177 ts'i：14（妻 2，七 12）；

178 tsi：11（齐 1，籍 3，集 7）；

179 si：22（西 14，悉 2，昔 4，锡 1，惜 1）；

180 zi：6（习 4，袭 2）；

181 š$_2$i：45（施16，诗1，始1，世22，失1，释1，适1，识1[①]，式1）；

182 š$_1$i：50（时 7，是 3，氏 10，恃 4，视 1，寔 1，十 24）；

183 hi：3-1（羲 2-1，矗 1）；

184 ·i：20（医 1，依 11，懿 1，意 3，邑 4）；

185 ji：21-2（伊 1-1，壹 1，一 16-1，益 3）；

186 ji：65（贻 1，以 44，已 7，异 1，裔 1，艺 4，亦 4，奕 1，易 2）；

187 li：65（里 1，履 1，裹 16，李 8，理 14，礼 4，吏 4，丽 1，俪 1，励 5，力 8，历 12）；

188 ži：108（而 30，尔 2，二 29，日 46，入 1）[②]。

hi：

191 tšhi：63（士 17，仕 6，事 40）；

192 dzhi：57-1（资 16，兹 3-1，紫 2，子 36）；

193 ts'hi：29（此 29）；

194 tshi：9-1（慈 3-1，字 2，自 4）；

195 shi：48（思 2，司 27，私 1，斯 4，死 1，赐 1，四 9，肆 3）；

196 zhi：21-2（词 4，祠 1-1，辞 1-1，似 1，祀 13，嗣 1）；

197 š$_2$hi：38（师 18，史 10，使 10）。

ėi：

198 gėi：8-2（稽 5-2，蓟 1，继 2）；

199 k'ėi：2（启 1，啓 1）；

---

① “识”尚有 1 例为蒙古人名用字，拼写只出现声母，实为借汉字表蒙古语音，故不计入。

② 尚有“儿”字，但为蒙古人名用字，拼写比较特别，实为借汉字表蒙古语音，故不计入。

202 ɦėi：3（奚 3）。

ue：

203 gue：46（归 2，轨 1，会 1，国 42）；

209 nue：5（内 5）；

210 džue：15（追 15）；

211 tš'ue：1（推 1）；

214 bue：23-1（碑 7，彼 4，贲 1，诐 1-1，秘 1，閟 1，辈 4，北 4）；

215 p'ue：9-8（丕 6-5，配 3-3）；

216 pue：5-1（备 4，弼 1-1）；

217 mue：4（靡 2，美 1，每 1）；

220 tsue：2（摧 1，蕞 1），

221 sue：9（绥 1，虽 4，粹 1，岁 3）；

222 zue：4（随 4）；

223 $š_2$ue：3（水 1，税 2）；

224 $š_1$ue：6（垂 6）；

225 hue：4（诲 4）；

226 ɣue：9（会 1，或 8）；

227 ·ue：6（威 2，尉 1，慰 1，蔚 1，域 1）；

228 'ue：32（危 1，为 17，伟 2，苇 1，位 2，谓 4，外 5）；

229 lue：2（雷 1，累 1）。

ėue：

231 gėue：4（规 4）；

235 ɦėue：3（惠 3）；

（ėue：）

236 hėue（此字头《字韵》写本声母作 s，当为晓母 h。如此则又与“隳”小韵重。《韵会》此独立为“麾”字母韵。讨论见《校本》p166）：

1（挥 1）。

ụi̯：

238 jụi̯：24（惟 15；维 1，遗 1，役 7）。

五鱼：八思巴字头 41 个，字次 703-14；汉字 135 个，字次 701；

u：

239 gu：16（古 3[1]，顾 2，故 10，固 1）；

240 k'u：2（枯 1，苦 1）；

241 du：14（都 14）；

242 t'u：7（土 6，吐 1）；

243 tu：11（图 2，独 1，渎 8）；

244 nu：1（怒 1）；

246 tš'u：2（初 2）；

247 tšu：2（助 2）；

248 bu：23-1（不 23-1）；

249 p'u：4-2（普 4-2）；

251 mu：1（木 1）；

252 hụu：80（夫 49，俯 1，府 15，抚 1，付 2+2，傅 2，福 4，覆 4）；

253 ħụu：32（符 4，夫 6，父 11，辅 2，伏 2，復 4，服 3）；

254 wu：47（无 15，毋 14，巫 1，武 7，务 4，物 6）；

255 dzu：15-2（祖 14-1，做 1-1）；

256 ts'u：1（措 1）；

257 tsu：3（祚 3）；

258 su：4（苏 1，素 3）；

259 $š_2$u（该字头《字韵》写本不区分、字形）：28（疏 2，所 25，数 1）；

① “古”尚有 1 例为蒙古人名用字，拼写只出现声母，实为借汉字表蒙古语音，故不计入。

260 hu：12（呼 3，戱 6，虎 3）；

261 ɣu：15-2（胡 1，湖 1，乎 5-2，户 2，护 6）；

262 ·u：10-1（乌 1-1，鸣 3，於 6[①]）；

263 lu：41（鲁 2，路 20，潞 1，禄 18）。

ėu：

264 gėu：23（举 18，据 5）；

265 kʻėu：6（驱 1，屈 1，曲 4）；

266 kėu：6（衢 1，距 1，惧 4）；

267 džėu：53（诸 23，邾 2，贮 4，翥 1，主 10，著 6，烛 7）；

268 tšʻėu：17（枢 1，处 6，黜 1，出 9）；

269 tšėu：8-1（柱 2，住 1-1，述 5）；

271 dzėu：6（足 1，沮 5）；

273 tsėu：4（聚 4）；

274 sėu：18（胥 1，肃 9，宿 1，夙 1，卹 5，恤 1）；

275 zėu：6（绪 5，续 1）；

276 $š_2$ėu：52（书 51，庶 1）；

277 $š_1$ėu：8-1（殊 2，孰 2，淑 1，蜀 3-1）；

279 ·ėu：32-3（於 21，扵 9-3，彧 2）；

280 ʼėu：21-1（虞 1，于 4-1，籞 1，禹 6，宇 6，御 1，遇 1，玉 1）；

281 jėu：19（余 4，畬 1，舆 1，予 2，腴 1，瑜 1，与 1，窳 1，裕 2，谕 4，育 1）；

282 lėu：10（闾 2，六 4，陆 1，律 1，录 2）；

283 žėu：13（如 1，茹 1，儒 11）；

u：

284 u：31（吾 1，吴 18，五 12）。

---

① 中有 1 例"扵"字，当为"於"字，并入"於"字次中。

六佳：八思巴字头 26 个，字次 265-2；汉字 50 个，字次 264；

aj：

285 gaj：5（盖 5）；

286 k'aj：7（开 6，忾 1）；

287 ŋaj：1（艾 1）；

288 daj：2（带 1，戴 1）①；

289 t'aj：17（泰 4，太 13）；

290 taj：95-1（台 1，殆 1，大 89，代 3-1，逮 1）；

291 naj：2（乃 2）；

293 tš'aj：3（差 2，策 1）；

294 tšaj：3（宅 1，泽 2）；

295 baj：11（百 11）②；

296 p'aj：2（派 1，沛 1）；

298 maj：2（买 1，卖 1）；

299 dzaj：7（哉 2，载 4，再 1）；

300 ts'aj：1（採 1）；

301 tsaj：13（才 4，材 5，在 4）；

302 saj：1（塞 1）；

304 haj：1（海 1）；

309 laj：8（来 7，赖 1）；

u̯aj：

315 ɣu̯aj：11（怀 4，淮 2，坏 5）；

i̯aj（该韵《字韵》写本作 ，《校本》以为当作 ，今从《校本》）：

318 gi̯aj：6-1（皆 2，懈 1，廨 1-1，戒 1，格 1）；

321 ħi̯aj：2（谐 1，解 1）；

① 尚有“歹”字，但为蒙古人名用字，拼写比较特别，实为借汉字表蒙古语音，故不计入。

② 尚有“伯”字，但为蒙古人名用字，拼写比较特别，实为借汉字表蒙古语音，故不计入。

hij：

322 kʻhij：2（克 2）；

323 dhij：53（德 33+1，得 19）；

325 thij：4-1（特 4-1）；

329 dzhij：5（则 5）；

331 shij：1（塞 1）；

ij：

七真：八思巴字头 37 个，字次 275-7；汉字 55 个，字次 274；

in：

336 gin：1-1（谨 1-1）；

337 kin：1（勤 1）；

338 ŋin：4-1（银 4-1）；

340 džin：24（真 13，振 2，赈 1，镇 8）；

342 tšin：11-2（神 10-2，陈 1）；

345 pin：4（贫 4）；

346 min：7（民 5，敏 1，泯 1）；

347 dzin：6（进 6）；

348 tsʻin：3（亲 3）；

349 tsin：2（秦 2）；

350 sin：4（新 3，信 1）；

352 š$_2$in：2（身 1，矧 1）；

353 š$_1$in：12（辰 1，臣 11）；

357 jin：1（胤 1）；

359 žin：45（人 40，仁 5）；

un：

364 tun：1（屯 1）；

366 bun：1（本 1）；

369 mun：4（门 4）；

370 hu̯un：2（分 1，氛 1）；

371 ɦu̯un：1（汾 1）；

372 wun：30（文 21，闻 5，问 4）；

373 dzun：7（尊 7）；

375 tsun：1（存 1）；

376 sun：8（孙 4，损 4）；

380 lun：2（论 2）。

ėun：

381 gėun：19（君 6，军 13）；

383 kėun：10-1（群 3，郡 7-1）；

384 džėun：29-1（准 29-1）；

385 tšʻėun：6（春 6）；

386 tšėun：5-1（顺 5-1）；

390 zėun：3（循 3）；

391 š$_2$ėun：4（舜 4）；

393 hėun：4（训 4）；

394 jėun：1（允 1）；

395 lėun：1（纶 1）；

396 žėun：4（闰 1，润 2+1）；

：

：

u̯in：

408 ʼu̯in：5（云 4，运 1）；

八寒：八思巴字头 18 个，字次 111-1；汉字 24 个，字次 110；

an：

409 gan：1（幹 1）；

412 dan：1（丹 1）；

414 tan：1（诞 1）；

415 nan：2（难 2）；

419 ban：2（颁 2）；

425 wan：19（万 19）；

426 dzan：1（赞 1）；

430 $š_2$an（该字头《字韵》写本不区分、字形）：13（山 9，产 4）；

431 han：3-1（汉 3-1）；

432 ɣan：13（寒 4，翰 9）；

433 ·an：10（安 10）；

435 jan：6（颜 5+1）；

（on：）

on：

438 gon：26（官 16，观 3，管 6，馆 1）；

440 dan：2（端 2）；

448 dzon：3（缵 3）；

451 son：1（算 1）；

453 ：4（完 4）；

：

（-）ėn（i̯a-）：

463 gėn：3（艰 2，奸 1）。

九先：八思巴字头 33 个，字次 333-12；汉字 58 个，字次 332；

en：

466 gen：1（謇 1）；

467 k‘en：1（搴 1）；

469 ŋen：8-3（言 5，焉 3-3）；

470 den：5（典 5）；

471 t‘en：45-1（天 45-1）；

472 ten：5（田 2，电 1，殿 1，奠 1）；

473 nen：46-2（年 46-2）；

477 men：8（缅 2，勉 4，免 2）；

478 tsen：7（前 3，钱 4）；

480 $š_1$en：15（禅 2，善 9，鳝 4）；

481 jen：6-1（延 4-1，演 2）；

482 len：1（莲 1）；

483 žen：1（然 1）；

ėn：

484 gėn：4（坚 1，见 3）；

485 k‘ėn：4-2（遣 4-2）；

486 džėn：2（战 2）；

488 bėn：3（编 2，变 1）；

489 p‘ėn：1-1（篇 1-1）；

491 ts‘ ėn：5（千 3，迁 2）；

492 sėn：8（先 7，仙 1）；

494 hėn：17（显 4，献 2，宪 11）；

496 jėn：4（宴 4）。

u̯ėn：

497 gu̯ėn：1（蠲 1）；

499 ku̯ėn：2-2（惓 2-2）；

500 džu̯ėn：1（专 1）；

501 tš‘u̯ėn：10（川 10）；

502 tšu̯ėn：6（传 5，瑑 1）；

506 su̯ėn：19（宣 14+1，选 4）；

510 ɦu̯ėn：10（玄 5，县 5）；

512 ’u̯ėn：47（元 30，原 2，源 1，爰 1，员 4，圆 1，院 8）；

514 ju̯ėn：2（兖 2）；

ėon：

516 gėon：31（眷 31）；

ėen：

519 ɦėen：7（贤 7）。

十萧：八思巴字头 31 个，字次 288-4；汉字 59 个，字次 286；

aw：

520 gaw：10（高 1，诰 9）；

521 k‘aw：3（考 2，恪 1）；

524 t‘aw：1（橐 1）；

525 taw：36（道 33+1，悼 1，铎 1）；

530 baw：18（褒 7，宝 2，保 6，葆 2，报 1）；

533 maw：2-1（莫 1-1，漠 1）；

535 dzaw：13（早 2，作 11）；

537 tsaw：5（造 5）；

538 saw：2（骚 2）；

540 haw：2（郝 2）；

541 ɣaw：5（号 5）；

543 jaw：4（渥 3，握 1）；

544 jaw：4（岳 4）；

545 law：11（劳 2，牢 3，老 5，乐 1）；

ew：

551 džew：18（昭 5，招 1，照 9，诏 3）；

553 tšew：4（朝 2，肇 1，赵 1）；

554 bew：3（表 3）；

556 mew：25（妙 4，庙 21）；

560 ·ew：6（约 6）；

561 jew：7-2（尧 4-1，遥 1-1，瑶 1，钥 1）；

562 lew：3（辽 1，略 2）；

563 žew：15（扰 6，若 9）。

ėw：

570 tšʻėw：4（超 4）；

572 dzėw：6（焦 2+1，爵 3）；

575 sėw：1（小 1）；

578 jėw：4（要 4）。

u̯aw：

580 kʻu̯aw：1-1（廓 1-1）；

585 š$_2$u̯aw：4（朔 4）；

586 hu̯aw：1（霍 1）；

（-）ėw（i̯a-）：

590 gėw：21（教 21-1）；

593 ɦėw：49（效 2，校 4，学 43）。

（ ： ）

十一尤：八思巴字头 25 个，字次 177-4；汉字 44 个，字次 176；

iw：

599 giw：11-1（九 10，久 1-1）；

601 kiw：3（求 1，旧 2）；

602 ŋiw：47（有 29，右 11，友 1，又 1，祐 4，侑 1）；

603 džiw：6（州 5，洲 1）；

604 tš‘iw：1（畜 1）；

605 tšiw：1（胄 1）；

610 ts‘iw：5（秋 5）；

611 tsiw：1（就 1）；

612 siw：18（修 16，秀 2）；

614 š$_2$iw：5（收 4，守 1）；

615 š$_1$iw：19（酬 1，寿 5，授 13）；

617 ɣiw：12（后 12）；

618 ·iw：4（优 4）；

620 jiw：4（由 1，游 2，繇 1）；

621 liw：6（刘 1，留 4，流 1）；

622 žiw：1（柔 1）

uw：

626 muw：7（母 6，茂 1）；

627 hu̯uw：2（副 2）；

628 muw：1（谋 1）；

hiw：

629 ghiw：2（勾 2）；

630 k‘hiw：1（寇 1）；

636 džhiw：2（邹 2）；

639 dzhiw：4（奏 4）；

ėiw：

648 hėiw：5-1（休 5-1）；

ow：

649 ȟu̯ow：9-2（负 1-1，阜 6-1，伏 2）。

十二覃：八思巴字头 21 个，字次 89-2；汉字 22 个，字次 88；

am：

653 t‘am：1（探 1）；

655 nam：3（南 3）；

659 hu̯am：2（泛 2）；

660 ȟu̯am：8（凡 5，范 3）；

662 dzam：1（赞 1）；

663 ts‘am：6（参 6）；

665 sam：18（三 18）；

672 lam：1（览 1）；

em：

673 gem：1（剑 1）；

675 kem：1（俭 1）；

676 ŋem：5（严 5）；

677 dem：5-1（点 5-1）；

680 nem：1-1（念 1-1）；

688 š$_2$em：5（陕 5）；

689 š$_1$em：8（赡 8）；

692 lem：8（廉 8）；

ėm：

694 gėm：4（兼 4）；

695 k‘ ėm：5（谦 4+1）；

696 tsėm：2（潜 2）；

i̯am：

698 gi̯am：3（监 3）；

701 ħi̯am：1（咸 1）。

十三侵：八思巴字头 10 个，字次 77-1；汉字 16 个，字次 77；

im：

704 gim：13（金 3，今 3，禁 7）；

710 tšim：15（朕 15）；

715 tsʻim：4（侵 4）；

716 sim：2-1（心 2-1）；

718 $š_2$im：2（深 2）；

720 ·im：8（饮 4，荫 4）；

722 jim：1（淫 1）；

723 lim：29（林 15，临 8，廪 4，凛 2）；

724 žim：2（任 2）；

ėim：

729 hėim：1（歆 1）。

十四歌：八思巴字头 10 个，字次 73-3；汉字 16 个，字次 73；

o：

731 kʻo：33（可 33）；

732 ŋo：5（我 5）；

733 do：1（多 1）；

737 dzo：11（左 9，佐 2）；

742 ɣo：11（何 3，河 3，盍 1，合 4）；

744 lo：①

① “罗”字 1 例用于蒙古人名，拼写独特，属用汉字表蒙古语音，不计入。

u̯o：

745 gu̯o：1-1（过 1-1）；

746 k'u̯o：1（科 1）；

747 du̯o：1-1（朵 1-1）；

749 tu̯o：5（堕 1，夺 4）；

751 bu̯o：①

760 ɣu̯o：4-1（和 3，火 1-1）；

：

十五麻：今存部分：八思巴字头 17 个，字次 165-3；汉字 23 个，字次 166；

ė：

767 t'ė：②

769 džė：38（者 36，哲 1，辄 1）；

774 dzė：4（節 4）；

775 ts'ė：2（切 2）；

776 sė：4（亵 4）；

777 $š_2$ ė：7（舍 1，摄 1，设 5）；

783 lė：1（列 1）；

u̯a：

785 gu̯a：1（娲 1）；

790 hu̯a：8（化 8）③；

791 ɣu̯a：2（华 2）；

（-）ė（i̯a）：

794 gė：30（家 8，加 21，假 1）；

① “波”字 1 例用于蒙古人名，属用汉字表蒙古语音，不计入。

② “帖”字 1 例用于蒙古人名，属用汉字表蒙古语音，不计入。

③ “花”字 1 例用于蒙古人名，拼写仅出现声母，属用汉字表蒙古语音，不计入。

797 ħė：8-1（暇 1-1，下 7）；

u̯ė：

798 gu̯ė：1（决 1）；

811 ʼu̯ė：52（月 52）；

812 ju̯ė：1（阅 1）；

u̯e：

815 gu̯e：1-1（厥 1-1）；

816 kʻu̯e：5-1（阙 5-1）

以下内容《蒙古字韵》写本原缺，《校本》补足。今据《校本》补齐如下八思巴字头（数字前“+”号表示此为今人所补。另，含零形式 a 的音节在声母后加［　］表示，以便于在表中展示及行文中称说）：

八思巴字头 19，字次 69；汉字 23 个，字次 69；

e：

+04 ŋe：8（孽 1，业 7）；

+05 te：16（牒 16）；

+09 ze：1（谢 1）；

+10 $\check{s}_1$e：1（涉 1）；

+12 je：9（也 8，葉 1）；

［　］：

+14［　］da：2（答 2）；

+15［　］tʻa：1（达 1）；

+16［　］ta：3（达 3）；

+17［　］na：2（纳 2）；

+21［　］ba：6（霸 1，八 5）；

+23［　］la：1（拔 1）；

+24［　］ma：5（马 5）；

+25［　］hu̯a：4（发 1，法 3）；

+26［　］ɦu̯a：3（伐 2，阀 1）；

+30［　］tsa：2（杂 2）；

+34［　］a：1（阿 1）；

+35［　］ja：2（亚 2）；

+36［　］ja：2（雅 2）。

+37［　］la：①

统计：不计缺失部分：八思巴字头 412 个，字次 5136-97；汉字 896 个；

与《蒙古字韵》不合用例占全部用例的比率：97/5136 ≈ 1.87%；

计缺失部分：八思巴字头 431 个，字次 5205-97；汉字 919 个；

与《蒙古字韵》不合用例占全部用例的比率：97/5205 ≈ 1.86%。

从以上比较可以看出，八思巴字实际应用文献与《蒙古字韵》在字头拼写上相符程度非常之高，拼写形式不一致的还占不到百分之二。因此，我们可以初步得出这样的结论，即《蒙古字韵》所代表的八思巴字拼写系统确实可以看作是元代八思巴字译写汉语的规范和依据。

第二节　资料用字与《蒙古字韵》不合例分析

一　与声母相关的用例

1.1 浊音清化：

030：重 32.4.6（声母讹作）。

159：及 29.4.20（该例声母讹作）。

极 30.8.9（该例声母讹作）。

167：治 14.17.2（讹作）。

滞 14.10.13（讹作）。

示 10.11.3（讹作）。

① “剌”字 1 例用于蒙古人名，拼写仅出现声母，属用汉字表蒙古语音，不计入。

谥 29.7.1（声母似误作）。

秩 29.4.17（声母讹作）。

194：慈 17.7.7（讹作）。

196：祠 29.4.6（声母讹作）。

辞 26.6.2（声母讹作）。

216：弼 14.13.12（讹作）。

261：乎 29.6.9（声母讹作）。

30.3.13（声母讹作）。

269：住 33.5.7（声母讹作）。

277：蜀 37.3.13（声母讹作）。

290：代 18.6.11（声母讹作）。

325：特 25.6.17（该例声母误作）。

342：神 17.12.13（此处讹作）。

45.1.9（声母讹作）。

386：顺 10.7.2（此处讹作）。

499：惓（《字韵》未收。《集韵》仙韵群母）26.4.3；26.4.4（此二例声母作）。

1.2 清音作浊：

051：政 14.17.13（讹作）。

158：岂 30.7.11（声母讹作）。

183：羲 47.1.2（声母讹作）

192：兹 14.13.5（此处讹作）。

214：诐 26.5.13（讹作）。

215：丕 25.8.20（声母讹作）。

配 26.6.10（声母讹作）。

27.15.3（声母讹作）。

29.5.2（声母讹作）。

248[八思巴字]：不 39.10.11（声母[八思巴字]讹作[八思巴字]）。

255[八思巴字]：做3.5. 4（[八思巴字]讹作[八思巴字]。该字《蒙古字韵》未收。据其音韵地位知为精母）。

489[八思巴字]：篇 26.3.16（该例[八思巴字]讹作[八思巴字]）。

1.3 涉及零声母的拼写：

1.3.1 疑三作喻

160[八思巴字]：矣 25.5.11（字形讹作[八思巴字]）。

26.6.14（字形讹作[八思巴字]）。

30.2.12；30.5.12（此二例字形讹作[八思巴字]）。

469[八思巴字]：焉 27.13.5（字形作[八思巴字]）。

29.5.3（字形作[八思巴字]）。

（据《王力古汉语字典》，"焉"字作疑问代词作影母读，语气词则作喻三母读。今计入喻母，作拼写有误论）

1.3.2 疑三作影

160[八思巴字]：沂 10.5.12。（[八思巴字]讹作[八思巴字]）

469[八思巴字]：焉 18.6.7（字形作影母[八思巴字]）。

1.3.3 喻误作鱼

040[八思巴字]：茔 49.4.7（该例[八思巴字]误作[八思巴字]）。

1.3.4 幺讹作喻

185[八思巴字]：伊 17.4.8（此处[八思巴字]讹作[八思巴字]）。

一 3.6.1（此处[八思巴字]讹作[八思巴字]）；

1.3.5 影母作零

262[八思巴字]：乌 41.10.11（该例为蒙古人名用字，拼写为[八思巴字]）。

1.3.6 影母作鱼

279[八思巴字]：於 14.7.6；14.9.2；14.11.3（这三例声母讹作[八思巴字]）。

1.3.7 鱼母作喻

280[八思巴字]：于（该字《蒙古字韵》未收。据音韵地位当在此位）29.5.16（声母[八思巴字]讹作[八思巴字]）。

1.4 泥娘相混：

168[八思巴字]：尼 27.17.5（该例声母讹作[八思巴字]）。

680[八思巴字]：念 27.9.5（声母讹作[八思巴字]）。

1.5 形讹：

215[八思巴字]：丕 11.5.15（[八思巴字] 讹作[八思巴字]，下同）。

12.7.4。

13.4.4.。

27.22.3（[八思巴字] 讹作[八思巴字]）。

249[八思巴字]：普 34.3.2（该例声母[八思巴字] 讹作[八思巴字]）。

35.3.2（该例声母[八思巴字] 讹作[八思巴字]）。

336[八思巴字]：谨 38.2.6（声母[八思巴字] 讹作[八思巴字]）。

473[八思巴字]：年 34.10.6（声母[八思巴字] 讹作[八思巴字]）。

599[八思巴字]：久 38.1.4（声母[八思巴字] 讹作[八思巴字]）。

1.6 误读：

166[八思巴字]：摘 38.2.5（声母[八思巴字] 讹作[八思巴字]）。

580[八思巴字]：廓 16.11.5（[八思巴字] 讹作[八思巴字]）。

797[八思巴字]：暇 27.10.3（声母讹作[八思巴字]）。

815[八思巴字]：厥 27.4.6（声母讹作[八思巴字]）。

1.7 蒙式读音误入：

183[八思巴字]hi：羲 47.1.2（[八思巴字] 讹作[八思巴字]）

二　与韵母相关的用例

2.1 三、四等淆乱：

198[八思巴字]：稽 27.5.2（字形讹作[八思巴字]）。

30.6.11（字形讹作[八思巴字]）。

471[八思巴字]：天 37.1.3（该例字形作[八思巴字]）。

473[八思巴字]：年 29.8.4（该例拼作[八思巴字]）。

485[八思巴字]：遣 11.7.8（此处[八思巴字] 讹作[八思巴字]）。

38.2.7（此处[illegible] 讹作[illegible]，拼作[illegible]）。

561[illegible]：尧 1.7.1（此处原文拼作[illegible]）。

遥 41.12.5（该例误拼作[illegible]）。

677[illegible]：点 37.4.6（该例字形作[illegible]）。

816[illegible]：阙 18.6.13（字形讹作[illegible]）。

2.2 四支（与《中原音韵》齐微对应）唇音淆乱：

169[illegible]：比 29.5.20（该例拼作[illegible]）。

2.3 一东韵中知二庄、知三章韵母淆乱：

009[illegible]：崇 33.5.1（字形作[illegible]，多[illegible]）。

030[illegible]：重 37.4.9（该例拼作[illegible]，少[illegible]）。

附：255[illegible]：祖 37.2.1（该例拼作[illegible]，多[illegible]）。

2.4 三阳主元音淆乱：

149[illegible]：王 42.1.2（此处拼作[illegible]，与《字韵》不同）。

一东、二庚纠葛：

097[illegible]：衡 26.2.17（拼作[illegible]，与一东“洪”等拼写相同）。

2.5 韵尾淆乱

431[illegible]：汉 28.2.7（该例字形讹作[illegible]）。

383[illegible]：郡 21.6.7（该例韵尾[illegible] 讹作[illegible]）；

384[illegible]：准 31.6.11（该例韵尾[illegible] 讹作[illegible]）。

2.6 开合相混

533[illegible]：莫 18.6.5（字形作[illegible]，《蒙古字韵》作[illegible]）。

745[illegible]：过 25.4.6（此处字形作[illegible]）。

747[illegible]：朵 40.10.11（该例拼作[illegible]，少[illegible]）。

751[illegible]：波 41.13.11；41.14.9（此二例属蒙古人名用字，拼作[illegible]，少[illegible]。未计入）。

760[illegible]：火 39.9.13（原文拼作[illegible]，少[illegible]）。

2.7 晓母纠葛：

648[八思巴字]：休 13.4.8（该字头此处拼作[八思巴字]，缺少[八思巴字]）。

2.8 特殊误作一般：

649[八思巴字]：负 16.13.15（此处字形作[八思巴字]）。

阜 10.3.3（此处字形作[八思巴字]）。

2.9 形讹：

051[八思巴字]：正 31.6.8（字形讹作[八思巴字]）。

338[八思巴字]：银 41.13.1（该例误拼作[八思巴字]，应为书写错误）。

481[八思巴字]：延 57.1.1（该例误拼作[八思巴字]）。

716[八思巴字]：心 26.4.11（该例[八思巴字]形误）。

2.10 疏漏：

152[八思巴字]：抢 16.9.10（此字拼写只有声母[八思巴字]，少了韵母[八思巴字]）。

三　不合例分析

该如何看待应用文献中这些与韵书《蒙古字韵》不合的用例呢？我们认为，除去少数形讹和疏漏造成的拼写不合，大部分不合用例反映了实际语音的演变。

下面我们就来分析应用文献中与《蒙古字韵》不合的用例，看它们反映了哪些实际语音变化。因为有不少音变现象体现了近代汉语中的普遍规律，十分常见，为研究者所耳熟能详，且在同类著作中经常出现，为避免重复，且限于篇幅，有些点到为止，不再展开论述。

3.1 浊音清化、零声母

浊音清化和零声母问题一直是近代语音史上的焦点问题，向来为学界所关注。后文专门讨论，此不赘。

3.2 泥娘相混

泥娘混并是中古以来就出现的一种变化，只是《蒙古字韵》为了服从三十六字母的格局强生分别而已。实际拼写中二者不分则反映了真实的语言状况。不赘。

3.3 晓母作 q：[八思巴字]hi 羲 47.1.2（[八思巴字]讹作[八思巴字]），这是回鹘式蒙古文时期译写汉语词的特点，现在这种做法被嫁接到了八思巴字拼写中，这是受到蒙古语影响的反映。对于此种现像将集中以专文讨论，此不赘。

3.4 韵母三四等合流

在近代汉语中，很多韵摄中发生了韵母合流的现象，一般是一、二等合流，三、四等合流。实际拼写中二者不分则反映了真实的语言状况。而《蒙古字韵》则因为更重视韵书和韵图的分类，所以很多情况下遵循等不同则音不同的原则。

3.5 鼻音韵尾的纠葛

近代汉语鼻音韵尾的变化中最明显的就是 -m 尾向 -n 尾的转化，这种演变会因时间、地域因素的不同而呈现出各种差异，有的方言中演变快些，有的则相对迟缓。文献中 431 ꡜꡋ han：汉 28.2.7 字形讹作 ꡜꡏham 应该就反映了这种变化。韵书则因其滞后性而维持了不同韵尾的界限。至于 -ŋ 尾讹作 -n 尾则或许受到了某南方方言的影响，或许译写者方言中如江淮官话中一样 -ŋ 尾、-n 尾合而为一。因为例证太少，难以遽下论断。

3.6 圆唇主元音韵部开合口的混并

圆唇主元音韵部开合口韵字，今天的北方官话方言中都是合而为一的，文献中的混并用例应该反映了这种演变的轨迹。而韵书《蒙古字韵》维持这种对立则是因袭传统韵书和韵图分类的结果。

3.7 尤韵唇音字的纠葛

尤韵唇音字读同鱼韵，这在唐代白居易的诗中就已有表现，所以此处 649 [illegible] ɦu̯ow：负 16.13.15（此处字形作 ɦu̯u），反映的就是这种变化。而《蒙古字韵》则由于因袭传统韵书和韵图的分类，仍使这些字留在尤韵中。

第三节　八思巴字官印用字与《蒙古字韵》比较

照那斯图终生致力于八思巴字材料的搜集整理与研究工作，其所集材料之宏富，研究之精湛，罕有其比。在这些材料中，有一种有着更为独特的意义与价值，这就是八思巴字官印资料。其收集的官印（有实物也有印文）共 210 多方，去世前已汇集成书，逐方研究、考释，并约请了南开大学薛磊博士（元史专家李治安教授高足）为每方官印进行史学方面的补释，二人已合署出版专著《元国书官印汇释》（辽宁民族出版社 2011 年版）。该研究受到中国社会科学院 2009—2014 年特殊学科项目资助。

众所周知，官印是权力的象征。照那斯图认为，八思巴字在官印上的运用，是八思巴字作为国书最重要的用途（《元国书官印汇释》序言）。在八思巴字推行之际，便首先宣布“诸省部台印信并用蒙古字”（《元典章》卷三十一礼部四）。因为这种官印都是由中书礼部造发，所以当时统一规定用蒙古字，也较易实行（罗常培、蔡美彪《八思巴字与元代汉语》页 15）。正因为官印代表着官方的权威，所以其用字就反映了国家的规范与标准，我们对官印用字进行全面整理研究，然后与《蒙古字韵》作比较，这对明确《蒙古字韵》的地位无疑是非常有效的，从而也可以作为我们研究元代语音史是否参考《蒙古字韵》的一项重要依据。

基于此，我们将官印材料加以全面整理，将官印用字编一总表，该表遵循统一的编制原则，该原则为：材料中字头的整体排列遵从《蒙古字韵》（后简称《字韵》），表现为：

（1）首先按韵（《蒙古字韵》十五韵部）编排用字；

（2）其次每韵内部先按韵母分类（依《字韵》体例顺序），每个韵母内部则按《字韵》所用排列八思巴字字头的顺序（依固定声母次序）排列；

（3）单字的信息则按每一字先写出八思巴字字头，再写出相应汉字，后列出该字头所在官印的代码。官印代码均为三位数，首位数字代表每方官印所属的类别，后两位数字则代表每方印在本类别中的序号，如 118 即代表第 1 类的第 18 方印。照那斯图先生将 210 多方官印共分为 8 类，每类对应该书的一章，分别是：

第一章　皇帝、国师、帝师、国公及诸王印

101. 皇帝（之宝）

102. 国师之印

……

第二章　中央官署及其下属印

201. 中书省印

202. 宣政院印

……

第三章　都元帅府、侍卫亲军及其下属印

301. 蒙古军都元帅府之印

302. 乌思藏纳里速古鲁孙等三路宣慰使司都元帅之印

……

第四章　管军万户、千户、百户、总管、总把、弹压印

401. 蒙古军万户府经历司印

402. 亦思麻儿甘军民万户府印

……

第五章　元代义兵官印

501. 安陆等处义兵万户所之印

……

第六章　路府州县等地方官署印

601. 亦集乃总管府印

……

第七章　达鲁花赤、奥鲁、提领印

701. 怀庆等处管人匠打捕户达鲁花赤之印

……

第八章　驿站印

801. 神山驿印

……

（4）若单字拼写形式与《蒙古字韵》不合（此处《蒙古字韵》以照那斯图、杨耐思所著《蒙古字韵》校本为准，与校后字形相同者即视为相合，如四支韵中ꡆꡞ,《字韵》写本中原作ꡆꡦ，校本改为ꡆꡞ，则以校后的ꡆꡞ为准），则先写出官印中的原有形式，后边括号中给出《字韵》拼写形式（为节省篇幅，在不会引起误解的情况下，则只给出拼写有异的字母，其他字母不再重复写出，后者以“-”代替）以资比较。

（5）同一八思巴字字头与 2 个以上同音汉字（有的声调不同）对应时，八思巴字只在第一个汉字前出现（若八思巴字头拼写并不一致，则可分开书写），后边不同汉字及相关信息以“/”隔开，同一八思巴字字头下的汉字排序以它们在《蒙古字韵》中出现的先后次序为准（如不同声调者按“平上去入”的次序排列，同声调的则按其在《字韵》中出现的先后为序）。若几方序号连续的官印中均出现同一字形，则用 A—B 形式表示，如“忠 539—545”表示从第 5 类的第 39 方印至同类的 45 方印中都有“忠”字相应的八思字出现。另，纯粹作为藏文译写形式或蒙古语音译的，因与汉语音韵无关，暂不计入。看韵表：

一东：ꡟꡃ：ꡂꡟꡃ 公 111；112；

ꡈꡟꡃ 东 303；306；307；308；434；522；

ꡉꡟꡃ 通 219；220；221；/ 统 104；105；106；

ꡊꡟꡃ 同 613；

ꡋꡟꡃ 农 424；

ꡆꡟꡃ 中 106；201；205；206；207；222；226；228；604；615；702；/ 忠 326；327；328；533；534；539—545；/ 众 619；

ꡇꡟꡃ 崇 210；

ꡏꡟꡃ 蒙 403；/ 勐 632；

ꡤꡟꡟꡃ 风 625；/ 丰 520；

ꡛꡟꡃ 宗 323；324；/ 总 224；409—416；601；603；604；605；606；612；613；

ꡜꡟꡃ 红 612；

ꡝꡟꡃ 翁 433；

ꡞꡟꡃ：ꡝꡟꡃ 雍（ꡝꡞꡟꡃ）633；

ꡗꡞꡟꡃ 永 204；608；

ꡙꡞꡟꡃ 勇 519；528；545；

ꡙꡞꡦꡃ 颖（“颖”字以母静韵合口字，《字韵》作 ꡙꡞꡟꡃ）508；

ꡙꡞꡟꡃ 隆 320；321；322；/ 陇 227；

二庚：：荆 321；

庆 701；

顶 108；

厅 206；210；226；

　厅（）614；615；

定 629；

宁 110；522；626；705；

征 533—535；/ 政 202；227；

称 435；

兵 226；501—545；

　兵 424；

平 523；618；809；

井 627；

青 515；

靖 616；

城 432；511；512；514；532；628；/ 承 214；

应 432；/ 鹰 612；

　赢（《字韵》作。照那先生疑漏写韵腹）538；

领 104；105；106；224；702；703（2 字次）；/ 令 630；

：登 428；617；710；/ 等 204；222；228；302；426；432；438—440；501—529；531；532；536；612；631；633；634；701；702；

？ 537；

僧 106；

省 201；222；223；228；

：经 213；224；225；401；534；605；606；

兴 106；702；

: 行 204; 219; 220; 221; 222; 228; 408; 533—535; / 陉 627;

三阳: : 唐 530;

章 211; / 漳 604;

昌 112; 204; 609; 620; 809; / 场 630;

访 227;

房 612; 624; / 防 426; 429; 430;

仓 602; 622; / 沧 621;

桑 107（藏文人名音译）;

上 310; 320; 417; 418; 506—508; 522; 610;

阳 438; 439; 505—507; 515; 528; 529; 536; 607; 612; 634; / 扬 535; 708;

: 江 222;

匠 631;

匠（-）224;

匠（-）611; 701; 702;

祥（-）807;

项 511; 512;

粮 424;

良（）436; 437（这 2 例为西夏的“兀剌海城”音译）;

: 广 602;

王 109; 110; 118; / 往 632;

: 黄 425; / 皇 101;

四支: : 冀 431; 614;

器 611; 631;

淇 517; 518;

ꡃꡞ 义 501—545（519 除外）；603；

　ꡗꡞ 义（ꡃꡞ）519；

ꡈꡖꡈꡞ 帝 101；

ꡈꡞ 帝 106；

ꡊꡞ 帝（照那斯图认为系藏语音读）107；

ꡊꡞ 提 219；220；221；609；613；703；

ꡄꡞ 知 614；615；/　之 102；103；106；108；115；116；117；118；205；208；211；217；218；223；301；302；306；320；322—328；406；409；410；417—420；422；425；433；435；438；501；503；504；509；512—515；518；521；523；524—527；529；534；538；540；542；603；607；608；612—615；621；623—625；701；704；707；804；806；807；/ 指 304；306；316；317；323—325；327；328；426；429；/ 智 519；539—541；

ꡅꡞ 池 803；/ 治 604；/ 直 305；

ꡋꡞ 尼 106；

ꡎꡞ（ꡍ-）毗 438；536；

ꡐꡞ 积（積）602；

ꡒꡞ 籍 212；/ 集 213；214；601；602；

ꡛꡞ 西 222；227；303；325；403；434；523；537；

ꡮꡞ 释 104；105；

ꡚꡞ 侍 304；305；306；307；308；309；323；324；326；

ꡜꡞ 喜 711；

ꡖꡞ 医 306；

ꡗꡞ 夷 633；/ 眙（该字《字韵》不收）502；翊 326；/ 亦 601；602；/ 奕 439；440；538；/ 驿 801；802；

ꡙꡞ 礼 205；/ 历 213；224；225；401；534；605；606；

ꡔꡞ 儿 805；

[illegible]: [illegible] 士 211; /

事 204; 206; 208; 226; 609; 614; 615;

[illegible] 资 607; / 紫 321; / 子 209;

[illegible] 司 113; 114; 206; 212; 213; 223; 224; 225; 227（2 字次）; 302; 303; 306; 316; 317; 323—325; 327; 328; 401; 534; 605; 606; 608（2 字次）; 613; 627—630（630 二字次）; 634（二字次）; / 四 403;

[illegible] 寺 225;

[illegible] 师 102; 103; 104; 105; 106; 108; /　使 302; 303; 304; 306; 316; 317; 323—325; 327; 328; 634;

[illegible] 师（照那斯图认为系藏语音读）107;

[illegible]: [illegible] 计 611; / 吉 433;

[illegible]: [illegible] 国 102; 103; 104; 108; 112;

[illegible] 国 105; 106; 111; 209;（韵尾的 [illegible]、[illegible]，我们认为当为形近而讹，或是为了追求字体方正而作的一种字形上的处理）;

[illegible] 北 227; 320;

[illegible] 邳 527（“邳”《广韵》並母，但《字韵》写本在滂母）;

[illegible] 皮 610;

[illegible]（[illegible]-）备 225;

[illegible] 密 203; 426;

[illegible] 密 204;

[illegible] 随 509; 510;

[illegible] 水 425; 609; 704;

[illegible] 尉 117; 626—628; / 慰 302; 303; / 域 325;

[illegible] 尉 115; 116; [illegible] 尉（《字韵》作 [illegible]）629;

[illegible] 威 535（《字韵》作 [illegible]）;

[illegible] 威（《字韵》作 [illegible]）441;

[八思巴字] 卫 306；307；308；309；310；312；313；314；315；316；317；320—324；326；327；328；

[八思巴字] 卫（《字韵》作 [八思巴字]）304；305；

[八思巴字]：[八思巴字]（[八思巴字]-）奎 211；

[八思巴字]：[八思巴字]（[八思巴字]-？）挥 304；306；316；317；323—325；327；328；

五鱼：[八思巴字]：[八思巴字] 古 403；

[八思巴字] 库 214；215；216；222；607；/ 苦 805；

[八思巴字] 都 206；224；301；302；303；304；306；316；317；323—325；327；328；403；610；613；805；

[八思巴字] 徒 113；114；渎 630；

[八思巴字] 驽 326；

[八思巴字] 浦 630；

[八思巴字] 部 205；208；217；218；226；/ 捕 612；620；701；

[八思巴字]（[八思巴字]-）捕 621；

[八思巴字]（[八思巴字]-）部 207；

[八思巴字]（[八思巴字]-）簿 210；626；

[八思巴字] 木 611；

[八思巴字] 府 204；224；301；302；303；305；310；401；402；403；533—535；601；603；604；605；606；612；615；/ 傅 118；/ 副（尤韵 [八思巴字] 字头下亦有“副”字）304；

[八思巴字]（[八思巴字]）富 802（“富”在尤韵 [八思巴字]，误入此处）；

[八思巴字] 阜 618（“阜”在尤韵 [八思巴字]，误入此处）；

[八思巴字] 扶 625；

[八思巴字] 芜 706；/ 武 225；528；544；609；709；/ 务 623—625；

[八思巴字] 速 312；313；314；315；316；317；

[八思巴字] 所 212；228；309；310；312；313；318；325；407；408；426；428；

432；501—504；511；512；523；531；536；539；541—543；

ꡜꡟ 虎 329；330；

ꡣꡟ 葫（《字韵》无“葫”字）505；

湖 528；/ 户 207；208；217；218；305；307—330；401—408；417—441；501—545；609；701；703；704；/ 扈 327；328；

ꡙꡟ 芦 505；/ 路 219；220；221；302；306；307；308；602—605；607—611；702；

ꡦꡟ：ꡂꡦꡟ 举 219；220；221；609；613；/ 莒 426；427；

ꡁꡦꡟ 局 631；

ꡆꡦꡟ 诸 106；219；220；221；224；705—710；/ 主 208；226；626；

ꡈꡦꡟ 诸 516（ꡆꡦꡟ）；

ꡇꡦꡟ 枢 204；/ 处 204；222；228；426；432；438—440；501—529；531；532；536；612；631；633；634；701；

ꡈꡦꡟ（当作ꡇ）枢 203；

ꡋꡦꡟ 女 305；

ꡛꡦꡟ 需 606；/ 肃 223；227；228；/ 宿 513；

ꡛꡦꡟ 徐（ꡈꡦꡟ）630；

ꡚꡦꡟ 书 201；205；206；207；211；222；226；228；

ꡜꡦꡟ 吁 502；

ꡗꡦꡟ 羽 311；/ 狱 608；

ꡭꡦꡟ 裕 516；802；

ꡙꡦꡟ 六 519；/ 陆 501；609；

ꡓ：ꡓ 兀 436；

六佳：ꡭ：ꡉꡭ 泰 626；/ 太 117；611；631；

ꡊꡭ 台 538；803；/ 大 104；105；106；113；114；115（但印背汉字为“太”）；116；613；629；

[illegible] 乃 601；602；

[illegible] 百 311；314；315；317；319—324；327—330；417—423；425；427；430；433—440；505—509；513—516；518—520；522—530；532；538；540；541；544；545；

[illegible]（[illegible]-）百 307；308；316；326；424；427；

[illegible] 白 109；617；710；

[illegible] 海 303；426—431；434—437；503；504；522；

[illegible] 莱 706；

[illegible]：[illegible] 帅 301；302；303；/ 率 310；

[illegible] 怀 110；701；/ 淮 425；502—504；525；526；

[illegible]：[illegible] 色 224；

七真：[illegible]：[illegible] 真 529；633；/ 镇 320；321；322；426；427；428；431；434；705；

[illegible] 神（《字韵》作[illegible]）801；

[illegible] 民 402；438—441；511；512；536；609；632—634；702；704；

[illegible] 亲 305；306；307；308；309；312；314；315；316；317；318；319；320；323—328；

[illegible] 信 542；

[illegible] 印 102；103；106；108—118；201—214；215（2 字次）；216（2 字次）；217—228；301—330；401—441；501—545；601—635；701—711；801—809。

[illegible] 人 224；611；631；701；703；/ 仁 323；324；

[illegible]：[illegible] 昆 623；

[illegible] 敦 805；

[illegible] 屯 328；423；435—437；634；635；

[illegible] 賁 329；330；/ 本 224；702；703；

[illegible]（[illegible]？）门（嫩？）111；

ꡰꡟꡋ 分 207；227；634；

ꡓꡟꡋ 文 210；

ꡦꡟꡋ：ꡂꡦꡟꡋ 军 301；304；305；306；307；308；309；312；314；315；316；317；318；319；320；323—330（326 两字次）；401—408；411—422；438—441；511；512；536；607；631；632；634；705—710；

ꡚꡦꡟꡋ 顺 439；

ꡛꡦꡟꡋ 巡 426；429；430；

ꡦꡞꡋ：ꡝꡦꡞꡋ 云 606；

ꡝꡦꡟꡋ 运（ꡝꡦꡞꡋ）424；

八寒：ꡋ：ꡊꡋ 丹 806；

ꡉꡋ 弹 512；531；536；537；539；542；543；

ꡎꡋ 办 610；

ꡏꡋ 蛮 633；

ꡓꡋ 万 305；401；402；403；501；533—535；707；

ꡚꡋ 山 440；515；522；529；623；624；801；803；/ 产 609；

ꡖꡋ 安 501；519；520；525；526；532；635；711；

ꡏꡋ，似当作 ꡖꡋ 安 502；

ꡙꡋ 兰 109；

ꡧꡋ：ꡂꡧꡋ 官 204；610；611；620；621；632；633；706；708—710；/ 管 214；224（2 字次）；305；404—407；411—420（416 两字次）；601；603；604；605；606；609—613；633；701—704；/ 灌 108；

ꡊꡧꡋ 断 204；

ꡎꡧꡋ 般 607；

ꡍꡧꡋ（ꡎꡧꡋ）判 620；

ꡍꡖꡋ（ꡌꡖꡋ）判 621；

ꡧꡋ：ꡂꡧꡋ 关 321；

九先：ꡦꡋ：ꡊꡦꡋ（ꡈ -）典 210；

ꡉꡦꡋ 天 628；

ꡊꡦꡋ 田 328；423；435—437；634；/ 甸 632；

ꡗꡦꡋ 延 635；

ꡠꡋ：ꡑꡠꡋ 千 309；310；312；313；318；325；404—408；426；428；429；432；441；502—504；510—512；517；521；531；536；537；539；542；543；

ꡖꡠꡋ 鄢 514；

ꡧꡠꡋ：ꡅꡧꡠꡋ 川 403；537；

ꡛꡧꡠꡋ 宣 202；302；303；327；328；534；

ꡣꡧꡠꡋ 县 432；530；617；618；619；624；626—629；706；710；711；

ꡝꡧꡠꡋ 元 104；105；106；301；302；303；/　原 611；631；/　院 202；203；204；213；214；

ꡗꡧꡠꡋ 沿 426；429；430；

ꡠꡦꡋ：ꡣꡠꡦꡋ 贤 213；214；

十萧：ꡓ：ꡂꡓ 阁 211；214；

ꡁꡓ 栲 530；

ꡉꡓ 讨 529；

ꡊꡓ 道 227；303；/ 盗 620；621；

ꡅꡓ 钞 215；216；217；218；219；220；221；222；

ꡌꡓ 宝 215；216；217；218；219；620；/ 保 616；

ꡍꡓ 宝 220；221；

ꡏꡓ 毛 505；806；

枣 515；

造 215；216；613；

栳 530；

: 招 529；/ 照 214；228；303；

烧 222；

辽 303；434；612；

: 霍 521；

: 胶 426；/ 教 104；105；306；

效 533；543；/ 学 211；306；

十一尤 : : 丘 521；

右 206；223；317；

州 427；428；431；441；508—510；513；516—518；524；527；531；603；604；605；608；614；616；620—623；705；707；708；709；807；

守 434；

授 306；

: （ ）富 802（“富”在尤韵，误入鱼韵）；

: 勾 214；

口 320；

头 702；/ 投 224；703；

: 阜 618（“阜”在尤韵，误入鱼韵）；

十二覃 : : 甘 223；228；

南 505—507；

站 804—809；

参 211；

三 302；

: 陕 403；524；

廉（ ）227；

: 兼 214；620；621；626；

兼 609（四等字，当作 ）；

: 监 209；210；

十三侵 : : 金 803；

钦 318；319；

沈 634；

林 311；/ 临 531；

十四歌 : : 左 223；310；312；313；314；315；316；

河 227；615；622；

罗 529；

: 磨 214；228；303；

货 610；

和（《字韵》作 ）619；

照那斯图认为可能从蒙古语 orus 斡罗斯（斡，《字韵》作 ）327、328。

十五麻 : : 列 808；

结（藏文人名音译）107；

: 花 612；

: 架 214；

下 224；407；419；509；

峡（《字韵》未见该字）605；

下 702；703；

：斜 808；

[　　]：打 612；701；

达 704（2 字次）；

察 318；319；

把 409—415；

麻 537；/ 马 440；

发 214；

杂 613；

阿 312；313；314；315；316；317；

剌 433；806；

压 512；531；536；537；539；542；543；

牙 436；437；

贝 107（藏文人名音译）；

以下这些词多为蒙古语音译，多不计入，暂录于此，以备比较：

印 224：“怯怜口”为蒙古语词 ge r-un ge ·ud 的汉字音译，故不录。

印 301、306、307、308、309、311、323、324、401、420—422：“蒙古”一词的蒙古语读音音译，故不录。

印 302：“乌思藏纳里速古鲁孙”系音译藏语词，故不录。

印 327、328：照那斯图认为可能从蒙古语 orus 斡罗斯（斡，《字韵》作）。

印 402：“亦思麻儿甘”用以藏文拼写的藏语地名。

印 433：系蒙古语词“英雄”的音译。

印 701、702、704：“达鲁花赤”为蒙古语词，此不录。

印 705—711：“奥鲁”为蒙古语词（《蒙古秘史》译为“营

盘”）。

印 804：[八思巴字] 为蒙古语词，写法按“名从主人”原则完全依蒙古读音，语义是“养鸟人城”。

对上面韵表中的用字情况我们作了统计，图示如下：

官印中共出现八思巴字字头	对应汉字	共出现字次	与《蒙古字韵》拼写不合用例	拼写不合用例占总字次比重
243 个	319 个	1803 字次	47 字次	2.61%

从上表的统计数字我们可以看出，八思巴字官印用字与八思巴字韵书《蒙古字韵》表现出了相当高的一致性，拼写不合用例仅占 2.66%，这就使我们更加有理由相信，《蒙古字韵》完全可以作为元代官方“汉语——八思巴字”的译音标准来看待和研究，汉语语音史也完全应该将《蒙古字韵》作为重要的研究对象。

当然，还有一点美中不足的就是那些拼写不合的用例该如何来看待。我们经过研究后发现，这数量很少的不合用例有不少其实是真实语音现象的流露。下面我们就将官印用字中与《蒙古字韵》不同的用例分类说明如下：

A. 浊音清化带来清浊拼写相混：

A1. 清拼作浊：

[八思巴字] 厅（[八思巴字]）614；615；

[八思巴字] 兵（[八思巴字]）424；

[八思巴字] 诸（[八思巴字]）516；

[八思巴字]（当作 [八思巴字]）枢 203；

[八思巴字]（[八思巴字]）判 621；

[八思巴字]（[八思巴字] -）典 210；

[八思巴字] 宝（[八思巴字]）220；221；

[八思巴字] 邳 527（“邳”《广韵》並母，但《字韵》写本在滂母）；

这些用例中的清声母都写作同部位的浊音，明显属于元代实际语音系统中浊音清化带来的清浊拼写相混。

A2. 浊拼作清：

[八思巴字] 匠（[八思巴字]-）224；

[八思巴字]（[八思巴字]-）备 225；

[八思巴字]（[八思巴字]-）捕 621；

[八思巴字]（[八思巴字]-）部 207；

[八思巴字]（[八思巴字]-）簿 210；626；

[八思巴字] 徐（[八思巴字]）630；

[八思巴字]（[八思巴字]-）百 307；308；316；326；424；427；

[八思巴字] 神（《字韵》作 [八思巴字]）801；

[八思巴字]（[八思巴字]-）毗 438；536；

与 A1 清拼作浊的情况相似，该类用例中的浊声母都写作同部位的清音，亦属于元代实际语音系统中浊音清化带来的清浊拼写相混。只有最后一例：[八思巴字]（[八思巴字]-）毗 438；536；本该送气却拼作了不送气音。我们认为，这很可能是形近而讹，因为不送气音 [八思巴字]、送气音 [八思巴字] 极为相似，再加上印文的特殊字体要求，所以二者的细微差别有时字面上区别不够。这不是孤例，下面 A3 类就出现了 [八思巴字]、[八思巴字] 相混的情况。（还有一种可能是书写者受到了自己所操方言的影响，或许该方言中浊音当时读作不送气的清音，如今天的某些南方方言）

A3. 清与次清相混当属形近而讹：

[八思巴字]（[八思巴字]-）奎 211；

[八思巴字]（[八思巴字]）判 620；

这二例，我们认为当属形近而讹，前者中的 [八思巴字]、[八思巴字] 字形相近，只是方向相反，有可能误刻。这种解释也许牵强了，但我们目前没有更好的看法。

B. 零声母的产生导致了拼写的混乱：

疑母写作喻母：[八思巴字] 义（[八思巴字]）519；

影母写作鱼母：[八思巴字] 尉（《字韵》作 [八思巴字]）629；[八思巴字] 威（《字韵》作 [八思巴字]）441；

鱼母写作影母：[八思巴字] 卫（《字韵》作 [八思巴字]）304；305；

八思巴字系统中影、幺、鱼、喻都来标元代汉语的零声母，即与传统的影母、喻母及疑母的一部分形成交叉对应关系，依所接韵母性质的不同形成彼疆尔界（参看宋洪民 2013）。这种混乱情形正好说明了当时有多种来源的汉语零声母正在产生。

C. 韵母相混：

C1. 韵母三、四等相混：

[illegible] 密（[illegible]）204；

[illegible] 运（[illegible]）424；

《蒙古字韵》里的三、四等韵母之分，有些是继承了韵图等第的分别，而这些区别在实际语音中好些已经消失（参宋洪民 2012），这里反映的应该就是书写者受到了实际语音的影响而忘记了这种区别的情形。

C2. 一、三等相混：[illegible] 雍（[illegible]）633；

这二者之间应该存有洪细之别，混淆原因存疑。

C3. 开合口相混：

[illegible] 颖（“颖”字以母静韵合口字，《字韵》作 [illegible]）508；

颖字后世多读开口，或许这里反映了这种实际读音。

C4. 韵尾相混：

[illegible] 廉（[illegible]）227；

[illegible] 尾写作 [illegible] 尾，应该看作是咸摄字向山摄演变的先声。

C5. 尤韵唇音字读同鱼韵字：

[illegible]（[illegible]）富 802（“富”在尤韵 [illegible]，误入此处）；

[illegible] 阜 618（“阜”在尤韵 [illegible]，误入此处）；

“富”字二例展示了尤韵唇音字向鱼韵字靠拢的事实，尽管这一音变早已发生，但因为以《蒙古字韵》为代表的八思巴字译音体系对前代韵书的继承性（忌浮 2007，宁忌浮 1997），所以呈现出了保守性。

D. [illegible]、[illegible] 的纠葛：

[illegible] 匠（[illegible] -）611；701；702；

[八思巴字] 祥（[八思巴字]-）807；

[八思巴字] 下 702；703；

[八思巴字] 兼 609（四等字，当作 [八思巴字]）；

在《蒙古字韵》中，[八思巴字]、[八思巴字] 二者就有不少可作两种拼写形式的情形（如山三阳、八寒、十二覃等韵部，见《蒙古字韵校本》），只是此处的 [八思巴字] 兼 609，是四等字，只能写作 [八思巴字]。

E. 似错非错的特例：

[八思巴字]（[八思巴字]-？）挥 304；306；316；317；323—325；327；328；

《蒙古字韵校本》"校勘记"专门讨论了这一字头（页 166），认为这可能是《蒙古字韵》的一处错误，因为"挥"本为晓母，不当拼作 [八思巴字]- 声母，官印的写法正作晓母，符合实际。

F. 疑书写有误的：

[八思巴字] 赢（《字韵》作 [八思巴字]。照那先生疑漏写韵腹 [八思巴字]）538；

[八思巴字] 国 105；106；111；209；（韵尾的 [八思巴字]、[八思巴字]，我们认为当为形近而讹，或是为了追求字体方正而作的一种字形上的处理）；下二例同此：

[八思巴字] 尉（《字韵》作 [八思巴字]）115；116；[八思巴字] 威 535（《字韵》作 [八思巴字]）；

[八思巴字]，似当作 [八思巴字] 安 502；

G. 与译音有关的拼写：

藏文译音：

[八思巴字] 桑 107（藏文人名音译）；

[八思巴字] 结（藏文人名音译）107；

[八思巴字] 帝（照那斯图认为系藏语音读）107；

[八思巴字] 师（照那斯图认为系藏语音读）107；

[八思巴字] 贝 107（藏文人名音译）；

西夏文译音：

[八思巴字] 良（[八思巴字]）436；437（这 2 例为西夏的"兀剌海城"音译）；

汉文中夹杂蒙古语拼写：

ᒋ凹ᒋ ㄷ帝 101；

以上几类中牵涉到 ㄩ、ᒋ 的纠葛、书写错误和与译音有关的拼写都不能作为比较官印用字和《蒙古字韵》异同的依据，所以我们计算前 4 类的总和为 40 字次。

第四节　八思巴字韵书与资料的关系

虽然我们还没有证据说《蒙古字韵》的编纂是为了给元代的译音用作标准的。但因为碑刻材料与《蒙古字韵》拼写一致，那我们应该可以说，八思巴字译写汉语的依据——规范文本应该已经产生，当然，我们无法直接证明，该规范就是《蒙古字韵》，也许是其他如《蒙古韵略》或叫其他名字的书等。但规范必须要有，因为八思巴字译写汉语时那些特殊的处理如重纽的译写、影幺鱼喻诸母的安排、"尤有右"等字译写作疑母（这点陆志韦、杨耐思诸先生都表示怀疑）、皇字行字的拼写等，这些如果没有一个标准作依据，那很难想象其相符程度会那么高。特别是当我们整理的所有材料都基本与《蒙古字韵》相符时，那我们是否就可以说，即使《蒙古字韵》当初或许不是官方规定的译音的标准，但我们今天却可以把它作为这一标准的体现者，因为它们的译写规则是一样的。我们之所以一再强调韵书的重要性，是出于以下种种考虑。

一　拼写规范要靠韵书

八思巴字是拼音文字，作为拼音文字，其追求的最高理想应该是完全的自然拼合，即掌握了八思巴字母之后，据实际语音自由拼合就行。

但因为八思巴字字母脱胎于藏文，大多数与藏文字母相同或相似，少数新造的字母也以相应的藏文字母为基础（照那斯图 1980）。八思巴字的这种创作背景就决定了它与藏语文的密切关系，无论是书写形式还是字母与音素的对应关系上，都深深打上了藏语文的烙印，不可避免的带有其所从出的藏文的印迹，如元音 a 都用零形式来表示就是明显的证据。再就是从性质上说，八思巴字首先应该说是一种蒙古文，它首先是用来拼写蒙古语的，形成了蒙古民族的一种新的民族文字，而后才用来拼写元帝国境内的各个民族的语言（照那斯图、杨耐思 1984；杨耐思

1997）；所以八思巴字与藏语文、与蒙古文的关系更密切，其相互适应性更强，而当以后其功能扩大到译写一切语言包括汉语时就会有些龃龉。

由于凿圆枘方，所以自然拼合只能是一种理想状态，真实情况下应该是从全局出发作系统的考虑，虽然有一些语音成分或音节可以完全按照语音学的原则由自然拼合生成，但有一些则因为需要协调语音成分相互之间或实际语音与书写符号之间的关系，于是被迫制定一些特殊规则而不能按自然拼合原则来生成。如源自藏文甚至可追溯至梵文辅音文字体系的元音［a］的零形式表示法就是典型的特殊规则制约下产生的现象。

我们知道，元代汉语中有藏文所无的复合元音（今藏语已产生），这似乎是向译写一切语言的八思巴字提出了挑战。我们知道，八思巴字由于承袭了藏文的传统，所以其核心问题是为无标记零形式 a 分布环境的形式化铺设道路。照那斯图、杨耐思（1984）《八思巴字研究》一文中专门讨论了八思巴字元音 a 的表示法，今转述如下：

八思巴字没有表示元音 a 的专门字母，元音 a 用零形式来表示。具体说，下列几种书写单位中的元音字母的零形式表示元音 a：

1. 每个单写的辅音字母后的零形式，例如，d=da“打”（汉语），z r=zara“月份”（蒙古语）。

2. 两个连写的辅音字母之间的零形式，例如，hj=haj“海”（汉语），’l t‘n=’alt‘an“金”（蒙古语）。

3. 两个连写的辅音字母中后一个辅音为 · 时，每个辅音字母后面的零形式（只见于蒙古语），例如，g ·nu=ga ·anu“皇帝的”，ul ·=ula ·a“铺马”。

4. 三个连写的辅音字母之间的零形式，其中居中的辅音字母为 · 时，（也只见于蒙古语），例如，g ·n=ga ·an“皇帝”，j · n=j a ·an“象”。

5. 半元音字母后的零形式（只见于汉语），例如，gi̯=gi̯a“家”，gi̯j=gi̯aj“佳”，ɣu̯=ɣu̯a“华”，ɣu̯j=ɣu̯aj“怀”。

6. 辅音字母和 yi 之间的零形式（只见于蒙古语），例如，’yi mg=’ayimag“部落，部族”，y bu t‘u gyi=yabut‘ugayi“走吧”。

7. 跟元音字母相连的 · 后的零形式（只见于蒙古语），例如，lu · =lu · a“同（后置词）”，bo lu · su=bolu · asu “如果可以，成为”。

这些规则的主要目的即是要使人能对 a 的有无做出准确的判断：没 a 的不要误认为有 a，有 a 的不要误认为没有。先转录杨耐思《中原音韵音系》一书中“中原音韵韵母表”如下：

东钟	iuŋ										uŋ
江阳	aŋ									iaŋ	uaŋ
支思	ï										
齐微	ei			i（ij）	uei（u̯i）						
鱼模	iu						u				
皆来				ai	i̯ai	uai					
真文	ən	iuən								iən（in）	uən（un）
寒山	an									i̯an	uan
桓欢	on										
先天	iɛn	iuɛn									
萧豪	iɛu						au	i̯au			
歌戈	o	io	uo								
家麻	a			i̯a			ua				
车遮	iɛ	iuɛ									
庚青	əŋ	uəŋ	iuəŋ								iəŋ（iŋ）
尤侯	əu								iəu（iw）		
侵寻	əm									iəm（im）	
监咸	am									i̯am	
廉纤	iɛm										

注：表中列出每韵所包含的所有韵母，自 i 向右的韵母在八思巴字译写时因零形式 a 的缘故同列的有可能相混（如 i、ai、i̯a），左边的则与此问题无涉。（ ）中为八思巴字注音的转写。

表中所列就是《中原音韵》所反映出的元代汉语的韵母系统，作为译写一切语言的八思巴字面对汉语的韵母系统时会作何反映呢？

先看《中原音韵》齐微韵的 i，皆来韵的 ai 和家麻韵的 i̯a。首先，笼统地说，因为 a 为零形式，所以三者书面上有可能出现相同的形式，即一个相同的 i。但实际上，ai 和 i̯a 藏文与八思巴字都很难表达出来。那如何才能既可以表现出汉语语音系统的实际，又能满足无标记零形式 a 的分布条件呢？译写汉语的人看来的确动了一番脑筋。他将汉语复合元音韵母中的介音与元音韵尾都用八思巴字或说藏文中的辅音字母来译写，这就使得在复合元音大量存在的语言系统中，无标记零形式 a 分布的条件从字面上来看仍然与藏文中的情况一样，[　] → a/ C__(C)，即辅音丛中就等着嵌入无标记零形式的 a。具体的做法是：i 依然是 i，ai 中的 i 则用辅音 j 来译写，i̯a 中 i̯ 若再用 j 来译写，那 ai、i̯a 就又混同了，都是同一个 j，于是乎，i̯a 中的 i̯ 又采取了另一个策略，用藏文中 j 作下加字时的变形字符来表示，二者形异实同，但总算找到了一个据以区分 ai、i̯a 的途径。而且这种译写简直可以说是对藏文字母的一种创造性使用，j 作下加字时的变形字符表示 i̯a 中的 i̯，这同时也对它在音节中的位置进行了标志，藏文的下加字就处在元音前，辅音（基字代表的辅音）后，而这又正好是汉语介音的位置，若合符契。ai 中的 i 用辅音 j 来译写，则是对藏文体系的突破，因为藏文中辅音 j、w 都不能置于元音后，即不能处在后加字位置上作韵尾（江荻 2002：页 2—5），这儿八思巴字冲破了这种限制；而且与下加字变形字符指示元音前的位置相对，j 处在音节的非起首位置指示的是元音后的位置（j 处在音节的起首位置时有 ja 等拼写形式，则位于元音前）。u 的情况准此。下面我们先把《中原音韵》中与此有涉的韵母录如下（据杨耐思《中原音韵音系》，参上文）：

i /ai/i̯a ;　(ij) /i̯ai ;　i̯au/iəu (iw);

iəm (im) /i̯am;　iən (in) / i̯an;　iaŋ /iəŋ (iŋ);

u/au/ua;　uei (u̯i) /uai;　uən (un) /uan;　uŋ/uaŋ;

这些韵母每两个或三个形成一组对立，当零形式的 a 隐而不显时，有可能相混（有的如 iaŋ /iəŋ (iŋ) 按汉语语音本不相混，但括号中八思巴字标音却可能与另一方相混，故亦列于此）。八思巴字体系的总策略就是我们谈 j 时讲到的，i、u 为主元音的保持不变（用八思巴字从藏文吸收改造而成的独立元音符号），作介音的 i、 u 采用藏文辅音 j、w 作下加字时的变形字符来表示，处在主元音之后的 i、u 则用辅音 j、w 来表示。下面我们循此规则，将上面的韵母译写出来（据《蒙古字韵校本》），以见旨归：

i / ［a］j/i̯［a］;　　　ij/i̯［a］j ;　　　i̯［a］w/iw;
im/ i̯［a］m;　in/ i̯［a］n;　i̯［a］ŋ /iŋ;
u/［a］w/u̯［a］;　　　u̯i/u̯［a］j;　　　un/u̯［a］n;　uŋ/u̯［a］ŋ;
注：作介音的标为 i̯、u̯。［ ］表零形式。

如上文所说，八思巴字译写汉语时将作介音的 i、u 与处在主元音之后的 i、u 一律用藏文的辅音字母来转写，就是为了符合无标记零形式 a 分布环境的形式化要求而被迫采取的一种变通手段，而这种作法实际上是违背语音学原则的，造成了以辅音字母记写元音的这种书面语言不能准确反映语言实际的被动局面。不过，应该承认，这种变通手段首先有效区分了作主元音的 i、u 与另外两种情况，而采用藏文辅音 j、w 及其作下加字时的变形字符分别表示处在主元音之后的 i、u 与作介音的 i、u，则不但对二者进行了有效区分，而且明确标志出了它们与主元音的位置关系。

为进一步验证我们的设想，我们据八思巴字译写汉语的情况作一个“平行”分析，看下表（转写形式据《蒙古字韵校本》）：

i 家 gi̯a (gė)	解 gi̯aj	交 gi̯aw (gėw)	监 gi̯am	间 gi̯an（gėn）	江 gi̯aŋ（gėŋ）
u 瓜 gu̯a	乖 gu̯aj	郭 gu̯aw		关 gu̯an	光 gu̯aŋ
i 基 gi	克 k‘hij	九 giw	今 gim	巾 gin	京 giŋ
u 姑 gu		裒 puw		昆 gun	公 guŋ
e 揭 ge		骄 gew	检 gem	建 gen	
结 gė		浇 gėw	兼 gėm	肩 gėn	
o 歌 go				官 gon	

由上表可以明白看出，作为介音的 i̯、u̯（在八思巴字系统中二者是半元音）后总有无标记零形式的 a 作其主元音，而 i、u、e、o 等基本元音后边则从来不出

现零形式的 a，无一例外。这就使我们的设想得到了进一步的证实，即八思巴字系统将汉语复合元音韵母中的介音与元音韵尾都用八思巴字或说藏文中的辅音字母来译写，这就使得在复合元音大量存在的语言系统中，无标记零形式 a 分布的条件从字面上来看仍然与藏文中的情况一样，[　] → a/ C____（C），即辅音丛中就等着嵌入无标记零形式的 a。质言之就是，有 a 莫作没有。上文所述就是原本不能拼写含 a 复合元音的八思巴字文字体系在面对汉语的挑战时所采取的策略（宋洪民 2007）。

元音 a 的零形式表示法只是特殊规则中的一种，其他的还有不少，如喻母三等开口字声母一律作疑母、清浊分韵等，这些规则制约下的那些拼写形式实际上是需要整体识记至少是部分整体识记的，总之不能完全从语音学原则按自然拼合的眼光来看待。但当包含这些特殊规则的总体规则尚未被人们所完全熟悉或说其普及力度还不够大时，那些需由特殊规则来加以制约的拼合形式会不时地以自然拼合形式出现，如喻三母的“矣”字《字韵》中作疑母，与其他喻三母字一致，但实际文献中出现的几例却作喻母，不过，这并不能否定喻三入疑的整体规则，因为“有、右”等喻三母字无一例外地写作疑母（详见第二章）。毋庸讳言，这种情形会对整体规则造成冲击，造成一定程度的混乱局面。我们在实际用例中看到的那些与《字韵》拼写不一致的用例，不少就是这种原因造成的。

二　八思巴字与汉语语音对应

众所周知，《蒙古字韵》中牙喉音声母的字是严格区分四等的，等不同则音不同。看下表：

	八寒				十萧			
一等	[illegible] 干	[illegible] 看	[illegible] 岸	[illegible] 安	[illegible] 高	[illegible] 考	[illegible] 敖	[illegible] 鏖
二等			[illegible] 颜	[illegible] 殷			[illegible] 聱齩	[illegible] 坳
	[illegible] 间	[illegible] 悭			[illegible] 交	[illegible] 敲		
三等	[illegible] 建		[illegible] 言		[illegible] 骄		[illegible] 鴞	
四等	[illegible] 坚	[illegible] 牵	[illegible] 延	[illegible] 烟	[illegible] 骁	[illegible] 窍	[illegible] 尧	[illegible] 要

	八寒				十萧			
一等	gan 干	k‘an 看	ŋan 岸	·an 安	gaw 高	k‘aw 考	ŋaw 敖	·aw 鏖

续表

	八寒				十萧			
二等			jan 颜	jan 殷			jaw 聱虈	jaw 坳
	gėn 间	k'ėn 悭			gaw 交	k'ėw 敲		
三等	gen 建		ŋen 言		gew 骄		ŋew 鴞	
四等	gėn 坚	k'ėn 牵	jen 延	jėn 烟	gėw 骁	k'ėw 窍	jew 尧	jėw 要

从上表可以看到，尽管不同等则不同音的大原则是一致的，但表现手段并不相同。见、溪母是从韵母的变化上来展示等的不同，疑、喻母则交叉在一起，用声母的不同来表示等第的不同（详见第二章）。这些如果没有事先在韵书上加以规定，靠临时的自然拼合难以全面完成。更有甚者，在不少韵部中还存在清浊分韵现象。如九先韵部中的情形（我们这里将文献中用例列举出来，以见《字韵》这种安排的权威性）：

en：　　　　ėn：

477 men：8（缅 2，勉 4，免 2）；　　　　488 bėn：3（编 2，变 1）；

489 p'ėn：1-1（篇 1-1）；

478 tsen：7（前 3，钱 4）；　　　　491 ts'ėn：5(千 3，迁 2）；

492 sėn：8（先 7，仙 1）；

韵中唇音的明母、齿音的从母都是浊音，而韵中唇音的帮、滂母、齿音的清、心母则都是清音。因为这两类本各为一组声母，似不当两分，韵母上不应有区别，所以学者们就开始从清浊分韵上来看考虑问题。不过这以清、浊分韵的趋势能否作为区分的依据，由于例外较多，显得有些勉强，同时从音质上加以说明，也有一定困难（杨耐思《近代汉语音论》页 102）。看来这其间人为的因素较多，这样就更不能依靠临时的自然拼合了，这就使按韵书熟记拼写形式成为必要的了。

三　特殊对应举例

除了上文谈到的对应关系非常复杂的情形之外，《蒙古字韵》为代表的八思巴字拼写系统中还有一些受特殊规则制约的例子，如“皇”“后”“惟”等，这些字与它们所在韵的其他声母字非但声母上有区别，在韵母的拼写上也表现出了不同，如（下边举例据文献实际用例，这样更能体现出其真实性，亦即《字韵》的设计格局不是脱离实际应用的理想状态）：

受特殊规则制约的例子：	与之同韵的其他声母的字例：
155 ɣoŋ：52（皇 51+1）；	140 gu̯aŋ：13（光 11，广 2）；
617 ɣiw：12（后 12）；	629 ghiw：2（勾 2）；
238 ju̯i：24（惟 15；维 1，遗 1，役 7）。	228 'u̯e：32（危 1，为 17，伟 2，苇 1，位 2，谓 4，外 5）；
	231 gėue：4（规 4）；

至于说其拼写为何会表现出种独立特出的情形，这从汉语韵书与汉语音韵学的角度很难得到圆满的解释，多半是因与藏文、蒙古语等在对音或符号表达上的一些纠葛而起（我们在后文有一些探讨）。正因如此，所以按语音原则从自然拼合入手，是难以拼出与之一致的拼写形式的，所以必须要有韵书先定的标准，悬之以为鹄的。

第五节　《蒙古字韵》音系的性质与地位

说《蒙古字韵》是教科书，是官方制定的学习汉语八思巴字译音的规范，目前找不到直接的证据，但下边的材料可以作为一个较为有力的旁证（据郑再发 1965，页 6—7）：

A. 朝鲜人崔世珍于明正德十二年（1517 年）完成的《四声通解》，其凡例第一条说：

《蒙古韵略》，元朝所撰也。胡元入主中国，乃以国字翻汉字之音，作韵书以教国人者也。

B. 王义山曾为李弘道的《蒙古韵编》作序，《蒙古韵编》已亡佚，但该序却收在《稼村类稿》中。序上说：

……《周礼》以地官司徒掌邦政，保氏隶于司徒，其职以六书教国子。弘道以《蒙古韵编》教人，且欲使今知字者皆知字之古，以三十二字而括十百千万之字，括十百千万之字而教十百千万之人；视保氏之功为优。其有功于字学，岂小小哉。

C. 元后至元六年建阳郑氏积诚堂刊本《事林广记》，收有蒙古字《百家姓》一种，其小序有："初学能复熟此编，亦可以为入仕之捷径云。"

这些材料可以使我们知道《蒙古韵略》是为了训蒙古童生、教人学习而编写的，同时《四库提要》又说是为了"文移案牍，行文备检"而设的；

接下来的问题是，《蒙古字韵》与《蒙古韵略》的关系如何？郑再发认为二者本不相同，一为通行于江浙的教科书，一为通行于福建的教科书（郑再发 1965，页 19）。宁忌浮《古今韵会举要及相关韵书》中则认为本为一书。我们认为宁先生的看法更接近事实。下面来具体论述一下。

一　《蒙古字韵》与《蒙古韵略》

因为《蒙古字韵》的成书年代我们无法找到直接的证据，而在《古今韵会举要》等材料中我们见到的是关于《蒙古韵》或《蒙古韵略》的记述。所以我们就先据《蒙古字韵》《礼部韵略七音三十六母通考》《古今韵会举要》《古今韵会举要》所引《蒙古韵略》《四声通解》所引《蒙古韵略》中的材料，并结合郑、宁二先生的分析，对疑、鱼、喻几母字作一比较，从中窥探这些材料的关系。看下表（有些材料的排列据宁忌浮《古今韵会举要及相关韵书》页 245、198 及郑再发 1967）：

序号	韵目	韵字	声母类别				
			《字韵》	《通考》	《韵会》	《韵会》所引《蒙古韵》	《四声通解》所引《蒙古韵略》
1	旨韵	洧	鱼	鱼	喻（羽次浊音）	蒙古韵音入鱼母	鱼
2	纸韵	蔿	鱼	鱼	喻（音与洧同）		
3	纸韵	�	—	鱼	喻（音与洧同）		
4	贿韵	隗	鱼	疑	喻（音与纸韵洧同）		
5	至韵	位	鱼	鱼	喻（羽次浊音）	蒙古韵音入鱼母	喻
6	寘韵	爲	鱼	鱼	喻（音与位同）		
7	佳韵	厓	喻	喻	疑（角次浊音）	蒙古韵音入喻母	喻

续表

序号	韵目	韵字	声母类别				
			《字韵》	《通考》	《韵会》	《韵会》所引《蒙古韵》	《四声通解》所引《蒙古韵略》
8	删韵	颜	喻	疑	疑（角次浊音）	蒙古韵音入喻母	喻
9	先韵	妍	喻	喻	疑（角次浊音）	蒙古韵音入喻母	喻
10	肴韵	聱	喻	喻	疑（角次浊音）	蒙古韵音入喻母	喻
11	麻韵	牙	喻	喻	疑（角次浊音）	蒙古韵音入喻母……故《蒙古韵略》凡疑母字皆入喻母	喻
12	咸韵	嵒	喻	疑	疑（角次浊音[①]，疑咸切，旧音鱼咸切）	蒙古韵音入喻母	疑
13	衔韵	巖	喻	疑	疑（音与嵒同）		
14	骇韵	騃	喻	鱼	疑（角次浊音）	蒙古韵音入喻母	喻
15	巧韵	齩	喻	喻	疑（角次浊音）	蒙古韵音入喻母	喻
16	马韵	雅	喻	喻	疑（角次浊音）	蒙古韵音入喻母	喻
17	谏韵	鴈	喻	喻	疑（角次浊音）	蒙古韵音入喻母	喻
18	祃韵	訝	喻	喻	疑（角次浊音）	蒙古韵音入喻母	喻
19	觉韵	嶽	喻	喻	疑（角次浊音）	蒙古韵音入喻母	喻
20	陌韵	额	喻	喻	疑（角次浊音）	蒙古韵音入喻母	喻
21	产韵	眼	喻	喻	疑（角次浊音[②]，语限切）		
22	迄韵	疙	疑	疑	鱼（角次浊次音，鱼乞切）		
23	职韵	嶷	疑	疑	鱼（音与疙同）		
24	缉韵	岌	疑	疑	鱼（音与疙同）		
25	锡韵	鶂	喻	疑	鱼（音与勿韵疙同）	蒙古韵音入喻母	喻
26	效韵	樂	喻	喻	鱼（角次浊次音）	蒙古韵音入喻母	喻
27	仙韵	焉	疑	疑	喻（音与延同）	蒙古韵音入疑母	疑
28	马韵	瓦	鱼	疑	疑（角次浊音）		
29	焮韵	垽	疑	鱼	疑（角次浊音，语靳切）		

① 《韵会》原作"角次浊次音"，宁忌浮《古今韵会举要》（页245、256）校为"角次浊音"。今从宁氏。
② 《韵会》原作"角浊音"，宁忌浮《古今韵会举要》（页245、256）校为"角次浊音"。今从宁氏。

续表

序号	韵目	韵字	声母类别				
			《字韵》	《通考》	《韵会》	《韵会》所引《蒙古韵》	《四声通解》所引《蒙古韵略》
30	侯韵	齵	—	鱼	疑（角次浊音，鱼侯切）		
31	很韵	限	—	鱼	疑（角次浊音，鱼懇切）		
32	宕韵	枊	—	鱼	疑（角次浊音，鱼浪切）		
33	月韵	钀	—	鱼	疑（角次浊音，语訐切）		
		偶	《字韵》各本通作影母，朱宗文校正为疑母	疑	疑（角次浊音，语口切）	蒙古韵音入影母	疑
		炎	喻（喻母三四等合流）朱宗文校正字样中言浙东本误作喻，当作疑母，但文中未改	疑	疑	（《韵会》引蒙古韵者皆为记异，同则无须多言。故推知《韵会》所据蒙古韵“炎”当作疑母	喻（喻三喻四及疑母皆在喻母，同音）

面对以上材料，郑、宁二先生得出了不同的结论。宁忌浮《古今韵会举要及相关韵书》（页 207）谈到，《韵会》所引《蒙古韵》与《四声通解》所引不尽相同，二者的距离大于它们与《蒙古字韵》的距离。这应算正常现象。《四声通解》成书于 16 世纪，距《蒙古韵》成书已有二百余年，且谚文转写也难免失真。故宁氏批评郑再发，强调申叔舟崔世珍所用《蒙古韵略》就是《韵会》所用的似乎有些片面武断。

我们从以上材料可以得出这样的结论，即《蒙古字韵》与《蒙古韵略》相符程度是非常高的，更重要的是，其拼写规则（无论是适用面很宽的一般规则还是适用于部分音节的特殊规则）都表现出了极大的一致性，所以我们认为二者是同一部书，其差异是因时代不同在流传过程中产生的。我们之所以不把它们看作是两部不同的书，正如我们在上文的讨论中所谈到的，是因为实际文献的译写要求韵书必须提前编定成书，不然八思巴字在汉语中的推行就无法进行，而其规则又必须作通盘考虑从系统着眼才能制订完善（因为不少规则是互相制约，相辅相成的），所以这些规则都是语言学者们经过认真讨论、研究的结果，不是一人之力所能胜任。更重要的，从这些材料的一致性和复杂性来看，如果说差不多同一时代编两部书，而它们又贯彻了两套规则，这是不可想象的，我们认为不可能这样。至于说在规则一致的情况下再去编两部书，也大可不必，用官方与文人都能认可与接受的《新刊韵略》为蓝本就是最好的选择（详见下文），没必要再改弦更张。所以我们只能说，即使《蒙古字韵》之前流行的八思巴字韵书叫《蒙古韵略》或《蒙古韵》，甚至是《蒙古字韵略》，我们仍然认为它与后来的《蒙古字韵》本质上是同一部书，我们将二书的关系定为同一部书在不同时代的不同版本。《古今韵会举要》所据《蒙古韵略》是较早的版本，而我们今天所见的《蒙古字韵》写本则是较晚的本子。

当然，若出于启蒙儿童的目的再去编一部《八思巴字百家姓》作为初级课本是可以的，可同样作为推广八由巴字的高级规范就没必要同时编两部书了。

我们从以上材料还可以得出两点结论：

A.《韵会》所据的早期《蒙古韵略》更为尊重实际语音，有较为明显的自然拼合倾向；

B. 但八思巴字译写汉语的系统规则已经产生，其中蕴含的特殊规则（与实际语音不合或不很相合）使得自然拼合难以顺利实现，所以八思巴字译写汉语在很大程度上还得依靠对音节（即对应一个汉语音节的八思巴字头）的整体识记或半整体识记。

A 点结论的证据是：

《韵会》“牙”字下注：“蒙古韵音入喻母……故《蒙古韵略》凡疑母字皆入喻母。”

《韵会》“偶”字下注：“蒙古韵音入影母。”

可以看出，早期的“蒙古韵”尽量反映零声母的真实情况。疑母“皆入喻母”就反映了这一点。而“偶”字“蒙古韵音入影母”也是这种倾向性的另一种表现形式。这可看作是较强自然拼合倾向的表现。

B 点结论的证据是：

《韵会》“焉”字下注：音与延同。蒙古韵音入疑母。

《韵会》“炎”字为疑母，与“严”同音，未指明“蒙古韵”的情形。据通例，

《韵会》引蒙古韵者皆为记异，同则无须多言。故推知《韵会》所据蒙古韵“炎”当作疑母。

二 《蒙古字韵》音系性质与地位

从对《新刊韵略》的继承看，《蒙古字韵》是官方与文人都可接受的，应该代表了官方的译写规范。

宁忌浮在《古今韵会举要及相关韵书》中令人信服地论证了《蒙古字韵》源于《新刊韵略》，无论是收字还是韵字的排列顺序均表现出了极大的一致性。从史料记载来看，蒙元政权早就统一了北中国，《新刊韵略》作为金代的重要著作，为士子们所推重，而《蒙古字韵》以此为蓝本，可见其编制是经过官方最起码是文人的普遍支持与认可的。而且如上文所谈到的，那些复杂的拼写规则都是经过语言学者们认真讨论、研究的结果，不是一人之力所能胜任。正因如此，所以其编写应该与《切韵》相似，即几位权威学者认真商讨，反复斟酌，最后才“吾辈数人，定则定矣”。如此制定的韵书，其语音性质会如何呢？如果说到《字韵》的语音性质，我们则同意罗常培、杨耐思诸先生的看法，即为官话读书音。再就是下文我们马上要谈到的，《字韵》编纂时，南方尚为南宋所有，说元朝统一前写作《蒙古字韵》用南方话作基础音系，这是很难想象的，更何况是在南方尚为敌国所有的情况下。基于此，我们认为，从语音性质上说，《蒙古字韵》为北方官话，或说官话读书音（但不会有意识地吸收南方话的成分）。

三 《蒙古字韵》成书年代

3.1《蒙古字韵》1275 年前已成书

关于《蒙古字韵》的成书年代，是目前学者们关注的焦点之一。宁忌浮《古今韵会举要及相关韵书》（中华书局，1997）（页 159）认为“《蒙古字韵》即《蒙古韵略》”，并对其成书时间作出一种推断，他说：“八思巴字颁行时间是至元六年[①]（公元 1269），《蒙古韵略》书名最早见于《古今韵会举要》，刘辰翁作《古今韵会序》的时间是至元二十九年（公元 1292），公元 1269—1292 年就是《蒙古韵

① 按，原文误作“至元元年”，今据照那斯图《论八思巴字》（〈民族语文〉1980 年第 1 期）改。

略》或《蒙古字韵》的成书时间。”

照那斯图（2004：77）据八思巴字碑刻（1275）及官印（1273）推断：“作为八思巴字汉语的标准或依据的蒙古字的韵书可能与八思巴字颁布同时产生，即便晚也相差不远”。看来，照那先生是主张将其成书时间的下限再提前的，至于提前到何时，由于尚未见到更早的证据，所以只能依据所发现的实物资料《龙门神禹庙圣旨碑》（1275）追溯到1275年或官印提供的1273年。限于篇幅，照那斯图（2004）文中并没有展开讨论，下面我们就循这一思路对这一问题加以探讨。官印字数太少，不足以说明问题；《龙门神禹庙圣旨碑》（1275）对确定《蒙古字韵》的成书时间却有着非常重要的意义。

为更清楚地展示《龙门神禹庙圣旨碑》中所用八思巴字头与《蒙古字韵》的关联，特制定下表：

文献所含八思巴字头与《蒙古字韵》声韵拼合比较表

说明：本表据依传统韵图体制，横行列出声母（分两行列出），左栏标出韵母，声、韵交叉点以“+”或空白表示这一拼合存在与否，上栏展示《蒙古字韵》的音节出现情况，下栏则是龙门神禹庙的用字情况。

一东：本韵部共ꡟꡃ、ꡞꡟꡃ两韵，都有韵字出现。

	ꡂ	ꡁ	ꡀ	ꡃ	ꡊ	ꡉ	ꡈ	ꡋ	ꡎ	ꡍ	ꡌ	ꡏ	ꡤ	ꡤ	ꡰ	ꡓ	ꡝꡖ	
ꡟꡃ	+	+			+	+	+	+	+	+	+	+	+		+	+	+	
					+		+			+								
	ꡒ	ꡑ	ꡐ	ꡛ	ꡕ	ꡆ	ꡅ	ꡚ	ꡚ	ꡖ	ꡖ	ꡜ	ꡣ	ꡯ	ꡗ	ꡗ	ꡙ	ꡔ
ꡟꡃ	+	+	+	+	+	+		+	+	+		+	+				+	
												+						

	ꡂ	ꡁ	ꡀ	ꡃ	ꡊ	ꡉ	ꡈ	ꡋ	ꡎ	ꡍ	ꡌ	ꡏ	ꡤ	ꡤ	ꡰ	ꡓ	ꡝꡖ	
ꡞꡟꡃ	+	+	+								+							
	+																	
	ꡒ	ꡑ	ꡐ	ꡛ	ꡕ	ꡆ	ꡅ	ꡚ	ꡚ	ꡖ	ꡖ	ꡜ	ꡣ	ꡯ	ꡗ	ꡗ	ꡙ	ꡔ
ꡞꡟꡃ			+	+	+	+	+			+			+	+	+	+	+	+
														+				

二庚：本韵部共有ꡠꡃ、ꡗꡠꡃ、ꡞꡟꡃ、ꡞꡠꡃ、ꡖꡟꡃ、ꡞꡠꡃ（仅“ꡗꡞ ꡠꡃ行”

一字头）六韵，其中[八思巴字]、[八思巴字]、[八思巴字] 3 韵的字此处（指《龙门神禹庙圣旨碑》，下同）未出现。

	[八思巴字]	[八思巴字]	[八思巴字]	[八思巴字]	[八思巴字]	[八思巴字]	[八思巴字]	[八思巴字]	[八思巴字]	[八思巴字]	[八思巴字]	[八思巴字]	[八思巴字]	[八思巴字]	[八思巴字]	[八思巴字]	[八思巴字]	
[八思巴字]	+	+	+	+	+	+	+	+	+	+	+		+	+	+	+		
															+			
	[八思巴字]	[八思巴字]	[八思巴字]	[八思巴字]	[八思巴字]	[八思巴字]	[八思巴字]	[八思巴字]	[八思巴字]	[八思巴字]	[八思巴字]	[八思巴字]	[八思巴字]	[八思巴字]	[八思巴字]	[八思巴字]	[八思巴字]	[八思巴字]
[八思巴字]			+	+	+	+	+	+	+			+	+		+	+	+	+
					+			+	+				+				+	+

	[八思巴字]	[八思巴字]	[八思巴字]	[八思巴字]	[八思巴字]	[八思巴字]	[八思巴字]	[八思巴字]	[八思巴字]	[八思巴字]	[八思巴字]	[八思巴字]	[八思巴字]	[八思巴字]	[八思巴字]	[八思巴字]	[八思巴字]	
[八思巴字]	+	+			+		+	+	+	+	+		+	+	+			
					+													
	[八思巴字]	[八思巴字]	[八思巴字]	[八思巴字]	[八思巴字]	[八思巴字]	[八思巴字]	[八思巴字]	[八思巴字]	[八思巴字]	[八思巴字]	[八思巴字]	[八思巴字]	[八思巴字]	[八思巴字]	[八思巴字]	[八思巴字]	[八思巴字]
[八思巴字]			+		+	+		+									+	
								+										

	[八思巴字]	[八思巴字]	[八思巴字]	[八思巴字]	[八思巴字]	[八思巴字]	[八思巴字]	[八思巴字]	[八思巴字]	[八思巴字]	[八思巴字]	[八思巴字]	[八思巴字]	[八思巴字]	[八思巴字]	[八思巴字]	[八思巴字]	[八思巴字]
[八思巴字]											+							
											+							

三阳：本韵部共有[八思巴字]、[八思巴字]、[八思巴字]、[八思巴字]、[八思巴字]、[八思巴字]（仅“[八思巴字]恍”一字头）六韵，其中[八思巴字]、[八思巴字] 2 韵的字此处未出现。

	[八思巴字]	[八思巴字]	[八思巴字]	[八思巴字]	[八思巴字]	[八思巴字]	[八思巴字]	[八思巴字]	[八思巴字]	[八思巴字]	[八思巴字]	[八思巴字]	[八思巴字]	[八思巴字]	[八思巴字]	[八思巴字]	[八思巴字]	
[八思巴字]	+	+		+	+	+	+	+	+	+	+	+	+	+	+	+	+	
						+					+							
	[八思巴字]	[八思巴字]	[八思巴字]	[八思巴字]	[八思巴字]	[八思巴字]	[八思巴字]	[八思巴字]	[八思巴字]	[八思巴字]	[八思巴字]	[八思巴字]	[八思巴字]	[八思巴字]	[八思巴字]	[八思巴字]	[八思巴字]	[八思巴字]
[八思巴字]	+	+	+	+	+	+		+	+			+	+			+	+	+
									+							+		

	[八思巴字]	[八思巴字]	[八思巴字]	[八思巴字]	[八思巴字]	[八思巴字]	[八思巴字]	[八思巴字]	[八思巴字]	[八思巴字]	[八思巴字]	[八思巴字]	[八思巴字]	[八思巴字]	[八思巴字]	[八思巴字]	[八思巴字]	
[八思巴字]	+	+	+	+														
[八思巴字]	+			+														
	[八思巴字]	[八思巴字]	[八思巴字]	[八思巴字]	[八思巴字]	[八思巴字]	[八思巴字]	[八思巴字]	[八思巴字]	[八思巴字]	[八思巴字]	[八思巴字]	[八思巴字]	[八思巴字]	[八思巴字]	[八思巴字]	[八思巴字]	[八思巴字]
[八思巴字]			+	+	+	+	+			+	+		+				+	
[八思巴字]																		

	ꡂ	ꡁ	ꡀ	ꡃ	ꡊ	ꡉ	ꡈ	ꡋ	ꡆ	ꡅ	ꡄ	ꡇ	ꡎ	ꡍ	ꡌ	ꡏ	ꡜꡧ	
ꡧꡃ	+	+	+						+	+	+							
	+ +																	
	ꡤ	ꡓ	ꡒ	ꡑ	ꡐ	ꡛ	ꡕ	ꡚ	ꡮ	ꡜ	ꡣ	ꡯ	ꡖ	ꡝ	ꡗ	ꡭ	ꡙ	ꡔ
ꡧꡃ								+		+			+	+			+	

	ꡤ	ꡓ	ꡒ	ꡑ	ꡐ	ꡛ	ꡕ	ꡚ	ꡮ	ꡜ	ꡣ	ꡯ	ꡖ	ꡝ	ꡗ	ꡭ	ꡙ	ꡔ
ꡖꡃ												+						

四支：本韵部共有ꡞ、ꡖꡞ、ꡦꡞ、ꡟꡠ、ꡦꡟꡠ、ꡧꡞ（仅“ꡝꡧꡞ”、“ꡗꡧꡞ” 2字头）六韵，其中ꡦꡟꡠ、ꡧꡞ 2韵的字此处未出现。

	ꡂ	ꡁ	ꡀ	ꡃ	ꡊ	ꡉ	ꡈ	ꡋ	ꡆ	ꡅ	ꡄ	ꡇ	ꡎ	ꡍ	ꡌ	ꡏ	ꡜꡧ	
ꡞ	+	+	+	+	+	+	+	+	+	+	+	+	+	+	+	+	+	
		+	+		+				+		+							
	ꡤ	ꡓ	ꡒ	ꡑ	ꡐ	ꡛ	ꡕ	ꡚ	ꡮ	ꡜ	ꡣ	ꡯ	ꡖ	ꡝ	ꡗ	ꡭ	ꡙ	ꡔ
ꡞ	+	+	+	+	+	+	+	+	+	+	+		+		+	+	+	+
									+	+			+				+	+

	ꡂ	ꡁ	ꡀ	ꡃ	ꡊ	ꡉ	ꡈ	ꡋ	ꡆ	ꡅ	ꡄ	ꡇ	ꡎ	ꡍ	ꡌ	ꡏ	ꡜꡧ	
ꡖꡞ									+	+	+							
											+							
	ꡤ	ꡓ	ꡒ	ꡑ	ꡐ	ꡛ	ꡕ	ꡚ	ꡮ	ꡜ	ꡣ	ꡯ	ꡖ	ꡝ	ꡗ	ꡭ	ꡙ	ꡔ
ꡖꡞ			+	+	+	+	+	+										
				+		+		+										

	ꡂ	ꡁ	ꡀ	ꡃ	ꡊ	ꡉ	ꡈ	ꡋ	ꡆ	ꡅ	ꡄ	ꡇ	ꡎ	ꡍ	ꡌ	ꡏ	ꡜꡧ	
ꡦꡞ	+	+	+															
	+																	
	ꡤ	ꡓ	ꡒ	ꡑ	ꡐ	ꡛ	ꡕ	ꡚ	ꡮ	ꡜ	ꡣ	ꡯ	ꡖ	ꡝ	ꡗ	ꡭ	ꡙ	ꡔ
ꡦꡞ										+	+							

	ꡂ	ꡁ	ꡀ	ꡃ	ꡊ	ꡉ	ꡈ	ꡋ	ꡆ	ꡅ	ꡄ	ꡇ	ꡎ	ꡍ	ꡌ	ꡏ	ꡜꡧ	
ꡟꡠ	+	+	+		+	+	+	+	+	+	+	+	+	+	+	+		
	ꡤ	ꡓ	ꡒ	ꡑ	ꡐ	ꡛ	ꡕ	ꡚ	ꡮ	ꡜ	ꡣ	ꡯ	ꡖ	ꡝ	ꡗ	ꡭ	ꡙ	ꡔ
ꡟꡠ			+	+	+	+	+	+	+	+		+	+	+			+	+
																	+	

五鱼：本韵部共有ꡟ、ꡨꡟ、ꡦꡟ（仅"ꡦꡟ 吴"1字头）3韵，其中ꡦꡟ韵的字此处未出现。

	ꡂ	ꡁ	ꡀ	ꡃ	ꡊ	ꡉ	ꡈ	ꡋ	ꡆ	ꡅ	ꡄ	ꡇ	ꡎ	ꡍ	ꡌ	ꡏ	ꡜꡧ	
ꡟ	+	+			+	+	+	+	+	+	+		+	+	+	+	+	
						+	+				+		+				+	
	ꡤ	ꡰ	ꡓ	ꡒ	ꡑ	ꡐ	ꡛ	ꡕ	ꡅ	ꡜ	ꡣ	ꡖ	ꡗ	ꡙ	ꡘ	ꡘ	ꡚ	ꡝ
ꡟ	+	+	+	+	+	+		+		+		+	+				+	
	+	+										+					+	

	ꡂ	ꡁ	ꡀ	ꡃ	ꡊ	ꡉ	ꡈ	ꡋ	ꡆ	ꡅ	ꡄ	ꡇ	ꡎ	ꡍ	ꡌ	ꡏ	ꡜꡧ	
ꡨꡟ	+	+	+						+	+	+	+						
									+									
	ꡤ	ꡰ	ꡓ	ꡒ	ꡑ	ꡐ	ꡛ	ꡕ	ꡅ	ꡜ	ꡣ	ꡖ	ꡗ	ꡙ	ꡘ	ꡘ	ꡚ	ꡝ
ꡨꡟ			+	+	+	+	+	+	+	+			+	+		+	+	+
			+										+	+				

六佳：本韵部共有ꡗ、ꡝꡗ、ꡠꡗ、ꡜꡦꡗ、ꡦꡗ（仅"ꡜꡦꡗ 黑"、"ꡖꡦꡗ 刻"2字头，且仅各辖1字）5韵，其中ꡦꡗ韵的字此处未出现。

	ꡂ	ꡁ	ꡀ	ꡃ	ꡊ	ꡉ	ꡈ	ꡋ	ꡆ	ꡅ	ꡄ	ꡇ	ꡎ	ꡍ	ꡌ	ꡏ	ꡜꡧ	
ꡗ	+	+		+	+	+	+	+	+	+	+		+	+	+	+		
	+						+				+							
	ꡤ	ꡰ	ꡓ	ꡒ	ꡑ	ꡐ	ꡛ	ꡕ	ꡅ	ꡜ	ꡣ	ꡖ	ꡗ	ꡙ	ꡘ	ꡘ	ꡚ	ꡝ
ꡗ			+	+	+	+		+		+		+	+		+	+	+	

	ꡂ	ꡁ	ꡀ	ꡃ	ꡊ	ꡉ	ꡈ	ꡋ	ꡆ	ꡅ	ꡄ	ꡇ	ꡎ	ꡍ	ꡌ	ꡏ	ꡜꡧ	
ꡝꡗ	+	+								+								
	ꡤ	ꡰ	ꡓ	ꡒ	ꡑ	ꡐ	ꡛ	ꡕ	ꡅ	ꡜ	ꡣ	ꡖ	ꡗ	ꡙ	ꡘ	ꡘ	ꡚ	ꡝ
ꡝꡗ								+		+		+	+	+				
												+						

	ꡂ	ꡁ	ꡀ	ꡃ	ꡊ	ꡉ	ꡈ	ꡋ	ꡆ	ꡅ	ꡄ	ꡇ	ꡎ	ꡍ	ꡌ	ꡏ	ꡜꡧ
ꡠꡗ①	+	+															

① 该韵《字韵》写本作ꡝꡗ，《校本》以为当作ꡠꡗ，今从《校本》。但实际文献中多写作ꡨꡗ，本表中对此暂不作区分。

	[八思巴字]	[八思巴字]	[八思巴字]	[八思巴字]	[八思巴字]	[八思巴字]	[八思巴字]	[八思巴字]	[八思巴字]	[八思巴字]	[八思巴字]	[八思巴字]	[八思巴字]	[八思巴字]	[八思巴字]	[八思巴字]	[八思巴字]	[八思巴字]
[八思巴字]										+	+							
											+							

	[八思巴字]	[八思巴字]	[八思巴字]	[八思巴字]	[八思巴字]	[八思巴字]	[八思巴字]	[八思巴字]	[八思巴字]	[八思巴字]	[八思巴字]	[八思巴字]	[八思巴字]	[八思巴字]	[八思巴字]	[八思巴字]	[八思巴字]	
[八思巴字]		+			+	+	+		+	+	+							
					+													
	[八思巴字]	[八思巴字]	[八思巴字]	[八思巴字]	[八思巴字]	[八思巴字]	[八思巴字]	[八思巴字]	[八思巴字]	[八思巴字]	[八思巴字]	[八思巴字]	[八思巴字]	[八思巴字]	[八思巴字]	[八思巴字]	[八思巴字]	[八思巴字]
[八思巴字]			+		+	+		+									+	

七真：本韵部共有[八思巴字]、[八思巴字]、[八思巴字]、[八思巴字]、[八思巴字]、[八思巴字]（仅“[八思巴字]”、“[八思巴字]”2字头）六韵，其中[八思巴字]、[八思巴字]、[八思巴字] 3韵的字此处未出现。

	[八思巴字]	[八思巴字]	[八思巴字]	[八思巴字]	[八思巴字]	[八思巴字]	[八思巴字]	[八思巴字]	[八思巴字]	[八思巴字]	[八思巴字]	[八思巴字]	[八思巴字]	[八思巴字]	[八思巴字]	[八思巴字]	[八思巴字]	
[八思巴字]	+		+	+				+	+	+	+		+	+	+	+		
									+									
	[八思巴字]	[八思巴字]	[八思巴字]	[八思巴字]	[八思巴字]	[八思巴字]	[八思巴字]	[八思巴字]	[八思巴字]	[八思巴字]	[八思巴字]	[八思巴字]	[八思巴字]	[八思巴字]	[八思巴字]	[八思巴字]	[八思巴字]	[八思巴字]
[八思巴字]			+	+	+	+	+	+	+			+	+		+	+	+	+
						+			+									+

	[八思巴字]	[八思巴字]	[八思巴字]	[八思巴字]	[八思巴字]	[八思巴字]	[八思巴字]	[八思巴字]	[八思巴字]	[八思巴字]	[八思巴字]	[八思巴字]	[八思巴字]	[八思巴字]	[八思巴字]	[八思巴字]	[八思巴字]	
[八思巴字]	+	+			+	+	+	+					+	+	+	+	+	
													+					
	[八思巴字]	[八思巴字]	[八思巴字]	[八思巴字]	[八思巴字]	[八思巴字]	[八思巴字]	[八思巴字]	[八思巴字]	[八思巴字]	[八思巴字]	[八思巴字]	[八思巴字]	[八思巴字]	[八思巴字]	[八思巴字]	[八思巴字]	[八思巴字]
[八思巴字]	+	+	+	+	+	+				+		+	+				+	
	+																	

	[八思巴字]	[八思巴字]	[八思巴字]	[八思巴字]	[八思巴字]	[八思巴字]	[八思巴字]	[八思巴字]	[八思巴字]	[八思巴字]	[八思巴字]	[八思巴字]	[八思巴字]	[八思巴字]	[八思巴字]	[八思巴字]	[八思巴字]	
[八思巴字]	+	+	+						+	+	+							
	+								+									
	[八思巴字]	[八思巴字]	[八思巴字]	[八思巴字]	[八思巴字]	[八思巴字]	[八思巴字]	[八思巴字]	[八思巴字]	[八思巴字]	[八思巴字]	[八思巴字]	[八思巴字]	[八思巴字]	[八思巴字]	[八思巴字]	[八思巴字]	[八思巴字]
[八思巴字]			+	+		+	+	+	+	+						+	+	+
								+										

八寒：本韵部共有[八思巴字]、[八思巴字]（仅“[八思巴字] 岏”1字头）、[八思巴字]、[八思巴字]、[八思巴字]（[八思巴字]-）5韵，其中[八思巴字]、[八思巴字]、[八思巴字]（[八思巴字]-）3韵的字此处未出现。

	ꡂ	ꡁ	ꡀ	ꡃ	ꡊ	ꡉ	ꡈ	ꡋ	ꡆ	ꡅ	ꡄ	ꡇ	ꡎ	ꡍ	ꡌ	ꡏ	ꡤ	
ꡋ	+	+		+	+	+	+	+	+	+	+		+	+	+	+	+	
	ꡫ	ꡓ	ꡒ	ꡑ	ꡐ	ꡛ	ꡕ	ꡆ	ꡅ	ꡄ	ꡚ	ꡔ	ꡣ	ꡜ	ꡖ	ꡗ	ꡙ	ꡘ
ꡋ	+	+	+	+	+	+		+		+		+	+		+	+	+	
													+					

	ꡂ	ꡁ	ꡀ	ꡃ	ꡊ	ꡉ	ꡈ	ꡋ	ꡆ	ꡅ	ꡄ	ꡇ	ꡎ	ꡍ	ꡌ	ꡏ	ꡤ	
ꡧꡋ	+	+			+	+	+	+					+	+	+	+		
	+																	
	ꡫ	ꡓ	ꡒ	ꡑ	ꡐ	ꡛ	ꡕ	ꡆ	ꡅ	ꡄ	ꡚ	ꡔ	ꡣ	ꡜ	ꡖ	ꡗ	ꡙ	ꡘ
ꡧꡋ			+	+	+	+				+		+	+				+	

九先：本韵部共有 ꡦꡋ、ꡗꡋ、ꡖꡗꡋ、ꡗꡧꡋ、ꡗꡦꡋ（仅"ꡗꡦꡋ 贤"1字头）5韵，其中ꡗꡋ、ꡗꡧꡋ、ꡗꡦꡋ 3韵的字此处未出现。

	ꡂ	ꡁ	ꡀ	ꡃ	ꡊ	ꡉ	ꡈ	ꡋ	ꡆ	ꡅ	ꡄ	ꡇ	ꡎ	ꡍ	ꡌ	ꡏ	ꡤ	
ꡦꡋ	+	+	+	+	+	+	+	+	+		+				+	+		
						+		+										
	ꡫ	ꡓ	ꡒ	ꡑ	ꡐ	ꡛ	ꡕ	ꡆ	ꡅ	ꡄ	ꡚ	ꡔ	ꡣ	ꡜ	ꡖ	ꡗ	ꡙ	ꡘ
ꡦꡋ					+		+		+							+	+	+
									+									

	ꡂ	ꡁ	ꡀ	ꡃ	ꡊ	ꡉ	ꡈ	ꡋ	ꡆ	ꡅ	ꡄ	ꡇ	ꡎ	ꡍ	ꡌ	ꡏ	ꡤ	
ꡖꡗꡋ	+	+	+						+	+	+							
	ꡫ	ꡓ	ꡒ	ꡑ	ꡐ	ꡛ	ꡕ	ꡆ	ꡅ	ꡄ	ꡚ	ꡔ	ꡣ	ꡜ	ꡖ	ꡗ	ꡙ	ꡘ
ꡖꡗꡋ			+	+	+	+	+		+	+	+		+	+	+	+		+
											+			+				

十萧：本韵部共有 ꡦꡓ、ꡧꡦꡓ、ꡗꡦꡓ、ꡖꡦꡓ、ꡗꡦꡓ（ꡂ-）、ꡖꡗꡦꡓ 6韵（ꡦꡓꡧ 韵只有 ꡎꡦꡓꡧ 一个字头，且只用于御宝上的"宝"字，故不计入），其中ꡗꡦꡓ、ꡖꡦꡓ、ꡗꡦꡓ（ꡂ-）、ꡖꡗꡦꡓ 4韵的字此处未出现。

	[illegible]	[illegible]	[illegible]	[illegible]	[illegible]	[illegible]	[illegible]	[illegible]	[illegible]	[illegible]	[illegible]	[illegible]	[illegible]	[illegible]	[illegible]	[illegible]	[illegible]	
[illegible]	+	+		+	+	+	+	+	+	+	+		+	+	+	+		
	[illegible]	[illegible]	[illegible]	[illegible]	[illegible]	[illegible]	[illegible]	[illegible]	[illegible]	[illegible]	[illegible]	[illegible]	[illegible]	[illegible]	[illegible]	[illegible]	[illegible]	[illegible]
[illegible]	+		+	+	+	+		+		+		+	+		+	+	+	
						+												

	[illegible]	[illegible]	[illegible]	[illegible]	[illegible]	[illegible]	[illegible]	[illegible]	[illegible]	[illegible]	[illegible]	[illegible]	[illegible]	[illegible]	[illegible]	[illegible]	[illegible]	
[illegible]	+	+	+	+			+		+	+	+		+		+	+		
									+		+					+		
	[illegible]	[illegible]	[illegible]	[illegible]	[illegible]	[illegible]	[illegible]	[illegible]	[illegible]	[illegible]	[illegible]	[illegible]	[illegible]	[illegible]	[illegible]	[illegible]	[illegible]	[illegible]
[illegible]								+	+	+			+			+	+	+
													+			+		+

十一尤：本韵部共有 [illegible]、[illegible]、[illegible]、[illegible]、[illegible]（仅“[illegible]”1字头）5韵，其中 [illegible]、[illegible]、[illegible]、[illegible] 4韵的字此处未出现。

	[illegible]	[illegible]	[illegible]	[illegible]	[illegible]	[illegible]	[illegible]	[illegible]	[illegible]	[illegible]	[illegible]	[illegible]	[illegible]	[illegible]	[illegible]	[illegible]	[illegible]	
[illegible]	+	+	+	+					+	+	+	+	+			+		
			+															
	[illegible]	[illegible]	[illegible]	[illegible]	[illegible]	[illegible]	[illegible]	[illegible]	[illegible]	[illegible]	[illegible]	[illegible]	[illegible]	[illegible]	[illegible]	[illegible]	[illegible]	[illegible]
[illegible]			+	+	+	+	+	+	+	+		+	+		+	+	+	+
						+						+						

十二覃：本韵部共有 [illegible]、[illegible]、[illegible]、[illegible]、[illegible]（仅“[illegible]”、“[illegible]”2字头）5韵，其中 [illegible]、[illegible]、[illegible]、[illegible] 4韵的字此处未出现。

	[illegible]	[illegible]	[illegible]	[illegible]	[illegible]	[illegible]	[illegible]	[illegible]	[illegible]	[illegible]	[illegible]	[illegible]	[illegible]	[illegible]	[illegible]	[illegible]	[illegible]	
[illegible]	+	+			+	+	+	+	+	+	+						+	
	[illegible]	[illegible]	[illegible]	[illegible]	[illegible]	[illegible]	[illegible]	[illegible]	[illegible]	[illegible]	[illegible]	[illegible]	[illegible]	[illegible]	[illegible]	[illegible]	[illegible]	[illegible]
[illegible]	+	+	+	+	+	+		+		+		+	+		+	+	+	
	+																	

十三侵：本韵部共有 [illegible]、[illegible]、[illegible]（仅“[illegible]歆”1字头）3韵，其中 [illegible]、[illegible] 2韵的字此处未出现。

	[illegible]	[illegible]	[illegible]	[illegible]	[illegible]	[illegible]	[illegible]	[illegible]	[illegible]	[illegible]	[illegible]	[illegible]	[illegible]	[illegible]	[illegible]	[illegible]	[illegible]	
[illegible]	+	+	+	+					+	+	+	+	+	+				
	+																	
	[illegible]	[illegible]	[illegible]	[illegible]	[illegible]	[illegible]	[illegible]	[illegible]	[illegible]	[illegible]	[illegible]	[illegible]	[illegible]	[illegible]	[illegible]	[illegible]	[illegible]	[illegible]
[illegible]			+	+		+	+	+	+				+		+	+	+	+
													+				+	

十四歌：本韵部共有[illegible]、[illegible]、[illegible]（仅"[illegible]"1字头）3韵，其中[illegible]、[illegible]2韵的字此处未出现。

	[illegible]	[illegible]	[illegible]	[illegible]	[illegible]	[illegible]	[illegible]	[illegible]	[illegible]	[illegible]	[illegible]	[illegible]	[illegible]	[illegible]	[illegible]	[illegible]	[illegible]	
[illegible]	+	+		+	+	+	+	+										
	[illegible]	[illegible]	[illegible]	[illegible]	[illegible]	[illegible]	[illegible]	[illegible]	[illegible]	[illegible]	[illegible]	[illegible]	[illegible]	[illegible]	[illegible]	[illegible]	[illegible]	[illegible]
[illegible]			+	+	+	+				+		+	+				+	
												+						

十五麻：本韵部共有[illegible]、[illegible]、[illegible]（[illegible]-）、[illegible]、[illegible]、[illegible]、[ ]7韵（[illegible]、[ ]2韵内容《蒙古字韵》写本原缺，《校本》补足。今据《校本》补齐另，含零形式a的音节在声母后加[ ]表示，以便于在表中展示及行文中称说），其中[illegible]、[illegible]2韵的字此处未出现。

	[illegible]	[illegible]	[illegible]	[illegible]	[illegible]	[illegible]	[illegible]	[illegible]	[illegible]	[illegible]	[illegible]	[illegible]	[illegible]	[illegible]	[illegible]	[illegible]	[illegible]	
[illegible]	+	+			+	+		+	+	+			+	+		+		
									+									
	[illegible]	[illegible]	[illegible]	[illegible]	[illegible]	[illegible]	[illegible]	[illegible]	[illegible]	[illegible]	[illegible]	[illegible]	[illegible]	[illegible]	[illegible]	[illegible]	[illegible]	[illegible]
[illegible]			+	+		+		+		+	+		+		+	+	+	+

	[illegible]	[illegible]	[illegible]	[illegible]	[illegible]	[illegible]	[illegible]	[illegible]	[illegible]	[illegible]	[illegible]	[illegible]	[illegible]	[illegible]	[illegible]	[illegible]	[illegible]	
[illegible]	+	+						+	+									
	+																	
	[illegible]	[illegible]	[illegible]	[illegible]	[illegible]	[illegible]	[illegible]	[illegible]	[illegible]	[illegible]	[illegible]	[illegible]	[illegible]	[illegible]	[illegible]	[illegible]	[illegible]	[illegible]
[illegible]								+		+		+	+	+				

	[illegible]	[illegible]	[illegible]	[illegible]	[illegible]	[illegible]	[illegible]	[illegible]	[illegible]	[illegible]	[illegible]	[illegible]	[illegible]	[illegible]	[illegible]	[illegible]	[illegible]	
[illegible]（[illegible]）	+	+																
	+																	
	[illegible]	[illegible]	[illegible]	[illegible]	[illegible]	[illegible]	[illegible]	[illegible]	[illegible]	[illegible]	[illegible]	[illegible]	[illegible]	[illegible]	[illegible]	[illegible]	[illegible]	[illegible]
[illegible]（[illegible]）										+	+							
											+							

	[illegible]	[illegible]	[illegible]	[illegible]	[illegible]	[illegible]	[illegible]	[illegible]	[illegible]	[illegible]	[illegible]	[illegible]	[illegible]	[illegible]	[illegible]	[illegible]	[illegible]	
[illegible]	+	+							+	+								
	[illegible]	[illegible]	[illegible]	[illegible]	[illegible]	[illegible]	[illegible]	[illegible]	[illegible]	[illegible]	[illegible]	[illegible]	[illegible]	[illegible]	[illegible]	[illegible]	[illegible]	[illegible]
[illegible]			+		+	+	+	+	+	+	+		+	+		+	+	+
														+				

	[illegible]	[illegible]	[illegible]	[illegible]	[illegible]	[illegible]	[illegible]	[illegible]	[illegible]	[illegible]	[illegible]	[illegible]	[illegible]	[illegible]	[illegible]	[illegible]	[illegible]	
[　]					+	+	+	+	+	+	+		+	+	+	+	+	
																+		
	[illegible]	[illegible]	[illegible]	[illegible]	[illegible]	[illegible]	[illegible]	[illegible]	[illegible]	[illegible]	[illegible]	[illegible]	[illegible]	[illegible]	[illegible]	[illegible]	[illegible]	[illegible]
[　]	+	+	+	+	+	+		+		+				+	+	+	+	

因为《蒙古字韵》写本“十五麻”韵部[illegible]、[　]2 韵内容缺失,《蒙古字韵校本》补足。今《龙门神禹庙圣旨碑》文献中所出现八思巴字头只有“[illegible] 马 1.12.5”字属于缺失部分，其他字头在《蒙古字韵》所存大部中都能找到。为稳妥起见，我们对缺失部分暂不计入。

众所周知,《蒙古字韵》写本所存大部中有八思巴字头 818 个（缺失部分据《校本》当为 37 个，此处不计），而《龙门神禹庙圣旨碑》文献中所出现八思巴字头为仅 95 个（“[illegible] 马 1.12.5”字在《蒙古字韵》中属于缺失部分，不计入）。所占比例为 95/818 ≈ 11.6%。字数似乎太少，不足以说明问题。下面我们再换个角度来看。因为八思巴字拼写汉语的韵书《蒙古字韵》中，往往一个韵母下辖几个、十几个甚至于几十个八思巴字头，所以若想研究韵母系统或说探讨当时韵母书写系统的编排制定情况，只要一个韵母中出现一个包含该韵母的字头就够了（至于声母，则可以通过各韵互见的方式来考察，即这三十多个声母在每个韵中都是辗转拼切，尽管各声母的出现频率不尽相同，但我们却完全可以据此看清楚声母的情况），下面我们就来看一下韵母的情况。我们知道，《蒙古字韵》写本所存部分中韵母总数为71个（据《校本》，十五麻韵部中[八思巴字]、[　]2韵残阙，不计入），它们是：

一东：本韵部共[八思巴字]、[八思巴字]两韵，都有韵字出现；

二庚：本韵部共有[八思巴字]、[八思巴字]、[八思巴字]、[八思巴字]、[八思巴字]、[八思巴字]（仅“[八思巴字]行”一字头）六韵，其中[八思巴字]、[八思巴字]、[八思巴字] 3韵的字此处未出现；

三阳：本韵部共有[八思巴字]、[八思巴字]、[八思巴字]、[八思巴字]、[八思巴字]、[八思巴字]（仅“[八思巴字]怳”一字头）六韵，其中[八思巴字]、[八思巴字] 2韵的字此处未出现。

四支：本韵部共有[八思巴字]、[八思巴字]、[八思巴字]、[八思巴字]、[八思巴字]、[八思巴字]（仅“[八思巴字]”、“[八思巴字]” 2字头）六韵，其中[八思巴字]、[八思巴字] 2韵的字此处未出现。

五鱼：本韵部共有[八思巴字]、[八思巴字]、[八思巴字]（仅“[八思巴字]吴” 1字头）3韵，其中[八思巴字]韵的字此处未出现。

六佳：本韵部共有[八思巴字]、[八思巴字]、[八思巴字]、[八思巴字]、[八思巴字]（仅“[八思巴字]黑”、“[八思巴字]刻” 2字头，且仅各辖1字）5韵，其中[八思巴字]韵的字此处未出现。

七真：本韵部共有[八思巴字]、[八思巴字]、[八思巴字]、[八思巴字]、[八思巴字]、[八思巴字]（仅“[八思巴字]”、“[八思巴字]” 2字头）六韵，其中[八思巴字]、[八思巴字]、[八思巴字] 3韵的字此处未出现。

八寒：本韵部共有[八思巴字]、[八思巴字]（仅“[八思巴字]岏” 1字头）、[八思巴字]、[八思巴字]、[八思巴字]（[八思巴字]-）5韵，其中[八思巴字]、[八思巴字]、[八思巴字]（[八思巴字]-）3韵的字此处未出现。

九先：本韵部共有[八思巴字]、[八思巴字]、[八思巴字]、[八思巴字]、[八思巴字]（仅“[八思巴字]贤” 1字头）5韵，其中[八思巴字]、[八思巴字]、[八思巴字] 3韵的字此处未出现。

十萧：本韵部共有[八思巴字]、[八思巴字]、[八思巴字]、[八思巴字]、[八思巴字]（[八思巴字]-）、[八思巴字] 6韵（[八思巴字]韵只有[八思巴字]一个字头，且只用于御宝上的“宝”字，故不计入），其中[八思巴字]、[八思巴字]、[八思巴字]（[八思巴字]-）、[八思巴字] 4韵的字此处未出现。

十一尤：本韵部共有[八思巴字]、[八思巴字]、[八思巴字]、[八思巴字]、[八思巴字]（仅“[八思巴字]” 1字头）5韵，其中[八思巴字]、[八思巴字]、[八思巴字]、[八思巴字] 4韵的字此处未出现。

十二覃：本韵部共有[八思巴字]、[八思巴字]、[八思巴字]、[八思巴字]、[八思巴字]（仅“[八思巴字]”、“[八思巴字]” 2字头）5韵，其中[八思巴字]、[八思巴字]、[八思巴字]、[八思巴字] 4韵的字此处未出现。

十三侵：本韵部共有ㄷꡏ、ꡂㄷꡏ、ꡦㄷꡏ（仅“ꡂㄷꡏ歆”1 字头）3 韵，其中ꡂㄷꡏ、ꡦㄷꡏ 2 韵的字此处未出现。

十四歌：本韵部共有ꡖ、ꡡꡖ、ꡁ（仅“ꡁ”1 字头）3 韵，其中ꡡꡖ、ꡁ 2 韵的字此处未出现。

十五麻：本韵部共有ꡦ、ꡡ、ꡦ（ꡨ-）、ꡡꡦ、ꡡꡓ 5 韵（ꡓ、[　]2 韵内容《蒙古字韵》写本原缺，《校本》补足。今不计入），其中 ꡡꡓ 韵的字此处未出现。

《龙门神禹庙圣旨碑》用字共涉及 36 个韵母，36/71 ≈ 50.7%。不过，其中有些韵母地位很特殊，即其所辖八思巴字头与汉字都很少（详细情况已在上面每部中列出，可参看），有的仅含 1 个或 2 个八思巴字头，而在该字头下又仅有 1 个汉字。所以其地位在学界尚有争议。如果把这些韵母暂从总数中去掉（剩下的所辖字头较多的韵母我们在这里称之为主体韵母），我们可会看到另一种情形。这些韵母共有 12 个，那 71−12=59。则 36/59 ≈ 61%。如果我们再从十五韵部上来看的话，则每一个韵部都有韵字出现，那就是 15/15=100%。下面我们将这些数据放到一起：

字头比例	韵母比例	主体韵母比例	韵部比例
95/818 ≈ 11.6%	36/71 ≈ 50.7%	36/59 ≈ 61%	15/15=100%

这样看来，这 95 个字头对说明《蒙古字韵》的成书情况还是很有参考价值的。那这些字头与《蒙古字韵》的相符程度有多大呢？我们逐字进行了比对。发现真正关系到韵字归部的仅出现一处错误，即ꡀꡦꡓ（-ꡓ-）尧 1.7.1，该字头文献中写作ꡀꡦꡓ，但《蒙古字韵》中拼作ꡀꡓꡓ，二者不合。至于其他问题，如“ꡚㄷꡃ（ꡚ-）圣”、“ꡚꡂㄷꡃ（ꡚ-）生”中审母误作禅母，“ꡂꡡ（ꡂꡡ-）福”中非敷误为奉母，“ꡂㄷ（ꡂ-）羲”晓母误作匣母，还有“ꡂꡦꡀ（-ꡨ-）解”中“ꡦ”、“ꡨ”两种写法的纠葛，首先这不影响韵母方面的归类，更重要的是，这在其他的八思巴字文献中（如东平学圣旨碑，至元三十一年七月 日，1294 年）都反复出现同类情形，即使在八思巴字书写规范的依据——《蒙古字韵》成书之后的文献中（加封孔子制诏，大德十一年九月日，1307 年）依然如此。这些今天所能见到的八思巴字汉语

文献我们已进行了全面研究，并撰写了相关论文。在这个基础上，我们就可以说，依据《龙门神禹庙圣旨碑》用字及其所涉及的韵母、韵部与《蒙古字韵》的相符程度之高，我们可以推断，在《龙门神禹庙圣旨碑》（1275）写刻的至元十二年即公元 1275 年，作为八思巴字书写规范依据的《蒙古字韵》应该已经成书。还有更早的证据，即在 1269 年八思巴字颁布后，当年就有八思巴字汉语圣旨颁发，也建立了学校（罗常培、蔡美彪 1959。Poppe1957）。1272 年命汉官员的年轻子弟学习八思巴字，所有圣旨均以八思巴字书写，到了 1275 年就开始设立八思巴字专门部门（萧素英 2008）。而我们上文已经谈到，无韵书八思巴字在汉语中无法推行。照那斯图据八思巴字碑刻（1275）及官印（1273）进行研究后指出，"作为八思巴字汉语的标准或依据的蒙古字的韵书可能与八思巴字颁布同时产生，即便晚也相差不远"。而《古今韵会举要》成书时间是 1297 年，比《字韵》晚二十多年，所以从编写时间上看，不会是《字韵》照抄《韵会》，也就是说，《字韵》的编写不可能受到《韵会》的影响，至于后来朱宗文校订《字韵》时以《韵会》作为参照那就另当别论了。

下面再从史实角度作一梳理。看当时国内的局势。据《元史》载，至元九年（1272），元军尚在攻襄阳不下。至元十年（1273）下襄樊。十一年（1274），取鄂州。十二年（1275），攻下建康后，元军三路攻临安。十三年（1276）正月，谢太后请降，元军俘获宋帝、谢太后北上。从战局上看，1276 年之前，江南半壁江山尚在南宋治下，那统一了北方的蒙元政权是否会采取南方的敌国之音作为编写八思巴字韵书《蒙古字韵》的语音基础呢？我们认为，可能性不大。当然，如果当时的中国北方通行的不是汉语而是少数民族语言，那要编写汉语韵书当然要宗南方语音。但事实是，辽金时期，汉语不仅未被外族语同化，而且一直是强势语言，即使在辽金腹地也是如此。何九盈找到了一则"铁证"（《汉语三论》页 173），那就是宋著作郎许亢宗使金时所著《行程录》，其中记载了黄龙府（今吉林农安县）的民族用语情况：

当契丹强盛时，虏获异国人则迁徙、杂处于此……凡聚会处，诸国人语言不能相通晓，则各为汉语以证，方能辨之。是知中国被服先王之礼仪，而夷狄亦以华言为证也。

既然如此，那用北方汉语作基础写作汉语韵书也是完全有条件的。而且元朝统一之后，南方、北方汉语之间依然存在着彼疆尔界，据李子君（2008），元代“汉人、南人用韵规范存在南北差异”。同时不容忽视的是，北方汉语一直在地位上占有优势。如周德清在《中原音韵自序》中说：“惟我圣朝兴自北方，五十余年，言语之间，必以中原之音为正；鼓舞歌颂，治世之音，始自太保刘公、牧菴姚公、疎齋卢公辈，自成一家，今之所编，得非其意乎？彼之沈约不忍弱者，私意也，且一方之语，虽渠之南朝亦不可行，况四海乎？予生当混一之盛时，耻为亡国搬戏之呼吸，以中原为则，而又取四海同音而编之，实天下之公论也。”而且他直接指责：“自隋至宋，国有中原，才爵如约者何限？惜无有以辨约之韵乃闽、浙之音，而制中原之韵者。呜呼！年年依样画葫芦耳！南宋都杭，吴兴与切邻，故其戏文如《乐昌分镜》等类，唱念呼吸，皆如约韵——昔陈之后庭花曲，未必无此声也——总亡国之音，奚足为明世法！”周德清立场如此坚定，如此崇北抑南，所以在写作韵书的实践中“周德清不但未将自己的方言搀入《中原音韵》，反而把他们当作正语的对象。”（宁继福 1990）可见，身为南方人的周德清写作韵书尚不肯以南方语音为标准，那么说元朝统一前写作《蒙古字韵》用南方话作基础音系，这是很难想象的，更何况是在南方尚为敌国所有的情况下。基于此，我们认为，《字韵》的编写不可能因袭《韵会》，倒是后者可能以《字韵》为蓝本来编著。如果说到《字韵》的语音性质，我们则同意罗常培、杨耐思诸先生的看法，即为官话读书音。

3.2《蒙古字韵》1280 年得到了大力推广

为了更加有助于问题的解决，我们不仅将八思巴字汉语文献作为依据，同时还将目光放到了八思巴字蒙古语文献中（材料据照那斯图《八思巴字和蒙古语文献Ⅱ文献汇集》（1991），［日本］东京外国语大学アシア・・アフリヵ言语文化研究所（东京外国语大学亚非语言文化研究所）（东京）。另据呼格吉勒图、萨如拉编著《八思巴字蒙古语文献汇编》），我们将其中出现的汉语词进行了全面的搜集，对其拼写特点进行了认真研究。今述如下（限于篇幅，除了直接用于说明问题的材料详细举例外，其他就在行文中以叙述方式交代或示例）：

材料 1:《安西王忙哥剌鼠年令旨》（1276）

A. 与《蒙古字韵》[1] 八思巴字拼写不同的：

先ꡛꡦꡋ sen[2]（出现 3 次，分别在第 6 行、第 13 行、第 17 行）

观ꡂꡟꡠꡋ gu̯ėn（在第 15 行）、姜 gi̯aŋ（在第 12 行，《蒙古字韵》作 gėŋ，《蒙古字韵校本》认为二者可自由交替，所以本文 ė、i̯a 异写的不作详细分析。下同）

B. 与《蒙古字韵》八思巴字拼写相同的[3]：

皇 ɣoŋ 子 dzhi 安 •an 西 si 王 ’u̯aŋ（第 3 行）、尧 yew 庙 mew、后 ɣiw 土庙 mew、禹 yėu 王 ’u̯aŋ 庙 mew、真 džin 人 žin（这几个词都在第 12 行）、京 giŋ 兆 tšew 府 hu̯u（第 22 行）

材料 2:《薛禅皇帝牛年圣旨》（1277—1289）（1）

A. 与《蒙古字韵》八思巴字拼写不同的：先ꡛꡦꡋ sen（第 8 行）

B. 与《蒙古字韵》八思巴字拼写相同的：生 šhiŋ（第 8 行）、太 taj 原 ’u̯ėn 府 hu̯u、石 ši 壁 bi 寺 zhi、安 •an 僧 shiŋ 录 lėu（这几个词都在第 12 行）

（以下“先”字元音开始由折头 e ꡦ 变为方头 ė ꡠ，有的交替出现）

材料 3:《薛禅皇帝龙年圣旨》（1280）

A. 与《蒙古字韵》八思巴字拼写不同的：

店 dėm（23 行）、典（解～库）dėn（23 行）、陕 šėn（14 行。应为 -m 尾）（店、典、陕皆与〈字韵〉不同，后者中都为 e）、提 t‘i（14 行、37 行）、川 tšėon（15 行。《字韵》标音 tš‘u̯ėn，声母相同，韵母不同，只有“卷”等字才作 gėon）、解 gėj（22 行。“解”《字韵》标音 gu̯aj，校本作 gi̯aj）

B. 与《蒙古字韵》八思巴字拼写相同的：先（～生）ꡛꡠꡋ sėn 生（先～）šhiŋ 出现 10 次（第 8 行、15 行、26 行、27 行二次、29 行、30 行、31 行、33 行、36 行）、提 ti（16 行、28 行）、点 dem（14 行、16 行、28 行、37 行）、李 li 道 taw 谦 k‘ėm

---

① 为行文方便，《蒙古字韵》多省作《字韵》。如影响表达则不省。

② 本文的转写体系如无特别说明皆据《蒙古字韵校本》，如所据材料与《蒙古字韵校本》在转写体系上有所不同，则以《蒙古字韵校本》为准，将材料标音改写。

③ 与《蒙古字韵》八思巴字拼音相同的词语相对较多，所以大部分收录，对重复的则不一一收录。

（14行）、西 si 蜀 šėu 四 shi 川（15行。“川” 字见上）、宫 gėuŋ 观ꡂꡡꡋ gon（17行、19行、21行）

材料4:《阿难答秦王马年令旨》（1282）

A. 与《蒙古字韵》八思巴字拼写不同的:先（~生）sen（16行）、店 dėm（15行）

B. 与《蒙古字韵》八思巴字拼写相同的:先 sėn 生 šhiŋ（第7行、13行）、阿’a 难 nan 答 da 秦 tsin 王 ’u̯aŋ（第3行）、安 •an 西 si 府 hu̯u（11行）、修 siw 真 džin 观 gon（11行）、华 hu̯a 阳 jaŋ 谷 yėu（11行）东岳 yaw 庙 mew（12行）、提 ti 点 dem(12行)、提 ti 举 gėu 昝知坚 gėn 赵 tšew 道 taw 从（13行）、观（宫~）gon（14行）、解 gi̯aj 典 den 库 kʻu（15行）

材料5:《薛禅皇帝牛年圣旨》（1277—1289）（2）

汉语词的拼写都与《蒙古字韵》八思巴字拼写相同，如：先 sėn 生 šhiŋ（第10行）

材料6:《薛禅皇帝牛年圣旨》（1277—1289）（3）

汉语词的拼写都与《蒙古字韵》八思巴字拼写相同，如:先 sėn 生 šhiŋ（10行、15行）、华严 ŋem 海 haj 水 šue 泉 tsu̯ėn 寺 shi（21行）

材料7:《完者笃皇帝马年圣旨》（1294）

汉语词的拼写都与《蒙古字韵》八思巴字拼写相同，如：先 sėn 生 šhiŋ（第6行）、大都（8行）、蓟州（8行）、平谷县 hu̯ėn 瑞平山（第9行）、兴隆寺净严 ŋem 都老华严寺太长老兴觉（9行）、店 dem（11行）

材料8:《完者笃皇帝狗年圣旨》（1298）

汉语词的拼写都与《蒙古字韵》八思巴字拼写相同，如：先 sėn 生 šhiŋ、严 ŋem、店 dem 典 den、禅 šen

材料9:《完者笃皇帝牛年圣旨》（1301）[①] **材料10:**《小薛大王兔年令旨》（1303）、

材料11:《海山怀宁王蛇年令旨》（1305）**材料12:**《曲律皇帝鸡年圣旨》

---

① 自材料9——36，其中汉语词的拼写基本都与《蒙古字韵》相一致，例外很少，限于篇幅，不再一一列举。仅列出材料名以备查检。

（1309）

材料 13:《普颜笃皇帝鼠年圣旨》（1312）**材料 14**:《普颜笃皇帝牛年圣旨》（1313）

材料 15、16、17、18:《普颜笃皇帝虎年圣旨》（1314）（1）（2）（3）（4）

材料 19、20:《普颜笃皇帝南华寺圣旨》（1312—1317?）（1）（2）

材料 21:《普颜笃皇帝马年圣旨》（1318）**材料 22**:《答吉皇太后猴年懿旨》（1320）、

材料 23:《答吉皇太后鸡年懿旨》（1321）**材料 24**:《帝师公哥罗鸡年法旨》（1321）

材料 25:《格坚皇帝猪年圣旨》（1323）

材料 26、27:《也孙铁木儿皇帝鼠年圣旨》（1324）（1）（2）

材料 28:《也孙铁木儿皇帝龙年圣旨》（1328）**材料 29**:《妥欢帖睦尔皇帝猪年圣旨》（1335）

材料 30:《妥欢帖睦尔皇帝鼠年圣旨》（1336）**材料 31**:《妥欢帖睦尔皇帝马年圣旨》（1342）

材料 32:《妥欢帖睦尔皇帝羊年圣旨》（1343）**材料 33**:《居庸关石刻》（1342—1345）

材料 34:《妥欢帖睦尔皇帝鸡年圣旨》（1345）**材料 35**:《妥欢帖睦尔皇帝兔年圣旨》（1351）

材料 36:《妥欢帖睦尔皇帝虎年圣旨》（1362）**材料 37**:《妥欢帖睦尔皇帝猴年圣旨》（1368）

由以上材料我们可以看出，自材料 4 以下，与《蒙古字韵》标音体系有别的几近于零，而材料 1—3 则与此形成了反差。如材料 1—2 中“先 ꡛꡦꡋ sen”的拼合，就与《蒙古字韵》大不相同。而“先”字在八思巴字圣旨中出现频率相当高，因为好多圣旨或令旨、懿旨等都是针对道士、道观而说的，所以其中多出现“先生们（当时称呼道士的用语）”“宫观”等词语。正因如此，所以拼写者对这些常用词语的拼写应该是非常关注也比较熟悉的。恰恰就是“先”字，出现三次（见材料）拼写全都用的是与《蒙古字韵》相异的写法，无独有偶，“观 ꡂꡧꡦꡋ guėn”字拼写也与《字韵》不合（后者作 ꡂꡡꡋ gon）。面对这种现象我们只能得出这样的结论：当时以《蒙古字韵》为代表的规范文本尚未最终定形，或说其书写系统影响还不够大，还没有对所有的书写实践形成足够的约束力。

材料 3 中尽管还有不少与《字韵》拼写有异的例子，但其中有一个最为显著的变化，那就是“先”字（还有“观”）与《字韵》拼写相一致起来了。更为突出的是，“先”字出现了 10 次，无一例外拼作“先 ꡛꡦꡋ sėn”，与《字韵》相合。与此相映成趣的是，“观 ꡂꡡꡋ gon”的拼合也接受了《字韵》的规范。我们为什么这么看重这些字的拼写变化以及另外一些字又为何与《字韵》拼写有那么大的差异呢？这一切都需要从八思巴字产生之前的回鹘式蒙古文谈起。早在回鹘式蒙古文文献中，就已有汉语词出现。如：

材料 A：《忽必烈汗鸡儿年回鹘式蒙古文圣旨》（1261）（见《河南登封少林寺出土的回鹘式蒙古文圣旨碑考释》，《民族语文》1993 年第 5 期、第 6 期，1994 年第 1 期，与照那斯图合作，道布执笔。又收入《道布文集》199—237 页。**材料 B** 出处同此）

先 sing 生 sing、宣抚司 sünfus

店 dem、解典库 geidenküü、少（~林长老）šau、坛主 tan ǰu、姬庵主 gü am ǰu、圣~安长老 sing、灯金~长老 ding

材料 B：《忽必烈汗龙儿年回鹘式蒙古文圣旨》（1268）

先 sing 生 sing、解典库 geidinküü、肃~长老 suui

店 dim /dem（道布注：碑文上写成 dim 了，应为 dem）

从这两种材料我们可以看出，像“先”“店”“典”等字中的复合元音“iɛ”在回鹘式蒙古文一般用单元音“i”或“e”来译写。为什么会这样呢？其原因是当时的蒙古语中缺少汉语中所具有的后响复合元音。据照那斯图（2007）研究，八思巴字所反映出的元代蒙古语的复合元音共有如下几个：ai、ei、ėe、oi、’üe、ue、ua。没有“iɛ”，那如何来译写这一成分呢？最终的解决办法就是用一个语音相近的单元音来替代。看回鹘式蒙古文的元音系统：

i　　　　　　u（ü）

e　　　　　　o（ö）

a

从图上可以看出，e 正好处在“i”与“ɛ”之间，是比较理想的选择。接下来的问题是看 e 在汉语中有没有独立使用，即有无韵母是 e 或 en 的字，如果有，那就会与 iɛ 、iɛn 写作 e、en 相冲突。看元代汉语语音情况：

下面我们将杨耐思《中原音韵音系》（页 44）的“中原音韵韵母表”转录过来，作为元代汉语元音系统的代表（为了便于说明问题，将原韵部次序打乱按语音组合规律重排）：

a ia ua	ai iai uai	au iau	an ian uan	aŋ iaŋ uaŋ	am iam
家麻	皆来	萧豪	寒山	江阳	监咸
o io uo			on		
歌戈			桓欢		
iɛ		iɛu iuɛ	iɛn iuɛn		iɛm
车遮		萧豪 车遮	先天		廉纤
		əu iəu	ən iən uən iuən	əŋ iəŋ uəŋ iuəŋ	əm iəm
		尤侯	真文	庚青	侵寻
	ei uei				
	齐微				
i					
齐微					
ï					
支思					
u iu				uŋ iuŋ	
鱼模				东锺	

由韵母表我们可以看出，iɛ 、iɛn 写作 e、en 不会引起冲突，这就解决了一个难题。

那到八思巴字创制并推行之后情况会怎样呢？那我们则需要考察八思巴字的

元音系统，为了更便于说明问题，我们将八思巴字所从出的藏文以及回鹘式蒙古文、八思巴字蒙古语等的元音系统一并拿来作一比较（按元音舌位图的一般格式排列，为方便起见用转写形式）：

藏文		八思巴字		回鹘式蒙古文		八思巴字蒙古语	
i	u	i	u	i	u（ü）	i（e_2）	u（ü）
e	o	e（ė）	o	e	o（ö）	ė（e_1）	o（ö）
［a］		［a］		a		a	
辅音j、w		i̯、u̯（半元音，只作介音）					

说明：［a］表示a在该文字系统中用零形式来表示，（ ）中的音素是与相应音素相近或有某种关联而附寄于此的。

注：这几种语言文字资料来源为：《中国大百科全书·语言文字卷》；江荻《藏语语音史研究》；照那斯图《论八思巴字》，《蒙古文和八思巴字元音字母的字素分析》，《八思巴字蒙古语文献的语音系统》；照那斯图、杨耐思《八思巴字研究》；喻世长《〈蒙古秘史〉中圆唇元音的汉字表示法》；杨耐思《中原音韵音系》；道布《回鹘式蒙古文研究概况》

从以上几种语文的元音系统我们可以看出八思巴字所表现出的元音系统构型与藏文和蒙古文一致，都是三角构型（蒙古文中表现元音和谐与对立的音与元音系统三角构型说不冲突），其根本上是互相适应的。可见创立八思巴字时创立者的眼光就盯在所参照的藏文与要拼写的蒙古语文上，即关注的都是元音系统三角构型的语言，因为八思巴字首先应该说是一种蒙古文，它首先是用来拼写蒙古语的，形成了蒙古民族的一种新的民族文字，而后才用来拼写元帝国境内的各个民族的语言（照那斯图、杨耐思 1984），所以八思巴字与藏语文、与蒙古文的关系更密切，其相互适应性更强，而与以后其功能扩大到译写一切语言时所涉及的汉语及他民族语言在拼写时可能会产生一些龃龉。这儿马上就遇到了困难，在回鹘式蒙古文中偶尔出现几个汉语词时，用音近相代的做法如上文所说 iɛ 、iɛn 写作 e、en 是可以的，这是一种未对汉语音系作通盘考虑的松散对应，而要用八思巴字译写所有整个汉语系统，那就需要对汉语音系作全面系统的审视了。也就是要在两个系统之间建立一种较为稳固的联系，而且系统内部不能引发冲突。现在的问题是，汉语中旧有的从中古汉语继承下来的三、四等韵特别是重纽三、四等的对立还不同程度地存在着[①]，如何让这种区分在八思巴字的书写系统中得以实现，是目前最棘手的问题。一个 e 如何表示两个 iɛ（对重纽的音值暂不作讨论）呢？于是，一个解决问题的路子出现了。那就是从藏文及八思巴文的介音 i̯、u̯ 中衍生出一个 ė 来[②]，用来译写重纽中的一类（粗略地说）。当这一标准确定下来之后，高频词如“先”字大家非常关注，所以记得准，这也就是材料 3 中“先”字出现 10 次却未出现不合《蒙古字韵》拼写规范的用例的原因，尽管传统习惯是拼作 sen，而新的规范是拼作 sėn。与此形成鲜明对比的是材料 3 中“店 dėm（23 行）、典（解～库）dėn（23 行）”等字则都拼的不合规范，出现了对新符号“ė”的误用，这可以看作是对新符号把握不准且对其所辖字尚不甚清楚所带来的问题。为进一步弄清楚 ė、e 的使用情况，下面我们看一下《蒙古字韵》韵母表（据《蒙古字韵校本》转写系统整理）：

(a)	(i̯a)	u̯a	aj	i̯aj	u̯aj	aw	(i̯aw)	u̯aw	an	(i̯an)	u̯an	aŋ	haŋ	u̯aŋ	am	i̯am
麻			佳			萧			寒			阳			覃	
ė						ėw			ėn			ėŋ		u̯ėŋ		
麻						萧			寒			阳		（晓母）		
ė		u̯ė				ėw		u̯ėw	ėn	u̯ėn					ėm	
麻						萧			先						覃	
(e)		u̯e				ew			en	ėen					em	ėem
麻						萧			先						覃	
		ue	ėue													
		支														
		ėue														
		支（晓 1）														
o		u̯o				ow			on	ėon		oŋ				
歌						尤（奉）			寒	先		阳（匣）				
i	ėi	u̯i	ij			iw	ėiw		in	ėin	u̯in	iŋ	ėiŋ		im	ėim
支			（佳）			尤			真			庚			侵	

① 重纽的对立《中原音韵》中除齐微唇音外没有反映，但《蒙古字韵》及《韵会》中都明显存在。

② 该提法受教于照那斯图。

hi	hij	hiw	hin	hiŋ	him
支	（佳）	尤	真	庚	侵
u　ėu		uw	un　ėun	uŋ　ėuŋ　u̯uŋ	
鱼		尤	真	东　东庚 庚（影）	

从表上可以看出，靠 e 与 ė 来区分的复合韵母为数不少，二者的对立随处可见，可见其重要性。可以说，这种字面上书写符号的区分是必要的，是必不可少的。这是八思巴字拼写汉语必须完成的任务。正因如此，所以我们须把“先”等字拼写实践中的 e 到 ė 的变化看作一个重要的标志，特别是材料 3 中先（～生）sėn 出现 10 次，与前此材料中 sen 的拼写形成鲜明对比，这就更有说服力，更应引起我们的注意，更应将此看作是八思巴字拼写汉语过程中的一个重要的转折点。所以我们将材料 3 写定的时代 1280 年看成是《蒙古字韵》为代表的蒙古字的韵书成书并大力推行的下限（当然，韵书所蕴含的书写规范的全面深入贯彻应是一个漫长的过程，1280 年之后的文献如材料 4 中就依然有错误存在即可说明这一点）。

另外，材料 1 中“观 gu̯ėn”的拼写到材料 3 中出现三次都是采用的与《蒙古字韵》相合的“gon”的拼写形式，这也可反映出当时韵书规范推行的力度之大范围之广。

四　《蒙古字韵》存浊的声母系统

4.1 从文献材料看存浊的虚假性

浊音清化一直是近代语音史上的焦点问题，向来为学界所关注。从上世纪初叶以来，诸方家一般是以《中原音韵》作为浊音清化的主要文献证据，而罗常培在《唐五代西北方音》中则通过对藏汉对音材料的研究，指出唐五代时已肇其端。后来聂鸿音写作《西夏语中汉语借词的时间界限》（1994）一文，则是利用西夏文与汉字的对音关系以浊音清化与否来区分西夏语中汉语借词的时间，未清化的是 6 世纪中叶到 7 世纪中叶的早期借词，已清化的则是 9 世纪末到 11 世纪中叶的晚期借词。这正可以与罗先生的结论相互印证。邵荣芬在其《汉语语音史讲话》中（页 59）也谈到浊音清化早在晚唐五代时期即已开始，其证据是写于十世纪中后期的敦煌俗文学抄本。在该文献中出现了一些如下的例子：

辈（帮母去声）　误作　　倍（並母上声）

到（端母去声）　误作　　道（定母上声）

这些错误，说明在抄写人的语言里，“辈”“倍”同声母，可见那时敦煌一带已出现浊音清化现象。而到十二世纪中叶，福建人张麟之在《韵镜》前的《释例》中指出“上”和“赏”等只是声调不同，声母、韵母都相同。可见这时浊音清化已扩展到南方。总之，浊音清化是先从北方特别是西北开始，而后逐步往东南扩展的。

杨耐思在《中原音韵音系》中也专门对这一问题展开讨论（页15）。先看杨先生的论述。在《中原音韵》中，全浊音字普遍与清音字混并，并且上声的全浊音字一律变为去声，同现代北京话。但平声的浊音清化后，那些本为浊音的塞音、塞擦音是全清（不送气）呢，还是次清（送气）？关于这一点，《中原音韵》韵谱本身不能显示出来。而卓从之《音韵类编》正好可资参证。《音韵类编》平声分为三类：“阴”类收古清音字，“阳”类收古浊音字，“阴阳”类里“清”“浊”两两相配。例如（上一行清音字，下一行浊音字）：

东钟　通　冲　邕　风　烘　葱　烹
　　　同　重　容　冯　红　从　彭

江阳　牕　香　镑　腔　鸯　方　昌　汤　湘　抢　匡　汪　仓　荒
　　　床　降　傍　强　阳　房　长　唐　详　墙　狂　王　藏　黄

支思　雌　施　斯
　　　慈　时　词

杨先生据此推断，平声字浊音清化后，塞音与塞擦音变为同部位的送气清音，擦音仍是擦音，变为同部位的清音。

关于浊音清化的问题，我们在八思巴字材料中也发现了一些可资参证的东西。因为八思巴字是用表音方式记录元代汉语的，所以在构拟元代汉语的音值上有着独特的价值。不过，八思巴字译写汉语的最成系统的文本《蒙古字韵》是保留全浊系统的，所以据此考察浊音清化无法入手。于是，我们对《蒙古字韵》之外的当前所能见到的所有其他八思巴字实际应用文献如圣旨碑刻等进行了全面整理研究。

这儿的问题是，这么多材料，其涉及的地域非常广阔，南北几千里，时间跨度也比较大，前后近百年，这看来并不同质的材料放在一起研究是否可行呢？我们先看一下方家的看法。蔡美彪先生认为："碑刻文字都是以元代皇帝名义发布的圣旨制诰，是先以汉语雅言书写，再用八思巴字音译。汉文原文多出于汉人文臣之手，八思巴字音译当出于官府的译史，因而可以视为官方较为规范的音译。龙果夫关于官话的研究，以汉语八思巴字碑文为依据，是很有见地的。"（见罗常培、蔡美彪编著《八思巴字与元代汉语》页 224）这其实也就是罗常培所赞同的龙果夫提出的八思巴字圣旨碑刻代表了古官话读书音（见罗常培、蔡美彪编著《八思巴字与元代汉语》页 175、197）。既然如此，这些有一定时空跨度的材料也就有了共同性，所以将它们视作同质材料加以研究也就是可行的。更为重要的是，我们已经对这些材料进行了全面研究，发现其中八思巴字头的拼写绝大多数与规范文本《蒙古字韵》相一致，不同的仅为个别现象。这就进一步印证了龙果夫、罗常培诸先生的观点，即八思巴圣旨碑刻反映了元代官话读音。

我们在对这些八思巴字实际应用文献材料进行全面整理研究后，从中发现了一些与《蒙古字韵》拼写有异的材料，从中剔除掉那些属于书写错误的之后，我们认为有些材料确实反映了浊音清化等语音演变的轨迹。看下文（引用材料时用到圣旨时，直接写其序号和材料名称如：27. 加封孟子制；用到其他材料时，则前边再加上其大类简称，如碑额 3. 刘义神道碑碑额）：

A. 平声浊音清化，浊擦音变为同部位的清音。

26. 加封孟子制：

辞 ꡚꡞ shi　6.2（6.2 表示该字位于此文献的第 6 行第 2 字处，下同。"辞"为邪母，浊音，今拼为清音心母了，按《字韵》系统其声母应作：ꡕ z）

29. 追封兖国夫人制词：

祠 ꡚꡞ shi　4.6（邪母，浊音，今拼为清音心母了，按《字韵》系统其声母应作：ꡕ z）

这二例龙果夫在《八思巴字和古官话》一文中也曾涉及，但龙氏仅作为"例外"而一笔带过（见罗常培、蔡美彪编著《八思巴字与元代汉语》页 195）。我们则将这些材料视作浊音清化的重要证据。

接下来的问题是，如果说这种拼写反映的是实际语言中的浊音清化，那反映的是何地的实际语音呢？当然，这不能完全排除实际译写者方言的影响，但我们认为，如果其母方言与官话方言区别很大的话，那些显别于官话的特点平时应该就是他比较留意、比较敏感的，因为古人特别是宦海浮沉的读书人对方言与官话的区别是比较留心的。如宋代陆游《老学庵笔记》记载："四方之音有讹者，则一韵尽讹。如闽人讹'高'字，则谓'高'为'歌'……蜀人讹'登'字，则一韵皆合口；吴人讹'鱼'字，则一韵皆开口，他仿此。中原惟洛阳得天地之中，语音最正……"（页77）。而宋代吴处厚《青箱杂记》则记载了泉州人刘昌言为人不满，其方言成了别人攻击的对象，说他"闽人，语颇獠，恐奏对间陛下难会"（页59）。正因如此，所以这些异于官话的方音特点误入圣旨译写中的可能性较小，再说，圣旨的译写是非常严肃的事情，肯定要经过审核的，如果这种明显别于官话的方音误入圣旨中的话，应该会被及时更正的。倒是那些官话方言中实际口语的读音渗入的可能性比较大。

下面我们要说的是，因为有《蒙古字韵》等官方制定的译写规范文本，所以译写歧异的例子很少见。我们下面就将"祠""辞"所属的四支韵部中ꡕꡜꡞ字头下在八思巴字文献中所出现的所有例字列如下，以资比较（字头前的数字"196"是该字头在《蒙古字韵》中的字头总体排序序号）：

196ꡕꡜꡞ：词 5.4.27（该数字组合意为第5份圣旨第4行第27字。下同此例）。

6.9.5。

7.7.11。

8.6.4。

祠 29.4.6（声母ꡕ讹作ꡛ）。

辞 26.6.2（声母ꡕ讹作ꡛ）。

似 16.21.9。

祀 4.3.4。

5.5.30。

6.13.8。

7.10.13。

8.8.11。

10.4.11；10.10.8。

11.7.12。

12.9.12。

13.5.12。

29.3.17。

30.8.3。

嗣 16.20.2。

从例字的出现情况可以看出，“词”“祀”等字尽管出现多次，但其八思巴字译写全都与《蒙古字韵》相一致。而“祠”“辞”二字各仅出现一次，却都与规范相左。我们认为，这里可以这样来看待这一现象，因为“词”“祀”使用较多，所以译写圣旨的文人记得清其规范写法，不容易出错；而“祠”“辞”我们所见文献中仅各用一次，可见非常少用，那译写的文人对其规范写法所记不确就是很可能的了，如果临时又勇于自任而失于翻检《蒙古字韵》，那就很容易依据实际读音去译写，特别是当这种拼写又正好与官话口语相一致的话，那他被纠正的可能性就又降低了。不过，我们今天却正好可以此作为考察浊音清化的一条线索。

z 变 s，浊擦音变为同部位的清音，这正好与燕山卓从之《音韵类编》中“斯词”阴阳相对的情形互相参证。

支思　　雌　施　斯

　　　　慈　时　词

而且这也为杨耐思先生的推断提供了一个很好的实证材料。下面我们再来看一下现代汉语方言中邪母字的声母读音情况（以“辞祠”为例。据北京大学中国语言文学系语言学教研室编《汉语方音字汇》第二版重排本）：

	北京	济南	西安	太原	武汉	成都	合肥	扬州	苏州	温州
辞	꜀tsʻɿ	꜀tsʻɿ	꜀sɿ ꜀tsʻɿ 新	꜀sɿ ꜀tsʻɿ 新	꜀tsʻɿ	꜀tsʻɿ	꜀tsʻɿ	꜀tsʻɿ	꜀zɿ	꜀zɿ
祠	꜀tsʻɿ	꜀tsʻɿ	꜀sɿ ꜀tsʻɿ 新	꜀sɿ ꜀tsʻɿ 新	꜀tsʻɿ	꜀tsʻɿ	꜀tsʻɿ	꜀tsʻɿ	꜀zɿ	꜀zɿ
	长沙	双峰	南昌	梅县	广州	阳江	厦门	潮州	福州	建瓯
辞	꜀tsʻɿ	꜀dzɿ	꜀tsʻɿ	꜀tsʻɿ	꜀tʃʻi	꜀tʃʻei	꜀su 文 ꜀si 白	꜀sɿ 文 ꜀si 白	꜀sy	ᶜtsu
祠	꜀tsʻɿ	꜀dzɿ	꜀tsʻɿ	꜀tsʻɿ	꜀tʃʻi	꜀tʃʻei	꜀su	꜀sɿ	꜀sy	ᶜtsu

由上表可以看出，邪母今读擦音的方言中尚有不少，不仅南方，北方的西安、太原还保存着这种读音，如此看来，杨耐思先生关于元代 z 变 s，浊擦音邪母变为同部位的清音读同心母的推断应是符合事实的。那邪母今读塞擦音的就应该是后起的现象了。但擦音塞擦化是否真实地存在过呢？

我们先看一下今天方言中的相关现象。据宋洪民等 2005（页 162），今山东北部冀鲁官话区内沾化县及周边地区就存在着擦音塞擦化的现象。如"赛"字为心母代韵，按规律当读 sɛᵓ，北京话正是如此，沾化方言却读作"比赛 tsɛᵓ"；"僧"为心母登韵字，按规律当读 ꜀səŋ，北京话即在此例，而沾化方言中读为 ꜀tsəŋ。这均属擦音塞擦化之例。尽管这与"辞祠"读音存在着送气与否的差异，不过，这总使我们亲眼目睹了擦音塞擦化的真实情形。

B. 平声浊音清化，浊塞擦音、浊塞音变为同部位的送气清音

17. 重阳万寿宫授孙德彧圣旨碑：

慈 ꡑꡜꡞ tsʻhi 7.7（从母，浊音，按《字韵》系统应作：ꡐ ts（dz））

（按，在八思巴字系统中，其标志有清浊对立的塞音与塞擦音的字母与汉语中的实际音值正好是颠倒的，即其浊对汉清，其清对汉浊，转写时先写出符号的一般拉丁转写形式，然后在后边括号中再写出与汉语中清浊相符的音标。下同）

文献中"慈"字共出现 3 次，2 次拼写合乎规范，1 次不符。分别是：

ꡐꡜꡞ：慈 17.7.7（ꡐ 讹作 ꡑ）。

34.3.3；34.6.4。

ts（dz）变为 tsʻ，尽管例子不多，但却清晰地展示了元代平声浊音清化，浊塞擦音变为同部位的送气清音。而且与其相关的例子为数不少，那就是送气清塞音拼写中写作了浊塞音，先看例子（限于篇幅，与《蒙古字韵》相合的用例不再列出）：

25. 加封兖复圣公制词碑：

丕 ꡎꡟꡠ pue（b）8.20（滂母，清音，按《字韵》系统应作：ꡍ p‘）

26. 加封孟子制：

篇 ꡎꡦꡋ pėn（b）3.16（滂母，清音，按《字韵》系统应作：ꡍ p‘）

我们认为，其混同原因是，在平声中，浊塞音（或塞擦音）已读为同部位的送气清音，所以在用到送气清音时，书写者在没有翻检拼写规范文本的情况下，就想当然地用上了本为浊塞音的拼写符号（很可能在他的印象中，该符号表示的就是送气清音）。也或许正是这种原因，所以导致了浊音符号 ꡎ 的大量误用，而且逸出了平声的轸域，连上、去声的拼写中清塞音都误用了浊音的符号（而事实上，浊声母在上去声字中是读作不送气的塞音的，这就造成了明显的错误）。例如：

26. 加封孟子制：

配 ꡎꡟꡠ pue（b）6.10（滂母，清音，按《字韵》系统应作：ꡍ p‘）

27. 加封孟子沂国述圣公制抄件写本：

配 ꡎꡟꡠ pue（b）15.3（滂母，清音，按《字韵》系统应作：ꡍ p‘）

29. 追封兖国夫人制词：

配 ꡎꡟꡠ pue（b）5.2（滂母，清音，按《字韵》系统应作：ꡍ p‘）

30. 加封颜子父母制诏碑：

豈 ꡂꡞ ki（g）7.11（溪母，清音，按《字韵》系统应作：ꡁ k‘）

C. 船母的演化

17. 重阳万寿宫授孙德彧圣旨碑：

神 ꡚꡞꡋ šin 12.13（船母，浊音，按《字韵》系统应作：ꡆ tš（dž））

碑额 3. 刘义神道碑碑额：

神 ꡚꡞꡋ šin 3.1（船母，浊音，按《字韵》系统应作：ꡆ tš（dž））

通过调查材料我们发现，大部分材料书、禅二母写法不作区分，所以我们认为上二例中“神 ꡚꡞꡋ”的拼写应该是书母的清擦音，而不是禅母的浊音。而这也正好可与卓从之《音韵类编》互相参证。后者为：

真文　　　因 申 嗔亲春询氲分村吞喷哏

　　　　　银 **神** 陈秦唇巡雲坟存豚盆痕

看来，元代"神"字声母就是读擦音的。聂鸿音先生（1994）也曾指出，西夏语中汉语借词床母（与我们这里的"船母"相对应）在早期借词中读不送气浊塞音，在晚期借词中读清擦音（如"食"读 ɕi）。这也可以与我们这里的看法相印证。

关于船禅等声母的性质问题，陆志韦《古音说略》（页 11—13）和邵荣芬先生《切韵研究》（页 101—108）中都有论述，认为韵图的作者安排错了，船、禅（或称"常"）二母应该对调，船为擦音，禅则为塞擦音。劭先生论说翔实，例证丰富，既有梵汉对音的事实材料，又有方言资料的大量佐证，令人信服。循这一思路，那"神"的擦音读法倒是一以贯之的了。在仄声字中，船母字也有读为清擦音的。看例：

10. 加封东安王圣旨碑：

示 ši 11.3（船母，浊音，按《字韵》系统应作： tš（dž））

不过，仄声中我们也发现了船母字读为送气清塞擦音的。例：

顺 tš'ėun7.2（船母，浊音，按《字韵》系统应作： tš（dž））

若承认从中古以来船母一直为擦音的话，那这儿的读音是否也像第一类中所谈到的"辞祠"等邪母字一样，也经历了一个先由浊擦音变为同部位的清擦音，然后再由擦音变为塞擦音呢？接下来应该说的是，这种塞擦音的读音有无可资参证的东西呢？我们在方言中发现了"顺"字读塞擦音送气的实例。在鲁北沾化及周边地区，"孝顺"一词中"顺"字就是读 tʂ'un⊃ 的。而且这种读法根深蒂固，若念 ʂun⊃ 当地人会明显觉得这是在模仿标准音（普通话）的说法，非常嗲气，让人不舒服。

D. 匣母同晓

29. 追封兖国夫人制词：

乎 hu 6.9（匣母，浊音，按《字韵》系统应作： ɣ）

30. 加封颜子父母制诏碑：

乎 hu 3.13（匣母，浊音，按《字韵》系统应作： ɣ）

该现象如邪母变为清擦音一样，也是浊擦音变为同部位的清音。

E. 仄声中的浊音清化

下两例是仄声中澄母拼为知母的例子。

32. 重阳万寿宫宣付焦德润圣旨碑：

重 ꡆꡠ ꡟꡃ džėuŋ（tš）4.6（澄母，浊音，按《字韵》系统应作：ꡄ tš（dž））

（材料中的这种错误拼合犯了大忌，因为字韵中拼 ꡟꡃ 韵母的有 ꡆ、ꡅ、ꡄ 三个声母，而拼 ꡠꡟꡃ 韵母的仅有 ꡄ 一母）

33. 重阳万寿宫授杨德荣圣旨碑：

住 ꡆꡠ ꡟ džėu（tš）5.7（澄母，浊音，按《字韵》系统应作：ꡄ tš（dž））

这种情况为学界所熟知，只是用表音方式明确记录了浊音清化过程中仄声字的浊声母变为相应不送气清音的情形。

F. 入声字浊声母清化，声母有送气现象

29. 追封兖国夫人制词：

及 ꡁꡞ kʻi 4.20（群母，浊音，按《字韵》系统应作：ꡀ k（g））

30. 加封颜子父母制诏碑：

极 ꡁꡞ kʻi 8.9（群母，浊音，按《字韵》系统应作：ꡀ k（g））

上两例“及、极”都是入声字，声母为群母，在文献中拼写为同部位的送气清音，比较特殊。这两例书写都很认真规范，偶误的可能性很小。那到底是什么原因呢？我们先看一下这两字在现代汉语方言中的表现（据《汉语方音字汇》）：

	北京	济南	西安	太原	武汉	成都	合肥	扬州	苏州	温州
及	꜁tɕi ꜀tɕi	꜁tɕi ꜀tɕi	꜁tɕi ꜀tɕi	tɕieʔ꜇	꜁tɕi	꜁tɕi 文 ꜁tɕie 白	tɕiəʔ꜆	tɕieʔ꜆	dʑiɪʔ꜇	dʑiai꜇
极	꜁tɕi	꜁tɕi	꜁tɕi	tɕieʔ꜇	꜁tɕi	꜁tɕi	tɕiəʔ꜆	tɕieʔ꜆	dʑiɪʔ꜇	dʑiai꜇
	长沙	双峰	南昌	梅县	广州	阳江	厦门	潮州	福州	建瓯
及	tɕi꜆	tɕʻi꜄	tɕʻit꜇	kʻip꜇	kʻɐp꜇ kɐp꜇	kiɛp꜇	kip꜇	kip꜇	kiʔ꜇	ki꜆
极	tɕi꜆	tɕʻi꜄	tɕʻit꜇	kʻit꜇	kɪk꜇	kɪk꜇	kɪk꜇	kek꜇	kiʔ꜇	ki꜆

由上表可以看出，在南方的双峰、南昌、梅县等客赣为主的地区全浊入声字清化时就变为同部位的送气清音。这两个例子或许提示我们，当时北方方言中浊音清

化时，并非像现在这样表现得如此整齐，有些字也许在送气不送气上会由一种情形向另一种情形转化。下边“特”字的例证也许可以为我们的这种说法提供一点佐证。

25. 加封兖国复圣公制词：

特ꡊꡞꡦ dhij（t）6.17（定母，浊音，按《字韵》系统应作：ꡊ t（d））

该例“特”字标为不送气清音，但今天北方方言中大都读送气音。据《汉语方音字汇》，南方的扬州、苏州、温州、梅县、广州、阳江、厦门、潮州、福州等地都读不送气音。这些情况可以告诉我们，浊音清化的过程不是整齐划一的，很可能存在着词汇扩散式的流变。

综上述，无论是八思巴字文献还是其他文献都显示，元代官话中浊音当已清化，所以说《蒙古字韵》中的存浊现象是存古，是对传统三十六字母格局的继承。

4.2 存浊系统既反映了对传统韵书的继承，又与梵、藏声母格局相合

从上文的分析我们可以看到，浊音清化是很早就出现且覆盖面较广的语音演变现象。那为何迟至元代且又反映北方官话的《蒙古字韵》中却保留着浊声母呢？一般认为，其解释只能是存古。我们认为，这首先反映了对传统韵书的继承，亦即是存古的反映。另外，还有另一个原因，那就是存浊也符合八思巴字及其所从出的藏文乃至梵文的声母格局，这是存浊的动力之一。

关于八思巴字的来源，元人盛熙明《法书考》、陶宗仪《书史会要》都记载为“采诸梵文”。应当指出，这个说法，只有在字母体系的源头这个范围内才是正确的。事实上，八思巴字的直接源头——说得确切一些，字母表的源头——不是梵文，而是藏文，说得更明确些是藏文字母的所谓“有头字”。八思巴字字母表，是在藏文字母基础上组成的。因此，单就字母表而言，八思巴字跟藏文非常相似，它的大多数字母与藏文相同或相似，有几个借自梵文，还有几个为新制。因为研究八思巴字的学者各人所依据的标准、原则不尽相同，所以对八思巴字字母表所含字母的数目看法也不一致。我们认为，对八思巴字字母表应该有一个统一的概念，而这个概念的确立应以原始字母表为依据。所谓原始字

母表即八思巴字设计的最初的字母表。这可以从有关文献记载中推求出来。明确记有八思巴字字母总数或者同时还列有八思巴字母表的早期文献有《法书考》《元史》《书史会要》等。这些文献中所列字母或为四十一或为四十二，但字母表后都有如下一句话："汉字内则去 ꡘ ꡢ ꡥ 三字而增入 ꡰ ꡮ ꡯ ꡭ 四字"。由此可见，这些文献所载八思巴字字母表不是专门用于哪一具体语言的字母表，而是当初设计或者公认的原始字母表。由此可见，说有四十一个字母，而所列字母与此说相合的文献，指的是八思巴字的原始字母表；说有四十三个字母，而所列字母为四十二的文献，包括了汉字内"去三增四"而多出的一个字母（若说四十三则再加上标志唇齿音分化的另一个后增字母），指的是用来拼写汉语而增加新字母的八思巴字字母表。大家知道，八思巴字是"译写一切文字"的一种音标式的文字。因此它的字母表不像别的只拼写某一种语言的文字那样有相对的稳定性，而是随着译写对象的增加，或者根据某种语言进一步区分语音的需要，随时增加相应的新字母。

在这里我们不再分别介绍为适应具体语言而在原字母表基础上增补新字母形成的各种八思巴字系统，只在下面列出八思巴字字母总表。字母次序，原字母从《法书考》《书史会要》，并附上用于汉语的后增字母。

编号	1	2	3	4	5	6	7	8	9	10	11	12	13	14	15
字母	ꡀ	ꡁ	ꡂ	ꡃ	ꡄ	ꡅ	ꡆ	ꡇ	ꡈ	ꡉ	ꡊ	ꡋ	ꡌ	ꡍ	ꡎ
汉译	葛	渴	哜	誐	者	车	遮	倪	怛	挞	达	那	钵	婺	末
转写	k	k‘	g	ŋ	tš	tš‘/č‘	dž/ǰ	ň	t	t‘	d	n	p	p‘	b

16	17	18	19	20	21	22	23	24	25	26	27	28	29	30	31
ꡏ	ꡐ	ꡑ	ꡒ	ꡓ	ꡔ	ꡕ	ꡖ	ꡗ	ꡘ	ꡙ	ꡚ	ꡛ	ꡜ	ꡝ	ꡞ（ꡞ）
麻	撈	攃	惹	嚩	若	萨	阿	耶	啰	罗	设	沙	诃	哑	伊
m	ts	ts‘	ʣ	w	ž	z	·	j/y	r	l	š1/ š	s	h	’	i

32	33	34	35	36	37	38	39	40	41	42	43	44	45
ꡟ（ꡟ）	ꡠ（ꡠ）	ꡡ（ꡡ）	ꡢ	ꡣ	ꡤ	ꡥ	ꡦ	ꡧ	ꡨ	ꡰ	ꡮ	ꡯ	ꡭ
鄔	翳	污	遐轻呼	霞	法	恶	也	咼	耶轻呼	［奉］	［书］	［匣］	［幺］
u	e/ė	o	G	ɣ	hṷ	（待定）	ė/e	ṷ	i̯	ɦṷ	š2	ɦ	j

说明

1—41 号字母属原字母表；38 号字母仅见于文献中的字母表，未见实际用例。

42—45 号字母为后增字母，分别同 37、27、29、24 号字母相对立，仅用于汉语。

原字母表的 31、32、33、34、39 号字母为元音字母，40 号和 41 号字母为半元音字母，38 号字母不详（可能是辅音字母），其余为辅音字母。

再来具体看一下《蒙古字韵》字母表：

见	溪	群	疑	端	透	定	泥	知	彻	澄	娘
帮	滂	並	明	非	敷	奉	微	精	清	从	心
邪	照	穿	床	审	禅	晓	匣	影	喻	来	日
								同上			

此七字归喻母

下面与藏文及梵文作一比较：

藏文辅音表：

k kh g ŋ　　tɕ tɕh dʑ ȵ　　t th d n

p ph b m　　ts tsh dz w　　ʑ z ɦ j

r l　ɕ s　　h ʔ/a

梵文辅音表：

1. 喉音：　ka　kha　ga　gha　ṅa

2. 腭音：　ca　cha　ja　jha　ña

3. 卷舌音：ṭa　ṭha　ḍa　ḍha　ṇa

4. 齿音：　ta　tha　da　dha　na

5. 唇音：　pa　pha　ba　bha　ma

6. 半元音：ya　ra　la　va

7. 咝音：　śa　ṣa　sa

8. 气音：　ha

从以上这些材料可以看出，梵、藏、八声母都系三元对立或四元对立，而代表元代之前汉语声母状况的三十六字母也是三元对立，这样看起来就比较协调。再说存古一直是中国古代知识界的一种很强的倾向。这样，这两种动力合并到一处，《蒙古字韵》的编写要保留浊声母以保持三元对立也就是顺理成章的了。不过，有趣的是，据曾晓渝 2007、2009，上古汉语并非一开始就是三元对立的格局，而是二元对立，尽管对种二元对立与后来浊音清化的二元对立在内容上并不相同。后来的二元对立是浊声母消失，全清、次清分立，而早期的则是全清与全浊的对立，即次清声母不是汉语固有的。曾晓渝提出汉语声母的三元对立源自梵语，令人信服地论证了汉语的次清声母系受梵语影响而产生，那这一次倒是历史的重演，不过是前实后虚，前者是音系的真实变化，后者则是书面上的复辟。

4.3《蒙古字韵》音系存古与记新的交融

从以上论述可知，《蒙古字韵》中的存浊现象是存古，是对传统三十六字母格局的继承。不过，我们却绝不能简单地以一顶复古的帽子扣倒它。因为《蒙古字韵》并非食古不化、泥古非今。它在存古的外壳下，其实在不少方面尽量表现新出现的语音现象，最典型的如知照合并等。可以说，《蒙古字韵》音系是存古与记新的交融。一方面，维持三十六字母之名，旧的框架要维护，另一方面，其中所含的内容可以改动、调整，如知照合并、零声母的记录等。知照合并在同时代韵书《古今韵会举要》中同样存在，这种新的语音变化可以得到印证。见下（另附影、喻、匣以资比较）：

《蒙古字韵》与《古今韵会举要》的比较：

《字韵》：知彻澄　　　照穿床　　　（匣）合；影（幺）；（鱼）喻；

照组有名无实（实一类名两分）　　　有实无名（拼写别、名不别）

维持三十六母的名与实

《韵会》：（知彻澄）　　照穿床　　　匣合；影幺；鱼喻；

名实相符（名实一类，取消知组）　名实相符（拼写别、名亦别）

以上是声母方面的措置，我们想说的是，这种存古与记新的交融在韵母方面有无表现呢？我们通过元代反映实际语音的韵书《中原音韵》可知，重纽现象基本消失殆尽。那《蒙古字韵》情况如何呢？从所周知，《蒙古字韵》唇音重纽除齐微韵外都已消失，与《中原音韵》唇音表现吻合，可见在这一点上《蒙古字韵》反映新的语音变化是非常积极的。不过，牙喉音重纽都完全保留，是实际语音如此还是存古？我们不想悬揣。但据《中原音韵》推断，这种格局完全反映实际语音的可能性很小。我们想，即使我们不好太过积极地对其重纽现象加以全盘否定，起码我们应该对此有所怀疑。假设当时重纽真得全都消失了，《蒙古字韵》能否就如实记录呢？我们认为这很难。因为旧的框架它一定要维护的，这从声母的存浊方面我们就看得很清楚。而旧的框架在韵母方面的表现就是四等的格局（重纽就包含于其中），这种格局一定要留下一块阵地。声母的三十六母与韵母的四等一横一纵正好形成一张经纬网。见下：

	三十六字母							
	见	溪	群	疑	端	透	定	泥……
一等	+	+		+	+	+	+	+……
二等	+	+		+				……
三等	+	+	+	+				……
四等	+	+		+	+	+	+	+……

这是总体的声韵格局，是必须维护的。当然，在这要框架之内进行局部调整是允许的。所以这就出现了在三十六母与四等的框架内那些反映韵母变化的现象，如先仙同音、萧宵合并等。所以我们认为《蒙古字韵》无论在声母还是韵母上表现出的都是音系存古与记新的交融。这可以说是《蒙古字韵》的一个根本特点。

第六节　元代学术导向、科举废兴对《蒙古字韵》《通鉴节要》行用的影响

一　两种教学用书

众所周知，命帝师创制八思巴字是元世祖文治武功的重要组成部分，在新政权的建构中占有重要的地位。《元史·卷202·释老传》载有颁行这种文字时元世

祖特地下的一道诏书：

至元六年，诏颁行于天下。诏曰：

朕惟字以书言，言以纪事，此古今之通制。我国家肇基朔方，俗尚简古，未遑制作，凡施用文字，因用汉楷及畏吾尔字，以达本朝之言，考诸辽金及遐方诸国，例各有字。今文治浸兴而字书有阙，于制为未备，故特命国师八思巴创为蒙古新字，译写一切文字，期于顺言达事而已。今后凡有玺书颁降者，并用蒙古新字，仍各以其国字副之。

既然这种文字如此重要，那用这种文字来译写使用人口最多的汉语时是如何进行的呢？或说有无拼写的规范或依据呢？看史书的记载：

《元史·卷八十一·志第三十一·选举一》“学校”条下：

至元六年秋七月，置诸路蒙古字学。十二月，中书省定学制颁行之。命诸路府官子弟入学，上路二人，下路二人，府一人，州一人，余民间子弟上路三十人，下路二十五人。愿充生徒者，与免一身杂役。以译写《通鉴节要》颁行各路，俾肄习之。

《续文献通考·卷五十·学校考·郡国乡党之学》：

至元六年七月，置诸路蒙古字学……以蒙古字译写《通鉴节要》颁行各路，俾肄习之。八年十二月，诏天下兴起国字学。十九年定路设教授，国字在诸字之右。

《元史·卷八十一·志第三十一·选举一》“学校”条下：

世祖至元八年春正月，始下诏立京师蒙古国子学，教习诸生，于随朝蒙古汉人百官及怯薛歹官员，选子弟俊秀者入学，然未有员数。以《通鉴节要》用蒙古语言译写教之。

史书中都讲学习八思巴字拼写汉语的规范所用的教科书是《通鉴节要》。这在元朝孔齐的《至正直记》(卷二“江西学馆”条)中亦有记载：

江西学馆读书，皆有成式。《四书集注》作一册钉，《经传》作一册钉，少微《通鉴详节》横驰作一册钉，《诗苑丛珠》作一册钉，《礼部韵略》增注本作一册钉。

看来，八思巴字拼写汉语的依据或规范文本就是经官方人员译写完成的《通鉴节要》，这就是学校培养这方面人才所用的教学用书。但接下来的问题是，有一些材料提示我们《蒙古字韵》（或《蒙古韵略》，二书关系下文再谈）才是真正的教学用书，尽管我们目前找不到更多直接的证据，但下边的材料可以作为一个较为有力的旁证却是不容忽视的（参郑再发 1965，页 6—7）：

A. 朝鲜人崔世珍于明正德十二年（1517 年）完成的《四声通解》，其凡例第一条说：

《蒙古韵略》，元朝所撰也。胡元入主中国，乃以国字翻汉字之音，作韵书以教国人者也。

B. 王义山曾为李弘道的《蒙古韵编》作序，《蒙古韵编》已亡佚，但该序却收在《稼村类稿》中。序上说：

……《周礼》以地官司徒掌邦政，保氏隶于司徒，其职以六书教国子。弘道以《蒙古韵编》教人，且欲使今知字者皆知字之古，以三十二字而括十百千万之字，括十百千万之字而教十百千万之人；视保氏之功为优。其有功于字学，岂小小哉。

C. 元后至元六年建阳郑氏积诚堂刊本《事林广记》，收有蒙古字《百家姓》一种，其小序有："初学能复熟此编，亦可以为入仕之捷径云。"

这些材料可以使我们知道《蒙古韵略》是为了训蒙古童生、教人学习而编写的，同时《四库提要》又说《蒙古字韵》是为了"文移案牍，行文备检"而设的。讨论之前，我们先说明一下《蒙古字韵》与《蒙古韵略》的关系问题。郑再发认为二者本不相同，一为通行于江浙的教科书，一为通行于福建的教科书（郑再发 1965，页 19）。宁忌浮先生《古今韵会举要及相关韵书》中则认为本为一书。我们认为宁先生的看法更接近事实（下文再讨论）。

二　《蒙古字韵》当为官方事先编定

从文献记载可知，元代作为学习八思巴字拼写汉语的规范的教科书应该有《通鉴节要》和《蒙古字韵》（或《蒙古韵略》）两种，但问题是我们在官方史书的记载中只见到了《通鉴节要》，而没有《蒙古字韵》（或《蒙古韵略》），那是否是《通鉴节要》系官方颁定的教学用书，而《蒙古字韵》（或《蒙古韵略》）则是后来在八思巴字推广过程中为民间文人自发编写的地方性用书呢？这或许不失为一个较有吸引力的想法。那下边我们就来看一下如果完全抛开《蒙古字韵》(或《蒙古韵略》)而单纯依靠《通鉴节要》，官方对八思巴字的推行与教学能否正常开展。

众所周知，八思巴字是拼音文字，而学习拼音文字的关键是要从字母学起，而不是直接学拼写成形的音节或单词。这样才能做到以简驭繁，如王义山为李弘道的《蒙古韵编》作的序中所说："以三十二字而括十百千万之字"。同理，相关文献如元盛熙明《法书考》和陶宗仪《书史会要》中都详细开列了八思巴字的"四十一(或四十三)"字母，可见当时人学习八思巴字就是从字母学起的。那是否学过这包含"四十一(或四十三)"字母的字母表，就学会了用八思巴字译写汉语呢？换言之，是不是学会了八思巴字母的写法，然后凭借已经拼写完毕的《通鉴节要》就可以学习掌握八思巴字拼写汉语的全部内容呢？我们认为，这样做可能是事倍功半。因为汉语音节是由声母和韵母两部分组合而成的，声母与八思巴字母中的辅音是对应的，但韵母与八思巴字母中的元音却绝非简单对应，而是元音在众多规则的制约下形成的复杂拼合。质言之，自然拼合难以全面贯彻。这样，单凭《通鉴节要》学到了一部分字的拼写形式，然后就去类推同声或同韵字的拼写，并不是很有把握的，其中一大部分受特殊规则制约的拼写形式靠类推往往是不对的。

尽管说《蒙古字韵》的编纂是为了给元代的译音用作标准的，我们目前还没有更多更直接的证据。但因为八思巴字碑刻等材料与《蒙古字韵》拼写非常一致(参见第一章)，那我们应该可以说，八思巴字译写汉语的依据——规范文本应该已经产生，当然，我们无法直接证明，该规范就是《蒙古字韵》，也许是其他如《蒙古韵略》或叫其他名字的书等。但规范必须要有，因为八思巴字译写汉语时那些特殊的处理如重纽的译写、影幺鱼喻诸母的安排、"尤有右"等字译写作疑母(这点陆志韦、杨耐思诸先生都表示怀疑)、皇字行字的拼写等，这些如果没有一个标准作依据，那很难想象其相符程度会那么高。特别是当我们整理的所有材料都基本与《蒙古字韵》相符的话，那我们是否就可以说，即使《蒙古字韵》当初或许不是官方规定的译音的标准，但我们今天却可以把它作为这一标准的体现者，因为它们的译写规则是一样的。我们之所以一再强调韵书的重要性，是出于以下种种考虑（参第四节）。

A. 拼写规范要靠韵书

八思巴字是拼音文字，作为拼音文字，其追求的最高理想应该是完全的自然拼合。

但因为八思巴字字母脱胎于藏文，不可避免的带有其所从出的藏文的印迹，如元音 a 都用零形式来表示就是明显的证据。再就是从性质上说，八思巴字首先是用来拼写蒙古语的，而后才用来拼写元帝国境内的各个民族的语言（照那斯图、杨耐思 1984；杨耐思 1997）；而当以后其功能扩大到译写汉语时就会有些龃龉。特别是特殊规则制约下的那些拼写形式实际上是需要整体识记至少是部分整体识记的，总之不能完全从语音学原则按自然拼合的眼光来看待。这些音节的拼写一定要靠韵书。

B. 八思巴字与汉语语音对应

众所周知，《蒙古字韵》中牙喉音声母的字是严格区分四等的，等不同则音不同。尽管大原则是一致的，但表现手段并不相同。这其间人为的因素较多，这样就更不能依靠临时的自然拼合了，这就使按韵书熟记拼写形式成为必要的了。

除了上文谈到的对应关系非常复杂的情形之外，《蒙古字韵》为代表的八思巴字拼写系统中还有一些受特殊规则制约的例子，如“皇”“后”“惟”等，这些字与它们所在韵的其他声母字非但声母上有区别，在韵母的拼写上也表现出了不同，其拼写为何会表现出种独立特出的情形，这从汉语韵书与汉语音韵学的角度很难得到圆满的解释，多半是因与藏文、蒙古语等在对音或符号表达上的一些纠葛而起。正因如此，所以按语音原则从自然拼合入手，是难以拼出与之一致的拼写形式的，所以必须要有韵书先定的标准，悬之以为鹄的。

从以上讨论可以看出，教学上要想做到以简驭繁、准确掌握汉字的八思巴字拼写形式，就必须从《蒙古字韵》这种韵书入手学起，才能收到事半功倍之效。如王义山为李弘道的《蒙古韵编》作的序中所说：“以三十二字而括十百千万之字，括十百千万之字而教十百千万之人。”特别是朝鲜人崔世珍于《四声通解》凡例第一条所说：“《蒙古韵略》，元朝所撰也。胡元入主中国，乃以国字翻汉字之音，作韵书以教国人者也。”这是非常重要的证据，说明《蒙古韵略》确实是官方修定的。

同理，正因为八思巴字拼写汉语的规则十分复杂，国家标准的制定就是必须的，更由于这些复杂的规则之间相声牵涉、相互制约，所以规则的制定就必定要通盘考虑，也就是在颁布推行八思巴字之时其拼写规则就应该已经制定完毕（而拼写规则的制定则又必须以韵书为依托，这样才能规定哪个韵部哪个小韵的韵母如何拼写，这些单凭大的原则是包容不了的），否则，用八思巴字书写的文献中就会出现拼写各异的形体，但我们对八思巴字文献的整理研究告诉我们，其拼写与《蒙古字韵》的相符程度是非常高的。这就可以证明为拼写方案和教学所必须的八思巴字韵书在八思巴字推行之时就已编定了。

接下来的问题是，这部韵书以什么为蓝本来编写呢？宁忌浮在《〈古今韵会举要〉及相关韵书》中令人信服地论证了《蒙古字韵》源于《新刊韵略》，无论是收字还是韵字的排列顺序均表现出了极大的一致性。从史料记载来看，蒙元政权早就统一了北中国，《新刊韵略》作为金代的重要著作，为士子们所推重，而《蒙古字韵》以此为蓝本，可见其编制是经过官方最起码是文人的普遍支持与认可的。而且如上文所谈到的，那些复杂的拼写规则都是经过语言学者们认真讨论、研究的结果，不是一人之力所能胜任。正因如此，所以其编写应该与《切韵》相似，即几位权威学者认真商讨，反复斟酌，最后才“吾辈数人，定则定矣”。还有一个问题就是，《蒙古字韵》与《蒙古韵略》的关系问题。宁忌浮在《〈古今韵会举要〉及相关韵书》（页245、198）中详细论证了二书的一致性，指出二者的相符程度是非常高的，批驳了郑再发1967认为二者是两部书的看法。更重要的是，其拼写规则（无论是适用面很宽的一般规则还是适用于部分音节的特殊规则）都表现出了极大的一致性，所以我们认为二者是同一部书，其差异是因时代不同在流传过程中产生的。我们之所以不把它们看作是两部不同的书，正如我们在上文的讨论中所谈到的，是因为实际文献的译写要求韵书必须提前编定成书，不然八思巴字在汉语中的推行就无法进行，而其规则又必须作通盘考虑从系统着眼才能制订完善（因为不少规则是互相制约，相辅相成的），所以这些规则都是语言学者们经过认真讨论、研究的结果，不是一人之力所能胜任。更重要的，从这些材料的一致性和复杂性来看，如果说差不多同一时代编两部书，而它们又贯彻了两套规则，这是不可想象的，我们认为不可能这样。至于说在规则一致的情况下再去编两部书，也大可不必，用官方与文人都能认可与接受的《新刊韵略》为蓝本就是最好的选择（详见下文），没必要再改弦更张。所以我们只能说，即使《蒙古字韵》之前流行的八思巴字韵书叫《蒙古韵略》或《蒙古韵》，甚至是《蒙古字韵略》，我们仍然认为它与后来的《蒙古字韵》本质上是同一部书。

这里还要解决的一个疑问是，八思巴字的拼写规则是什么人制定的，他们对汉语韵书的掌握程度如何？据陈庆英研究，帝师八思巴身边集中了一批懂得多种语文的译师，他们中的一些人大概就是八思巴创制蒙古新字的主要助手和实际的工作者（陈庆英《帝师八思巴传》页 121）。诸如精研佛法的噶阿年胆巴·贡噶扎巴，精通多种语言曾担任译吏的桑哥，精通汉藏语文、以翻译汉藏佛教典籍闻名的沙罗巴，还有精通诸国语及汉语的阿鲁浑萨里，不容忽视的是，“世祖闻其材，俾习中国之学，于经史百家及阴阳历数图纬方技之说皆通习之。”（《元史》本传）。另外，八思巴所交往的人士中还有不少汉地的文人和学问僧。如《萨迦五祖全集》中记载的汉族僧人一讲主，即是四川汉僧元一，还有名亢的汉僧。另有精通因明学的陕西僧人法闻（陈庆英《帝师八思巴传》页 121—124）。这支学术队伍不可小视，他们大都精通多种语言，蒙汉藏梵贯通，精通多种语言的阿鲁浑萨里在汉学上不让儒士，韵书声韵之学肯定也很精通，而学僧们则多晓等韵之学，从释守温到明释真空，已成风习。有这样的学术队伍，应该说将八思巴字与汉语韵书嫁接在一起不是难事。

三　元代学术、科举与《通鉴节要》《蒙古字韵》的纠葛

从以上论述可知，八思巴字拼写汉语规则的复杂性决定了八思巴字推行之时，《蒙古字韵》（或《蒙古韵略》）已经编写完成，而从文献记载可知，另一教科书《通鉴节要》也已颁行。而前者从体例上看是韵书，后者则是史书，所以我们可以

这样给二者定性,《蒙古字韵》是静态的标准，是承载拼写规则的规范文本;而《通鉴节要》则是这一拼写规则的实际应用，是动态的使用。

这二者在八思巴字的推行中应该是并行不悖、相辅相成、异曲同工的。但我们在官方史书的记载中只见到了《通鉴节要》，而没有《蒙古字韵》(或《蒙古韵略》)。我们认为，其原因就在于《蒙古字韵》的韵书体例。韵书在其他朝代是为朝廷和学者们所尊奉的，但在元代韵书却处于一个非常尴尬的境地。这是与元代特殊的学术背景和科举废兴现状分不开的。

众所周知，元代科举在中国科举史上是一个低谷，明代叶子奇称之为“殆不过粉饰太平之具”(《草木子》卷四下“杂俎篇”)，此言得之。因为元代科举不但名额很少(参桂栖鹏《元代进士研究》页4)，而且开科时间也较短。元代前期只在太宗十年(1238)举行过一次性质尚有争议的“戊戌选试”，而真正意义上的科举考试则迟至仁宗皇庆二年(1313)才正式颁诏实施，元末顺帝时又停废五年(1335—1340)。

元代早期为何不开科取士呢？这主要是因为蒙元统治者对中原地区传统上的科举考试所选拔人才的价值抱怀疑态度。其实不少人对前代科举考试日益暴露出的弊端都颇有微词。如金元之际的刘祁在其《归潜志》(卷八页80)中就指出:“金朝取士，止以词赋为重，故士人往往不暇读书为他文……故学子止工于律赋，问之他文则懵然不知……狃于习俗，止力为律、赋，至于诗、策、论俱不留心”。这样培养的人才可能在实际能力上就有些欠缺。其实，科举考试所选拔人才的缺点早在唐朝就已暴露出来。如唐玄宗就因为对张九龄等科举精英群体从政能力的失望(而这些人是他自己一开始一味按文学标准提拔和重用的)，才起用了文化素养不足但具备政治才能的李林甫，当然，而后又由于李林甫缺少经史知识不能高瞻远瞩而造成了失误，导致了后来的安史之乱(吴宗国主编2003，页63)。元世祖忽必烈就多次明确否定前代科举所用的诗赋取士制度。我们从下面材料所载杨恭懿与董文忠转述忽必烈的语言中可以清楚看到忽必烈的态度:

《元朝名臣事略》卷十三“太史杨文康公”(《元史·卷164·杨恭懿传》亦载此事):

侍读徒单公履请设士之科，诏先少师文献公司徒窦文正公与公杂议。公上奏曰：“三代以德行六艺，宾兴贤能。汉举孝廉，兼策经术；魏晋尚文辞而经术犹未之遗。隋炀始专赋诗，唐因之，使自投牒，贡举之法遂废。虽有明经，止于记诵。宋神宗始试经义，亦令典矣，哲宗复赋诗，辽金循习，将救斯弊，惟如明诏尝曰：士不治经学孔孟之道，日为赋诗空文。斯言足立万世治安之本。今欲取士，宜敕有司，举有行检通经史之士，使无投牒自荐，试以五经四书大小义、史论、时务策。夫既从事实学，则士风淳朴，民俗趋厚，国家得致治之才矣。”奏入，上善之。

《元史·卷148·董俊传附文忠》：

八年，侍讲学士徒单公履奏行贡举。知帝于释氏重教而轻禅，乃言儒亦有之，科举类教，道学类禅。帝怒，召姚枢许衡与宰臣廷辨。文忠自外入。帝曰：“汝日诵四书，亦道学者。”文忠对曰：“陛下每言：士不治经讲孔孟之道而为诗赋，何关修身，何益治国！由是海内之士，稍知从事实学。臣今所诵，皆孔孟之言，焉知所谓道学！而俗儒守亡国余习，欲行其说，故以是上惑圣听，恐非陛下教人修身治国之意也。”事遂止。

上面的材料实际上也反映了以金源进士为主的词赋派和窦默、姚枢、许衡、杨恭懿、董文忠等理学派在科举方面的严重分歧（可参看安部健夫《元代的知识分子和科举》）。但忽必烈是坚决站在理学派一方的，即重实学，反对词赋取士，理学派直接将词赋取士指斥为“守亡国余习”。当然，地方实力派如世侯东平严实、真定史天泽等在地方级选士考试中依然“守亡国余习”，用词赋取士，笼络人才（参安部健夫《元代的知识分子和科举》，李子君《元代〈礼部韵略〉发覆》）。看以下材料：

《元史·卷164·王构传》：

王构，字肯堂，东平人……构少颖悟，风度凝厚，学问该博，文章典雅。弱冠以词赋中选，为东平行台掌书记。

《元史·卷160·王磐传》：

王磐，字文炳，广平永年人，世业农……会杨惟中被旨招集儒士，得磐深礼遇之，遂寓河内。东平总管严实兴学养士，迎磐为师，受业者常数百人，后多为名士。

李谦，字受益，郓之东阿人……谦幼有成人风，始就学，日记数千言，为赋有声。与徐世隆孟祺阎复齐名，而谦为首，为东平府教授，生徒四集。

孟祺，字德卿，宿州苻离人……祺幼敏悟，善骑射，早知问学。侍父徙居东平，时严实修学校，招生徒，立考试法。祺就试登上选，辟掌书记。

王构"以词赋中选"，而孟祺与"为赋有声"的李谦齐名，后"严实修学校，招生徒，立考试法。祺就试登上选"。严实等不但以词赋选士，且兴办官学，专门教习词赋程文（参安部健夫《元代的知识分子和科举》，李子君《元代〈礼部韵略〉发覆》），如上引《元史》材料中的"王磐"与"李谦"就被聘为教授。尽管地方实力派如世侯严实等依然用词赋取士，但在中央却一直没有通过。在以金源进士为主的词赋派和窦默、姚枢、许衡等理学派有关科举的争论中，皇帝是站在理学派一方的。而理学家如许衡等人由于忌恶宋金科场遗风，所以强调举办学校，作新人才，对立即恢复科举也不感兴趣（韩儒林主编《元朝史》页311）。特别是元灭南宋后，一些儒生甚至痛呼"以学术误天下者，皆科举程文之士。儒亦无辞以自解矣！"（谢枋得《程汉翁诗序》，《叠山集》卷六；元刘壎《隐居通议》卷十六）社会对以章句注疏、声律对偶之学取士的严厉批评，也加深了蒙古统治者对科举制本身的不信任（韩儒林主编《元朝史》页311）。不过，一部分文人如徒单公履还是一次又一次地在做尝试恢复科举的努力。但一以贯之的中央政策在仁宗皇庆二年正式开科选士时却又得到了更加明确的强调，即科举考试中废弃词赋，这是以往批评词赋取士态度的延续。我们看《通制条格·卷五·学令·科举》所载明文二段。

皇庆二年十月二十三日，中书省奏：

……自隋唐以来，取人专尚词赋，人都习学的浮华了。罢去词赋的言语，前贤也多曾说来。为这上头，翰林院、集贤院、礼部先拟德行明经为本，不用词赋来。俺如今将律赋省，题诗、小议等都不用，止存留诏诰、章表，专立德行明经科。明经内《四书》《五经》以程子、朱晦庵注解为主，是格物致知，修己治人之学，这般取人呵，国家后头得人才去也。

皇庆二年十一月颁布的考试程式规定：

蒙古、色目人

第一场经问五条:《大学》《论语》《孟子》《中庸》内设问，义理精明、文辞典雅为中选，用朱氏章句集注。

第二场策一道：以时务出题，限五百字以上。

汉人、南人

第一场明经、经疑二问:《大学》《论语》《孟子》《中庸》内出题，并用朱氏章句集注，复以己意结之，限三百字以上。经义一道：各治一经，《诗》以朱氏为主,《尚书》以蔡氏为主,《周易》以程氏、朱氏为主。以上三经兼用古注疏。《春秋》许用三传及胡氏传,《礼记》用古注疏。限五百字以上，不拘格律。

第二场古赋、诏诰、章表内科一道：古赋、诏诰用古体，章表参用古体、四六。

第三场策一道：经史、时务内出题，时务不矜浮藻，惟务直述，限一千字以上。

从国家法令可以看出，经义为主，词章次之，且律赋已变为古赋。更重要的是，经义考试不合格，古赋写得再好也不能录取（而且，这与唐宋金以诗赋为主取士的做法形成了鲜明的对比（李子君《元代〈礼部韵略〉发覆》)。因为士子们终日研习程朱理学，无暇旁骛，再说古赋还是与诏诰、章表并列任选其一的选考科目，因而选古赋者为数不多，所以用韵问题国家尚未关注。于是，金、宋故地的汉人、南人选试古赋者，只好各自选取自己熟悉的“平水韵”系、《礼部韵略》系韵书为指导，遂使用韵规范出现了南北差异。北方就用金代江北平水刘渊《壬子新刊礼部韵略》(据宁忌浮先生考证，刘渊书系今传世的王文郁《新刊韵略》的翻刻本，故实为一书。见《古今韵会举要及相关韵书》第四章)，南方则行用南宋毛晃《增修礼部韵略》。这种局面直到元顺帝至正六年古赋由选试科目变成必考科目后才被打破，因为北方的“平水韵”系韵书注释简单，不能满足古赋创作的需要，而毛氏《增修礼部韵略》则因为以古音补韵，恰可为元人古赋押韵提供语音参考，故而备受士子青睐（李子君《元代〈礼部韵略〉发覆》）。

从以上论述可以知道，作为科举用韵指导的“平水韵”系韵书，在元代一直未能登大雅之堂。特别是在世祖时期，皇帝经常怒斥：“士不治经讲孔孟之道而为诗赋，何关修身，何益治国！”可以想象，与写作诗赋密不可分的“平水韵”系韵书当时处于一种何等的尴尬境地！尽管有世侯严实等的庇护仍可以以词赋在地方上获取利禄，但庙堂之高则依然是高不可攀的。可以想象，作为忽必烈治国蓝图重要组成部分的蒙元帝国国书——八思巴字，如果推广这种神圣文字的文本竟然是韵书，而这韵书恰恰是皇帝经常怒斥的写作那些“何关修身，何益治国！”的无用“诗赋”的必备参考书。如果忽必烈真看到了这一幕，他一定会暴跳如雷的，他肯定会说韵书玷辱了他的蒙古字国书。所以尽管八思巴字在汉语中的推行离开韵书寸步难行，而且推行之前制定拼写规则也必须以韵书为依托，但这一切都要悄悄进行，不能搬到台面上，公开场合要加以遮掩，不要让皇帝明白真相。因为皇帝不懂汉语[①]（萧启庆 2007 页 433），所以这些做来会相对容易一些，从经史实学著作中找一本皇帝喜爱的书译为蒙古字即可。

与韵书的倍受冷落形成鲜明对比的是经、史著作的受宠。经书自不待言，有理学派许衡等人的提倡已使程朱理学逐步占据了统治地位。而史学呢，则因为其经世治人的实学性质，也受到了以皇帝为代表的蒙古贵族的青睐。看史籍的记载：

《元史·卷 153·贾居贞传》：

世祖即位，中统元年，授中书左右司郎中。从帝北征，每陈说《资治通鉴》，虽在军中，未尝废书。

《元史·卷一百二十八·相威传》：

（至元）二十年，（相威）以疾请入觐，进译语《资治通鉴》，帝即以赐东宫经筵讲读。

《元史·卷二十五·本纪第二十五·仁宗二》延祐元年四月：

帝以《资治通鉴》载前代兴亡治乱，命集贤学士忽都鲁都儿迷失及李孟择其

① 忽必烈不懂汉语，史有明文。据《元朝名臣事略·卷八·左丞许文正公》（页 171）载：“上自择善译者，然后见之（笔者按，指许衡）。或译者言不逮意，上已领悟；语意不伦，上亦觉其非而止之。”

切要者译写以进。

《元史・卷三十・本纪第三十・泰定帝二》：

（泰定四年）六月辛未，翰林侍讲学士阿鲁威、直学士燕赤等进讲，仍命译《资治通鉴》以进。

《元史・卷一百四十三・巙巙传》（巙巙侍元顺帝）：

一日进读司马光《资治通鉴》，因言国家当及斯时修辽金宋三史，岁久恐致阙逸。

从以上材料可以看到，元代的帝王都特别钟爱史学名著《资治通鉴》，这也就难怪宋儒江贽的《通鉴节要》被选作蒙古字和蒙古语方面的教材了。无论如何，《通鉴节要》依然是对八思巴字拼写汉语的规则的实际应用，而要全面把握这一拼写规则，还必须要学习承载拼写规则的规范文本——《蒙古字韵》。

四　江南盛行《蒙古韵略》原因探析

上文谈到，郑再发认为《蒙古字韵》与《蒙古韵略》二者本不相同，一为通行于江浙的教科书，一为通行于福建的教科书（郑再发 1965，页 19）。尽管我们对郑氏的说法持保留态度而赞同宁忌浮先生二者同为一书的看法，但郑氏对江浙与福建通行蒙古字韵书的考证却可以给我们很大的启迪。这儿的问题是，南人为何对学习蒙古字表现出这么高的热情呢？我们认为这与元朝的用人制度和压抑南人的一贯政策是密切相关的。

如前文所说，元代科举在中国科举史上是一个低谷，“殆不过粉饰太平之具”（叶子奇《草木子》卷四下“杂俎篇”），且迟至仁宗时期才开科取士。忽必烈时期，“凡言科举者，闻者莫不笑其迂阔以为不急之务”（张之翰《西岩集》卷一三“议科举”）。这就堵住了汉族文人历代以来最主要的晋身之路。元朝统治者需要的是承办衙门各种公务的吏（许凡《元代吏治研究》页 134）。“吏之取效，捷于儒之致用”（《苏平仲集》卷一三《徐双友墓志铭》），而对于吏，则尚其材（《芳谷集》卷一《送别刘正卿序》）。“于是，富贵之资，公卿之选，胥此焉出矣。”（《道园学古录》卷五《送彰德经历韩君赴官序》）而“天下之大，簿书期会之繁……悉付以吏。任之既久，趋之者日益众”（《至正集》卷五九《故中奉大夫侍御史慕公墓志铭》)。而元政府也建立了“岁贡儒人”制度，所谓“儒有岁贡之名，吏有补用之法”(《元史・卷81・选举志一》。它是指路总管府每年向中央或监察部门推举儒人和现役路吏，充任被贡官府的案牍吏职。这是元朝岁贡儒吏制度的一部分(许凡《元代吏治研究》页73)。为了求得一官半职，文人们纷纷游学京师或通邑大都，求托显宦，以求得吏职(许凡《元代吏治研究》页92)。当时人评论这种情况时说:“盖士负其才气，必欲见用于世。不用于科举则欲用于游，此人情之所同。”(《桂隐集》卷二《送欧阳可玉》)儒人任吏职形成制度后，成宗、武宗相继执行世祖之制，仁宗开科取士，对吏制稍有改革，时仅十载。泰定帝以下完全敬奉“世祖圣制”不移。有元一代，吏制沿施至终(许凡《元代吏治研究》页135)。蒋易在分析宋、元两朝用人制度的不同及其原因时说:“皇元有天下，创制立法，或因或革，视前代而损益之。以为宋尚文，贵儒而贱日吏。方其盛也，道德性命之谈，训诂辞章之习，章甫峨峨，逢掖于于，郁郁乎，彬彬乎，魏晋而降弗能及也已。逮其季也，日蹙国百里，而师相以周公之道自任，学士大夫以孔孟之道自许。突口决栋，焚鼎移社，犹以境土为可复。故宋之尚文，其弊迂。以故救迂莫若敏，革固莫若通。通而敏者莫吏若也。是故左儒而右吏。”(《鹤田集》卷上《送郑希礼之建宁学录序》;许凡《元代吏治研究》页140)可见，宋亡入元，儒者的黄金时代就结束了，即使仁宗朝开始开科取士，对儒生也采取了一些较为开明的政策，但终元之世，十六科共得进士约1200人，进士入仕者在元代文职官员中不过占4.3%，比例甚小(桂栖鹏《元代进士研究》页4;姚大力1986)。

在“儒者不见重于世”(荣肇《荣祭酒遗文》)的大气候下，南人儒士的地位就更差了。即使在相对开明的仁宗及其以后的开科时期，压抑南人的民族歧视政策依然表现得非常突出(桂栖鹏《元代进士研究》页44)。元人陶安评论说:“国朝重惜名爵，而铨选优视中州人，刀笔致身，入拜宰相;出自科第，往往登崇台，参大政，才学隐居，辄征聘授官，下至一技一能，牵援推荐，取绯紫不难。中州人，遂布满中外，荣耀于时。唯南人见阨于铨选，省部枢宥风纪显要之职，悉置而不用，仕者何寥寥焉！”(《陶学士集》卷12《送易生序》)那南人的出路何在呢？

似乎是天无绝人之路，八思巴字的推行又给苦苦寻觅出路的儒生特别是南士打开了一扇门。《元典章》卷三十一礼部四学校条载有至元八年正月圣旨一通，其中明确规定，“有愿充生徒者，与免一身差役”，更有吸引力的是“二三年后，习学生员选择俊秀，出策题试问，观其所对，精通者为中选，约量授以官职”。而“蒙古字学视儒学而加重”（《元文类》卷41），正因“蒙古字学视儒学出身为优”，故“嚣局蔬通之士多由此进”（《始丰稿》）。宋元之际的黄仲元做《蒙古字学题名记序》就明确说：“学是学者复其身，设科为最优。”（《四如集》卷三）正因为蒙古字学具有这么大的诱惑力，所以不少南士毅然选择了这条出路。若既熟习国书蒙古字，又“精晓”国语蒙古语，那就更加如虎添翼，“不资用译，庶物无滞”（姚燧《牧庵集》卷二四《谭公神道碑》）如张世杰就因国书、国字兼通而仕途顺畅，据许有壬《赠通议大夫大都路都总管上轻车都尉清河郡侯谥庄惠张公神道碑铭》载：“初制国字，学者通其字率难其言，公入胄监，习其书又精其言。甫冠，从戍北庭，辟帅府蒙古吏，转河南行省，及格，授同知颍州事，官承事郎，未终，更辟中书史，擢朝列大夫，称海宣慰使司都元帅府经历，升中顺大夫，淮东道宣慰副使。泰定甲子，以嘉议大夫迁德安。天历戊辰，进通议大夫，同知察罕诺尔等处宣慰使司事，副都元帅，佩金符。至顺癸酉三月日卒官。”（《至正集》卷57）正因如此，所以出现了“巷南巷北痴儿女，把臂牵衣学畓语”的局面（顾瑛《草堂雅集》卷六《送杭州经歷李全初代归》）。

面对这种局面，有些儒生依然不甘心，所以一旦看到仁宗朝开科取士，就“奋励求师，修儒者之业，以吏师为耻”（蒋易《鹤田集》卷上《送郑希礼之建宁学录序》；许凡《元代吏治研究》页93）。而“喉中能吐蒙古人语，手写横行书颇习”的李毕，则因遇到前辈儒者的教导而幡然悔悟，他“尝侍大使府君宦游新昌，浙东佥宪苦思公行县，君以诗谒之。公喜曰：‘天才秀发，其进未易量也。’又问习何书，则以前所习对。公正色曰：‘明经应进士举独不可以发身耶？’公以西北处士起家，连持部使者节，有重望，君惕然有省，于是刻意明经，往从永嘉郑公僖学，郑公登泰定甲子进士第，需次未上官，从学者甚众。”（徐一夔《始丰稿》

卷十二)。但现实是残酷的，这些只是安贫乐道的个别现象而已，元王礼所作《送汤辅德广州蒙古字学录序》(《麟原文集·前集·卷五》)就很能说明当时人的心态，看他对儒者的答辞:“外弟汤辅德沿檄录广州蒙古字学，将行，别予宣溪之上。或谓辅德簪缨世家，阶庭才子，不明经举进士，顾乃业右学以徼进，不几近耶?予语之曰:‘子亦知夫国字之功乎?郑夹漈谓梵音行于中国，而吾夫子之经不能过跋提河一步者，以字不以声也。国书因声之自然，而使无字之声悉成有声之字，推之于远，岂小补哉?辅德之是役也，迩之化民，可使岭海以南诵其语者莫不鼓舞于王言，诞敷之下，远之事君，则经筵達帝聪，发挥尊主庇民之妙，未有不由于此也，尚何愧于科第乎?矧余力学文，固将并行而不倍也。”可见当时大部分知识已经认可了现实，所谓“盖士负其才气，必欲见用于世。不用于科举则欲用于游，此人情之所同。”(《桂隐集》卷二《送欧阳可玉》)在这种情形下，社会上涌现了很多在蒙古语言文字方面有专长的人才，如“四明徐子信氏”精熟蒙古语言文字，“英年妙质，读书有声，以南方之士而能紬绎其辞语，驰骋其字书，受辟浙西宪府为译文书史”(元刘仁本《羽庭集》卷五《送浙西宪府译史徐子信序》)。再如南宋遗民鲍信卿“受业其师萧氏，悉究其精奥，乃攟摭史传中故事及时务切要者二百五十余条，译以为书，曰都目，反复应对，曲折论难，最为详密;又记其师所授之言，为书曰贯通集，又采精粹微妙之言，门分类别，为书曰联珠集，又取蒙古及辉和尔问答比譬之言，为书曰选玉集。凡其音韵之所自出，字画之所由通，毫厘之间，具有分别，南北人为蒙古学未有出信卿右者。方是时，为其学者，悉倚为入仕之阶，而信卿澹然独无求进意”(王祎《王忠文集》)。尽管鲍信卿自己无意仕进，但却开风气之先，为一大批欲从蒙古语言文字仕进的人起了推动作用。

在这种汉人、南人皆学蒙古语言文字而南人为甚的情况下，作为“语音之枢机、韵学之纲领”(《蒙古字韵》序语)的《蒙古字韵》成为江南的畅销书就不足为怪了。而且我们从《蒙古字韵》前的“校正字样”中还看到《蒙古字韵》有所谓“湖北本”“浙东本”，再加上郑再发先生所说的流行于福建的《蒙古韵略》(与《蒙古字韵》应为一书，见前文)。可以说，《蒙古字韵》已席卷了整个南人所处之地，当然，北方汉人肯定也有不少在学，不过，鉴于以上所述原因，我们认为南人在这儿表现得更为突出。由于南人、汉人的学习入仕热情高涨，也引起了蒙古贵族的担心。《元史·卷一百八十二·许有壬传》就记载了这样的事实："廷议欲行古劓法，立行枢密院，禁汉人南人勿学蒙古畏吾儿字书，有壬皆争止之。"

第二章　《蒙古字韵》声母系统研究

第一节　影、幺、鱼、喻分立源于八思巴字拼写系统

一　影、喻、疑母不同等则不同音

在《蒙古字韵》所代表的八思巴字拼写系统中，中古的影、喻、疑三母字不同等第之间读音严格区别（牙喉音皆严格区别等第，具体见后面有关章节讨论）。这是八思巴字汉语拼写系统中的一种客观存在，其实现手段就是影、幺、鱼、喻、疑诸母的巧妙互补搭配使用。下面我们列出代表性的几个韵部来说明这几母的搭配使用情况。看下表：

表例：八思巴字头后写出一代表汉字，一般不再标注其声韵类别（如有对比需要则列出）。若所辖字来源于中古不同声母的字，则每声母的字各举一例并注明中古声母类别；另，若所辖字有来源于其他韵摄的（即个别字背离了中古所属韵摄，读入他韵摄），则注明其中古韵目，以示区别。另，本为中古三等字，韵图列入四等，称为列四。再者，《广韵》中存在的小韵而《蒙古字韵》中无相应八思巴字字头又有比较需要的，则举出代表汉字，并注为不立。

一东：

	影	幺	鱼	喻	疑
一等	翁				（山峣：不立）
二等	附：泓（耕）				
三等	雍	縈（清韵列四）	颙（疑钟） 荣（云庚）	融（以东） 营（以清）	
四等					

四支：

<table>
<tr><td></td><td>影ꡖ</td><td>幺ꡗ</td><td>鱼ꡝ</td><td>喻ꡭ</td><td>疑ꡃ</td></tr>
<tr><td>一等</td><td></td><td></td><td></td><td></td><td></td></tr>
<tr><td>二等</td><td></td><td></td><td></td><td></td><td></td></tr>
<tr><td>三等</td><td>ꡖꡞ
漪（支重三）
医（之韵）</td><td rowspan="2">ꡗꡞ
伊（脂重四）

翳（齐韵）</td><td></td><td rowspan="2">ꡭꡞ
移（以支）

倪（疑齐）</td><td>ꡃꡞ
宜（疑支重三）
矣（云止）</td></tr>
<tr><td>四等</td><td></td><td></td><td></td></tr>
</table>

五鱼：

<table>
<tr><td></td><td>影ꡖ</td><td>幺ꡗ</td><td>鱼ꡝ</td><td>喻ꡭ</td><td>疑ꡃ</td><td>字头符</td></tr>
<tr><td>一等</td><td>ꡖꡟ 乌</td><td></td><td></td><td></td><td></td><td>ꡝꡟ 吾（疑模）</td></tr>
<tr><td>二等</td><td></td><td></td><td></td><td></td><td></td><td></td></tr>
<tr><td>三等</td><td>ꡖꡦꡟ
於</td><td></td><td>ꡝꡦꡟ
鱼虞（疑母）盂（云母）</td><td>ꡭꡦꡟ
余（以母）</td><td></td><td></td></tr>
<tr><td>四等</td><td></td><td></td><td></td><td></td><td></td><td></td></tr>
</table>

八寒、九先：

<table>
<tr><td></td><td>影ꡖ</td><td>幺ꡗ</td><td>鱼ꡝ</td><td>喻ꡭ</td><td>疑ꡃ</td></tr>
<tr><td>一等</td><td>ꡖꡋ 安</td><td></td><td></td><td></td><td>ꡃꡋ 豻</td></tr>
<tr><td>二等</td><td></td><td>ꡗꡋ 殷</td><td></td><td>ꡭꡋ 颜（疑母）</td><td></td></tr>
<tr><td>三等</td><td>ꡖꡦꡋ
焉（影仙）</td><td></td><td></td><td rowspan="2">ꡭꡠꡋ

延（以仙）

妍（疑先）</td><td>ꡃꡠꡋ
言（疑元）
漹（云仙）</td></tr>
<tr><td>四等</td><td></td><td>ꡗꡦꡋ
煙（影先）</td><td></td><td></td></tr>
</table>

如上文所说，从表上我们可以看出，影、幺、鱼、喻、疑诸母的巧妙互补搭配使用，保证了中古的影、喻、疑三母各等第之间界限崭然（仅二庚韵部有二四等合流现象。十二覃的“炎”“盐”合流有疑问，见本章第二节），其他所有这几母的韵字都保证了不同等第则不同音节（即在《韵镜》等韵图上排列的等第不同《字韵》中读音就不同），读音严格区别。一等不同于二等，三等不同于四等。如一东、五鱼二表中，尽管没有真正的四等字，但韵图上喻四是列于四等的，还有一东韵部中“縈”字（《广韵》属清韵）韵图上也列于四等，所以它们也要与韵图上列于三等的字在拼写上区分开来（看表）。而在这儿不同等第的区分是靠声母的不同

来实现的。

二　诸母分立源于八思巴字拼写系统

2.1 诸家看法

在元代汉语韵书《古今韵会举要》（以下简称《韵会》）及其卷首所载的《礼部韵略七音三十六母通考》（以下简称《通考》）中将传统三十六字母的影、疑、喻、匣[①]诸母全都一分为二（疑、鱼、喻有交叉），从而出现了元代特有的“幺、鱼、合”三母。《蒙古字韵》（以下简称《字韵》）分类亦然（尽管《字韵》中没有明确出现“幺、鱼、合”三母名称，但实际分类与此一致，所以我们在行文直接用此称说，不再另行说明）。

关于其性质与分立的缘由，学界众说纷纭。看一下诸方家的看法。

杨耐思在《汉语“影、幺、鱼、喻”的八思巴字译音》（1984/1997）与《八思巴字汉语声类考》（1997）二篇文章中都阐述了这样的观点：这些声母在与韵母拼合上都表现出“洪、细”之分，所以必须采用音位归纳的原则，与同期的其他汉语音韵资料相结合，将影、幺，鱼、喻，合、匣分别合并。杨先生在《八思巴字汉语译写中的一个特例》（2004）一文中又重申了这一观点，认为“影、幺”，“鱼、喻”各自两分，究其原因，“最合理的推断是根据所接韵母的韵头‘洪、细’来区分的。‘影、鱼’属‘洪’，‘幺、喻’属‘细’”。匣、合的分化条件，也是“根据其后面所接韵母的性质来定”。

李新魁在其《汉语音韵学》（1986）中（页49）指出：“《韵会》对疑、影、匣的区分，有类《蒙古字韵》，不能讥之为闽人土音。这是此书遵从《蒙古字韵》的地方，也是他敢于改变旧韵书体制的表现。”但《蒙古字韵》中为何这几母就要分立，李先生并未讨论。可见这一问题尚未解决。无独有偶，郑张尚芳（1998）撰文纪念李新魁先生时也指出影、幺、鱼、喻、合、匣的分立是《韵会》袭用了《字韵》，但他在探究分立的原因时则基本承用杨耐思的说法，也从所拼韵母的“洪、细”之分上来立论。

---

① 因匣母与影、喻诸母在分合上有很多相似之处，学者们大多放在一起讨论，所以在这儿先一并提出。至于具体地分析，由于我们认为匣母与影、喻等分合的原因并不相同，所以将匣母放在后面的章节专门讨论。

台湾的竺家宁在其《古今韵会举要的语音系统》（1986）中谈到“鱼“母时说：“韵会的作者既然立了此母，必然有其所以立的原因，我们不能因为‘鱼’中古音属疑母，就轻易的认为‘鱼、疑’实为一母，在韵会中只是形式上的区别。”（页 30）又说：“不同的韵母影响到声母的变化，这是很自然的事情。……我们必须假定韵会的作者是具有声韵知识的，他也必然知道‘字母’是代表声母的类别，他既然敢于不顾传统的分出一个新的‘鱼’母，一定代表了一种新的变化，和疑母一定是不同的声母。”（页 37）在讨论“合”母时说：“‘合’是一般的舌根浊擦音声母，‘匣’受细音的影响，是个稍稍带颚化的舌根浊擦音。这就是韵会作者所以分为‘匣、合’二母的原因了。不过，两母的音值虽别，就音位（phoneme）说，还是一类的，韵会作者完全是据音值的差异而立为二母的。”（页 45）

宁忌浮对影、幺、鱼、喻诸母未发表看法，只在《古今韵会举要及相关韵书》（1997）中谈了对匣、合分立的意见，他认为：“讨论过见溪晓匣的舌面化之后，再去看三十六字母中的‘合’‘匣’二母，可以毫不犹豫地说：‘匣’是 ç，‘合’是 x。”（页 35）

王硕荃则指出，“影”“鱼”跟“幺”“喻”之间的洪与细的对立，都不是声母实际音值的对立。实际语音的口耳相传之间，不可能存在这两组清浊、洪细两两对立的四种韵类。近代汉语的零声母分成这么多类，不过是既要照搬“等韵”的框架，又要反映时音的一种着意的安排（王硕荃 2002，页 157）。

诸家看法前几家较为接近，宁先生自成一说。关于舌面音的产生，现在大部分学者认为当晚于元代，如王力《汉语语音史》、陆志韦《释中原音韵》、李新魁《中原音韵音系研究》等都认为元代尚未产生这一变化。再说，细音舌面化的说法也无法解释影、幺、鱼、喻的分立，因为它们与舌面化关系不大；相反，如宁先生所说，细音已经舌面化的见溪晓母却没有出现分立，这样这种解释就显得不够完满。

前几家的看法一般认为是比较稳妥的，而且也确实符合事实，即声母确实会因所拼韵母洪细的不同产生音值上的差异，也就是一般所说的音位变体。关键是这种音值上的差异是否会导致声母的分立。据聂鸿音（1998）研究，在回鹘文《玄奘传》的对音资料中，汉语的见、溪、疑、晓、匣五个声母在回鹘文中依韵母的洪细分为 q-、k- 两类，聂先生认为，这可以引发我们对古汉语声母颚化现象的某些思考。但如上文所说，八思巴字中声母分立的是古汉语的影、喻、疑、匣诸母，见溪晓却并未分立。可见，这种情形与聂鸿音先生所说的回鹘、汉对音所反映的不像同一性质的问题。换言之，八思巴字中的这几个声母的分立似乎不是导源于声母的颚化与否。其实，如前辈学者们所发现的，《广韵》的反切上字在系联中就表现出了依据韵母等第的不同而分类的趋势，这也就是声类，其实就是反映了音位变体在音值上的差异。如果这可以成为声纽分立的依据，那大部分声母都将两分。那我们今天所见的中古而下的声母恐怕就不是今天所知的面貌了。即使单就《韵会》来看，见组、精组声母应该与影、喻、匣分拼洪、细韵母的情况相类，但却没有分立（见表一）。

表一

<table>
<tr><th></th><th>精</th><th>清</th><th>见</th><th>溪</th><th>疑</th><th>晓</th><th>匣</th><th>影</th><th>喻</th></tr>
<tr><td>洪</td><td rowspan="2">不分</td><td rowspan="2">不分</td><td rowspan="2">不分</td><td rowspan="2">不分</td><td>疑鱼</td><td rowspan="2">不分</td><td>合</td><td>影</td><td>鱼疑</td></tr>
<tr><td>细</td><td>喻</td><td>匣</td><td>幺</td><td>喻</td></tr>
</table>

这就使得这种解释不能一以贯之。那我们该如何来看待这一现象呢？我们认为王硕荃先生的看法较为合理。不过，王先生多从汉语立论（若单从汉语立论，仍然无法解释何以影幺鱼喻分立而见精组不分），而我们则认为这主要源于八思巴字拼写系统。只有从汉语的实际语音与赖以表示的八思巴字符号之间的矛盾着眼，才能说清这一问题。

2.2 诸母分立是八思巴字系统以声别韵的需要

2.2.1 存浊系统不允许零声母影、喻、疑等合并

据第一章的讨论，我们知道，元代影、喻、疑诸母在大部分音节中已变成零声母。若完全从实际语音出发，那这几母在好些情况下可以合并；但如杨耐思 2004 所指出的，影、喻清浊相对，这在《蒙古字韵》字母表可以得到生动的展示：

ꡂ	ꡁ	ꡀ	ꡃ	ꡊ	ꡉ	ꡈ	ꡋ	ꡆ	ꡅ	ꡄ	ꡇ
见	溪	群	疑	端	透	定	泥	知	彻	澄	娘
ꡎ	ꡍ	ꡌ	ꡏ	ꡤ	ꡤ	ꡰ	ꡓ	ꡒ	ꡑ	ꡐ	ꡛ
帮	滂	並	明	非	敷	奉	微	精	清	从	心
ꡕ	ꡆ	ꡅ	ꡄ	ꡚ	ꡮ	ꡜ	ꡣ	ꡖ	ꡝ	ꡙ	ꡔ
邪	照	穿	床	审	禅	晓	匣	影	喻	来	日
							ꡯ	ꡗ	ꡭ		

同上

这种格局在《蒙古字韵》中是不容打乱的，所以即使都已成为零声母读音相同也不能合并（当然可以进行局部调整，但总体的框架不能打破）。

2.2.2 牙喉音严辨四等要求影、喻、疑诸母等第不同则读音必异

如第一部分中所谈，中古影、喻、疑诸母不同等则不同音是《蒙古字韵》中的客观存在，这一规律几无例外。其真实性质我们会在有关章节中逐步探讨，这儿首先明确的是，事实即是如此。既然这样，那这几母的韵字在拼写形式上加以区别就是必要的了。说到这里，下面的任务就是八思巴字母如何来拼写的问题了。

2.2.3 汉语零声母与八思巴字符号的对应关系

下面来看零声母符号的问题（据照那斯图 1989）。八思巴字拼写中的一个居于重要地位的要素当推“零辅音符号”（即零声母符号）。其实，在八思巴字中不表达实际语音而只作书写符号的字母有 ꡖ 和 ꡝ，有条件的表示这种功能的字母还有 ꡗ 和 ꡭ（ꡭ 只用于汉语）。它们均表示元音前的零辅音，只是出现场合不同，我们称之为“零辅音字母”或“零辅音符号”。在八思巴字里还有一个表达同样作用的符号“—”，我们管它叫“字头符”。以上这几个符号的出现是有条件的，而且是互补的。下面我们以表格的形式来展示（此处讨论及表格均据照那斯图 1989，但为了全文统一，拉丁转写据照那斯图、杨耐思《蒙古字韵校本》，二者的主要区别在于，ꡦ、ꡠ 在《校本》中转写作 ė、e，而照那斯图 1989 ꡦ 作 e，ꡠ 作 ė，这符合蒙古语的情况，《校本》则是与汉语相适应的）：

表四（我们添加上八思巴字符号所对应的汉语声母）

位置	零声母符号	出现条件	对应汉语声母
词首	ꡝ	a、ė、ö（ėo）、ü（ėu）、u̯ 前	鱼
	一（字头符）	i、u、e、o 前	
词中	ꡖ	a、ė 、u、o（ꡖ 偶见于 i 前）	影
	ꡗ	i 前	喻（派生出 ꡗ ꡭ）

这里需要着重说明的是，尽管该规则是照那斯图先生总结了当今所能见到的八思巴字拼写所有语言的材料所得出的，这其中当然也包括八思巴字汉语，因而有循环论证之嫌；但我们认为这不会对我们的研究构成威胁。

因为八思巴字字母脱胎于藏文，大多数与藏文字母相同或相似，少数新造的字母也以相应的藏文字母为基础（照那斯图 1980）。八思巴字的这种创作背景就决定了它与藏语文的密切关系，无论是书写形式还是字母与音素的对应关系上，都深深打上了藏语文的烙印，不可避免的带有其所从出的藏文的印迹。从性质上说，八思巴字首先应该说是一种蒙古文，它首先是用来拼写蒙古语的，形成了蒙古民族的一种新的民族文字，而后才用来拼写元帝国境内的各个民族的语言（照那斯图、杨耐思 1984；杨耐思 1997）；所以八思巴字与藏语文、与蒙古文的关系更密切，其相互适应性更强。所以以后其功能扩大到译写一切语言包括汉语时其拼写规则受到了藏、蒙古语文很深的影响。

基于此，我们认为，真正决定八思巴字正字法即拼写规则应是藏文和蒙古语的译写实践，而拼写汉语则不过是套用这些规则，当然，在细微之处应该允许根据汉语的实际加以调整，但大的规则应该是既定的。这我们在零形式 a 的表达中就可以看得很清楚（参宋洪民 2007）。

下面我们来看，影、喻二母都找到了合适的八思巴字零声母符号来表示。这一问题算是得到了初步的解决。但接下来的问题是这几个声母不同等第间的音节如何区分？

2.2.4　u 类韵母假四等八思巴系统无相应韵母形式促成了以声别韵

如上文所提及的，其实要对影喻诸母不同等第音节的读音在拼写上加以区别，首先倒是应该从韵母上区分。因为如我们上文所谈到的，学界一般认为这些一分为二的声母还是应该归并为一个音位的。那我们能否用不同的韵母来对它们加以区分，不让声母分立呢？这应该看八思巴字拼写系统的承受能力。

八思巴字及其所从出的藏文还有元代回鹘式蒙古文表现出的都是如下的 5 元音系统（蒙古文中尚有松紧元音的对立，如括号中所列，但元音系统的构型还是一致的）：

i　　　　　u（ü）

e　　　　　o（ö）

　　　a

这些元音在拼写元代汉语时其对应情形是怎样的呢？我们看一下《蒙古字韵》韵母分析图：

说明：以元音统帅各韵部，为简便起见合口仅列出有对比需要的。另，表中 5 元音命名为基本元音；而 ė 在八思巴字蒙古语系统中为 i 与 e 的变体，而在八思巴字汉语拼写系统中又经常作标志元音的辅助符号，所以称其为准基本元音；派生元音组合则指使用标志元音的辅助符号 h、ė 与基本元音组成的元音组合）

		元音性质			相应韵部					
		基本元音	准基本元音	派生元音组合						
a、e 类韵母	等第				十五麻	六佳	八寒、九先	十萧	十二覃	
	一二	a			a u̯a	aj u̯aj	an u̯an	aw u̯aw	am	
	二等牙喉		ė		ė	ėj	ėn	ėw	i̯am［ėm］	
	三	e			e u̯e		en	ew	em	
	四		ė		 u̯ ė		ėn u̯ ėn	ėw	ėm	
i 类韵母	等第				四支	二庚	七真	十一尤	十三侵	附：三阳
	三庄及一			hi	hi	hiŋ	hin	hiw	him	haŋ
	二等牙喉			ėi		ėiŋ				ėŋ
	三及四非牙喉	i			i	iŋ	in	iw	im	aŋ
	四等牙喉			ėi	ėi	ėi ŋ	ėin	ėiw	ėim	

续表

		元音性质			相应韵部					
		基本元音	准基本元音	派生元音组合						
u 类韵母	等第				五鱼	一东	七真			
	一三	u			u	uŋ	un			
	二									
	三			ėu	ėu	ėuŋ	ėun			
	四									
o 类韵母	等第				十四歌		八寒、九先			附：三阳
	一	o			o		on			oŋ
	二									
	三			ėo			ėon			
	四									

从图上我们可以看出，a、e 类韵与 i 类韵都有三四等对立的各自不同的韵母拼合形式，但 u 类韵只有三等韵母，没有四等，那韵图上列于四等的韵字如一东韵部中的“縈”字（《广韵》属清韵影母），喻四母的融小韵，五鱼韵部的喻四母字余小韵，现在都面临难以拼合的尴尬。当然，理论上讲，可以制作新的韵母。但韵母与元音之间的组配是系统行为，牵一发动全身。就可能性上讲，担当这一韵母的可能拼合形式可以是 ėoŋ，但我们看到，o 类韵带韵尾的主要是与 a、e 类韵发生关系，若与 u 类韵再产生关联，这种对应就不够整齐，容易出现混乱，再说音值上也相差太大。还有一种可能拼合形式 ėėuŋ，但这种组合是不允许出现的，因为八思巴字系统最长的音节就是 4 个字母，即除掉声母与韵尾，给韵母留下的就只有一个基本元音加一个辅助符号的选择范围，还有，八思巴字系统也不允许同一符号连续出现，所以 ėėu 也无法使用。而这种困难在使用汉字来表示字母韵的汉语韵书中则根本不会存在。看下表：

	影 [illegible]	幺 [illegible]	鱼 [illegible]	喻 [illegible]	字母韵
一等	[illegible] 翁				公
二等	附:[illegible] 泓（耕）				泓
三等	[illegible] 雍		[illegible] 颙（疑钟） 荣（云庚）		弓

续表

	影ꡖ	幺ꡭ	鱼ꡝ	喻ꡗ	字母韵
假四等		ꡭꡞ ꡟꡃ 萦 （清韵列四） {ꡖꡞ ꡦꡞ？ ꡖꡞꡞ ꡟꡃ？} 八思巴字韵母的潜在组合难以启用		ꡗꡞ ꡟꡃ 融（以东） 营（以清）{ꡝꡞ ꡦꡞ？ ꡝꡞꡞ ꡟꡃ？} 八思巴字韵母的潜在组合难以启用	（字母韵可随意取用所辖汉字，如“融”或别的汉字皆可）
四等					

八思巴字韵母的表达确实遇到了困难，这正是以几十个字母以辖千万字的拼音文字暴露出的一点缺陷。于是这里只好另寻出路。这也正是七真韵部三等“君”与重纽四等“均”字无法区别（ėun 为三等，四等无法拼合）从而被迫合并的内在原因（另文再谈）。最后，再补充一点，那就是这种韵母即使拼合难度不大也不一定产生，原因是创制后只有 2 个音节使用，代价太高，尽管《蒙古字韵》中仅含 1、2 个音节的韵母也出现了几个，但从语言符号讲究经济的角度看，只要有其他出路，最好不要采用这样的做法。那该如何做呢？我们将表一中一东韵的相应内容看一下便知：

影：ꡖꡞ ꡟꡃ 雍　　　　幺：ꡭꡞ ꡟꡃ 萦（清韵列四）

鱼：ꡝꡞ ꡟꡃ 颙（疑钟）荣（云庚）　喻：ꡗꡞ ꡟꡃ 融（以东）营（以清）

可以看到，这儿的做法是韵母用同一个，声母依据等第不同加以区别，中古影母三等为影ꡖ，四等为幺ꡭ；中古疑母与喻母三等为 鱼ꡝ（当然这里是合口），四等为喻ꡗ。这同样可以做到等不同则音不同。

正因为在八思巴系统中，u 类韵母假四等相应韵母形式难以拼合，所以采用以声别韵的作法就成了必然的选择。

这儿已经解决了一些问题，但我们发现还有喻母三等字写作疑母的情况也需要加以探讨。这我们就留在下一节集中讨论。

第二节 《蒙古字韵》的疑母

一 《蒙古字韵》牙喉音严别四等

在以《蒙古字韵》为代表的八思巴字拼写系统中，牙喉音是严格区分等第，四等的读音各不相同（二庚韵部有例外），这是不争的事实。这一领域的先驱龙果夫（1959）和权威学者杨耐思（1986/1997）都曾论及这一情况。试举一例：

	八寒				十萧			
一等	干	看	岸	安	高	考	敖	鏖
二等			颜	殷			聱齩	坳
	间	悭			交	敲		
三等	建		言		骄		鹗	
四等	坚	牵	妍	烟	骁	窍	尧	要

从表中我们可以看到，尽管都是区分四等，但见溪母与疑母的处理并不相同，见溪母是靠韵母来区分各个等第，但疑母则是依靠声母。如表中所示，疑母字一二等韵母相同（指八思巴字拼写形式），声母不同，三四等也是韵母相同，声母不同。而且一三等保存了旧有的疑母，而二四等则都写作喻母。该如何看待这一现象呢？

二 疑、喻纠葛

据元代语音特别是《中原音韵》的研究成果（如杨耐思《中原音韵音系》、宁继福《中原音韵表稿》等），元代疑母变为零声母是大势所趋，疑母的保留是只在个别音节中出现的特殊现象。那么如此看来，这里的一三等全都保留疑母倒是很可疑的了，换言之，有可能是一种表面的假相，而疑母很可能已经变成了零声母；喻母三等字的并入疑母更加坚定了我们的这种想法（详说见下）。既然如此，那么那些已经变为零声母的疑母二四等字依然维持疑母的旧有格局不也可以吗？它们为什么就写作喻母了呢？我们以为这有以下几方面的原因：

2.1 新产生的零声母要在拼写形式上得以表现

疑母变为零声母，这是语音史上很重要的一种变化。这种口耳之际发生的重要变化，肯定要影响到书写系统上来。由上文表一中可以看出，二等疑母字如八寒的“颜”字八思巴字拼写形式作 ꡗꡋ，从而摆脱了疑母的束缚，与相应的同摄一等字如“干”（八思巴字拼写作 ꡂꡋ）归属同一韵类，即韵母相同（指拼写形式上），都作 -ꡋ。这样其滋生的 i̯ 介音就只能由声母喻 ꡗ 来表示了。与之相似的还有喉牙音影母的“殷 ꡭꡋ”。这两个可以看作二等喉牙音字的另类。因为在八思巴拼写系统中，滋生出 i̯ 介音的二等喉牙音字的韵母是有专门的拼写形式的，如八寒韵部中就为之专门设立了“ꡦꡋ（ꡦ-）”韵，但与之相拼的声母很少，一般只有喉牙音声母“见溪晓匣”。其主要原因就是疑母和影母分别由喻 ꡗ 和 幺 ꡭ 来译写从而归入一等，使得二等的成员减少了（当然，二等还有唇音和齿音，但它们没有滋生介音，并入一等是自然的）。不过，即使“颜 ꡗꡋ”、“殷 ꡭꡋ”等并入一等也只是形式上的，因为其韵母毕竟不同，这与八思巴字拼写系统是不协调的。但这也是不得已而为之，二等疑母“颜”与影母“殷”若不并入一等而是留在二等与见母等字同韵（指拼写形式上）的话，那其拼写势必作 ꡗꡦꡋ、ꡭꡦꡋ，那就很可能与四等的“ꡗꡠꡋ 妍、ꡭꡦꡋ 烟”发生冲突，因为后者韵母的元音部分只能写作“ꡦ”或“ꡠ”。在这儿我们看到影母是会造成冲突的。或由于此，疑、影二母字保持了步调一致，都并入一等，其滋生的 i̯ 介音就只能由声母喻 ꡗ 和 幺 ꡭ 来曲折表示，我们姑称之为“以声别韵”。

2.2 a、e 类韵母喉牙音二等与四等韵母形式的冲突促成了以声别韵

从上一节的《蒙古字韵》韵母分析图中可以看到，因为 a、e 类韵母其喉牙音二等与四等韵母在拼写形式上存在着冲突，即韵母拼写形式相同，若声母再同形，那在音节上就无从分别了。这也促成了以声别韵的产生（详见下文讨论）。我们先来看一下现在以《蒙古字韵》为代表的八思巴字拼写系统对这一问题的处理。

那如果不采用以声别韵的作法行不行呢？换言之，声母不做字形上的分化，是否可以呢？如表中所示，因为我们假设声母不分立，那疑母二、四等就还是疑母，不作 ꡗ 母，那“ꡗꡋ 颜”就得留在二等，作 ꡃꡦꡋ。这样与一等的 ꡃꡋ 岸倒是可以区别，但与三四等就有冲突了。因为四等的疑母字也不再作 ꡗ 母，而是改为疑母，那 ꡃꡠꡋ 言、ꡗꡠꡋ 妍也得作相应的改变，这儿看来就得使 ꡗꡠꡋ 妍变作 ꡃꡦꡋ。但这样就正好与“颜”留在二等的拼写形式冲突了。影母情形与此相似，

一并图示如下（画线的为有冲突的拼写形式）：

疑母		影母	
已有拼写形式	假想形式	已有拼写形式	假想形式
岸	岸	安	安
颜	颜	殷	殷
言	言	焉（影仙）	焉（影仙）
妍	妍	煙（影先）	煙（影先）

可见这不是理想的选择。为了形式明确还得采用以声别韵的做法，古人的这种选择还是非常明智的。

在这里，我们还要说一下，三等疑母为何不能作喻母来展现其已变为零声母了呢？显然，那样与四等就可能造成冲突。尽管我们这里举的“八寒、九先”的例子可以避免这一冲突，因为该韵部中三等、四等都有独立的韵母。但 i 类韵母就不行了。如“四支”韵部中：

宜（疑支重三）　　移（以支）

鸡（该类韵母只含四等与重纽四等牙喉音见溪晓匣四母字）

因为“”类韵母只含四等与重纽四等牙喉音见溪晓匣四母字，喻四母字韵母与三等相同，为，所以如果三等疑母字若因变成零声母而写作喻母的“宜”，那就与原为喻四母的“移”无法分别了。所以疑母三等仍要维持疑母的写法。

2.3 古蒙、藏语无 ia 复合元音是汉语疑、影诸母分化的内在理据与动力

八思巴字字母脱胎于藏文，大多数与藏文字母相同或相似，少数新造的字母也以相应的藏文字母为基础（照那斯图 1980）。八思巴字的这种创作背景就决定了它与藏语文的密切关系，无论是书写形式还是字母与音素的对应关系上，都深深打上了藏语文的烙印，不可避免的带有其所从出的藏文的印迹。从性质上说，八思巴字首先应该说是一种蒙古文，它首先是用来拼写蒙古语的，形成了蒙古民族的一种新的民族文字，而后才用来拼写元帝国境内的各个民族的语言（照那斯图、杨耐思 1984；杨耐思 1997）；所以八思巴字与藏语文、与蒙古文的关系更密切，其相互适应性更强。所以以后其功能扩大到译写一切语言包括汉语时其拼写规则

受到了藏、蒙古语文很深的影响。

古藏语中基本无复合元音，今天藏语各方言中则已经产生（瞿霭堂 1983）。从蒙古语历时发展的总体情况看，蒙古语较早期固有的复元音是 ai、ei、ui、üi 及 oi、öi 等，并且可能是下降二合元音。上升二合元音在中古蒙古语中主要关系到一些外来词的标写上（嘎日迪 2006，131 页）。正因这两种语言中没有 ia，所以在当时民族大融合、文字定一统的情况下，在这些民族的听感上，汉语的 ia 更像是辅音 y 与元音 a 的拼合，在拼写上也更倾向于将汉语的 ia 与藏、蒙古语中辅音 y 与元音 a 的拼合相对应。质言之，对藏、蒙古语来说，他们倾向于用其语言中固有的语言成分来与汉语中的某种成分相对应，即使二者的对应不是很工整，他们也不愿意造一种本语言中所没有的语音成分来与汉语中的相对应，尽管后者的对应是准确的。

另外，这还有汉语中的原因。比如，汉语的 ia 也许本来就不大可能是真性复合元音。如现代汉语北京话中"鸦"［ia］复合元音，其中［i］听起来远没有［a］响，［i］非常短暂，共振峰基本没有稳定阶段就进入了滑移段，［a］占时间很长，比滑移段长得多，所以严格的标音应是［i̯a］（林焘、王理嘉 1992，页 98）。而今天藏语拉萨话里的［tau］（配偶），阿里方言里的［tia］（嗓子），前后两元音长应相近，听起来响度比较相当，过渡段也较短，这种复合元音一般称为真性复合元音，而汉语中的则是假性复合元音（林焘、王理嘉 1992，页 99）。

现代汉语中的［i̯a］是假性复合元音，古代汉语中我们没有直接的证据。但从汉语的语音特点我们估计，多半也是假性复合元音。那样的话，在与外族语接触时，用辅音 y 与元音 a 的拼合来对应汉语中的［i̯a］也就是非常自然的了。

上文我们讨论的"ꡗꡋ 颜"等字尽管是疑母，但当时疑母字大部分已变为零声母（参杨耐思 1981）。所以正好可以让半元音［i̯］来充当声母。如果用这种眼光来看，那"ꡗꡋ 颜"与"ꡊꡋ 岸"倒真是声同而韵不同了。现代汉语拼音方案的处理其实与此也是相通的。

而三等与四等（含假四等）的 ꡊꡦꡋ 言、ꡗꡦꡋ 延则因介音与主元音合用一个字母"ꡦ"表示，所以这儿喻四母与疑母四等"ꡗꡦꡋ 延（喻四）妍（疑母四等）"

的声母“ꡖ”倒是变成了纯粹的零声母的标记符号了。

三 喻三入疑

如果说疑母三等尽管已经零声母化了，但为了某种形式上的要求在书写层面上依然维持疑母的写法，这倒是可以接受同时也是比较常见的做法，这就是平常所谓的“存古”或说“守旧”。可是八思巴字拼写系统中喻母三等字也有一些写作疑母的，这可就大不近人情了，而且在语音史上也可谓是“绝无仅有”的现象。前辈学者陆志韦在《释〈中原音韵〉》中专门指出：“八思巴音还有‘牛宜义议仪沂严言’等字也没有失去 ŋ，理由也不能明了。至于八思巴文在‘友有侑又祐尤’六个字加上寄生的 ŋ，我以为也许有误译之处，因为现代方言没有这样的现象。”（《陆志韦近代汉语音韵论集》页 11）董同龢《汉语音韵学》（页 205）中研究《韵会》声母时说：“疑母与云母合为‘疑、鱼’的系统，同时一部分疑母字又与以母字混为‘喻’。这是纸上材料仅有的现象，并且现代方言中也还没有发现完全一样的情形。”杨耐思在《汉语“影、幺、鱼、喻”的八思巴字译音》一文中也指出：“三等丑类尤云母‘尤、有、宥’小韵，三等寅类盐 B 云母‘炎’小韵，八思巴字译音作‘疑’［ŋ］，《韵会》《七音》也同。云母照说不可能变成鼻音，只可以说是寄生出一个［ŋ］。”（杨耐思《近代汉语音论》页 65 图表下注）到底该如何看待这一问题呢？我们认为这同样是为了不同等第间互相区分而采取以声别韵的手段所致。同时，这还牵涉到《古今韵会举要》，下面我们就一起来讨论。

3.1《韵会》《字韵》都有喻三入疑

自赵荫棠（1936）以来，诸方家如杨耐思（1981，页 27）、宁继福（1985）、李新魁（1983，页 77）等先生都指出，元代汉语音系中，疑母即［ŋ］声母是在逐渐消失中的。其中一部分跟影、喻合并，一部分跟泥、娘合并。但在《蒙古字韵》中，我们却发现了与之相反的变化，即非但不是疑母字变入影、喻成为零声母，相反，一些韵的喻母三等字却并入了疑母。如四支韵部的“矣”等字并入“ꡃꡞ宜”中，“鸮”并入“ꡃꡦꡓ”中，“尤有右友”并入“ꡃꡞꡓ牛”中。而且，无独有偶，这种现象同样存在于元代的另一部韵书《古今韵会举要》中。这是通语还是方音，抑或是其他因素的反映？二书的相合是偶合，还是因袭？如为因袭，那源流关系如何？到底该如何看待这一现象呢？

3.2 诸家对此的不同解释

钱大昕《十驾斋养新录》卷五“字母诸家不同”条曾对《韵会》的疑母字及其语音性质谈过这样的看法：“公绍，闽人，而囿于土音疑母不真，妄生分别。”钱氏的结论可看作是《韵会》音系闽音说（或称“闽音影响说”。此处我们暂不涉及邵武方音归属于闽方言或赣方言的争论，只笼统地称说）的滥觞。现在基本承袭闽音说的主要有王硕荃 2002 等，竺家宁（1986）诸先生持南方音说（竺先生等人一般认为是南宋以来形成的以临安为中心的南系官话或周边的地域通语）。但罗常培、杨耐思诸先生则是另外的看法，而且对二书关系的看法也有更深入的考虑。看下表，比较诸家异同：

代表学者	对《蒙古韵略》看法	对《字韵》音系看法	对《韵会》音系看法	对八思巴音系与《韵会》关系的看法
龙果夫 1930，中译 1959；罗常培 1959/2004	官话读书音			
服部四郎 1946	南方临安汴京音（承认八思巴系统抄《韵会》，则可以解释《字韵》系统与北方音所以不同的缘故）			偶合（也可能《字韵》抄《韵会》）
中野美代子 1971		杭州及周边地区音系	南方音	
郑再发 1965	大概是通行于福建的教科书	大概是通行于江、浙的教科书		《韵会》袭用《蒙古韵略》
杨耐思 1959、1988、1989，又见杨耐思 1997	官话读书音或叫教学语言			二者音系同源，《韵会》照抄八思巴字音系
竺家宁 1986			南方音	
杨征祥 1996b		元初颁定的标准语音系统		
宁忌浮 1997	《蒙古韵略》即《蒙古字韵》			
李立成 2002		和林、上都及周边地区语音		

续表

代表学者	对《蒙古韵略》看法	对《字韵》音系看法	对《韵会》音系看法	对八思巴音系与《韵会》关系的看法
王硕荃 2002			基于邵武方音的闽、浙、赣地区的通语	《字韵》袭用《韵会》
刘晓南 2005			《韵会》"赀"字母韵格局来自闽音	二者同源
Coblin.W.South（柯蔚南）2007		泛通语综合音系		

由上表可以看出，诸家意见分歧较大。那喻三入疑反映的是闽音、南音还是北方通语呢？

3.3 喻三入疑闽音无征

为进一步澄清问题，我们作一下具体分析。先循闽音说的思路，看一下"矣、尤、有、右、友"诸韵字并入疑母是否是邵武方音的反映。据李如龙、陈章太《闽语研究》所记邵武方音我们知道（"矣"字该书例字中未出现，故举"友"等字来说明），"友""牛"并不同音，看下表（据《闽语研究》页 348、352）：

	ou	əu	iou
k	纠 久 救	沟 狗 构	
k'	邱 求 柩 舅	篝 口 叩	
ŋ		牛 藕	
x	休 朽 嗅	侯 吼 后	
ø	优 幼	欧 呕 沤	幽 由 友 诱 右

由表中可以看出，同北方官话方言相似，邵武方言中中古喻三声母的"友右"也同影母的"幽"、喻四声母的"由"一样，变成零声母了。而疑母的"牛"字呢，则依然顽强地保持着后鼻音声母 ŋ（当然，其韵母也发生了很大的变化，因为与我们讨论的问题无直接关系，故暂不讨论）。现在不同音，历史上有无可能同音呢？我们认为，喻三（所引材料中有的称云母，我们两存之，在本文中所指相同）母的韵字"尤"等与疑母"牛"字中古不同音，现在不同音，如果元代同音，那这种演变就有些迂曲，走了回头路了。应该说，这种演化途径存在的可能性是不大的。

不过，还有一点我们需要注意，那就是闽方言或许有前《切韵》现象，那样我们的推断也许就大打了折扣。为了避免结论的偏颇，我们再把眼光扩大到整个闽方言中。看下表（据《闽语研究》页3-13。因为材料中没有“牛、尤”等字，今选取同声母的其他韵字及相关声母的字来讨论。且例字标音只写出声母）：

例字	语（疑母）	云（云母小部分读同匣母）	猴（匣母小部分读同群母）	盐（以母小部分读同邪母）	竹（知组一部分读为t母）	庄（庄组声母今读同精组）
福州	ŋ	x	k	s	t	ts
古田	ŋ	x	k	s	t	ts
宁德	ŋ	x	k	s	t	ts
周宁	ŋ	x	k	s	t	ts
福鼎	ŋ	x	k	s	t	ts
莆田	ŋ	ø	k	ɬ	t	ts
厦门	g（ŋ）	h	k	s	t	ts
泉州	g（ŋ）	h	k	s	t	ts
永春	g（ŋ）	h	k	s	t	ts
漳州	g（ŋ）	h	k	s	t	ts
龙岩	g（ŋ）	g	k	s	t	ts
大田	g（ŋ）	h	k	s	t	ts
尤溪	ŋ	h	k	s	t	ts
永安	ŋ	ø	k	ts	t	ts
沙县	ŋ	ø	k	ø	t	ts
建瓯	ŋ	ø	k	ø	t	ts
建阳	ŋ	ɦ	k	ø	t	ts
松溪	ŋ	x	k	ø	t	ts

由上表可知，闽方言中确实存在一些《切韵》音系无法涵盖的现象，如知组读同端组，庄组读同精组，而且也有云母（喻三）、匣母和群母的纠葛，这些在上古音的著作如董同龢《上古音韵表稿》、李方桂《上古音研究》中都有很好的讨论。而无论是上古音的著作还是今天的闽方言中都没有显示云母（喻三）字会读同疑母。其演变倒是显示了这样的趋势：疑母大部分仍读后鼻音声母 ŋ，云母一部分变为零声母，一小部分读同匣母。不过，我们也应该看到，个别方言中，如龙岩方言中疑母字“语”与喻三母字“云”二字声母今天有趋同现象。那有无可能这种现象在元代闽音中就是如此呢？如果果真如此，那《韵会》对此作了忠实记

录不正好可以解释今天我们见到的《韵会》的这种格局吗？

我们认为，这种假设很难成立。首先，闽方言中这种材料太少见，而且疑母读音还在两读的状况中；其次，个别情况下疑母读 g 得不到上古音研究的支持，这就不好说是古来如此今天是古音残留现象，反而似乎应该把这看作是一种后起的现象。另外，退一万步讲，“矣、尤有右友”诸韵字并入疑母果真是元代邵武等闽地方音的反映，那么那些得到上古音研究支持的如知组读同端组，庄组读同精组的现象为什么在《韵会》中就没有反映呢？如果“矣、尤有右友”诸韵字并入疑母这种个别现象（因为相关现象《韵会》中不多见）都被忠实记录下来的话，那知组读同端组，庄组读同精组这种较为普遍的现象就应该得到更充分的反映。从这一点上看，我们认为，这绝不可能是闽音的反映。

3.4 喻三入疑不合官话方言发展

那有无可能受到了当时官话标准音的影响呢？近代汉语的研究成果显示，在《中原音韵》中，疑母开口只有小部分保留鼻音，大部分变成零声母跟影母开口相混，到了《韵略易通》则全部相混。到了明代末年的《西儒耳目资》中，这些声母都带了声母“g”，刘镇发（2009）认为音值很可能是［ŋ］。刘镇发（2009）在《从音系的角度看官话方言在元明以后增生的浊声母和次浊声母》一文中有很好的讨论。他考察了大量官话方言后指出，中古的影、疑母字元明以后增生［ŋ］的较多，而云以母字则变成零声母后产生 /j/ 的情况下，有的又变成［ʐ］并进一步变成［z］，甚至一些疑母三四等也走上这条演变道路。而不是如《韵会》所展示的一些云母字并入疑母，也归在角次浊音的阵营中。下面我们再据《汉语方音字汇》（第二版重排本）看一下疑母“牛”字与云母“友”字的读音情况（只标声母，起首半元音 /j/ 标出）：

牛	北京	济南	西安	太原	武汉	成都	合肥	扬州	苏州	温州
流开三平尤疑	n	ȵ ø	ȵ	n	n	ȵ	l	l ɣ	ȵ	ŋ
牛	长沙	双峰	南昌	梅县	广州	阳江	厦门	潮州	福州	建瓯
流开三平尤疑	ȵ	ȵ	ȵ ŋ	ȵ	ŋ	ŋ	g	g	ŋ	n

续表

友	北京	济南	西安	太原	武汉	成都	合肥	扬州	苏州	温州
流开三上有云	ø	ø	ø	ø	ø	ø	ø	ø	j	j
友	长沙	双峰	南昌	梅县	广州	阳江	厦门	潮州	福州	建瓯
流开三上有云	ø	ø	ø	ø	j	j	ø	ø	ø	ø

由表中可以看出，云母字多变成零声母，有时又产生 /j/，不向疑母趋同，反倒是疑母字有可能失落后鼻音声母 ŋ，并入云以母所在的零声母阵营中（如济南方言中“牛”读作 iou，这种读作零声母的情形在山东的其他地区如潍坊至胶东半岛的一些县市还存在）。这在近代汉语中是很常见的，而且学界也达成了共识，如杨耐思（1981）、宁继福（1985）就都对影疑云以诸母字共存的字组如齐微韵部的“移……倪……宜……倚……矣……”以及尤侯韵部的“尤……游……由……牛……犹……”等都标为零声母，而没有标为疑母的后鼻音声母 ŋ。

讨论到这儿，我们可以说“矣、尤有右友”诸韵字与相应的疑母字声母相同应该是肯定的，在这一点上，韵书反映的倒是实际情况，而且也比较一致。但在具体音值上，就应该认真讨论一下了。或者说，《古今韵会举要》对此所标的角次浊音与《蒙古字韵》明确标记的疑母“ꡃ”音是不符合实际的，得不到方言或说历史比较语言学的支持。那到底该如何解释这一现象呢？我们认为，单纯分析汉语韵书《古今韵会举要》是无法回答这一问题的，这需要全面分析《蒙古字韵》，主要依据八思巴字的拼写规则来探讨八思巴字的辅音、元音符号系统与元代汉语音系的对应关系。

3.5 喻三入疑是八思巴字拼写造成的表面现象

3.5.1 八思巴字表音须具体分析

杨耐思在研究《中原音韵》《蒙古字韵》及整个八思巴字语音系统时总结出了这样的经验，他说：“拟音方面。《蒙古字韵》的八思巴字对音字头是最好的参证材料。不过八思巴字的字母是为转写‘一切文字’而创制的。由于当时的各种语言在语音上分歧很大，一种文字的字母不可能对所有语言都反映的那么准确。……因而采用八思巴字对音为《中原音韵》订音，就必须进行具体分析”。（杨耐思 1981：33）无怪乎杨耐思在对八思巴字进行了深入探讨后得出了这样的结论：“根据上述八思巴字字母表的特殊性，字母的读音也有不同一般的特点。除了专为译写某种民族语言而新增的字母应该根据该民族语言的音系来定它们的读音外，译写各民族语言共用的字母，它们的读音都不能视为一成不变，而应该分别从各民族语言的音系去了解，就是说，那些译写各民族语言共用的字母，它们的读音只能从所拼写的该语言本身的音系去了解。译写汉语的属于原字母表上字母的读音只能从元代汉语音系去了解，去拟测，用于拼写别种语言的读音只能起到参证作用。”（杨耐思 1997）

3.5.2《蒙古字韵》喻、疑诸母的考察

——不同等则不同音，声同则韵异，韵同则声异

我们已经如杨先生所说从汉语音系本身去进行了探讨，认为云母字并入疑母读后鼻音声母 ŋ 不大可能。那接下来要做的就是看八思巴字这种标音符号为什么标音不准确呢？在上节中我们已经对《蒙古字韵》中所有的影、幺、鱼、喻（这几母的汉语名称依《韵会》）、疑诸母的出现环境全部进行了研究。知道是影、幺、鱼、喻、疑诸母的巧妙互补搭配使用，保证了中古的影、喻、疑三母各等第之间界限崭然（仅二庚韵部有二四等合流现象，十二覃的“炎”“盐”合流），其他所有这几母的韵字都保证了不同等第则不同音节（即在《韵镜》等韵图上排列的等第不同《字韵》中读音就不同），读音严格区别，声同则韵异，韵同则声异。最突出的莫过于疑、喻的分合情形了：

三等	［喻三］	→	疑
四等	喻四	←	［疑］

即四等韵中疑母并入喻（四），但在三等韵中喻（三）却又归到了疑母的阵营中。质言之，三等的喻三与疑无论其真实读音如何，字面上统一写作疑母 ꡃ，四等的疑母和喻四则都写作 喻母 ꡗ。这些情形在上面几表中（除一东、五鱼二表）都表现得非常清楚。如四支韵部中三等疑母字“宜”、云母字“矣”为一类，假四等以母字“移”与四等字“倪”为一类：

ꡃꡞ 宜（《广韵》属疑母支韵重纽三等）矣（《广韵》属云母止韵）

ꡗꡞ 移（《广韵》属以母支韵）倪（《广韵》属疑母齐韵）

在这儿不同等第的区分是靠声母的不同来实现的。

这里我们要问的是，喻三母不作疑母而采用另一种写法是否可以呢？理论上讲是完全可以的，也是可能的。但有几个因素的影响使得喻三母倾向于写作疑母：

A. 三十六字母的体系框架要维持，最好不要再用新的写法

B. 喻三母字与已成为零声母的疑母三等字同音最好同形

C. 疑母二四等字因变成零声母已经写作喻四,二者的联系已建立

D. 别的符号不好使用

ꡖ 不拼 i，带字头符的形式

那喻三母的“矣”声母该用什么符号来译写呢？还有三等韵的疑母字“宜”如果零声母化了该如何标记呢？尽管它们也是细音，但 ꡗ 已被四等的作了声母，如果都记作 ꡗꡞ，那三等、四等就无从区别了。那这里备用的符号似乎就只有 ꡖ 可用了，但正如表七所显示的那样，八思字正字法只允许在 a（为零形式）、ė ꡦ、u̯ ꡧ 前出现 ꡖ，所以这儿无法用它。不过，表七中还有一个字头符“—”，它在 i、u、e、o 前倒是都可以出现。不过，以《蒙古字韵》为代表的八思巴字汉语拼写系统没有用它与 i 拼合。原因何在呢？我们先看一下字头符与元音字母连接时的形体再来讨论。

元音字母和半元音字母 u̯ 在词首分别与字头符、零声母符号、连接符相组合的形式（据照那斯图《八思巴文元音字母字形问题上的两种体系》，收入《八思巴字和蒙古语文献 I 研究文集》。下引内容见该书第 12 页。划横线的表示这一拼合形式不存在）：

元音字母	字头符	零声母符号
	—	ꡖ
ꡞ	ꡝꡞ	—
ꡟ	ꡝꡟ	—
ꡠ	ꡝꡠ	—
ꡡ	ꡝꡡ	—
ꡦ	—	ꡖꡦ

□　—　□

□　—　□

□　—　□

不难发现，字头符“—”与 □ 拼合组成的形体 □ 与 泥母 □ 很容易混同（□ 若独立成音节就是 na 了，因为据八思巴字正字法辅音后无其他元音出现时其后就有无标记零形式的 a）。不仅这一音节，其他含有 □ 的音节有好几个存在这种形体上的淆乱危险。如：

现有拼写形式	可能采用的零声母形式	与之易混的字头
□ 牛尤	□ 牛尤	□ 猱
□ 银	□ 银	□ 难①
□ 吟	□ 吟	□ 南

这么多音节形体上容易混淆，这就不能不引起足够的重视。应该想办法加以避免。我们推断，这很可能是这一拼合没能起用的一个关键因素。而字头符“—”与 □、□ 拼合的形式 □、□ 就都得到了实际运用而出现在《蒙古字韵》中（如 □ 五、□ 讹就表示疑母脱落而变为零声母的音节）。另外还有一个字头符“—”与 □ 相拼的 □ 在八思巴字汉语体系中也没有得到真正使用，究其原因，我们认为，可能是字头符“—”与 □、□ 拼合都是在字体中间相连（即连接在中间），得到 □、□，字体清晰、明确，不会引起混淆，所以获准使用。而字头符“—”与 □、□ 都是在侧边相连，容易与它字母相混，所以《字韵》中始终未见该符号的使用。比如，我们推断是因为 □ 与泥母 □ 易混，故不用，□ 若独立成音节就是 na 了。当然，□ 在拼蒙古语时倒是可以在词首出现，但拼汉语却从不使用）。

那剩下来的就只有一个疑母 □ 了。所以在别无选择的情况下，就不能再挑剔疑母 □ 的使用是否与零声母化相一致了。在这儿可谓是得失参半，失在于表音不够准确，得则在于使韵图上的三四等不同音在八思巴字标音体系中得到了落实。

① 在《蒙古字韵》写本中，“□ 难”、“□ 南”的声母“□”，还有《广韵》桓韵字如“□ 岏”、“□ 官”等的韵尾“□”都采用了一种变化的手写体式。学界一般将此看作是一种书写上的手写体，无特殊意义。即使我们对此极为谨慎，但“□ 猱”字声母的形体在《字韵》写本中未采用该手写体，用的是常见字形“□”，所以与可能出现的零声母形式“□ 牛尤”相混淆的危险依然存在。

于是乎，就出现这样一种颇有趣味的现象：

三等	［喻三］	→	疑
四等	喻四	←	［疑］

即四等韵中疑母并入喻（四），但在三等韵中喻（三）却又归到了疑母的阵营中。质言之，三等的喻三与疑无论其真实读音如何，字面上统一写作疑母 ꡢ，四等的疑母和喻四则都写作 喻母 ꡭ。这样做的结果是，四等的处理与疑母变成零声母的真实情况相符，但三等的处理与真实情形则正好相反。正因为喻三入疑遮蔽了零声母化这一语音演变的真相，所以只要拼写规则允许，作为真正零声母符号的 ꡖ 就会马上出现，这也就是我们看到合口字拼写中基本使用零声母符号 ꡖ 的原因。

综上所述，我们可以得出结论说，《蒙古字韵》中四支韵部的"矣"等字并入"ꡢꡞ 宜"中，"鴞"并入"ꡢꡞꡓ"中，"尤有右友"并入"ꡢꡞꡓ 牛"中，这种现象反映的不是一些韵的喻母三等字滋生出了一个［ŋ］声母，而是像《中原音韵》等韵书一样，反映的是疑母字失落了［ŋ］声母变入喻成为零声母，这只不过是为八思巴字拼写符号之间的纠葛（要区分三四等读音）所拘而被迫采取的一种变通手段。

另外，我们还要说的是，因为疑母与喻母在开口韵里发生了这种联系，可以互相合并。自然，为了平行同步，合口最好也归并一处同用一书写形式，这样在整个拼合系统中也就更加整齐划一。如上文所说，喻母三等为了与喻四母相区别，在 u 类韵中已用了 ꡖ 字母来表示，而开口韵中喻母与疑母已合流（喻三归疑、疑四入喻），所以合口中也不妨二者共用一个符号 ꡖ。这应该就是疑母与喻三合口都作 ꡖ 的原因所在。这倒也在一定程度上与李添富先生的看法相合，李先生说喻三入疑"当系喻三合口与疑母三等合口同入鱼母之类推。"（李添富《古今韵会举要疑、鱼、喻三母分合研究》，据杨徵祥 1996 转引）

3.5.3 八思巴字零声母符号的拼写局限及其与汉语声母的对应关系

从上文所引材料我们看到，这些零声母符号出现的条件是互补的，尽管与后来在汉语中互补出现的情形并不相同，但毕竟为这种有条件使用做好了准备。同时，因为这些零声母符号的出现条件有特定的要求，所以仅用一个符号来表示汉语的声母是不行的（因为汉语声母的有些出现环境有的八思巴字零声母符号不能出现）。如出现条件决定了：

ꡋ 只能拼合口（还有零形式的 a）

开口一、三等由 ꡉ 来拼，所以 ꡉ 无合口；

ꡋ 不拼 u（仅有ꡋꡟꡃ 一个例外，参照那斯图 1989），所以“五”等字拼作 ꡟ（用字头符）；

ꡗ 必须拼细音（从中分化出的 ꡗ 也只能拼细音）

比如，我们假设只要变成零声母的疑母字我们都用ꡋ 表示，但它只能在 a、ė、ö（ėo）、ü（ėu）、u̯ 前出现，所以必须动用字头符和。不过，这也正好与我们在《蒙古字韵》中看到的区分等第的要求相合。从上面的分析我们也可以看出，影、幺、鱼、喻诸母的纠葛单纯从汉语韵书中是找不到答案的，因为这是受制于八思巴字的拼写规则的，而这些分立的声母一旦设立，就可以贯彻运用到好几个韵部中，使用还是比较广泛的。这样中古本为同声母的字在这儿就因等第不同变成了不同的声母，如表一中八寒、九先一表所示，中古影母今一三等为影、二四等为幺；中古疑母开口一等为疑、疑母二等则将声母写作喻（其中含有滋生的 i̯ 介音，所以字面上韵母与一等相同；二等影母作幺同此），三等为疑，四等为喻；喻母开口也是三等作疑，四等为喻。疑母合口为鱼（有 ꡟ、ꡞꡡ、ꡞ 几个八思巴字头本为疑母，今用了字头符，这应该也反映了疑母的消失，是零声母的另一种表现形式），其不同等第一般合口韵母并不相同，所以无须以声母区别；喻母合口三等为鱼、四等为喻。图示如下：

影ꡖ：影一三等　　　　　　　幺ꡗ：影二四等

鱼ꡋ：疑、喻三合口

疑ꡉ：疑母一二等开口、喻三开口　　　喻ꡗ：疑二四等与喻四等

这也正好印证了杨耐思先生的说法（1984a。又见杨耐思 1997：页 81），即《蒙古字韵》的编者更重视韵书和韵图的分类。说到重视韵图，实际上就是关心韵图排列的等第（而非仅指按韵母标准分出的等第），如喻母三、四等区分，重纽两类区分，但重三与普三，重四与纯四则因为韵图上的等第相同就分别可以同音。关于这几母的声韵搭配，杨耐思先生（1984b，又收入杨耐思 1997 页 62-74）论之甚

详。我们将杨先生的结论整理成表格形式，并将疑母与字头符的使用添入以资比较：

	影	幺	鱼（=云母+疑母合口）	喻（以+部分疑）	疑（疑+部分云母字）	字头符
一等	+		+（多合口）		+	+（仅三字）
二等	+（仅合口）	+（开口）	+（合口）	+（开口）		
三等	+		+（合口+独韵）	（三等字都是以母字，韵书上列于四等）	+	
假四与重四		+		+		
四等	（仅一屑韵“抉”字）	+		+		

由上表可以看出，幺、喻二母都是与二、四等（含假四）搭配，影、鱼、疑则多与一三等搭配（当然还包含二等的合口字）。

为什么不是整齐地按等分配，而是仍有一些两类声母居于同一等第的现象呢？尽管大类不乱，可以两分，但毕竟不如一三、二四泾渭分明来得明快。但这种理想状态是很难实现的。因为八思巴字标音符号存在着先天不足。这与八思巴字的性质密切相关。因为八思巴字首先应该说是一种蒙古文，它首先是用来拼写蒙古语的，形成了蒙古民族的一种新的民族文字，而后才用来拼写元帝国境内的各个民族的语言（照那斯图、杨耐思 1984；杨耐思 1997）；所以八思巴字与藏语文、与蒙古文的关系更密切，其相互适应性更强，而与以后其功能扩大到译写一切语言时所涉及的汉语及他民族语言在拼写时可能会产生一些龃龉。从根本上说，其实我们在这里所谈的影、幺、鱼、喻、疑诸母除疑母外都是零声母符号（幺由喻派生而出），这应该反映了元代疑母向零声母转变的信息。

四 《蒙古字韵》“炎”“盐”合流或系传抄之误

如上文所说，在《蒙古字韵》中喻母三、四等及疑母的关系与表现是：

三等 ［喻三］ → 疑 （合口：［喻三］、疑→ 鱼）

四等 喻四 ← ［疑］

即四等韵中疑母并入喻（四），但在三等韵中喻（三）却又归到了疑母。看下表：

说明：为称说方便，表中喻三标作云母，喻四标作以母。

韵部		喻三及疑母三等（个别有一等）		喻四母及疑母四等
		作鱼母 [illegible]	作疑母 [illegible]	
一东		[illegible] 颙（疑钟） 荣（云庚）		[illegible] 融（以东） 营（以清）
二庚				[illegible] 盈（以清） 蝇（以蒸）
三阳	开口			[illegible] 阳
	合口	[illegible] 王		
四支	开口		[illegible] 宜（疑支重三） 矣（云止）	[illegible] 移（以支） 倪（疑齐）
	合口	[illegible] 桅（疑灰） 危（疑支重三） 帷（云脂重三） 巍（疑微） 帏（云微）		[illegible] 惟（以脂）
五鱼		[illegible] 鱼虞（疑母）盂（云母）		[illegible] 余（以母）
七真	开口		[illegible] 银（疑真重三） 龈（疑欣）	[illegible] 寅（以真）
	合口	[illegible] 云（云文） 筠（云真）		[illegible] 匀（以谆）
九先	开口		[illegible] 言（疑元） 漹（云仙）	[illegible] 延（以仙） 妍（疑先）
	合口	[illegible] 元（疑元） 袁（云元） 员（云仙重三）		[illegible] 沿（以仙）

续表

韵部		喻三及疑母三等（个别有一等）		喻四母及疑母四等
		作鱼母ꡖ	作疑母ꡃ	
十萧	开口		ꡃꡦꡓ 鸮（云宵） 虐（疑药）	ꡗꡦꡓ 遥（以宵） 尧（疑萧）
	合口	ꡖꡧꡦꡓ 籰 （云药）		
十一尤			ꡃꡞꡓ 牛（疑尤） 尤（云尤）	ꡗꡞꡓ 猷（以尤）
十二覃			ꡃꡦꡏ 严（疑母）	ꡗꡦꡏ **<u>炎（云盐）</u>** 盐（以盐）
十三侵			ꡃꡞꡏ 吟（疑侵）	ꡗꡞꡏ 淫（以侵）
十五麻	开口		ꡃꡦ 钀（疑月薛） 晔（云葉）	ꡗꡦ 邪（以麻三） ꡗꡠ 䂸（疑屑）
	合口	ꡖꡧꡦ 月（疑月） 越（云月）		ꡗꡧꡦ 悦（以薛）

由上表我们可以看到，喻三即云母与疑合流几乎囊括了所有韵部，出现例外的只有十二覃韵部，其表现是：

ꡃꡦꡏ 严（疑母） // ꡗꡦꡏ <u>炎（云盐）</u>、盐（以盐）

喻三、喻四母即云、以母合流，与疑母形成了对立。为什么会出现这一例外呢？当然，我们可以说这是实际语音的反映。不过，实际语音中喻母三四等多已合流，而《蒙古字韵》拘于三四等之别不肯合并，为何单单此处就违反通则呢？我们认为这很可能是《蒙古字韵》中的一处失误。今传世的《蒙古字韵》写本前所附的“校正字样”证实了我们的想法，在“元误字”中就有“浙东本误”标为喻母的“ꡗꡦꡏ <u>炎</u>”字，而“校正字样”中改作“ꡃꡦꡏ”，认为“炎从疑”。这样就与通例的疑云合流一致了。而《古今韵会举要》中就正好是“炎（疑廉切）”“音与严同”。我们认为，这儿应看作是《韵会》承袭了《字韵》，一直保持了这种情形，而《字韵》后来在传抄中有的版本却出现了失误。

另外，我们还找到一则旁证，那就是俞昌均《较定蒙古韵略》中（页169）所记与我们见到的情形都不相同，它是在盐严韵喻母下汇集了喻母三四等及疑母的所有字。其情形为：

喻母：盐……炎严……

这就更加混乱了。当然应该符合实际语音，但与《字韵》的通例就大相径庭了。我们认为这是比我们在《字韵》中见到的更为混乱的局面。

第三节　合、匣的分立

在《蒙古字韵》为代表的八思巴字拼写系统中，“侯”、“痕”、“恒”等一等匣母字脱离了其他声母的一等字，其韵母在拼写形式上与相应的三等字相同。如下图所示：

	十一尤				七真		
洪音	ꡂꡜꡞꡓ 钩	ꡁꡜꡞꡓ 抠			ꡂꡜꡞꡋ 根	ꡁꡜꡞꡋ 恳	
晓匣母字			ꡣꡞꡓ 侯	ꡜꡞꡓ 吼			ꡣꡞꡋ 痕
细音	ꡂꡞꡓ 鸠	ꡁꡞꡓ 邱			ꡂꡞꡋ 巾		

一　学界的看法

到底该如何看待这一现象呢？一些学者认为这是八思巴字拼写系统避免连续重复书写同一符号所致（相关说法参见郑张尚芳1998，页176；陈鑫海2008亦采此说，页24—26）。因为十一尤、七真、二庚等韵部中，三等字主元音是 ꡞ，一等字主元音八思巴字拼写则用辅助符号 ꡜ 加 ꡞ 的组合形式 ꡜꡞ 来表示。而辅助符号 ꡜ 与晓母在八思巴字中是同一符号 ꡜ，所以晓母拼 ꡜꡞ hi 类韵母就会出现两个 ꡜꡜ 的组合。而八思巴字系统要避免重复书写同一符号，于是就省掉一个 ꡜ，如晓母“吼”字，其拼写形式因避复的要求由 ꡜꡜꡞꡓ 省作 ꡜꡞꡓ。那拼匣母洪音的合母 ꡣ 与辅助符号 ꡜ 形体并不相近，为何也将 ꡜ 省掉呢？如痕 ꡣꡞꡋ 的韵母部分也是 ꡜꡞꡋ，但加上声母后就省掉了辅助符号 ꡜ。

正因出现了这一难题，所以郑张尚芳 1998 就主张辅助符号本应是浊音 ꡣ，由于该字母太复杂，不便词间连写，所以才改用了 ꡜ。这种说法也算找到了解决问题的一条途径，但说服力不强。沈钟伟（Zhongwei Shen2008，页 232—234）看到省掉辅助符号 ꡜ 的说法在这儿不能自圆其说，就转向了从语音变化上寻找答案，认为这确实反映了擦音后韵母的实际变化，即擦音晓匣母后的韵母确实与其他一等字韵母不同了，无论这擦音是清是浊。该说证据也嫌不足。

二　我们的意见

那到底该如何看待这一现象呢？我们认为，“ꡣꡦꡟ 侯后”等八思巴字拼写形式实际上是直接译写的蒙古语中的汉语借词，换言之，这里并不是按照该字在汉语中的实际读音译写的，而是据其在蒙古语中的对音形式（其读音已经过了蒙古语语音系统的改造）转写过来的。这种情形在八思巴字汉语拼写中并非绝无仅有，如《蒙古字韵》中“十萧韵”末尾有一重出的“宝”字，八思巴字注音为 ꡌꡦꡓ，照那斯图就指出此字里的“元音是 o 的长元音，记录的是蒙古语里读‘宝’的发音”（照那斯图 2004）。另外在八思巴字蒙古语拼写系统中，汉语借词“皇帝”拼作 ꡣꡡꡃ ꡊꡦꡞ，“帝”的长元音拼写形式也是该汉字的蒙古语读法（照那斯图 2007）。陈鑫海 2008（页 27）指出，“皇”的拼写形式也应是该汉字的蒙古语读法。还有照那斯图、杨耐思《蒙古字韵校本》也指出了《蒙古字韵》写本中在译写书名时“蒙古”一词拼作 ꡏꡡꡃ ꡢꡡꡦ，这就是该词的蒙古语读音音译。因为这些借词都与皇帝本人或皇室成员及其部族有关，所以就保存了其在蒙古语中的读音。而“ꡣꡦꡟ 侯后”则因“皇太后”这一特殊词语的频繁使用（如八思巴字蒙古语文献《答吉皇太后猴年懿旨》、《答吉皇太后鸡年懿旨》中就都直接使用了“皇太后”一词）而保留了其在蒙古语中的读法（其他的好多则是对这种做法的承袭，以保持拼写的一致，后文再谈）。

三　韵母为何作细音

——回鹘式蒙古文中汉语借词的读音及八思巴字汉语对该类词的直接使用

而要真正搞清楚这一问题，我们认为还要追溯到回鹘式蒙古文中汉语借词的读音。下面我们就以道布（1983）《回鹘式蒙古文文献汇编》，道布、照那斯

图 1993、1994；阿伦 2007 等论著中收录的蒙古语中的汉语借词为例，来分析一下汉语借词的读音特点，并与后来《蒙古字韵》中这些汉字的八思巴字标音做一比较：

说明：以元音统帅各韵部，表中 i 等元音命名为基本元音；派生元音组合则指使用标志元音的辅助符号 h、ė 与基本元音组成的元音组合。该表只列出韵母。

<table>
<tr><td colspan="2" rowspan="2"></td><td colspan="2">元音性质</td><td colspan="6">相应韵部韵母</td></tr>
<tr><td>基本元音</td><td>派生元音组合</td><td colspan="6">先列出《蒙古字韵》中的韵母拼写形式，再于［ ］中列出回鹘式蒙古文献中该韵部中相应韵母的拼写形式及所涉及的汉字</td></tr>
<tr><td rowspan="6">i 类韵母</td><td>等第</td><td></td><td></td><td>四支</td><td>二庚</td><td>七真</td><td>十一尤</td><td>十三侵</td><td>六佳</td></tr>
<tr><td>一等及三等庄组字</td><td></td><td>hi</td><td>hi
［i 紫寺］</td><td>hiŋ
［iŋ 滕等赠］</td><td>hin</td><td>hiw
［eu 头］</td><td>him</td><td>hij</td></tr>
<tr><td>二等牙喉</td><td></td><td>ėi</td><td></td><td>ėiŋ
［iŋ 行］
［iŋ 庚］</td><td></td><td></td><td></td><td></td></tr>
<tr><td rowspan="2">三等及一等晓匣母字</td><td>i</td><td></td><td>i
［i 其及］</td><td>iŋ
［iŋ 京荆景敬］</td><td>in
［in 银］</td><td>iw
［iu 后侯］
［iu 修］</td><td>im
［im 音］</td><td>ij</td></tr>
<tr><td></td><td rowspan="2">ėi</td><td></td><td rowspan="2">ėi ŋ
［iŋ 兴］
［iŋ 轻］</td><td>ėin
［in 忻］</td><td>ėiw</td><td>ėim
［im钦擒］</td><td></td></tr>
<tr><td>四等</td><td></td><td>ėi
［i 稽蓟计吉］</td><td></td><td></td><td></td><td></td></tr>
</table>

从表中可以看到，八思巴字汉语中用派生元音组合 hi 表示的韵母或其主要元音部分（如“紫”“等赠”等字）在回鹘式蒙古文中的主要元音用 i 来对应（在八思巴字汉语韵书《蒙古字韵》中这一类字除“侯后”“吼”所在小韵外都用 hi 对应），质言之，回鹘式蒙古文中的汉语借词 i 类韵母四等不做区分，全用 i 表示主要元音。但我们据元代汉语的研究成果知道，《蒙古字韵》中用派生元音组合 hi 表示的韵母或其主要元音部分，在元代汉语中其读音都不是 i。下面我们将杨耐思《中原音韵音系》的“中原音韵韵母表”（页 44）转录过来，作为元

代汉语元音系统的代表（为了便于说明问题，将原韵部次序打乱按语音组合规律重排）：

a ia ua ai iai uai au iau an ian uan aŋ iaŋ uaŋ am iam
家麻 皆来 萧豪 寒山 江阳 监咸
o io uo on
歌戈 桓欢
iɛ iɛu iuɛ iɛn iuɛn iɛm
车遮 萧豪 车遮 先天 廉纤
əu iəu ən iən uən iuən əŋ iəŋ uəŋ iuəŋ əm iəm
尤侯 真文 庚青 侵寻
ei uei
齐微
i
齐微
ï
支思
u iu uŋ iuŋ
鱼模 东锺

可以看到，元代汉语中尤侯、真文、庚青、侵寻诸韵部洪音的主元音都是［ə］（这其中也包括“侯”、“痕”“恒”等，在这里它们与本韵部的洪音保持同步，与细音不同），而支思韵部主元音则是［ï］。反正都与本韵部的细音读音不同。为何回鹘式蒙古文中就都作细音呢？这是为其书写符号所局限的。因为回鹘式蒙古文中的字母不能完整地表达其元音系统，而在书写上有些元音如 a、e 在书写上还未作完全的明确区分（词中、词末不分，仅词首形式区分），u、o 亦是如此（道布 1984/2005）。至于汉语中的［ə］、［ï］两个元音就更难以表示了，所以只好采用这种音近相代的方式。

这也反映出回鹘式蒙古文中零星的汉语借词其语音对应是不够准确的（当然这也受制于蒙古、汉两种语言的语音系统及回鹘式蒙古文的书写符号系统的表现能力），而八思巴字创制之后用来全面译写汉语时，因为语音对应要从整个系统着眼，所以其语音记录就准确的多了，这反映了其语音对应从松散粗疏对应到全面系统对应的转变（参宋洪民 2010）。正因如此，所以大部分洪音字的读音在回鹘式蒙古文中与八思巴字标音系统中并不相同。如“等”“赠”“紫”等其主元音在回鹘式蒙古文中作 i，而到了八思巴字标音系统中都改作 hi。

但因为“侯后”等字的特殊地位（如多用在汉语借词“皇太后”“郡侯”中），在八思巴字推行之后，这些词直接就进入了八思巴字汉语系统中，从某种意义上可以说，“皇太后”等词可以看作是“超语言”的，因为无论是在回鹘式蒙古文中，还是在八思巴字蒙古语或八思巴字汉语标音系统中，虽然存在书写符号的表面差异，但其语音成分都是相同的，如“后”都标作 ɣiu（w）。如八思巴字蒙古语文献《答吉皇太后猴年懿旨》、《答吉皇太后鸡年懿旨》中就都直接使用了“皇太后”一词。从语言系统上着眼，在回鹘式蒙古文与八思巴字蒙古语标音系统中“皇太后”这一词语是蒙古语从汉语中借用的词语（当然已经过蒙古语语音系统的改造），而到了八思巴字汉语标音系统中，则是直接使用了本族语词在外族语中的拼写形式。也就是该字的八思巴字拼写形式是按照它们在回鹘式蒙古文中的语音成分来直接译写的，而不是按照其汉语实际发音来译写（另外，当这一形式进入八思巴字汉语系统之后，还出现了全面的类化现象，那就是相关的汉字都采用这种拼法，如“痕”“恒”等也都采取了这种拼法，当然，这也有声母方面的原因，详下）。

匣母为何分为ꡣ合、ꡜ匣二母？

从声母方面看，中古蒙古语中的［h］辅音基本失去了音位功能，正好处于消失的过渡阶段（嘎日迪 2006，141 页）。如《蒙古秘史》中同一单词有时汉字标音会有不同：

有 h	无 h
赫乞（§81）	额乞（§46）
哈撒黑罢（§38）	阿撒中忽阿速（§15）

上举例证生动展示了中古蒙古语中的［h］辅音行将失去的游离状态。正因如此，

再加上此辅音在回鹘式蒙古文中没有专门的字形表示（嘎日迪 2006，140 页），而是用字冠表示。所以回鹘式蒙古文音译的汉语词中晓匣母字声母往往用蒙古语中的小舌浊擦音［ɣ］来译写对应，如“海”“罕”“翰”、（有一些则用［k］声母来对应，如“许”“训”等；还有一部分细音字用 s［ʃ］声母来对应，如“喜”作 si）。（道布 1983，道布、照那斯图 1993、1994；阿伦 2007）

而到八思巴字创立之时，则专门创设了字母 ꡣ 表小舌浊擦音［ɣ］，但该字母在八思巴字蒙古语系统中只拼外来语的借词（照那斯图 2007；包力高 2009）。可见当时学者们对蒙古语中的 h 辅音与汉语、梵语等语言中 h 辅音的区别还是非常重视的。

但当八思巴字拼写汉语时，舌根擦音晓匣母字全用小舌浊擦音［ɣ］ꡣ 来拼是行不通的。因为八思巴字汉语系统是存浊的，晓、匣一清一浊必须要区分。那译写清音晓母的字母就要用源自藏文的 ꡜ 字母了，而且在其所从出的藏语中它代表的也是舌根清擦音，另外蒙古语中行将消失的 h 也由该字母来表示。那匣母是不是用［ɣ］ꡣ 来拼就行了？问题没那么简单。因为存在着如下问题：

A. 首先，在八思巴字系统中，同一部位的清、浊对立的音素往往用某一符号及其分化符号来表示。如：

ꡚ 生、书	ꡮ 禅
ꡤ 非、敷	ꡰ 奉
ꡜ 晓	ꡯ 匣

B. 其次，ꡣ 拼的汉字如“后 ꡣꡦꡟ”等，其韵母在拼写上是细音，但实际读音却是较开的洪音。

如何来解决这一矛盾呢？一种可行的做法是，让匣母因所拼韵母洪细的不同而采取不同的拼写形式：

拼洪音	拼细音
ꡣ 合	ꡯ 匣

这种做法在八思巴字拼写系统中并非绝无仅有，应该说是允许的，因为除了 ꡣ 合、ꡯ 匣，因韵母洪细而使声母分立的还有影 ꡖ、幺 ꡝ，鱼 ꡗ、喻 ꡭ 等（见上节）。

这样，就使“后ꡯꡦꡟ”等拼写字面上为细音实则为洪音的字不会被误读，因为ꡯ合母只拼洪音，所以“后ꡯꡦꡟ”等字的韵母不会是细音“ꡦꡟ”，而是相应的洪音“ꡣꡦꡟ”。其实质是用声母拼写形式的变化来标志韵母的不同性质。

接下来要说的是，“ꡯꡦꡟ后”的韵母是写作细音而读作洪音，那其他韵的同类字如“痕”“恒”等该如何拼写呢？应该说，起初它们的拼写不会遵循相同的规则，因为“ꡯꡦꡟ后”的拼写来源于蒙古语中的汉语借词，而“痕”“恒”等字则与此无涉。所以，它们就该使用与晓母从同一字母分化而来的匣母ꡣ，拼作：

痕ꡣꡣꡦꡞꡋ　　　　恒ꡣꡣꡦꡞꡃ

但这会带来这样的问题，那就是同一（或极为相似的）书写符号（当然其意义与用法并不相同）连续出现，这种情形一般是力求避免的，我们在晓母的讨论中还会涉及这一问题（参郑张尚芳1998），于是就省掉了ꡣ，其拼写就变为：

痕ꡣꡦꡞꡋ　　　　恒ꡣꡦꡞꡃ

不过，这样做的后果是内容与形式不一致，即字面上拼为细音，实则为洪音，这就与“后ꡯꡦꡟ”的拼写非常相似了。不过，相比之下，还是“后ꡯꡦꡟ”的拼写见长，因为拼写与读音洪细不符的音节在声母上得到了反映（有了标记）。既如此，那这些匣母字学习“后ꡯꡦꡟ”的做法将拼洪音的匣母字声母一律写作合母ꡯ倒是非常合理的选择。亦即让匣母因所拼韵母洪细的不同而采取不同的拼写形式。如上文所谈到的，其实质就是用声母拼写形式的变化来标志韵母的不同性质。即：

拼洪音　　　　拼细音

ꡯ合　　　　ꡣ匣

这次与我们面对“ꡯꡦꡟ后”时的不同是，这种拼写规则已经不限于个别词语，而是涉及了一类音节，是一种成规律的类的现象。即所有含“ꡯꡣꡦ”的洪音字字面上都拼作“ꡯꡦ”。如“侯ꡯꡦꡟ”、“痕ꡯꡦꡞꡋ”“恒ꡯꡦꡞꡃ”等。不管其背后的制约机制是什么，这在表面上看来，似乎是ꡯ合母的拼合规律并没有局限于“后”这一小韵，而是将所有韵母中含“ꡣꡦ”的匣母字全部涵盖了，

同时，这种有ꡯ合又有ꡣ匣的做法也满足了晓、匣这清浊相对的两个声母分别采用一符号及其分化符号来表示的通则。

四 晓母的纠葛

下面再看晓母。在八思巴字汉语拼写系统中，i 类韵中的较开韵母其元音部分拼作“ꡜꡞ”。但若晓母遇见该类韵母时就会出现“ꡜꡜꡞ”的拼写，这种同一书写符号（当然其意义与用法并不相同）连续出现的情形一般是力求避免的，于是就省掉了一个，直接写作“ꡜꡞ”，如“吼 ꡜꡞꡓ”等。不过，这样倒正好与“后 ꡣꡞꡓ”等匣母洪音字的表现相一致，即都是拼写层面为细音，但实为洪音。

接下来的问题是，洪音“ꡜꡜꡞ”为避复而省作“ꡜꡞ”，这就与原有的细音“ꡜꡞ”难以区分了。该如何解决这一问题呢？要从声母上加以区分也并非易事（除非另造符号，但这要受制于藏文的符号系统）。于是八思巴字系统在这里采取了从韵母上加以区别的做法，那就是在细音字韵母前加 ꡨ 来标志，以免与洪音省变的形式相混淆，如 ꡜꡨ ꡞꡓ 休，加了 ꡨ 以与 ꡜꡞꡓ 吼相区别（郑张尚芳 1998 曾论及此，不过，其主要观点及总体论证与我们大不相同，见上文）。匣母因无三等字，所以与此问题无涉。

接下来我们还要说的是，也正是因为少了韵母前的这个 ꡜ h，所以对八思巴字拼写规则不很熟悉的人就很容易将它们并入韵母中本不含 ꡜ h 的韵中。如“吼”入 iw 韵中即是如此。关于这种情形，我们在韩国俞昌均《较定蒙古韵略》一书中可以找到一些旁证材料。书中据《四声通解》整理《蒙古韵略》，其中小韵的排列顺序可以给我们一些启示，那就是“痕”“侯”等并没有归并到 in、iw 韵中，而是与 hin、hiw 排列在一起。图示如下（内容据《较定蒙古韵略》页 105、158，同时与《字韵》作比较。下面列出一些小韵的代表字，中间的“……”省略号表示省略了一些小韵，不加省略号则表示前后小韵是直接相连的。“//”表示前后不同韵）：

《韵略》: in: 巾……辰 殷……人 // hin: 根……榛 恩 狠 **痕** // ėin: 紧

《字韵》: 巾……辰 **痕** 殷……人 // 根……榛 恩 // ėin: 紧

《韵略》: iw: 鸠……雠 忧……柔 // hiw: 钩……邹……讴 **吼** **侯** 楼 // ėiw: 樛

《字韵》: iw: 鸠……雠 **吼** **侯** 忧……柔 // hiw: 钩……邹……讴 // ėiw: 樛

我们可以看到，《蒙古韵略》中“痕”“吼”所在的韵是与它们的实际读音相一致的。但到了《字韵》中，“痕”“吼”却并入了韵母中不含 h 的韵中。我们疑心这是对八思巴字拼写系统不够熟悉的人单单依据表面的拼写形式加以归并的原因。而《韵会》就沿袭了这一失误。

第四节　“崇”“重”纠葛

一　“崇”“终”共韵，“重、虫”别出

在《韵会》中，一东、二冬韵中庄组的崇母字“崇”与知三章组字“中终充”等同属“公”字母韵，而与知三章组字本为一类的澄母字“虫、重”等却脱离了群体，并入“弓”字母韵。《字韵》表现同此。我们先据《字韵》列表：

一东：韵：

半齿音 半舌音	喉 音	齿 音	牙 音	舌 音	唇 音	
来	匣晓影	心从清精	溪见	泥定透端	明並滂帮	一等
		崇				
		禅书　昌章		**娘　彻知**	微奉敷非	三等

韵：

半齿音 半舌音	**喉 音**	**齿 音**	**牙 音**	**舌 音**	**唇 音**	
日　　来	［**喻**三］ **晓影** **鱼**		［**疑**］**群溪见** **鱼**	**澄** （虫）		**三等**
	［**喻**四］［**影**］ **喻　　幺**	**邪心从清精**				**假四**

从图上可以看到，与知三章组字本为一类的澄母字“虫、重”等字，韵母拼写

与知三章组的其他声母字不同，归在ꡦ ꡟꡃ 韵；相反，庄组的崇母字却与知三章组字拼同一韵母 ꡟꡃ。不过，在其中我们会发现比较有趣的一种现像，那就是假二等的崇母字尽管在拼写上与知三章拼同一韵母 ꡟꡃ uŋ，但如表中所示，ꡟꡃ 韵中排在二等的有崇母，但排在三等的澄母和船母位置却都空着；而在ꡦ ꡟꡃ 韵表中，ꡦ ꡟꡃ 韵三等有澄母字，但二等庄组根本无字出现。所以我们推断这儿所谓庄组声母与知三章组的相混，或许并没有真的混并，应该是另有原因（后文详谈）。接下来我们要问的是，一东韵部中难道真的会出现这种现象吗？知三章组字中本为一类的澄母字（虫、重等）另类别居，别出另为一韵，而本不同类的庄组的崇母字却恰恰与知三章组变得韵母一致起来。这种现象会反映实际语音吗？或者说有些学者所主张的《韵会》受了闽音影响（《字韵》可能又受《韵会》影响）的看法是不是也有一些道理呢？下面我们来看一下汉语方言中的情况（表据《汉语方音字汇》第二版重排本。表中因讨论问题只涉及声母韵母故不标声调。因北方方言中这些例字韵母大都相同，所以此处只取南方方言代表点）：

崇	苏州	温州	南昌	梅县	广州	阳江	厦门	潮州	福州	建瓯
通合三平东崇	zoŋ	zoŋ	tsʻuŋ	tsʻuŋ	ʃ ʊŋ	ʃ ʊŋ	tsɔŋ	tsʻoŋ	tsuŋ	tsɔŋ
终	苏州	温州	南昌	梅县	广州	阳江	厦门	潮州	福州	建瓯
通合三平东章	tsoŋ	tɕyoŋ	tsuŋ	tsuŋ	tʃ ʊŋ	tʃʊŋ	tsiɔŋ	tsoŋ	tsyŋ	tsœyŋ
充	苏州	温州	南昌	梅县	广州	阳江	厦门	潮州	福州	建瓯
通合三平东昌	tsʻoŋ	tɕʻyoŋ	tsʻuŋ	tsʻuŋ	tʃ ʻ ʊŋ	tʃ ʻ ʊŋ	tsʻiɔŋ	tsʻoŋ	tsʻyŋ	tsʻœyŋ
宠	苏州	温州	南昌	梅县	广州	阳江	厦门	潮州	福州	建瓯
通合三上肿彻	tsʻoŋ	tɕʻyoŋ	tsʻuŋ	tsʻuŋ	tʃ ʻ ʊŋ	tʃ ʻ ʊŋ	tʻiɔŋ 文 tʻɪŋ 白	tʻoŋ	tʻuŋ	tʻœyŋ
重重复	苏州	温州	南昌	梅县	广州	阳江	厦门	潮州	福州	建瓯
通合三平锺澄	zoŋ	dʑy	tsʻuŋ	tsʻuŋ	tʃ ʻ ʊŋ	tʃ ʻ ʊŋ	tiɔŋ 文 tɪŋ 白	tsʻoŋ 文 teŋ 白	tyŋ tʻyŋ	tœyŋ
虫	苏州	温州	南昌	梅县	广州	阳江	厦门	潮州	福州	建瓯
通合三平东澄	zoŋ	dʑyoŋ	tsʻuŋ	tsʻuŋ	tʃ ʻ ʊŋ	tʃ ʻ ʊŋ	tʻiɔŋ 文 tʻaŋ 白	tʻaŋ	tʻyŋ 文 tʻøyŋ 白	tʻɔŋ

由表中可以看到，没有哪一个汉语方言明显表现出这样的情形，即与知三章组字

本为一类的澄母字（虫、重等）另类别居，而本不同类的庄组的崇母字却恰恰与知三章组变得韵母一致起来。再看一下闽音的情况，因所据《闽语研究》“崇”、“终”等字未见，故比较如下几字（据《闽语研究》页 19、79。表中因讨论问题只涉及声母韵母故不标声调）：

动	福州	古田	宁德	周宁	福鼎	莆田	厦门	泉州	永春
通合一	tɔyŋ	tøyŋ	tœŋ	tœuŋ	teŋ	taŋ	taŋ	taŋ	taŋ
上董定	漳州	龙岩	大田	尤溪	永安	沙县	建瓯	建阳	松溪
	taŋ	taŋ	taŋ	tɤŋ	taŋ	tɔuŋ	tɔŋ	loŋ	toŋ
铜	福州	古田	宁德	周宁	福鼎	莆田	厦门	泉州	永春
通合一	tøyŋ	tøyŋ	tœŋ	tœŋ	teŋ	taŋ	taŋ	taŋ	taŋ
平东定	漳州	龙岩	大田	尤溪	永安	沙县	建瓯	建阳	松溪
	taŋ	taŋ	taŋ	tɤŋ	taŋ	tɔuŋ	tɔŋ	loŋ	toŋ
重轻重	福州	古田	宁德	周宁	福鼎	莆田	厦门	泉州	永春
通合三	tɔyŋ	tøyŋ	tœŋ	tœuŋ	teŋ	taŋ	taŋ	taŋ	taŋ
上肿澄	漳州	龙岩	大田	尤溪	永安	沙县	建瓯	建阳	松溪
	taŋ	taŋ	taŋ	tɤŋ	taŋ	tɔuŋ	tɔŋ	leiŋ	toŋ
虫	福州	古田	宁德	周宁	福鼎	莆田	厦门	泉州	永春
通合三	t‘ɔyŋ	tøyŋ	tœŋ	tœuŋ	teŋ	t‘aŋ	t‘aŋ	t‘aŋ	t‘aŋ
平东澄	漳州	龙岩	大田	尤溪	永安	沙县	建瓯	建阳	松溪
	t‘aŋ	t‘aŋ	t‘aŋ	t‘ɤŋ	t‘aŋ	t‘ɔuŋ	t‘ɔŋ	hoŋ	t‘oŋ

从表上可以看到，在闽方言中，与知三章组字中本为一类的澄母字（虫、重等）非但没有另类别居的迹像，反而与东韵一等字（动、铜等）表现出了相同的演变旨趣，而后者在《韵会》与《字韵》中是与庄组字（如崇）还有知三章组字（不含澄母）同韵的，其韵母八思巴字拼作 ꡟꡃ。而三等澄母字“虫、重”在《字韵》中与“弓”等同韵，韵母拼作 ꡦꡟꡃ。由此看来，若据闽音，不大可能出现澄母字（虫、重等）脱离知三章组字别为一韵，庄组崇母字并入与知三章组同韵母的现象。那该如何看待这种现象呢？下面看一下方家对相关问题的看法。杨耐思先生曾对八思巴字“知、章、庄、日”等母的声、韵配合关系进行了深入研究（杨耐思 1984。又收入杨耐思 1997，页 75—86）。先看下表（据杨耐思 1984a。又收入杨耐思 1997，页 79—80）：

声／韵	dž			tš‘			tš			š2		š1		ž
	知	章	庄	彻	昌	初	澄	船	崇	书	生	常	俟	日
uŋ 东三、钟	中	钟		忡	充				崇	春		鳙		
ėuŋ 东三、钟							虫							戎
iŋ 清开、蒸开	贞	征		柽	称		呈	乘		声		成		仍
hiŋ 庚二开、耕开	丁		争	瞠		琤	橙				生			
aŋ 阳开	张	章		伥	昌		长			商		常		穰
ṷaŋ 江	桩					窗	幢		淙		双			
haŋ 阳开			庄			创			床		霜			
i 支开、脂开、之、祭开、职开、质开、缉、昔开、齐开	知	支		絺	眵		驰	实		施		时		儿
hi 支开、脂开、之、栉开、缉			菑			差					师		俟	
ue 支合、脂合、祭合	追	锥			吹		锤			水		垂		蕤
u 鱼、虞、屋三、质合			阻			初			锄		疏			
ėu 鱼、虞、屋三、烛、质合	猪	诸		楮	杵		除	纾		书		蜍		如
aj 皆开、佳开、陌开、麦开、咍开、夬开	摘		斋	坼		钗	宅		柴		洒			
ṷaj 支合、脂合、夬合、麦合						揣					衰			
hi̯aj 职开			侧			测			崱		色			
in 真开	珍	真		疹	瞋		陈	神		申		辰		仁
ėun 真合	屯	谆		椿	春			唇		舜		纯		犉
hin 臻开、真开			臻			衬				莘				
an 山开、删开、仙开			醆			刬	绽		潺	删				
ṷan 删合、仙合			跧			篡			撰					
en 仙开	邅						缠					禅		然
ėn 仙开	展	旃		蒇	阐					羶				
ṷėn 仙合	转	专			穿		传	船				遄		堧
aw 肴	嘲		爪			抄	棹		巢		稍			
ew 宵、药开	朝	昭			弨		晁			烧		韶		饶
ėw 宵、药开				超										
ṷaw 觉	涿		捉	逴		娖	浊		浞		朔			
iw 尤	肘	周		抽	臭		俦			收		酬		柔
hiw 尤			邹			搊			愁		搜			
am 咸、衔	站		斩			搀	湛		谗		杉			

续表

声 韵	dž 知	 章	 庄	tš' 彻	 昌	 初	tš 澄	 船	 崇	š2 书	 生	š1 常	 俟	ž 日
em 盐	沾	詹		觇	襜					陕		蟾		染
im 侵	砧	针		琛	瞫		沉	葚		深		甚		任
him 侵			簪			谶			岑		森			
ė 麻三开、薛开、叶	哲	遮		撤	车					奢				惹
ụa 麻二合、薛合	挝		茁								刷			
ụė 薛合	辍	拙			歠					说		啜		爇
e 麻三开、叶												社		
a 麻二开、黠开						察			查		沙			

从表上可以看到，“知三章、彻三昌、澄三船、书、常、日”为一类，“知二庄、彻二初、澄二崇、生、俟”为一类，二类互补，在一个韵母里面，出现了这一类，就不出现那一类，只在 uŋ 中出现了例外（杨耐思 1984a。又收入杨耐思 1997，页 81）。具体说来就是庄组崇母字拼作 [illegible]，与知、章组字韵母相同，后者拼作 [illegible]。但我们会发现，尽管庄组的崇母与知章组确实与同一韵母 uŋ 相拼了，但两组声母字并没有真正出现在同一个小韵中，即没有出现绝对的同音字。因为知章组中澄母去与 ėuŋ 韵母相拼了，这就避免了崇、澄冲突。而庄组声母在一东韵部中（含《广韵》东、冬、钟三韵）又仅仅出现了一个崇母，其他声母如庄、初等都根本没有出现，这样就保证了每一个小韵中都不会同时出现这二类声母的字。

基于以上分析，我们可以这样说，杨耐思所谈的“知三章”与“知二庄”在韵母拼合上表现出的对立互补关系（杨耐思 1984a。又收入杨耐思 1997，页 81）在《字韵》八思巴字的拼写系统中并没有被打破，反而是相当严格地被遵守着。我们认为这儿所谓庄组声母与知三章组的相混，并没有真的混并，尽管庄组的崇母与知章组确实与同一韵母 uŋ 相拼了，但两组声母字并没有真正出现在同一个小韵中，即没有出现绝对的同音字（因为澄母去与 ėuŋ 韵母相拼了）。但如上几表所示，这在南方方言中是找不到根据的。北方呢，《中原音韵》展示的是“崇重虫”合并同音的格局。所以我们推断《字韵》与《韵会》这种“崇”、“重”纠葛的格局是一种人为的现象。因为《蒙古字韵》的编者更重视韵书和韵图的分类（杨耐思 1997：页 81），也就是关心韵图排列的等第，所以“知三章”与“知二庄”一定要拼不同韵母的约定不容打破。这在我们转引杨耐思的研究结论中看得很清楚。

而这种区别更突出地表现在三等韵的庄组字与其他声母字在声韵拼合上的表现。全面考察《字韵》十五个韵部，有七个韵部即二庚、三阳、四支、六佳、七真、十一尤、十三侵是靠 ꡜ h 来区分两类，即庄组字拼冠 h 韵母（即韵母前加 ꡜ h。很多情况下庄组字正好与相应的一等韵字韵母相同了。可参张卫东 1983），三等其他声母字则拼不带 h 韵母（除 h 外二者韵母相同）。剩下的八个韵部：八寒、九先、十萧、十二覃、十五麻是靠韵母的不同来区别。一东在澄母字前加 ꡦ ė，五鱼则在知三章组字韵前加 ꡦ ė 来区别。十四歌无知庄章组字。我们将此列一表格如下（附列每韵部中相应一等韵韵母，以资比较）：

类别	以庄组冠 h 区别							以元音不同区别					知三章前加 ꡦ ė		无涉
韵部	四支	十三侵	七真	二庚	十一尤	六佳	三阳	十五麻	十二覃	八寒、九先	十萧	六佳	五鱼	一东	十四歌
庄组	hi	him	hin	hiŋ	hiw	hij	haŋ	a	am	an	aw	aj	u	uŋ	无
知三章组	i	im	in	iŋ	iw	无	aŋ	e	em	en ėn	ew ėw	无	ėu	ėuŋ	无
备注	精同庄													仅澄母	
一等韵母	无	无	hin	hiŋ	hiw	hij	aŋ	a	am	an	aw	aj	u	uŋ	o

如表所示，“知三章”与“知二庄”在与韵母拼合上是严格地对立互补的。同时，一东中的情形已如上文所说，并没有真正混并。“崇”“虫”不同韵，守住了假二与三等不同音的底线。如上文几表中方言材料所示，澄母“重虫”等字与“知三章”组字是同步发展的，韵母应保持一致，《韵会》与《字韵》的格局是人为造成的。这应该是由于庄组崇母字占用了这一八思巴字头 [Phags-pa]，澄母字因恪守假二与三等不同音的原则，便只好脱离了“知三章”的群体，退守到了 [Phags-pa] 韵中，拼作 [Phags-pa]。当然，退一步讲，或许除了这种做法，还有另外一条解决这一问题的途径，那就是专门为庄组崇母字这一音节设立一个韵母，比如拼作 [Phags-pa] huŋ。不过，为了一个音节就专门设立一个韵母，这样太不经济。再说，这与庄组字韵母总是与相应一等韵的韵母保持一致的通例也不合，如上表所示，除去缺少对比项的情况，其他的都是庄组与一等韵母相同，只有三阳部是个例外。但我们看一下

三阳部，它们后来的发展确实也显示了庄组与一等韵母可能存在的区别。如一等韵的“冈”韵母中古以降一直是 aŋ，而三等庄组字如“庄”后来却拼作了合口韵母 u̯aŋ，所以二者当时存在些微的区别是可能的。而一东韵部的情况与此不同，“终中”“崇”与“公”的韵母元代通语中已经趋同了，后来官话中的表现也都是如此，所以再为庄组“崇”设立一个韵母[八思巴字] huŋ 的话就与实际语音不相符了。这样看来，还是上面的办法比较可行，那就是让“重虫”等退到[八思巴字]韵中。

我们之所以这样看这个问题还有另一方面的根据。那就是八思巴字实际文献中“崇”、“重”的一些拼写形式更加让我们怀疑它们区别的真实性。看材料：

1. 重阳万寿宫授杨德荣圣旨碑，至正二十三年 1363，元惠宗，陕西户县。罗、蔡 2004，页 51 图版二十，18。奉元路大重阳万寿宫圣旨碑（第一截）。

该文献第 5 行第 1 字为“崇”，今将第 5 行录如下：

[八思巴字]（[八思巴字]）	[八思巴字]	[八思巴字]	[八思巴字]	[八思巴字]	[八思巴字]	[八思巴字]（[八思巴字]-）	[八思巴字]
5.1	5.2	5.3	5.4	5.5	5.6	5.7	5.8
崇	真	洞	和	真	人	住	持

[八思巴字]（[八思巴字]-）	[八思巴字]
5.9	5.10
陕	西

2. 阿难答秦王付李道谦令旨，至元二十年十一月日 1283，陕西户县。罗、蔡 2004，36 图版五左下部，无相应汉字对照，2。京兆路重阳万寿宫圣旨碑（第二三两截）。该文献第 4 行第 9 字为“重”，今将第 4 行录如下：

[八思巴字]	[八思巴字]	[八思巴字]	[八思巴字]	[八思巴字]	[八思巴字]（-[八思巴字]-）	[八思巴字]
4.1	4.2	4.3	4.4	4.5	4.6	4.7
四	川	道	教	提	点	兼

[八思巴字]	[八思巴字]（[八思巴字]）	[八思巴字]
4.8	4.9	4.10
领	重	阳

上面例证中的“崇”“重”正好倒了个个儿。“崇”拼作[八思巴字]（《字韵》作

ꡆꡟꡃ）多了ꡦ；“重”拼作ꡆꡟꡃ（《字韵》作ꡆꡦꡟꡃ），少了ꡦ。这提示我们这两个字的拼写差异或许并没有真正反映读音区别，所以拼写者才会出现这种拼写错误。

综上述，我们的分析结论是，“崇”“重”的拼写差异很可能是八思巴字拼写系统为了区分庄组声母与知三章组声母作出的人为区分，那《韵会》与此的归类一致应该可以看作是《韵会》照抄八思巴字拼写系统的一条证据。

二 精庄共韵，貌合神离

我们在《蒙古字韵》中看到四支韵部的ꡛꡞ韵中只包含精组和庄组两组声母，与《中原音韵》中的“支思韵”不同。与《字韵》格局相同的是《韵会》中的“赀”字母韵。刘晓南先生（2005）认为《韵会》“赀”字母韵的精庄合流反映的是与闽音相关的南系方言的特征，与《中原音韵》的支思独立性质不同。刘先生论证缜密，很有说服力。不过，我们感到疑惑的是，《韵会》为什么在整个语音系统中其他方面没有突出表现出与闽、粤语的一致性，独独在“赀”字母韵上依据南系方言分韵呢？那这样不就导致了整个体系标准的混乱吗？正是基于这个原因，所以我们还是主张不从闽音中寻找答案。那接下来就还得去分析与《韵会》一致的《蒙古字韵》。

如刚才所谈，《蒙古字韵》四支韵部的ꡛꡞ韵中只包含精组和庄组两组声母，设若《字韵》所依据的是北方官话，那这能否看作是支思韵的产生呢？这个问题不是一两句话就能说清楚的。因为学术界对舌尖元音的产生分歧很大。赵荫棠（1936：108）、董同龢（2001：197）、王力（1980：192；1985：258）、竺家宁（1986）、花登正宏（1986）、麦耘（2004）等认为宋元间甚或更早就产生了支思部即舌尖元音，但陆志韦（1946）、李思敬（1994）、蒋冀骋（1997）、金有景（1998）等对此持怀疑态度，认为支思韵的产生不会那么早。其实刘晓南先生也不主张将舌尖元音的产生时代定得太早（见刘晓南 2002），所以在探讨《韵会》赀字母韵时他独辟蹊径从南系方言的角度去寻求解释。孙伯君先生（2009）则依据契丹小字的拼写及其与汉字的搭配关系，得出结论说辽代北方汉语中止摄精组字即“资思韵”已完全独立，读为舌尖前元音［ɿ］，而庄章组字即“支师韵”还没有完全变成舌尖后元音［ʅ］。我们认为孙先生的看法值得重视，为支思韵怀疑论者提供了新的证据，即不能将支思韵完全产生的时代定的太早。我们以孙先生结论为依托，认为《蒙古字韵》ꡂꡦ韵中精组字韵母确实与止摄其他声母字有了明显区别，所以别为一韵。那庄组字该如何解释呢？如表二十所示，庄组字之所以从知三章组字中分化出来，其中一个重要原因就是要满足“知三章”与“知二庄”两组声母一定要拼不同韵母的需求。质言之，这里的精庄共韵不能为庄组字是否演变成了所谓的支思韵提供准确信息，因为按八思巴字的拼写系统（参表二十），即使其韵母尚未演变为舌尖前元音，在八思巴字系统中因要遵守“知三章”与“知二庄”要拼不同韵母的原则，庄组仍然要拼作ꡂꡦ韵；如果其元音变成了［ʅ］，那当然要拼作ꡂꡦ韵，因为这样既满足了声母方面的要求，也与韵母的变化正相符合。当然，这只是一种假设。到底庄组字有没有向支思韵迈进，其读音只能从所拼写的语言即元代汉语本身的语音系统去了解（杨耐思 1997，页 179）。

第三章 《蒙古字韵》韵母系统研究

第一节 从拼写形式的变化看韵母译写

不同语言之间在相互对应时，由于没有完全对等的语音成分，经常会出现以相近的音素来进行对应的情形。以《蒙古字韵》为主的八思巴字译写汉语的材料中就有不少八思巴字标音与元代汉语实际音值[①]不一致的现象，如八思巴字多以 ė（或 e）音代汉语中的 ia（iɛ）复合元音，部分以 o 音代汉语中的 uɑ 音。看以下韵部：

十五麻	十二覃	八寒、九先	十萧	三阳
ia	iam	ian	iaw	iang
ua	uam	uan	uaw	uang

据《蒙古字韵》来看，第一行中的 ia（iɛ）复合元音基本上都是用八思巴字 ė（或 e）音来译写（只有十二覃中的几个字例外），与之看似平行的 ua 也有以 o 来译写的情形（说详后）。

为了弄清八思巴字给汉字标音的准确性，我们将对不同时期八思巴字[②]拼写汉语的情形作一较为全面的考察，包括八思巴字推行之前的回鹘式蒙古文中汉语词的转写情况。并将之与系统译写时期的《蒙古字韵》相比较，看一下其中的演变

① 元代汉语音系据杨耐思《中原音韵音系》。

② 为便于称说，《蒙古字韵》简称“《字韵》”。感觉有必要时则用全称。

轨迹，以期从中发现一点蛛丝马迹，从而对元代汉语语音系统的研究起到很好的参证作用。

在分析之前，我们先说一下材料的处理。先看下表：

1. 松散对应时期
- 1.1 前对应时期——回鹘式蒙古文中汉语词的拼写
- 1.2 初步对应时期——八思巴字蒙古语文献（约 1280 年前）中汉语词的拼写

（前《字韵》时期）

2. 系统对应时期——
- 2.1 八思巴字蒙古语文献（约 1280 年后）中汉语词的拼写
- 2.2《蒙古字韵》
- 2.3 八思巴字汉语文献（碑刻及《百家姓》等）

（《字韵》时期）

我们将回鹘式蒙古文中汉语词的拼写作为前对应时期的代表（这是就拼写表现所做的对应，实际上，很多回鹘式蒙古文文献产生于八思巴字推行之后。但其拼写规则却是沿袭了八思巴字推行之前的回鹘式蒙古文文献），而把八思巴字蒙古语文献从整体上分为两部分，第一部分代表松散对应时期的初步对应阶段，第二部分则归于系统对应时期，其分立的依据是几个显著特征的区别（最明显的是“先”字拼写由 sen 变 sėn，说详后材料部分）。将《蒙古字韵》作为系统对应时期的核心材料，八思巴字汉语材料则作为与《字韵》互相参证的该期重要的系统材料。看材料[①]及对材料的整理分析（限于篇幅，材料及分析以举例展示）：

表一　前对应时期——回鹘式蒙古文中汉语词的拼写

对比项＼表现	以 i 代 iɛ（“先”类字元音表示）	以 e 代 iɛ	以 a（或 ia）代 iɛ	以 u 代 iu	以 e 代 ia（“姜”类字元音表示）	“观”类字元音表示	以 o 代 ua（“皇”、“王”类字元音表示）	以 o/ü 代 iuɛ（“元”类字元音表示）	h 尚未用来标志元音性质（“生”类字元音表示）

① 材料的主要来源为道布《道布文集》（2005），照那斯图《八思巴字和蒙古语文献 II 文献汇集》（1991），罗常培、蔡美彪编著《八思巴字与元代汉语》增订本（2004），呼格吉勒图、萨如拉编著《八思巴字蒙古语文献汇编》（2004）。

续表

《只必帖木儿大王令旨》1277	先(~生)sing 县(肥乡~)kin①	点(提~)dem	(演 yan)		乡(肥~县)qeng②		王 ong	长春 čun	生(先~)sing

(注:表中“以~代~”指的是回鹘式蒙古文中用什么语音符号对应元代汉语中的什么语音。另,元代汉语语音系统采用杨耐思《中原音韵音系》页 44 的韵母表拟音)

表二 初步对应时期(前《字韵》时期)——八思巴字蒙古语文献(约 1280 年前)中汉语词的拼写

对比项 / 表现	方头 ė 代表复元音 iɛ(“先”类字元音表示)	e 所属字是否合乎《字韵》	ė 是否直接参与组合复元音	“姜”类字元音表示	“观”类字元音表示	“皇”类字元音表示	“元”类字元音表示	h 标志元音性质	贤、川等字标音是否合乎《字韵》
《安西王忙哥剌鼠年令旨》1276	否(“先”字用 e)	尧 yew // 先 sen③		 // 姜 gi̯ang	 // 观 guėn	皇 ɣong 王 u̯aŋ		生 3 (先~) šhing	

表三 全面系统对应时期 1——八思巴字蒙古语文献(约 1280 年后)中汉语词的拼写

《普颜笃皇帝牛年圣旨》1313	先 sėn	严 ŋem 店 dem 典 den 禅 šen	吉 gėi	祥 zėng 解 gi̯aj // 祥 zi̯ang				生(先~) šhing 德 dhij 寺 shi	

① “县”字《蒙古字韵》标音为 hu̯ėn,《中原音韵音系》标音为 xiɛn。今从后者。

② 道布注:用 e 表示相当于 ia 的韵腹。(道布 1998/2005:291)近承中国社会科学院民族学与人类学研究所研究员乌兰教授示知,此处转写或可商榷,蒙古国特木尔陶高先生就转写为 qang。

③ 置于“//”后的例字为与《蒙古字韵》拼写有异的。下同。

续表

《普颜笃皇帝虎年圣旨》(1)1314	先 sėn 坚 gėn // 辩 bėn	演 yen 典 den 店 dem // 显 hen	吉 gėi	解 gi̯aj // 讲 2 gi̯ang 祥 zi̯ang			元 yu̯ėn 诠 tsʻu̯ėn	生(先~)šhing 寺 shi	

表四　系统对应时期 3——八思巴字汉语文献(碑刻及《百家姓》等)

《孔子庙学圣旨碑》(1294)		庙 mew、照 čew	// 行 hi̯ing	家 gė(头稍圆)// 下 hi̯a 学 hi̯aw 校 hi̯aw		皇 ɣong 官 gon			

下面我们将整理的材料用一简表的形式展示出来：

	1. 松散对应时期(前《字韵》时期)		2. 系统对应时期(《字韵》时期)		
	1.1 前对应时期——回鹘式蒙古文中汉语词的拼写	1.2 初步对应时期——八思巴字蒙古语文献(约 1280 年前)中汉语词的拼写	2.1 八思巴字蒙古语文献(约 1280 年后)中汉语词的拼写	2.2《蒙古字韵》	2.3 八思巴字汉语文献(碑刻及《百家姓》等)
总体特点	以单代双(即用单元音来记写汉语中的双元音)	以双记双(即用双元音来记写汉语中的双元音)	有双归单(即又重新出现以单元音来记写汉语中的双元音的现象)	i̯- 单 u̯- 双(即 i̯a 多用单元音来记写，而 u̯a 则多以双元音记写)	单双并行(即 i̯a、u̯a 既有用单元音记写的，也有以双元音记写的)
相关参项		e 承前用 ė 始通行	ė、e 并用，始混终清，uė 定形[①]	i̯a 变单，ė、e 定格	i̯a 异写，ė 近似 i̯

① 指“川”等后来演变成撮口呼的字，开始在八思巴字蒙古语文献中标为 ėon，后来统一为 u̯ėn 的情形。

续表

具体表现	开口	先（～生）sing 店 dem 典 'den 乡（肥～县） qeng	先 sen/sėn 谦 k'ėm // 店 dėm 姜 gi̯ang	先 sėn 典 den 讲 gėng // 讲 gi̯ang	江 gėng 迦 ge/ 结 gė / 家 gė（圆头） 骄 gew/ 浇 gėw/ 交 gėw	加 gė, gi̯a? // 加 gi̯a 皆 gėj
	合口	王 ong 元 on 观 on	王 u̯ang 原 u̯ėn； 川 ėon 观 u̯ėn/on	王 u̯ang 泉 u̯ėn 观 on/ u̯an	王 u̯ang 元 u̯ėn 观 on	王 u̯ang 元 u̯ėn 观 on

从上表可以看出，从上表可以看出，在 1.1 前对应时期即回鹘式蒙古文的汉语词的拼写中，元音基本是“以单代双”。不过，由该期的特点所决定，尽管表中所举例字其韵母的元音部分都表现为单元音，但其真实读音基本上都不是单元音，我们可以一例来说明。道布在《只必帖木儿大王令旨》（1277 年）中在“乡（肥～县）qeng”后注：“用 e 表示相当于 ia 的韵腹。”（道布 1998/2005：291）同文“王 ong”后注：“碑额上‘王’字的拼法与当时的汉文读音不大一样。‘王’字在《蒙古字韵》里是读’u̯aŋ 的，在八思巴文献中，‘王’字也拼作’u̯aŋ，而在回鹘式蒙古文文献中，‘王’字常拼作 ong，如《张氏先茔碑》、《云南王藏经碑》、《西宁王神道碑》。”与此相一致，《云南王藏经碑》（1340）中“王”字亦作“王（云南～）ong”，道布注：“在八思巴文献中，‘王’字拼作 ’wang，而在元代汉蒙对照文献中，‘王’字常拼作 ong，二者不同。其他回鹘式蒙古文亦然。”（道布 1981/2005）由“王、乡”等大家一般没有异议的字的标音情形可以看出，将这一时期字的标音作为其元代读音的真实反映是靠不住的。另外，元音“以单代双”的做法在后来的《蒙古字韵》中也表现得非常突出。到底是什么原因促成了这一现象呢？

我们认为，之所以会出现这种情况，主要有以下几方面的原因：

A. 听感的民族差异

操不同语言的异族人对 ia 的感知与汉族人不同，如一些美国人就认为“干”“奸”的主要元音有很大的不同（薛凤声《汉语音韵史十讲》第 103 页），那我们用严式标音标作 iɛ 可能就与外族人的听感相一致了，或许元代的非汉族人使用八思巴字时常以 e 代 ia 就有这种因素在内。再者，元代中世纪蒙古语中也没有 ia、iɛ 这样的元音组合形式（照那斯图 2007），所以以 e 代 ia 既是蒙古人听感上的音近相代，也是音译时无相应对当单位而被迫采取的变通手段。由《蒙古字韵》多以 e 代 ia 可以看出其蒙式汉语倾向，而百家姓及元代碑刻等材料可能由于汉人的参与较多，所以以 e 代 ia 的情况明显减少。

B. 文字的包容能力

从文字体系上说，八思巴字拼写含 a 复合元音有着先天不足。因为，在八思巴字及其所从出的梵文与藏文中，零形式 a 都是无标记成分，它与有一定符号标志的其他元音是对立互补的关系；这种关系也就决定了包含 a 在内的复合元音组合的不可能性。八思巴字拼写蒙古语时尽管出现了其他元音相互组合而成的复合元音，但却无法表达包含 a 的元音组合，八思巴字蒙古语材料中当后一音节为 yi 或为辅音 ·ㄓ 后加元音时，多与前音节连写（照那斯图 1983，2004），这反映了蒙古语某些复元音或长元音的形成[①]，如 Gayi 可能就标志着 ai 的形成，但为文字体系（特别是零形式 a 的特殊表示法）所拘制，含 a 的复合元音无法直接组合。而在拼写蒙古语时违背回鹘式蒙古文以词为书写单位的传统而改为按音节分写，究其原因，也是由 a 引起。八思巴字系统在译写汉语时被迫采取了一种变通的办法，那就是将汉语复合元音韵母中的介音与元音韵尾都用八思巴字或说藏文中的辅音字母来译写，这就是原本不能拼写含 a 复合元音的八思巴字文字体系在面对汉语的挑战时所采取的策略。不过，从《蒙古字韵》的拼写情形我们可以看出，这一变通手段的使用频率还是比较低的。即这些八思巴字的使用者还是习惯于让这种文字体系维持其早期运用于梵语、蒙古语的拼写时所形成的传统做法。所以在拼写时尽量少出现含 a 复合元音似乎就成了一种不自觉的追求。与此相关的就是：汉语中的 ia（iɛ）多用八思巴字 ė（或 e）音来译写，ua 有的以 o 来译写。看下图：

---

① 参照那斯图《八思巴字中的零声母符号》，载照那斯图《八思巴字和蒙古语文献》，日本东京外国语大学亚非言语文化研究所 1990（《研究文集》）、1991（《文献汇集》）。

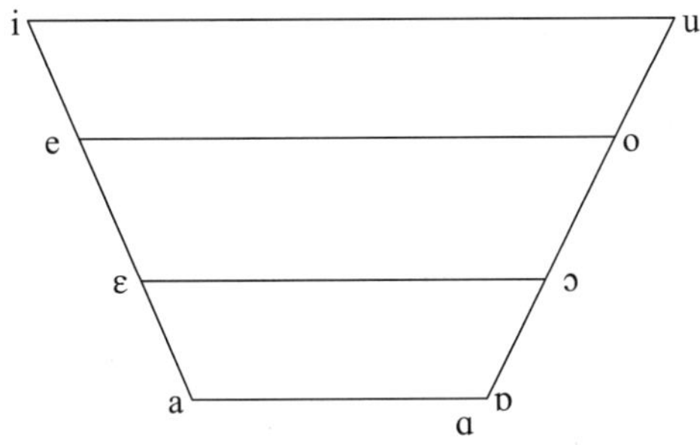

很明显，前元音中 1 号元音 i 与低元音 a 组合而成的复合元音 ia 由 2 号元音 e（暂不区分 ė 与 e）来代写，那后元音中的 1 号元音 u 与低元音 a 组成的复合元音 ua 由 2 号元音 o 来代写，就是顺理成章的了，而且二者正好是平行关系。但后者却出现的很少。原因见 1。

再看 1.2 初步对应时期——八思巴字蒙古语文献（约 1280 年前）中汉语词的拼写情况。我们总结的该期的特点是"以双记双"。这是就总的趋势而言的，就真实情况而论，与元音单双纠葛有关的可分为两类：一类是"先""店"等代表的，它们在 1.1 前对应时期以 i 或 e 来记写其复合元音 iε（权且以此记之，不作细致区分），在本期则继续以单元音来记写，只是符号有所改变，不再用 i，而是用 e 或新采用的 ė，而且这一做法一直贯串于八思巴字拼写汉语的整个过程中，每个时期都是如此。如果要问"先"类字为何在八思巴字体系中不以复合元音的面貌呈现出来，我们认为这与八思巴字蒙古语的拼写及八思巴字所从出的藏文的拼写规则有着密不可分的关系，因为这二者中都没有出现这种组合，而八思巴字汉语系统对两个元音不能在同一音节中共现这一原则是一直恪守，不敢越雷池一步的，如果说在 ue 的元音组合上有所突破，那也是承继了八思巴字蒙古语系统的做法，绝不是自我作古（这一点笔者将另以专文讨论，此不赘）。再一类就是"姜"、"王"等字韵母元音的表示法，我们知道，在 1.1 前对应时期该类字是"用 e 表示相当于 ia 的韵腹"（如"乡"字）、用 o 表示复合元音 u̯a（如"王"字）。而在本时期，这些拼写则全都由单返双了。

由单返双的原因，我们认为主要有这二点：1. 语音学原则的内在要求——对记写汉字语音精确性的要求；2. 符号记录的可行性——对藏文辅音符号 j、w 的创造性使用。

我们知道，元代汉语中有藏文所无的复合元音，这似乎是向译写一切语言的八思巴字提出了挑战。我们知道，八思巴字由于承袭了藏文的传统，所以其核心问题是为无标记零形式 a 分布环境的形式化铺设道路。即要使人能对 a 的有无做出准确的判断：没 a 的不要误认为有 a，有 a 的不要误认为没有。首先看齐微韵的 i，皆来韵的 ai 和家麻韵的 i̯a。首先，笼统地说，因为 a 为零形式，所以三者书面上有可能出现相同的形式，即一个相同的 i。但实际上，ai 和 i̯a 藏文与八思巴字都很难表达出来。八思巴字汉语系统采取的具体做法是：i 依然是 i，ai 中的 i 则用辅音 j 来译写，i̯a 中 i̯ 若再用 j 来译写，那 ai、i̯a 就又混同了，都是同一个 j，于是乎，i̯a 中的 i̯ 又采取了另一个策略，用藏文中 j 作下加字时的变形字符来表示，二者形异实同，但总算找到了一个据以区分 ai、i̯a 的途径。而且这种译写简直可以说是对藏文字母的一种创造性使用，j 作下加字时的变形字符表示 i̯a 中的 i̯，这同时也对它在音节中的位置进行了标志，藏文的下加字就处在元音前，辅音（基字代表的辅音）后，而这又正好是汉语介音的位置，若合符契。ai 中的 i 用辅音 j 来译写，则是对藏文体系的突破，因为藏文中辅音 j、w 都不能置于元音后，即不能处在后加字位置上做韵尾（江荻 2002：页 2—5），这儿八思巴字冲破了这种限制；而且与下加字变形字符指示元音前的位置相对，j 处在音节的非起首位置指示的是元音后的位置（j 处在音节的起首位置时有 ja 等拼写形式，则位于元音前）。u 的情况准此。

由以上分析我们可以看出，为了更好地贯彻语音学原则，达到记音准确的目的，八思巴字汉语系统的确将梵藏一系字母的作用发挥到了极致。反过来，由于八思巴字汉语系统创造性地运用和发展了属于梵藏文字系统的八思巴字（以期记音更为准确），这就使汉语复合元音的充分描写成为可能，可以使得含复合元音的汉字（为表述上的方便，暂不作语言、文字名称上的区分）由音近替代的单元音记写形式还原为记音比较准确的双元音记写，从而也就克服了 1.1 前对应时期即回鹘式蒙古文的汉语词的拼写中无法拼写复合元音的缺陷，可以看作是对上一时期的一种反动。

下面再来看一下 2、系统对应时期（《字韵》时期）的情况。我们看到，该期比较突出的特点是：u̯a 基本上保持双元音的拼写（如“王”等字），i̯a 则基本上由单元音 ė 来代替（如“姜”“家”等字），这在《蒙古字韵》中表现得尤其突出，不过，在其他八思巴字汉语文献如碑刻及《百家姓》中则倾向于将 i̯a 拼写为复合元音（即介音 i̯ 加无标记零形式 a）。

我们认为，以单代双是当时蒙古语缺少汉语中所具有的复合元音的真实写照。据照那斯图先生（2007）研究，八思巴字蒙古语系统中没有 i̯a 复合元音，u̯a 不多见，且要在 u 后直接连写字母“·”表示。正因蒙古语系统很难容纳这样的元音组合，所以回鹘式蒙古文中采取了以单代双的策略。这可以看作是削元代汉语语音之足来适中世蒙古语之履，或者说是汉语词的蒙古语式读法，也就是经过了蒙古语音系改造的汉语词音。那以双记双则是吸取并发展了藏文拼写的一些长处后尽量照顾汉语读音的准确记写的一种进步做法。以《蒙古字韵》为代表的系统对应时期却又走了回头路，以 e 代 ia，这是一种不顾汉语读音而一味迁就蒙古语的做法，其原因应该主要是由于《字韵》的纂修者对 i̯ 介音的排斥，也许可以反映出官方在一定程度上对这种以单代双蒙式读音的认可。因为《字韵》一书中基本找不到 i̯ 介音的使用，只有十二覃的缄小韵系用到了复合元音 i̯a 的拼合。但《字韵》之外的其他八思巴字汉语材料却始终没有完全统一到《字韵》的规范之下，复合元音 i̯a 经常出现介音 i̯ 加无标记零形式 a 的拼写形式。

这里我们不禁要问，为什么 i̯a 总是要由单元音 ė 来代替，而 u̯a（如“王”等字）则基本上保持双元音的拼写呢？我们认为，这是由元代汉语的语音系统本身与八思巴字系统的容纳能力所决定的。先看一下与 u̯a 相关的几个韵系：

光 u̯ang	关 u̯an	瓜 u̯a	乖 u̯aj	郭 u̯aw
（皇 ong）	岏 on	歌 o		浮 ow

我们可以看到，如果遵从迁就蒙古语的习惯以单代双，那就会引起汉语内不同韵类之间的混淆，最明显的是“关 u̯an”与“岏 on”，“瓜 u̯a”与“歌 o”这两对韵系之间的纠葛，大家知道，它们自《切韵》至《中原音韵》时代主要元音都是不相同的，如果将二者的界限抹杀，这是汉语的语音系统所不能接受的。尽管

有的韵系没有对立面，不会引起混乱，但这样做却会打破韵类拼写上的整齐性，即同样的语音组合出现不同的拼写形式，这不符合语言系统性的要求。再者，这种明确彼疆尔界，单记单、双记双的做法，又正好契合了汉语记音力求准确的内在要求，应该会受到汉族知识分子的欢迎（这从八思巴字汉语碑刻中 i̯a 经常出现双拼形式就可以看出来）。

综上述，八思巴字连同其以前的回鹘式蒙古文，这些本属于其他民族语言的文字，在译写汉语时都不是每个音素完全对等地去对应译写，而是经常会有一些用相近语音成分来替代的现象发生。这种情形也就决定了八思巴字材料的标音不会是百分之百的准确，不可能是百分之百地反映实际语音。正如杨耐思先生在《中原音韵音系》中（1981：33）所说："拟音方面。《蒙古字韵》的八思巴字对音字头是最好的参证材料。不过八思巴字的字母是为转写'一切文字'而创制的。由于当时的各种语言在语音上分歧很大，一种文字的字母不可能对所有语言都反映的那么准确。……因而采用八思巴字对音为《中原音韵》订音，就必须进行具体分析"。杨先生在《八思巴字汉语音系拟测》（载《近代汉语音论》176—180 页）再一次指出："根据上述八思巴字字母表的特殊性，字母的读音也有不同一般的特点。除了专为译写某种民族语言而新增的字母应该根据该民族语言的音系来定它们的读音外，译写各民族语言共用的字母，它们的读音都不能视为一成不变，而应该分别从各民族语言的音系去了解，就是说，那些译写各民族语言共用的字母，它们的读音只能从所拼写的该语言本身的音系去了解。译写汉语的属于原字母表上字母的读音只能从元代汉语音系去了解，去拟测，用于拼写别种语言的读音只能起到参证作用。"（杨耐思 1997）可见，八思巴字标音应该重视，却又不能不加分析完全信从。

第二节 《蒙古字韵》声韵格局论析

杨耐思先生曾经谈到，《蒙古字韵》的编者更重视韵书和韵图的分类（1984a。又见杨耐思 1997：页 81）。说到重视韵图，实际上就是关心韵图排列的等第（而非仅指按韵母标准分出的等第），如喻母三、四等区分。同时，我们也都注意到，因发音部位的不同，各组声母在韵母分合上会有不同的表现。如牙喉音严别四等，但舌齿唇音则以混并居多，不过，舌齿音中的知二庄、知三章则又绝不相混，其间的分合关系值得深入研究一番。为了更好地弄清这一问题，下面我们就来全面考察一下《蒙古字韵》的声韵配合关系。

《蒙古字韵》声韵配合表：

表例：本表按《韵镜》等韵图方式制图，但为了方便说明问题，四等中必要时标出假二等。其次，表中一般不列韵字，须重点讨论的，则列出部分八思巴字字头的拼写形式及代表韵字，本位有字时，写出其声母。如“非”母列于图上，就代表三等非母处有字。第三，若中古某声母字在《蒙古字韵》中用他声母来译写，在图上则将该声母用“[ ]”括出，其下写出用以代它的声母。如“[疑]”下有“喻”表示《字韵》中该音节中的“疑”母译写作“喻”母。

一东：

ꡟꡃ韵：

半齿 半舌 音　音	喉 音	齿 音	牙 音	舌 音	唇 音	
来	匣晓影	心从清精	溪见	泥定透端	明並　帮	一等
		崇				
		禅书　昌章		娘　彻知	微奉敷非	三等

ꡞꡟꡃ韵：

半齿 半舌 音　音	喉 音	齿 音	牙 音	舌 音	唇 音	
日　来	[喻三]　晓影 鱼		[疑]群溪见 鱼	澄		三等
	[喻四]　[影] 喻　幺	邪心从清精				假四

二庚：

[illegible]韵：

半齿音 半舌音	喉音	齿音	牙音	舌音	唇音	
	匣					
	［影］幺					
日　来	影	禅书船昌章	疑群溪见	澄彻知	明並滂帮	三等
	［喻四］［影］	邪心从清精			（明並滂帮）	假四
（来）	喻　幺	（心　清）		泥定透端	（明並滂帮）	四等

[illegible]韵：

半齿音 半舌音	喉音	齿音	牙音	舌音	唇音	
来		心从　精	溪见	泥定　端	明並滂帮	一等
		生崇初庄		澄彻知	（明並滂帮）	二等

[illegible]韵：

半齿音 半舌音	喉音	齿音	牙音	舌音	唇音	
			群溪见			假四
	匣晓		见			四等

（匣母混入东韵“雄、熊”二字，俟后专门讨论）

[illegible]韵：

半齿音 半舌音	喉音	齿音	牙音	舌音	唇音	
	晓		（溪见）			二等
	晓					三等
			溪见			假四
	晓		溪见			四等

庚韵三等合口"兄"字《蒙古字韵》写本亦拼作[八思巴字]韵母，俟后再讨论。

[八思巴字]、[八思巴字]二韵各仅一字头，暂不讨论。

三阳：

[八思巴字]韵：

半齿 半舌 音 音	喉 音	齿 音	牙 音	舌 音	唇 音	
来	匣 影	心从清精	疑 溪见	泥定透端	明並滂帮	一等
					（明並滂帮）	二等
日		禅书船昌章		娘澄彻知	微奉敷非	三等
	［喻四］ 喻					

[八思巴字]韵：

半齿 半舌 音 音	喉 音	齿 音	牙 音	舌 音	唇 音	
	匣晓		溪见			
来	匣晓影		疑群溪见			三等
		邪心从清精				

[八思巴字]韵：

半齿 半舌 音 音	喉 音	齿 音	牙 音	舌 音	唇 音	
	晓影		溪见			一等
来		生崇初		澄 知		二等
	［喻三］ 影 鱼		群溪见			三等

[八思巴字]韵：

半齿 半舌 音 音	喉 音	齿 音	牙 音	舌 音	唇 音	
		生崇初庄				
						三等

ꡗꡃ、ꡝꡟꡃ 二韵仅各有一字头，暂不讨论。

四支：

ꡞ 韵：

半齿音 半舌音	喉音	齿音	牙音	舌音	唇音	
日　来	［喻三］晓影疑	禅书船昌章	疑群溪见	娘澄彻知	微奉敷非	三等
	［喻四］晓［影］喻　幺		［疑］喻		明並滂帮	假四
	［影］幺	邪心从清精	［疑］喻	泥定透端	明並滂帮	四等

ꡜꡞ 韵：

半齿音 半舌音	喉音	齿音	牙音	舌音	唇音	
		生崇初庄				
						三等
		邪心从清精				

ꡦꡞ 韵：

半齿音 半舌音	喉音	齿音	牙音	舌音	唇音	
	晓[1]		群溪见			重四
	匣晓		群溪见			四等

① 该位列脂韵重纽四等晓母“屎”字。但《字韵》写本将该字入匣母字头下，宁忌浮《古今韵会举要及相关韵书》（页 225）正之，今从宁氏。

ꡡꡦ韵：

半齿音	半舌音	喉音	齿音	牙音	舌音	唇音	
	来	匣晓影	心从清精	［疑］群溪见鱼	泥定透端	明並滂帮	一等
日	来	［喻三］影鱼	禅书船昌章	［疑］ 群溪见鱼	娘澄彻知	明並滂帮	三等
			邪心从清精				

ꡗꡡꡦ韵：

半齿音	半舌音	喉音	齿音	牙音	舌音	唇音	
		晓[①]		群溪见			假四
		晓		溪见			四等

ꡠꡦ韵仅“ꡙꡠꡦ”、“ꡜꡠꡦ”2字头，暂不讨论。

五鱼：

ꡟ韵：

半齿音	半舌音	喉音	齿音	牙音	舌音	唇音	
	来	匣晓影	心从清精	溪见	泥定透端	明並滂帮	一等
			生崇初庄				
						微奉敷非	三等

① 此处尚有“麾”一小韵系，该字头《字韵》写本声母作s，当为晓母h。如此则又与“隳”小韵重。《韵会》此独立为“麾”字母韵。讨论见《校本》p166。我们暂依《韵会》。因其仅辖一字头，故暂不讨论。

ꡞꡟ韵：

半齿 半舌 音　音	喉 音	齿 音	牙 音	舌 音	唇 音	
日　来	［喻三］晓影 鱼	禅书船昌章	［疑］群溪见 鱼	娘澄彻知		三等
	［喻四］ 喻	邪心从清精				假四

ꡠꡟ仅 1 字头暂不讨论。

六佳：

ꡞ韵：

半齿 半舌 音　音	喉 音	齿 音	牙 音	舌 音	唇 音	
来	匣晓影	心从清精	疑　溪见	泥定透端		一等
	［影］ 幺	生崇初庄	［疑］ 喻	澄彻知	明並滂帮	二等

ꡗꡞ韵：

半齿 半舌 音　音	喉 音	齿 音	牙 音	舌 音	唇 音	
	匣晓影	初	［疑］溪见 鱼			二等
		生　初				假二
						三等

ꡧꡞ韵：

半齿 半舌 音　音	喉 音	齿 音	牙 音	舌 音	唇 音	
	匣晓		溪见			二等

[illegible] 韵：

半齿音 半舌音	喉音	齿音	牙音	舌音	唇音	
来		心从 精	溪	定透端		一等
		生崇初庄				假二
						三等

[illegible] 韵：

半齿音 半舌音	喉音	齿音	牙音	舌音	唇音	
	匣晓					一等

七真：

[illegible] 韵：

半齿音 半舌音	**喉音**	**齿音**	**牙音**	**舌音**	**唇音**	
	匣					**一等**
日 来	**晓影**	**禅书船昌章**	**疑群 见**	［娘］**澄**彻知 泥	明並滂帮	**三等**
	［**喻四**］［影］ **喻** 幺	**邪心从清精**			明並滂帮	**假四**

[illegible] 韵：

半齿音 半舌音	喉音	齿音	牙音	舌音	唇音	
来	匣晓影	心从清精	溪见	泥定透端	明並滂帮	一等
					微奉敷非	三等

[illegible] 韵：

半齿 半舌 音 音	喉 音	齿 音	牙 音	舌 音	唇 音	
日 来	**晓**	**禅书船昌章**	**群溪见**	彻知		**三等**
	[喻四] 喻	**邪心 清精**				**假四**

[illegible] 韵：

半齿 半舌 音 音	喉 音	齿 音	牙 音	舌 音	唇 音	
	影		溪见	透		一等
		生 初庄				假二
						三等

[illegible]、[illegible]（仅“[illegible]”、“[illegible]”2字头）六韵

八寒：

[illegible] 韵：

半齿 半舌 音 音	喉 音	齿 音	牙 音	舌 音	唇 音	
来	匣晓影	心从清精	疑 溪见	泥定透端		一等
	[影] 幺	生崇初庄	[疑] 喻	[娘] 澄 泥	明並滂帮	二等
						假二
					微奉敷非	三等

[illegible] 韵：

半齿 半舌 音 音	喉 音	齿 音	牙 音	舌 音	唇 音	
来	匣晓影	心从清精	溪见	泥定透端	明並滂帮	一等

[八思巴字] 韵：

半齿音 半舌音	喉音	齿音	牙音	舌音	唇音	
	匣 影	崇初庄	［疑］ 见 鱼			二等

[八思巴字]（[八思巴字]-）韵：

半齿音 半舌音	喉音	齿音	牙音	舌音	唇音	
	匣		溪见			二等

[八思巴字] 仅“[八思巴字] 岏”1 字头故暂不讨论。

九先：

[八思巴字] 韵：

半齿音 半舌音	喉音	齿音	牙音	舌音	唇音	
日 来	［喻三］晓影 疑	禅	疑群溪见	澄 知		三等
	［喻四］ 喻	邪 从	溪		明並	假四
来		从	［疑］ 喻	泥定透端	明並	四等

[八思巴字] 韵：

半齿音 半舌音	喉音	齿音	牙音	舌音	唇音	

续表

半齿 半舌 音 音	喉 音	齿 音	牙 音	舌 音	唇 音	
	晓影	书 昌章		彻知		三等
		心 清精	溪见		滂帮	假四
	晓［影］ 幺	心 清精	溪见		滂帮	四等

[illegible] 韵：

半齿 半舌 音 音	喉 音	齿 音	牙 音	舌 音	唇 音	
日	［喻三］晓影 鱼	禅 船昌章	［疑］群 鱼	澄 知	明並滂帮	三等
	［喻四］［影］ 喻 幺	邪心从清精	见			假四
	匣晓［影］ 幺		溪见			四等

[illegible] 韵：

半齿 半舌 音 音	喉 音	齿 音	牙 音	舌 音	唇 音	
来			溪见			三等

[illegible] 韵仅“[illegible] 贤”1字头，故暂不讨论。

十萧：

[illegible]韵：

半齿 半舌 音 音	喉 音	齿 音	牙 音	舌 音	唇 音	
来	匣晓影	心从清精	疑 溪见	泥定透端	明並滂帮	一等
	［影］ 幺	生崇初庄	［疑］ 喻	（娘[1]）澄 知	明並滂帮	二等
					奉	三等

① 肴韵（举平以赅上去）娘母“铙挠闹”等字《蒙古字韵》中并入了一等泥母小韵系中。

[illegible]韵:

半齿音 半舌音	喉音	齿音	牙音	舌音	唇音	
日 来	［喻三］晓影 疑	禅书 昌章	疑群溪见	澄 知	明 帮	三等
	［喻四］ 喻				並 帮	假四
来			［疑］ 喻	定		四等

[illegible]韵:

半齿音 半舌音	喉音	齿音	牙音	舌音	唇音	
		昌		彻		三等
		心从清精	群溪		滂	假四
	匣晓［影］ 幺	心	溪见	泥 透端		四等

[illegible]韵:

半齿音 半舌音	喉音	齿音	牙音	舌音	唇音	
来	匣晓影		溪见			一等
		生崇初庄		［娘］澄彻知 泥		二等

[illegible]（[illegible]-）韵:

半齿音 半舌音	喉音	齿音	牙音	舌音	唇音	
	匣晓		溪见			二等

[八思巴字]韵：

半齿 半舌 音　音	喉 音	齿 音	牙 音	舌 音	唇 音	
	［喻三］影 鱼		溪见			三等

（[八思巴字] 韵只有[八思巴字] 一个字头，且只用于御宝上的“宝”字，故不计入）

十一尤：

[八思巴字]韵：

半齿 半舌 音　音	喉 音	齿 音	牙 音	舌 音	唇 音	
	匣晓					**一等**
日　来	［喻三］影 疑	**禅书　昌章**	**疑群溪见**	娘**澄**彻知		**三等**
	［喻四］ 喻	**邪心从清精**				**假四**
	［影］ 幺				明　帮	**四等**

[八思巴字]韵：

半齿 半舌 音　音	喉 音	齿 音	牙 音	舌 音	唇 音	
					明並滂帮	一等
					微　非	三等

[八思巴字]韵：

半齿 半舌 音　音	喉 音	齿 音	牙 音	舌 音	唇 音	
来	影	**心从清精**	疑　溪见	泥定透端		一等

续表

半齿 半舌 音 音	喉 音	齿 音	牙 音	舌 音	唇 音	
		生崇初庄				假二 三等

[illegible]韵：

半齿 半舌 音 音	喉 音	齿 音	牙 音	舌 音	唇 音	
	晓					三等
			群 见			四等

[illegible]韵仅“[illegible]浮”1字头，故暂不讨论。

十二覃：

[illegible]韵：

半齿 半舌 音 音	喉 音	齿 音	牙 音	舌 音	唇 音	
来	匣晓影	心从清精	溪见	泥定透端		一等
	［影］ 幺	生崇初庄	［疑］ 喻	［娘］ 泥		二等
					微奉敷	三等

[illegible]韵：

半齿 半舌 音 音	喉 音	齿 音	牙 音	舌 音	唇 音	
日 来	［喻三］晓影 喻	禅书 昌章	疑群溪见	娘 彻知	帮	三等
	［喻四］ 喻	心 清精				假四
		心 清精	（四等无疑母字）	泥定透端		四等

[illegible]韵：

半齿 半舌 音　音	喉 音	齿 音	牙 音	舌 音	唇 音	
						三等
	［影］ 幺	从				假四
			溪见			四等

[illegible]韵：

半齿 半舌 音　音	喉 音	齿 音	牙 音	舌 音	唇 音	
	匣晓		溪见			二等

[illegible]韵仅“[illegible]”、“[illegible]”2字头，暂不讨论。

十三侵：

[illegible]韵：

半齿 半舌 音　音	喉 音	齿 音	牙 音	舌 音	唇 音	
	匣晓					一等
日　来	影	禅书船昌章	疑群溪见	娘澄彻知	滂帮	三等
	［喻四］［影］ 喻　幺	邪心　清精				假四
						四等

[illegible]韵：

半齿 半舌 音　音	喉 音	齿 音	牙 音	舌 音	唇 音	

续表

半齿音 半舌音	喉音	齿音	牙音	舌音	唇音	
		生崇初庄				假二三等

[illegible] 韵仅“[illegible] 歆”1 字头，故暂不讨论。

十四歌：

[illegible] 韵：

半齿音 半舌音	喉音	齿音	牙音	舌音	唇音	
来	匣晓影	心从清精	疑 溪见	泥定透端		一等

[illegible] 韵：

半齿音 半舌音	喉音	齿音	牙音	舌音	唇音	
来	匣晓影	心从清精	溪见	泥定透端	明並滂帮	一等

[illegible]（仅“[illegible]”1 字头）3 韵

十五麻：[illegible] 韵：

半齿音 半舌音	喉音	齿音	牙音	舌音	唇音	
日 来	晓影	书 昌章		彻知	帮	三等
	［影］幺	心 清精			明 滂帮	假四
	匣［影］幺	心 清精	［疑］溪见 喻	泥 透端	明 滂帮	四等

ꡦ 韵：

半齿音 半舌音	喉音	齿音	牙音	舌音	唇音	
	匣晓影	生　庄 生　庄	［疑］溪见 鱼	娘　知		二等
						假二 三等

ꡞ（ꡨ-）韵：

半齿音 半舌音	喉音	齿音	牙音	舌音	唇音	
	匣晓		溪见			二等

ꡦꡞ 韵：

半齿音 半舌音	喉音	齿音	牙音	舌音	唇音	
日　来	［喻三］ 鱼	禅书　昌章	［疑］ 鱼	知		三等 假四
	［喻四］ 喻	邪心从　精	溪			
	匣晓影		溪见			四等

ꡦꡟ 韵：

半齿音 半舌音	喉音	齿音	牙音	舌音	唇音	
			群溪见			三等

从表上我们可以看到，在整体声韵拼合的格局中，牙喉音除个别合口字外，基本都是严格区分四等与重纽的，这与韵图的等第排列非常一致，舌齿音与唇音则基本混并，一二等合，三四等合，重纽的区分也不复存在（齐微唇音尚存，而且一直到今天北京话中有些尚有区别）。下面我们以十萧韵部为例，来考察一下各组声母在韵母等第分合上的具体表现：

十萧：

先看ᠣ韵：

半齿 半舌 音 音	喉 音	齿 音	牙 音	舌 音	唇 音	
来	匣晓影	心从清精	疑 溪见	泥定透端	明並滂帮	一等
	［影］ 幺	生崇初庄	［疑］ 喻	澄 知	明並滂帮	二等
					奉	三等

我们看到，一二等韵母趋同，亦即《切韵》以来的一等后 ɑ 二等前 a 的区别趋于消失，不过，我们也应看到，除唇音帮组声母外，其他各组声母字都没有突破最小对立，因为它们的声母始终是不同的，也就是说原先不同音的音节现在依然不同音，原先声韵皆别，现在韵母趋同了，但声母依然不同，所以仍旧不同音。换言之，现在韵母即使有点细微差别，如主元音音色上尚存在一些区别等，但从音位归纳的角度看，这些极为相近的音因为在分布上是互补的，所以仍可以归纳为同一音位，而含有这一音位的韵母当然也就可以看作是同一韵母了。

需要补充说明的是，在八思巴字拼写系统中，疑母开口二等声母要写作喻母，影母二等要写作幺母，它们滋生出的介音靠声母来体现，并且它们要合并到一等韵中去。

ꡞꡦ（ꡗ-）韵：

半齿 半舌 音　音	喉 音	齿 音	牙 音	舌 音	唇 音	
	匣晓		溪见			二等

二等韵见溪晓匣母字因为滋生了 i 介音，所以独为一韵。

ꡠꡦ韵：

半齿 半舌 音　音	喉 音	齿 音	牙 音	舌 音	唇 音	
日　来	［喻三］ 晓影 疑	禅书　昌章	疑群溪见	澄　知	明　帮	三等
	［喻四］ 喻				並　帮	假四
来			［疑］ 喻	定		四等

ꡞꡦ韵：

半齿 半舌 音　音	喉 音	齿 音	牙 音	舌 音	唇 音	
		昌		彻		三等
		心从清精	溪		滂	假四
	匣晓［影］ 幺	心	群溪见	泥　透端		四等

这里我们看到，三四等如果完全合流的话，那突破最小对立的主要就是喉牙唇音（该韵部四等唇音正好无韵字），舌齿音因为知组与端组分占三四等，照组与精组分占三四等，韵母合流后也因声母的不同而依然不同音（当然三等也多有精组字，但

因韵图上也排在四等，所以其与真四等韵字合并较早，如《切韵指掌图》已合并，所以另当别论）。不过，这里我们看到的是，三四等喉牙音依然保持着区别，舌齿音因为三四等声母本不相同，所以韵母合流与否都不同音，所以它们在这里就表现出了另一种旨趣，即清浊分韵。

第三节　从清浊分韵看韵母界限的虚假性

不少韵部中还存在清浊分韵现象。如九先韵部中的情形（我们这里将文献中用例列举出来，以见《字韵》这种安排并非向壁虚造，而是具有实用性）：

ꡗꡦꡋ：	ꡦꡋ：
477ꡏꡗꡦꡋ：8（缅 2，勉 4，免 2）；	488ꡌꡦꡋ：3（编 2，变 1）；
	489ꡍꡦꡋ：1-1（篇 1-1）；
478ꡒꡗꡦꡋ：7（前 3，钱 4）；	491ꡑꡦꡋ：5（千 3，迁 2）；
	492ꡛꡦꡋ：8（先 7，仙 1）；

ꡗꡦꡋ 韵中唇音的明母、齿音的从母都是浊音，而 ꡦꡋ 韵中唇音的帮、滂母、齿音的清、心母则都是浊音。因为这两类本各为一组声母，似不当两分，韵母上不应有区别，所以学者们就开始从清浊分韵上来看考虑问题。不过这以清、浊分韵的趋势能否作为区分的依据，由于例外较多，显得有些勉强，同时从音质上加以说明，也有一定困难（杨耐思《近代汉语音论》页 102）。看来这其间人为的因素较多，这样就更不能依靠临时的自然拼合了，这就使按韵书熟记拼写形式成为必要的了。这样也就进一步否定了韵母拼写形式与真实语音绝对等同的关系，只能说二者之间是相近的关系，是一种区别手段而非绝对真实地反映读音，因为本该相同的韵母因声母的清浊而分写作两个不同的韵母，而且其区分不是严守规则，而是表现出了一定的人为性甚至是随意性。

第四节《蒙古字韵》重纽质疑

一　问题的提出

《蒙古字韵》（以下简称《字韵》）与《古今韵会举要》（以下简称《韵会》）中牙喉音都严格保持着“重纽”的对立，唇音只有与《中原音韵》齐微韵相应的四支韵部中保持着。日本学者花登正宏（1986。另据杨耐思 1986：247 注⑦）曾据此对《古今韵会举要》前附《礼部韵略七音三十六母通考》进行了研究，并对重纽的消失从理论的高度总结出了这样的规律，重纽的消失先在牙喉音合口发生，然后波及唇音，最后是牙喉音开口。

这儿的问题是，这种重纽格局是真实语音的反映吗？我们对此持怀疑态度，我们认为，《字韵》与《韵会》的重纽格局可能系模仿《五音集韵》所致。

二　论《字韵》与《韵会》重纽的虚假性

2.1 从韵字归类歧异上看《字韵》与《韵会》模仿《五音集韵》

宁忌浮 1992 指出，《五音集韵》时代“重纽”早成为历史陈迹，在编者韩道昭及其学生们的口耳中根本无法分辨出三四等韵的差异。如讹“密”为“蜜”，就是当时人们口耳中本为重纽的字已然同音的证据。尽管如此，但韩氏父子都是大等韵学家。《改并五音集韵》是韵书，也可以说是等韵图。韩氏用等韵的理论和方法去改并重编《广韵》、《集韵》，使韵书、韵图融为一体。虽然韩道昭心目中的权威等韵图跟我们今天所见到的早期韵图，如《韵镜》《七音略》并不完全相同，但早期韵图的某些基本规矩他是尽量维护的。如，《韵镜》《七音略》将“妖焉英医忧”等字列三等，“要烟婴伊幽”等字列四等，《五音集韵》也照样标为三四等。“宵”“萧”等字，早期韵图一律列四等，《五音集韵》把它们合并但仍标注为四等。例外有，但极少。如盐韵群母三等巨盐切下有“鍼”“箝”等三十六个字。“箝”，《广韵》巨淹切，《七音略》列三等；“鍼”，《广韵》巨盐切，《七音略》列四等。又如笑韵晓母四等火吊切下有“䰻”“歊”等六个字。“歊”，《广韵》火吊切，《七音略》列四等；“䰻”，《集韵》火庙切，

《七音略》列三等。又如脂韵群母开口四等巨支切下有“祇”“耆”等六十四字。“耆”，《广韵》在脂韵渠脂切，《韵镜》《七音略》均列三等。按理“耆”等字当列三等渠羈切下与“奇”“其”等字同小韵。以上三例显然是疏忽。不过，这种疏忽跟仙韵来母“莲”“连”同音一样，正是作者自己语音的自然流露。（宁忌浮 1992）

不过，正是这三例疏忽，就使我们怀疑《字韵》与《韵会》模仿了《五音集韵》。“魑”“嗀”二字过于生僻，《字韵》与《韵会》未收，无从查考。但“鍼”“箝”例，还有“祇”“耆”例《字韵》与《韵会》跟先出的《五音集韵》完全相同，而这与《字韵》、《韵会》二书的体例又大不相同，因为二书对重纽的处理是重三、普三一类，重四、普四一类，几无例外；而对牙喉音的四个等第也都是严格加以区别，真正做到了等不同则音不同。所以这两处牙音淆乱现象只能看作是模仿《五音集韵》的结果。

2.2 论《字韵》与《韵会》重纽的虚假性

据张渭毅 2003（页 147），南北朝之后，北方音重纽的格局是重三、普三一类，重四、普四一类；南方则是重三、重四不辨，与纯四和普三对立。如此看来，《字韵》《韵会》的重纽格局倒是与北方音比较一致。但这里最大的障碍是《中原音韵》，因为后者中除齐微唇音外重纽已消失。而从时间上说，基本无重纽的《中原音韵》与重纽保存较完整的《字韵》、《韵会》对相去未远，都处于元朝，前后几十年的时间。而且即使抛开《中原音韵》，其他的文献材料给我们展示的也是一种截然相反的情形。一方面，南北朝之后的大量文献特别是宋代的文献如《集韵》、邵雍（1011—1077）《声音倡和图》、祝泌《皇极经世起数诀》（1241）依然分辨重纽，重三和普三的“等”相同，重四和普四的“等”相同（参张渭毅 2003，页 157）。另一方面，又有大量文献提供了重纽消失的信息。如据罗常培 1933 晚唐五代西北方音不分重纽；据冯蒸 1992 后蜀毋昭裔《尔雅音图》中所记龙门音不分重纽；据赖江基 1986、1990，南宋朱熹不分重纽（参张渭毅 2003，页 154）。而宁忌浮 1992 指出，《五音集韵》时代“重纽”早成为历史陈迹，在编者韩道昭及其学生们的口耳中根本无法分辨出三四等韵的差异。其重纽假象是编撰者因袭等韵图造成的，不是实际语音的记录。而《中原音韵》中则除齐微唇音外重纽的对立已消失。

为什么同期的文献中会出现两种截然相反的情形呢？我们认为，宁忌浮先生对《五音集韵》“重纽”假象的揭示可看作是揭开这一谜题的一把钥匙，即宋元之际的好些著作存在“重纽”是编撰者因袭等韵图造成的。别的权且不论，我们先看一下元代的《蒙古字韵》。宁忌浮 1997 和忌浮 2007 都提出《蒙古字韵》源于《新刊韵略》，应从韵书传承关系去解读《蒙古字韵》代表的八思巴字拼写系统。我们认为，宁先生的看法值得重视。与宁说相一致的是，学界都承认《字韵》声母保存浊音，是滞后于当代口语音的一种表现，无论说是存古还是称其为读书音。这都可以看作是《字韵》继承传统韵书在声母上的反映，那韵母如何呢？或说其中有无继承传统的因素呢？杨耐思先生认为，《蒙古字韵》的编者更重视韵书和韵图的分类（1984a。又见杨耐思 1997：页 81）。说到重视韵图，实际上就是关心韵图排列的等第（而非仅指按韵母标准分出的等第），如喻母三、四等区分。

邵荣芬先生在《切韵研究》中曾以《韵会》与《字韵》来论证重纽所涉韵字中甲、丙二组为一类，乙组单独为一类，从而否定了董同龢《广韵重纽试释》（以乙、丙为一类，甲组独为一类）与陆志韦《古音说略》的看法。邵先生并举出方言中的例证来证成其说（《切韵研究》页 79），他指出，在现代东南方言一带方言里，有很多甲、丙同类而乙独立的例子。比如：

	真合甲		真合乙		真合丙	
	麕	窘	均	钧	春	旬
福州	kuŋ	k‘uŋ	kiŋ	kiŋ	tʃ‘uŋ	suŋ
汕头	k‘un		kɯn	kɯn	ts‘un	sun
潮州	k‘uŋ		kɯŋ		ts‘uŋ	suŋ
揭扬	k‘uŋ		keŋ	keŋ	ts‘uŋ	suŋ

支合甲	支合乙	支合丙

	虧	跪	规	吹	垂
福州	k'uei	kuei	kie	ts'uei	suei

	脂合甲		脂合乙	脂合丙	
	龟	轨	葵	追	水
福州	kuei	kuei	ki	tuei	suei

不过，邵先生接着又举出了相反的例证。即乙、丙同类而甲独立的例子。见下：

	真开甲		真开乙		真开丙	
	巾	银	紧	因	陈	津
福州	kyn	ŋyŋ	kiŋ	iŋ	tiŋ	tsiŋ
潮州	kɯ	ŋɯŋ	kiŋ		ɕiŋ	tsiŋ
汕头	kɯn	ŋɯu		in	tɕin	tɕin

尽管邵先生为了证成自己的观点，就断言说乙、丙同类而甲独立的情形是后起的音变造成的，但这种材料毕竟对其观点构成了威胁。

其实，《字韵》与《韵会》的情形也不全如邵荣芬所说。杨耐思 1986/1997 曾专门讨论了《字韵》的情形。据其研究成果我们知道，甲类韵（i 类韵母。按，括号中名称为笔者的研究分类，详细说明见下）中确实如邵荣芬先生所说重纽韵中的甲、丙为一类，乙组为一类（杨耐思 1986/1997：页 92）；但乙类韵（a、e 类韵）中却并非如此了（参下图表一、表三）。在重纽三等、四等对立的二种韵母中，“牙、舌、唇、齿、喉、半舌、半齿”都可能具有，两者没有系统的差别。而这两类韵母跟声类配合所表现出来的一个差别，是塞音、塞擦音（牙喉音除外）的分配呈现出一种按清、浊分韵的趋势（杨耐思 1986/1997：页 97；龙果夫《八思巴字与古官话》页 27）。为进一步说明问题，我们先将杨耐思 1986/1997 的表格转引于此（即表一与表三，表二为我们为补充杨先生表一而做）。

表一

声 / 韵	牙	舌	唇		齿		喉	半舌	半齿	韵镜
	角	徵	宫		商		羽	半徵商	半徵商	韵会
	g	d	b	hu̯	dz	dž	·	l	ž	字韵
A 京	+	+	+	−	+	+	+	+	+	
B 经	+	−	−	−	−	−	+	−	−	
A 羈	+	+	+	+	+	+	+	+	+	
B 鸡	+	−	−	−	−	−	+	−	−	
A 妫	+	+	+	−	+	+	+	+	+	
B 规	+	−	−	−	−	−	+	−	−	
A 鸠	+	−	+	−	+	+	+	+	+	
B 樛	+	−	−	−	−	−	+	−	−	

原注:［1］半舌、半齿,《韵镜》原作“舌（音）齿”，今改为习惯称呼，以便区别。

［2］“知、彻、澄”原属“舌”音（舌上音），到了十三、十四世纪时，已经跟“齿”音（正齿音）“照、穿、牀”，所以今列在“齿”音。

［3］为了列表方便起见，这里以一个声类代表该系列全部声类，例 g 代表 g,k‘,k,ŋ。

表二

声 / 韵		牙	舌	唇		齿		喉	半 舌	半 齿	韵镜
		角	徵	宫		商		羽	半徵商	半徵商	韵会
		g	d	b	hu̯	dz	dž	·	l	ž	字韵
	A 巾	+		+		+	+	+	+	+	
	B 紧欣	+						+			
侵	A 金	+		+		+	+	+	+	+	
	B 歆							+			

表三

声 / 韵	牙	舌	唇		齿		喉	半 舌	半 齿	韵镜
	角	徵	宫		商		羽	半徵商	半徵商	韵会
	g	d	b	hu̯	dz	dž	·	l	ž	字韵
A 鞬	+	+	+	−	+	+	+	+	+	
B 坚	+	−	+	−	+	+	+	−	−	
A 骄	+	+	+	−	+	+	+	+	+	
B 骁	+	+	+	−	+	+	+	−	−	
A 箝	+	+	+	−	+	+	+	+	+	
B 兼	+	−	−	−	+	−	+	−	−	
A 迦	+	+	+	−	+	+	+	−	+	
B 嗟	+	+	+	−	+	+	+	+	+	
A 瘸	+	−	−	−	−	−	+	−	−	
B 玦	+	−	−	−	+	+	+	+	+	

可以看出，这里重纽牙喉两类韵字与舌齿音字在分合上确实表现出了两种截然不同的方式。

宁忌浮 1992 从重纽甲（重纽三等喉牙唇音字）、乙（重纽四等喉牙唇音字）、丙（舌齿音字）三类的分合关系上看《五音集韵》的“重纽”假象。指出宵韵的表现是：

甲≠乙＝丙

即重纽四等喉牙唇音字与舌齿音合流，重纽三等喉牙唇音字独为一类。但支脂韵中则是：

乙≠甲＝丙

即重纽三等喉牙唇音字与舌齿音合流，重纽四等喉牙唇音字独为一类。因为同时存在两种相反的归并方式，这二者不可能并存，所以宁先生断言《五音集韵》的“重纽”是假象。

与之相类，《字韵》与《韵会》中的“重纽”与这种格局是非常相近的。支脂韵中同样表现为重纽三等喉牙唇音字与舌齿音合流，重纽四等喉牙唇音字独为一类，即：

乙≠甲＝丙。

而在宵韵中则是舌齿音分别与重纽喉牙音三、四等韵字分别合流，即：

乙＝丙（部分）≠甲＝丙（部分）

这样看来，如宁先生对《五音集韵》的推断，《字韵》与《韵会》的“重纽”也值得怀疑。

三 《字韵》《韵会》声韵格局成因试析

3.1 重纽牙喉两类韵字与舌齿音字分合试析

如上文所说，《字韵》与《韵会》甲类重纽韵中的甲、丙为一类，乙组为一类（杨耐思 1986/1997：页 92）；但乙类韵（a、e 类韵）中重纽三等、四等对立的二种韵母中，“牙、舌、唇、齿、喉、半舌、半齿”都可能具有。为什么会出现两种如此不同的归并方式呢？我们认为，这与韵母的语音性质或说类型有关。我们对《蒙古字韵》的韵母构造与类型做了如下分类，列表如下：

说明：以元音统帅各韵部，为简便起见合口仅列出有对比需要的。另，表中 5 元音命名为基本元音；而 ė 在八思巴字蒙古语系统中为 i 与 e 的变体，而在八思巴字汉语拼写系统中又经常作标志元音的辅助符号，所以称其为准基本元音；派生元音组合则指使用标志元音的辅助符号 h、ė 与基本元音组成的元音组合。

		元音性质			相应韵部					
		基本元音	准基本元音	派生元音组合						
a、e 类韵母	等第				十五麻	六佳	八寒、九先	十萧	十二覃	
	一二	a			a u̯a	aj u̯aj	an u̯an	aw u̯aw	am	
	二等牙喉		ė		ė	ėj	ėn	ėw	i̯am［ėm］	
	三	e			e u̯e		en	ew	em	
	四		ė		u̯ė		ėn u̯ėn	ėw	ėm	
i 类韵母	等第				四支	二庚	七真	十一尤	十三侵	附：三阳
	三庄及一			hi	hi	hiŋ	hin	hiw	him	haŋ
	二等牙喉			ėi		ėiŋ				ėŋ
	三及四非牙喉	i			i	iŋ	in	iw	im	aŋ
	四等重四牙喉			ėi	ėi	ėiŋ	ėin	ėiw	ėim	
u 类韵母	等第				五鱼	一东	七真			
	一三	u			u	uŋ	un			
	二									
	三			ėu	ėu	ėuŋ	ėun			
	四									
o 类韵母	等第				十四歌		八寒、九先			附：三阳
	一	o			o		on			oŋ
	二									
	三			ėo			ėon			
	四									

从表四我们看到，a、e 类韵母无派生元音组合，而且四等俱全，如表三所示，其四等韵与声母的搭配表现是五音俱全的，即牙、舌、唇、齿、喉五音声母都可以与四等韵搭配；但 i 类韵母中的四等或重四韵母则只能与牙喉音搭配。为什么会这样呢？我们认为，其主要原因或说这两类韵母的最重要差别是 a、e 类韵母有真正的四等韵而 i 类韵母大多无真正四等韵。看下表（带数目字的如“八寒”为《字韵》韵部名；具体韵名如“寒”、“删山”为《广韵》韵目名称）：

	a、e 类韵母			i 类韵母				
	八寒、九先	十萧	十二覃	四支	二庚	七真	十一尤	十三侵
一等	寒	豪	覃谈		登	痕	侯	
二等	删山	肴	咸衔		庚耕			
三等	仙元	宵	严盐	支脂之	清蒸	真	尤	侵
重四、假四	仙	宵	盐	支脂		真	尤幽	侵
四等	先	萧	添	齐	青			

正因为 i 类韵母如“七真、十一尤、十三侵”都无真正四等韵，四等韵母就只限于重纽四等使用，这样也起到了突出牙喉音的作用（牙喉音所拼韵母的类别最多是其地位突出的更重要因素）。正因为四等韵母使用率较低，所以八思巴字拼写系统就没有专门的基本元音来表示，而是用派生元音组合来表示。换言之，其实就是 i 类韵三等韵中各组声母字韵母都一致（庄组除外），只有重纽四等牙喉音要别出，这也就是上文所引邵荣芬先生所说重纽韵中的甲、丙为一类，乙组为一类。至于乙组为何要别立一类，下文再谈。再来看 a、e 类韵母。该类在重纽三等、四等对立的二种韵母中，“牙、舌、唇、齿、喉、半舌、半齿”都可能具有，两者没有系统的差别。而这两类韵母跟声类配合所表现出来的一个差别，是塞音、塞擦音（牙喉音除外）的分配呈现出一种按清、浊分韵的趋势（杨耐思 1986/1997：页 97；龙果夫《八思巴字与古官话》页 27）。清、浊分韵并不很严整，再说即使果真如此，那从音位归纳的角度也可以归并，因为二者是互补的。看下表：

[illegible]韵：

半齿 半舌 音 音	喉 音	齿 音	牙 音	舌 音	唇 音	
日 来	［喻三］晓影 疑	禅	疑群溪见	澄 知		三等
	［喻四］ 喻	邪 从	溪		明並	假四
来		从	［疑］ 喻	泥定透端	明並	四等

[illegible]韵：

半齿 半舌 音 音	喉 音	齿 音	牙 音	舌 音	唇 音	
	晓影	书 昌章		彻知		三等
		心 清精	溪见		滂帮	假四
	晓［影］ 幺	心 清精	溪见		滂帮	四等

正因二韵牙喉音外一般表现为互补关系，所以我们在这里提出这样的看法，即这两类韵母实为一类，最起码牙喉音外是如此。质言之，若用反切系联的原理来审视，两类韵母已无法分别，因为从舌齿音与牙喉音的关系来看，二者已归并。其区别只存在于牙喉音内部。那牙喉音单单为何如此独立特出呢？

3.2《字韵》《韵会》总体声韵格局试析

3.2.1 牙音在始见终日声母次第中的首要地位

牙音在三十六字母中是比较特殊的一类，特别是当等韵著作中始见终日的声母次第成为主流之后。看《切韵指掌图》中的几图：

《切韵指掌图》前附“二十图总目”（限于篇幅，仅列出平声部分）：

一独	二独	三独	四独	五独	六独	七开	八合	九开	十合	十一开	十二合	十三开	十四合	十五合	十六开	十七开	十八开	十九合	二十合
高	公	孤	钩	甘	O	干	官	根	昆	歌	戈	刚	光	觥	揯	该	O	傀	O
交	O	O	O	监	O	姦	关	O	O	加	瓜	O	江	肱	庚	皆	O	O	乖
娇	弓	居	鸠	O	金	犍	勬	斤	君	迦	O	薑	O	O	惊	O	基	归	O
骁	O	O	樛	兼	O	坚	涓	O	均	O	O	O	O	扃	经	O	鸡	圭	O

	韵母	见	溪	群	疑	端	透	定	泥	知	彻	澄	娘	帮	滂	並	明	非	敷
一等	ɑu	高	尻	O	敖	刀	饕	淘	猱					褒	橐	袍	毛		
二等	au				聱					嘲	颮	桃	铙	包	胞	庖	茅		
	iau	交	敲	O															

	韵母	奉	微	精	清	从	心	邪	照	穿	床	审	禅	影	晓	匣	喻	来	日
一等	ɑu			糟	操	曹	骚							鏖	蒿	豪		劳	
二等	au								䰍	謥	巢	梢							
	iau													䶵	虓	肴		顟	

从图上我们看到，因为每一幅图中都是以始见终日的声母顺序排列，所以在总图中就是以牙音见母在各韵中的拼合来展示各韵摄的韵母格局。换言之，只要牙音见母字列于图中，所有韵母就尽在掌握之中。

3.2.2 牙喉音所拼韵母的类别最多是其地位突出的更重要因素。

在所有的汉语声母中，牙音所拼的韵母类别始终是最多的，舌、齿声母本身分为二三类，所拼韵母各有分工，唇音中古与牙音所拼韵母类别相同，但等到牙喉音二等滋生 i 介音后，唇音的二等韵母不但未别立一类，反而有与一等韵母合并者，如褒、包合并，所以这就比牙喉音少了一类韵母。所以只要突出了牙喉音所有韵母就尽在其中、包揽无遗了。

第五节　《蒙古字韵》等第区分的人为因素

从前文的论述可知，《蒙古字韵》中的存浊现象是存古，是对传统三十六字母格局的继承。不过，我们却绝不能简单地以一顶复古的帽子扣倒它。因为《蒙古字韵》并非食古不化、泥古非今。它在存古的外壳下，其实在不少方面尽量表现新出现的语音现象，最典型的如知照合并等。可以说，《蒙古字韵》音系是存古与记新的交融。一方面，维持三十六字母之名，旧的框架要维护，另一方面，其中所含的内容可以改动、调整，如知照合并、零声母的记录等。知照合并在同时代韵书《古今韵会举要》中同样存在，这种新的语音变化可以得到印证。见下（另附影、喻、匣以资比较）：

《蒙古字韵》与《古今韵会举要》的比较：

《字韵》：知彻澄　　　照穿床　　　　（匣）合；影（幺）；（鱼）喻；

照组有名无实（实一类名两分）　　　有实无名（拼写别、名不别）

维持三十六母的名与实

《韵会》：（知彻澄）　照穿床　　　　　匣合；影幺；鱼喻；

名实相符（名实一类，取消知组）　名实相符（拼写别、名亦别）

以上是声母方面的措置，我们想说的是，这种存古与记新的交融在韵母方面有无表现呢？我们通过元代反映实际语音的韵书《中原音韵》可知，重纽现象基本消失殆尽。那《蒙古字韵》情况如何呢？从所周知，《蒙古字韵》唇音重纽除齐微韵外都已消失，与《中原音韵》唇音表现吻合，可见在这一点上《蒙古字韵》反映新的语音变化是非常积极的。不过，牙喉音重纽都完全保留，是实际语音如此还是存古？我们不想悬揣。但据《中原音韵》推断，这种格局完全反映实际语音的可能性很小。我们想，即使我们不好太过积极地对其重纽现象加以全盘否定，起码我们应该对此有所怀疑。假设当时重纽真得全都消失了，《蒙古字韵》能否就如实记录呢？我们认为这很难。因为旧的框架它一定要维护的，这从声母的存浊方面我们就看得很清楚。而旧的框架在韵母方面的表现就是四等的格局（重纽就包含于其中），这种格局一定要留下一块阵地。声母的三十六母与韵母的四等一横一纵正好形成一张经纬网。见下（这里我们主要遵从韵图的排列，假四等亦作四等）：

三十六字母

	见	溪	群	疑	端	透	定	泥	知	彻	澄	娘	帮	滂	並	明	非	敷	奉	微
一等	+	+		+	+	+	+						+	+	+	+				
二等	+	+		+					+	+	+	+	+	+	+	+				
三等	+	+	+	+					+	+	+	+	+	+	+	+	+	+	+	+
四等	+	+		+	+	+	+	+					+	+	+	+				

	精	清	从	心	邪	照	穿	床	审	禅	影	喻	晓	匣	来	日
一等	+	+	+	+	+						+		+	+	+	
二等						+	+	+	+	+	+		+	+	+	
三等						+	+	+	+	+	+	+	+		+	+
四等	+	+	+	+	+						+	+	+	+	+	

这是总体的声韵格局，是必须维护的。当然，在这框架之内进行局部调整是允许的。所以这就出现了在三十六母与四等的框架内那些反映韵母新变化的现象，如先仙同音、萧宵合并等。所以我们认为《蒙古字韵》无论在声母还是韵母上表现出的都是音系存古与记新的交融。这可以说是《蒙古字韵》的一个根本特点。

既要存古，又要记新；存古就是要维持旧有的声韵格局，即经纬网的框架一定要维护，但全都维持旧的格局就无法记新以反映新的语音变化了，所以只能让三十六母中的部分声母来承担体现韵母四等之别的任务。我们认为，这里最有资格入选的就是牙音，其之所以入选的条件我们在上文已谈到，今撮其要如下：

A. 等韵中声母始见终日的排序，牙音首当其冲，最为显要；

B. 牙音二等滋生介音，在各组声母中韵母依然是最为复杂的，最少会有三种韵母，与韵分四等的韵母格局最为接近。

那喉音为何也列入其中呢？理由如下：

A. 同牙音相似，喉音二等也滋生了介音，所以也至少会有三种韵母，与韵分四等的韵母格局最为接近。这是最根本的理由。

B. 在三十六母排序中，除来日外，喉音处于末尾，可与牙音首尾呼应。

需要指出的是，日母尽管处在末尾，但仅有三等字无法展示四等格局；来母呢，一则势单力孤，二来其二等也有不腭化者，如二等山韵“斓”字就与一等寒韵“蘭”同音了。所以来母也并不具备上述入选条件。看来由牙音与喉音代表三十六母以体现韵母四等之别则是责无旁贷的了。

第六节 《蒙古字韵》"穹""倾"同形异音探析

一 "穹""倾"同形异音

在《蒙古字韵》中，一东、二庚两韵部中出现了牙喉音标音相同的现象，即分在两个韵部中的字标注的八思巴字拼写形式完全相同。见下：

八思巴字标音	ꡀꡦꡟꡃ	ꡁꡦꡟꡃ	ꡂꡦꡟꡃ	ꡜꡦꡟꡃ	ꡣꡦꡟꡃ
一东	弓	穹	穷	胸	
二庚	扃	倾	琼	诇	雄禜

宁忌浮先生据此做出推断说，《蒙古字韵》的编纂程序可能是先有汉语韵书《韵略》，然后才标注上蒙古字。因为如果不是先有汉语韵书《韵略》，而是先有八思巴字，或者是八思巴字和汉字同时编纂，则二庚韵部的"扃"等几小韵的字必然会列入东部与"弓"等合并（见《古今韵会举要及相关韵书》页 159）。

我们这里的看法与宁忌浮先生恰恰相反。即这种格局非但不是因八思巴字标音迁就先有的汉语韵书《韵略》而形成的，相反倒是发生在八思巴字标音系统内部的一种协调手段或说是刻意安排。这样安排的用意就是区别等第，质言之，不同等则不同音。这是八思巴字标音系统遵循的一条重要原则。在讨论之前，我们再来具体看一下一东、二庚韵部中标音相同的几个小韵（只举代表字）：

八思巴字拼写		ꡀꡦꡟꡃ		ꡁꡦꡟꡃ		ꡂꡦꡟꡃ		ꡜꡦꡟꡃ		ꡣꡦꡟꡃ	
一东	代表韵字	弓	恭	穹	銎	穷	蛩	胸	敻		
	该组韵字在《广韵》属于何韵	东三	钟	东三	钟	东三	钟	钟	劲		
	在《韵镜》中的等第	三等		三等		三等		三等	列四		
	《较定蒙古韵略》中归韵情况	一东		一东		一东		一东			
二庚	代表韵字	扃		倾	褧	琼		诇		雄	禜
	该组韵字在《广韵》属于何韵	青		清	迥	清		迥		东三	青
	在《韵镜》中的等第	四等		列四	四等	列四		四等		三等	四等
	《较定蒙古韵略》中归韵情况	二庚		二庚	二庚	二庚		一东		一东	二庚

从上表可以看到，一东韵部所属的韵字基本都是三等字（仅有“复”字属四等），而二庚韵部所属的这些韵字则基本都是四等字，当然其中包含假四等，但清韵的假四等字在韵图上是列于四等的（只有“雄熊”例外，属东韵三等）。而这里的例外，我们在相关的材料中可以看到是存在歧异的。如在俞昌均《较定蒙古韵略》中，东三韵的“雄熊”与青韵的“褮”组字就不同音，“雄熊”属一东韵部，“褮”组字在二庚韵部。这种分立就与等第之别完全对应起来了。基于此，我们认为，“雄褮”合为一小韵可能存在失误。当然，还有另一例外，那就是“胸讻复”这一字组，它们在《字韵》中淆乱了三四等的界限，在《较定蒙古韵略》中同样不分三四等，全都归并在一东韵部。尽管存在这一例外，但牙喉音在这儿区分三四等的用意是非常显明的。如果合并，那三四等就无从区别了。

二 严格维护等第界限

接下来我们要问的是，《字韵》果真如此看重等的界限而不肯将同音字合并吗？下面我们就来看一下《字韵》中严格区分等第的具体表现。

十萧：

ꡓ韵：

半齿 半舌 音 音	喉 音	齿 音	牙 音	舌 音	唇 音	
来	匣晓影	心从清精	疑 溪见	泥定透端	明並滂帮	一等
	［影］ 幺	生崇初庄	［疑］ 喻	澄 知	明並滂帮	二等
					奉	三等

ꡦꡓ（ꡗ-）韵：

半齿 半舌 音 音	喉 音	齿 音	牙 音	舌 音	唇 音	
	匣晓		溪见			二等

ꡞꡦ韵：

半齿音 半舌音	喉音	齿音	牙音	舌音	唇音	
日　来	［喻三］晓影 疑	禅书　昌章	疑群溪见	澄　知	明 帮	三等
	［喻四］ 喻				并　帮	假四
来			［疑］ 喻	定		四等

ꡗꡦ韵：

半齿音 半舌音	喉音	齿音	牙音	舌音	唇音	
		昌		彻		三等
		心从清精	溪		滂	假四
	匣晓［影］ 幺	心	群溪见	泥　透端		四等

从表上我们可以看出，诚如前辈时贤经常指出的，在韵母合并的过程中，确实是一二等合流，三四等合流。不过，这种合流更多的是形成互补关系的音位归纳上的合流，不排除音色上还有区别。如ꡦ韵中一二等合流我们就看到舌音声母一等是端组、二等是知组，齿音一等是精组，二等是庄组，合流了也不会出现同音字，换言之，对小对立依然存在。疑、影尽管声母有纠葛，但其韵母产生了介音；若就形式上归入一等看，那是以声母的疑变喻、影变幺为条件的，总之也不同音。其他喉牙音都在二等的滋生了介音一类的韵母中。那剩下来就只有唇音了。质言之，一二等合流，其实真正合流连最小对立都消除的只有唇音字。再看三、四等的情形。舌音还是端组与知组的对立，合流了依然不同音。齿音呢，精组与章组当然不会同音，这儿的问题是三等与四等都有精组字，合流就得同音。不过，关于三四等精组的合流是早已得到认可的，即使正统的韵书韵图如《五音集韵》与《切韵指掌图》中也早已展示了这一变化（其易于被接受或许与三四等精组字韵图上都位于四等有

关），所以这已经不是这里要面对的新问题。剩下来的就是牙喉唇音，牙喉音在《字韵》与《韵会》中是保持对立的（当然，如我们在有关章节中所谈到的，这种对立是很可疑的），要另当别论。那真正合并的也是唇音字。换言之，在《蒙古字韵》中，除唇音字外，一、二等无混并现象，三四等也无混并现象（此处的等指据韵图所列等第）。二三等之间当然更不会混并，因为就连《中原音韵》出现混并的支思韵与东钟韵，在《蒙古字韵》中也毫不淆乱。众所周知，《蒙古字韵》与《中原音韵》的支思韵格局并不相同，后者知庄章有混并现象，而《字韵》中是知二庄与知三章的韵母严格区别。即使《中原音韵》中已经同音的“崇”“重”，在《字韵》也因为等第不同而拼不同韵母。可见，严格维护等第的界限是《字韵》的基本原则。

三 八思巴字拼写的局限性

如前面有关章节中所谈到的，八思巴字拼写系统是 5 元音系统，在拼写汉语时分为 4 组，i、u、o 各统领几个韵部，a、e 统领几个韵部，a、e 类韵与 i 类韵都有三四等对立的各自不同的韵母拼合形式，但 u 类韵只有三等韵母，没有四等，那韵图上列于四等的韵字如一东韵部中的“縈”字（《广韵》属清韵影母），喻四母的融小韵，五鱼韵部的喻四母字余小韵，现在都面临难以拼合的尴尬。当然，理论上讲，可以制作新的韵母。但韵母与元音之间的组配是系统行为，牵一发动全身。就可能性上讲，担当这一韵母的可能拼合形式可以是 ėoŋ，但我们看到，o 类韵带韵尾的主要是与 a、e 类韵发生关系，如：

u 类韵母	等第	五鱼	一东	七真	
	一三	u	u ŋ	un	
	二				
	三	ėu	ėu ŋ	ėun	
	四				
o 类韵母	等第	十四歌		八寒、九先	附：三阳
	一	o		on	oŋ
	二				
	三			ėon	
	四				

若与 u 类韵再产生关联，这种对应就不够整齐，容易出现混乱，再说音值上也相差太大。还有一种可能拼合形式 ėėuŋ，但这种组合是不允许出现的，因为八思巴字系统最长的音节就是 4 个字母，即除掉声母与韵尾，给韵母留下的就只有一个基本元音加一个辅助符号的选择范围，还有，八思巴字系统也不允许同一符号连续出现，所以 ėėu 也无法使用。这也正是七真韵部三等“君”与重纽四等“均”字无法区别（ėun 为三等，四等无法拼合）从而被迫合并的内在原因。

既然符号不够用，“穹”类三等字韵母拼作 ėuŋ，那“倾”类排在四等的韵字很难用新的拼合形式来译写，所以就让二者采用了相同的拼写形式。当然，二者之间的区别还是要维持的，这里正好因为二者中古属于不同的韵摄，一在通摄，一在梗摄，所以《蒙古字韵》中把它们安排在不同的韵部也可以说是有根有据的。

第四章　八思巴字拼写规则对《蒙古字韵》的影响

第一节　八思巴字拼写规则探析

一　以声别韵以济符号之穷

第二章中讨论过的出现分立现象的声母，它们都表现出了以声别韵的特点，亦即用声母来体现应有的韵母上的差异。其最突出的特点是韵母读音与拼写的不一致，要想真正认识其特性，就得知道这些韵母真正代表的读音。而要准确了解这一点，最关键的是搞清楚这些以声别韵的声母在拼写上如何改变了韵母，质言之，韵母要怎样变化才能找回与读音一致的形式（当然有的找回的是不合规则的拼写形式，如一东韵部的 幺：[illegible] [illegible] 縈（清韵列四），还有 喻：[illegible] [illegible] 融（以东）营（以清），它们用的是三等韵母，其四等韵母无法拼合，所以我们只能是心知其意而已。当然，这也正是以声别韵现象发生的动因所在）。基于此，我们将这几母分为上升型与下降型。

上升型声母：这主要指合母与晓母。

如第二章中谈到的，合母标志其所拼的 i 类韵母应上升到开口度更大等第更高的 hi 韵中（如 [illegible] 侯的韵母表面上是 [illegible]，实际应该是 [illegible]），晓母尽管因符号欠缺未实现分立，但其作用与合母相同，也标志所拼的 i 类韵母应上升到 hi 韵中，参看下页表格。与其紧密相关的，是为了避免冲突而被迫变形的 ėi 类韵，其韵母按真实读音应在 i 类韵中（如 [illegible] [illegible] 休读音应作 [illegible]）。

下降型声母：这主要指幺母与喻母。

关于幺母这一特性，沈钟伟曾经有过论述（Zhongwei Shen2008，页 183），他指出有时 [八思巴字]=[八思巴字]，他举出如下有平行对比关系的例子：

[八思巴字] 巾 / [八思巴字] 紧 ：[八思巴字] 殷 / [八思巴字] 因

其实在其他韵部中也同样存在类似的现象。如八寒韵中：

[八思巴字] 干 / [八思巴字] 间 ：[八思巴字] 安 / [八思巴字] 殷

当然，这二例存在着等第的不同。七真韵的是三四等之间的纠葛，八寒韵涉及的是一二等之间的关系。不过，八寒韵中也有三四等的关联，如表五中出现的：

[八思巴字] 建 / [八思巴字] 坚 ：[八思巴字] 言 / [八思巴字] 延

也就是说，喻四的“延”字若按四等拼，韵母也应是 [八思巴字]。当然，这对应关系就有些复杂了。应是：[八思巴字]=[八思巴字]（我们这里认为疑母字已经变为零声母）

还有另外的现象，那就是十萧韵中有：

[八思巴字] 骄 / [八思巴字] 骁 ：[八思巴字] 妖 / [八思巴字] 要

正因为可以以声别韵，所以给了拼写形式以较大的自由空间。其韵母可以都拼作三等，也可以都拼作四等，反正靠声母都分得清。这儿“[八思巴字] 要”已经是四等韵母了，无法再按规则让其韵母降到更低等第的韵中，所以只好让它相对下降，那就是让“[八思巴字] 妖”韵母上升到三等韵母 [八思巴字] 中，即按等第其区别应是：

[八思巴字] 骄 / [八思巴字] 骁 ：[八思巴字] 妖 / [八思巴字]（[八思巴字]）要

相关情形下表中都有展示，可参看。

说明：表中箭头的指向代表所在音节的韵母实际读音的归属。

	等第	见母	溪母	疑母分为疑、喻	影母分为影、幺	晓母	匣母分为合、匣
七真	一等	[八思巴字] 根	[八思巴字] 恳		[八思巴字] 恩		↑
	二等						↑
	三等	[八思巴字] 巾		[八思巴字] 银 [八思巴字] 寅	[八思巴字] 殷 [八思巴字] 因	↑	[八思巴字] 痕
	四等（含假四等）	[八思巴字] 紧		↓	↓	[八思巴字] 欣	[八思巴字] 礥

续表

	等第	见母	溪母	疑母分为疑、喻	影母分为影、幺	晓母	匣母分为合、匣
十一尤	一等	钩	抠	藕	讴	↑	↑
	二等					↑	↑
	三等	鸠	丘	牛有 犹	忧 幽	吼 ↑	侯
	四等	樛		↓	↓	休	

	等第	见母	溪母	疑母分为疑、喻	影母分为影、幺	晓母	匣母分为合、匣
八寒、九先	一等	干	看	岸 颜	安 殷	罕	寒
	二等	间	悭	↓	↓		闲
	三等	建		言 延		轩 显	
	四等（含假四等）	坚	牵	↓	烟		贤
十萧	一等	高	考	敖 聱皦	鏖 坳	蒿	豪
	二等	交	敲	↓	↓	虓	肴
	三等	骄		鸮 尧	↑	嚻	
	四等	骁	窍	↓	妖 要	晓	皛

综上述，如第二章中有关章节所谈到的，这里之所以采用以声别韵的做法，主要原因就是韵母上的区别（当然有些仅仅是等第上的表面之别）因符号不济或其他原因无法顺利表现出来，于是就靠声母的变化来示意韵母的不同，这其实也是靠音节整体区别来展示对立的一种表现。

二　音节整体区别以展示最小对立

我们上文刚刚谈到了靠音节的整体区别来展示对立。其本质就是不管藉以表现二音节不同的具体手段为何，只要在字面上将二者区分开来即可。这里我们可以举《蒙古字韵》中知庄章的纠葛为例来谈。张卫东曾对这一问题进行过探讨。他称之为《字韵》中的冠 h 韵母。下面我们转引他的一张分析表（表中略有改动，如“蒙韵”改为“字韵”，“切韵”改为“广韵”。其次，因全都是开口字，所以音韵地位一栏都略去“开”字。另，虽标音我们有不同看法，但因与我们这儿讨论的问题无大碍，故尊重原作，未作改动）：

字韵	广韵	帮组	端组	泥母	娘母	来母	精组	知组	庄组	章组	见组	晓组	影母	喻母
二庚	曾一	hiŋ	hiŋ	hiŋ		hiŋ	hiŋ				hiŋ	hiŋ		
	曾二	iŋ				iŋ		iŋ		iŋ	iŋ	i̯iŋ	iŋ	iŋ
	梗二	hiŋ				hiŋ		hiŋ	hiŋ		i̯iŋ	i̯iŋ	iŋ	
	梗三	iŋ				iŋ	iŋ	iŋ		iŋ	iŋ		iŋ	iŋ
	梗四	iŋ	iŋ	iŋ		iŋ	iŋ				i̯iŋ	i̯iŋ		
三阳	宕一	aŋ	aŋ	aŋ		aŋ	aŋ				aŋ	aŋ	aŋ	
	宕三				aŋ	i̯aŋ	i̯aŋ	aŋ	haŋ	aŋ	i̯aŋ	i̯aŋ	i̯aŋ	aŋ
	江二	aŋ		aŋ				u̯aŋ	u̯aŋ		i̯aŋ	i̯aŋ		
四支	止三	i	i	i		i	hi	i	hi	i	i	i	i	i
	蟹三	i				i	i	i		i	i			
六佳	蟹一	aj	aj	aj		aj	aj				aj	aj	aj	
	蟹二	aj				aj			aj		ij	ij	aj	
	曾一入		hij			hij	hij					ij		
	曾三入								hij					
	梗二入	aj						aj	aj		aj	ij	aj	
七真	臻一										hin	in		
	臻三	in				in	in	in	hin	in	in	i̯in	in	in
十一尤	流一		hiw			hiw	hiw				hiw	hiw	hiw	
	流三					iw	iw	iw	hiw	iw	iw	i̯iw	iw	iw
十三侵	深三				im	im	im	im	him	im	im		im	im

可以看出“知$_{\text{三}}$章、彻$_{\text{三}}$昌、澄$_{\text{三}}$船、书、常、日”为一类，“知$_{\text{二}}$庄、彻$_{\text{二}}$初、澄$_{\text{二}}$崇、生、俟”为一类，二类互补。张卫东曾指出，这个所谓的 h 不应该一会儿指示声母的差别，一会儿指示韵母的差别。我们则认为，其作用是非常复杂的，换言之，就是我们上文谈到的音节的整体区别，一方面，这两类声母所拼的韵母存在着二三等之别，大部分在《中原音韵》中尚不同音就是明证；另一方面，因为这两类声母在韵图上始终上分占二三等，从不淆乱，所以它们在《字韵》的体系中是会被加以区别的。最有力的证据就是重、崇之别，这二者应该已经同音，但受两大类声母对立音节不能同音的影响，它们也保持了区别。这正如三阳韵部的

庄、章之别，到底别在声母还是韵母？其实，《字韵》的编写者这里用的就是靠音节整体区别来展示对立的手段。

三　拼写力求整齐划一

3.1 类化——适用于部分对象的规则扩展到同类其他对象

正如我们在第二章中所谈到的，因为 ꡣ 合母只拼洪音，所以“后 ꡣꡞꡓ”等字的韵母不会是细音“ꡞꡓ”，而是相应的洪音“ꡖꡞꡓ”。接下来要说的是，一种做法一旦被认可接受，它就会被作为规则推广开去。ꡣ 合母的拼合规律并没有局限于“后”这一小韵，而是将所有韵母中含“ꡖꡞ”的匣母字全部涵盖了，即所有含“ꡣꡖꡞ”的洪音字字面上都拼作“ꡣꡞ”。如“侯 ꡣꡞꡓ”、“痕 ꡣꡞꡋ”“恒 ꡣꡞꡃ”等。其实，与此相关的现象远远不止于此。我们先看下表：

说明：我们将 i 类韵中与真实读音相符的拼写形式（即一等韵两个 ꡖꡖ 相连的拼式与三等韵未加 ꡗ 的拼式）称为基本式，而将一等韵省掉一个 ꡖ 的拼式与三等韵加了 ꡗ 的拼式称为变形式。称 a、e 类韵母的晓匣母字这种加 ꡗ 的拼写形式为“加强式”（详细说明见后），而按 a、e 类韵母通常的四等对应的韵母拼写的形式（如表三所示）则称为“正常式”。

i 类韵			基本式	变形式
	晓母	一等	（ꡜꡖꡞꡓ 吼）	ꡜꡞꡓ 吼
		三等	（ꡜꡞꡓ 休）	ꡜꡗ ꡞꡓ 休
			（ꡜꡞꡋ 欣）	ꡜꡗ ꡞꡋ 欣
	匣母	一等	（ꡜꡖꡞꡓ 侯）	ꡣꡞꡓ 侯
			（ꡜꡖꡞꡋ 痕）	ꡣꡞꡋ 痕
		三等	无	
a、e 类韵			正常式	加强式
	晓母	一等	ꡜꡓ 蒿	
		二等	ꡜꡗ ꡓ 虓	
		三等	ꡜꡠꡓ 嚻	ꡜꡗ ꡠꡏ 杴
		四等	ꡜꡗ ꡓ 晓	
	匣母	一等	ꡣꡓ 豪	
		二等	ꡜꡗ ꡓ 肴	
		三等	无	
		四等	ꡜꡗ ꡓ 皛	ꡜꡗ ꡠꡋ 贤 ꡜꡗ ꡠꡏ 嫌

从表上可以看出，匣母跟晓母所拼韵母是基本一致的（只有匣母无三等这一点不同），如果晓母无须分成 2 个声母，那匣母的分立也就不是必须的；反之，如果匣母语音上果真要分成 2 个，那晓母也就没有理由不作二分。所以我们认为，“[illegible] 侯后”等八思巴字拼写形式实际上是直接译写的蒙古语中的汉语借词，换言之，这里并不是按照该字在汉语中的实际读音译写的，而是据其在蒙古语中的对音形式（其读音已经过了蒙古语语音系统的改造）转写过来的。详细论证可参第二章。

下面再看晓母。在八思巴字汉语拼写系统中，i 类韵中的较开韵母其元音部分拼作“[illegible]”。但若晓母遇见该类韵母时就会出现“[illegible]”的拼写，这种同一书写符号（当然其意义与用法并不相同）连续出现的情形一般是力求避免的，于是就省掉了一个，直接写作“[illegible]”，如“吼 [illegible]”等。不过，这样倒正好与“后 [illegible]”等匣母洪音字的表现相一致，即都是拼写层面为细音，但实为洪音。

接下来的问题是，洪音“[illegible]”为避复而省作“[illegible]”，这就与原有的细音“[illegible]”难以区分了。该如何解决这一问题呢？要从声母上加以区分也并非易事（除非另造符号，但这要受制于藏文的符号系统）。于是八思巴字系统在这里采取了从韵母上加以区别的做法，那就是在细音字韵母前加 [illegible] 来标志，以免与洪音省变的形式相混淆，如 [illegible] 休，加了 [illegible] 以与 [illegible] 吼相区别（郑张尚芳 1998 曾论及此，不过，其主要观点及总体论证与我们大不相同，见上文）。打个比方说，就是鸠占鹊巢，鹊则另觅出路。如晓母“吼”字，其拼写形式因避复的要求由 [illegible] 省作 [illegible]，而原先三等韵晓母“休”字，当拼作 [illegible]，但现在二者冲突了。怎么办呢？现在只有一条解决途径，就是“休”要让路，拼作 [illegible] 以免与“吼”字冲突。所以在这儿韵母的真实读音与拼写形式就不一致了。可以这样说，我们看到 [illegible]（指所有包含这一组合的韵母），应该知道它代表的实际读音是 [illegible]；而 [illegible] 才代表 [illegible] 的读音。正因如此，所以有些韵部中虽然没有真正含 [illegible] 韵母的一等字，[illegible] 也变成了 [illegible]，原因就是以防误读作 [illegible]。如“欣歆”等的拼写（关于晓母字的这种递变方式，郑张尚芳 1998 曾作过讨论），见下：

-ꡜꡞ- 韵　　　　　-ꡞ- 韵　　　　　-ꡦꡞ- 韵

（ꡜꡜꡞꡓ）→ꡜꡞꡓ：吼　→（ꡜꡞꡓ）→ 休 ꡜꡦꡞꡓ

→　（ꡜꡞꡋ）→ 欣 ꡜꡦꡞꡋ

→　（ꡜꡞꡃ）→ 兴 ꡜꡦꡞꡃ

→　（ꡜꡞꡏ）→ 歆 ꡜꡦꡞꡏ

例外：　　　　ꡜꡞ 牺→四等有字，不能变 ꡜꡦꡞ←ꡜꡦꡞ 醯（四等齐韵字）

ꡜꡞ 以防误读作 ꡜꡜꡞ，变成了 ꡜꡦꡞ，但这又造成了新的冲突。因为一些韵中本来是存在四等韵字或重纽四等韵字的，其韵母正好拼作 ꡦꡞ，而三等的晓母字与之本不同类，但现在韵母拼写相同了。当然，其形成机制并不相同，所以始终貌合神离。但这会造成一些错误理解。

如在《蒙古字韵》中，也正是由于一等“吼 ꡜꡜꡞꡓ”字拼作 ꡜꡞꡓ，而原先位于此位置的“休”韵母加 ꡦ 拼作 ꡦꡞꡓ。但这实际上又造成了新的混乱，因为 ꡦꡞꡓ 韵韵字都是重纽四等或纯四等字，而三等字“休”被迫改变拼写形式加入 ꡦꡞꡓ 韵是很难融入的，因为二者性质本不相同，只是拼写形式偶合而已。臻摄的“欣”字遭遇了同样的尴尬。看如下分析（八思巴字头前数字为《蒙古字韵》所有音节的序号，附上以资比较）：

ꡜꡞ 类韵　　　　　ꡞ 类韵　　　　　ꡦꡞ 类韵

629 ꡂꡜꡞꡓ：沟　　599 ꡂꡞꡓ：九　　646 ꡂꡦꡞꡓ：樛

630 ꡁꡜꡞꡓ：口　　600 ꡁꡞꡓ：邱

→（ꡜꡜꡞꡓ）→ 616 ꡜꡞꡓ：吼 →（ꡜꡞꡓ）→ 648 ꡜꡦꡞꡓ：休

397 ꡂꡜꡞꡋ：根　　336 ꡂꡞꡋ：巾　　404 ꡂꡦꡞꡋ：紧

398 ꡁꡜꡞꡋ：恳

400 ꡆꡜꡞꡋ：臻　　340 ꡆꡞꡋ：真

→（ꡜꡜꡞꡋ）→ 354 ꡣꡞꡋ：痕

→（ꡜꡞꡋ）→ 405 ꡜꡦꡞꡋ：欣

这种情形董同龢先生在《汉语音韵学》（页195）中谈到《韵会》时就注意到了，他说："《韵会》晓母字独成一韵，如'麾''欣'等；并且原在韵书同韵而现在分别的那个韵中（如'规''妫'之与'麾'，'巾'之与'欣'）晓母又恰恰无字。由此可知，这种措置实在是和匣母分作'合'与'匣'平行的。"不过，当时因为八思巴字研究不受重视，所以其间的这种内在联系尚未发掘出来。

为全面展示晓匣二母的拼合情况，我们将《字韵》中二母所拼的音节列成如下表格：

说明：以元音统帅各韵部，为简便起见合口仅列出有对比需要的。另，表中5元音命名为基本元音；而 ė 在八思巴字蒙古语系统中为 i 与 e 的变体，而在八思巴字汉语拼写系统中又经常作标志元音的辅助符号，所以称其为准基本元音；派生元音组合则指使用标志元音的辅助符号 h、ė 与基本元音组成的元音组合）

		元音性质			相应韵部					
		基本元音	准基本元音	派生元音组合						
i类韵母	等第				四支	二庚	七真	十一尤	十三侵	六佳
	三庄及一			hi	hi	hiŋ （恒）	hin （痕）	hiw （吼） （侯）	him	hij （黑） （刻）
	二等牙喉			ėi		ėiŋ [illegible] [illegible]				
	三	i			i [illegible] 牺	iŋ [illegible] 恒	in [illegible] 痕	iw [illegible] 吼 [illegible] 侯	im	ij [illegible] 黑 [illegible] 刻
				ėi		ėi ŋ [illegible] 兴 馨	ėin [illegible] 欣	ėiw [illegible] 休	ėim [illegible] 歆	
	四				ėi [illegible] [illegible]		ėin [illegible]			

续表

		元音性质			相应韵部					
		基本元音	准基本元音	派生元音组合						
a、e类韵母	等第				十五麻	三阳	八寒、九先	十萧	十二覃	六佳
	一二	a			a [illegible] u̯a [illegible] [illegible]	aŋ [illegible] u̯a ŋ [illegible]	an [illegible] [illegible] u̯an [illegible]	aw [illegible] [illegible] u̯aw [illegible] [illegible]	am [illegible] [illegible]	aj [illegible] [illegible] u̯aj [illegible] [illegible]
	二等牙喉		ė		ė [illegible] [illegible]	ėŋ [illegible] [illegible]	ėn [illegible]	ėw [illegible] [illegible]	i̯am ［ėm］ [illegible] [illegible]	ėj［i̯aj］ [illegible] [illegible]
	三	e			e u̯e [illegible]		en	ew [illegible]	em	
	四		ė		ė [illegible] [illegible] u̯ ė [illegible] [illegible]		ėn [illegible] ėen [illegible] u̯ėn [illegible] [illegible]	ėw [illegible] [illegible]	ėm ėem [illegible] [illegible]	
u类韵母	等第				五鱼	一东	七真			
	一	u			u [illegible] [illegible]	u ŋ [illegible] [illegible]	un [illegible] [illegible]			
	二									
	三			ėu	ėu [illegible]	ėu ŋ [illegible]	ėun [illegible]			
	四					[illegible] [illegible]				

续表

		元音性质			相应韵部					
		基本元音	准基本元音	派生元音组合						
o类韵母	等第				十四歌		八寒、九先			附：三阳
	一	o			o [illegible] [illegible] u̯ o [illegible] [illegible]		on [illegible] [illegible]			o ŋ [illegible]
	二									
	三			ėo			ėon			
	四									
组合韵母					ue					
					ue [illegible] [illegible] ėue [illegible]					
					ėue [illegible] [illegible]					

从表上我们还可以看到，《字韵》中一个一直纠缠不清的小韵，那就是四支韵部中的“麾”字母韵，此字头《字韵》写本声母作 s，照那斯图、杨耐思《蒙古字韵校本》说其当为晓母 h，但如此则又与“隳”小韵重。《韵会》此独立为“麾”字母韵（讨论见《校本》页 166）。我们认为，这与上面讲到的“欣、歆”等字的情形一样，“麾”小韵也是因声母的缘故而从三等韵的集体中退了出来而再韵母前加了本不该有的字母 [illegible]，从而与四等韵的“嘒”“隳”（“隳”字《字韵》归在匣母，当为晓母）拼写同形了。当然，就韵母来看，“欣、歆”属 i 类韵母，而“麾”则是 ue 组合韵母，本不该加 [illegible]，这应该是受了类化的影响。其实，不止此例，更有甚者，“贤”“枕”“嫌”等字也因类化发生了相似的变化。我们推断，“[illegible]

贤”“嫌”等匣母音节的特殊形式就是受了晓匣母字韵母前加 [illegible] 做法的影响，如七真韵的“[illegible] 欣”“[illegible] 礥”等字与“贤”仅有主元音一个字母的差别，受其影响而发生类推变化是有可能的。这里不应忽视的是，“贤”“杴”“嫌”等属于 a、e 类韵母，是四等俱全的韵部，而因为 [illegible] 充作二四等的元音符号，所以它们四等中每一等都有相应的元音来表达，按说不需要其他手段来辅助表达（这与 i 类韵的用 i 表三等，用 ėi 表四等的情形是不同的）。但就是因为这种晓母细音字加 [illegible] 规则的影响，使得不少 a、e 类韵母的晓匣母细音字也在前边加了 [illegible] 来表达。我们在这里给这种表达一个特殊的名称。因为这种做法是在刻意强调其晓匣母字的身份，所以我们称 a、e 类韵母的晓匣母字这种加 [illegible] 的拼写形式为“加强式”，而按 a、e 类韵母通常的四等对应的韵母拼写的形式则称为“正常式”。相应地，按照现有的研究结论，我们将 i 类韵中与真实读音相符的拼写形式（即一等韵两个 [illegible] 相连的拼式与三等韵未加 [illegible] 的拼式）称为基本式，而将一等韵省掉一个 [illegible] 的拼式与三等韵加了 [illegible] 的拼式称为变形式。如前面表五中所示，其实，“[illegible] 杴”“[illegible] 贤”等的拼写就是模仿了 i 类韵晓母三等字的做法，即以三等主元音为基准，在其前面加 [illegible] 来表示晓匣母细音字（限于三四等）。

3.2 裹胁——适用于同类大部分对象的规则扩展到本类中与此规则无关的对象

这里我们要谈的是知庄章的纠葛。这个问题一直是近代音研究中的热点问题。在元代的重要韵书《中原音韵》中，如果从音位学的角度讲，所谓的知二庄、知三章两组声母并不发生冲突，是互补的。也就是说，这两组声母字在同一韵部里出现时，其韵母不同。同时，在支思韵部和东锺韵部里，这两组声母字在同一个小韵出现，更说明这两组声母同一音位，无疑是合并了的。此外，当时的其他资料也是把“知章庄”三组字并为一组的。”（杨耐思《中原音韵音系》页 26）

那《蒙古字韵》的情况呢？正如我们在第二章中所谈到的，从“崇”“终”共韵、“重”“虫”迁居我们就可以很清楚地知道，“崇”“重”韵母已经无别，其拼写差异只是作为字面上的一种区别手段而已，质言之，就是为了维护最小对立这道最后的防线。只要这条界线存在着，那知二庄、知三章的界限在该韵部中就是不可逾越的。为什么韵书的编者如此热衷于维护这一界限呢？原因就是除却该韵部与四支韵部，其他所有韵部中知二庄与知三章的界限都是崭然不相混淆的。于是，为了维护同类语音成分在分布上的整齐划一，韵书编写者就一定要让“崇”“重”读音有别。至于四支韵部中有关支思韵的形成问题，向来纠缠较多，正如我们在第二章中指出的，精组字韵母的变化是肯定的，其他声母字则另当别论，而无论其韵母究竟属何样态，在这里知二庄与知三章的韵母是一定要使用不同的拼写形式的。换言之，在这里，从拼写形式上无法得到它们韵母真实读音的准确信息。因为它们首先是这两组声母要从形式上加以区别的形式化的产物，而不应看作是完全符合实际语音的拼写形式。

第二节 拼写的真实性与虚假性

一 《蒙古字韵》音系的虚假成分

在前面几章的讨论中，我们多次谈到《蒙古字韵》中有一些因为拼写或其他方面的原因而产生的特殊现象，如喻三入疑，喻母三四等严格区分，牙喉音严格区分四等与重纽等，这些都是很可疑的，因为这与同时代的其他材料反映的情形很不一致，只有《古今韵会举要》与之相符，但通过种种迹象，我们认为《韵会》很可能因袭了《字韵》。既然如此，如果再用《字韵》的声韵格局特别是包含那些可疑现象来作为进一步论证的基础的话，那其可信度就会打一些折扣了。如关于“重纽”的一些讨论中，不少学者都以《蒙古字韵》作为元代存在“重纽”的有力证据（如冯蒸 2001、张渭毅 2003），并将之与前代的重纽格局加以比较，从中探讨重纽的消变轨迹。冯蒸 2001 还将《蒙古字韵》与《切韵指掌图》作了比较，用《字韵》的标音体系来证明《指掌图》语音的现实性。其实，如宁忌浮 2007 指出的，《字韵》源于《新刊韵略》，其格局在很大程度上是对传统韵书的继承。而《指掌图》呢，一般也认为在很大程度上反映了读书音。我们认为，二者的一致性或说其契合点是都在一定程度上反映了传统韵书的一些特点，而并非因为二者都反映实际语音所以表现出了很大的一致性。

从上世纪中叶以来，在《蒙古字韵》中的研究中存在着一种较强的倾向性，那就是将八思巴字标音视为完全客观的标音体系，认为只要运用西方的音系学理论加以细致分析就是了。于是，桥本万太郎、中野美代子、沈钟伟等学者就都充分运用了音位学与音系学的理论，在严格遵守八思巴字标音体系轸域的前提下，对每一标音成分都用国际音标进行了译写。他们的做法，无疑是成功的，具有极大的优越性。不过，需要指出的是，他们忽视了一点，那就是八思巴字标音体系的轸域与实际语音并非完全对应，质言之，同一符号可能代表不同读音，不同符号也可能代表相同的读音。下边我们就举例说明。

同一符号代表不同读音：

同是[illegible]（hi），出现在不同字头音节中：

[illegible]：淄

[illegible]：臻

[illegible]：争

据元代语音研究的成果，可以断言，“[illegible]：淄”中的“[illegible]”与后二例中的读音绝不相同，这是同一符号代表不同读音的典型例证。之所以会出现这种现象的根本原因当然就是字母符号与实际之间无法实现一一对应，符号数量不够且表音不精确，这在前几章我们已谈到，此不赘。

不同符号代表相同读音：

崇 [illegible]

重 [illegible]

崇、重韵母不同实则读音相同，因为与“重”声母韵母发展同步的“中终”等字韵母都作 [illegible]，所以可知“重”韵母之所以作 [illegible] 与本为一类的韵字分开，其实就是为了把“崇”、“重”分开，以使知二庄与知三章两组声母的字维持界限（参第二章的有关论述）。

同时兼有这两种情况的还有晓、匣母字：

[illegible]：沟　　[illegible]：九　　[illegible]：樛

[illegible]（[illegible]）：吼　　[illegible]（[illegible]）：休

晓母“吼”字按韵母拼写当与“九”同韵，但实则与“沟”同韵；“休”字按韵母拼写当与“樛”同韵，但实则与“九”同韵。这儿出现的这些复杂情况完全可以用我们上边说过的一句话来作结：同一符号可能代表不同读音，不同符号也可能代表相同的读音。如上文所说过的，西方有些学者对这些现象多严格按书面拼写形式进行纯粹音系学的解释，这样就会得出一些不尽符合实际的看法。

二　郑再发《蒙古字韵》研究方法的再思考

郑再发在《蒙古字韵跟跟八思巴字有关的韵书》“引言”中提出“构拟《蒙古字韵》的音系，有三个途径：

1. 把《蒙古字韵》里的八思巴字对音，当《中原音韵》里的圆圈看待。拿现代方言去对照同韵类同声调而不同字音间的异同，以推测汉字在元初的音读。由此途径既不借助于汉语八思巴字，则《蒙古字韵》的考订工作但是多余的了。

可是如此既暴殄了汉语八思巴字的语料价值，所得的结果也难免于疑是之间。例如中古疑母字变到《蒙古字韵》里，分成两个不在同一韵母前出现的声母，假使不借助于八思巴字译音，我们难保不把它们一齐订作 ŋ- 或 O-……

2. 由现代蒙古方言推测元初八思巴字的读音，然后利用它来标写《蒙古字韵》的汉字音韵。由此途径虽也要研究《蒙古字韵》，但最重要的还是先求精通蒙古语音史，与元初蒙汉语音间的对应关系。这是最迂回的办法。

3. 以现代方言的知识，对照《蒙古字韵》中不同音的汉字间八思巴字译写法的异同，来构拟《蒙古字韵》的音系。由此途径既可不必事先精通蒙古语音史等，又不暴殄了蒙文译音的价值；唯一麻烦的是：要将《四库提要》所谓“传讹之本”的《蒙古字韵》，整理出一个可资凭藉的体系。

上面三个途径中，我认为第三条最可行。

以上郑再发归纳的研究《蒙古字韵》的三条途径确实非常恰切。不过，由于种种限制，郑先生认为第三条最为可行。我们在初步研究的基础上，认为郑先生的看法很有见的，而且他本人及后来的一些学者也确实在这条研究路子的指引下取得了不小的成绩。但我们要说的是，在以这第三条途径为主要研究思路的同时，另外两条途径也不应完全弃而不用。我们以上的一些分析已经证明，那些受八思巴字特殊规则制约的特殊拼写形式是不能据字面拼写去拟音的，我们不应为八思巴字表面的拼写形式所误导。杨耐思先生在《八思巴字汉语音系拟测》（载《近代汉语音论》176—180页）指出："根据上述八思巴字字母表的特殊性，字母的读音也有不同一般的特点。除了专为译写某种民族语言而新增的字母应该根据该民族语言的音系来订它们的读音外，译写各民族语言共用的字母，它们的读音都不能视为一成不变，而应该分别从各民族语言的音系去了解，就是说，那些译写各民族语言共用的字母，它们的读音只能从所拼写的该语言本身的音系去了解。译写汉语的属于原字母表上字母的读音只能从元代汉语音系去了解，去拟测，用于拼写别种语言的读音只能起到参证作用。"（杨耐思 1997）如我们前文谈到的喻三入疑现象，合、匣的纠葛等等，这些必须要在一定程度上绕开八思巴字拼写形式依据汉语音系去构拟，才能得出较为切合实际的读音。而要这样做，那就得按途径一所说，"把《蒙古字韵》里的八思巴字对音，当《中原音韵》里的圆圈看待。拿现代方言去对照同韵类同声调而不同字音间的异同，以推测汉字在元初的音读。"正因为"由此途径既不借助于汉语八思巴字"，所以就避免了拘泥于八思巴字拼写形式去妄作猜测，同时，也因为我们认为这种办法只适用于那些受特殊规则制约的字头音节，所以"《蒙古字韵》的考订工作"不是"多余的"。原因是我们更多的拟音还是要以八思巴字标音为依据的，即使是那些要绕开八思巴字拼写形式的特殊对象，其拟音也还是要参考同类其他音节的八思巴字标音。因为尽管它自己的标音因为受特殊规则制约发生了特定的形式变化，使我们无法据形索音（如"ꡜꡠꡓ 侯"），但那些不受特殊规则制约的同类对象（如"ꡂꡞꡠꡓ 沟"）其拼写形式还是我们拟音的重要依据，包括特殊对象（如"ꡜꡠꡓ 侯"）的拟音。

另外，我们要说的是，郑再发先生指出的第二条途径也是非常重要的，尽管有很大难度，尽管"这是最迂回的办法"。因为在"精通蒙古语音史，与元初蒙汉语音间的对应关系"的基础上再去研究《蒙古字韵》，那就是掌握了一把利器。工欲善其事，必先利其器。"由现代蒙古方言推测元初八思巴字的读音，然后利用它来标写《蒙古字韵》的汉字音韵"，这样可以使我们更好地认识这些用来译写汉字的八思巴字符号的真正性质及其使用规则，我们才能真正把握它们在拼写中的种种特殊表现，如零声母符号的使用情况；再如我们掌握了合、匣母在中世蒙古语中的发音特点等就可以对借词的发音特点加以探讨，从而为进一步研究《蒙古字韵》奠定基础。

综上述，现在看来，《蒙古字韵》最理想的研究方法就是以郑再发第三条途径为基础，以一二条作辅助。我们将此归结为以下几句话：研究《蒙古字韵》要将元代韵书、汉语方言与八思巴字标音相印证，最好熟悉蒙古语音史，部分标音不要拘泥于八思巴字表面拼写形式。

第五章 《蒙古字韵》与元代语音研究

第一节 《蒙古字韵》与《古今韵会举要》

如前边几章经常谈到的,《古今韵会举要》与《蒙古字韵》之间存在着极为密切的关系，还有《韵会》前所附《七音三十六母通考》跟前二者之间的关系也肯定很不一般。我们在第二章中谈到云母入疑时曾指出，这儿可以证明《韵会》是因袭《字韵》的。其实，还有不少的表现也可以说明这一点。如一个“眼”字，就可以向我们展示三者的区别与联系。它在《通考》中尽管标为喻母箭字母韵，但仍排在疑母位次。其位次应该的依据《韵会》的，声母字母韵则依《蒙古韵》。但“颜”则标为“疑母干字母韵”，位次声母依《韵会》，字母韵据《蒙古韵》。但声母与字母韵是相互制约的，韵母方面疑母二等并入一等是以声母上的疑母作喻为前提的，若声母还原为疑母，则韵母就要回归到二等韵中去。否则就造成冲突与混乱。下面先来谈一下这一问题。

一 疑二归一，以声别韵

如上文所说，在二等中也存在疑母和喻四书写符号 ꡗ 的纠葛。我们认为，这也是为了对不同等第的字作出书写形式上的区别。如上文讨论三四等中疑、喻纠葛时所说，二等的疑母字在《蒙古字韵》中全都作喻母 ꡗ，这应该昭示了北方官话方言中疑母向零声母的转变及二等喉牙音 i̯ 介音的滋生（这从学界对《中原音韵》等北音材料的研究结论可以知道）。但我们不应忽视，《蒙古字韵》中二等疑母字是与相应的同摄一等字归属同一韵类的（即韵母相同）。这样其滋生的 i̯ 介音就只能由声母喻母 ꡗ 来表示了。为了进一步说明问题，下面我们据《蒙古字韵》“八寒”部韵字出现情况编制韵表（开合皆备的只列开口）：

表例：本表按《韵镜》等韵图方式制图，但为了方便说明问题，四等中必要时标出假二等。其次，表中一般不列韵字，须重点讨论的，则列出部分八思巴字字头的拼写形式及代表韵字，本位有字时，写出其声母。如“非”母列于图上，就代表三等非母处有字。第三，若中古某声母字在《蒙古字韵》中用他声母来译写，在图上则将该声母用“[　]”括出，其下写出用以代它的声母。如“[疑]”下有“喻”表示《字韵》中该音节中的“疑”母译写作“喻”母。

八寒（开口）：

ꡋ 韵：

半齿 半舌 音　音	喉 音	齿 音	牙 音	舌 音	唇 音	
来	匣晓影 ꡖꡋ 安	心从清精 ꡒꡋ 赞	疑　溪见 ꡃꡋ　ꡂꡋ 岸　干	泥定透端 ꡊꡋ 单		一等
	［影］ 幺 ꡗꡋ 殷	生崇初庄 ꡆꡋ 盏	［疑］ 喻 ꡗꡋ 颜雁	［娘］ 泥	明並滂帮 ꡎꡋ 班	二等
		崇				假二
					微奉敷非 ꡤꡋ 翻	三等

[八思巴字]（[八思巴字]-）韵：

半齿 半舌 音 音	喉 音	齿 音	牙 音	舌 音	唇 音	
	匣 [八思巴字] 闲		溪 见 [八思巴字]；[八思巴字] 悭 间			二等

由表中可以看出，二等疑母字如八寒的“颜”字八思巴字拼写形式作[八思巴字]，与相应的同摄一等字如“干”（八思巴字拼写作[八思巴字]）归属同一韵类，即韵母相同，都作[八思巴字]。这样其滋生的 i̯ 介音就只能由声母喻[八思巴字]来表示了。与之相似的还有喉牙音影母的“殷[八思巴字]”。这两个可以看作二等喉牙音字的另类。因为在八思巴拼写系统中，滋生出 i̯ 介音的二等喉牙音字的韵母是有专门的拼写形式的，如八寒韵部中就为之专门设立了“[八思巴字]（[八思巴字]-）”韵，但与之相拼的声母很少，一般只有喉牙音声母“见溪晓匣”。其主要原因就是疑母和影母分别由喻[八思巴字]和[八思巴字]来译写从而归入一等，使得二等的成员减少了（当然，二等还有唇音和齿音，但它们没有滋生介音，并入一等是自然的）。不过，即使“颜[八思巴字]”“殷[八思巴字]”等并入一等也只是形式上的，因为其韵母毕竟不同，这与八思巴字拼写系统是不协调的。但这也是不得已而为之，二等疑母“颜”与影母“殷”若不并入一等而是留在二等与见母等字同韵（指拼写形式上）的话，那其拼写势必作[八思巴字]、[八思巴字]，那就很可能与四等的“[八思巴字]延、[八思巴字]烟”发生冲突，因为后者韵母的元音部分只能写作“[八思巴字]”或“[八思巴字]”。看下表：

	八寒				十萧			
一等	[八思巴字]干	[八思巴字]看	[八思巴字]岸	[八思巴字]安	[八思巴字]高	[八思巴字]考	[八思巴字]敖	[八思巴字]鏖
二等			[八思巴字]颜	[八思巴字]殷			[八思巴字]聱獒	[八思巴字]坳
	[八思巴字]间	[八思巴字]悭			[八思巴字]交	[八思巴字]敲		
三等	[八思巴字]建		[八思巴字]言		[八思巴字]骄		[八思巴字]鴞	
四等	[八思巴字]坚	[八思巴字]牵	[八思巴字]延	[八思巴字]烟	[八思巴字]骁	[八思巴字]窍	[八思巴字]尧	[八思巴字]要

在这儿我们看到影母是会造成冲突的。或由于此，疑、影二母字保持了步调一致，都并入一等，其滋生的 i̯ 介音就只能由声母喻 ꡭ 和 幺 ꡗ 来曲折表示，我们姑称之为“以声别韵”。那见母字如“间”拼作“ꡀꡦꡋ”与四等“坚ꡀꡦꡋ”造成了冲突，它为何不并入一等呢？显然，“间”要并入一等就只能拼作“ꡀꡋ”，这就与“干ꡀꡋ”冲突，本为避免冲突却又造成了新的冲突，这不是理想的结果。而要想改变声母来学习疑、影二母字“以声别韵”的作法，但八思巴字符号系统中已经没有可以使用的多余符号，若强行使用，只会造成新的混乱，所以只好让二等的见溪晓匣诸母字独成一韵，使用与四等极易混淆的拼写形式。不过，这些二等字并没有坐以待毙，在实践中，出现了一种变通手段，那就是二等的见溪晓匣诸母字韵母的元音部分虽然一般写作“ꡦ”，但在实际使用中，却经常写作“ꡠ”，所以《蒙古字韵校本》中认为二种书写形式并存（见该书后“八思巴字头转写表”）。不过，四等韵字中表示其韵母的元音部分的“ꡦ”是绝对不会写作“ꡠ”的，这正是二者的最大区别。

二 《韵会》不察，改喻归疑

2.1《韵会》疑二入一非闽音反映

上面我们看的是《蒙古字韵》中疑母二等写作喻母并入一等的情形，那《韵会》当中对此是作何处理的呢？我们看到，《韵会》中疑母二等字是标为“角次浊音”“疑母”的，该书前的《古今韵会举要凡例・音例》中说：“吴音角次浊音即雅音羽次浊音，故吴音疑母字有入《蒙古韵》喻母者。今此类并注云：‘《蒙古韵》音入喻母。’”其中所说的“吴音”指《广韵》所代表的音系，又称“旧音”，这是当时的流行称呼。（杨耐思 1997：页 136）所以我们可以说，在声母的问题上《韵会》是尊重了传统，不论疑母是否变为零声母都依然置于疑母的地位上。但在字母韵的归属上，《韵会》并不拘泥于《切韵》系韵书的传统，而是认为“韵书讹舛相袭……有切异音同而别韵出者，不再定音，注云：‘音与某韵某字同。’”（《古今韵会举要凡例・音例》）看来该书作者对《切韵》系韵书的分韵并不满意，显然他是从他自己业已采用的字母韵为着眼点来看待“吴音”“旧韵”的。而对于“字母韵”，有些学者也在从闽音角度加以探讨（下文我们还会论及）。那疑母二等字不从"《蒙古韵》音入喻母"，而是标为"角次浊音""疑母"。这是否也有暗合闽音的用意呢？看下表（据《闽语研究》页349、355）：

《韵会》字母韵	邵武方言中的读音情况	中古音韵地位
官	官 kuon	合口一等
	端 ton	
干	看 k'on	开口一等
	丹 tan	
	颜 ŋan	开口二等
间	艰 kan	

从表上我们可以看出，邵武方言中的读音情况比较复杂，与《韵会》字母韵很不一致。即使我们认为一等开、合口牙音字读音变化都是后起的现象（即"看k'on"等一等开口牙音字与其他一等合口字脱离独为一韵母，二等开口牙音字"艰 kan"等则与一等开口非牙音合流），那开口二等字牙音声母不腭化一般不滋生 i̯ 介音反映的则应是较早的语音现象。因为今天不少的南方方言中尚未发生这一音变。看下表（表据《汉语方音字汇》第二版重排本）：

颜 山开二平删疑	北京	济南	西安	太原	武汉	成都	合肥	扬州	苏州	温州
	iɛn	iæ̃	iæ̃	ie	iɛn	iɛn	ĩ	iæ̃	jiɪ 文 ŋᴇ 白	ŋa
	长沙	双峰	南昌	梅县	广州	阳江	厦门	潮州	福州	建瓯
	iẽ 文 ŋan 白	ŋa	ŋan	ȵian	ŋan	ŋan	gan	ŋueŋ 文 ŋaŋ 白	ŋaŋ	ŋaiŋ
艰 山开二平山见	北京	济南	西安	太原	武汉	成都	合肥	扬州	苏州	温州
	tɕiɛn	tɕiæ̃	tɕiæ̃	tɕie	tɕiɛn 文 kan 白	tɕiɛn	tɕĩ	tɕiæ̃	tɕiɪ	ka
	长沙	双峰	南昌	梅县	广州	阳江	厦门	潮州	福州	建瓯
	kan	kæ̃	kan	kian	kan	kan	kan	kaŋ	kaŋ	kaiŋ

正因南方方言大部分二等牙音不腭化，不滋生 i̯ 介音，所以语音史上一般把这种变化看作是北方官音的特征。循此思路，若《韵会》要在这里与闽音相一致的话，

那不但“颜”等二等疑母字要归入一等，二等的牙音字如“艰”等都应该与一等合流，质言之，“间”等专为二等牙喉音设立的字母韵无须存在。那在这儿《韵会》是不是又遵循了北方官音的标准呢？我们认为也不是。如表十所示，“颜”等二等疑母字在《韵会》中归入一等，属“干”字母韵，若据北方官音，“颜”则当在“间”字母韵。

2.2《韵会》袭《字韵》疑二入一，造成“重纽”冲突

从上文的讨论可以知道，用闽音、官音都无法解释《韵会》“干”、“间”等字母韵的分合，那其来源是什么呢？我们认为是以《蒙古韵略》(或《蒙古字韵》)为代表的八思巴字拼写系统。如上文表九所示，在八思巴字拼写系统中，二等疑母字如八寒的“颜”字八思巴字拼写形式作ꡃꡋ，与相应的同摄一等字如“干”(八思巴字拼写作ꡂꡋ)归属同一韵类，即韵母相同，都作ꡋ；而与二等的见溪晓匣诸母字不同韵，后者的韵母部分拼作ꡗꡋ(ꡗ-)。

当然，我们也不应忽视，二者也有不同之处，那就是上文讨论过的《韵会》疑母二等字不从“《蒙古韵》音入喻母”，而是尊重传统标为“角次浊音”“疑母”。正如杨耐思先生所说：“《韵会》作者在审音问题上还带有点因袭守旧的作风和糊涂观念”(杨耐思 1997：页 139)。不过，更为麻烦的是，这样带来了非常严重的后果。这就是在同一个“干”字母韵中，居然有两个疑母小韵，而这两个小韵又不同音，这就造成了冲突，这种冲突有点类似于音韵学上的谜题——“重纽”。该问题的出现导源于《韵会》对八思巴字拼写系统不够熟悉。质言之，《蒙古字韵》中二等疑母字“颜”并入一等韵中是以疑母作喻为前提的，因为这样韵虽同但声不同，这才能保证北方官话中本不同音的两个小韵在八思巴字拼写中不会同音。若像《韵会》那样想尊重传统，疑母即使变为零声母了也要写作疑母，那就应当使二等疑母字如“颜”等重新回到二等牙喉音的阵营中(对“颜”来说，就是归入“间”字母韵)；而不应当在声母上尊重传统改喻为疑与《蒙古字韵》相悖，而在字母韵的分合上又承袭《蒙古字韵》二等疑母字并入一等。这种做法实际上是依违于《切韵》系韵书的“吴音”“旧韵”与《蒙古字韵》所代表

的“雅音”之间，莫衷一是，于是又造成了新的矛盾。这可以看作是对八思巴字拼写系统的误读、误袭。

三 《韵会》疑、鱼、喻母的考察

从前文的讨论中我们知道，《韵会》中疑、鱼、喻三母间存在很多纠葛。下面我们将《韵会》中这几母的所有小韵整理出来（喻四母除外），若从传统三十六字母的角度看，就是疑母、喻母（喻四除外）的所有小韵。

说明：疑母字标出序号，全书排序。喻三母标明喻三，并标出序号。其他与之比较的对象依表中所说。表中各小韵顺序基本按《韵会》，但改为四声相承，若相距较近且又共属同一字母韵的则将顺序做适当调整，如支、微分别按开合口搭配。另外，入声处理依《字韵》附于相应阴声韵后。后两栏中若出现“同”字样，是指《七音三十六母通考》、《蒙古字韵》中声母类别及字母韵（《字韵》无字母韵，依其标音折合，不再另行说明）与《韵会》中相同。另，序号下用字母标明该小韵在声母上的表现，前一字母指在《韵会》中的表现，后边括号中的字母则指《字韵》中相应情况。这些字母各表达意义为：

A. 疑母为疑（一般为疑母一、三等字）；

B. 疑母或喻三为鱼；

C. 疑母为喻（一般为疑母二、四等字）；

D. 喻三为疑，且《韵会》改动反切，即将原先的喻三母上字改为疑母上字（因《字韵》无反切，故不存在是否改动反切问题）；

E. 喻三归疑，维持喻母旧切（此条仅针对《韵会》，与《字韵》无涉）；

F. 喻三不变。

如 A（C），即指该疑母小韵在《韵会》中作疑母，但在《字韵》中则译写为喻母。其他以此类推。先看下表：

序号	等呼	声调	《韵会》目次	《广韵》韵目	疑母字（含喻三）			位次	反切	旧音	引《蒙古韵》	所属字母韵	《通考》情况	《蒙古字韵》情况
					作疑者	作喻者	作鱼者							
1 B (B)	三等	平	二冬鍾	锺			顒	角次浊次音	鱼容切			弓	同	同
2 A (无)	二等	平	三江	江	⿰山兒			角次浊音	吾江切			江	同	（无）
3 A (A)	三等开口	平	四支脂之	支	宜			角次浊音	疑羈切	旧音鱼羈切	按蒙古韵略宜字属疑母旧音属鱼母	羈	同	同
4 A (A)				之	疑			音与宜同	疑其切	旧音鱼其切		羈	同	同
5 A (A)			五微	微	沂			音与宜同	鱼衣切			羈	同	同
6 A (A)		上	四纸旨止	纸	螘			角次浊音	语绮切			己	同	同
7 A (A)				止	拟			音与螘同	偶起切					

续表

喻三 1 E (D)	三等开口	上	四纸旨上	止	矣			音与蠬同	于己切					
8 A (A)			五尾	尾	顗				疑岂切	旧韵语岂切		己	同	同
9 A (A)		去	四寘至志	寘	义			角次浊音	宜寄切			寄	同	同
10 A (A)				至	劓			音与义同	疑器切	旧韵鱼器切				
11 A (A)			五未	未	毅				疑既切	旧韵鱼既切				
12 A (无)			八霁祭	祭重三	劓			音与议同	牛例切					(仅有一劓字，当属至韵)
13 A (A)			十一队代废	废	乂			音与乂同	疑刈切	旧鱼刈切			同	同
14 B (A)		入	五勿迄	迄			疙	角次浊次音	鱼乞切			讫	疑母	疑母

续表

15 A (A)	三等开口	入	十一陌麦昔	陌	逆			角次浊音	仡戟切			讫	疑母	疑母
16 A (A)			十三职德	职	嶷			音与勿韵疙同	鄂力切					
17 A (A)			十四缉	缉	岌			音与疙同	逆及切					
18 B (B)	三等合口	平	四支脂之	支			危	角次浊次音	虞为切			妫	同	同
喻三 2 B (B)				脂			帷	同上	于龟切	旧音与危同		妫	同	同
喻三 3 B (B)				支			为	同上	于妫切			妫	同	同
喻三 4 B (B)			五微	微			韦	音与危同	于非切			妫	同	同

续表

19 B (B)	三等合口	平	五微	微			巍	音与危同	语韦切			妫	同	同
20 A (B)		上	四纸旨止	纸	頠			角次浊音	五委切			轨	鱼母	鱼母
喻三 5 F (B)				旨		洧		羽次浊音	羽轨切			轨	鱼母排在喻母位置，其他鱼母排在疑后	鱼母与頠同音，与喻四不同音
喻三 6 F (B)				纸		蔿		音与洧同	羽委切			轨		
喻三 7 E (B)			五尾	尾	韙			音与頠同	羽鬼切			轨	鱼母	鱼母
喻三 8 B (B)		去	四寘至志	寘			伪	角次浊次音	于睡切			媿	鱼母	鱼母
喻三 9 F (B)				至		位		羽次浊音	喻累切		蒙古韵音入鱼母			

续表

喻三 10 F (B)	三等合口	去	四寘至志	寘		为		音与位同	于伪切			媿	鱼母	鱼母
喻三 11 B (B)			五未	未			胃	音与伪同	于贵切					
喻三 12 B (B)							魏		虞贵切					
喻三 13 B (B)			八霁祭	祭			卫		于岁切					
21 B (B)	三等	平	六鱼	鱼			鱼	角次浊次音	鱼居切	旧韵牛居切		居	同	同
22 B (B)			七虞模	虞			虞	音与鱼同	元俱切			居	同	同
喻三 14 B (无)							于	音与鱼同	雲俱切			居	同	无此韵字

续表

23 B (B)	三等	上	六语	语			语	角次浊次音	语许切	旧韵偶许切		举	同	同
24 B (B)			七麌姥	麌			麌	音与语同	鱼矩切	旧音五矩切		举	同	同
喻三 15 B (B)				麌			羽		王矩切			举	同	同
25 B (B)		去	六御	御			御	角次浊次音	鱼據切	旧音牛據切		據	同	同
26 B (B)			七遇暮	遇			遇	音与御同	元具切					
喻三 16 B (B)							芌		王遇切					
喻三 17 B (B)		入	一屋	屋			囿	角次浊次音	于六切			匊	同	同
27 B (B)			二沃烛	烛			玉	音与囿同	虞欲切				同	同

续表

喻三 18 B (B)	三等		四质术栉	质			颶	音与玉同	越笔切			匊	同	同
喻三 19 B (B)			五勿迄	物			䫻		王勿切				同	同
28 B (B)							崛		鱼屈切				同	同
29 A (C)	一等	平	七虞模	模	吾			角次浊音	讹胡切			孤	同	喻母ꡝ
30 A (C)		上	七麌姥	姥	五				疑古切	旧音阮五切		古	同	
31 A (C)		去	七遇暮	暮	误				五故切			顾	（缺）	
32 C (C)	四等开口	平	八齐	齐		倪		音与移同	研奚切			羁	同	同

续表

33 A (无)	四等开口	上	八荠	荠	掜			音与纸韵螘同	吾礼切			已	同	无此小韵字
34 C (C)		去	八霁祭	祭 重四		艺		音与易同	倪祭切			寄	(缺)	同 喻母
35 C (C)				霁		诣			研计切					
36 A (C)		入	十二锡	锡	鹝			音与勿韵疙同	倪历切		蒙古韵音入喻母	讫	同	喻母
37 A (C)	二等	平	九佳皆	佳	厓			角次浊音	宜佳切		蒙古韵音入喻母	该	喻母该字母韵	喻母
38 A (C)		入	十一陌麦昔	陌	额			角次浊音	鄂格切		蒙古韵音入喻母	额	喻母额字母韵	喻母额字母韵
39 A (A)	一等开口	平	十灰咍	咍	皑			角次浊音	疑开切	旧音鱼开切		该	同	同
40 A (C)		上	九蟹骇	骇	騃				语骇切		蒙古韵音入喻母	改	鱼母	喻母

续表

41 A (A)	一等开口	去	九泰	泰	艾			角次浊音	牛蓋切			盖	同	同
42 A (A)			十一队代废	代	礙			音与艾同	牛代切					
43 B (B)	一等合口	去	九泰	泰			外	音与伪同	鱼会切	旧音五会切			缺	同
44 B (B)		平	十灰咍	灰			嵬	音与危同	鱼回切	旧韵吾回切		妫	同	同
45 B (B)		上	十贿海	贿			隗	音与纸韵洧同	五贿切			轨	同	同
46 B (B)		去	十队代废	队			磑	音与伪同	鱼对切			媿	同	同
47 B (B)	二等合口	去	十卦怪夬	怪			聵	角次浊次音	鱼怪切			卦	同	同

续表

48 A (A)	三等开口	平	十一真谆臻	真	银			角次浊音	疑巾切	旧音鱼巾切		巾	同	同
49 A (A)			十二文欣	欣	龈			与真韵龈同	疑斤切	旧音鱼斤切		巾	同	同
50 A (A)		上	十二吻隐	隐	听			角次浊音	疑谨切	旧韵语谨切		谨	同	同
51 A (A)		去	十二震稕	震	慭				疑仅切	旧韵鱼谨切		靳	同	同
52 A (A)			十三问焮	焮	垽				语靳切				鱼母	疑母
喻三 20 B (B)	三等合口	平	十一真谆臻	真			筠	角次浊次音	于伦切			筠	同	同
喻三 21 B (B)			十二文欣	文			雲	角次浊次音	于分切			筠	同	同

续表

喻三 22 B (B)	三等合口	上	十一轸准	轸			殒	角次浊次音	羽敏切			陨	同	同
喻三 23 B (B)		去	十三问焮	问			运		王问切			运	同	同
53 A (无)	一等开口	平	十三元魂痕	痕	垠			角次浊音	五根切			根	同	(无)
54 A (无)		上	十三阮混很	很	限			角次浊音	鱼懇切			懇	同	(无)
55 A (无)	一等合口	去	十四愿慁恨	慁	诨			角次浊音	吾困切			睔	同	(无)
56 B (B)	三等合口	平	十三元魂痕	元			元	角次浊次音	愚袁切			涓	同	同
喻三 24 B (B)							袁	音与元同	于元切			涓	同	同

续表

57 B (B)	三等合口	上	十三阮 混很	阮			阮	角次浊音	五远切			畎	同	同
喻三 25 B (B)							远	音与阮同	雨阮切					
58 B (B)		去	十四愿 慁恨	愿			愿	角次浊次音	虞怨切			睊	同	同
(A)	一等开口	平	（十四）	（寒）	（豻）									疑母
59 A (A)		去	十五翰 换	翰	岸			角次浊音	疑旰切	旧韵鱼旰切		旰	同	同
60 A (C)	一等合口	平	十四寒 桓	桓	岏			角次浊音	吾官切			官	同	喻母[illegible]
61 A (C)		上	十四旱 缓	缓	輐				五管切			管	同	（缺）
62 A (C)		去	十五翰 换	换	玩				五换切			贯	同	喻母[illegible]

续表

63 A (C)	二等开口	平	十五删山	删	颜			角次浊音	牛姦切		蒙古韵音入喻母	干	同	喻母干字母韵
64 A (C)		上	十五潸产	产	眼				语限切			笴	喻母但在牙音位置	喻母笴字母韵
65 A (C)		去	十六諫襇	諫	雁				鱼澗切		蒙古韵音入喻母			喻母旰字母韵
66 B (B)	二等合口	平	十五删山	删			顽	角次浊次音	鱼鳏切	旧韵五鳏切		关	同	同
67 A (无)		去	十六諫襇	諫	薍			角次浊音	五患切			惯	同	(无去声)
喻三 26 B (B)	三等合口	平	一先仙	仙			员	音与元同	于權切			涓	同	同
喻三 27 B (B)		去	十七霰线				瑗	音与愿同	于眷切			睊	同	同

续表

68 A (C)	四等	平	一先仙	先	妍			音与言同	倪坚切		蒙古韵音入喻母	鞬	喻母与延同音	喻母与延同音
69 A (无)	三等	上	十六铣弥	弥	巘			角次浊音	语蹇切①			茧	同	(无)
	四等			铣	齴								(无)	
70 C (C)		去	十七霰线	霰		砚		羽次浊音	倪甸切			建	同	同
71 A (A)	三等	平	十三元魂痕	元	言			角次浊音	鱼轩切			鞬	同	同
喻三 28 F (D)			一先仙	仙		焉		音与延同	尤虔切		蒙古韵音疑母	鞬	疑母(与言同音)	疑母(与言同音)
72 A (A)		上	十三阮混很	阮	巘			角次浊音	语偃切			蹇	同	同
73 A (A)		去	十七霰线	线	彦				疑战切			建	同	同

① 《广韵》"齴"字四等铣韵，研岘切。与三等狝韵之"鱼蹇切"不同音。《集韵》"齴"字在"巘"小韵中，语蹇切。《韵会》从《集韵》。

续表

喻三 29 E (D)	三等	平	二萧宵	宵	鸮			角次浊音	于娇切			骄	同	同
74 A (A)		入	十药铎	药	虐			角次浊音	逆约切			脚	同	同
75 C (C)	四等	平	二萧宵	萧		尧		音与遥同	倪幺切			骄	同	同
76 A （无）		去	十八啸笑	啸	顤			角次浊音	五吊切			叫	同	（无）
77 A （无）				笑 重四	虤				牛召切			挢	同	（无）
78 A (C)	二等	平	三肴	肴	聱			角次浊音	牛交切		蒙古韵音入喻母	高	喻母高字韵	喻母高字母韵
79 A (C)		上	十八巧	巧	齩				五巧切			杲	喻母杲字韵	喻母杲字母韵

续表

80 B (C)	二等	去	十九效	效			乐	角次浊次音	鱼教切		蒙古韵音入喻母	诰	喻母但在牙音位置	喻母诰字母韵
81 A (C)		入	三觉	觉	嶽			角次浊音	逆角切		蒙古韵音入喻母	各	喻母	喻母
82 A (A)	一等	平	四豪	豪	敖			角次浊音	牛刀切，音与肴韵聱同			高	疑母高字韵	疑母高字母韵
83 A (A)		去	二十号	号	傲			角次浊音①	疑到切	旧韵鱼到切		诰	同	同
84 A (A)		入	十药铎	铎	咢			角次浊音	逆各切			各	同	同
85 B (B)	三等	入	十药铎	药			籰	角次浊次音	越缚切			矍	同	同
86 A (A)	一等	平	五歌戈	歌	莪			角次浊音	牛何切			歌	同	同

① 《韵会举要》原作角次浊次音。据其体例，当为“角次浊音”，因反切已从旧音“鱼到切”改为“疑到切”，不为鱼母当为疑母明矣。宁忌浮先生此处未出校语。今径改。

续表

87 A (A)	一等	上	二十哿果	哿	我			角次浊音	语可切			哿	同	同
88 A (A)		去	二十一箇过	箇	饿				牛箇切			箇	同	同
89 A (A)		入	七曷末	曷	嶭				牙葛切			葛	同	同
90 A (C)	一等	平	五歌戈	戈	吪			音与莪同	吾禾切			歌	同	喻母K
91 A (C)		去	二十一箇过	过	卧			音与饿同	五货切			箇	同	
92 A (缺)	二等	平	六麻	麻	牙			角次浊音	牛加切		蒙古韵音入喻母	牙	喻母牙字母韵	(残缺)
93 A (缺)		上	二十一马	马	雅				语下切			雅	喻母但在疑位	
94 A (缺)		去	二十二祃	祃	讶				五驾切			讶	喻母	

续表

95 A (B)	二等	上	二十一马	马	瓦			角次浊音	五寡切			寡	同	鱼母
96 B (B)	三等	入	六月没	月			月	角次浊次音	鱼厥切			厥	鱼母玦字母韵	鱼母玦字母韵
97 A （无）	二等	入	八黠辖	鎋	齾			角次浊音	牛辖切			戛	鱼母	无此小韵应与[illegible]同韵
98 A (B)			八黠辖	鎋	刖			角次浊音	五括切			刮	鱼母	鱼母[illegible]
99 A （缺）	三等	入	六月没	月	钀			角次浊音	语讦切			讦	鱼母	（残缺）
100 A （缺）			九屑薛	薛	孽			音与钀同	鱼列切			讦	同	
喻三 30 D (D)			十六葉	葉	晔			音与孽同	疑辄切	（集韵域辄切）		讦	同	

续表

101 A (A)	三等	入	十六葉	业	业			音与晔同	逆怯切			讦	同	（残缺）
102 A (A)	一等开口	平	七阳唐	唐	卬			角次浊音	疑刚切	旧韵鱼刚切		冈	同	同
103 A （无）		上	二十二养荡	荡	駉				语朗切			吭	同	（缺上声）
104 A (A)		去	二十三漾宕	宕	枊				鱼浪切			钢	鱼母	同
105 A (A)	三等开口	上	二十二养荡	养	仰			角次浊音	语两切			讲	同	同
106 A (A)		去	二十三漾宕	漾	仰				疑向切	旧韵鱼向切		绛	同	同
喻三 31 B (B)	三等合口	平	七阳唐	阳			王	角次浊次音	于方切			光	同	同

续表

喻三 32 B (B)	三等合口	上	二十二养荡	养			往	角次浊次音	鱼两切	（集韵羽两切）		广	同	同
喻三 33 B (B)		去	二十三漾宕	漾			暀		于况切			誑	同	同
107 C (C)	二等开口	去	二十四敬净劲	净（王二、集韵属映韵）		硬		羽次浊音	喻孟切	旧韵鱼孟切		敬	缺	同
108 A (A)	三开	平	八庚耕清	庚	迎			角次浊音	疑京切	旧韵鱼京切		京	同	同
109 A (A)		去	二十四敬净劲	敬	迎				疑庆切	旧韵鱼庆切		敬	同	同
喻三 34 B (B)	三等合口	平	八庚耕清	庚			荣	角次浊次音	于营切			弓	同	同

续表

喻三 35 B (B)	三等合口	上	二十三 梗耿静	梗			永	在喉音位	于景切			拱	同	同
喻三 36 B (B)		去	二十四 敬净劲	映			詠		为命切			供	鱼母在牙音位	鱼母
110 A (A)	三开	平	十蒸登	蒸	凝			音与迎同	疑陵切	旧韵鱼陵切		京	同	同
111 A (A)		去	二十五 径证嶝	证	凝			原文不清	牛孕切			敬	同	同
喻三 37 D (D)	三等	平	十一尤侯	尤	尤			角次浊音	疑求切	旧韵于求切		鸠	同	同
112 A (A)					牛			音与尤同	疑求切	旧韵鱼尤切		鸠	同	同
喻三 38 E (D)		上	二十六 有厚黝	有	有			角次浊音	云九切			九	同	同

续表

喻三 39 E (D)	三等		二十六宥候幼	宥	宥			角次浊音	尤救切			救	同	同
113 A (无)	一等	平	十一尤侯	侯	齵			角次浊音	鱼侯切			钩	鱼母	(缺平声)
114 A (A)		上	二十六有厚黝	厚	偶				语口切		蒙古韵入影母	耇	疑母	疑母
115 A (A)		去	二十六宥候幼	候	偶				牛遘切			冓	同	同
116 A (A)	三等	平	十二侵	侵	吟			角次浊音	鱼音切			金	同	同
117 A (A)		上	二十七寝	寝	吟				疑锦切			锦	同	同
118 A (A)		去	二十七沁	沁	吟				宜禁切			禁	同	同

续表

119 A (无)	一等	上	二十八感敢	感	鎮			角次浊音	五感切			感	同	(无)
120 A (A)	三等	平	十三盐添严	严	严			角次浊音	疑枚切	旧韵鱼枚切属角次浊次音		箝	同	同
喻三 40 D (D)				盐	炎			音与严同	疑廉切	(集韵于廉切)		箝	同	喻母与盐同音
121 A (A)		上	二十九琰忝俨	俨	俨			角次浊音	疑检切			检	同	同
122 A (A)		去	二十九艳㮇釅	釅	釅				疑窆切	旧韵鱼窆切		剑	同	同
123 A (C)	二等	平	十五咸衔凡	咸	喦			角次浊音[①]	疑咸切	旧韵鱼咸切	蒙古韵音入喻母	甘	同	喻母甘字母韵
124 A (C)				衔	岩			音与喦同	疑衔切	旧韵鱼衔切		甘	同	喻母甘字母韵

① 此处《古今韵会举要》作“角次浊次音”，宁忌浮未出校。当为“角次浊音”。

现在先来看一下总体的结果：

疑母：

A（A）即原疑母字（原某母指按传统三十六字母的声母类别，下同）在《韵会》与《字韵》中都仍为疑母字（多为疑母一三等字）：51 个小韵；

A（无）即原疑母字在《韵会》为疑母字，但在《字韵》中该小韵字未收或《字韵》残缺：18 个小韵；

A（B）即原疑母字在《韵会》为疑母，但在《字韵》中归鱼母：3 个小韵；

B（B）即原疑母字在《韵会》与《字韵》中都作鱼母：22 个小韵；

B（A）即原疑母字在《韵会》中为鱼母，但在《字韵》中为疑母：1 个小韵；

B（C）即原疑母字在《韵会》中为鱼母，但在《字韵》中为喻母：1 个小韵；

A（C）即原疑母字在《韵会》中仍为疑母，但在《字韵》中作喻母：21 个小韵；

C（C）即原疑母字在《韵会》与《字韵》中都作喻母：6 个小韵；

喻三：

B（B）即原喻三母字在《韵会》与《字韵》中都作鱼母：26 个小韵；

E（B）即原喻三母字在《韵会》中归入疑母，但仍维持原先喻母的反切，而在《字韵》中则作鱼母：1 个小韵（例为 7 韪）；

F（B）即原喻三母字在《韵会》中仍维持喻母不变，但在《字韵》中则作鱼母：4 个小韵（如 9 位、10 为、11 胃等）；

D（D）即原喻三母字在《韵会》中并入疑母，且原喻母反切相应改变为疑母反切；另外，该小韵在《字韵》中标音也作疑母：3 个小韵；

E（D）即原喻三母字在《韵会》中归入疑母，但仍维持原先喻母的反切，而在《字韵》中则标作疑母：4 个小韵（如 29 鴞）；

F（D）即原喻三母字在《韵会》中仍维持喻母不变，但在《字韵》中则作疑母：1 个小韵（例为 28 焉）。

我们从这一统计结果可以初步得出这样的结论：《韵会》既尊重传统，又因袭《字韵》，具体表现为：

A. 原疑母字《韵会》一般作疑母，《字韵》则出于以声别韵的原因，二四等多作喻母，《韵会》不懂《字韵》中韵母上疑二入一是以声母上的疑母作喻为前提的，只知道维护三十六字母的格局让疑母还原，但不知道若声母还原为疑母，则韵母就要回归到二等韵中去。否则就造成冲突与混乱。正因为《韵会》作者不懂这一点，所以导致了混乱。

B. 四声不相承，如八齐韵“倪”注“音与移同”，作喻母，上声“掜”，注“音与纸韵螘同”，则为疑母，去声“诣”，又作喻母，注“音与易同”，但与之相配的入声锡韵的“鹝”，又作疑母，注为“音与勿韵疙同”，且列出对比项“蒙古韵音入喻母”。可见《韵会》在这一点上标准并不统一。一会儿从《字韵》作喻母，一会儿又遵从传统作疑母。当然，我们这儿稍一留心就会发现作喻母的平、去声字较常用，而作疑母的上、入声则很生僻。是否是常用字反映的是疑母零化，而生僻字则因无实际语音根据而从传统保留疑母呢？我们认为这只是一种假象，如果《韵会》真要不遗余力地反映新生的零声母，那就不会将“颜”“眼”等《字韵》作喻母的字统统作疑母来处理了。我们仔细看一下就会发现一点蛛丝马迹，上声字“掜”在《字韵》中并没出现，因字僻未收，这样《韵会》就无所适从了，只好遵从传统。而入声“鹝”字注为“音与勿韵疙同”则正反映出《韵会》作者对《字韵》牙喉音区分三四等不甚了了，时有疏漏。

C. 对喻三入疑不能理解，故处理不一致，出现了三种不同的方案，这就是前面讲的字母所代表意义的后三种，即：

D. 喻三为疑，且《韵会》改动反切，即将原先的喻三母上字改为疑母上字；

E. 喻三归疑，维持喻母旧切；

F. 喻三不变。

但总体上看，《韵会》作者对不能完全理解的东西还是不敢轻易改动的，一般要遵从。所以有一些例子就径改《集韵》反切以迁就喻三入疑的安排。如：

喻三 37“尤”《韵会》疑求切，《集韵》旧韵于求切；

喻三 40“炎”《韵会》疑廉切，而《集韵》于廉切；

喻三 40“往”字，《韵会》鱼两切，而《集韵》羽两切；

喻三 32 “晔”字,《韵会》疑辄切，而《集韵》域辄切。

第 1 例《韵会》明确说明了自己的改动，但后边三例并未言明，是径改以就声母的。这就更能说明《韵会》作者对八思巴字标音系统《蒙古字韵》的信从。

当然《韵会》也有自己的体系，如遵守传统三十六字母就比《字韵》更为忠实，还有其字母排序有自己的安排，与《字韵》不同，最明显的一处表现就是知照组的合并,《字韵》以知组位置为准，照组前移到舌音位置与知组合并，从而使得审禅二母无所依傍；而《韵会》则将知组后移到照组位置合并。

第二节 《蒙古字韵》与《中原音韵》

从前文的讨论我们已经知道,《蒙古字韵》既有旧等韵的框架，又有时音的表现。而《中原音韵》则一直被作为反映时音的典型韵书。不过，我们在其中却发现了一种较为奇怪的现象，那就是一等韵的“褒”小韵与二等韵的“包”小韵在二书中表现不同，我们之所以说奇怪，是因为一向被视为勇于反映时音的《中原音韵》在这里反而与等韵传统一致，保持了旧有的区别，一等“褒”与二等“包”二小韵读音不同。而在一定程度上维持等韵旧有框架的《字韵》在这里却表现得更为积极，“褒”“包”突破了一、二等界限合并为同一音节。为什么会如此呢?

一 “褒”“包”分立的外部依据

首先，我们可以说，在官话方言中，一等“褒”与二等“包”二小韵是由历史上的读音不同而逐步趋同合流，这应该说是语音史发展中的大势。但语音史发展中亦有另外的演变途径。看以下材料：

唐末李匡乂《资暇集》卷中“俗谭”记载:“熨头为酝，剪刀为箭，帽为慕，礼为里，保为补，褒为逋，暴为步，触类甚多，不可悉数。”其中有 4 条古萧豪与鱼模呈有规律的对应。钱大昕评价道:“今北人读‘堡’为补，唐时盖已然。”(《十

驾斋养新录》卷五 117）

乔全生在《晋方言语音史研究》（页 315—319）列举了山西方言中的萧豪读入鱼模的现象。并指出北京话中也有这种现象存在。其实这在北方方言中是一种比较普遍的现象，如山东方言中就不同程度地存在着这种情形。像鲁北的滨州、沾化及周边地区就都有这种情况。如“抱着孩子”的“抱”在白读时就读 bu。

面对以上材料我们不能忽略的一点是，与鱼模对应的多为一等豪韵（举平以赅上去）唇音字。即使说与鱼模对应的已不限于一等唇音字，但从语音发展规律上看，一二等字不应该同步发展（即使后来有趋同现象，一般也会呈现出参差局面），因为在中古《切韵》音系中，一二等字韵母不同是不争的事实，而现代汉语方言中，一二等主元音多有不同。高本汉《中国音韵学研究》页 461 指出：“在现代方言里，一等字最常读的是 o，二等字普通读 a。别的语言的经验告诉我们深 ɑ 最容易变成 o。”那这样看来，《中原音韵》一等“褒”与二等“包”二小韵读音不同倒是有一定的实际依据的，更有意思的是，这种区别正好与等韵传统相合，尽管实质内容可能不同，但语音格局是一致的。

二　“褒”“包”分立的内在理据

另外，我们认为，即使抛开这种演变方式，就从一二等趋同的官话发展主流趋势来看，一二等合流也可能呈现一种参差的局面。先看下图：

十萧：

[illegible]韵：

半齿 半舌 音　音	喉 音	齿 音	牙 音	舌 音	唇 音	
来	匣晓影	心从清精	疑　溪见	泥定透端	明並滂帮	一等
	［影］ 幺	生崇初庄	［疑］ 喻	澄　知	明並滂帮	二等
					奉	三等

ꡖꡓ（ꡓ-）韵：

半齿 半舌 音　音	喉 音	齿 音	牙 音	舌 音	唇 音	
	匣晓		溪见			二等

	韵母	见	溪	群	疑	端	透	定	泥	知	彻	澄	娘	帮	滂	並	明	非	敷
一等	ɑu	高	尻	O	敖	刀	饕	淘	猱					褒	橐	袍	毛		
二等	au				聱					嘲	颩	桃	铙	包	胞	庖	茅		
	ia u	交	敲	O															

	韵母	奉	微	精	清	从	心	邪	照	穿	床	审	禅	影	晓	匣	喻	来	日
一等	ɑu			糟	操	曹	骚							鏕	蒿	豪		劳	
二等	au								璅	謥	巢	梢							
	ia u													黝	虓	肴		顟	

从图上我们可以看出，诚如前辈时贤经常指出的，在韵母合并的过程中，确实是一二等合流，三四等合流。不过，这种合流更多的是形成互补关系的音位归纳上的合流，不排除音色上还有区别。如ꡓ韵中一二等合流我们就看到舌音声母一等是端组、二等是知组，齿音一等是精组，二等是庄组，合流了也不会出现同音字，换言之，最小对立依然存在。疑、影尽管声母有纠葛，但其韵母产生了介音；若就形式上归入一等看，那是以声母的疑变喻、影变幺为条件的，总之也不同音。其他喉牙音都在二等的滋生了介音一类的韵母中。那剩下来就只有唇音了。质言之，一二等合流，其实真正合流连最小对立都消除的只有唇音字。应该承认，最小对立的冲破是比较困难的，而且容易出现一些参差现象。这也正是《中原音韵》中的情形。如杨耐思 1981（页 41）所指出的："这种一二等的对立并不成系统，即有分有合，特别是'抱'与'豹'虽然对立，而两小韵中的字又是一二等合并的。事实上，周氏自己也理不出一个严整的条例来，可能是反映的某种方言正处在由分变合的过程中的状态"。

三　“褒”“包”合流的原因

如上文所说，既然部分官话方言中“褒”“包”有别，《中原音韵》不作合并处理，那《字韵》为何就独独将之合为一韵呢？正如我们第一章中已指出的，《字韵》上承《新刊韵略》，有韵书的旧有传统，下参北方官话，有实际语音依据。不过，它的实际语音与《中原音韵》不尽相同，后者是为北曲而设，很看重北曲发源地及演唱区域内的现实语音状况，因为这是通俗文学作品的生命力所在。而与之相较，《字韵》所反映的为官方认可的北方官话虽也是当代的语音，但它不过分执著于语音演变过程中出现的支流，而是有选择、有侧重，只记录主流发展趋势。正因“褒”“包”合流是大势，所以《字韵》就将此合并。

接下来我们要说的是，《字韵》合并“褒”“包”还有一个原因，那就是它的先天不足。质言之，八思巴字拼写系统的符号局限使得很难对二者加以区分。如上文的一些表图中所示，十萧韵部中一至四等分别用以下拼写形式来表示其韵母：

一等	二等	三等	四等
ꡓ韵	ꡦꡓ（ꡨ-）韵	ꡗꡓ韵	ꡦꡓ韵

我们在前边有关章节中多次谈到，八思巴字拼写系统是5元音系统，在拼写汉语时分为4组，i、u、o各统领几个韵部，因为这几个韵部一般没有二等韵，所以在辅助符号h与ė的帮助下，基本可以表现出韵母之别。a、e类则用来拼合四等俱全的韵部，这两个元音分别表示一、三等主元音，二四等只好起用辅助符号ė，而且二四等是共用一个符号（不过二等尚有一变形符号来补充，见上示意图），可见已经左支右绌。若再想给二等的唇音字另找一个主元音，而且既不同于一等二等合流的a，又不能再用表示含有介音的辅助符号ė，看来是难以找到了。一句话，八思巴字拼合系统很难再来展示这种区别。

当然，如果“褒”“包”之别是普遍的、毋庸置疑的、从无例外的，那八思巴系统就是采用复杂组合的方式也要对此加以表达，更关键的是，在当时的官话方言中，其大势是“褒”“包”合流，所以八思巴字系统也就没必要绞尽脑汁去生造一些与其拼合规律相龃龉的拼写形式了。

附：八思巴字字母总表及转写表

字母次序，原字母从《法书考》《书史会要》，并附上用于汉语的后增字母。

编号	1	2	3	4	5	6	7	8	9	10	11	12	13	14	15
字母	ꡀ	ꡁ	ꡂ	ꡃ	ꡄ	ꡅ	ꡆ	ꡇ	ꡈ	ꡉ	ꡊ	ꡋ	ꡌ	ꡍ	ꡎ
汉译	葛	渴	哘	誐	者	车	遮	倪	怛	挞	达	那	钵	發	末
转写	k	k‘	g	ŋ	tš	tš‘/č‘	dž/ǰ	ň	t	t‘	d	n	p	p‘	b

16	17	18	19	20	21	22	23	24	25	26	27	28	29	30	31
ꡏ	ꡐ	ꡑ	ꡒ	ꡓ	ꡔ	ꡕ	ꡖ	ꡗ	ꡘ	ꡙ	ꡚ	ꡛ	ꡜ	ꡝ	ꡞ
麻	拶	擦	惹	嚩	若	萨	阿	耶	啰	罗	设	沙	诃	哑	伊
m	ts	ts‘	ʣ	w	ž	z	·	j/y	r	l	š1/ š	s	h	,	i

32	33	34	35	36	37	38	39	40	41	42	43	44	45
ꡟ	ꡠ	ꡡ	ꡢ	ꡣ	ꡤ	ꡥ	ꡦ	ꡧ	ꡨ	ꡰ	ꡮ	ꡯ	ꡭ
鄔	翳	污	遐轻呼	霞	法	恶	也	咼	耶轻呼	［奉］	［书］	［匣］	［幺］
u	e/ė	o	G	ɼ	hṷ	（待定）	ė/e	ṷ	i̯	ħṷ	š2	ħ	j

说明

1—41 号字母属原字母表；38 号字母仅见于文献中的字母表，未见实际用例。

42—45 号字母为后增字母，分别同 37、27、29、24 号字母相对立，仅用于汉语。

原字母表的 31、32、33、34、39 号字母为元音字母，40 号和 41 号字母为半元音字母，38 号字母不详（可能是辅音字母），其余为辅音字母。

下篇

八思巴字实际应用文献整理

一　文献目录

（一）圣旨

1. 龙门神禹庙圣旨碑　至元十二年二月　日，1275 年，元世祖，陕西韩城。图:《八思巴字与元代汉语》增订本（以下称“增订本”），页 35 图版四。另，胡海帆《北京大学图书馆藏八思巴字碑拓目录并序》1（以下称“胡目”）。

2. 重阳万寿宫圣旨碑　至元十七年正月　日，1280 年，元世祖，陕西户县。图：增订本页 36 图版五，2、京兆路重阳万寿宫圣旨碑（第二三四截），即上左半部“宣付李道谦”），拓本高二公尺 0.7 公分，宽 1 公尺 6.7 公分。另，胡目 4。

3. 儒学免役圣旨碑，至元二十五年，1288 年，元世祖，浙江会稽。增订本页 61 图版三十，补 4、江淮免秀才杂泛差役圣旨碑，采自 BONAPARTE 书。另，胡目 6。

4. 加封北岳庙圣旨碑，至元二十八年二月　日，1291 年，元世祖，河北曲阳。增订本页 37 图版六，3、加封北岳圣旨碑，拓本高 1 公尺 29.5 公分，宽 58.4 公分。另，胡目 9。

5. 文宣王庙圣旨碑（孔子庙学圣旨碑），至元三十一年七月　日，1294 年，元世祖，刻错“护夫”字而废弃，未再刻其余汉字。增订本页 39 图版八，5、孔子庙学圣旨碑，拓本高 2 公尺 89.6 公分，宽 1 公尺 19.3 公分。另，胡目 14。

6. 孔子庙学圣旨碑，至元三十一年七月　日，1294 年，元世祖，浙江会稽。增订本页 38 图版七，4。孔子庙学圣旨碑，拓本高 1 公尺 34.6 公分，宽 86.4 公分。国家图书馆“崇奉儒学圣旨碑”，各地 5244，又各地 5728。另，胡目 13。

7. 孔子庙学圣旨碑，至元三十一年七月　日，1294 年，元世祖，江苏松江。又增订本页 59 图版二十八，补 2，拓本连额高 1 公尺 90 公分，宽 1 公尺 6 公分。国图“皇帝诏书碑”5728。北京大学图书馆 25515a。与上碑文字内容完全相同。

8. 东平学圣旨碑，至元三十一年七月　日，1294 年，元世祖，山东东平。增订本页 58 图版二十七，补 1、东平学圣旨碑，拓本连额高 2 公尺 23 公分，宽 87 公分。另，胡目 14。

9. 齐圣广祐王庙碑，元贞元年二月，1295 年，元成宗，河北磁县。增订本页“碑刻”6（增订本 40 页下附注 * 案：本书碑目“6、齐圣广祐王庙碑”，原碑剥蚀过多，不能制版，故未附入）。另，胡目，26。

10. 加封东安王圣旨碑，大德二年二月　日，1298 年，元成宗，山东临朐。增订本页 60 图版二十九，补 3、增封东安王诏书碑，拓本连额高 2 公尺 76 公分，宽 97 公分。另，胡目 15。

11. 加封孔子制诏，大德十一年七月　日，1307 年，元成宗，河南原武。增订本页 40 图版九，7、加封孔子制，拓本高 2 公尺 18.4 公分，宽 76.2 公分。另，胡目 32。

12. 加封孔子制诏，大德十一年九月　日，1307 年，元成宗，河北定州。增订本页 42 图版十一，9、加封孔子制，拓本高 1 公尺 21.9 公分，宽 61 公分。另，胡目 22。

13. 加封孔子制诏，大德十一年九月　日，1307 年，元成宗，山东曲阜。增订本页 4` 图版十，8、加封孔子制，拓本高 2 公尺 10.8 公分，宽 81.3 公分。另，胡目 21。

14. 特赠郑制宜制诰，至大元年月　日，1308 年，元武宗，山西阳城。增订本页 43 图版十二，10、特赠郑制宜制诰，拓本高 1 公尺 27 公分，宽 66 公分（不带额）。另，胡目 25。

15. 授吴澄文林郎国子司业，至大四年五月　日，1311 年，元武宗，刻本见于《临川吴文正公草庐先生集》，明永乐四年，1406 年。

16. 特赠郑鼎制诰，皇庆元年三月　日，1312 年，元仁宗，山西阳城。增订本页 44 图版十三，11、特赠郑鼎制诰，拓本高 1 公尺 42.2 公分，宽 76.2 公分（不带额）。另，胡目 29。

17. 重阳万寿宫授孙德彧圣旨碑，皇庆二年九月　日，1313 年，元仁宗，陕西户县。增订本页 45 图版十四，12、奉元路大重阳万寿宫圣旨碑（第一截），拓本高 2 公尺 36.2 公分，宽 1 公尺 4.3 公分。照相部分高 55.9 公分，宽 1 公尺 14.3 公分。令，胡目 39。

18. 加封孟子父母制，延祐三年七月　日，1316 年，元仁宗，山东邹县。增订本页 46 图版十五，13、加封孟子父母制，拓本高 2 公尺 64.2 公分，宽 84.6 公分。另，胡目 38。

19. 授吴澄集贤直学士奉议大夫，延祐五年正月　日，1318 年，元仁宗，刻本见于《临川吴文正公草庐先生集》，明永乐四年 1406。

20. 授吴澄翰林学士太忠大夫知制诰，至治三年三月　日，1323 年，元英宗，刻本见于《临川吴文正公草庐先生集》，明永乐四年 1406。

21. 赠吴澄父吴枢左丞上护军制诰，泰定二年正月　日，1325 年，泰定帝，刻本见于《临川吴文正公草庐先生集》，明永乐四年 1406。

22. 赠吴澄祖父吴铎宣慰使护军制诰，泰定二年正月　日，1325 年，泰定帝，刻本见于《临川吴文正公草庐先生集》，明永乐四年 1406。

23. 追封吴澄妻余氏临川郡夫人制诰，泰定二年正月　日，1325 年，泰定帝，刻本见于《临川吴文正公草庐先生集》，明永乐四年 1406。

24. 授吴澄翰林学士资善大夫制诰，泰定三年正月　日，1326 年，元惠宗，刻本见于《临川吴文正公草庐先生集》，明永乐四年 1406。

25. 加封兖国复圣公制词，至顺二年九月　日，1331 年，元文宗，山东曲阜。增订本页 48 图版十七左半部，15。加封兖复圣公制，拓本高 2 公尺 31.1 公分，宽 96.5 公分。另，胡目 51。

26. 加封孟子制，至顺二年九月　日，1331 年，元文宗，山东邹县。增订本页 47 图版十六，14、加封孟子邹国亚圣公制，拓本高 2 公尺 64.2 公分，宽 86.4 公分。另，胡目 48。

27. 加封孟子沂国述圣公制抄件写本，至顺二年九月　日，1331年，元文宗，文献，俄国人波兹德涅耶夫[①]刊布于《蒙古文献学讲义》，1897。

28. 宣付李达汉承袭高丽万户圣旨抄件刻本，元统二年正月　日，1334年，元惠宗，刊布于韩国《平昌李氏启仁君茬子洞派谱》。

29. 追封兖国夫人制词，元统三年五月　日，1335年，元惠宗，山东曲阜，增订本页48图版十七右半部，15、加封兖国复圣公制 追封兖国夫人制，拓本高2公尺31.1公分，宽96.5公分。另，胡目51。

30. 加封颜子父母制诏，元统三年五月　日，1335年，元惠宗，陕西户县。增订本页49图版十八，16、加封颜子父母制，拓本高1公尺82.9公分，宽75.7公分。另，胡目49。

31. 赠吴澄左丞上护军制诰，至元六年十二月　日，1340年，元惠宗，刻本见于《临川吴文正公草庐先生集》，明永乐四年1406。

32. 重阳万寿宫宣付焦德润圣旨碑 至正十八年八月　日，1358年，元惠宗，陕西户县。增订本页50图版十九，17、奉元路大重阳万寿宫圣旨碑（第三截），拓本高2公尺13.4公分，宽99.1公分。照相部分高55.9公分，宽99.1公分。另，胡目62。

33. 重阳万寿宫授杨德荣圣旨碑，至正二十三年，1363年，元惠宗，陕西户县。增订本页51图版二十，18、奉元路大重阳万寿宫圣旨碑（第一截），拓本高1公尺70.2公分，宽83.8公分。照相部分高58.4公分，宽83.8公分。另，胡目63。

34. 加封定光圣旨抄件刻本，至正二十六年九月　日，1336年，元顺帝，见于明张之焕诗集《汗漫吟》附录“禅院小纪”。

35. 加封伏虎圣旨抄件刻本，至正二十六年九月　日，1336年，元顺帝，见于明张之焕诗集《汗漫吟》附录“禅院小纪”。

（二）令旨

36. 皇子安西王付李道谦令旨，至元十四年六月　日，1277年，安西王，陕

---

① “波兹德涅耶夫”，俄国学者。中国著作中有不同译法，如乌兰《元朝秘史》校勘本（2012）“前言”页22作“波兹德涅耶夫”，而孙伯君《西夏新译佛经陀罗尼的对音研究》（2010）页41作“波斯季涅耶夫”。

西户县。增订本页36图版五右半部，2、京兆路重阳万寿宫圣旨碑（第二三两截），拓本高2公尺0.7公分，宽1公尺0.7公分。照相部分高1公尺1.6公分，宽1公尺6.7公分。另，胡目4。

37. 阿难答秦王付李道谦令旨，至元二十年十一月　日，1283年，陕西户县。增订本页36图版五左下部，无相应汉字对照，2、京兆路重阳万寿宫圣旨碑（第二三两截），拓本高2公尺0.7公分，宽1公尺0.7公分。照相部分高1公尺1.6公分，宽1公尺6.7公分。另，胡目4。

（三）皇太后玉册

38. 元加上皇太后尊号玉册，无年款，文献（拓本），八思巴字汉字对照。曾影刊于《艺林月刊》第七十六期（1936.4）；又见蔡美彪《八思巴字玉册两种译释》，《考古》1994，10。

（四）中书省牒

39. 授吴澄应奉翰林文字将仕佐郎同知制诰兼国史院编修官，大德四年闰八月1300，刻本文献，见于《临川吴文正公草庐先生集》，明永乐四年1406。

40. 授吴澄将仕郎江西等处儒学副提举，大德七年十一月　日，1303年，刻本文献，见于《临川吴文正公草庐先生集》，明永乐四年1406。

41. 授吴澄从仕郎国子监丞，至大元年十月　日，1308年，刻本文献，见于《临川吴文正公草庐先生集》，明永乐四年1406。

（五）碑额

42. 只必帖木儿大王令旨，牛儿年（1277）十月初六日，陕西户县。正文回鹘式蒙古文，额八思巴字写汉语："大王令旨"，其中"王"作 oŋ，从蒙古语读音，从蒙古文写法；与八思巴字汉语不一致，后者作 'u̯aŋ。（《民族语文》1998，2）

43. 重修崇庆院之记，八思巴字篆书，音译汉字："重修崇庆院之记"，至元二十六年（1289）八月十五日（立石），正文汉字正书，河南新乡。增订本页52图版二十一，附1、重修崇庆院记（碑额），拓本高2公尺74.3公分，宽94公分。照相部分高60.9公分，宽3公分。另，胡目8。

44. 中山府儒学圣旨碑碑额，至元三十一年七月　日，1294年，元成宗，河北定县。增订本页53图版二十二，附2、中山府儒学记（碑额），拓本高1公尺44.8公分，宽86.6公分；照相部分高35.6公分，宽40.6公分。另，胡目12。

45. 刘义神道碑碑额，大德四年二月十四日（立石），1300年，山西左权。正文汉字正书，额“大元武略将军刘公神道之碑”则八思巴字（楷书）译写汉语。增订本页54图版二十三，附3、武略将军辽州知州刘义神道碑，碑身高1公尺34.6公分，宽71。1公分。碑额高6公分，宽0.5公分。另，胡目18。

46. 加封孔子制诏碑碑额，大德十一年月　日，1307年，元成宗，江苏无锡。增订本页55图版二十四，附4、加封孔子制，拓本高1公尺37.2公分，宽63.5公分。另，胡目24。

47. 重修伏羲圣祖庙记，至大三年正月，1310年，山东泰安。碑文汉字正书，额八思巴字汉语“伏羲圣祖之碑”。八思巴字行款自右，与惯例不合，从汉字行款。另，胡目27。

48. 傅岩庙碑碑额，延祐元年四月八日，1314年，山西平陆。额书八思巴字汉语“崇賽傅公庙碑”。不见著录，国家图书馆藏拓本，各地6338。

49. 张氏先茔碑，元统三年正月，1335年。内蒙古赤峰。碑阳汉字正书，碑阴回鹘式蒙古文，碑额八思巴字楷书写汉语：“大元敕赐故荣禄大夫辽阳等处行中书省平章政事柱国追奉蓟国公张氏先茔碑”。增订本页57图版二十六，附6、张氏先茔碑（碑额）拓本高3公尺83.5公分，宽1公尺39.7公分。照相部分高76.2公分，宽43.2公分。另，胡目50。

50. 云南王藏经碑，至元六年，1340年，云南昆明筇竹寺。正文回鹘式蒙古文，额八思巴字汉语（楷书）：“云南王藏经碑”。

51. 灵济昭祐显圣王庙记，至正十年（1350）八月十六日（立石），河南孟县。正文汉字，额八思巴字（楷书）汉语：“灵济昭祐显圣王碑”（与相应汉字对照）。增订本页56图版二十五，附5、灵济昭祐显圣王庙记，拓本高1公尺65.1公分，宽71.1公分。另，胡目59。

52. 宝昌州创建接官厅记，至正十六年夏，1356年，内蒙古太仆寺旗。正文汉字，额八思巴字汉语：“宝昌州廨铭”（正楷横书）。不见著录。胡目60。

53. 代祀北镇记，无年款，辽宁北镇。额八思巴字汉语：“代祀北镇之记”。胡目 65。

（六）年款

54. 付范士贵执照，至元二十七年十二月初七日，1290 年。江淮等处行中书省颁文。江苏吴县。正文汉字，后书“为范士贵所颁（公据）”为蒙古语，八思巴字草体。年款“至元二十七年月日”为篆体八思巴字汉语，而月份“十二”和日期“初七”是草体八思巴字汉语。此碑还有波斯文一行。胡目，其他八思巴字碑刻 5。

55. 免税粮符文碑，大德二年九月初二日，1298 年，山东曲阜。正文汉字正书，年款“大德二年月日”八思巴字译写汉语；而月份“玖”和日期“初二”用汉字正书。胡目 16。

56. 衍圣公给俸牒，大德四年九月二十八日，1300 年，翰林国史院颁文。山东曲阜。牒汉字正书，牒后附属八思巴字草书一行，末刻八思巴字译写汉语的篆书年款：“大德四年九月日”。胡目 19。

57. 庆元儒学洋山砂岸复业公据碑，延祐二年五月，1315 年，庆元路达鲁花赤总管府所颁公据，浙江宁波。正文汉字正书，附书八思巴字蒙古语：“为洋山砂岸所颁（公据）”。年款“延祐二年五月日”为八思巴字译写汉语，其中月份“五”用楷体，其余为篆体。

58. 善选法师传戒碑，至正二十四年九月，1364年，北京护国寺。额汉文：“大元特赐传戒坦主空明圆证澄惠国师隆安选公碑”，年款“至正年月日”为八思巴字篆体。胡目 64。（洪金富《元朝怯薛轮值史料考释》，《史语所集刊》74 本二分，2003 年）

（一）圣旨 35,（二）令旨 2,（三）玉册 1,（四）中书省牒 3,（五）碑额 12,（六）年款 5，计 58 份

二　文献整理

第一，誊录整理。

正文内容分四行，行数以八思巴字分行为准：第一行列八思巴字，第二行写出与八思巴字对应的拉丁转写形式（转写完全以照那斯图、杨耐思《蒙古字韵校本》为准），第三行标代码（代码标法见下编制韵表中的相关说明），第四行为对应汉字。

第二，编制韵表。

首先每一份材料用字单独编制一韵表，最终将所有材料用字编制一总韵表。

两种韵表遵循统一的编制原则，该原则为：材料中字头的整体排列遵从《蒙古字韵》（后简称《字韵》），表现为：

（1）首先按韵（《蒙古字韵》十五韵）编排用字；

（2）其次每韵内部先按韵母分类（依《字韵》体例顺序），每个韵母内部则按《字韵》所用排列八思巴字字头的顺序（依固定声母次序）排列；

（3）单字的信息则按每一字先写出八思巴字字头，再写出相应汉字（如文献中原无汉字，为了研究方便又需加入时，则将填入的汉字置于括号中），后列出标志该字头（以八思巴字为准）的位置代码（第 1 个数字为我们所编的该字头所属文献的代码，第二个数字为该字头在文献中的行（为表述方便，列径称行）数，第三个数字为该字头在所处行中的字位数，即是第几个字，数字中间以“ . ”隔开，如“[illegible] 宫 1.3.7”表示“[illegible]”处在代码为 1 的“龙门神禹庙圣旨碑”的第 3 行第 7 字位置；若该字头出现 2 次以上，则不同数字组之间以“ ; ”隔开。若正文之外，另有碑额或镶边大字体则以 0 计其行数，碑额另为一独立文本或正文无八思巴字者则另当别论。下同）。

（4）若单字拼写形式与《字韵》不合（此处《字韵》以照那斯图、杨耐思著《蒙古字韵》校本为准，与校后字形相同者即视为相合，如四支韵中 [illegible]，《字韵》写本中原作 [illegible]，校本改为 [illegible]，则以校后的 [illegible] 为准），则先写出文献中的原有形式，后边括号中给出《字韵》拼写形式（为节省篇幅，只给出拼写有异的字母，其他字母不再重复写出，后者以“-”代替，如“尧”字，碑刻中作 [illegible]，《字韵》

作[illegible]，今在括号中只写作“-[illegible]-”；再如“生”字碑刻中多作ꡚꡦꡞꡃ，而《字韵》作ꡚꡦꡞꡃ，今括号中给出的《字韵》拼写形式仅写作“ꡚ-”）以资比较。另，文献中字形笔画不清难以辨识者亦在括号中注明或后加“？”（八思巴字不清则注于八思巴字后，汉字不清则注于汉字后）。

（5）同一八思巴字字头与2个以上同音汉字（有的声调不同）对应时，八思巴字只在第一个汉字前出现（若八思巴字头拼写并不一致或有的字形剥蚀难辨因而难以确定其与相应字的拼写是否一致，则可分开书写），后边不同汉字及相关信息以“/”隔开，同一八思巴字字头下的汉字排序以它们在《蒙古字韵》中出现的先后次序为准（如不同声调者按“平上去入”的次序排列，同声调的则按其在《字韵》中出现的先后为序）。

（6）若碑刻等文献中原字剥蚀毫无印迹可循时，整理时则空出相应位置，若字体有部分可以辨识，则写上该部分，另一不能辨识部分以“？”替代。统计字数时这种字一般不计入。

（一）圣旨

1. 龙门神禹庙圣旨碑（至元十二年，1275）

汉字 128 字次，八思巴字 127+4=131（“禹”字有汉无八，碑额 4 字头无相应汉字）字次。共出现 96 个八思巴字字头。原文：

0　碑额

	ɣoŋ	di	$š_1$iŋ（$š_2$-）	dži
	1.0.1	1.0.2	1.0.3	1.0.4
	（皇）	（帝）	（圣）	（旨）

1	tšaŋ	$š_1$hiŋ（$š_2$-）	tʻen	kʻi	li	li	
	1.1.1	1.1.2	1.1.3	1.1.4	1.1.5	1.1.6	
	长	生	天	气	力	里	
2	taj	ħu̯u（hu̯-）	· im	ɣu	tšu	li	
	1.2.1	1.2.2	1.2.3	1.2.4	1.2.5	1.2.6	
	大	福	荫	护	助	里	
3	ɣoŋ	di	$š_1$iŋ（$š_2$-）	dži	gu̯aŋ	tšaj	gėuŋ
	1.3.1	1.3.2	1.3.3	1.3.4	1.3.5	1.3.6	1.3.7
	皇	帝	圣	旨	光	宅	宫
	džin	žin	duŋ	žew	tšʻuŋ	gėi	
	1.3.8	1.3.9	1.3.10	1.3.11	1.3.12	1.3.13	
	真	人	董	若	冲	继	
4	tsiŋ	· iŋ	džin	žin	gėŋ	$š_1$en	sin
	1.4.1	1.4.2	1.4.3	1.4.4	1.4.5	1.4.6	1.4.7
	靖	应	真	人	姜	善	信
	· ėu	piŋ	jaŋ	lu			
	1.4.8	1.4.9	1.4.10	1.4.11			
	於	平?	阳	路			
5	ʼėuŋ	ɣo	lim	ħu̯un	ħu̯ėn	kʻi ?	gaj ?
	1.5.1	1.5.2	1.5.3	1.5.4	1.5.5	1.5.6	1.5.7
	荥	河	临	汾	县	起	盖

6	ɣiw	t'u					
	1.6.1	1.6.2					
	后	土					
7	jėw（-e-）	mew	ki	· ėu	ɣo	ḣėj（-i̯ɑ-）[1]	ɣuŋ
	1.7.1	1.7.2	1.7.3	1.7.4	1.7.5	1.7.6	1.7.7
	尧	庙	及	於	河	解	洪
	tuŋ	tšew	$š_1$iŋ	siw	li		
	1.7.8	1.7.9	1.7.10	1.7.11	1.7.12		
	洞	赵	城	修	理		
8	ḣu̯u	ḣi（h-）	gu̯a	ɣoŋ	$š_1$ėun（$š_2$-）	（缺）	t'aŋ
	1.8.1	1.8.2	1.8.3	1.8.4	1.8.5		1.8.6
	伏	羲	娲	皇	舜	禹	汤
	ɣo	tu	dhiŋ	mew	'ėu	ŋėŋ	
	1.8.7	1.8.8	1.8.9	1.8.10	1.8.11	1.8.12	
	河	渎	等	庙	宇	仰	
9	duŋ	žew	tš'uŋ	ḣu̯am	tšhi	džew	· i
	1.9.1	1.9.2	1.9.3	1.9.4	1.9.5	1.9.6	1.9.7
	董	若	冲	凡	事	照	依
	lue	gėŋ	$š_1$iŋ（$š_2$-）	dži	· i		
	1.9.8	1.9.9	1.9.10	1.9.11	1.9.12		
	累	降	圣	旨	依		
10	kiw	gon	liŋ	ḣėiŋ	džė	žiŋ	ŋėŋ
	1.10.1	1.10.2	1.10.3	1.10.4	1.10.5	1.10.6	1.10.7
	旧	管	领	行	者	仍	仰
	bun	lu	gon	shi			
	1.10.8	1.10.9	1.10.10	1.10.11			
	本	路	官	司			

① 《字韵》写本原作 -[illegible]-，《校本》改为 -[illegible]-。

11	$š_1$aŋ	gė	ɣu	tši	gim	· ew	džėu	žin
	1.11.1	1.11.2	1.11.3	1.11.4	1.11.5	1.11.6	1.11.7	1.11.8
	常	加	护	持	禁	约	诸	人
	wu	dhij	dzėu	ɣu̯aj				
	1.11.9	1.11.10	1.11.11	1.11.12				
	毋	得	沮	坏				
12	ki	$š_1$hi（$š_2$-）	$š_1$in	gėun	ma	žin	dhiŋ	bu
	1.12.1	1.12.2	1.12.3	1.12.4	1.12.5	1.12.6	1.12.7	1.12.8
	及	使	臣	军	马	人	等	不
	dhij	· an						
	1.12.9	1.12.10						
	得	安						
13	ɦė	saw	žew	džėun	ts'hi			
	1.13.1	1.13.2	1.13.3	1.13.4	1.13.5			
	下	骚	扰	准	此			
14	dži	'u̯ėn	$š_1$i	ži	nen	ži	'u̯ė	ži
	1.14.1	1.14.2	1.14.3	1.14.4	1.14.5	1.14.6	1.14.7	1.14.8
	至	元	十	二	年	二	月	日

资料用字韵表：

一东：：duŋ 董 1.3.10；1.9.1。tuŋ 洞 1.7.8。tš'uŋ 冲 1.3.12；1.9.3。ɣuŋ 洪 1.7.7。
：gėuŋ 宫 1.3.7。'ėuŋ 荣 1.5.1。

二庚：：piŋ 平（？不清）1.4.9。tsiŋ 靖 1.4.1。（-）$š_1$iŋ（$š_2$-）圣 1.0.3（碑额无相应汉字）；1.3.3；1.9.10。$š_1$iŋ 城 1.7.10。· iŋ 应 1.4.2。liŋ 领 1.10.3。žiŋ 仍 1.10.6。
：dhiŋ 等 1.8.9；1.12.7。（-）$š_1$hiŋ（$š_2$-）生 1.1.2。：ɦėiŋ 行 1.10.4。

三阳：：t'aŋ 汤 1.8.6。tšaŋ 长 1.1.1。šaŋ 常 1.11.1。jaŋ 阳 1.4.10。
：gėŋ 姜 1.4.5 / 降 1.9.9。ŋėŋ 仰 1.8.12；1.10.7。：gu̯aŋ 光 1.3.5。
：ɣoŋ 皇 1.0.1（碑额无相应汉字）；1.3.1；1.8.4。

四支：：k'i 气 1.1.4 / k'i（不清）起 1.5.6。ki 及 1.7.3；1.12.1。di 帝 1.0.2（碑额无相应汉字）；1.3.2。dži 旨 1.0.4（碑额无相应汉字）；1.3.4；1.9.11 / 至 1.14.1。tši

持 1.11.4。 $š_1$i 十 1.14.3。 （-） ɦi（h-）羲 1.8.2。 · i 依 1.9.7; 1.9.12。 li 里 1.1.6; 1.2.6 / 理 1.7.12 / 力 1.1.5。 ži 二 1.14.4; 1.14.6 / 日 1.14.8。

： tšhi 事 1.9.5。 ts'hi 此 1.13.5。 shi 司 1.10.11。 （-）$š_1$hi（$š_2$-）使 1.12.2。

： gėi 继 1.3.13。 ： lue 累 1.9.8。

五鱼： ： t'u 土 1.6.2。 tu 渎 1.8.8。 tšu 助 1.2.5。 bu 不 1.12.8。 （-） ɦu̯u（hu̯-）福 1.2.2。 ɦu̯u 伏 1.8.1。 wu 毋 1.11.9。 ɣu 护 1.2.4; 1.11.3。 lu 路 1.4.11; 1.10.9。

： džėu 诸 1.11.7。 dzėu（不清）沮 1.11.11。 · ėu 於（不清）1.4.8 / · ėu 於 1.7.4。禹（ 'ėu，仅有汉字，无相应八思巴字字形，疑为漏刻，今据《字韵》补。其排序应为 1.8.6。处在“舜”、“汤”之间，但因其八思巴字拼写未出现，所以“汤”的八字拼写序号今为 1.8.6。） 'ėu 宇 1.8.11。

六佳： ： gaj（不清）盖 1.5.7。 taj 大 1.2.1。 tšaj 宅 1.3.6。 ： ɣu̯aj 坏 1.11.12。

： ɦėj（-，《字韵》写本原作 -，《校本》改为 -）解 1.7.6。

： dhij 得 1.11.10; 1.12.9。

七真： ： džin 真 1.3.8; 1.4.3。 sin 信 1.4.7。 $š_1$in 臣 1.12.3。 žin 人 1.3.9; 1.4.4; 1.11.8; 1.12.6。 ： bun 本 1.10.8。 ɦu̯un 汾 1.5.4。

： gėun 军 1.12.4。 džėun 准 1.13.4。 （-）$š_1$ėun（$š_2$-）舜 1.8.5。

八寒： ： · an 安 1.12.10。 ： gon 官 1.10.10 / 管 1.10.2。

九先： ： t'en 天 1.1.3。 nen 年 1.14.5。 $š_1$en 善 1.4.6。

： ɦu̯ėn 县 1.5.5。 'u̯ėn 元 1.14.2。

十萧： ： saw 骚 1.13.2。

： džew 照 1.9.6。 tšew 赵 1.7.9。 mew 庙 1.7.2; 1.8.10。 ·ew 约 1.11.6。

（-）jėw（-e-）尧 1.7.1。 žew 扰 1.13.3 / 若 1.3.11; 1.9.2。

十一尤： ： kiw 旧 1.10.1。 siw 修 1.7.11。 ɣiw 后 1.6.1。 十二覃： ： ɦu̯am 凡 1.9.4。

十三侵： ： gim 禁 1.11.5。 · im 荫 1.2.3。 lim 临 1.5.3。

十四歌： ： ɣo 河 1.5.2; 1.7.5; 1.8.7。

十五麻： ： džė 者 1.10.5。 ： gu̯a 娲 1.8.3。 ： gė 加 1.11.2。 下 1.13.1。

： 'u̯ė 月 1.14.7。［ ］： ma 马 1.12.5。

八思巴字字头统计：一东 6；二庚 10；三阳 8；四支 16；五鱼 13；六佳 6；七真 9；八寒 2；九先 5；十萧 7；十一尤 3；十二覃 1；十三侵 3；十四歌 1；十五麻 6。共 96 个八思巴字字头。

2. 重阳万寿宫圣旨碑（至元十七年，1280）

汉字 60 字次，八思巴字 60+5=65（镶边大字 （-） 5 字头无相应汉字）字次。共出现 48 个八思巴字字头。

0 镶边大字（无相应汉字）

sṷėn	ḥṷu（hṷ-）	li	taw	k‘ėm
2.0.1	2.0.2	2.0.3	2.0.4	2.0.5
（宣）	（付）	（李）	（道）	（谦）

1

tšaŋ	$š_1$hiŋ（$š_2$-）	t‘en	k‘i	li	li
2.1.1	2.1.2	2.1.3	2.1.4	2.1.5	2.1.6
长	生	天	气	力	里

2

ɣoŋ	di	$š_1$iŋ（$š_2$-）	dži	baw	džin	taj	$š_1$hi（$š_2$-）
2.2.1	2.2.2	2.2.3	2.2.4	2.2.5	2.2.6	2.2.7	2.2.8
皇	帝	圣	旨	葆	真	大	师
džėu	lu	taw	gėw	ti	gėu		
2.2.9	2.2.10	2.2.11	2.2.12	2.2.13	2.2.14		
诸	路	道	教	提	举		

3

li	taw	k‘ėm	k‘o	$š_1$iw	$š_1$em（$š_2$-）	si	u
2.3.1	2.3.2	2.3.3	2.3.4	2.3.5	2.3.6	2.3.7	2.3.8
李	道	谦	可	授	陕	西	五
lu	si	$š_1$ėu	shi	tš‘ṷėn			
2.3.9	2.3.10	2.3.11	2.3.12	2.3.13			
路	西	蜀	四	川			

4

taw	gėw	ti	dem	gėm	liŋ	tšėuŋ	jaŋ
2.4.1	2.4.2	2.4.3	2.4.4	2.4.5	2.4.6	2.4.7	2.4.8
道	教	提	点	兼	领	重	阳
wan	$š_1$iw	gėuŋ					
2.4.9	2.4.10	2.4.11					
万	寿	宫					

5

tšhi	ŋi	liŋ	li	taw	k‘ėm	džėun	ts‘hi
2.5.1	2.5.2	2.5.3	2.5.4	2.5.5	2.5.6	2.5.7	2.5.8
事	宜	令	李	道	谦	准	此

6

dži	'u̯ėn	š$_1$i	ts'i	nen	džiŋ	'u̯ė	ži
2.6.1	2.6.2	2.6.3	2.6.4	2.6.5	2.6.6	2.6.7	2.6.8
至	元	十	七	年	正	月	日

一东：：gėuŋ 宫 2.4.11。tšėuŋ 重 2.4.7。

二庚：：džiŋ 正 2.6.6。（-）š$_1$iŋ（š$_2$-）圣 2.2.3。liŋ 领 2.4.6 / 令 2.5.3。

：（-）š$_1$hiŋ（š$_2$-）生 2.1.2。

三阳：：tšaŋ 长 2.1.1。jaŋ 阳 2.4.8。：ɣoŋ 皇 2.2.1。

四支：：k'i 气 2.1.4。ŋi 宜 2.5.2。di 帝 2.2.2。ti 提 2.2.13; 2.4.3。dži 旨 2.2.4 / 至 2.6.1。ts'i 七 2.6.4。si 西 2.3.7; 2.3.10。š$_1$i（š$_2$-）十 2.6.3。li 里 2.1.6 / 李 2.0.3; 2.3.1; 2.5.4 / 力 2.1.5。ži 日 2.6.8。

：tšhi 事 2.5.1。ts'hi 此 2.5.8。shi 四 2.3.12。（-）š$_1$hi（š$_2$-）师 2.2.8。

五鱼：：（-）ɦu̯u（ɦu̯-）付 2.0.2。lu 路 2.2.10; 2.3.9。

：gėu 举 2.2.14。džėu 诸 2.2.9。š$_1$ėu 蜀 2.3.11。u 五 2.3.8。

六佳：：taj 大 2.2.7。

七真：：džin 真 2.2.6。：džėun 准 2.5.7。

八寒：：wan 万 2.4.9。

九先：：t'en 天 2.1.3。nen 年 2.6.5。

：tš'u̯ėn 川 2.3.13。su̯ėn 宣 2.0.1。'u̯ėn 元 2.6.2。

十萧：：taw 道 2.0.4; 2.2.11; 2.3.2; 2.4.1; 2.5.5。baw 葆 2.2.5。：gėw 教 2.2.12; 2.4.2。

十一尤：：š$_1$iw 寿 2.4.10/ 授 2.3.5。

十二覃：：dem 点 2.4.4。（-）š$_1$em（š$_2$-）陕 2.3.6。：gėm 兼 2.4.5。k'ėm 谦 2.0.5; 2.3.3。

十三侵：十四歌：：k'o 可 2.3.4; 2.5.6。

十五麻：：'u̯ė 月 2.6.7。

八思巴字字头统计：一东 2；二庚 4；三阳 3；四支 14；五鱼 6；六佳 1；七真 2；八寒 1；九先 5；十萧 3；十一尤 1；十二覃 4；十三侵 0；十四歌 1；十五麻 1。共 48 个八思巴字字头。

3. 儒学免役圣旨碑（又称江淮免秀才杂泛差役诏书碑。至元二十五年，1288）

汉字与八思巴字皆为 103 字次。共出现 76 个八思巴字字头。原文：

1	tšaŋ	š$_1$hiŋ（š$_2$-）	t'en	k'i	li	li
	3.1.1	3.1.2	3.1.3	3.1.4	3.1.5	3.1.6
	长	生	天	气	力	里
2						

	taj	ḥu̯u（hu̯-）	· im	ɣu	tšu	li		
	3.2.1	3.2.2	3.2.3	3.2.4	3.2.5	3.2.6		
	大	福	荫	护	助	里		
3	ɣoŋ	di	š$_1$iŋ（š$_2$-）	dži	gėu	š$_1$aŋ	š$_1$ėu（š$_2$-）	š$_1$hiŋ（š$_2$-）
	3.3.1	3.3.2	3.3.3	3.3.4	3.3.5	3.3.6	3.3.7	3.3.8
	皇	帝	圣	旨	据	尚	书	省
	dzhiw	gėŋ	ɣu̯aj	dhiŋ	tš‘ėu			
	3.3.9	3.3.10	3.3.11	3.3.12	3.3.13			
	奏	江	淮	等	处			
4	siw	tsaj	k‘i	mu̯an（-e-）	tsa	ḥu̯am（hu̯-）	tš‘aj	ju̯i
	3.4.1	3.4.2	3.4.3	3.4.4	3.4.5	3.4.6	3.4.7	3.4.8
	秀	才	乞	免	杂	泛	差	役
	tšhi	džėun	dzhiw	gim	ɣiw	tsaj		
	3.4.9	3.4.10	3.4.11	3.4.12	3.4.13	3.4.14		
	事	准	奏	今	后	在		
5	tsi	siw	tsaj	tsu	maj	maj	na	š$_1$aŋ（š$_2$-）
	3.5.1	3.5.2	3.5.3	3.5.4	3.5.5	3.5.6	3.5.7	3.5.8
	籍	秀	才	做	买	卖	纳	商
	š$_1$ue（š$_2$-）	džuŋ	tu̯an（-e-）	na	ti	š$_1$ue（š$_2$-）	ki	jėu
	3.5.9	3.5.10	3.5.11	3.5.12	3.5.13	3.5.14	3.5.15	3.5.16
	税	种	田	纳	地	税	其	余
6	ji（j-）	ts‘ė	tsa	ḥu̯am（hu̯-）	tš‘aj	ju̯i	piŋ	ḥėiŋ
	3.6.1	3.6.2	3.6.3	3.6.4	3.6.5	3.6.6	3.6.7	3.6.8
	一	切	杂	泛	差	役	並	行
	gu̯ėn	mu̯an（-e-）	š$_1$u	tsaj	gon	shi	š$_1$aŋ	
	3.6.9	3.6.10	3.6.11	3.6.12	3.6.13	3.6.14	3.6.15	
	蠲	免	所	在	官	司	常	
7	ts‘ė	tsun	sėu	žiŋ	gim	· ew	š$_1$hi（š$_2$-）	š$_1$in
	3.7.1	3.7.2	3.7.3	3.7.4	3.7.5	3.7.6	3.7.7	3.7.8

	切	存	恤	仍	禁	约	使	臣
	žin	dhiŋ	wu	dhij	· ėu			
	3.7.9	3.7.10	3.7.11	3.7.12	3.7.13			
	人	等	毋	得	於			
8	mu̯aw（-e-）	ħėw	· an	ħė	ħu̯i（hu̯-）	li	saw	žew
	3.8.1	3.8.2	3.8.3	3.8.4	3.8.5	3.8.6	3.8.7	3.8.8
	庙	学	安	下	非	理	骚	扰
	džėun	ts'hi						
	3.8.9	3.8.10						
	准	此						
9	dži	'u̯ėn	ži	$š_1$i	u	nu̯an（-e-）	$š_1$i	ji（j-）
	3.9.1	3.9.2	3.9.3	3.9.4	3.9.5	3.9.6	3.9.7	3.9.8
	至	元	二	十	五	年	十	一
	'u̯ė	ži						
	3.9.9	3.9.10						
	月	日						

一东：：džuŋ 种 3.5.10。

二庚：：piŋ 並 3.6.7。$š_1$iŋ（$š_2$-）圣 3.3.3。žiŋ 仍 3.7.4。

：dhiŋ 等 3.3.12; 3.7.10。$š_1$hiŋ（$š_2$-）生 3.1.2 / 省 3.3.8。

：ħėiŋ 行 3.6.8。

三阳：：tšaŋ 长 3.1.1。$š_1$aŋ（$š_2$-）商 3.3.6。$š_1$aŋ 常 3.6.15 / 尚 3.3.6。

：gėŋ 江 3.3.10。：ɣoŋ 皇 3.3.1。

四支：：k'i 气 3.1.4 / 乞 3.4.3。ki 其 3.5.15。di 帝 3.3.2。ti 地 3.5.13。dži 旨 3.3.4 / 至 3.9.1。ħu̯i（hu̯-）非 3.8.5。tsi 籍 3.5.1。$š_1$i 十 3.9.4; 3.9.7。ji（j-）一 3.6.1; 3.9.8。li 里 3.1.6; 3.2.6 / 理 3.8.6/ 力 3.1.5。ži 二 3.9.3 / 日 3.9.10。

：tšhi 事 3.4.9。ts'hi 此 3.8.10。shi 司 3.6.14。$š_1$hi（$š_2$-）使 3.7.7。

：$š_1$ue（$š_2$-）税 3.5.9; 3.5.14。：ju̯i 役 3.4.8; 3.6.6。

五鱼：：tšu 助 3.2.5。ħu̯u（hu̯-）福 3.2.2。wu 毋 3.7.11。tsu（dz-）做 3.5.4。$š_1$u 所 3.6.11。ɣu 护 3.2.4。

：gėu 据 3.3.5。tš̯ėu 处 3.3.13。sėu 恤 3.7.3。$š_1$ėu（$š_2$-）书

3.3.7。· ėu 於 3.7.13。jėu 余 3.5.16。u 五 3.9.5。

六佳：：taj 大 3.2.1。tšʻaj 差 3.4.7；3.6.5。maj 买 3.5.5 / 卖 3.5.6。tsaj 才 3.4.2；3.5.3 / 在 3.4.14；3.6.12。：ɣu̯aj 淮 3.3.11。：dhij 得 3.7.12。

七真：：š₁in 臣 3.7.8。žin 人 3.7.9。：tsun 存 3.7.2。

：džėun 准 3.4.10；3.8.9。

八寒：：· an 安 3.8.3。：gon 官 3.6.13。

九先：：tʻen 天 3.1.3。（-ᅮ-）tu̯an（-e-）田 3.5.11。（-ᅮ-）nu̯an（-e-）年 3.9.6。（-ᅮ-）mu̯an（-e-）免 3.4.4；3.6.10。

：gu̯ėn 蠲 3.6.9。ʼu̯ėn 元 3.9.2。

十萧：：saw（不清）骚 3.8.7。：（-ᅮ-）mu̯aw（-e-）庙 3.8.1。· ew 约 3.7.6。žew 扰 3.8.8。：ɦėw 学 ɦėw 3.8.2。

十一尤：：siw 秀 3.4.1；3.5.2。ɣiw 后 3.4.13。：dzhiw 奏 3.3.9；3.4.11。

十二覃：：（-）ɦu̯am（hu̯-）泛 3.4.6；3.6.4。

十三侵：：gim 今 3.4.12 / 禁 3.7.5。· im 荫 3.2.3。

十四歌：十五麻：：tsʻė 切 3.6.2；3.7.1。：ɦė 下 3.8.4。：ʼu̯ė 月 3.9.9。

［　］：na 纳 3.5.7；3.5.12。tsa 杂 3.4.5；3.6.3。

八思巴字字头统计：一东 1；二庚 6；三阳 5；四支 17；五鱼 13；六佳 6；七真 4；八寒 2；九先 6；十萧 5；十一尤 3；十二覃 1；十三侵 2；十四歌 0；十五麻 5。共 76 个八思巴字字头。

4. 加封北岳庙圣旨碑（至元二十八年，1291）（增页 37，版六）

汉字与八思巴字皆为 83 字次。共出现 60 个八思巴字字头。

1	š₁aŋ	tʻen	gėon	miŋ				
	4.1.1	4.1.2	4.1.3	4.1.4				
	上	天	眷	命				
2	ɣoŋ	di	š₁iŋ（š₂-）	dži	tšim	ju̯i	miŋ	š₁an
	4.2.1	4.2.2	4.2.3	4.2.4	4.2.5	4.2.6	4.2.7	4.2.8
	皇	帝	圣	旨	朕	惟	名	山
	taj	tšʻu̯ėn						
	4.2.9	4.2.10						
	大	川						
3	gue	dži	tši	zhi	gim	jaw	tu	shi
	4.3.1	4.3.2	4.3.3	4.3.4	4.3.5	4.3.6	4.3.7	4.3.8

	国	之	秩	祀	今	岳	渎	四
	haj	gėj（-i̯a-）						
	4.3.9	4.3.10						
	海	皆						
4	tsaj	ɦu̯uŋ（hu̯-）	’ėu	dži	nue	min	wu	ɦu̯ow
	4.4.1	4.4.2	4.4.3	4.4.4	4.4.5	4.4.6	4.4.7	4.4.8
	在	封	宇	之	内	民	物	阜
	k‘aŋ	$š_1$i						
	4.4.9	4.4.10						
	康	时						
5	ju̯i	tš‘in	ɦėiw（h-）	ži	ɦu̯uŋ（hu̯-）	ɣaw	wi	gė
	4.5.1	4.5.2	4.5.3	4.5.4	4.5.5	4.5.6	4.5.7	4.5.8
	惟	神	休	而	封	号	未	加
	wu	ji						
	4.5.9	4.5.10						
	无	以						
6	džew	da	liŋ	ɦu̯ėŋ（h-）	k‘o	gi̯a（-ė）	$š_1$aŋ	bue
	4.6.1	4.6.2	4.6.3	4.6.4	4.6.5	4.6.6	4.6.7	4.6.8
	昭	答	灵	贶	可	加	上	北
	yaw	’ue						
	4.6.9	4.6.10						
	岳	为						
7	· an	t‘en	taj	džiŋ	ɦu̯ėn	$š_1$iŋ（$š_2$-）	di	ji
	4.7.1	4.7.2	4.7.3	4.7.4	4.7.5	4.7.6	4.7.7	4.7.8
	安	天	大	贞	玄	圣	帝	以
	tš‘iŋ							
	4.7.9							
	称							
8								

	tšim	giŋ	gėuŋ	tš'in	miŋ	dži	·i	džėu
	4.8.1	4.8.2	4.8.3	4.8.4	4.8.5	4.8.6	4.8.7	4.8.8
	朕	敬	恭	神	明	之	意	主
9	džė	š$_1$i（š$_2$-）	ḥėiŋ					
	4.9.1	4.9.2	4.9.3					
	者	施	行					
10	dži	'u̯ėn	ži	š$_1$i	ba	nen	ži	'u̯ė
	4.10.1	4.10.2	4.10.3	4.10.4	4.10.5	4.10.6	4.10.7	4.10.8
	至	元	二	十	八	年	二	月
	ži							
	4.10.9							
	日							

一东： ḥu̯uŋ（hu̯-）封 4.4.2; 4.5.5。gėuŋ 恭 4.8.3。

二庚： giŋ 敬 4.8.2。džiŋ 贞 4.7.4。tš'iŋ 称 4.7.9。
miŋ 明 4.8.5 / 名 4.2.7 / 命 4.1.4。š$_1$iŋ（š$_2$-）圣 4.2.3; 4.7.6。liŋ 灵 4.6.3。
ḥėiŋ 行 4.9.3。

三阳： k'aŋ 康 4.4.9。š$_1$aŋ 上 4.1.1; 4.6.7。ɣoŋ 皇 4.2.1。
ḥu̯ėŋ（h-）贶 4.6.4。

四支： di 帝 4.2.2; 4.7.7。dži 之 4.3.2; 4.4.4; 4.8.6 / 旨 4.2.4 / 至 4.10.1。tši 秩 4.3.3。wi 未 4.5.7。š$_1$i（š$_2$-）施 4.9.2。š$_1$i 时 4.4.10 / 十 4.10.4。·i 意 4.8.7。ji 以 4.5.10; 4.7.8。ži 而 4.5.4 / 二 4.10.3; 4.10.7 / 日 4.10.9。shi 四 4.3.8。zhi 祀 4.3.4。
gue 国 4.3.1。nue 内 4.4.5。bue 北 4.6.8。'ue 为 4.6.10。
ju̯i 惟 4.2.6; 4.5.1。

五鱼： tu 渎 4.3.7。wu 无 4.5.9 / 物 4.4.7。džėu 主 4.8.8。'ėu 宇 4.4.3。

六佳： taj 大 4.2.9; 4.7.3。tsaj 在 4.4.1。haj 海 4.3.9。gėj（-i̯a-）皆 4.3.10。

七真： tšin 神 4.5.2; 4.8.4。min 民 4.4.6。

八寒： š$_1$an 山 4.2.8。·an 安 4.7.1。

九先： t'en 天 4.1.2; 4.7.2。nen 年 2.6.5; 4.10.6。tš'u̯ėn 川 4.2.10。su̯ėn 玄 4.7.5。'u̯ėn 元 4.10.2。gėon 眷 4.1.3。

十萧： ɣaw 号 4.5.6。jaw 岳 4.3.6; 4.6.9。džew 昭 4.6.1。

十一尤： (...-) ɦėiw（h-）休 4.5.3。 ɦu̯ow 阜 4.4.8。

十二覃：十三侵： gim 今 4.3.5。 tšim 朕 4.2.5；4.8.1。

十四歌： k'o 可 4.6.5。

十五麻： džė 者 4.9.1。 gė 加 4.5.8。（ ）gi̯a（-ė-）加 4.6.6。

'u̯ė 月 2.6.7；4.10.8。[ ]： da 答 4.6.2。 ba 八 4.10.5。

八思巴字字头统计：一东 2；二庚 7；三阳 4；四支 16；五鱼 4；六佳 4；七真 2；八寒 2；九先 6；十萧 3；十一尤 2；十二覃 0；十三侵 2；十四歌 1；十五麻 5。共 60 个八思巴字字头。

5. 文宣王庙圣旨碑（又称孔子庙学圣旨碑。至元三十一年，1294）（增页 39，版八）

此碑无相应汉字，八思巴字 279 字次。共出现 166 个八思巴字字头。

行								
1	š$_1$aŋ 5.1.1 上	t'en 5.1.2 天	gėon 5.1.3 眷	miŋ 5.1.4 命				
2	ɣoŋ 5.2.1 皇	di 5.2.2 帝	š$_1$iŋ（š$_2$-） 5.2.3 圣	dži 5.2.4 旨	jėu 5.2.5 谕	džuŋ 5.2.6 中	'ue 5.2.7 外	baj 5.2.8 百
	shi 5.2.9 司	gon 5.2.10 官	li 5.2.11 吏	žin 5.2.12 人	dhiŋ 5.2.13 等	k'uŋ 5.2.14 孔	dzhi 5.2.15 子	dži 5.2.16 之
	taw 5.2.17 道	š$_1$ue 5.2.18 垂	ɦėn（h-） 5.2.19 宪	wan 5.2.20 万	š$_1$i（š$_2$-） 5.2.21 世	ŋiw 5.2.22 有	gue 5.2.23 国	gė 5.2.24 家
	džė 5.2.25 者	š$_1$u 5.2.26 所	daŋ 5.2.27 当	tšuŋ 5.2.28 崇	ɦu̯uŋ 5.2.29 奉	k'ėu 5.2.30 曲	ɦu̯ow 5.2.31 阜	lim 5.2.32 林
	mew 5.2.33 庙	š$_1$aŋ 5.2.34 上	du 5.2.35 都	taj 5.2.36 大	du 5.2.37 都	džėu 5.2.38 诸	lu 5.2.39 路	ɦu̯u（hu̯-） 5.2.40 府
	džiw 5.2.41 州							

3	ħu̯ėn	·i	·iŋ	$\check{s}_1$ė ($\check{s}_2$-)	mew	ħėw	$\check{s}_1$ėu ($\check{s}_2$-)	’u̯ėn
	5.3.1	5.3.2	5.3.3	5.3.4	5.3.5	5.3.6	5.3.7	5.3.8
	县	邑	应	设	庙	学	书	院
	džew	·i						
	5.3.9	5.3.10						
	照	依						

4	$\check{s}_1$i ($\check{s}_2$-)	dzu	ɣoŋ	di	$\check{s}_1$iŋ ($\check{s}_2$-)	dži	gim	·ew
	5.4.1	5.4.2	5.4.3	5.4.4	5.4.5	5.4.6	5.4.7	5.4.8
	世	祖	皇	帝	圣	旨	禁	约
	džėu	gon	’u̯ėn	$\check{s}_1$hi ($\check{s}_2$-)	$\check{s}_1$in	gėun	ma	wu
	5.4.9	5.4.10	5.4.11	5.4.12	5.4.13	5.4.14	5.4.15	5.4.16
	诸	官	员	使	臣	军	马	毋
	dhij	·ėu	nue	·an	ħė	ɣue	tsėu	tsi
	5.4.17	5.4.18	5.4.19	5.4.20	5.4.21	5.4.22	5.4.23	5.4.24
	得	於	内	安	下	或	聚	集
	li	wun	zhi	zėuŋ	sė	tu	·im	jėn (j-)
	5.4.25	5.4.26	5.4.27	5.4.28	5.4.29	5.4.30	5.4.31	5.4.32
	理	问	词	讼	亵	渎	饮	宴
	guŋ	ju̯i	tsaw	dzaw	$\check{s}_1$iw ($\check{s}_2$-)	džėu	gon	wu
	5.4.33	5.4.34	5.4.35	5.4.36	5.4.37	5.4.38	5.4.39	5.4.40
	工	役	造	作	收	贮	官	物
	ki							
	5.4.41							
	其							

5	$\check{s}_1$em	ħėw	ti	t‘u	$\check{s}_1$an	ŋe	ki	guŋ
	5.5.1	5.5.2	5.5.3	5.5.4	5.5.5	5.5.6	5.5.7	5.5.8
	赡	学	地	土	产	业	及	贡
	tšhi	džhaŋ	džėu	žin	wu	dhij	ts‘im	tu̯o

	5.5.9	5.5.10	5.5.11	5.5.12	5.5.13	5.5.14	5.5.15	5.5.16
	士	庄	诸	人	毋	得	侵	夺
	š$_1$u	tš‘ėu	tsen	lėŋ	ji	gėuŋ	tš‘ėun	ts‘iw
	5.5.17	5.5.18	5.5.19	5.5.20	5.5.21	5.5.22	5.5.23	5.5.24
	所	出	钱	粮	以	供	春	秋
	ži	diŋ	š$_1$u̯aw（š$_2$-）	waŋ	dzi	zhi	ki	š$_1$hi（š$_2$-）
	5.5.25	5.5.26	5.5.27	5.5.28	5.5.29	5.5.30	5.5.31	5.5.32
	二	丁	朔	望	祭	祀	及	师
	š$_1$hiŋ（š$_2$-）	lim	š$_1$en	pin	ɣan	law	piŋ	dži
	5.5.33	5.5.34	5.5.35	5.5.36	5.5.37	5.5.38	5.5.39	5.5.40
	生	廪	饍	贫	寒	老	病	之
6	tšhi	’ue	džuŋ	š$_1$u	dzun	giŋ	džė	’u̯ė
	5.6.1	5.6.2	5.6.3	5.6.4	5.6.5	5.6.6	5.6.7	5.6.8
	士	为	众	所	尊	敬	者	月
	dži	mi	lėŋ	· iw	sėu	jaŋ	š$_1$em	mew
	5.6.9	5.6.10	5.6.11	5.6.12	5.6.13	5.6.14	5.6.15	5.6.16
	支	米	粮	优	衄	养	赡	庙
	’ėu	sun	ɣu̯aj	zue	dzi	siw	ɣon	dzaw
	5.6.17	5.6.18	5.6.19	5.6.20	5.6.21	5.6.22	5.6.23	5.6.24
	宇	损	坏	随	即	修	完	作
	jaŋ	ɣiw	dzin	ŋem	gė	ħėun（h-）	ħue（h-）	gėŋ
	5.6.25	5.6.26	5.6.27	5.6.28	5.6.29	5.6.30	5.6.31	5.6.32
	养	后	进	严	加	训	诲	讲
	zi	taw	ji	wu	jėw	š$_1$iŋ	tsaj	žew
	5.6.33	5.6.34	5.6.35	5.6.36	5.6.37	5.6.38	5.6.39	5.6.40
	习	道	艺	务	要	成	材	若
7	dhij	ħėiŋ	wun	ħėw	tš‘ėw	tš‘ėu	š$_1$i	bue
	5.7.1	5.7.2	5.7.3	5.7.4	5.7.5	5.7.6	5.7.7	5.7.8
	德	行	文	学	超	出	时	辈

	džė	ŋiw	shi	baw	gėu	sėu	džėiŋ	lem
	5.7.9	5.7.10	5.7.11	5.7.12	5.7.13	5.7.14	5.7.15	5.7.16
	者	有	司	保	举	肃	政	廉
	ɦṷaŋ（hṷ-）	shi	tʻi	ɦṷu（hṷ-）	sėŋ	tuŋ	ji	pue
	5.7.17	5.7.18	5.7.19	5.7.20	5.7.21	5.7.22	5.7.23	5.7.24
	访	司	体	覆	相	同	以	备
	sṷėn	jėuŋ	bun	lu	dzuŋ	gon	ɦṷu（hṷ-）	ti
	5.7.25	5.7.26	5.7.27	5.7.28	5.7.29	5.7.30	5.7.31	5.7.32
	选	用	本	路	总	管	府	提
	gėu	žėu	ɦėw	sėu	džėiŋ	lem	ɦṷaŋ（hṷ-）	shi
	5.7.33	5.7.34	5.7.35	5.7.36	5.7.37	5.7.38	5.7.39	5.7.40
	举	儒	学	肃	政	廉	访	司
8	sṷėn	miŋ	gėw	ɦṷa（h-）	men	li	ɦėw	ɦėw
	5.8.1	5.8.2	5.8.3	5.8.4	5.8.5	5.8.6	5.8.7	5.8.8
	宣	明	教	化	勉	励	学	校
	ɦṷam	mew	ɦėw	guŋ	tšhi	džėu	žin	wu
	5.8.9	5.8.10	5.8.11	5.8.12	5.8.13	5.8.14	5.8.15	5.8.16
	凡	庙	学	公	事	诸	人	毋
	dhij	dzėu	žew	gėu	ɣo	ɦėiŋ	žėu	žin
	5.8.17	5.8.18	5.8.19	5.8.20	5.8.21	5.8.22	5.8.23	5.8.24
	得	沮	扰	据	合	行	儒	人
	tšhi	li	džew	·i	ji	gėŋ		
	5.8.25	5.8.26	5.8.27	5.8.28	5.8.29	5.8.30		
	事	理	照	依	已	降		
9	š$_1$iŋ（š$_2$-）	dži	š$_1$i（š$_2$-）	ɦėiŋ	bue	ɣue	š$_1$i	tsʻhi
	5.9.1	5.9.2	5.9.3	5.9.4	5.9.5	5.9.6	5.9.7	5.9.8
	圣	旨	施	行	彼	或	恃	此
	ɦṷi（hṷ-）	li	waŋ	ɦėiŋ	gue	ŋiw	š$_1$aŋ	ɦėn（h-）

5.9.9	5.9.10	5.9.11	5.9.12	5.9.13	5.9.14	5.9.15	5.9.16
非	理	妄	行	国	有	常	宪
niŋ	bu	dži	kėu	ŋi	liŋ	džėun	tsʻhi
5.9.17	5.9.18	5.9.19	5.9.20	5.9.21	5.9.22	5.9.23	5.9.24
宁	不	知	惧	宜	令	准	此
dži	’u̯ėn	sam	š$_1$i	ji	nen	tsʻi	’u̯ė
5.10.1	5.10.2	5.10.3	5.10.4	5.10.5	5.10.6	5.10.7	5.10.8
至	元	三	十	一	年	七	月
ži							
5.10.9							
日							

一东： ： guŋ 公 5.8.12 / 工 5.4.33 / 贡 5.5.8。 kʻuŋ 孔 5.2.14。 tuŋ 同 5.7.22。 džuŋ 中 5.2.6 / 众 5.6.3。 tšuŋ 崇 5.2.28。 ħu̯uŋ 奉 5.2.29。 dzuŋ 总 5.7.29。

： gėuŋ 供 5.5.22。 zėuŋ 讼 5.4.28。 jėuŋ 用 5.7.26。

二庚： ： giŋ 敬 5.6.6。 diŋ 丁 5.5.26。 ni ŋ 宁 5.9.17。 džiŋ 政 5.7.15；5.7.37。 piŋ 病 5.5.39。 miŋ 明 5.8.2 / 命 5.1.4。 （ - ）š$_1$iŋ（š$_2$-）圣 5.2.3；5.4.5；5.9.1。 š$_1$iŋ 成 5.6.38。 · iŋ 应 5.3.3。 liŋ 令 5.9.22。

： dhiŋ 等 5.2.13。 （ - ）š$_1$hiŋ（š$_2$-）生 5.5.33。

： ħėiŋ 行 5.7.2；5.8.22；5.9.4；5.9.12。

三阳： ： daŋ 当 5.2.27。 （ - ）ħuaŋ（hu̯-）访 5.7.17；5.7.39。

wa ŋ 妄 5.9.11 / 望 5.5.28。 š$_1$aŋ 常 5.9.15 / 上 5.1.1；5.2.34。 jaŋ 养 5.6.14；5.6.25。

： gėŋ 讲 5.6.32 / 降 5.8.30。 sėŋ 相 5.7.21。 lėŋ 粮 5.5.20；5.6.11。

： džhaŋ 庄 5.5.10。 ： ɣoŋ 皇 5.2.1；5.4.3。

四支： ： ki 其 5.4.41 / 及 5.5.7；5.5.31。 ŋi 宜 5.9.21。 di 帝 5.2.2；5.4.4。 tʻi 体 5.7.19。 ti 提 5.7.32 / 地 5.5.3。 dži 知 5.9.19 / 支 5.6.9 / 之 5.2.16；5.5.40 / 旨 5.2.4；5.4.6；5.9.2 / 至 5.10.1。 mi 米 5.6.10。 （ - ）ħu̯i（hu̯-）非 5.9.9。 dzi 祭 5.5.29 / 即 5.6.21。 tsʻi 七 5.10.7。 tsi 集 5.4.24。 zi 习 5.6.33。 （ - ）š$_1$i（š$_2$-）施 5.9.3 / 世 5.2.21；5.4.1。 š$_1$i 时 5.7.7 / 恃 5.9.7 / 十 5.10.4。 ·i 依 5.3.10；5.8.28 / 邑 5.3.2。 ji 一 5.10.5。 ji 以 5.5.21；5.7.23 / 已 5.8.29 / 艺 5.6.35。 li 理 5.4.25；5.8.26；5.9.10 / 吏 5.2.11 / 励 5.8.6。 ži 二 5.5.25 / 日 5.10.9。

： tšhi 士 5.5.9；5.6.1 / 事 5.8.13；5.8.25。 dzhi 子 5.2.15。 tsʻhi 此 5.9.8；

5.9.24。shi 司 5.2.9；5.7.11；5.7.18；5.7.40。zhi 词 5.4.27 / 祀 5.5.30。（ - ）š$_1$hi（š$_2$-）师 5.5.32 / 使 5.4.12。

：gue 国 5.2.23；5.9.13。nue 内 5.4.19。bue 彼 5.9.5 / 辈 5.7.8。pue 备 5.7.24。zue 随 5.6.20。š$_1$ue 垂 5.2.18。（ -）ħue（h-）诲 5.6.31。ɣue 或 5.4.22；5.9.6。'ue 为 5.6.2 / 外 5.2.7。：ju̯i 役 5.4.34。

五鱼：：du 都 5.2.35；5.2.37。t'u 土 5.5.4。tu 渎 5.4.30。bu 不 5.9.18。（ -）ħu̯u（hu̯-）府 5.2.40；5.7.31 / 覆 5.7.20。wu 毋 5.4.16；5.5.13；5.8.16 / 务 5.6.36 / 物 5.4.40。dzu 祖 5.4.2。š$_1$u 所 5.2.26；5.5.17；5.6.4。lu 路 5.2.39；5.7.28。

：gėu 举 5.7.13；5.7.33 / 据 5.8.20。k'ėu 曲 5.2.30。kėu 惧 5.9.20。džėu 诸 5.2.38；5.4.9；5.5.11；5.8.14 / 贮 5.4.38。tš'ėu 出 5.5.18；5.7.6。dzėu 沮 5.8.18。tsėu 聚 5.4.23。sėu 肃 5.7.14；5.7.36 / 卹 5.6.13。（ - ）š$_1$ėu（š$_2$-）书 5.3.7。·ėu 於 5.4.18。'ėu 宇 5.6.17。jėu 谕 5.2.5。žėu 儒 5.7.34；5.8.23。

六佳：：taj 大 5.2.36。baj 百 5.2.8。tsaj 材 5.6.39。：ɣu̯aj 坏 5.6.19。

：dhij 德 5.7.1 / 得 5.4.17；5.5.14；5.8.17。

七真：：pin 贫 5.5.36。dzin 进 5.6.27。š$_1$in 臣 5.4.13。žin 人 5.2.12；5.5.12；5.8.15；5.8.24。

：bun 本 5.7.27。wun 文 5.7.3 / 问 5.4.26。dzun 尊 5.6.5。sun 损 5.6.18。

：gėun 军 5.4.14。džėun 准 5.9.23。ts'ėun 春 5.5.23。（ -）ħėun（h-）训 5.6.30。

八寒：：wan 万 5.2.20。š$_1$an 产 5.5.5。ɣan 寒 5.5.37。·an 安 5.4.20。

：gon 官 5.2.10；5.4.10；5.4.39/ 管 5.7.30。ɣon 完 5.6.23。

九先：：t'en 天 5.1.2。nen 年 5.10.6。men 勉 5.8.5。tsen 钱 5.5.19。š$_1$en 饍 5.5.35。：（ -）ħėn（h-）宪 5.2.19；5.9.16。（ - ）jėn（j-）宴 5.4.32。

：su̯ėn 宣 5.8.1/ 选 5.7.25。ħu̯ėn 县 5.3.1。'u̯ėn 元 5.10.2 / 员 5.4.11 / 院 5.3.8。：gėon 眷 5.1.3。

十萧：：taw 道 5.2.17；5.6.34。baw 保 5.7.12。dzaw 作 5.4.36；5.6.24。tsaw 造 5.4.35。law 老 5.5.38。

：džew 照 5.3.9；5.8.27。mew 庙 5.2.33；5.3.5；5.6.16；5.8.10。·ew 约 5.4.8。žew 扰 5.8.19 / 若 5.6.40。

：tš'ėw 超 5.7.5。jėw（ 似 ）要 5.6.37。：（ - ）š$_1$u̯aw（š$_2$-）朔 5.5.27。

：gėw 教 5.8.3。ħėw 校 5.8.8 / 学 5.3.6；5.5.2；5.7.4；5.7.35；5.8.7；5.8.11。

十一尤：：ŋiw 有 5.2.22；5.7.10；5.9.14。džiw 州 5.2.41。ts'iw 秋 5.5.24。siw 修 5.6.22。（ - ）š$_1$iw（š$_2$-）收 5.4.37。ɣiw 后 5.6.26。·iw 优 5.6.12。

：ḥu̯ow 阜 5.2.31。

十二覃：：ḥu̯am 凡 5.8.9。sam 三 5.10.3。

：ŋem 严 5.6.28。$š_1$em 赡 5.5.1；5.6.15。lem 廉 5.7.16；5.7.38。

十三侵：：gim 禁 5.4.7。ts'im 侵 5.5.15。·im 饮 5.4.31。lim 林 5.2.32 / 廪 5.5.34。

十四歌：：ɣo 合 5.8.21。：tu̯o 夺 5.5.16。

十五麻：：džė 者 5.2.25；5.6.7；5.7.9。sė 亵 5.4.29。（-）$š_1$ė（$š_2$-）设 5.3.4。

：（）ḥu̯a（h-）化 5.8.4。：gė 家 5.2.24 / 加 5.6.29。ḥė 下 5.4.21。

：'u̯ė 月 5.6.8；5.10.8。：ŋe 业 5.5.6。[ ]：ma 马 5.4.15。

八思巴字字头统计：一东 10；二庚 13；三阳 10；四支 35；五鱼 22；六佳 5；七真 12；八寒 6；九先 11；十萧 14；十一尤 8；十二覃 5；十三侵 4；十四歌 2；十五麻 9。共 166 个八思巴字字头。

6. 孔子庙学圣旨碑（至元三十一年，1294）（增页 38，版七）内容同 5、文宣王庙圣旨碑，但版式不同。八思巴字 279 字次。共出现 166 个八思巴字字头。

组	转写	编号	汉字
1	$š_1$aŋ	6.1.1	上
	t'en	6.1.2	天
	gėon	6.1.3	眷
	miŋ	6.1.4	命
2	ɣoŋ	6.2.1	皇
	di	6.2.2	帝
	$š_1$iŋ（$š_2$-）（-）	6.2.3	圣
	dži	6.2.4	旨
	jėu	6.2.5	谕
	džuŋ	6.2.6	中
	'ue	6.2.7	外
	baj	6.2.8	百
	shi	6.2.9	司
	gon	6.2.10	官
	li	6.2.11	吏
	žin	6.2.12	人
3	dhiŋ	6.3.1	等
	k'uŋ	6.3.2	孔
	dzhi	6.3.3	子
	dži	6.3.4	之
	taw	6.3.5	道
	$š_1$ue	6.3.6	垂
	ḥėn（h-）（-）	6.3.7	宪
	wan	6.3.8	万
	$š_1$i（$š_2$-）（-）	6.3.9	世
	ŋiw	6.3.10	有
4	gue	6.4.1	国
	gė	6.4.2	家
	džė	6.4.3	者
	$š_1$u	6.4.4	所
	daŋ	6.4.5	当
	tšuŋ	6.4.6	崇
	ḥu̯uŋ	6.4.7	奉
	k'ėu	6.4.8	曲

	ɦu̯ow	lim						
	6.4.9	6.4.10						
	阜	林						
5	mew	$š_1$aŋ	du	taj	du	džėu	lu	ɦu̯u（hu̯-）
	6.5.1	6.5.2	6.5.3	6.5.4	6.5.5	6.5.6	6.5.7	6.5.8
	庙	上	都	大	都	诸	路	府
	džiw	ɦu̯ėn	· i					
	6.5.9	6.5.10	6.5.11					
	州	县	邑					
6	· iŋ	$š_1$ė（$š_2$-）	mew	ɦėw	$š_1$ėu（$š_2$-）	'u̯ėn	džew	· i
	6.6.1	6.6.2	6.6.3	6.6.4	6.6.5	6.6.6	6.6.7	6.6.8
	应	设	庙	学	书	院	照	依
7	$š_1$i（$š_2$-）	dzu	ɣoŋ	di	$š_1$iŋ（$š_2$-）	dži	gim	· ew
	6.7.1	6.7.2	6.7.3	6.7.4	6.7.5	6.7.6	6.7.7	6.7.8
	世	祖	皇	帝	圣	旨	禁	约
	džėu	gon	'u̯ėn	$š_1$hi（$š_2$-）				
	6.7.9	6.7.10	6.7.11	6.7.12				
	诸	官	员	使				
8	$š_1$in	gėun	ma	wu	dhij	· ėu	nue	· an
	6.8.1	6.8.2	6.8.3	6.8.4	6.8.5	6.8.6	6.8.7	6.8.8
	臣	军	马	毋	得	於	内	安
	ɦė	ɣue						
	6.8.9	6.8.10						
	下	或						
9	tsėu	tsi	li	wun	zhi	zėuŋ	sė	tu
	6.9.1	6.9.2	6.9.3	6.9.4	6.9.5	6.9.6	6.9.7	6.9.8
	聚	集	理	问	词	讼	亵	渎
	· im	jėn（j-）						

	6.9.9 饮	6.9.10 宴						
10	guŋ 6.10.1 工	ju̯i 6.10.2 役	tsaw 6.10.3 造	dzaw 6.10.4 作	š$_1$iw（š$_2$-） 6.10.5 收	džėu 6.10.6 贮	gon 6.10.7 官	wu 6.10.8 物
	ki 6.10.9 其	š$_1$em 6.10.10 赡						
11	ħėw 6.11.1 学	ti 6.11.2 地	tʻu 6.11.3 土	š$_1$an 6.11.4 产	ŋe 6.11.5 业	ki 6.11.6 及	guŋ 6.11.7 贡	tšhi 6.11.8 士
	džhaŋ 6.11.9 庄	džėu 6.11.10 诸	žin 6.11.11 人					
12	wu 6.12.1 毋	dhij 6.12.2 得	tsʻim 6.12.3 侵	tu̯o 6.12.4 夺	š$_1$u 6.12.5 所	tšėʻu 6.12.6 出	tsen 6.12.7 钱	lėŋ 6.12.8 粮
	ji 6.12.9 以	gėuŋ 6.12.10 供						
13	tšʻėun 6.13.1 春	tsʻiw 6.13.2 秋	ži 6.13.3 二	diŋ 6.13.4 丁	š$_1$u̯aw（š$_2$-） 6.13.5 朔	waŋ 6.13.6 望	dzi 6.13.7 祭	zhi 6.13.8 祀
	ki 6.13.9 及	š$_1$hi（š$_2$-） 6.13.10 师						
14	š$_1$hiŋ（š$_2$-） 6.14.1 生	lim 6.14.2 廪	š$_1$en 6.14.3 饍	pin 6.14.4 贫	ɣan 6.14.5 寒	law 6.14.6 老	piŋ 6.14.7 病	dži 6.14.8 之

	tšhi	’ue						
	6.14.9	6.14.10						
	士	为						
15	džuŋ	$š_1$u	dzun	giŋ	džė	’u̯ė	dži	mi
	6.15.1	6.15.2	6.15.3	6.15.4	6.15.5	6.15.6	6.15.7	6.15.8
	众	所	尊	敬	者	月	支	米
	lėŋ	· iw	sėu					
	6.15.9	6.15.10	6.15.11					
	粮	优	卹					
16	jaŋ	$š_1$em	mew	’ėu	sun	ɣu̯aj	zue	dzi
	6.16.1	6.16.2	6.16.3	6.16.4	6.16.5	6.16.6	6.16.7	6.16.8
	养	赡	庙	宇	损	坏	随	即
	siw	ɣon						
	6.16.9	6.16.10						
	修	完						
17	dzaw	jaŋ	ɣiw	dzin	ŋem	gė	ħėun（h-）	ħue（h-）
	6.17.1	6.17.2	6.17.3	6.17.4	6.17.5	6.17.6	6.17.7	6.17.8
	作	养	后	进	严	加	训	诲
	gėŋ	zi						
	6.17.9	6.17.10						
	讲	习						
18	taw	ji	wu	jėw	$š_1$iŋ	tsaj	žew	dhij
	6.18.1	6.18.2	6.18.3	6.18.4	6.18.5	6.18.6	6.18.7	6.18.8
	道	艺	务	要	成	材	若	德
	ħėiŋ	wun						
	6.18.9	6.18.10						
	行	文						
19	ħėw	tš‘ėw	tš‘ėu	$š_1$i	bue	džė	ŋiw	shi

	6.19.1	6.19.2	6.19.3	6.19.4	6.19.5	6.19.6	6.19.7	6.19.8
	学	超	出	时	辈	者	有	司
	baw	gėu						
	6.19.9	6.19.10						
	保	举						
20	sėu	džiŋ	lem	ħu̯aŋ（hu̯-）	shi	tʻi	ħu̯u（hu̯-）	sėŋ
	6.20.1	6.20.2	6.20.3	6.20.4	6.20.5	6.20.6	6.20.7	6.20.8
	肃	政	廉	访	司	体	覆	相
	tuŋ	ji						
	6.20.9	6.20.10						
	同	以						
21	pue	su̯ėn	jėuŋ	bun	lu	dzuŋ	gon	ħu̯u（hu̯-）
	6.21.1	6.21.2	6.21.3	6.21.4	6.21.5	6.21.6	6.21.7	6.21.8
	备	选	用	本	路	总	管	府
	ti	gėu						
	6.21.9	6.21.10						
	提	举						
22	žėu	ħėw	sėu	džiŋ	lem	ħu̯aŋ（hu̯-）	shi	su̯ėn
	6.22.1	6.22.2	6.22.3	6.22.4	6.22.5	6.22.6	6.22.7	6.22.8
	儒	学	肃	政	廉	访	司	宣
	miŋ							
	6.22.9							
	明							
23	gėw	ħu̯a（h-）	men	li	ħėw	ħėw	ħu̯am	mew
	6.23.1	6.23.2	6.23.3	6.23.4	6.23.5	6.23.6	6.23.7	6.23.8
	教	化	勉	励	学	校	凡	庙
	ħėw	guŋ						
	6.23.9	6.23.10						
	学	公						

24	tšhi 6.24.1 事	džėu 6.24.2 诸	žin 6.24.3 人	wu 6.24.4 毋	dhij 6.24.5 得	dzėu 6.24.6 沮	žew 6.24.7 扰	gėu 6.24.8 据
	ɣo 6.24.9 合							
25	ħėiŋ 6.25.1 行	žėu 6.25.2 儒	žin 6.25.3 人	tšhi 6.25.4 事	li 6.25.5 理	džew 6.25.6 照	· i 6.25.7 依	ji 6.25.8 已
	gėŋ 6.25.9 降							
26	š1iŋ（š2-） 6.26.1 圣	dži 6.26.2 旨	š1i（š2-） 6.26.3 施	ħėiŋ 6.26.4 行	bue 6.23.5 彼	ɣue 6.23.6 或	š1i 6.23.7 恃	tsʻhi 6.23.8 此
	ħu̯i（hu̯-） 6.23.9 非	li 6.23.10 理	waŋ 6.23.11 妄	ħėiŋ 6.23.12 行				
27	gue 6.27.1 国	ŋiw 6.27.2 有	š1aŋ 6.27.3 常	ħėn（h-） 6.27.4 宪	niŋ 6.27.5 宁	bu 6.27.6 不	dži 6.27.7 知	kėu 6.27.8 惧
	ŋi 6.27.9 宜							
28	liŋ 6.28.1 令	džėun 6.28.2 准	tsʻhi 6.28.3 此					
29	dži	’u̯ėn	sam	š1i	ji	nen	tsʻi	’u̯ė

6.29.1	6.29.2	6.29.3	6.29.4	6.29.5	6.29.6	6.29.7	6.29.8
至	元	三	十	一	年	七	月
ži							
6.29.9							
日							

碑刻内容同材料 5，故不单列韵表。韵表见材料 5。

7. 孔子庙学圣旨碑（至元三十一年，1294）（增页 59，版二十八。补一）内容同 5、文宣王庙圣旨碑，与 6、8 皆同，但版式不同。八思巴字 279 字次。共出现 166 个八思巴字字头。

1	š$_1$aŋ	t'en	gėon	miŋ				
	7.1.1	7.1.2	7.1.3	7.1.4				
	上	天	眷	命				
2	ɣoŋ	di	š$_1$iŋ（š$_2$-）	dži	jėu	džuŋ	'ue	baj
	7.2.1	7.2.2	7.2.3	7.2.4	7.2.5	7.2.6	7.2.7	7.2.8
	皇	帝	圣	旨	谕	中	外	百
	shi	gon	li	žin	dhiŋ	k'uŋ	dzhi	
	7.2.9	7.2.10	7.2.11	7.2.12	7.2.13	7.2.14	7.2.15	
	司	官	吏	人	等	孔	子	
3	dži	taw	š$_1$ue	ħėn（h-）	wan	š$_1$i（š$_2$-）	ŋiw	gue
	7.3.1	7.3.2	7.3.3	7.3.4	7.3.5	7.3.6	7.3.7	7.3.8
	之	道	垂	宪	万	世	有	国
	gė	džė	š$_1$u	daŋ	tšuŋ	ħu̯uŋ	k'ėu	
	7.3.9	7.3.10	7.3.11	7.3.12	7.3.13	7.3.14	7.3.15	
	家	者	所	当	崇	奉	曲	
4	ħu̯ow	lim	mew	š$_1$aŋ	du	taj	du	džėu
	7.4.1	7.4.2	7.4.3	7.4.4	7.4.5	7.4.6	7.4.7	7.4.8
	阜	林	庙	上	都	大	都	诸
	lu	ħu̯u（hu̯-）	dživ	ħu̯ėn	·i	·iŋ		
	7.4.9	7.4.10	7.4.11	7.4.12	7.4.13	7.4.14		
	路	府	州	县	邑	应		

5	š$_1$ė（š$_2$-）	mew	ħėw	š$_1$ėu（š$_2$-）	'ụėn	džew	· i	
	7.5.1	7.5.2	7.5.3	7.5.4	7.5.5	7.5.6	7.5.7	
	设	庙	学	书	院	照	依	
6	š$_1$i（š$_2$-）	dzu	ɣoŋ	di	š$_1$iŋ（š$_2$-）	dži	gim	· ew
	7.6.1	7.6.2	7.6.3	7.6.4	7.6.5	7.6.6	7.6.7	7.6.8
	世	祖	皇	帝	圣	旨	禁	约
	džėu	gon	'ụėn	š$_1$hi（š$_2$-）	š$_1$in	gėun	ma	wu
	7.6.9	7.6.10	7.6.11	7.6.12	7.6.13	7.6.14	7.6.15	7.6.16
	诸	官	员	使	臣	军	马	毋
7	dhij	· ėu	nue	· an	ħė	ɣue	tsėu	tsi
	7.7.1	7.7.2	7.7.3	7.7.4	7.7.5	7.7.6	7.7.7	7.7.8
	得	於	内	安	下	或	聚	集
	li	wun	zhi	zėuŋ	sė	tu		
	7.7.9	7.7.10	7.7.11	7.7.12	7.7.13	7.7.14		
	理	问	词	讼	亵	渎		
8	· im	jėn（j-）	guŋ	jụi	tsaw	dzaw	š$_1$iw（š$_2$-）	džėu
	7.8.1	7.8.2	7.8.3	7.8.4	7.8.5	7.8.6	7.8.7	7.8.8
	饮	宴	工	役	造	作	收	贮
	gon	wu	ki	š$_1$em	ħėw	ti		
	7.8.9	7.8.10	7.8.11	7.8.12	7.8.13	7.8.14		
	官	物	其	赡	学	地		
9	t'u	š$_1$an	ŋe	ki	guŋ	tšhi	džhaŋ	džėu
	7.9.1	7.9.2	7.9.3	7.9.4	7.9.5	7.9.6	7.9.7	7.9.8
	土	产	业	及	贡	士	庄	诸
	žin	wu	dhij	ts'im	tụo	š$_1$u		
	7.9.9	7.9.10	7.9.11	7.9.12	7.9.13	7.9.14		
	人	毋	得	侵	夺	所		
10	tš'ėu	tsen	lėŋ	ji	gėuŋ	tš'ėun	ts'iw	ži

	7.10.1	7.10.2	7.10.3	7.10.4	7.10.5	7.10.6	7.10.7	7.10.8
	出	钱	粮	以	供	春	秋	二
	diŋ	š$_1$u̯aw（š$_2$-）	waŋ	dzi	zhi	ki		
	7.10.9	7.10.10	7.10.11	7.10.12	7.10.13	7.10.14		
	丁	朔	望	祭	祀	及		
11	š$_1$hi（š$_2$-）	š$_1$hiŋ（š$_2$-）	lim	š$_1$en	pin	ɣan	law	piŋ
	7.11.1	7.11.2	7.11.3	7.11.4	7.11.5	7.11.6	7.11.7	7.11.8
	师	生	廪	饍	贫	寒	老	病
	dži	tšhi	’ue	džuŋ	š$_1$u	dzun		
	7.11.9	7.11.10	7.11.11	7.11.12	7.11.13	7.11.14		
	之	士	为	众	所	尊		
12	giŋ	džė	’u̯ė	dži	mi	lėŋ	· iw	sėu
	7.12.1	7.12.2	7.12.3	7.12.4	7.12.5	7.12.6	7.12.7	7.12.8
	敬	者	月	支	米	粮	优	卹
	jaŋ	š$_1$em	mew	’ėu	sun	ɣu̯aj	zue	
	7.12.9	7.12.10	7.12.11	7.12.12	7.12.13	7.12.14	7.12.15	
	养	赡	庙	宇	损	坏	随	
13	dzi	siw	ɣon	dzaw	jaŋ	ɣiw	dzin	ŋem
	7.13.1	7.13.2	7.13.3	7.13.4	7.13.5	7.13.6	7.13.7	7.13.8
	即	修	完	作	养	后	进	严
	gė	ȟėun（h-）	ȟue（h-）	gėŋ	zi	taw	ji	
	7.13.9	7.13.10	7.13.11	7.13.12	7.13.13	7.13.14	7.13.15	
	加	训	诲	讲	习	道	艺	
14	wu	jėw	š$_1$iŋ	tsaj	žew	dhij	ȟėiŋ	wun
	7.14.1	7.14.2	7.14.3	7.14.4	7.14.5	7.14.6	7.14.7	7.14.8
	务	要	成	材	若	德	行	文
	ȟėw	tšʻėw	tšʻėu	š$_1$i	bue	džė	ŋiw	
	7.14.9	7.14.10	7.14.11	7.14.12	7.14.13	7.14.14	7.14.15	
	学	超	出	时	辈	者	有	

15	shi	baw	gėu	sėu	džiŋ	lem	ḥu̯aŋ（hu̯-）	shi
	7.15.1	7.15.2	7.15.3	7.15.4	7.15.5	7.15.6	7.15.7	7.15.8
	司	保	举	肃	政	廉	访	司
	tʻi	ḥu̯u（hu̯-）	sėŋ	tuŋ	ji	pue	su̯ėn	
	7.15.9	7.15.10	7.15.11	7.15.12	7.15.13	7.15.14	7.15.15	
	体	覆	相	同	以	备	选	
16	jėuŋ	bun	lu	dzuŋ	gon	ḥu̯u（hu̯-）	ti	gėu
	7.16.1	7.16.2	7.16.3	7.16.4	7.16.5	7.16.6	7.16.7	7.16.8
	用	本	路	总	管	府	提	举
	žėu	ḥėw	sėu	džiŋ	lem	ḥu̯aŋ（hu̯-）	shi	
	7.16.9	7.16.10	7.16.11	7.16.12	7.16.13	7.16.14	7.16.15	
	儒	学	肃	政	廉	访	司	
17	su̯ėn	miŋ	gėw	ḥu̯a（h-）	men	li	ḥėw	ḥėw
	7.17.1	7.17.2	7.17.3	7.17.4	7.17.5	7.17.6	7.17.7	7.17.8
	宣	明	教	化	勉	励	学	校
	ḥu̯am	mew	ḥėw	guŋ	tšhi	džėu	žin	
	7.17.9	7.17.10	7.17.11	7.17.12	7.17.13	7.17.14	7.17.15	
	凡	庙	学	公	事	诸	人	
18	wu	dhij	dzėu	žew	gėu	ɣo	ḥėiŋ	žėu
	7.18.1	7.18.2	7.18.3	7.18.4	7.18.5	7.18.6	7.18.7	7.18.8
	毋	得	沮	扰	据	合	行	儒
	žin	tšhi	li	džew	·i	ji	gėŋ	
	7.18.9	7.18.10	7.18.11	7.18.12	7.18.13	7.18.14	7.18.15	
	人	事	理	照	依	已	降	
19	š$_1$iŋ（š$_2$-）	dži	š$_1$i（š$_2$-）	ḥėiŋ	bue	ɣue	š$_1$i	tsʻhi
	7.19.1	7.19.2	7.19.3	7.19.4	7.19.5	7.19.6	7.19.7	7.19.8
	圣	旨	施	行	彼	或	恃	此
	ḥu̯i（hu̯-）	li	waŋ	ḥėiŋ	gue	ŋiw	š$_1$aŋ	ḥėn（h-）

	7.19.9	7.19.10	7.19.11	7.19.12	7.19.13	7.19.14	7.19.15	7.19.16
	非	理	安	行	国	有	常	宪
	niŋ	bu						
	7.19.17	7.19.18						
	宁	不						
20	dži	kėu	ŋi	liŋ	džėun	tsʻhi		
	7.20.1	7.20.2	7.20.3	7.20.4	7.20.5	7.20.6		
	知	惧	宜	令	准	此		
21	dži	’u̯ėn	sam	$š_1$i	ji	nen	tsʻi	’u̯ė
	7.21.1	7.21.2	7.21.3	7.21.4	7.21.5	7.21.6	7.21.7	7.21.8
	至	元	三	十	一	年	七	月
	ži							
	7.21.9							
	日							

碑刻内容同材料 5，故不单列韵表。韵表见材料 5。

8. 东平学圣旨碑（至元三十一年，1294）（增页 58，版二十七。补一）。内容同 5、文宣王庙圣旨碑，与 6、7 皆同，但版式不同。八思巴字 279 字次。共出现 166 个八思巴字字头。

1	$š_1$aŋ	tʻen	gėon	miŋ				
	8.1.1	8.1.2	8.1.3	8.1.4				
	上	天	眷	命				
2	ɣoŋ	di	$š_1$iŋ（$š_2$-）	dži	jėu	džuŋ	’ue	baj
	8.2.1	8.2.2	8.2.3	8.2.4	8.2.5	8.2.6	8.2.7	8.2.8
	皇	帝	圣	旨	谕	中	外	百
	shi	gon	li	žin	dhiŋ	kʻuŋ	dzhi	dži
	8.2.9	8.2.10	8.2.11	8.2.12	8.2.13	8.2.14	8.2.15	8.2.16
	司	官	吏	人	等	孔	子	之
	taw	$š_1$ue	ɦėn（h-）	wan	$š_1$i（$š_2$-）	ŋiw	gue	
	8.2.17	8.2.18	8.2.19	8.2.20	8.2.21	8.2.22	8.2.23	
	道	垂	宪	万	世	有	国	

3	gė	džė	š$_1$u	daŋ	tšuŋ	ħṷuŋ	k'ėu	ħṷow
	8.3.1	8.3.2	8.3.3	8.3.4	8.3.5	8.3.6	8.3.7	8.3.8
	家	者	所	当	崇	奉	曲	阜
	lim	mew	š$_1$aŋ	du	taj	du	džėu	lu
	8.3.9	8.3.10	8.3.11	8.3.12	8.3.13	8.3.14	8.3.15	8.3.16
	林	庙	上	都	大	都	诸	路
	ħṷu（hṷ-）	džiw	ħṷėn	· i	· iŋ			
	8.3.17	8.3.18	8.3.19	8.3.20	8.3.21			
	府	州	县	邑	应			
4	š$_1$ė（š$_2$-）	mew	ħėw	š$_1$ėu（š$_2$-）	'ṷėn	džew	· i	
	8.4.1	8.4.2	8.4.3	8.4.4	8.4.5	8.4.6	8.4.7	
	设	庙	学	书	院	照	依	
5	š$_1$i（š$_2$-）	dzu	ɣoŋ	di	š$_1$iŋ（š$_2$-）	dži	gim	· ew
	8.5.1	8.5.2	8.5.3	8.5.4	8.5.5	8.5.6	8.5.7	8.5.8
	世	祖	皇	帝	圣	旨	禁	约
	džėu	gon	'ṷėn	š$_1$hi（š$_2$-）	š$_1$in	gėun	ma	wu
	8.5.9	8.5.10	8.5.11	8.5.12	8.5.13	8.5.14	8.5.15	8.5.16
	诸	官	员	使	臣	军	马	毋
	dhij	· ėu	nue	· an	ħė	ɣue	tsėu	
	8.5.17	8.5.18	8.5.19	8.5.20	8.5.21	8.5.22	8.5.23	
	得	於	内	安	下	或	聚	
6	tsi	li	wun	zhi	zėuŋ	sė	tu	· im
	8.6.1	8.6.2	8.6.3	8.6.4	8.6.5	8.6.6	8.6.7	8.6.8
	集	理	问	词	讼	亵	渎	饮
	jėn（j-）	guŋ	jṷi	tsaw	dzaw	š$_1$iw（š$_2$-）	džėu	gon
	8.6.9	8.6.10	8.6.11	8.6.12	8.6.13	8.6.14	8.6.15	8.6.16
	宴	工	役	造	作	收	贮	官
	wu	ki	š$_1$em					

	8.6.17	8.6.18	8.6.19					
	物	其	赡					
7	ɦėw	ti	t‘u	š$_1$an	ŋe	ki	guŋ	tšhi
	8.7.1	8.7.2	8.7.3	8.7.4	8.7.5	8.7.6	8.7.7	8.7.8
	学	地	土	产	业	及	贡	士
	džhaŋ	džėu	žin	wu	dhij	ts‘im	tu̯o	š$_1$u
	8.7.9	8.7.10	8.7.11	8.7.12	8.7.13	8.7.14	8.7.15	8.7.16
	庄	诸	人	毋	得	侵	夺	所
	tšė‘u	tsen						
	8.7.17	8.7.18						
	出	钱						
8	lėŋ	ji	gėuŋ	tš‘ėun	ts‘iw	ži	diŋ	š$_1$u̯aw（š$_2$-）
	8.8.1	8.8.2	8.8.3	8.8.4	8.8.5	8.8.6	8.8.7	8.8.8
	粮	以	供	春	秋	二	丁	朔
	waŋ	dzi	zhi	ki	š$_1$hi（š$_2$-）	š$_1$hiŋ（š$_2$-）	lim	š$_1$en
	8.8.9	8.8.10	8.8.11	8.8.12	8.8.13	8.8.14	8.8.15	8.8.16
	望	祭	祀	及	师	生	廪	饍
	pin	ɣan						
	8.8.17	8.8.18						
	贫	寒						
9	law	piŋ	dži	tšhi	’ue	džuŋ	š$_1$u	dzun
	8.9.1	8.9.2	8.9.3	8.9.4	8.9.5	8.9.6	8.9.7	8.9.8
	老	病	之	士	为	众	所	尊
	giŋ	džė	’u̯ė	dži	mi	lėŋ	· iw	sėu
	8.9.9	8.9.10	8.9.11	8.9.12	8.9.13	8.9.14	8.9.15	8.9.16
	敬	者	月	支	米	粮	优	卹
	jaŋ	š$_1$em	mew					
	8.9.17	8.9.18	8.9.19					
	养	赡	庙					

10	’ėu	sun	ɣu̯aj	zue	dzi	siw	ɣon	dzaw
	8.10.1	8.10.2	8.10.3	8.10.4	8.10.5	8.10.6	8.10.7	8.10.8
	宇	损	坏	随	即	修	完	作
	jaŋ	ɣiw	dzin	ŋem	gė	ɦėun（h-）	ɦue（h-）	gėŋ
	8.10.9	8.10.10	8.10.11	8.10.12	8.10.13	8.10.14	8.10.15	8.10.16
	养	后	进	严	加	训	诲	讲
	zi	taw						
	8.10.17	8.10.18						
	习	道						
11	ji	wu	jėw	$š_1$iŋ	tsaj	žew	dhij	ɦėiŋ
	8.11.1	8.11.2	8.11.3	8.11.4	8.11.5	8.11.6	8.11.7	8.11.8
	艺	务	要	成	材	若	德	行
	wun	ɦėw	tš‘ėw	tš‘ėu	$š_1$i	bue	džė	ŋiw
	8.11.9	8.11.10	8.11.11	8.11.12	8.11.13	8.11.14	8.11.15	8.11.16
	文	学	超	出	时	辈	者	有
	shi	baw						
	8.11.17	8.11.18						
	司	保						
12	gėu	sėu	džiŋ	lem	ɦu̯aŋ（hu̯-）	shi	t‘i	ɦu̯u（hu̯-）
	8.12.1	8.12.2	8.12.3	8.12.4	8.12.5	8.12.6	8.12.7	8.12.8
	举	肃	政	廉	访	司	体	覆
	sėŋ	tuŋ	ji	pue	su̯ėn	jėuŋ	bun	lu
	8.12.9	8.12.10	8.12.11	8.12.12	8.12.13	8.12.14	8.12.15	8.12.16
	相	同	以	备	选	用	本	路
	dzuŋ	gon						
	8.12.17	8.12.18						
	总	管						
13	ɦu̯u（hu̯-）	ti	gėu	žėu	ɦėw	sėu	džiŋ	lem

	ɦu̯aŋ（hu̯-）	shi	su̯ėn	miŋ	gėw	ɦu̯a（h-）	men	li
	8.13.1	8.13.2	8.13.3	8.13.4	8.13.5	8.13.6	8.13.7	8.13.8
	府	提	举	儒	学	肃	政	廉
	ɦėw	ɦėw						
	8.13.9	8.13.10	8.13.11	8.13.12	8.13.13	8.13.14	8.13.15	8.13.16
	访	司	宣	明	教	化	勉	励
	8.13.17	8.13.18						
	学	校						
14	ɦu̯am	mew	ɦėw	guŋ	tšhi	džėu	žin	wu
	8.14.1	8.14.2	8.14.3	8.14.4	8.14.5	8.14.6	8.14.7	8.14.8
	凡	庙	学	公	事	诸	人	毋
	dhij	dzėu	žew	gėu	ɣo	ɦėiŋ	žėu	žin
	8.14.9	8.14.10	8.14.11	8.14.12	8.14.13	8.14.14	8.14.15	8.14.16
	得	沮	扰	据	合	行	儒	人
	tšhi							
	8.14.17							
	事							
15	li	džew	·i	ji	gėŋ			
	8.15.1	8.15.2	8.15.3	8.15.4	8.15.5			
	理	照	依	已	降			
16	š$_1$iŋ（š$_2$-）	dži	š$_1$i（š$_2$-）	ɦėiŋ	bue	ɣue	š$_1$i	tsʻhi
	8.16.1	8.16.2	8.16.3	8.16.4	8.16.5	8.16.6	8.16.7	8.16.8
	圣	旨	施	行	彼	或	恃	此
	ɦu̯i（hu̯-）	li	waŋ	ɦėiŋ	gue	ŋiw	š$_1$aŋ	ɦėn（h-）
	8.16.9	8.16.10	8.16.11	8.16.12	8.16.13	8.16.14	8.16.15	8.16.16
	非	理	妄	行	国	有	常	宪
	niŋ	bu	dži	kėu				
	8.16.17	8.16.18	8.16.19	8.16.20				
	宁	不	知	惧				

17				
	ŋi	liŋ	džėun	tsʻhi
	8.17.1	8.17.2	8.17.3	8.17.4
	宜	令	准	此

18								
	dži	’u̯ėn	sam	š$_1$i	ji	nen	tsʻi	’u̯ė
	8.18.1	8.18.2	8.18.3	8.18.4	8.18.5	8.18.6	8.18.7	8.18.8
	至	元	三	十	一	年	七	月
	ži							
	8.18.9							
	日							

碑刻内容同材料 5，故不单列韵表。韵表见材料 5。

9. 齐圣广祐王庙碑（元贞元年，1296），原碑剥蚀过多，目前难以与汉字对应，故暂不录入，俟异日专门研究。

10. 加封东安王圣旨碑（又称增封东安王诏书碑。大德二年，1298）（增页 60，版二十九，补 3）

汉字与八思巴字皆为 137 字次。共出现 86 个八思巴字字头。

1				
	š$_1$aŋ	tʻen	gėon	miŋ
	10.1.1	10.1.2	10.1.3	10.1.4
	上	天	眷	命

2								
	ɣoŋ	di	š$_1$iŋ（š$_2$-）	dži	sam	taj	ji	gėŋ
	10.2.1	10.2.2	10.2.3	10.2.4	10.2.5	10.2.6	10.2.7	10.2.8
	皇	帝	圣	旨	三	代	以	降
	giw	džiw	gėj（-i̯a-）	ŋiw	džin	š$_1$an		
	10.2.9	10.2.10	10.2.11	10.2.12	10.2.13	10.2.14		
	九	州	皆	有	镇	山		

3								
	š$_2$u（š$_1$-）	ji	ɦu̯uw（-o-）	min	š$_1$hiŋ（š$_2$-）	· an	ti	dhij
	10.3.1	10.3.2	10.3.3	10.3.4	10.3.5	10.3.6	10.3.7	10.3.8
	所	以	阜	民	生	安	地	德
	je	u	jaw	shi	tu			
	10.3.9	10.3.10	10.3.11	10.3.12	10.3.13			

	也	五	岳	四	渎			
4	sėn	tšew	ji	š$_1$aŋ	gė	ḧu̯uŋ（hu̯-）	ju̯i	u
	10.4.1	10.4.2	10.4.3	10.4.4	10.4.5	10.4.6	10.4.7	10.4.8
	先	朝	已	尝	加	封	惟	五
	džin	dži	zhi	wi	gėu	taj		
	10.4.9	10.4.10	10.4.11	10.4.12	10.4.13	10.4.14		
	镇	之	祀	未	举	殆		
5	ḧu̯i（hu̯-）	giŋ	gėuŋ	miŋ	tšin	dži	ŋi	ki
	10.5.1	10.5.2	10.5.3	10.5.4	10.5.5	10.5.6	10.5.7	10.5.8
	非	敬	恭	明	神	之	义	其
	gė	duŋ	džin	·i（ŋ-）	š$_2$an（š$_1$-）			
	10.5.9	10.5.10	10.5.11	10.5.12	10.5.13			
	加	东	镇	沂	山			
6	’ue	’u̯ėn	dhij	duŋ	·an	’u̯aŋ	nam	džin
	10.6.1	10.6.2	10.6.3	10.6.4	10.6.5	10.6.6	10.6.7	10.6.8
	为	元	德	东	安	王	南	镇
	gue	gėi	š$_1$an	’ue	džew			
	10.6.9	10.6.10	10.6.11	10.6.12	10.6.13			
	会	稽	山	为	昭			
7	dhij	tš‘ėun（tš-）	·iŋ	’u̯aŋ	si	džin	u	š$_1$an
	10.7.1	10.7.2	10.7.3	10.7.4	10.7.5	10.7.6	10.7.7	10.7.8
	德	顺	应	王	西	镇	吴	山
	’ue	š$_1$iŋ	dhij	’ėuŋ	tsiŋ			
	10.7.9	10.7.10	10.7.11	10.7.12	10.7.13			
	为	成	德	永	靖			
8	’u̯aŋ	bue	džin	·i	wu	lėu	š$_1$an	’ue
	10.8.1	10.8.2	10.8.3	10.8.4	10.8.5	10.8.6	10.8.7	10.8.8
	王	北	镇	医	巫	闾	山	为

	džiŋ	dhij	gu̯aŋ	niŋ	'u̯aŋ			
	10.8.9	10.8.10	10.8.11	10.8.12	10.8.13			
	贞	德	广	宁	王			
9	džuŋ	džin	hu̯aw	$š_1$an	'ue	tšuŋ	dhij	· iŋ
	10.9.1	10.9.2	10.9.3	10.9.4	10.9.5	10.9.6	10.9.7	10.9.8
	中	镇	霍	山	为	崇	德	应
	liŋ	'u̯aŋ	žiŋ	tš'i	ŋiw			
	10.9.9	10.9.10	10.9.11	10.9.12	10.9.13			
	灵	王	仍	敕	有			
10	shi	sue	$š_1$i	jėu	jaw	tu	tuŋ	zhi
	10.10.1	10.10.2	10.10.3	10.10.4	10.10.5	10.10.6	10.10.7	10.10.8
	司	岁	时	与	岳	渎	同	祀
	džėu	'ue	tiŋ	$š_2$i	gu			
	10.10.9	10.10.10	10.10.11	10.10.12	10.10.13			
	著	为	定	式	故			
11	dzhi	džew	$š_1$i（tš-）	sėŋ	ŋi	dži	si	
	10.11.1	10.11.2	10.11.3	10.11.4	10.11.5	10.11.6	10.11.7	
	兹	诏	示	想	宜	知	悉	
12	taj	dhij	ži	nen	ži	'uė	ži	
	10.12.1	10.12.2	10.12.3	10.12.4	10.12.5	10.12.6	10.12.7	
	大	德	二	年	二	月	日	

一东: ：duŋ 东 10.5.10; 10.6.4。tuŋ 同 10.10.7。džuŋ 中 10.9.1。tšuŋ 崇 10.9.6。（-）ḥu̯uŋ（hu̯-）封 10.4.6。

：gėuŋ 恭 10.5.3。'ėuŋ 永 10.7.12。

二庚: ：giŋ 敬 10.5.2。tiŋ 定 10.10.11。niŋ 宁 10.8.12。džiŋ 贞 10.8.9。miŋ 明 10.5.4 / 命 10.1.4。tsŋ 靖 10.7.13。（-）$š_1$iŋ（$š_2$-）圣 10.2.3。$š_1$iŋ 成 10.7.10。· iŋ 应 10.7.3; 10.9.8。liŋ 灵 10.9.9。žiŋ 仍 10.9.11。

：（-）$š_1$hiŋ（$š_2$-）生 10.3.5。

三阳: ：$š_1$aŋ 尝 10.4.4 / 上 10.1.1。

：guaŋ 广 10.8.11。'u̯aŋ 王 10.6.6; 10.7.4; 10.8.1; 10.8.13; 10.9.10。

：gėŋ 降 10.2.8。sėŋ 想 10.11.4。：ɣoŋ 皇 10.2.1。

四支：：ki 其 10.5.8。ŋi 宜 10.11.5 / 义 10.5.7。（-）· i（ŋ-） 沂 10.5.12。di 帝 10.2.2。ti 地 10.3.7。dži 知 10.11.6 / 之 10.4.10; 10.5.6 / 旨 10.2.4。tšʻi 敕 10.9.12。（-）$š_1$ i（tš -） 示 10.11.3。（-）ȟu̯i（hu̯-） 非 10.5.1。wi 未 10.4.12。si 西 10.7.5 / 悉 10.11.7。（-）$š_1$i（$š_2$-）式 10.10.12。$š_1$i 时 10.10.3。· i 医 10.8.4。ji 以 10.2.7; 10.3.2 / 已 10.4.3。ži 二 10.12.3; 10.12.5 / 日 10.12.7。

：dzhi 兹 10.11.1。shi 司 10.10.1 / 四 10.3.12。zhi 祀 10.4.11; 10.10.8。

：gėi 稽 10.6.10。

：gue 会 10.6.9。bue 北 10.8.2。sue 岁 10.10.2。'ue 为 10.6.1; 10.6.12; 10.7.9; 10.8.8; 10.9.5; 10.10.10。：ju̯i 惟 10.4.7。

五鱼：：gu 故 10.10.13。tu 渎 10.3.13; 10.10.6。wu 巫 10.8.5。（-）$š_2$u（$š_1$-）所 10.3.1。u 吴 10.7.7 / 五 10.3.10; 10.4.8。

：gėu 举 10.4.13。džėu 著 10.10.9。jėu 与 10.10.4。lėu 闾 10.8.6。

六佳：：taj 殆 10.4.14 / 大 10.12.1/ 代 10.2.6。：（-）gėj（-i̯a-）皆 10.2.11。

：dhij 德 10.3.8; 10.6.3; 10.7.1; 10.7.11; 10.8.10; 10.9.7; 10.12.2。

七真：：džin 镇 10.2.13; 10.4.9; 10.5.11; 10.6.8; 10.7.6; 10.8.3; 10.9.2。tšin 神 10.5.5。min 民 10.3.4。：（-）tšʻėun（tš-）顺 10.7.2。

八寒：：$š_1$an 山 10.2.14; 10.6.11; 10.7.8; 10.8.7; 10.9.4。/（-）$š_2$an（$š_1$-） 山 10.5.13。· an 安 10.3.6; 10.6.5。

九先：：tʻen 天 10.1.2。nen 年 10.12.4。：sėn 先 10.4.1。

：'u̯ėn 元 10.6.2。：gėon 眷 10.1.3。

十萧：：jaw 岳 10.3.11; 10.10.5。

：džew 昭 10.6.13/ 诏 10.11.2。tšew 朝 10.4.2。：hu̯aw 霍 10.9.3。

十一尤：：giw 九 10.2.9。ŋiw 有 10.2.12; 10.9.13。dživ 州 10.2.10。

：（-）ȟu̯uw（-o-）阜 10.3.3。

十二覃：：nam 南 10.6.7。sam 三 10.2.5。

十三侵：十四歌：十五麻：：gė 加 10.4.5; 10.5.9。：'u̯ė 月 10.12.6。：je 也 10.3.9。

八思巴字字头统计：一东 7；二庚 12；三阳 6；四支 25；五鱼 9；六佳 3；七真 4；八寒 2；九先 5；十萧 4；十一尤 4；十二覃 2；十三侵 0；十四歌 0；十五麻 3。共 86 个八思巴字字头。

11. 加封孔子制诏（大德十一年，1307）（增页 40，版九）此碑多处剥蚀。内容与 12、13 皆同，但版式不同。八思巴字 142 字次。

1	11.1.1	11.1.2	11.1.3	11.1.4				
	上	天	眷	命				
2	11.2.1	11.2.2	11.2.3	11.2.4				
	皇	帝	圣	旨				
3	wun	sėn	k'uŋ	dzhi	ži	š$_1$iŋ（š$_2$-）	džė	ɦu̯i（hu̯-）
	11.3.1	11.3.2	11.3.3	11.3.4	11.3.5	11.3.6	11.3.7	11.3.8
	盖	闻	先	孔	子	而	圣	者
		k'uŋ	dzhi	wu	ji	miŋ	ɣiw	k'uŋ
	11.3.9	11.3.10	11.3.11	11.3.12	11.3.13	11.3.14	11.3.15	11.3.16
	非	孔	子	无	以	明	后	孔
	dzhi							
	11.3.17							
	子							
4	ži	š$_1$iŋ（š$_2$-）						
	11.4.1	11.4.2	11.4.3	11.4.4	11.4.5	11.4.6	11.4.7	11.4.8
	而	圣	者	非	孔	子	无	以
	ɦu̯a（hu̯-）	š$_1$u		dzu	tšėu	jew	š$_1$ėun（š$_2$-）	ɦėn（h-）
	11.4.9	11.4.10	11.4.11	11.4.12	11.4.13	11.4.14	11.4.15	11.4.16
	法	所	谓	祖	述	尧	舜	宪
	džaŋ	wun						
	11.4.17	11.4.18						
	章	文						
5			ɦu̯am	baj	'u̯aŋ	š$_1$hi（š$_2$-）		wan
	11.5.1	11.5.2	11.5.3	11.5.4	11.5.5	11.5.6	11.5.7	11.5.8
	武	仪	范	百	王	师	表	万
	š$_1$i（š$_2$-）	džė	je	tšim	dzon	š$_1$iŋ	bue（p'-）	zėu
	11.5.9	11.5.10	11.5.11	11.5.12	11.5.13	11.5.14	11.5.15	11.5.16
	世	者	也	朕	缵	承	丕	绪

	giŋ	ŋėŋ						
	11.5.17	11.5.18						
	敬	仰						
6	?iw	ĥu̯uŋ（ĥu̯-）	zėun	tši	gu	dži	lėŋ	gėue
	11.6.1	11.6.2	11.6.3	11.6.4	11.6.5	11.6.6	11.6.7	11.6.8
	休	风	循	治	古	之	良	规
	gėu	džue	ĥu̯uŋ（ĥu̯-）	dži	$š_1$iŋ	den	gė	ɣaw
	11.6.9	11.6.10	11.6.11	11.6.12	11.6.13	11.6.14	11.6.15	11.6.16
	举	追	封	之	盛	典	加	号
7			dži	$š_1$iŋ（$š_2$-）	wun	su̯ėn	'u̯aŋ	k‘en（-ė-）
	11.7.1	11.7.2	11.7.3	11.7.4	11.7.5	11.7.6	11.7.7	11.7.8
	大	成	至	圣	文	宣	王	遣
	$š_1$hi（$š_2$-）	k‘u̯e	li	zhi	ji	t‘aj	law	·u
	11.7.9	11.7.10	11.7.11	11.7.12	11.7.13	11.7.14	11.7.15	11.7.16
	使	阙	里	祀	以	太	牢	呜
	hu	ĥu̯u	dzhi					
	11.7.17	11.7.18	11.7.19					
	呼	父	子					
8			gėun	$š_1$in	dži	ŋi	'ėuŋ	ju̯i
	11.8.1	11.8.2	11.8.3	11.8.4	11.8.5	11.8.6	11.8.7	11.8.8
	之	亲	君	臣	之	义	永	惟
	$š_1$iŋ（$š_2$-）	gėw	dži	dzun	t‘en	ti	dži	taj
	11.8.9	11.8.10	11.8.11	11.8.12	11.8.13	11.8.14	11.8.15	11.8.16
	圣	教	之	尊	天	地	之	大
	ži	'u̯ė						
	11.8.17	11.8.18						
	日	月						
9						ŋen	dži	mew

	11.9.1	11.9.2	11.9.3	11.9.4	11.9.5	11.9.6	11.9.7	11.9.8
	之	明	奚	罄	名	言	之	妙
	š$_1$aŋ	dzhi	tšin	hu̯a	tsu	ŋo		
	11.9.9	11.9.10	11.9.11	11.9.12	11.9.13	11.9.14		
	尚	资	神	化	祚	我		
10			?ėu	džė	š$_1$i（š$_2$-）	ħėiŋ		
	11.10.1	11.10.2	11.10.3	11.10.4	11.10.5	11.10.6		
	皇	元	主	者	施	行		
11	taj	dhij	š$_1$i	ji	nen	ts‘i	’u̯ė	ži
	11.11.1	11.11.2	11.11.3	11.11.4	11.11.5	11.11.6	11.11.7	11.11.8
	大	德	十	一	年	七	月	日

碑刻内容同材料 12，本份材料多有剥蚀不清处，故不单列韵表。韵表见材料 12。

12. 加封孔子制诏（大德十一年 1307）（增页 42，版十一）内容与 11、13 皆同，仅版式不同。八思巴字 142 字次。

1	š$_1$aŋ	t‘en	gėon	miŋ				
	12.1.1	12.1.2	12.1.3	12.1.4				
	上	天	眷	命				
2	ɣoŋ	di	š$_1$iŋ（š$_2$-）	dži				
	12.2.1	12.2.2	12.2.3	12.2.4				
	皇	帝	圣	旨				
3	gaj	wun	sėn	k‘uŋ	dzhi	ži	š$_1$iŋ（š$_2$-）	džė
	12.3.1	12.3.2	12.3.3	12.3.4	12.3.5	12.3.6	12.3.7	12.3.8
	盖	闻	先	孔	子	而	圣	者
	ħu̯i（hu̯-）	k‘uŋ	dzhi	wu	ji			
	12.3.9	12.3.10	12.3.11	12.3.12	12.3.13			
	非	孔	子	无	以			
4	miŋ	ɣiw	k‘uŋ	dzhi	ži	š$_1$iŋ（š$_2$-）	džė	ħu̯i（hu̯-）
	12.4.1	12.4.2	12.4.3	12.4.4	12.4.5	12.4.6	12.4.7	12.4.8
	明	后	孔	子	而	圣	者	非

	k‘uŋ	dzhi	wu	ji	ħṷa（hṷ-）			
	12.4.9	12.4.10	12.4.11	12.4.12	12.4.13			
	孔	子	无	以	法			
5	š$_1$u	’ue	dzu	tšėu	jew	š$_1$ėun（š$_2$-）	ħėn（h-）	džaŋ
	12.5.1	12.5.2	12.5.3	12.5.4	12.5.5	12.5.6	12.5.7	12.5.8
	所	谓	祖	述	尧	舜	宪	章
	wun	wu	ŋi	ħṷam	baj			
	12.5.9	12.5.10	12.5.11	12.5.12	12.5.13			
	文	武	仪	范	百			
6	’ṷaŋ	š$_1$hi（š$_2$-）	bew	wan	š$_1$i（š$_2$-）	džė	je	
	12.6.1	12.6.2	12.6.3	12.6.4	12.6.5	12.6.6	12.6.7	
	王	师	表	万	世	者	也	
7	tšim	dzon	š$_1$iŋ	bue（p‘-）	zėu	giŋ	ŋėŋ	hėiw
	12.7.1	12.7.2	12.7.3	12.7.4	12.7.5	12.7.6	12.7.7	12.7.8
	朕	缵	承	丕	绪	敬	仰	休
	ħṷuŋ（hṷ-）	zėun	tši					
	12.7.9	12.7.10	12.7.11					
	风	循	治					
8	gu	dži	lėŋ	gėue	gėu	džue	ħṷuŋ（hṷ-）	dži
	12.8.1	12.8.2	12.8.3	12.8.4	12.8.5	12.8.6	12.8.7	12.8.8
	古	之	良	规	举	追	封	之
	š$_1$iŋ	den	gė	ɣaw				
	12.8.9	12.8.10	12.8.11	12.8.12				
	盛	典	加	号				
9	taj	š$_1$iŋ	dži	š$_1$iŋ（š$_2$-）	wun	sṷėn	’ṷaŋ	k‘ėn
	12.9.1	12.9.2	12.9.3	12.9.4	12.9.5	12.9.6	12.9.7	12.9.8
	大	成	至	圣	文	宣	王	遣

	š$_1$hi（š$_2$-）	k'u̯e	li	zhi				
	12.9.9	12.9.10	12.9.11	12.9.12				
	使	阙	里	祀				
10	ji	t'aj	law	·u	hu	ɦu̯u	dzhi	dži
	12.10.1	12.10.2	12.10.3	12.10.4	12.10.5	12.10.6	12.10.7	12.10.8
	以	太	牢	呜	呼	父	子	之
	ts'in	gėun	š$_1$in	dži	ŋi			
	12.10.9	12.10.10	12.10.11	12.10.12	12.10.13			
	亲	君	臣	之	义			
11	'ėuŋ	ju̯i	š$_1$iŋ（š$_2$-）	gėw	dži	dzun	t'en	ti
	12.11.1	12.11.2	12.11.3	12.11.4	12.11.5	12.11.6	12.11.7	12.11.8
	永	惟	圣	教	之	尊	天	地
	dži	taj	ži	'u̯ė	dži			
	12.11.9	12.11.10	12.11.11	12.11.12	12.11.13			
	之	大	日	月	之			
12	miŋ	hėi（ħ-）	k'ėiŋ	miŋ	ŋen	dži	mew	š$_1$aŋ
	12.12.1	12.12.2	12.12.3	12.12.4	12.12.5	12.12.6	12.12.7	12.12.8
	明	奚	罄	名	言	之	妙	尚
	dzhi	tšin	hu̯a	tsu				
	12.12.9	12.12.10	12.12.11	12.12.12				
	资	神	化	祚				
13	ŋo	ɣoŋ	'u̯ėn	džėu	džė	š$_1$i（š$_2$-）	ħėiŋ	
	12.13.1	12.13.2	12.13.3	12.13.4	12.13.5	12.13.6	12.13.7	
	我	皇	元	主	者	施	行	
14	taj	dhij	š$_1$i	ji	nen	giw	'u̯ė	ži
	12.14.1	12.14.2	12.14.3	12.14.4	12.14.5	12.14.6	12.14.7	12.14.8
	大	德	十	一	年	九	月	日

一东：：k'uŋ 孔 12.3.4；12.3.10；12.4.3；12.4.9。（-）ħu̯uŋ（hu̯-）风 12.7.9 / 封 12.8.7。：'ėuŋ 永 12.11.1。

二庚： ：giŋ 敬 12.7.6。miŋ 明 12.4.1；12.12.1/ 名 12.12.4 / 命 12.1.4。（-）š$_1$iŋ（š$_2$-）圣 12.2.3；12.3.7；12.4.6；12.9.4；12.11.3。š$_1$iŋ 成 12.9.2 / 承 12.7.3 / 盛 12.8.9。

：k'ėiŋ 罄 12.12.3。：ħėiŋ 行 12.13.7。

三阳： ：džaŋ 章 12.5.8。š$_1$aŋ 上 12.1.1/ 尚 12.12.8。：ŋėŋ 仰 12.7.7。lėŋ 良 12.8.3。

：'u̯aŋ 王 12.6.1；12.9.7。：ɣoŋ 皇 12.2.1；12.13.2。

四支： ：ŋi 仪 12.5.11 / 义 12.10.13。di 帝 12.2.2。ti 地 12.11.8。dži 之 12.8.2；12.8.8；12.10.8；12.10.12；12.11.5；12.11.9；12.11.13；12.12.6 / 旨 12.2.4 / 至 12.9.3。tši 治 12.7.11。（-）ħu̯i（hu̯-）非 12.3.9；12.4.8。（-）š$_1$i（š$_2$-）施 12.13.6 / 世 12.6.5。š$_1$i 十 12.14.3。ji 一 12.14.4。ji 以 12.3.13；12.4.12；12.10.1。li 里 12.9.11。ži 而 12.3.6；12.4.5 / 日 12.11.11；12.14.8。

：dzhi 资 12.12.9 / 子 12.3.5；12.3.11；12.4.4；12.4.10；12.10.7。zhi 祀 12.9.12。（-）š$_1$hi（š$_2$-）师 12.6.2 / 使 12.9.9。：（-）hėi（ħ-）奚 12.12.2。

：džue 追 12.8.6。（-）bue（p'-）丕 12.7.4。'ue 谓 12.5.2。

：gėue 规 12.8.4。：ju̯i 惟 12.11.2。

五鱼： ：gu 古 12.8.1。ħu̯u 父 12.10.6。wu 无 12.3.12；12.4.11 / 武 12.5.10。dzu 祖 12.5.3。tsu 祚 12.12.12。š$_1$u 所 12.5.1。hu 呼 12.10.5。· u 呜 12.10.4。

：gėu 举 12.8.5。džėu 主 12.13.4。tšėu 述 12.5.4。zėu 绪 12.7.5。

六佳： ：gaj 盖 12.3.1。t'aj 太 12.10.2。taj 大 12.9.1；12.11.10；12.14.1。baj 百 12.5.13。：dhij 德 12.14.2。

七真： ：tšin 神 12.12.10。ts'in 亲 12.10.9。š$_1$in 臣 12.10.11。

：wun 文 12.5.9；12.9.5 / 闻 12.3.2。dzun 尊 12.11.6。

：gėun 君 12.10.10。zėun 循 12.7.10。（-）š$_1$ėun（š$_2$-） 舜 12.5.6。

八寒： ：wan 万 12.6.4。：dzon 缵 12.7.2。

九先： ：言 ŋen 12.12.5。den 典 12.8.10。t'en 天 12.1.2；12.11.7。nen 年 12.14.5。

：k'ėn 遣 12.9.8。sėn 先 12.3.3。（-）ħėn（h-）宪 12.5.7。

：su̯ėn 宣 12.9.6。'u̯ėn 元 12.13.3。：gėon 眷 12.1.3。

十萧： ：ɣaw 号 12.8.12。law 牢 12.10.3。

：bew 表 12.6.3。mew 妙 12.12.7。jew 尧 12.5.5。：gėw 教 12.11.4。

十一尤： ：giw 九 12.14.6。ɣiw 后 12.4.2。：hėiw 休 12.7.8。

十二覃：：ȟu̯am 范 12.5.12。

十三侵：：tšim 朕 12.7.1。

十四歌：：ŋo 我 12.13.1。

十五麻：：džė 者 12.3.8；12.4.7；12.6.6；12.13.5。：ȟu̯a 化 12.12.11。

：gė 加 12.8.11。：'u̯ė 月 12.11.12；12.14.7。：k'u̯e 阙 12.9.10。

：je 也 12.6.7。[　]：（）ȟu̯a（hu̯-）法 12.4.13。

13. 加封孔子制诏（大德十一年，1307）（增页 41，版十）内容与 11、12 皆同，但版式不同。八思巴字 142 字次。

1	š$_1$aŋ	t'en	gėon	miŋ				
	13.1.1	13.1.2	13.1.3	13.1.4				
	上	天	眷	命				
2	ɣoŋ	di	š$_1$iŋ（š$_2$-）	dži	gaj	wun	sėn	k'uŋ
	13.2.1	13.2.2	13.2.3	13.2.4	13.2.5	13.2.6	13.2.7	13.2.8
	皇	帝	圣	旨	盖	闻	先	孔
	dzhi	ži	š$_1$iŋ（š$_2$-）	džė	ȟu̯i（hu̯-）	k'uŋ	dzhi	wu
	13.2.9	13.2.10	13.2.11	13.2.12	13.2.13	13.2.14	13.2.15	13.2.16
	子	而	圣	者	非	孔	子	无
	ji	miŋ	ɣiw	k'uŋ	dzhi	ži	š$_1$iŋ（š$_2$-）	džė
	13.2.17	13.2.18	13.2.19	13.2.20	13.2.21	13.2.22	13.2.23	13.2.24
	以	明	后	孔	子	而	圣	者
	ȟu̯i（hu̯-）							
	13.2.25							
	非							
3	k'uŋ	dzhi	wu	ji	ȟu̯a（hu̯-）	š$_1$u	'ue	dzu
	13.3.1	13.3.2	13.3.3	13.3.4	13.3.5	13.3.6	13.3.7	13.3.8
	孔	子	无	以	法	所	谓	祖
	tšėu	jew	š$_1$ėun（š$_2$-）	ȟėn（h-）	džaŋ	wun	wu	ŋi
	13.3.9	13.3.10	13.3.11	13.3.12	13.3.13	13.3.14	13.3.15	13.3.16
	述	尧	舜	宪	章	文	武	仪

	ɦu̯am	baj	’u̯aŋ	$š_1$hi（$š_2$-）	bew	wan	$š_1$i（$š_2$-）	džė
	13.3.17	13.3.18	13.3.19	13.3.20	13.3.21	13.3.22	13.3.23	13.3.24
	范	百	王	师	表	万	世	者
	je							
	13.3.25							
	也							
4	tšim	dzon	$š_1$iŋ	bue（p‘-）	zėu	giŋ	ŋėŋ	hiw（-ėi-）
	13.4.1	13.4.2	13.4.3	13.4.4	13.4.5	13.4.6	13.4.7	13.4.8
	朕	缵	承	丕	绪	敬	仰	休
	ɦu̯uŋ（hu̯-）	zėun	tši	gu	dži	lėŋ	gėue	gėu
	13.4.9	13.4.10	13.4.11	13.4.12	13.4.13	13.4.14	13.4.15	13.4.16
	风	循	治	古	之	良	规	举
	džue	ɦu̯uŋ（hu̯-）	dži					
	13.4.17	13.4.18	13.4.19					
	追	封	之					
	$š_1$iŋ	den	gė	ɣaw				
	13.4.20	13.4.21	13.4.22	13.4.23				
	盛	典	加	号				
5	taj	$š_1$iŋ	dži	$š_1$iŋ（$š_2$-）	wun	su̯ėn	’u̯aŋ	k‘ėn
	13.5.1	13.5.2	13.5.3	13.5.4	13.5.5	13.5.6	13.5.7	13.5.8
	大	成	至	圣	文	宣	王	遣
	$š_1$hi（$š_2$-）	k‘u̯e	li	zhi	ji	t‘aj	law	·u
	13.5.9	13.5.10	13.5.11	13.5.12	13.5.13	13.5.14	13.5.15	13.5.16
	使	阙	里	祀	以	太	牢	呜
	hu	ɦu̯u	dzhi	dži	ts‘in	gėun	$š_1$in	dži
	13.5.17	13.5.18	13.5.19	13.5.20	13.5.21	13.5.22	13.5.23	13.5.24
	呼	父	子	之	亲	君	臣	之
	ŋi							

	13.5.25							
	义							
6	’ėuŋ	ju̯i	š$_1$iŋ（š$_2$-）	gėw	dži	dzun	t‘en	ti
	13.6.1	13.6.2	13.6.3	13.6.4	13.6.5	13.6.6	13.6.7	13.6.8
	永	惟	圣	教	之	尊	天	地
	dži	taj	ži	’u̯ė	dži	miŋ	hėi（ɦ-）	k‘ėiŋ
	13.6.9	13.6.10	13.6.11	13.6.12	13.6.13	13.6.14	13.6.15	13.6.16
	之	大	日	月	之	明	奚	罄
	miŋ	ŋen	dži	mew	š$_1$aŋ	dzhi	tšin	hu̯a
	13.6.17	13.6.18	13.6.19	13.6.20	13.6.21	13.6.22	13.6.23	13.6.24
	名	言	之	妙	尚	资	神	化
	tsu	ŋo						
	13.6.25	13.6.26						
	祚	我						
7	ɣoŋ	’u̯ėn	džėu	džė	š$_1$i（š$_2$-）	ɦėiŋ		
	13.7.1	13.7.2	13.7.3	13.7.4	13.7.5	13.7.6		
	皇	元	主	者	施	行		
8	taj	dhij	š$_1$i	ji	nen	giw	’u̯ė	ži
	13.8.1	13.8.2	13.8.3	13.8.4	13.8.5	13.8.6	13.8.7	13.8.8
	大	德	十	一	年	九	月	日

碑刻内容同材料 12，故不单列韵表。韵表见材料 12。

14. 特赠郑制宜制诰（至大元年，1308）八思巴字 295 字次（有字迹不清者）。

1	š$_1$aŋ	t‘en	gėon	miŋ				
	14.1.1	14.1.2	14.1.3	14.1.4				
	上	天	眷	命				
2	ɣoŋ	di	š$_1$iŋ（š$_2$-）	dži	t‘en	dzėŋ	gėŋ	š$_1$i
	14.2.1	14.2.2	14.2.3	14.2.4	14.2.5	14.2.6	14.2.7	14.2.8
	皇	帝	圣	旨	天	将	降	是

	taj	žim	·ėu	$š_1$i ($š_2$-)	tšiw	dzhij	'ue	nan
	14.2.9	14.2.10	14.2.11	14.2.12	14.2.13	14.2.14	14.2.15	14.2.16
	大	任	扵	世	胄	则	为	难
	jėu	ju̯i	t ?	? m				
	14.2.17	14.2.18	14.2.19	14.2.20				
	予	惟	图	任				
3			k'aj		ŋi	dži	'ėuŋ	bue
	14.3.1	14.3.2	14.3.3	14.3.4	14.3.5	14.3.6	14.3.7	14.3.8
	旧	人	忾	廞	仪	之	永	閟
	lėŋ	$š_1$im ($š_2$-)	taw	'u̯aŋ	thij	b ? i	džue	'ėuŋ
	14.3.9	14.3.10	14.3.11	14.3.12	14.3.13	14.3.14	14.3.15	14.3.16
	良	深	悼	往	特		追	咏
	gu	dzhi						
	14.3.17	14.3.18						
	故	资						
4	dhij	taj	ḣu̯u (hu̯-)	taj	du	liw	$š_1$iw ($š_2$-)	li ŋ
	14.4.1	14.4.2	14.4.3	14.4.4	14.4.5	14.4.6	14.4.7	14.4.8
	德	大	夫	大	都	留	守	领
		ḣu̯u (hu̯-)	hėm (-i̯a-)	tšhi		wu		
	14.4.9	14.4.10	14.4.11	14.4.12	14.4.13	14.4.14	14.4.15	14.4.16
	少	府	监	事	兼	武	卫	亲
	gėun	du ?						
	14.4.17	14.4.18						
	军	都						
5	dži	ḣėue(s-₀h-?)	$š_1$hi ($š_2$-)	dži	taj	du	tun	ten
	14.5.1	14.5.2	14.5.3	14.5.4	14.5.5	14.5.6	14.5.7	14.5.8
	指	挥	使	知	大	都	屯	田
	tšhi	tšiŋ	dži	ŋi	$š_1$hiŋ ($š_2$-)	'ėu	ɣu̯a	jėu
	14.5.9	14.5.10	14.5.11	14.5.12	14.5.13	14.5.14	14.5.15	14.5.16

	事	郑	制	宜	生	于	华	腴
	ži	dži						
	14.5.17	14.5.18						
	而	知						
6				（-）				
	$š_1$u	ji	siw	$š_1$in（$š_2$-）	džaŋ	’ėu	gim	’ėu
	14.6.1	14.6.2	14.6.3	14.6.4	14.6.5	14.6.6	14.6.7	14.6.8
	所	以	修	身	长	于	禁	籞
							?	?
	ži	dži	$š_1$u	ji	ḥu̯uŋ	$š_1$aŋ		ḥėi ?
	14.6.9	14.6.10	14.6.11	14.6.12	14.6.13	14.6.14	14.6.15	14.6.16
	而	知	所	以	奉	上	袭	休
	?	?						
	14.6.17	14.6.18						
	声	于						
7						（-）	?	
	dzaw	sue	džėu	’ue	dzi	’ėu（·-）	ḥėuŋ ?	kėu
	14.7.1	14.7.2	14.7.3	14.7.4	14.7.5	14.7.6	14.7.7	14.7.8
	蚤	岁	著	伟	绩	扲	亨	衢
								?
	tši	ťaw	džuŋ	taj		ḥu̯u	’ue	$š_1$?
	14.7.9	14.7.10	14.7.11	14.7.12	14.7.13	14.7.14	14.7.15	14.7.16
	持	橐	中	台	分	符	外	省
	žiw	bu						
	14.7.17	14.7.18						
	柔	不						
8								
	žėu	gaŋ	bu	ťu	sue	shi	laj	tuŋ
	14.8.1	14.8.2	14.8.3	14.8.4	14.8.5	14.8.6	14.8.7	14.8.8
	茹	刚	不	吐	绥	斯	来	动
	?					?		
	? i	ɣu̯o	bi	džu̯ėn	dži		gėuŋ	guŋ
	14.8.9	14.8.10	14.8.11	14.8.12	14.8.13	14.8.14	14.8.15	14.8.16
	斯	和	俾	专	职	於	共	工
	?							

? iŋ	gon
14.8.17	14.8.18
仍	筦

9

shi	'ėu（ · - ）	liw	jew	min	bu	t'u̯o	
14.9.1	14.9.2	14.9.3	14.9.4	14.9.5	14.9.6	14.9.7	14.9.8
司	拎	留	钥	民	不	堕	偷
ži	kėun	gėn	si	mi	k'i	wu	k'u
14.9.9	14.9.10	14.9.11	14.9.12	14.9.13	14.9.14	14.9.15	14.9.16
而	群	奸	悉	弭	器	无	苦
jėu	ži						
14.9.17	14.9.18						
窳	而						

10

š$_{1}$ėu（š$_{2}$-）	tšhi	ŋiw	š$_{1}$iŋ	ki	gan	min	? on
14.10.1	14.10.2	14.10.3	14.10.4	14.10.5	14.10.6	14.10.7	14.10.8
庶	事	有	成	其	幹	敏	端
?	tuŋ	wu	š$_{1}$u	? dži（tš-）	gu	š$_{1}$ė（š$_{2}$-）	š$_{1}$i（š$_{2}$-）
14.10.9	14.10.10	14.10.11	14.10.12	14.10.13	14.10.14	14.10.15	14.10.16
方	动	无	所	滞	故	设?	施
gėu	ts'u						
14.10.17	14.10.18						
举	措						

11

ɦėm ?（-i̯a-）	š$_{1}$i（š$_{2}$-）	'ėu（ · - ）	džuŋ	si	ŋo
14.11.1	14.11.2	14.11.3	14.11.4	14.11.5	14.11.6
咸	适	拎	中	昔	我

12

dzu	dzuŋ	ji	š$_{1}$ue	t'uŋ	dži	gėue	ji
14.12.1	14.12.2	14.12.3	14.12.4	14.12.5	14.12.6	14.12.7	14.12.8
祖	宗	以	垂	统	之	规	贻
wan	š$_{1}$i（š$_{2}$-）	ju̯i	naj	ɦu̯u	dzhi	ɦi̯aw（或-ė-）	'ėu
14.12.9	14.12.10	14.12.11	14.12.12	14.12.13	14.12.14	14.12.15	14.12.16

	万	世	惟	乃	父	子	效	于
	?	?						
		dži ?						
	14.12.17	14.12.18						
	蕃	之						
13								
	li	ten	do	ḫu̯aŋ（hu̯-）	tshi（dz-）	gėi	tšėu	dži
	14.13.1	14.13.2	14.13.3	14.13.4	14.13.5	14.13.6	14.13.7	14.13.8
	力	殿	多	方	兹	继	述	之
	?							
	’u̯?n	tš‘u	š$_1$aŋ	bue（p-）	ḫi̯aj	dži	ŋiw	laj
	14.13.9	14.13.10	14.13.11	14.13.12	14.13.13	14.13.14	14.13.15	14.13.16
	云	初	尚	弼	谐	之	有	赖
	’u̯in	ɣu						
	14.13.17	14.13.18						
	云	胡						
14				?				
	bu	š$_1$ėu	ŋiw	? i（h-）	jėu	džuŋ	bi	š$_1$u
	14.14.1	14.14.2	14.14.3	14.14.4	14.14.5	14.14.6	14.14.7	14.14.8
	不	淑	有	翿	予	衷	俾	疏
	dzėw	ji	ḫu̯un(hu̯-)	ḫu̯uŋ(hu̯-)	žiŋ	ji	miŋ	ži
	14.14.9	14.14.10	14.14.11	14.14.12	14.14.13	14.14.14	14.14.15	14.14.16
	爵	以	分	封	仍	易	名	而
		?						
	dzė							
	14.14.17	14.14.18						
	節	惠						
15		?						
	·u	? u	š$_1$en	·ėu	ki	dži	wu	guŋ
	14.15.1	14.15.2	14.15.3	14.15.4	14.15.5	14.15.6	14.15.7	14.15.8
	於	戲	善	抡	其	职	武	公
	dži	su	ŋe	sėŋ	š$_1$iŋ	bi	ḫu̯u	ki
	14.15.9	14.15.10	14.15.11	14.15.12	14.15.13	14.15.14	14.15.15	14.15.16
	之	素	业	相	承	必	復?	其

	sėn	guŋ						
	14.15.17	14.15.18						
	先	公						
16	?	dži			bu	min	ji	tš'aŋ
	14.16.1	14.16.2	14.16.3	14.16.4	14.16.5	14.16.6	14.16.7	14.16.8
	业	之	清	风	不	泯	益	昌
	laj	ji	dži	ɦu̯u	baw	džaŋ	k'o	?
	14.16.9	14.16.10	14.16.11	14.16.12	14.16.13	14.16.14	14.16.15	14.16.16
	来	裔	祇	服	褒	章	可	
	?	?						
	14.16.17	14.16.18						
17	? n	dži（tš-）					'ėuŋ	lu
	14.17.1	14.17.2	14.17.3	14.17.4	14.17.5	14.17.6	14.17.7	14.17.8
	赞	治	功	臣	银	青	荣	禄
	taj	ɦu̯u（hu̯-）	piŋ	džaŋ	tšiŋ（dž-）	tšhi	?	tšaj
	14.17.9	14.17.10	14.17.11	14.17.12	14.17.13	14.17.14	14.17.15	14.17.16
	大	夫	平	章	政	事	封	泽
	gue	?						
	14.17.17	14.17.18						
	国	公						
18	tši				džė	š$_1$i（š$_2$-）	ɦi̯iŋ（-ė-）	
	14.18.1	14.18.2	14.18.3	14.18.4	14.18.5	14.18.6	14.18.7	
	谥	忠	宣	主	者	施	行	
19			'u̯ėn	nen	'u̯ė	ži		
	14.19.1	14.19.2	14.19.3	14.19.4	14.19.5	14.19.6		
	至	大	元	年	月	日		

一东： ： guŋ 公 14.15.8; 14.15.18。 t'uŋ 统 14.12.5。 tuŋ 动 14.8.8; 14.10.10。 džuŋ 中 14.7.11; 14.11.4 / 衷 14.14.6。 （-） ɦu̯uŋ（hu̯-） 封 14.14.12。

ɦu̯uŋ 奉 14.6.13。dzuŋ 宗 14.12.2。

：gėuŋ 共？ 14.8.14。？ ɦėuŋ 亨 14.7.7。’ėuŋ 荣 14.17.7 / 永 14.3.7 / 咏 14.3.16。

二庚：：（-）tšiŋ（dž-） 政 14.17.13。tšiŋ 郑 14.5.10。piŋ 平 14.17.11。miŋ 名 14.14.15 / 命 14.1.4。（-）$š_1$iŋ（$š_2$-）圣 14.2.3。$š_1$iŋ 成 14.10.4 / 承 14.15.13。liŋ 领 14.4.8。žiŋ 仍 14.14.13。

：（-）$š_1$hiŋ（$š_2$-）生 14.5.13。：（-）ɦi̯iŋ（-ė-）行 14.18.7。

三阳：：gaŋ 刚 14.8.2。džaŋ 章 14.16.14；14.17.12 / 长 14.6.5。tš'aŋ 昌 14.16.8。（-）ɦu̯aŋ（hu̯-）方 14.13.4。$š_1$aŋ 尚 14.13.11 / 上 14.1.1；14.6.14。

：gėŋ 降 14.2.7。dzėŋ 将 14.2.6。sėŋ 相 14.15.12。lėŋ 良 14.3.9。

：’u̯aŋ 往 14.3.12。：ɣoŋ 皇 14.2.1。

四支：：k'i 器 14.9.14。ki 其 14.10.5；14.15.5；14.15.16。ŋi 宜 14.5.12 / 仪 14.3.5。di 帝 14.2.2。dži 知 14.5.4；14.5.18；14.6.10 / 祗 14.16.11 / 之 14.3.6；14.12.6；14.13.8；14.13.14；14.15.9；14.16.2 / 旨 14.2.4 / 指 14.5.1 / 制 14.5.11 / 职 14.15.6。？ dži 职？ 14.8.13。？ （-）dži（tš-）治 14.17.2 / 滞 14.10.13。tši 谥 14.18.1。bi 俾 14.8.11；14.14.7 / 必 14.15.14。mi 弭 14.9.13。dzi 绩 14.7.5。si 悉 14.9.12 / 昔 14.11.5。（-）$š_1$i（$š_2$-） 施 14.10.16；14.18.6 / 世 14.2.12；14.12.10 / 适 14.11.2。$š_1$i 是 14.2.8。？ （-）？ i（h-） 釐 14.14.4。ji 益 14.16.7。ji 贻 14.12.8 / 以 14.6.2；14.6.12；14.12.3；14.14.10 / 裔 14.16.10 / 易 14.14.14。li 力 14.13.1。ži 而 14.5.17；14.6.9；14.9.18；14.14.16 / 日 14.19.6。

：tšhi 事 14.4.12；14.5.9；14.10.2；14.17.14。dzhi 资 14.3.18 / 子 14.12.14。（-）tshi（dz-）兹 14.13.5。shi 司 14.9.1 / 斯 14.8.6。（-）$š_1$hi（$š_2$-）使 14.5.3。

：gėi 继 14.13.6。

：gue 国 14.17.17。džue 追 14.3.15。bue 闕 14.3.8。（-）bue（p-）弼 14.13.12。sue 绥 14.8.5 / 岁 14.7.2。$š_1$ue 垂 14.12.4。’ue 伟 14.7.4 / 外？ 14.7.15。？ ？？ ue？ 14.2.15。

：gėue 规 14.12.7。（-。-？）ɦėue（s-。h-？）挥 14.5.2。

：ju̯i 惟 14.12.11。？ ju̯i？ 14.2.18。

五鱼：：gu 故 14.3.17；14.10.14。k'u 苦 14.9.16。du 都 14.4.5；14.5.6。？ du 都？ 14.4.18。t'u 吐 14.8.4。tš'u 初？ 14.13.10。bu 不 14.8.3；14.9.6；14.14.1；14.16.5。（-）ɦu̯u（hu̯-） 夫 14.4.3；14.17.10 / 府 14.4.10 / 抚 16.15.7。ɦu̯u 符 14.7.14 / 父 14.12.13 / 復？ 14.15.15 / 服 14.16.12。wu 无 14.9.15；14.10.11 / 武

14.4.14；14.15.7。dzu 祖 14.12.1。ts'u 措？ 14.10.18。su 素 14.15.10。 š$_1$u 疏 14.14.8 / 所 14.6.1；14.6.11；14.10.12。？ ？ u 戲 14.15.2。 ɣu ？ 14.13.18。 ·u 於 14.15.1。lu 禄 14.17.8。

：gėu 举？ 14.10.17。kėu 衢 14.7.8。džėu 著 14.7.3。tšėu 述 14.13.7。（ - ）š$_1$ėu（š$_2$- ） 庶 14.10.1。š$_1$ėu 淑 14.14.2。·ėu 於 14.2.11；14.15.4。（ - ）'ėu（ · - ） 扵 14.7.6；14.9.2；14.11.3。'ėu 于 14.5.14；14.6.6；14.12.16 / 籞 14.6.8。jėu 予 14.14.5 / 窳 14.9.17。？ jėu14.2.17。？ jėu14.5.16。žėu 茹 14.8.1。

六佳：：k'aj 忾？ 14.3.3。taj 台 14.7.12 / 大 14.2.9；14.4.2；14.4.4；14.5.5；14.17.9。naj 乃 14.12.12。？ tšaj14.17.16。laj 来 14.8.7；14.16.9 / 赖 14.13.16。

（ - ）：（ - ？ ）ɦi̯aj（-ė- ）谐 14.13.13。

：dhij 德 14.4.1。thij 特 14.3.13。dzhij 则 14.2.14。

七真：：min 民 14.9.5 / 敏 14.10.7 / 泯 14.16.6。（ - ）š$_1$in（š$_2$- ）身 14.6.4。

：tun 屯 14.5.7。（ - ）ɦu̯un（hu̯- ）分 14.14.11。

：gėun 军 14.4.17。kėun 群 14.9.10。：'u̯in 云 14.13.9；14.13.17。

八寒：：gan 幹 14.10.6。？ nan14.2.16。wan 万 14.12.9。？ ？ n 賛 14.17.1。

：gėn 奸 14.9.11。

九先：：t'en 天 14.1.2；14.2.5。ten 田 14.5.8 / 殿 14.13.2。nen 年 14.19.4。 š$_1$en 善 14.15.3。：sėn 先 14.15.17。

：džu̯ėn 专 14.8.12。'u̯ėn 元 14.19.3。：gėon 眷 14.1.3。

十萧：：t'aw 橐 14.7.10。taw 悼 14.3.11。baw 褒 14.16.13。dzaw 早 14.7.1。

：jew 钥 14.9.4。：dzėw 爵 14.14.9。（ - ）：（或 - ）ɦi̯aw（-ė- ）效 14.12.15。

十一尤：：ŋiw 有 14.10.3；14.13.15；14.14.3。tšiw 胄 14.2.13。siw 修 14.6.3。（ - ）š$_1$iw（š$_2$- ）守 14.4.7。liw 留 14.4.6；14.9.3。

十二覃：：（ - ）gėm（-i̯a- ）监 14.4.11。？（ - ）ɦėm（-i̯a- ）咸 14.11.1。

十三侵：：gim 禁 14.6.7。（ - ）š$_1$im（š$_2$- ）深 14.3.10。žim 任 14.2.10。

十四歌：：k'o 可 14.16.15。ŋo 我 14.11.6。do 多 14.13.3。

：tu̯o 墮 14.9.7。ɣu̯o 和 14.8.10。

十五麻：：džė 者 14.18.5。dzė 節 14.14.17。（ - ）š$_1$ė（š$_2$- ）设 14.10.15。

：ɣu̯a 华 14.5.15。：'u̯ė 月 14.19.5。：ŋe 业 14.15.11。

15. 授吴澄文林郎国子司业（至大四年，1311）八思巴字 41 字次。

1	tšaŋ	š$_1$hiŋ（š$_2$-）	t'en	k'i	li	li		
	15.1.1	15.1.2	15.1.3	15.1.4	15.1.5	15.1.6		
	长	生	天	气	力	里		
2	ɣoŋ	di	š$_1$iŋ（š$_2$-）	dži	tsėuŋ	tšhi	laŋ	gue
	15.2.1	15.2.2	15.2.3	15.2.4	15.2.5	15.2.6	15.2.7	15.2.8
	皇	帝	圣	旨	从	仕	郎	国
	dzhi	gėm（-i̯a-）	š$_1$iŋ	u	tšiŋ	k'o		
	15.2.9	15.2.10	15.2.11	15.2.12	15.2.13	15.2.14		
	子	监	丞	吴	澄	可		
3	š$_1$iw	wun	lim	laŋ	gue	dzhi	shi	ŋe
	15.3.1	15.3.2	15.3.3	15.3.4	15.3.5	15.3.6	15.3.7	15.3.8
	授	文	林	郎	国	子	司	业
	ŋi	liŋ	u	tšiŋ				
	15.3.9	15.3.10	15.3.11	15.3.12				
	宜	令	吴	澄				
4	džėun	ts'hi						
	15.4.1	15.4.2						
	准	此						
5	dži	taj	shi	nen	u	'u̯ė	ži	
	15.5.1	15.5.2	15.5.3	15.5.4	15.5.5	15.5.6	15.5.7	
	至	大	四	年	五	月	日	

一东： tsėuŋ 从 15.2.5。

二庚： tšiŋ 澄 15.2.13；15.3.12。（-）š$_1$iŋ（š$_2$-） 圣 15.2.3。š$_1$iŋ 丞 15.2.11。liŋ 令 15.3.10。（-）š$_1$hiŋ（š$_2$-）生 15.1.2。

三阳： tšaŋ 长 15.1.1。laŋ 郎 15.2.7；15.3.4。ɣoŋ 皇 15.2.1。

四支： k'i 气 15.1.4。ŋi 宜 15.3.9。di 帝 15.2.2。dži 旨 15.2.4/ 至 15.5.1。li 里 15.1.6 / 力 15.1.5。ži 日 15.5.7。

tšhi 仕 15.2.6。dzhi 子 15.2.9；15.3.6。ts'hi 此 15.4.2。shi 司 15.3.7/

四 15.5.3。：gue 国 15.2.8；15.3.5。

五鱼： u 吴 15.2.12；15.3.11 / 五 15.5.5。

六佳：：taj 大 15.5.2。

七真：：wun 文 15.3.2。：džėun 准 15.4.1。

八寒：九先：：t'en 天 15.1.3。nen 年 15.5.4。

十萧：十一尤：：š$_1$iw 授 15.3.1。

十二覃：：（-）gėm（-i̯a-）监 15.2.10。

十三侵：：lim 林 15.3.3。

十四歌：：k'o 可 15.2.14。

十五麻：：'u̯ė 月 15.5.6。：ŋe 业 15.3.8。

16. **特赠郑鼎制诰**（皇庆元年，1312）八思巴字 331 字次。

1	š$_1$aŋ	t'en	gėon	miŋ				
	16.1.1	16.1.2	16.1.3	16.1.4				
	上	天	眷	命				
2	ɣoŋ	di	š$_1$iŋ（š$_2$-）	dži				
	16.2.1	16.2.2	16.2.3	16.2.4				
	皇	帝	圣	旨				
3	š$_1$iŋ（š$_2$-）	dzu	· iŋ	ts'ėn	liŋ	dži	'u̯in	dzhi
	16.3.1	16.3.2	16.3.3	16.3.4	16.3.5	16.3.6	16.3.7	16.3.8
	圣	祖	应	千	龄	之	运	兹
	š$_1$ue	jėu	'ėu	wu	gėŋ	žin	š$_1$in	su̯ėn
	16.3.9	16.3.10	16.3.11	16.3.12	16.3.13	16.3.14	16.3.15	16.3.16
	垂	裕	于	无	疆	人	臣	宣
4	baj	džėn	dži	law	k'i	gė	ɦu̯uŋ（hu̯-）	dži
	16.4.1	16.4.2	16.4.3	16.4.4	16.4.5	16.4.6	16.4.7	16.4.8
	百	战	之	劳	岂	加	封	之
	wi	dži	dzi	ki	gi	'u̯aŋ	p'aj	
	16.4.9	16.4.10	16.4.11	16.4.12	16.4.13	16.4.14	16.4.15	
	未	至	旌	其	既	往	沛	
5								

	ji	š$_1$u	’ėuŋ	gu	tshiŋ	ŋin	ts‘iŋ	’ėuŋ
	16.5.1	16.5.2	16.5.3	16.5.4	16.5.5	16.5.6	16.5.7	16.5.8
	以	疏	荣	故	赠	银	青	荣
	lu	taj	ħụu（hụ-）	džuŋ	š$_1$ėu（š$_2$-）	ŋiw	š$_1$iŋ	
	16.5.9	16.5.10	16.5.11	16.5.12	16.5.13	16.5.14	16.5.15	
	禄	大	夫	中	书	右	丞	
6	tši	džuŋ	ŋi	guŋ	tšiŋ	diŋ	’ue	lew
	16.6.1	16.6.2	16.6.3	16.6.4	16.6.5	16.6.6	16.6.7	16.6.8
	谥	忠	毅	公	郑	鼎	伟	略
	ħėuŋ	tsaj	ts‘iŋ	liw	sėu	waŋ	š$_1$ėu（š$_2$-）	
	16.6.9	16.6.10	16.6.11	16.6.12	16.6.13	16.6.14	16.6.15	
	雄	才	清	流	宿	望	书	
7	t‘uŋ	lėu	tsi	jụi	bu	shi	ji	bu
	16.7.1	16.7.2	16.7.3	16.7.4	16.7.5	16.7.6	16.7.7	16.7.8
	通	六	籍	惟	不	肆	以	不
	giŋ	gem	ħew	wan	žin	ji	nhiŋ	
	16.7.9	16.7.10	16.7.11	16.7.12	16.7.13	16.7.14	16.7.15	
	矜	剑	学	万	人	亦	能	
8	žin	ži	nhiŋ	jėuŋ	k‘iŋ	jen	ki	ħụa
	16.8.1	16.8.2	16.8.3	16.8.4	16.8.5	16.8.6	16.8.7	16.8.8
	仁	而	能	勇	庆	延	其	阀
	jụė	ŋi	džėu	’ėu	ħėŋ（h-）	lėu	ɣụaj	
	16.8.9	16.8.10	16.8.11	16.8.12	16.8.13	16.8.14	16.8.15	
	阅	义	著	于	乡	间	怀	
9	si	ħėen	gėiŋ	dzi	dži	wuw	daŋ	kėun
	16.9.1	16.9.2	16.9.3	16.9.4	16.9.5	16.9.6	16.9.7	16.9.8
	昔	贤	经	济	之	谋	当	群
	k‘hiw	tš‘（tš‘haŋ）	žaŋ	dži	dzi	biŋ		
	16.9.9	16.9.10	16.9.11	16.9.12	16.9.13	16.9.14		

寇 抢 攘 之 际 兵

10	ħu̯u	dzaw	jaw	k‘ėu	lue	ten	ji	taŋ
	16.10.1	16.10.2	16.10.3	16.10.4	16.10.5	16.10.6	16.10.7	16.10.8
	符	早	握	驱	雷	电	以	荡
	jėu	ħu̯un（hu̯-）						
	16.10.9	16.10.10						
	余	氛						
11	tsėm	di	tsėuŋ	jiw	gu̯aw（k‘-）	ħu̯uŋ（hu̯-）	’u̯in	ži
	16.11.1	16.11.2	16.11.3	16.11.4	16.11.5	16.11.6	16.11.7	16.11.8
	潜	邸	从	游	廓	风	云	而
	’ėu							
	16.11.9							
	遇							
12	džin	džėu	š$_1$i（š$_2$-）	tshi	si	k‘ėŋ	dži	ju̯i
	16.12.1	16.12.2	16.12.3	16.12.4	16.12.5	16.12.6	16.12.7	16.12.8
	真	主	始	自	西	羌	之	役
	taj	hėiŋ	nam	džew	dži	š$_1$hi（š$_2$-）	dži	tsaj
	16.12.9	16.12.10	16.12.11	16.12.12	16.12.13	16.12.14	16.12.15	16.12.16
	逮	兴	南	诏	之	师	志	在
13	tsue	gėn	š$_1$e	gėn	’ue	ži	bu	bėn
	16.13.1	16.13.2	16.13.3	16.13.4	16.13.5	16.13.6	16.13.7	16.13.8
	摧	坚	涉	艰	危	而	不	变
	son	wu	ju̯i	tš‘aj	gu̯ė	š$_1$iŋ（š$_2$-）	ħu̯u（ħu̯ow）	
	16.13.9	16.13.10	16.13.11	16.13.12	16.13.13	16.13.14	16.13.15	
	算	无	遗	策	决	胜	负	
14	’ėu	bi	žen	š$_1$i	tšaŋ	gėŋ	žew	ji
	16.14.1	16.14.2	16.14.3	16.14.4	16.14.5	16.14.6	16.14.7	16.14.8
	于	必	然	视	长	江	若	一

	’ue	k‘o	ɣaŋ	gue	džiŋ	t‘uŋ	ži
	16.14.9	16.14.10	16.14.11	16.14.12	16.14.13	16.14.14	16.14.15
	苇	可	航	归	正	统	而
15	wan	ɦu̯aŋ（hu̯-）	tšėuŋ	gue	džew	ɦėŋ	ɦu̯u（hu̯-）	tiŋ
	16.15.1	16.15.2	16.15.3	16.15.4	16.15.5	16.15.6	16.15.7	16.15.8
	万	方	顺	轨	招	降	抚	定
	$š_1$u	k‘ėu	gėn	shi	džin	ɦu̯a	su	
	16.15.9	16.15.10	16.15.11	16.15.12	16.15.13	16.15.14	16.15.15	
	所	屈	见	思	赈	乏	苏	
16	k‘u	ki	kin	mue	gėj（-i̯a-）	tsue	ži	sėw
	16.16.1	16.16.2	16.16.3	16.16.4	16.16.5	16.16.6	16.16.7	16.16.8
	枯	其	勤	靡	懈	蕞	尔	小
	ŋe	džė	tš‘iw	gėn	tu	ɦu̯u	ɣo	
	16.16.9	16.16.10	16.16.11	16.16.12	16.16.13	16.16.14	16.16.15	
	孽	辄	畜	艰	图	夫	何	
17	taŋ	bi	dži	wi	$š_1$i（$š_2$-）	ŋo	· iŋ	jaŋ
	16.17.1	16.17.2	16.17.3	16.17.4	16.17.5	16.17.6	16.17.7	16.17.8
	螳	臂	之	微	失	我	鹰	扬
	dži	ɦu̯u	sėu	džaŋ	hėn	tši	sue	
	16.17.9	16.17.10	16.17.11	16.17.12	16.17.13	16.17.14	16.17.15	
	之	辅	卹	章	显	谥	虽	
18	ji	ki	’ėu	baw	tšuŋ	taj	gue	džin
	16.18.1	16.18.2	16.18.3	16.18.4	16.18.5	16.18.6	16.18.7	16.18.8
	已	极	于	褒	崇	大	国	真
	jėu	ɣo	thij	džew	’ėu	gėon	jaw	
	16.18.9	16.18.10	16.18.11	16.18.12	16.18.13	16.18.4	16.18.15	
	畬	盍?	特	昭	于	眷	渥	
19	$š_1$in（$š_2$-）	ki	jin	zėu	ŋiw	žiw（-e-）	džuŋ	su̯ėn
	16.19.1	16.19.2	16.19.3	16.19.4	16.19.5	16.19.6	16.19.7	16.19.8

	翍	其	胤	续	有	若	忠	宣
	pʻue	džew	dzaj	š$_1$i（š$_2$-）	dži	gu̯aŋ	ĥu̯u（hu̯-）	
	16.19.9	16.19.10	16.19.11	16.19.12	16.19.13	16.19.14	16.19.15	
	丕	昭	再	世	之	光	俯	
20								
	ti	zhi	sun	dži	tsʻiŋ	· u	hu	ĥėen
	16.20.1	16.20.2	16.20.3	16.20.4	16.20.5	16.20.6	16.20.7	16.20.8
	迪	嗣	孙	之	请	於	戲	贤
	džė	š$_1$i（š$_2$-）	ki	taj	džė	shi	š$_1$hiŋ（š$_2$-）	
	16.20.9	16.20.10	16.20.11	16.20.12	16.20.13	16.20.14	16.20.15	
	者	识	其	大	者	死	生	
21								
	dži	dzė	mue	š$_1$ėu	ŋiw	dži	š$_1$i	ji
	16.21.1	16.21.2	16.21.3	16.21.4	16.21.5	16.21.6	16.21.7	16.21.8
	之	节	靡	殊	有	之	是	以
	zhi	dži	tšʻi	tšʻaŋ	dži	laj	wi	
	16.21.9	16.21.10	16.21.11	16.21.12	16.21.13	16.21.14	16.21.15	
	似	之	炽	昌	之	来	未	
22								
	ŋaj	· iŋ	liŋ	k ʻo	dzaw	š$_1$ėu	baw	š$_1$i
	16.22.1	16.22.2	16.22.3	16.22.4	16.22.5	16.22.6	16.22.7	16.22.8
	艾	英	灵	可	作	殊	报	是
	š$_1$iŋ	kʻo	tshiŋ	su̯ėn	džuŋ	baw	dzė	
	16.22.9	16.22.10	16.22.11	16.22.12	16.22.13	16.22.14	16.22.15	
	承	可	赠	宣	忠	保	节	
23								
	guŋ	š$_1$in	gim	dzhi	gu̯aŋ	lu	taj	ĥu̯u（hu̯-）
	16.23.1	16.23.2	16.23.3	16.23.4	16.23.5	16.23.6	16.23.7	16.23.8
	功	臣	金	紫	光	禄	大	夫
	piŋ	džaŋ	džiŋ	tšhi	tšėu	gue	džue	
	16.23.9	16.23.10	16.23.11	16.23.12	16.23.13	16.23.14	16.23.15	
	平	章	政	事	柱	国	追	
24								
	ĥu̯uŋ（hu̯-）	lu	gue	guŋ	tši	džuŋ	sėu	džėu

16.24.1 16.24.2 16.24.3 16.24.4 16.24.5 16.24.6 16.24.7 16.24.8
封 潞 国 公 谥 忠 肃 主

dže̊ š$_1$i（š$_2$-） ɦe̊iŋ
16.24.9 16.24.10 16.24.11
者 施 行

25
ɣoŋ kʻiŋ ʼu̯e̊n nen sam ʼu̯e̊ ži
16.25.1 16.25.2 16.25.3 16.25.4 16.25.5 16.25.6 16.25.7
皇 庆 元 年 三 月 日

一东：：kuŋ 公 16.6.4; 16.24.4 / 功 16.23.1。tʻuŋ 通 16.7.1 / 统 16.14.14。dž uŋ 中 16.5.12/ 忠 16.6.2; 16.19.7; 16.22.13; 16.24.6。tšuŋ 崇 16.18.5。（-）ɦu̯uŋ（hu̯-）风 16.11.6 / 封 16.4.7; 16.24.1。

：tse̊uŋ 从 16.11.3。ʼe̊uŋ 荣 16.5.3; 16.5.8。je̊uŋ 勇 16.8.4。

二庚：：giŋ 矜 16.7.9。kʻiŋ 庆 16.8.5; 16.25.2。diŋ 鼎 16.6.6。tiŋ 定 16.15.8。džiŋ 政 16.23.11 / 正 16.14.13。tšiŋ 郑 16.6.5。bi ŋ 兵 16.9.14。pi ŋ 平 16.23.9。miŋ 命 16.1.4。dziŋ 旌 16.4.11。tsʻiŋ 清 16.6.11 / 青 16.5.7 / 请 16.20.5。（-）š$_1$iŋ（š$_2$-）圣 16.2.3; 16.3.1 / 胜 16.13.14。š$_1$iŋ 承 16.22.9 / 丞 16.5.15。·iŋ 英 16.22.2 / 应 16.3.3 / 鹰 16.17.7。liŋ 灵 16.22.3 / 龄 16.3.5。

：nhiŋ 能 16.7.15; 16.8.3。tshiŋ 赠 16.5.5; 16.22.11。（-）š$_1$hiŋ（š$_2$-）生 16.20.15。：ɦe̊uŋ 雄 16.6.9。

：ge̊iŋ 经 16.9.3。he̊iŋ 兴 16.12.10。：ɦe̊iŋ 行 16.24.11。

三阳：：daŋ 当 16.9.7。taŋ 螳 16.17.1 / 荡 16.10.8。džaŋ 章 16.17.12; 16.23.10。tšʻaŋ 昌 16.21.12。tšaŋ 长 16.14.5。（-）ɦu̯aŋ（hu̯-）方 16.15.2。wa ŋ 望 16.6.14。š$_1$aŋ 上 16.1.1。ɣaŋ 航 16.14.11。jaŋ 扬 16.17.8。žaŋ 攘 16.9.11。

：ge̊ŋ 疆 16.3.13 / 江 16.14.6。kʻe̊ŋ 羌 16.12.6。（-）he̊ŋ（h -）乡 16.8.13。ɦe̊ŋ 降 16.15.6.

：gu̯aŋ 光 16.19.14; 16.23.5。ʼu̯aŋ 往 16.4.14。

：（）tšʻ（tšʻhaŋ）抢 16.9.10。：ɣoŋ 皇 16.2.1; 16.25.1。

四支：：gi 既 16.4.13。kʻi 岂 16.4.5。ki 其 16.4.12; 16.8.7; 16.16.2; 16.19.2; 16.20.11/ 极 16.18.2。ŋi 义 16.8.10/ 毅 16.6.3。di 邸 16.11.2 / 帝 16.2.2。ti 迪 16.20.1。dži 之 16.3.6; 16.4.3; 16.4.8; 16.9.5; 16.9.12; 16.12.7; 16.12.13; 16.17.3; 16.17.9; 16.19.13; 16.20.4; 16.21.1; 16.21.6; 16.21.10; 16.21.13/ 旨 16.2.4 / 志 16.12.15。tšʻi

炽 16.21.11。tši 谥 16.6.1; 16.17.14; 16.24.5。bi 臂 16.17.2 / 必 16.14.2。wi 微 16.17.4 / 未 16.4.9; 16.21.15。dzi 济 16.9.4 / 际 16.9.13。tsi 籍 16.7.3。si 西 16.12.5 / 昔 16.9.1。（ - ）š$_1$i（š$_2$-）施 16.24.10 / 始 16.12.3 / 世 16.19.12 / 失 16.17.5 / 识 16.20.10。š$_1$i 是 16.21.7; 16.22.8 / 视 16.14.4。ji 一 16.14.8。ji 以 16.5.1; 16.7.7; 16.10.7; 16.21.8 / 已 16.18.1/ 亦 16.7.14。ži 而 16.8.2; 16.11.8; 16.13.6; 16.14.15 / 尔 16.16.7 / 日 16.25.7。

：tšhi 事 16.23.12。dzhi 兹 16.3.8 / 紫 16.23.4。tshi 自 16.12.4。shi 思 16.15.12 / 死 16.20.14 / 肆 16.7.6。zhi 似 16.21.9 / 嗣 16.20.2。（ - ）š$_1$hi（š$_2$-）师 16.12.14。

：gue 归 16.14.12 / 轨 16.15.4 / 国 16.18.7; 16.23.14; 16.24.3。džue 追 16.23.15。p'ue 丕 16.19.9。mue 靡 16.16.4; 16.21.3。tsue 摧 16.13.1 / 蕞 16.16.6。sue 虽 16.17.15。š$_1$ue 垂 16.3.9。'ue 危 16.13.5 / 伟 16.6.7 / 苇 16.14.9。lue 雷 16.10.5。：jui 惟 16.7.4 / 遗 16.13.11 / 役 16.12.8。

五鱼：：gu 故 16.5.4。k'u 枯 16.16.1。tu 图 16.16.13。bu 不 16.7.5; 16.7.8; 16.13.7。（ - ）ɦu̯u（hu̯-）夫 16.5.11; 16.23.8 / 俯 16.19.15/ 抚 16.15.7。ɦu̯u 符 16.10.1/ 夫 16.16.14 / 辅 16.17.10。[ɦu̯u（ɦu̯ow 在十一尤）负 16.13.15。]wu 无 16.3.12; 16.13.10。dzu 祖 16.3.2。su 苏 16.15.15。š$_1$u 疏 16.5.2 / 所 16.15.9。hu 戲 16.20.7。·u 於 16.20.6。lu 潞 16.24.2 / 禄 16.5.9; 16.23.6。

：k'ėu 驱 16.10.4 / 屈 16.15.10。džėu 主 16.12.2; 16.24.8 / 著 16.8.11。tšėu 柱 16.23.13。sėu 肃 16.24.7 / 宿 16.6.13 / 卹 16.17.11。zėu 续 16.19.4。（ - ）š$_1$ėu（š$_2$-）书 16.6.15。š$_1$ėu 殊 16.21.4; 16.22.6。'ėu 于 16.3.11; 16.8.12; 16.14.1; 16.18.3; 16.18.13 / 遇 16.11.9。jėu 余 16.10.9 / 畬 16.18.9/ 裕 16.3.10。lėu 闾 16.8.14 / 六 16.7.2。

六佳：：ŋaj 艾 16.22.1。taj 大 16.5.10; 16.18.6; 16.20.12; 16.23.7 / 逮 16.12.9。tš'aj 策 16.13.12。baj 百 16.4.1。p'aj 沛 16.4.15。dzaj 再 16.19.11。tsaj 才 16.6.10 / 在 16.12.16。laj 来 16.21.14。（ - ）：（ - ）gėj（-i̯a-）懈 16.16.5.

：ɣu̯aj 怀 16.8.15。：thij 特 16.18.11。

七真：：kin 勤 16.16.3。ŋin 银 16.5.6。džin 真 16.12.1; 16.18.8 / 赈 16.15.13。（ - ）š$_1$in（š$_2$-）矧 16.19.1。š$_1$in 臣 16.3.15; 16.23.2。jin 胤 16.19.3。žin 人 16.7.13/ 仁 16.8.1。：（ - ）ɦu̯un（hu̯-）氛 16.10.10。sun 孙 16.20.3。

：kėun 群 16.9.8。tšėun 顺 16.15.3。

：'u̯in 云 16.11.7 / 运 16.3.7。八寒：：wan 万 16.7.12; 16.15.1。

：son 算 16.13.9。：gėn 艰 16.13.4；16.16.12。

九先：：t'en 天 16.1.2。ten 电 16.10.6。nen 年 16.25.4。jen 延 16.8.6。žen 然 16.14.3。：gėn 坚 16.13.2 / 见 16.15.11。džėn 战 16.4.2。bėn 变 16.13.8。ts'ėn 千 16.3.4。hėn 显 16.17.13。

：sṷėn 宣 16.3.16；16.19.8；16.22.12。'ṷėn 元 16.25.3。

：gėon 眷 16.1.3；16.18.14。：ћėen 贤 16.9.2；16.20.8。

十萧：：baw 褒 16.18.4 / 保 16.22.14 / 报 16.22.7。dzaw 早 16.10.2 / 作 16.22.5。jaw 渥 16.18.15 / 握 16.10.3。law 劳 16.4.4。

：džew 昭 16.18.12；16.19.10/ 招 16.15.5 / 诏 16.12.12。lew 略 16.6.8。žew 若 16.14.7；16.19.6。：sėw 小 16.16.8。：（-）gṷaw 廓 16.11.5。：ћėw 学 16.7.11。

十一尤：：ŋiw 有 16.19.5；16.21.5/ 右 16.5.14。tš'iw 畜 16.16.11。jiw 游 16.11.4。liw 流 16.6.12。：wuw 谋 16.9.6。：k'hiw 寇 16.9.9。：（）ћṷu（ћṷow）负 16.13.15。

十二覃：：nam 南 16.12.11。sam 三 16.25.5。：gem 剑 16.7.10。

：tsėm 潜 16.11.1。

十三侵：：gim 金 16.23.3。

十四歌：：k'o 可 16.14.10；16.22.4；16.22.10。ŋo 我 16.17.6。ɣo 何 16.16.15 / 盍 16.18.10。

十五麻：：džė 者 16.20.9；16.20.13；16.24.9 / 辄 16.16.10。dzė 节 16.21.2；16.22.15。

：gė 加 16.4.6。：gṷė 决 16.13.13。'ṷė 月 16.25.6。jṷė 阅 16.8.9。

：ŋe 孽 16.16.9。š$_1$e 涉 16.13.3。[ ]：ћṷa 伐 16.15.14 / 阀 16.8.8。

17. 重阳万寿宫授孙德彧圣旨碑（皇庆二年，1313）（增页 45，版十四）[奉元路大重阳万寿宫圣旨碑（第一截）] 八思巴字 215 字次。

1	š$_1$aŋ	t'en	gėon	miŋ				
	17.1.1	17.1.2	17.1.3	17.1.4				
	上	天	眷	命				
2	ɣoŋ	di	š$_1$iŋ（š$_2$-）	dži	taj	taw	wu	miŋ
	17.2.1	17.2.2	17.2.3	17.2.4	17.2.5	17.2.6	17.2.7	17.2.8
	皇	帝	圣	旨	大	道	无	名
	tan	k'ėi	ћṷėn	'ṷėn	dži	tsaw	dži	žin

	17.2.9	17.2.10	17.2.11	17.2.12	17.2.13	17.2.14	17.2.15	17.2.16
	诞	启	玄	元	之	造	至	人
	ŋiw							
	17.2.17							
	有							
3	dzaw	jėun	ɦu̯u	li	š$_1$u	dži	gue	si
	17.3.1	17.3.2	17.3.3	17.3.4	17.3.5	17.3.6	17.3.7	17.3.8
	作	允	符	历	数	之	归	昔
4	tʻaj	dzu	maw	bue	ji	lėuŋ	ɦu̯i（ɦu̯-）	ji（j-）
	17.4.1	17.4.2	17.4.3	17.4.4	17.4.5	17.4.6	17.4.7	17.4.8
	太	祖	漠	北	以	龙	飞	伊
	tšaŋ	tšʻėun	š$_1$an	duŋ	ži	ɦu̯uŋ	džėu	miŋ
	17.4.9	17.4.10	17.4.11	17.4.12	17.4.13	17.4.14	17.4.15	17.4.16
	长	春	山	东	而	凤	翥	明
	lėŋ							
	17.4.17							
	良							
5	sėu	ɣue	dzuŋ	gėw	tšew	hėiŋ	ɣo	tʻi
	17.5.1	17.5.2	17.5.3	17.5.4	17.5.5	17.5.6	17.5.7	17.5.8
	胥	会	宗	教	肇	兴	何	替
	dhij	·ėu	ba	tšu̯ėn	shi	kiw	ɦėen	
	17.5.9	17.5.10	17.5.11	17.5.12	17.5.13	17.5.14	17.5.15	
	德	於	八	传	肆	求	贤	
6	·ėu	ji	pʻaj	ɦu̯u	taw	tʻi	žin	wun
	17.6.1	17.6.2	17.6.3	17.6.4	17.6.5	17.6.6	17.6.7	17.6.8
	於	一	派	辅	道	体	仁	文
	sue	kʻaj	ɦu̯ėn	džin	žin	sun	dhij	·ėu
	17.6.9	17.6.10	17.6.11	17.6.12	17.6.13	17.6.14	17.6.15	17.6.16
	粹	开	玄	真	人	孙	德	彧

	ja 17.6.17 雅							
7	š$_1$hi（š$_2$-） 17.7.1 师	tsʻiŋ 17.7.2 清	tsiŋ 17.7.3 静	kʻhij 17.7.4 克	baw 17.7.5 宝	kem 17.7.6 俭	tsʻhi（ts-） 17.7.7 慈	tʻam 17.7.8 探
	law 17.7.9 老	ji 17.7.10 易	dži 17.7.11 之	dziŋ 17.7.12 精	wi 17.7.13 微	kʻen 17.7.14 搴	gėiŋ 17.7.15 经	kʻu̯o 17.7.16 科
	dži 17.7.17 之							
8	liŋ 17.8.1 灵	bue 17.8.2 祕	sue 17.8.3 虽	š$_1$im（š$_2$-） 17.8.4 深	dzhi 17.8.5 资	·ėu 17.8.6 於	tʻen 17.8.7 天	law 17.8.8 乐
	tši 17.8.9 实	gu̯aŋ 17.8.10 光	zėu 17.8.11 绪	·ėu 17.8.12 於	dan 17.8.13 丹	jaŋ 17.8.14 阳	ti 17.8.15 提	džin 17.8.16 振
	gaŋ 17.8.17 纲							
9	ju̯i 17.9.1 维	kʻaw 17.9.2 恪	gėuŋ 17.9.3 恭	gėj（-i̯a-） 17.9.4 戒	lėu 17.9.5 律	tšim 17.9.6 朕	tsʻaj 17.9.7 采	jėu 17.9.8 舆
	žin 17.9.9 人	dži 17.9.10 之	guŋ 17.9.11 公	lun 17.9.12 论	ɦu̯a（hu̯-） 17.9.13 发	lėun 17.9.14 纶	dži 17.9.15 旨	·ėu 17.9.16 於
10	tsʻaŋ	š$_1$in	ji	ži	džaŋ	g i̯aw（-ė-）	ɦu̯ėn	mun

jen taw tsaj gon ·u hu gim len
17.10.1 17.10.2 17.10.3 17.10.4 17.10.5 17.10.6 17.10.7 17.10.8
昌 辰 以 尔 掌 教 玄 门

ji
17.10.9 17.10.10 17.10.11 17.10.12 17.10.13 17.10.14 17.10.15 17.10.16
演 道 材 馆 於 戲 金 莲

17.10.17
奕

11 je džin ħu̯uŋ（hu̯-） zi mue ·ėu di tu
17.11.1 17.11.2 17.11.3 17.11.4 17.11.5 17.11.6 17.11.7 17.11.8
葉 真 风 袭 美 於 帝 图

’ėu džėu tšėuŋ ɣu̯a ɣoŋ k‘iŋ ju̯i sin
17.11.9 17.11.10 17.11.11 17.11.12 17.11.13 17.11.14 17.11.15 17.11.16
玉 烛 重 华 皇 庆 惟 新

·ėu
17.11.17
於

12 t‘en miŋ $š_1$aŋ tšuŋ su li jėuŋ dzam
17.12.1 17.12.2 17.12.3 17.12.4 17.12.5 17.12.6 17.12.7 17.12.8
天 命 尚 崇 素 履 庸 赞

ts‘iŋ tšew k‘o $š_1$iw $š_1$in（tš-） sėn jen taw
17.12.9 17.12.10 17.12.11 17.12.12 17.12.13 17.12.14 17.12.15 17.12.16
清 朝 可 授 神 仙 演 道

taj
17.12.17
大

13 dzuŋ $š_1$hi（$š_2$-） ħu̯ėn mun džaŋ g i̯aj（-ėw） džin žin
17.13.1 17.13.2 17.13.3 17.13.4 17.13.5 17.13.6 17.13.7 17.13.8
宗 师 玄 门 掌 教 真 人

	gon	liŋ	džėu	lu	taw	g i̯aw（-ė-）	š₁u	
	17.13.9	17.13.10	17.13.11	17.13.12	17.13.13	17.13.14	17.13.15	
	管	领	诸	路	道	教	所	
14	dži	tsi	ħėen	’u̯ėn	taw	gėw	tšhi	ŋi
	17.14.1	17.14.2	17.14.3	17.14.4	17.14.5	17.14.6	17.14.7	17.14.8
	知	集	贤	院	道	教	事	宜
	liŋ	sun	dhij	·ėu	džėun	ts‘hi		
	17.14.9	17.14.10	17.14.11	17.14.12	17.14.13	17.14.14		
	令	孙	德	彧	准	此		
15	ɣoŋ	k‘iŋ	ži	nen	giw	’u̯ė	ži	
	17.15.1	17.15.2	17.15.3	17.15.4	17.15.5	17.15.6	17.15.7	
	皇	庆	二	年	九	月	日	

一东：guŋ 公 17.9.11。duŋ 东 17.4.12。tšuŋ 崇 17.12.4。（-）ħu̯uŋ（hu̯-）风 17.11.3。ħu̯uŋ 风 17.4.14。dzuŋ 宗 17.5.3; 17.13.1。

：gėuŋ 恭 17.9.3。tšėuŋ 重 17.11.11。jėuŋ 庸 17.12.7。lėuŋ 龙 17.4.6。

二庚：k‘iŋ 庆 17.11.14; 17.15.2。miŋ 明 17.4.16 / 名 17.2.8 / 命 17.1.4; 17.12.2。dziŋ 精 17.7.12。ts‘iŋ 清 17.7.2; 17.12.9。tsiŋ 静 17.7.3。（-）š₁iŋ（š₂-）圣 17.2.3。liŋ 灵 17.8.1 / 领 17.13.10 / 令 17.14.9。

：gėiŋ 经 17.7.15。hėiŋ 兴 17.5.6。

三阳：gaŋ 纲 17.8.17。džaŋ 掌 17.10.5; 17.13.5。tš‘aŋ 昌 17.10.1。tšaŋ 长 17.4.9。š₁aŋ 尚 17.12.3 / 上 17.1.1。jaŋ 阳 17.8.14。

：lėŋ 良 17.4.17。：gu̯aŋ 光 17.8.10。：ɣoŋ 皇 17.2.1; 17.11.13; 17.15.1。

四支：ŋi 宜 17.14.8。di 帝 17.2.2; 17.11.7。t‘i 体 17.6.6 / 替 17.5.8。ti 提 17.8.15。dži 知 17.14.1 / 之 17.2.13; 17.3.6; 17.7.11; 17.7.17; 17.9.10 / 旨 17.2.4; 17.9.15 / 至 17.2.15。实 17.8.9。（-）ħu̯i（hu̯-）飞 17.4.7。wi 微 17.7.13。tsi 集 17.14.2。si 昔 17.3.8。zi 袭 17.11.4。（-）ji（j-）伊 17.4.8。ji 一 17.6.2。ji 以 17.4.5; 17.10.3 / 奕 17.10.17 / 易 17.7.10。li 履 17.12.6 / 历 17.3.4。ži 而 17.4.13 / 尔 17.10.4 / 二 17.15.3 / 日 17.15.7。

：tšhi 事 17.14.7。dzhi 资 17.8.5。ts‘hi 此 17.14.14。（-）ts‘hi

（ts-）慈 17.7.7。shi 肆 17.5.13。（-）$š_1$hi（$š_2$-）师 17.7.1; 17.13.2。: k'ėi 启 17.2.10。

: gue 归 17.3.7。bue 秘 17.8.2 / 北 17.4.4。mue 美 17.11.5。sue 虽 17.8.3 / 粹 17.6.9。ɣue 会 17.5.2。: jui̯ 惟 17.11.15 / 维 17.9.1。

五鱼：: tu 图 17.11.8。ɦu̯u 符 17.3.3 / 辅 17.6.4。wu 无 17.2.7。dzu 祖 17.4.2。su 素 17.12.5。$š_1$u 所 17.13.15 / 数 17.3.5。hu 戲 17.10.14。· u 於 17.10.13。lu 路 17.13.12。

: džėu 诸 17.13.11 / 翥 17.4.15 / 烛 17.11.10。sėu 胥 17.5.1。zėu 绪 17.8.11。· ėu 於 17.5.10; 17.6.1; 17.8.6; 17.8.12; 17.9.16; 17.11.6; 17.11.17 / 彧 17.6.16; 17.14.12。'ėu 玉 17.11.9。jėu 與 17.9.8。lėu 律 17.9.5。

六佳：: k'aj 开 17.6.10。t'aj 太 17.4.1。taj 大 17.2.5; 17.12.17。p'aj 派 17.6.3。ts'aj 採 17.9.7。tsaj 材 17.10.11。: gėj（-i̯a-）戒 17.9.4。

: k'hij 克 17.7.4。dhij 德 17.5.9; 17.6.15; 17.14.11。

七真：: džin 真 17.6.12; 17.11.2; 17.13.7 / 振 17.8.16。（-）$š_1$in（tš-）神 17.12.13。sin 新 17.11.16。$š_1$in 辰 17.10.2。žin 人 17.2.16; 17.6.13; 17.9.9; 17.13.8 / 仁 17.6.7。

: mun 门 17.10.8; 17.13.4。wun 文 17.6.8。sun 孙 17.6.14; 17.14.10。lun 论 17.9.12。

: džėun 准 17.14.13。tš'ėun 春 17.4.10。jėun 允 17.3.2。lėun 纶 17.9.14。

八寒：: dan 丹 17.8.13。tan 诞 17.2.9。$š_1$an 山 17.4.11。: gon 管 17.13.9 / 馆 17.10.12。

九先：: k'en 搴（《字韵》未收）17.7.14。t'en 天 17.1.2; 17.8.7; 17.12.1。nen 年 17.15.4。jen 演 17.10.9; 17.12.15。len 莲 17.10.16。

: sėn 仙 17.12.14。: tšu̯ėn 传 17.5.12。ɦu̯ėn 玄 17.2.11; 17.6.11; 17.10.7; 17.13.3。'u̯ėn 元 17.2.12 / 院 17.14.4。

: gėon 眷 17.1.3。: ɦėen 贤 17.5.15; 17.14.3。

十萧：: k'aw 恪 17.9.2。taw 道 17.2.6; 17.6.5; 17.10.10; 17.12.16; 17.13.13; 17.14.5。baw 宝 17.7.5。maw 漠 17.4.3。dzaw 作 17.3.1。tsaw 造 17.2.14。law 老 17.7.9 / 乐 17.8.8。

: tšew 朝 17.12.10 / 肇 17.5.5。: gėw 教 17.5.4; 17.14.6。（-）g i̯aw（-ė-）教 17.10.6; 17.13.14。（）g i̯aj（-ėw）教 17.13.6。

十一尤：: giw 九 17.15.5。kiw 求 17.5.14。ŋiw 有 17.2.17。$š_1$iw 授

17.12.12。

十二覃： tʻam 探 17.7.8。dzam 赞 17.12.8。kem 俭 17.7.6。

十三侵： gim 金 17.10.15。tšim 朕 17.9.6。（-）$š_1$im（$š_2$-）深 17.8.4。

十四歌： kʻo 可 17.12.11。ɣo 何 17.5.7。kʻu̯o 科 17.7.16。

十五麻： ɣu̯a 华 17.11.12。ʼu̯ė 月 17.15.6。je 葉 17.11.1。

［　］：ba 八 17.5.11。（-）hu̯a（hu̯-）发 17.9.13。ja 雅 17.6.17。

18. 加封孟子父母制（延祐三年，1316）（增页 46，版十五）八思巴字 136 字次。

1	$š_1$aŋ	tʻen	gėon	miŋ				
	18.1.1	18.1.2	18.1.3	18.1.4				
	上	天	眷	命				
2	ɣoŋ	di	$š_1$iŋ（$š_2$-）	dži	tšim	ju̯i	jiw	kʻuŋ
	18.2.1	18.2.2	18.2.3	18.2.4	18.2.5	18.2.6	18.2.7	18.2.8
	皇	帝	圣	旨	朕	惟	由	孔
	dzhi	dži	·ėu	muŋ	dzhi	baj	ŋiw	jėu
	18.2.9	18.2.10	18.2.11	18.2.12	18.2.13	18.2.14	18.2.15	18.2.16
	子	至	於	孟	子	百	有	余
3	sue	ži	taw	tʻuŋ	dži	tšu̯ėn	tu	dhij
	18.3.1	18.3.2	18.3.3	18.3.4	18.3.5	18.3.6	18.3.7	18.3.8
	岁	而	道	统	之	传	独	得
	ki	džiŋ	sue	miŋ	$š_1$i（$š_2$-）	ja		
	18.3.9	18.3.10	18.3.11	18.3.12	18.3.13	18.3.14		
	其	正	虽	命	世	亚		
4	$š_1$iŋ（$š_2$-）	dži	tsaj	ji	dzhi	hu̯u	muw	gėw
	18.4.1	18.4.2	18.4.3	18.4.4	18.4.5	18.4.6	18.4.7	18.4.8
	圣	之	才	亦	资	父	母	教
	jaŋ	dži	li	je	ki	hu̯u		
	18.4.9	18.4.10	18.4.11	18.4.12	18.4.13	18.4.14		
	养	之	力	也	其	父		
5	sėu	saŋ	muw	ji	sam	tsʻėn	dži	gėw（ė 似 i̯a）

	18.5.1	18.5.2	18.5.3	18.5.4	18.5.5	18.5.6	18.5.7	18.5.8
	夙	丧	母	以	三	迁	之	教
	li	tʻen	ḣė	ɣiw	š$_1$i（š$_2$-）	tšʻue		
	18.5.9	18.5.10	18.5.11	18.5.12	18.5.13	18.5.14		
	励	天	下	后	世	推		
6	’u̯ėn	š$_1$u	tshi	guŋ	mu̯o（maw）	taj	· ėn	gėi
	18.6.1	18.6.2	18.6.3	18.6.4	18.6.5	18.6.6	18.6.7	18.6.8
	原	所	自	功	莫	大	焉	稽
	džėu	’u̯aŋ	taj（d-）	š$_1$i	kʻu̯ė（-u̯e）	baw		
	18.6.9	18.6.10	18.6.11	18.6.12	18.6.13	18.6.14		
	诸	往	代	寔	阙	褒		
7	tšuŋ	ḣu̯u	guŋ	taj	ži	’ue	bu	š$_1$iw
	18.7.1	18.7.2	18.7.3	18.7.4	18.7.5	18.7.6	18.7.7	18.7.8
	崇	夫	功	大	而	位	不	酬
	tši	džėu	ži	miŋ	bu	džiŋ		
	18.7.9	18.7.10	18.7.11	18.7.12	18.7.13	18.7.14		
	实	著	而	名	不	正		
8	kʻi	tšim	š$_1$u	ji	dži	ɣu̯aj	ḣėen	dži
	18.8.1	18.8.2	18.8.3	18.8.4	18.8.5	18.8.6	18.8.7	18.8.8
	岂	朕	所	以	致	怀	贤	之
	· i	dzaj	shi	ban	tšʻuŋ	miŋ		
	18.8.9	18.8.10	18.8.11	18.8.12	18.8.13	18.8.14		
	意	哉	肆	颁	宠	命		
9	’ėuŋ	bue	tšin	ḣėiw（h-）	kʻo	džue	ḣu̯uŋ（hu̯-）	ki
	18.9.1	18.9.2	18.9.3	18.9.4	18.9.5	18.9.6	18.9.7	18.9.8
	永	赉	神	休	可	追	封	其
	ḣu̯u	’ue	džėu	gue	guŋ	muw		
	18.9.9	18.9.10	18.9.11	18.9.12	18.9.13	18.9.14		
	父	为	郑	国	公	母		

10	'ue	džėu	gue	su̯ėn	ɦėn（h-）	ɦu̯u（hu̯-）	žin	džėu
	18.10.1	18.10.2	18.10.3	18.10.4	18.10.5	18.10.6	18.10.7	18.10.8
	为	郡	国	宣	献	夫	人	主
	džė	$š_1$i（$š_2$-）	ɦiiŋ（-ė-）					
	18.10.9	18.10.10	18.10.11					
	者	施	行					
11	jen	ŋiw	sam	nen	ts'i	'u̯ė	ži	
	18.11.1	18.11.2	18.11.3	18.11.4	18.11.5	18.11.6	18.11.7	
	延	祐	三	年	七	月	日	

一东：guŋ 公 18.9.13 / 功 18.6.4; 18.7.3。k'uŋ 孔 18.2.8。t'uŋ 统 18.3.4。tš'uŋ 宠 18.8.13。tšuŋ 崇 18.7.1。muŋ 孟 18.2.12。（-）ɦu̯uŋ（hu̯-）封 18.9.7。：'ėuŋ 永 18.9.1。

二庚：：džiŋ 正 18.3.10; 18.7.14。miŋ 名 18.7.12 / 命 18.1.4; 18.3.12; 18.8.14。（-）$š_1$iŋ（$š_2$-）圣 18.2.3; 18.4.1。：（-）ɦiiŋ（-ė-）行 18.10.11。

三阳：：？ saŋ 丧 18.5.2。$š_1$aŋ 上 18.1.1。jaŋ 养 18.4.9。

：'u̯aŋ 往 18.6.10。：ɣoŋ 皇 18.2.1。

四支：：k'i 岂 18.8.1。ki 其 18.3.9; 18.4.13; 18.9.8。di 帝 18.2.2。dži 之 18.3.5; 18.4.2; 18.4.10; 18.5.7; 18.8.8/ 旨 18.2.4 / 致 18.8.5 / 至 18.2.10。tši 实 18.7.9。ts'i 七 18.11.5。（-）$š_1$i（$š_2$-）施 18.10.10 / 世 18.3.13; 18.5.13。$š_1$i 寔 18.6.12。·i 意 18.8.9。ji 以 18.5.4; 18.8.4 / 亦 18.4.4。li 励 18.5.9 / 力 18.4.11。ži 而 18.3.2; 18.7.5; 18.7.11/ 日 18.11.7。

：dzhi 资 18.4.5 / 子 18.2.9; 18.2.13。tshi 自 18.6.3。shi 肆 18.8.11。

：gėi 稽 18.6.8。

：gue 国 18.9.12; 18.10.3。džue 追 18.9.6。tš'ue 推 18.5.14。bue 贲 18.9.2。sue 虽 18.3.11 / 岁 18.3.1。'ue 为 18.9.10; 18.10.1 / 位 18.7.6。

：ju̯i 惟 18.2.6。

五鱼：：tu 独 18.3.7。bu 不 18.7.7; 18.7.13。（-）ɦu̯u（hu̯-）夫 18.10.6。ɦu̯u 夫 18.7.2 / 父 18.4.6; 18.4.14; 18.9.9。$š_1$u 所 18.6.2; 18.8.3。

：džėu 诸 18.6.9 / 郡 18.9.11; 18.10.2 / 主 18.10.8 / 著 18.7.10。sėu 夙 18.5.1。·ėu 於 18.2.11。jėu 余 18.2.16。

六佳：：（-）taj（d-）代 18.6.11。taj 大 18.6.6; 18.7.4。baj 百 18.2.14。dzaj 哉

18.8.10。tsaj 才 18.4.3。

: ɣu̯aj 怀 18.8.6。: dhij 得 18.3.8。

七真: : tšin 神 18.9.3。žin 人 18.10.7。

八寒: : ban 颁 18.8.12。

九先: : t'en 天 18.1.2; 18.5.10。nen 年 18.11.4。jen 延 18.11.1。

: ts'ėn 迁 18.5.6。(-) ɦėn (h-) 献 18.10.5。·ėn 焉 18.6.7。

: tšu̯ėn 传 18.3.6。su̯ėn 宣 18.10.4。'u̯ėn 原 18.6.1。

: gėon 眷 18.1.3。: ɦėen 贤 18.8.7。

十萧: : taw 道 18.3.3。baw 褒 18.6.14。( ) mu̯o (maw) 莫 18.6.5。

: gėw 教 18.4.8。(似) gėw 教 18.5.8。

十一尤: : ŋiw 有 18.2.15 / 祐 18.11.2。š$_1$iw 酬 18.7.8。ɣiw 后 18.5.12。jiw 由 18.2.7。: muw 母 18.4.7; 18.5.3; 18.9.14。

: (-) ɦėiw (h-) 休 18.9.4。

十二覃: : sam 三 18.5.5; 18.11.3。

十三侵: : tšim 朕 18.2.5; 18.8.2。

十四歌: : k'o 可 18.9.5。

十五麻: : džė 者 18.10.9。: ɦė 下 18.5.11。: 'u̯ė 月 18.11.6。

: (-) k'u̯ė(-u̯e) 阙 18.6.13。: je 也 18.4.12。[ ]: ja 亚 18.3.14。

19. 授吴澄集贤直学士奉议大夫（延祐五年，1318）八思巴字 41 字次。

1	š$_1$aŋ	t'en	gėon	miŋ				
	19.1.1	19.1.2	19.1.3	19.1.4				
	上	天	眷	命				
2	ɣoŋ	di	š$_1$iŋ (š$_2$-)	dži	wun	lim	laŋ	gue
	19.2.1	19.2.2	19.2.3	19.2.4	19.2.5	19.2.6	19.2.7	19.2.8
	皇	帝	圣	旨	文	林	郎	国
	dzhi	shi	ŋe	u	tšiŋ			
	19.2.9	19.2.10	19.2.11	19.2.12	19.2.13			
	子	司	业	吴	澄			
3	k'o	š$_1$iw	tsi	ɦėen (ɦ-)	tši	ɦėw (h-)	tšhi	ɦu̯uŋ
	19.3.1	19.3.2	19.3.3	19.3.4	19.3.5	19.3.6	19.3.7	19.3.8
	可	授	集	贤	直	学	士	奉

	ŋi	taj	ħṷu（hṷ-）	ŋi			
	19.3.9	19.3.10	19.3.11	19.3.12			
	议	大	夫	宜			
4	liŋ	u	tšiŋ	džėun	tsʻhi		
	19.4.1	19.4.2	19.4.3	19.4.4	19.4.5		
	令	吴	澄	准	此		
5	jen	ŋiw	u	nen	džiŋ	ʼṷė	ži
	19.5.1	19.5.2	19.5.3	19.5.4	19.5.5	19.5.6	19.5.7
	延	祐	五	年	正	月	日

一东：…：… ħṷuŋ 奉 19.3.8。

二庚：…：… džiŋ 正 19.5.5。… tšiŋ 澄 19.2.13；19.4.3。… miŋ 命 19.1.4。…（… -）š$_1$iŋ（š$_2$-）圣 19.2.3。… liŋ 令 19.4.1。

三阳：…：… š$_1$aŋ 上 19.1.1。… laŋ 郎 19.2.7。…：… ɣoŋ 皇 19.2.1。

四支：…：… ŋi 宜 19.3.12 / 议 19.3.9。… di 帝 19.2.2。… dži 旨 19.2.4。… tši 直 19.3.5。… tsi 集 19.3.3。… ži 日 19.5.7。

…：… tšhi 士 19.3.7。… dzhi 子 19.2.9。… tsʻhi 此 19.4.5。… shi 司 19.2.10。

…：… gue 国 19.2.8。

五鱼：…：…（… -）ħṷu（hṷ-）夫 19.3.11。… u 吴 19.2.12；19.4.2 / 五 19.5.3。

六佳：…：… taj 大 19.3.10。

七真：…：… wun 文 19.2.5。…：… džėun 准 19.4.4。

八寒：九先：…：… tʻen 天 19.1.2。… nen 年 19.5.4。… jen 延 19.5.1。…：… gėon 眷 19.1.3。

…：…（… -）hėen（ħ-）贤 19.3.4。

十萧：…：…（… -）hėw（ħ-）学 19.3.6。

十一尤：…：… ŋiw 祐 19.5.2。… š$_1$iw 授 19.3.2。

十二覃：十三侵：…：… lim 林 19.2.6。

十四歌：…：… kʻo 可 19.3.1。

十五麻：…：… ʼṷė 月 19.5.6。…：… ŋe 业 19.2.11。

20. 授吴澄翰林学士太中大夫知制诰（至治三年，1323）八思巴字 49 字次。

1	š$_1$aŋ	tʻen	gėon	miŋ
	20.1.1	20.1.2	20.1.3	20.1.4
	上	天	眷	命

2	ɣoŋ	di	š$_1$iŋ（š$_2$-）	dži	tsi	ɦėen	tši	ɦėw
	20.2.1	20.2.2	20.2.3	20.2.4	20.2.5	20.2.6	20.2.7	20.2.8
	皇	帝	圣	旨	集	贤	直	学
	tšhi	ɦu̯uŋ	ŋi	taj	ɦu̯u（hu̯-）	u	tšiŋ	
	20.2.9	20.2.10	20.2.11	20.2.12	20.2.13	20.2.14	20.2.15	
	士	奉	议	大	夫	吴	澄	
3	kʻo	š$_1$iw	ɣan	lim	ɦėw	tšhi	tʻaj	džuŋ
	20.3.1	20.3.2	20.3.3	20.3.4	20.3.5	20.3.6	20.3.7	20.3.8
	可	授	翰	林	学	士	太	中
	taj	ɦu̯u（hu̯-）	dži	dži	gaw	tuŋ	siw	
	20.3.9	20.3.10	20.3.11	20.3.12	20.3.13	20.3.14	20.3.15	
	大	夫	知	制	诰	同	修	
4	gue	š$_1$hi（š$_2$-）	ŋi	liŋ	u	tšiŋ	džėun	tsʻhi
	20.4.1	20.4.2	20.4.3	20.4.4	20.4.5	20.4.6	20.4.7	20.4.8
	国	史	宜	令	吴	澄	准	此
5	dži	tši	sam	nen	sam	’u̯ė	ži	
	20.5.1	20.5.2	20.5.3	20.5.4	20.5.5	20.5.6	20.5.7	
	至	治	三	年	三	月	日	

一东： tuŋ 同 20.3.14。džuŋ 中 20.3.8。ɦu̯uŋ 奉 20.2.10。

二庚： tšiŋ 澄 20.2.15；20.4.6。miŋ 命 20.1.4。š$_1$iŋ（š$_2$-） 圣 20.2.3。liŋ 令 20.4.4。

三阳： š$_1$aŋ 上 20.1.1。ɣoŋ 皇 20.2.1。

四支： ŋi 宜 20.4.3 / 议 20.2.11。di 帝 20.2.2。dži 知 20.3.11 / 旨 20.2.4 / 至 20.5.1 / 制 20.3.12。tši 治 20.5.2 / 直 20.2.7。tsi 集 20.2.5。ži 日 20.5.7。

tšhi 士 20.2.9；20.3.6。tsʻhi 此 20.4.8。š$_1$hi（š$_2$-）史 20.4.2。

gue 国 20.4.1。

五鱼： ɦu̯u（hu̯-）夫 20.2.13；20.3.10。u 吴 20.2.14；20.4.5。

六佳： tʻaj 太 20.3.7。taj 大 20.2.12；20.3.9。

七真： džėun 准 20.4.7。

八寒： ɣan 翰 20.3.3。

九先： tʻen 天 20.1.2。nen 年 20.5.4。

gėon 眷 20.1.3。ħėen 贤 20.2.6。

十萧： gaw 诰 20.3.13。ħėw 学 20.2.8；20.3.5。

十一尤： siw 修 20.3.15。š$_1$iw 授 20.3.2。

十二覃： sam 三 20.5.3；20.5.5。

十三侵： lim 林 20.3.4。

十四歌： kʻo 可 20.3.1。

十五麻： ʼu̯ė 月 20.5.6。

21. 赠吴澄父吴枢左丞上护军制诰（泰定二年，1325）八思巴字 74 字次。

1	š$_1$aŋ 21.1.1 上	tʻen 21.1.2 天	gėon 21.1.3 眷	miŋ 21.1.4 命				
2	ɣoŋ 21.2.1 皇	di 21.2.2 帝	š$_1$iŋ（š$_2$-） 21.2.3 圣	dži 21.2.4 旨	ɣan 21.2.5 翰	lim 21.2.6 林	ħėw 21.2.7 学	tšhi 21.2.8 士
	tʻaj 21.2.9 太	džuŋ 21.2.10 中	taj 21.2.11 大	ħu̯u（hu̯-） 21.2.12 夫				
3	dži 21.3.1 知	dži 21.3.2 制	gaw 21.3.3 诰	tuŋ 21.3.4 同	siw 21.3.5 修	gue 21.3.6 国	š$_1$hi（š$_2$-） 21.3.7 史	u 21.3.8 吴
	tšiŋ 21.3.9 澄	ħu̯u 21.3.10 父						
4	u 21.4.1 吴	tšʻėu 21.4.2 枢	kʻo 21.4.3 可	tshiŋ 21.4.4 赠	dzhi 21.4.5 资	š$_1$en 21.4.6 善	taj 21.4.7 大	ħu̯u（hu̯-） 21.4.8 夫
	ɣu 21.4.9 湖	gu̯aŋ 21.4.10 广						

5	dhiŋ 21.5.1 等	tšʻėu 21.5.2 处	ħėiŋ 21.5.3 行	džuŋ 21.5.4 中	š$_1$ėu（š$_2$-） 21.5.5 书	š$_1$hiŋ（š$_2$-） 21.5.6 省	dzo 21.5.7 左	š$_1$iŋ 21.5.8 丞
	š$_1$aŋ 21.5.9 上							
6	ɣu 21.6.1 护	gėun 21.6.2 军	džue 21.6.3 追	ħu̯uŋ（hu̯-） 21.6.4 封	lim 21.6.5 临	tšʻu̯ėn 21.6.6 川	kėuŋ（-n） 21.6.7 郡	guŋ 21.6.8 公
7	muw 21.7.1 母	jiw 21.7.2 游	š$_1$i 21.7.3 氏	džue 21.7.4 追	ħu̯uŋ（hu̯-） 21.7.5 封	lim 21.7.6 临	tšʻu̯ėn 21.7.7 川	kėun 21.7.8 郡
8	ħu̯u（hu̯-） 21.8.1 夫	žin 21.8.2 人	ŋi 21.8.3 宜	liŋ 21.8.4 令	džėun 21.8.5 准	tsʻhi 21.8.6 此		
9	tʻaj 21.9.1 泰	tiŋ 21.9.2 定	ži 21.9.3 二	nen 21.9.4 年	džiŋ 21.9.5 正	’u̯ė 21.9.6 月	ži 21.9.7 日	

一东：：guŋ 公 21.6.8。tuŋ 同 21.3.4。džuŋ 中 21.2.10；21.5.4。（-）ħu̯uŋ（hu̯-）封 21.7.5。

二庚：：tiŋ 定 21.9.2。džiŋ 正 21.9.5。tšiŋ 澄 21.3.9。miŋ 命 21.1.4。（-）š$_1$iŋ（š$_2$-）圣 21.2.3。š$_1$iŋ 丞 21.5.8。liŋ 令 21.8.4。

：dhiŋ 等 21.5.1。tshiŋ 赠 21.4.4。（-）š$_1$hiŋ（š$_2$-）省 21.5.6。

：ħėiŋ 行 21.5.3。

三阳：：š$_1$aŋ 上 21.1.1；21.5.9。：gu̯aŋ 广 21.4.10。：ɣoŋ 皇 21.2.1。

四支：：ŋi 宜 21.8.3。di 帝 21.2.2。dži 知 21.3.1 / 旨 21.2.4 / 制 21.3.2。š$_1$i 氏 21.7.3。ži 二 21.9.3 / 日 21.9.7。

：tšhi 士 21.2.8。dzhi 资 21.4.5。tsʻhi 此 21.8.6。（-）š$_1$hi（š$_2$-）史 21.3.7。：gue 国 21.3.6。džue 追 21.7.4。

五鱼：：（-）ħu̯u（hu̯-）夫 21.2.12；21.4.8；21.8.1。ħu̯u 父 21.3.10。ɣu 湖 21.4.9 /

护 21.6.1。

：tš'ėu 枢 21.4.2 / 处 21.5.2。（-）š$_1$ėu（š$_2$-） 书 21.5.5。u 吴 21.3.8；21.4.1。

六佳：：t'aj 泰 21.9.1 / 太 21.2.9。taj 大 21.2.11；21.4.7。

七真：：žin 人 21.8.2。：gėun 军 21.6.2。（）kėuŋ（-n） 郡 21.6.7；kėun 郡 21.7.8。džėun 准 21.8.5。

八寒：：ɣan 翰 21.2.5。

九先：：t'en 天 21.1.2。nen 年 21.9.4。š$_1$en 善 21.4.6。

：tš'u̯ėn 川 21.6.6；21.7.7。：gėon 眷 21.1.3。

十萧：：gaw 诰 21.3.3。：ħėw 学 21.2.7。

十一尤：：siw 修 21.3.5。jiw 游 21.7.2。：muw 母 21.7.1。

十二覃：**十三侵**：：lim 林 21.2.6 / 临 21.6.5；21.7.6。

十四歌：：k'o 可 21.4.3。dzo 左 21.5.7。

十五麻：：'u̯ė 月 21.9.6。

22. 赠吴澄祖父吴铎宣慰使护军制诰（泰定二年，1325）八思巴字 71 字次。

1	š$_1$aŋ	t'en	gėon	miŋ				
	22.1.1	22.1.2	22.1.3	22.1.4				
	上	天	眷	命				
2	ɣoŋ	di	š$_1$iŋ（š$_2$-）	dži	ɣan	lim	ħėw	tšhi
	22.2.1	22.2.2	22.2.3	22.2.4	22.2.5	22.2.6	22.2.7	22.2.8
	皇	帝	圣	旨	翰	林	学	士
	t'aj	džuŋ	taj					
	22.2.9	22.2.10	22.2.11					
	太	中	大					
3	ħu̯u（hu̯-）	dži	dži	gaw	tuŋ	siw	gue	š$_1$hi（š$_2$-）
	22.3.1	22.3.2	22.3.3	22.3.4	22.3.5	22.3.6	22.3.7	22.3.8
	夫	知	制	诰	同	修	国	史
	u							
	22.3.9							
	吴							

4	tšiŋ	dzu	ḫu̯u	u	taw	k'o	tshiŋ	džuŋ
	22.4.1	22.4.2	22.4.3	22.4.4	22.4.5	22.4.6	22.4.7	22.4.8
	澄	祖	父	吴	铎	可	赠	中
	ḫu̯uŋ							
	22.4.9							
	奉							
5	taj	ḫu̯u（hu̯-）	ɣu̯aj	duŋ	taw	su̯ėn	· ue	š$_1$hi（š$_2$-）
	22.5.1	22.5.2	22.5.3	22.5.4	22.5.5	22.5.6	22.5.7	22.5.8
	大	夫	淮	东	道	宣	慰	使
	ɣu							
	22.5.9							
	护							
6	gėun	džue	ḫu̯uŋ（hu̯-）	lim	tš'u̯ėn	kėun	guŋ	dzu
	22.6.1	22.6.2	22.6.3	22.6.4	22.6.5	22.6.6	22.6.7	22.6.8
	军	追	封	临	川	郡	公	祖
7	muw	ze	š$_1$i	džue	ḫu̯uŋ（hu̯-）	lim	tš'u̯ėn	kėun
	22.7.1	22.7.2	22.7.3	22.7.4	22.7.5	22.7.6	22.7.7	22.7.8
	母	谢	氏	追	封	临	川	郡
8	ḫu̯u（hu̯-）	ži n	ŋi	liŋ	džėun	ts'hi		
	22.8.1	22.8.2	22.8.3	22.8.4	22.8.5	22.8.6		
	夫	人	宜	令	准	此		
9	t'aj	tiŋ	ži	nen	džiŋ	'u̯ė	ži	
	22.9.1	22.9.2	22.9.3	22.9.4	22.9.5	22.9.6	22.9.7	
	泰	定	二	年	正	月	日	

一东：：guŋ 公 22.6.7。duŋ 东 22.5.4。tuŋ 同 22.3.5。džuŋ 中 22.2.10；22.4.8。（ ）ḫu̯uŋ（hu̯-）封 22.6.3；22.7.5。ḫu̯uŋ 奉 22.4.9。

二庚：：tiŋ 定 22.9.2。džiŋ 正 22.9.5。tšiŋ 澄 22.4.1。miŋ 命 22.1.4。（ ）š$_1$iŋ（š$_2$-）圣 22.2.3。liŋ 令 22.8.4。：tshiŋ 赠 22.4.7。

三阳：：š$_1$aŋ 上 22.1.1。：ɣoŋ 皇 22.2.1。

四支： ： ŋi 宜 22.8.3。 di 帝 22.2.2。 dži 知 22.3.2 / 旨 22.2.4 / 制 22.3.3。 $š_1$i 氏 22.7.3。 ži 二 22.9.3 / 日 22.9.7。

： tšhi 士 22.2.8。 ts'hi 此 22.8.6。 （ -） $š_1$hi（$š_2$-）史 22.3.8；22.5.8。

： gue 国 22.3.7。 džue 追 22.6.2；22.7.4。 ·ue 慰 22.5.7。

五鱼： ： （ -） ɦu̯u（hu̯-） 夫 22.3.1；22.5.2；22.8.1。 ɦu̯u 父 22.4.3。 dzu 祖 22.4.2；22.6.8。 ɣu 护 22.5.9。 u 吴 22.3.9；22.4.4。

六佳： ： t'aj 泰 22.9.1 / 太 22.2.9。 taj 大 22.2.11；22.5.1。 ： ɣu̯aj 淮 22.5.3。

七真： ： žin 人 22.8.2。

： gėun 军 22.6.1。 kėun 郡 22.6.6；22.7.8。 džėun 准 22.8.5。

八寒： ： ɣan 翰 22.2.5。

九先： ： t'en 天 22.1.2。 nen 年 22.9.4。

： tš'u̯ėn 川 22.6.5；22.7.7。 su̯ėn 宣 22.5.6。 ： gėon 眷 22.1.3。

十萧： ： gaw 诰 22.3.4。 taw 道 22.5.5 / 铎 22.4.5。 ： ɦėw 学 22.2.7。

十一尤： ： siw 修 22.3.6。 ： muw 母 22.7.1。

十二覃：十三侵： ： lim 林 22.2.6 / 临 22.6.4；22.7.6。

十四歌： ： k'o 可 22.4.6。

十五麻： ： 'u̯ė 月 22.9.6。 ： ze 谢 22.7.2。

23. 追封吴澄妻余氏临川郡夫人制诰（泰定二年，1325）八思巴字 47 字次。

1	$š_1$aŋ	t'en	gėon	miŋ					
	23.1.1	23.1.2	23.1.3	23.1.4					
	上	天	眷	命					
2	ɣoŋ	di	$š_1$iŋ（$š_2$-）	dži	ɣan	lim	ɦėw	tšhi	t'aj
	23.2.1	23.2.2	23.2.3	23.2.4	23.2.5	23.2.6	23.2.7	23.2.8	23.2.9
	皇	帝	圣	旨	翰	林	学	士	太
3	džuŋ	taj	ɦu̯u（hu̯-）	dži	dži	gaw	tuŋ	siw	gue
	23.3.1	23.3.2	23.3.3	23.3.4	23.3.5	23.3.6	23.3.7	23.3.8	23.3.9
	中	大	夫	知	制	诰	同	修	国
4	$š_1$hi（$š_2$-）	u	tšiŋ	ts'i	jėu	$š_1$i	k'o	džue	ɦu̯uŋ（hu̯-）
	23.4.1	23.4.2	23.4.3	23.4.4	23.4.5	23.4.6	23.4.7	23.4.8	23.4.9
	史	吴	澄	妻	余	氏	可	追	封

5	lim	tšʻu̯ėn	kėun	ɦu̯u（hu̯-）	žin	ŋi	liŋ	džėun	tsʻhi
	23.5.1	23.5.2	23.5.3	23.5.4	23.5.5	23.5.6	23.5.7	23.5.8	23.5.9
	临	川	郡	夫	人	宜	令	准	此
6	tʻaj	tiŋ	ži	nen	džiŋ	ʼu̯ė	ži		
	23.6.1	23.6.2	23.6.3	23.6.4	23.6.5	23.6.6	23.6.7		
	泰	定	二	年	正	月	日		

一东：：tuŋ 同 23.3.7。džuŋ 中 23.3.1。（-）ɦu̯uŋ（hu̯-）封 23.4.9。

二庚：：tiŋ 定 23.6.2。džiŋ 正 23.6.5。tšiŋ 澄 23.4.3。miŋ 命 23.1.4。

（-）š$_1$iŋ（š$_2$-）圣 23.2.3。liŋ 令 23.5.7。

三阳：：š$_1$aŋ（š$_2$-）上 23.1.1。：ɣoŋ 皇 23.2.1。

四支：：ŋi 宜 23.5.6。si 帝 23.2.2。dži 知 23.3.4 / 旨 23.2.4 / 制 23.3.5。tsʻi 妻 23.4.4。š$_1$i 氏 23.4.6。ži 二 23.6.3 / 日 23.6.7。

：tšhi 士 23.2.8。tsʻhi 此 23.5.9。（-）š$_1$hi（š$_2$-）史 23.4.1；22.5.8。

：gue 国 23.3.9。džue 追 23.4.8。

五鱼：：（-）ɦu̯u（hu̯-）夫 23.3.3；23.5.4。：jėu 余 23.4.5。u 吴 23.4.2。

六佳：：tʻaj 泰 23.6.1 / 太 23.2.9。taj 大 23.3.2。

七真：：džin 人 23.5.5。：kėun 郡 23.5.3。džėun 准 23.5.8。

八寒：：ɣan 翰 23.2.5。

九先：：tʻen 天 23.1.2。nen 年 23.6.4。

：tšʻu̯ėn 川 23.5.2。：gėon 眷 23.1.3。

十萧：：gaw 诰 23.3.6。：ɦėw 学 23.2.7。

十一尤：：siw 修 23.3.8。

十二覃：十三侵：：lim 林 23.2.6 / 临 23.5.1。

十四歌：：kʻo 可 23.4.7。

十五麻：：ʼu̯ė 月 23.6.6。

24. 授吴澄翰林学士资善大夫知制诰（泰定三年，1326）八思巴字 55 字次。

1	š$_1$aŋ	tʻen	gėon	miŋ				
	24.1.1	24.1.2	24.1.3	24.1.4				
	上	天	眷	命				
2	ɣoŋ	di	š$_1$iŋ（š$_2$-）	dži	ɣan	lim	ɦėw	tšhi

	24.2.1	24.2.2	24.2.3	24.2.4	24.2.5	24.2.6	24.2.7	24.2.8
	皇	帝	圣	旨	翰	林	学	士
	t‘aj	džuŋ	taj	ḥu̯u（hu̯-）	dži			
	24.2.9	24.2.10	24.2.11	24.2.12	24.2.13			
	太	中	大	夫	知			
3	dži	gaw	tuŋ	siw	gue	š$_1$hi（š$_2$-）	u	tšiŋ
	24.3.1	24.3.2	24.3.3	24.3.4	24.3.5	24.3.6	24.3.7	24.3.8
	制	诰	同	修	国	史	吴	澄
	k‘o	š$_1$iw	ɣan	lim				
	24.3.9	24.3.10	24.3.11	24.3.12				
	可	授	翰	林				
4	ḥėw	tšhi	dzhi	š$_1$en	taj	ḥu̯u（hu̯-）	dži	dži
	24.4.1	24.4.2	24.4.3	24.4.4	24.4.5	24.4.6	24.4.7	24.4.8
	学	士	资	善	大	夫	知	制
	gaw	tuŋ	siw					
	24.4.9	24.4.10	24.4.11					
	诰	同	修					
5	gue	š$_1$hi（š$_2$-）	ŋi	liŋ	u	tšiŋ	džėun	ts‘hi
	24.5.1	24.5.2	24.5.3	24.5.4	24.5.5	24.5.6	24.5.7	24.5.8
	国	史	宜	令	吴	澄	准	此
6	t‘aj	tiŋ	sam	nen	džiŋ	’u̯ė	ži	
	24.6.1	24.6.2	24.6.3	24.6.4	24.6.5	24.6.6	24.6.7	
	泰	定	三	年	正	月	日	

一东：［］：［］tuŋ 同 24.3.3；24.4.10。［］džuŋ 中 24.2.10。

二庚：［］：［］tiŋ 定 24.6.2。［］džiŋ 正 24.6.5。［］tšiŋ 澄 24.3.8；24.5.6。［］miŋ 命 24.1.4。［］（［］-）š$_1$iŋ（š$_2$-）圣 24.2.3。［］liŋ 令 24.5.4。

三阳：［］：［］š$_1$aŋ 上 24.1.1。［］：［］ɣoŋ 皇 24.2.1。

四支：［］：［］ŋi 宜 24.5.3。［］di 帝 24.2.2。［］dži 知 24.2.13；24.4.7 / 旨 24.2.4 / 制 24.3.1；24.4.8。［］ži 日 24.6.7。

［］：［］tšhi 士 24.2.8；24.4.2。［］dzhi 资 24.4.3。［］ts‘hi 此 24.5.8。［］（［］-）š$_1$hi（š$_2$-）

史 24.3.6；24.5.2。：gue 国 24.3.5；24.5.1。

五鱼：：（-）ɦu̯u（hu̯-）夫 24.2.12；24.4.6。u 吴 24.3.7；24.5.5。

六佳：：tʻaj 泰 24.6.1 / 太 24.2.9。taj 大 24.2.11；24.4.5。

七真：：džėun 准 24.5.7。

八寒：：ɣan 翰 24.2.5；24.3.11。

九先：：tʻen 天 24.1.2。nen 年 24.6.4。$š_1$en 善 24.4.4。：gėon 眷 24.1.3。

十萧：：gaw 诰 24.3.2；24.4.9。：ɦėw 学 24.2.7；24.4.1。

十一尤：：siw 修 24.3.4；24.4.11。$š_1$iw 授 24.3.10。

十二覃：：sam 三 24.6.3。

十三侵：：lim 林 24.2.6；24.3.12。

十四歌：：kʻo 可 24.3.9。

十五麻：：ʼu̯ė 月 24.6.6。

25. 加封兖国复圣公制词（至顺二年，1331）（增页 48，版十七）八思巴字 149 字次。

1	$š_1$aŋ	tʻen	gėon	miŋ				
	25.1.1	25.1.2	25.1.3	25.1.4				
	上	天	眷	命				
2	ɣoŋ	di	$š_1$iŋ（$š_2$-）	dži				
	25.2.1	25.2.2	25.2.3	25.2.4				
	皇	帝	圣	旨				
3	tšim	ju̯i	dhiŋ	kʻuŋ	$š_1$i	dži	mun	ži
	25.3.1	25.3.2	25.3.3	25.3.4	25.3.5	25.3.6	25.3.7	25.3.8
	朕	惟	得（登）	孔	氏	之	门	人
	$š_1$iŋ（$š_2$-）	žin	dži	· ue	jan	dzhi	ji	žin
	25.3.9	25.3.10	25.3.11	25.3.12	25.3.13	25.3.14	25.3.15	25.3.16
	圣	人	之	域	颜	子	一	人
	ži	ji	gon	ki				
	25.3.17	25.3.18	25.3.19	25.3.20				
	而	已	观	其				
4	bu	tsʻėn	nu	bu	ži	go（-u̯o）	ji	$š_1$iŋ

	25.4.1	25.4.2	25.4.3	25.4.4	25.4.5	25.4.6	25.4.7	25.4.8
	不	迁	怒	不	二	过	以	成
	ḫu̯u	li	dži	guŋ	wu	ḫu̯a	š$_1$en	wu
	25.4.9	25.4.10	25.4.11	25.4.12	25.4.13	25.4.14	25.4.15	25.4.16
	復	礼	之	功	无	伐	善	无
	š$_1$hi（š$_2$-）	law	ji	džėu				
	25.4.17	25.4.18	25.4.19	25.4.20				
	施	劳	益	著				
5	’ue	žin	dži	ḫi̯aw（-ė-？）	gaj	dzi̯aŋ（-ė-）	bu	ži
	25.5.1	25.5.2	25.5.3	25.5.4	25.5.5	25.5.6	25.5.7	25.5.8
	为	仁	之	效	盖	将	不	日
								（头圆）
	ži	hu̯a	ji（ŋ-）	si	ɣu	t‘en	bu	gė
	25.5.9	25.5.10	25.5.11	25.5.12	25.5.13	25.5.14	25.5.15	25.5.16
	而	化	矣	惜	乎	天	不	假
	dži	nen	je					
	25.5.17	25.5.18	25.5.19					
	之	年	也					
6	tšim	men	ɣu̯aj	džė	žin	liw	sim	š$_1$iŋ（š$_2$-）
	25.6.1	25.6.2	25.6.3	25.6.4	25.6.5	25.6.6	25.6.7	25.6.8
	朕	缅	怀	哲	人	留	心	圣
	ḫi̯aw（-ė-？）	dzi̯aŋ（-ė-？）	taj	sin	·ėu	ḫu̯uŋ（hu̯-）	gėw	gu
	25.6.9	25.6.10	25.6.11	25.6.12	25.6.13	25.6.14	25.6.15	25.6.16
	学	将	大	新	於	风	教	故
	dhij（t-）	tš‘i	·ėu	baw				
	25.6.17	25.6.18	25.6.19	25.6.20				
	特	侈	於	褒				
7	gė	·u	hu	jėuŋ	dži	dzhij	ḫi̯iŋ（-ė-）	š$_1$ė（š$_2$-）
	25.7.1	25.7.2	25.7.3	25.7.4	25.7.5	25.7.6	25.7.7	25.7.8
	加	於	戲	用	之	则	行	舍

	dži	dzhij	tsaŋ	sue	tsėm	dhij	ji	š$_1$i
	25.7.9	25.7.10	25.7.11	25.7.12	25.7.13	25.7.14	25.7.15	25.7.16
	之	则	藏	虽	潜	德	一	时
	dži	bu	ħėn（h-）	u				
	25.7.17	25.7.18	25.7.19	25.7.20				
	之	不	显	吾				
8	gėn（…似…）	ki	dzin	wi	gėn（…头圆）	ki	dži	gu
	25.8.1	25.8.2	25.8.3	25.8.4	25.8.5	25.8.6	25.8.7	25.8.8
	见	其	进	未	见	其	止	顾
	š$_1$iŋ（š$_2$-）	ŋen	baj	š$_1$i（š$_2$-）	ži	mi	džaŋ	š$_1$aŋ
	25.8.9	25.8.10	25.8.11	25.8.12	25.8.13	25.8.14	25.8.15	25.8.16
	圣	言	百	世	而	弥	彰	尚
	ħu̯u	tš'uŋ	gu̯aŋ	pue（p'-）				
	25.8.17	25.8.18	25.8.19	25.8.20				
	服	宠	光	丕				
9	lėuŋ	wun	tši	k'o	gė（…头圆）	ħu̯uŋ（hu̯-）	ju̯ėn	gue
	25.9.1	25.9.2	25.9.3	25.9.4	25.9.5	25.9.6	25.9.7	25.9.8
	隆	文	治	可	加	封	兖	国
	ħu̯u	š$_1$iŋ（š$_2$-）	guŋ	džėu	džė	š$_1$i（š$_2$-）	ħi̯iŋ（-ė-）	
	25.9.9	25.9.10	25.9.11	25.9.12	25.9.13	25.9.14	25.9.15	
	復	圣	公	主	者	施	行	
10	dži	tšėun	ži	nen	giw	'u̯ė	ži	
	25.10.1	25.10.2	25.10.3	25.10.4	25.10.5	25.10.6	25.10.7	
	至	顺	二	年	九	月	日	

一东： ：guŋ 公 25.9.11 / 功 25.4.12。k'uŋ 孔 25.3.4。tš'uŋ 宠 25.8.18。（…-）ħu̯uŋ（hu̯-）风 25.6.14 / 封 25.9.6。：jėuŋ 用 25.7.4。lėuŋ 隆 25.9.1。

二庚： ：miŋ 命 25.1.4。（…-）š$_1$iŋ（š$_2$-） 圣 25.2.3；25.3.9；25.6.8；25.8.9；25.9.10。š$_1$iŋ 成 25.4.8。：dhiŋ 得（登）25.3.3。

：（…-）ħi̯iŋ（-ė-）行 25.7.7；25.9.15。

三阳：：dža̡ŋ 彰 25.8.15。tsaŋ 藏 25.7.11。$š_1$aŋ 尚 25.8.16 / 上 25.1.1。

：（ -）dzi̯aŋ（-ė-）将 25.5.6; 25.6.10。

：gu̯aŋ 光 25.8.19。：ɣoŋ 皇 25.2.1。

四支：：ki 其 25.3.20; 25.8.2; 25.8.6。（-）ji（ŋ-）矣 25.5.11。di 帝 25.2.2。dži 之 25.3.6; 25.3.11; 25.4.11; 25.5.3; 25.5.17; 25.7.5; 25.7.9; 25.7.17 / 旨 25.2.4 / 止 25.8.7 / 至 25.10.1。tš'i 侈 25.6.18。tši 治 25.9.3。mi 弥 25.8.14。wi 未 25.8.4。si 惜 25.5.12。（ -）$š_1$i（$š_2$-）施 25.4.17; 25.9.14 / 世 25.8.12。$š_1$i 时 25.7.16 / 氏 25.3.5。ji 一 25.3.15; 25.7.15 / 益 25.4.19。ji 以 25.4.7 / 已 25.3.18。li 礼 25.4.10。ži 而 25.3.17; 25.5.9; 25.8.13 / 二 25.4.5; 25.10.3 / 日 25.5.8; 25.10.7 / 入 25.3.8。：dzhi 子 25.3.14。

：gue 国 25.9.8。（ -）pue（p'-）丕 25.8.20。sue 虽 25.7.12。·ue 域 25.3.12。'ue 为 25.5.1。：ju̯i 惟 25.3.2。

五鱼：：gu 顾 25.8.8 / 故 25.6.16。nu 怒 25.4.3。bu 不 25.4.1; 25.4.4; 25.5.7; 25.5.15; 25.7.18。ħu̯u 復 25.4.9; 25.9.9 / 服 25.8.17。wu 无 25.4.13; 25.4.16。hu 戲 25.7.3。ɣu 乎 25.5.13。·u 於 25.7.2。u 吾 25.7.20。

：džėu 主 25.9.12 / 著 25.4.20。·ėu 於 25.6.13; 25.6.19。

六佳：：gaj 盖 25.5.5。taj 大 25.6.11。baj 百 25.8.11。：ɣu̯aj 怀 25.6.3。

：dhij 德 25.7.14 / 得 25.6.17。（ -）thij（d-）特 25.6.17。dzhij 则 25.7.6; 25.7.10。

七真：：dzin 进 25.8.3。sin 新 25.6.12。žin 人 25.3.10; 25.3.16; 25.6.5 / 仁 25.5.2。：mun 门 25.3.7。wun 文 25.9.2。：tšėun 顺 25.10.2。

八寒：：jan 颜 25.3.13。：gon 观 25.3.19。

九先：：ŋen 言 25.8.10。t'en 天 25.1.2; 25.5.14。nen 年 25.5.18; 25.10.4。men 缅 25.6.2。$š_1$en 善 25.4.15。

：gėn（似）见 25.8.1。gėn（头圆）见 25.8.5。ts'ėn 迁 25.4.2。（-）ħėw（h-）显 25.7.19。：ju̯ėn 究 25.9.7。：gėon 眷 25.1.3。

十萧：：baw 褒 25.6.20。law 劳 25.4.18。

：gėw（似）教 25.6.15。（ -？）ħi̯aw（-ė-）效 25.5.4 / 学 25.6.9。

十一尤：：giw 九 25.10.5。liw 留 25.6.6。

十二覃：：tsėm 潜 25.7.13。

十三侵：：tšim 朕 25.3.1; 25.6.1。sim 心 25.6.7。

十四歌：：（- -）go（-u̯o-）过 25.4.6。k'o 可 25.9.4。

十五麻：：džė 者 25.9.13 / 哲 25.6.4。（ -）š$_1$ė（š$_2$-）舍 25.7.8。：ḥu̯a 化 25.5.10。

：gė 加 25.7.1。gė（ 头圆）加 25.9.5。gė（头圆）假 25.5.16。

：'u̯ė 月 25.10.6。：je 也 25.5.19。[ ]：ḥu̯a 伐 25.4.14。

26. 加封孟子制（至顺二年，1331）（增页 47，版十六）

八思巴字 154 字次。

1	š$_1$aŋ	t'en	gėon	miŋ				
	26.1.1	26.1.2	26.1.3	26.1.4				
	上	天	眷	命				
2	ɣoŋ	di	š$_1$iŋ（š$_2$-）	dži	muŋ	dzhi	baj	š$_1$i（š$_2$-）
	26.2.1	26.2.2	26.2.3	26.2.4	26.2.5	26.2.6	26.2.7	26.2.8
	皇	帝	圣	旨	孟	子	百	世
	dži	š$_1$hi（š$_2$-）	je	ḥu̯aŋ（hu̯-）	džėn	gue	dži	dzėuŋ
	26.2.9	26.2.10	26.2.11	26.2.12	26.2.13	26.2.14	26.2.15	26.2.16
	之	师	也	方	战	国	之	從
	ɣuŋ	ji						
	26.2.17	26.2.18						
	衡	异						
3	don	dži	tš'uŋ	saj	bu	ŋiw	gėun	dzhi
	26.3.1	26.3.2	26.3.3	26.3.4	26.3.5	26.3.6	26.3.7	26.3.8
	端	之	充	塞	不	有	君	子
	š$_1$ėu	žim	shi	wun	gon	ḥu̯u	ts'i	pėn（p'-）
	26.3.9	26.3.10	26.3.11	26.3.12	26.3.13	26.3.14	26.3.15	26.3.16
	孰	任	斯	文	观	夫	七	篇
4	dži	š$_2$ėu	gu̯ėn（k-）	gu̯ėn（k-）	ɣu	dži	gėun	tšaj
	26.4.1	26.4.2	26.4.3	26.4.4	26.4.5	26.4.6	26.4.7	26.4.8
	之	书	惓	惓	乎	致	君	泽
	min	dži	sim（形误）	lim	lim	ɣu	pa	bun
	26.4.9	26.4.10	26.4.11	26.4.12	26.4.13	26.4.14	26.4.15	26.4.16
	民	之	心	凛	凛	乎	拔	本

行								
5	shij	'ụėn	dži	lun	tš'ėu	ba	guŋ	ži
	26.5.1	26.5.2	26.5.3	26.5.4	26.5.5	26.5.6	26.5.7	26.5.8
	塞	源	之	论	黜	霸	功	而
	ħėiŋ	'ụaŋ	taw	kėu	pue（b-）	ħịiŋ（-ė-）	ži	ħụaŋ（hụ-）
	26.5.9	26.5.10	26.5.11	26.5.12	26.5.13	26.5.14	26.5.15	26.5.16
	行	王	道	距	诐	行	而	放
6	jim	shi（z-）	k'o	'ue	ŋiw	guŋ	š$_1$iŋ（š$_2$-）	mun
	26.6.1	26.6.2	26.6.3	26.6.4	26.6.5	26.6.6	26.6.7	26.6.8
	淫	辞	可	谓	有	功	圣	门
	džue	pue（p'-）	tšin	'ėu	džė	ji（ŋ-）	tšim	žew
	26.6.9	26.6.10	26.6.11	26.6.12	26.6.13	26.6.14	26.6.15	26.6.16
	追	配	神	禹	者	矣	朕	若
7	gėi	š$_2$iŋ	ħėw	dži	ħụu	gėj（-ịa-）	ŋen	naj
	26.7.1	26.7.2	26.7.3	26.7.4	26.7.5	26.7.6	26.7.7	26.7.8
	稽	圣	学	祗	服	格	言	乃
	džėu	sin	tš'iŋ	ji	džaŋ	jaw	den	·u
	26.7.9	26.7.10	26.7.11	26.7.12	26.7.13	26.7.14	26.7.15	26.7.16
	著	新	称	以	彰	渥	典	於
8	hu	zėuŋ	š$_1$i（š$_2$-）	š$_1$ėu（š$_2$-）	ži	š$_2$aŋ（š$_1$-）	ŋiw	men
	26.8.1	26.8.2	26.8.3	26.8.4	26.8.5	26.8.6	26.8.7	26.8.8
	戲	颂	诗	书	而	尚	友	缅
	ɣụaj	džhiw	lu	dži	ħụuŋ（hụ-）	ħụi（hụ-）	žin	ŋi
	26.8.9	26.8.10	26.8.11	26.8.12	26.8.13	26.8.14	26.8.15	26.8.16
	怀	邹	鲁	之	风	非	仁	义
9	dzhij	bu	tšin	ki	di	taŋ	'ėu	dži
	26.9.1	26.9.2	26.9.3	26.9.4	26.9.5	26.9.6	26.9.7	26.9.8
	则	不	陈	期	底	唐	虞	之
	tši	·iŋ	ħụuŋ（hụ-）	ts'ėn	dzaj	·ue	ŋiw	gėiŋ

	26.9.9	26.9.10	26.9.11	26.9.12	26.9.13	26.9.14	26.9.15	26.9.16
	治	英	风	千	载	蔚	有	耿
10	gu̯aŋ	kʻo	gė	ĥu̯uŋ（hu̯-）	džhiw	gue	ja	š$_1$iŋ（š$_2$-）
	26.10.1	26.10.2	26.10.3	26.10.4	26.10.5	26.10.6	26.10.7	26.10.8
	光	可	加	封	郐	国	亚	圣
	guŋ	džėu	džė	š$_1$i（š$_2$-）	ĥi̯iŋ（-ė-）			
	26.10.9	26.10.10	26.10.11	26.10.12	26.10.13			
	公	主	者	施	行			
11	dži	tšėun	ži	nen	giw	’u̯ė	ži	
	26.11.1	26.11.2	26.11.3	26.11.4	26.11.5	26.11.6	26.11.7	
	至	顺	二	年	九	月	日	

一东：：guŋ 公 26.10.9 / 功 26.5.7; 26.6.6。tšʻuŋ 充 26.3.3。muŋ 孟 26.2.5。ĥu̯uŋ（hu̯-）风 26.8.13; 26.9.11 / 封 26.10.4。ɣuŋ 衡 26.2.17。

：dzėuŋ 從 26.2.16。zėuŋ 颂 26.8.2。

二庚：：tšʻiŋ 称 26.7.11。miŋ 命 26.1.4。š$_1$iŋ（š$_2$-） 圣 26.2.3; 26.6.7; 26.10.8。š$_2$iŋ 圣 26.7.2。· iŋ 英 26.9.10。：gėiŋ 耿 26.9.16。

：ĥėiŋ 行 26.5.9。ĥi̯iŋ（-ė-）行 26.5.14; 26.10.13。

三阳：：taŋ 唐 26.9.6。džaŋ 彰 26.7.13。ĥu̯aŋ（hu̯-）方 26.2.12 / 放 26.5.16。š$_1$aŋ 上 26.1.1。š$_2$aŋ（š$_1$-） 尚 26.8.6。：gu̯aŋ 光 26.10.1。’u̯aŋ 王 26.5.10。

：ɣoŋ 皇 26.2.1。

四支：：ki 期 26.9.4。ŋi 义 26.8.16。ji（ŋ-） 矣 26.6.14。di 底 26.9.5 / 帝 26.2.2。dži 祇 26.7.4 / 之 26.2.9; 26.2.15; 26.3.2; 26.4.6; 26.4.10; 26.5.3; 26.8.1 2; 26.9.8 / 旨 26.2.4 / 致 26.4.6 / 至 26.11.1。tši 治 26.9.9。ĥu̯i（hu̯-） 非 26.8.14。tsʻi 七 26.3.15。š$_1$i（š$_2$-）施 26.10.12 / 诗 26.8.3 / 世 26.2.8。ji 以 26.7.12 / 异 26.2.18。ži 而 26.5.8; 26.5.15; 26.8.5 / 二 26.11.3 / 日 26.11.7。

：dzhi 子 26.2.6; 26.3.8。shi 斯 26.3.11。shi（z-）辞 26.6.2。š$_1$hi（š$_2$-）师 26.2.10。：gėi 稽 26.7.1。

：gue 国 26.2.14; 26.10.6。džue 追 26.6.9。pue（b-） 诐 26.5.13。pue（pʻ-）配 26.6.10。· ue 蔚 26.9.14。’ue 谓 26.6.4。

五鱼：：bu 不 26.3.5; 26.9.2。ĥu̯u 夫 26.3.14 / 服 26.7.5。hu 戲 26.8.1。ɣu 乎 26.4.5; 26.4.14。· u 於 26.7.16。lu 鲁 26.8.11。

：kėu 距 26.5.12。džėu 主 26.10.1 0 / 著 26.7.9。tš'ėu 黜 26.5.5。š$_2$ėu 书 26.4.2; 26.8.4。š$_1$ėu 孰 26.3.9。'ėu 虞 26.9.7 / 禹 26.6.12。

六佳：：naj 乃 26.7.8。tšaj 泽 26.4.8。baj 百 26.2.7。dzaj 载 26.9.13。saj 塞 26.3.4。

：ɣu̯aj 怀 26.8.9。：（-）gėj（-i̯a-）格 26.7.6。

：dzhij 则 26.9.1。shij 塞 26.5.1。

七真：：tšin 神 26.6.11 / 陈 26.9.3。min 民 26.4.9。sin 新 26.7.10。žin 仁 26.8.15。

：bun 本 26.4.16。mun 门 26.6.8。wun 文 26.3.12。lun 论 26.5.4。

：gėun 君 26.3.7; 26.4.7。tšėun 顺 26.11.2。

八寒：：gon 观 26.3.13。don 端 26.3.1。

九先：：ŋen 言 26.7.7。den 典 26.7.15。t'en 天 26.1.2。nen 年 26.11.4。men 缅 26.8.8。

：džėn 战 26.2.13。（-）pėn（p'-）篇 26.3.16。ts'ėn 千 26.9.12。

：（-）gu̯ėn（k-）惓（《字韵》未收。《集韵》仙韵群母）26.4.3; 26.4.4。'u̯ėn 源 26.5.2。：gėon 眷 26.1.3。

十萧：：taw 道 26.5.11。jaw 渥 26.7.14。：žew 若 26.6.16。

：（ 似 ）ɦėw 学 26.7.3。

十一尤：：giw 九 26.11.5。ŋiw 有 26.3.6; 26.6.5; 26.9.15 / 友 26.8.7。

：džhiw 邹 26.8.10; 26.10.5。

十二覃：十三侵：：tšim 朕 26.6.15。（ 形误）sim 心 26.4.11。jim 淫 26.6.1。lim 凛 26.4.12; 26.4.13。žim 任 26.3.10。

十四歌：：k'o 可 26.6.3; 26.10.2。

十五麻：：džė 者 26.6.13; 26.10.11。：（ 头 圆 ）gė 加 26.10.3。：'u̯ė 月 26.11.6。：je 也 26.2.11。[ ]：ba 霸 26.5.6。pa 拔 26.4.15。ja 亚 26.10.7。

27. 加封孟子沂国述圣公制抄件写本（至顺二年，1331）八思巴字 147 字次。

1						
	š$_1$aŋ	t'en	gėon	miŋ		
	27.1.1	27.1.2	27.1.3	27.1.4		
	上	天	眷	命		
2			（-）			
	ɣoŋ	di	š$_1$iŋ（š$_2$-）	dži	si	dzhiŋ

	27.2.1	27.2.2	27.2.3	27.2.4	27.2.5	27.2.6
	皇	帝	圣	旨	昔	曾
3						
	dzhi	dhij	š$_1$iŋ（š$_2$-）	žin	dži	tšu̯ėn
	27.3.1	27.3.2	27.3.3	27.3.4	27.3.5	27.3.6
	子	得	圣	人	之	传
4						
	ži	dzhi	shi	kʻhij	š$_1$iŋ	kʻu̯e（g-）
	27.4.1	27.4.2	27.4.3	27.4.4	27.4.5	27.4.6
	而	子	思	克	承	厥
5						
	tʻuŋ	gi（gėi）	ħu̯u	džuŋ	jėuŋ	dži
	27.5.1	27.5.2	27.5.3	27.5.4	27.5.5	27.5.6
	统	稽	夫	中	庸	之
6						
	ji	š$_1$ ėu（š$_2$-）	tši	kʻaj	š$_1$iŋ（š$_2$-）	ħėw
	27.6.1	27.6.2	27.6.3	27.6.4	27.6.5	27.6.6
	一	书	实	开	圣	学
7						
	·ėu	tsʻėn	dzaj	tšim	tshi	lim
	27.7.1	27.7.2	27.7.3	27.7.4	27.7.5	27.7.6
	於	千	载	朕	自	临
8						
	’ėu	ji	laj	mue	ji	gė
	27.8.1	27.8.2	27.8.3	27.8.4	27.8.5	27.8.6
	御	以	来	每	以	加
9						
	ħi̯ue（-ė-）	shi	wun	’ue	ň em（n-）	wan
	27.9.1	27.9.2	27.9.3	27.9.4	27.9.5	27.9.6
	惠	斯	文	为	念	万
10						
	gi	dži	gė（ħ-）	lam	gon	dzaj
	27.10.1	27.10.2	27.10.3	27.10.4	27.10.5	27.10.6
	几	之	暇	览	观	载
11						
	tsi	dži	·ėu	dži	džuŋ	γu̯o
	27.11.1	27.11.2	27.11.3	27.11.4	27.11.5	27.11.6
	籍	至	于	致	中	和

12	ži	tʻen	ti	ʼue	wan	wu
	27.12.1	27.12.2	27.12.3	27.12.4	27.12.5	27.12.6
	而	天	地	位	万	物
13	jėu	ja	liw	· i	jėn（ · - ）	ɦu̯u
	27.13.1	27.13.2	27.13.3	27.13.4	27.13.5	27.13.6
	育	雅	留	意	焉	夫
14	dzėw	tši	dži	tšuŋ	gi	lėuŋ
	27.14.1	27.14.2	27.14.3	27.14.4	27.14.5	27.14.6
	爵	秩	之	崇	既	隆
15	· ėu	š$_2$iŋ ?	pue（pʻ- ）	giŋ	ɦi̯iŋ（-ė-）	dži
	27.15.1	27.15.2	27.15.3	27.15.4	27.15.5	27.15.6
	扵	外?	配	景	行	之
16	· i	kʻo	ɣiw	· ėu	baw	gė
	27.16.1	27.16.2	27.16.3	27.16.4	27.16.5	27.16.6
	懿	可	后	扵	褒	加
17	· u	hu	ŋiw	tšėuŋ	ni（ň - ）	dzaw
	27.17.1	27.17.2	27.17.3	27.17.4	27.17.5	27.17.6
	扵	戲	有	仲	尼	作
18	· ėu	tsen	š$_1$ėu	li	š$_1$i（š$_2$- ）	gė
	27.18.1	27.18.2	27.18.3	27.18.4	27.18.5	27.18.6
	扵	前	孰	俪	世	家
19	dži	š$_1$iŋ	dhij	muŋ	dzhi	džin
	27.19.1	27.19.2	27.19.3	27.19.4	27.19.5	27.19.6
	之	盛	得	孟	子	振
20	ki	ɣiw	ji	tšʻaŋ	shi	taw
	27.20.1	27.20.2	27.20.3	27.20.4	27.20.5	27.20.6
	其	后	益	昌	斯	道
21	dži	tšu̯ėn	jaw	miŋ	ki	š$_1$iŋ

27.21.1	27.21.2	27.21.3	27.21.4	27.21.5	27.21.6
之	传	渥	命	其	承
22 muw	lėuŋ	bue（p‘-）	zėu	k‘o	gė
27.22.1	27.22.2	27.22.3	27.22.4	27.22.5	27.22.6
茂	隆	丕	绪	可	加
23 ɦu̯uŋ（hu̯-）	ŋi	gue	tšėu	š$_1$iŋ（š$_2$-）	guŋ
27.23.1	27.23.2	27.23.3	27.23.4	27.23.5	27.23.6
封	沂	国	述	圣	公
24 džėu	džė	š$_1$i（š$_2$-）	ɦi̯iŋ（-ė-）		
27.24.1	27.24.2	27.24.3	27.24.4		
主	者	施	行		
25 dži	tšėun	ži	nen	giw	’u̯ė
27.25.1	27.25.2	27.25.3	27.25.4	27.25.5	27.25.6
至	顺	二	年	九	月
26 ži					
27.26.1					
日					

一东：：guŋ 公 27.23.6。t‘uŋ 统 27.5.1。džuŋ 中 27.5.4；27.11.5。tšuŋ 崇 27.14.4。muŋ 孟 27.19.4。（-）ɦu̯aŋ（hu̯-）封 27.23.1。

：tšėuŋ 仲 27.17.4。jėuŋ 庸 27.5.5。lėuŋ 隆 27.14.6；27.22.2。

二庚：：giŋ 景 27.15.4。miŋ 命 27.1.4；27.21.4。（-）š$_1$iŋ（š$_2$-） 圣 27.2.3；27.3.3；27.6.5；27.23.5。？ š$_2$iŋ 外？ 27.15.2。š$_1$iŋ 承 27.4.5；27.21.6 / 盛 27.19.2。

：dzhiŋ 曾 27.2.6。：（-）ɦi̯iŋ（-ė-）行 27.15.5；27.24.4。

三阳：：ts‘aŋ 昌 27.20.4。š$_1$aŋ 上 27.1.1。：ɣoŋ 皇 27.2.1。

四支：：gi 几 27.10.1 / 既 27.14.5。ki 其 27.20.1；27.21.5。ŋi 沂 27.23.2。di 帝 27.2.2。ti 地 27.12.3。dži 之 27.3.5；27.5.6；27.10.2；27.14.3；27.15.6；27.19.1；27.21.1/ 旨 27.2.4 / 致 27.11.4/ 至 27.11.2；27.25.1。tši 秩 27.14.2 / 实 27.6.3。（-）ni（ň-）尼 27.17.5。tsi 籍 27.11.1。si 昔 27.2.5。（-）š$_1$i（š$_2$-）施 27.24.3 / 世 27.18.5。· i 懿 27.16.1 / 意 27.13.4。ji 一 27.6.1 / 益 27.20.3。ji 以 27.8.2；27.8.5。li 俪 27.18.4。ži 而 27.4.1；27.12.1 / 二 27.25.3 / 日 27.26.1。

：dzhi 子 27.3.1; 27.4.2; 27.19.5。tshi 自 27.7.5。shi 思 27.4.3 / 斯 27.9.2; 27.20.5。

：（）gi（gėi）稽 27.5.2。

：gue 国 27.23.3。（-）bue（p‘-） 丕 27.22.3。（-）pue（p‘-） 配 27.15.3。mue 每 27.8.4。’ue 为 27.9.4 / 位 27.12.4。：（-）ȟi̯ue（-ė-）惠 27.9.1。

五鱼：：ȟu̯u 夫 27.5.3; 27.13.6。wu 物 27.12.6。hu 戲 27.17.2。· u 扵 27.17.1。

：džėu 主 27.24.1。tšėu 述 27.23.4。zėu 绪 27.22.4。（-）š$_1$ėu（š$_2$-）书 27.6.2。š$_1$ėu 孰 27.18.3。· ėu 於 27.11.3 / 扵 27.7.1; 27.15.1; 27.16.4; 27.18.1。’ėu 御 27.8.1。jėu 育 27.13.1。

六佳：：k‘aj 开 27.6.4。dzaj 载 27.7.3; 27.10.6。laj 来 27.8.3。

：k‘hij 克 27.4.4。dhij 得 27.3.2; 27.19.3。

七真：：džin 振 27.19.6。žin 人 27.3.4。

：wun 文 27.9.3。：tšėuŋ 顺 27.25.2。

八寒：：wan 万 27.9.6; 27.12.5。：gon 观 27.10.5。

九先：：t‘en 天 27.1.2; 27.12.2。nen 年 27.25.4。tsen 前 27.18.2。

：ts‘ėn 千 27.7.2。（-）jėn（ · -）焉 27.13.5。

：tšu̯ėn 传 27.3.6; 27.21.2。：gėon 眷 27.1.3。

十萧：：taw 道 27.20.6。baw 褒 27.16.5。dzaw 作 27.17.6。jaw 渥 27.21.3。

：gėw 爵 27.14.1。（ - ）：ȟėw 学 27.6.6。

十一尤：：giw 九 27.25.5。ŋiw 有 27.17.3。ɣiw 后 27.16.3; 27.20.2。liw 留 27.13.3。：muw 茂 27.22.1。

十二覃：：lam 览 27.10.4。：（-）ň em（n-）念 27.9.5。

十三侵：：tšim 朕 27.7.4。lim 临 27.7.6。

十四歌：：k‘o 可 27.16.2; 27.22.5。：ɣu̯o 和 27.11.6。

十五麻：：džė 者 27.24.2。：（ 圆 ）gė 加 27.8.6; 27.16.6。（ 似 ）gė 家 27.18.6。gė 加 27.22.6。（-）gė（ħ-）暇 27.10.3。：’u̯ė 月 27.25.6。

：（-）k‘u̯e（g-）厥 27.4.6。[ ]：ja 雅 27.13.2。

28. 宣付李达汉承袭高丽万户圣旨抄件刻本（元统二年，1334）八思巴字 54 字次。

1				
	š$_1$aŋ	t‘en	gėon	miŋ
	28.1.1	28.1.2	28.1.3	28.1.4
	上	天	眷	命

2	ɣoŋ 28.2.1 皇	di 28.2.2 帝	š$_1$iŋ（š$_2$-） 28.2.3 圣	dži 28.2.4 旨	li 28.2.5 李	ta 28.2.6 达	ham（-n） 28.2.7 汉	k'o 28.2.8 可
	š$_1$iŋ 28.2.9 承	zi 28.2.10 袭	ɦṷu 28.2.11 父					
3	dži 28.3.1 职	tsiw 28.3.2 就	daj 28.3.3 带	'ṷėn 28.3.4 原	gėŋ 28.3.5 降	hu 28.3.6 虎	ɦṷu 28.3.7 符	š$_1$iw 28.3.8 授
4	wu 28.4.1 武	dhij 28.4.2 德	dzėŋ 28.4.3 将	gėun 28.4.4 军	gaw 28.4.5 高	li 28.4.6 丽	gue 28.4.7 国	
5	wan 28.5.1 万	ɣu 28.5.2 户	ɦṷu（hṷ-） 28.5.3 府	wan 28.5.4 万	ɣu 28.5.5 户	ŋi 28.5.6 宜	liŋ 28.5.7 令	
6	li 28.6.1 李	ta 28.6.2 达	han 28.6.3 汉	džėun 28.6.4 准	ts'hi 28.6.5 此			
7	'ṷėn 28.7.1 元	t'uŋ 28.7.2 统	ži 28.7.3 二	nen 28.7.4 年	džiŋ 28.7.5 正	'ṷė 28.7.6 月	ži 28.7.7 日	
8	sṷėn 28.8.1 宣	ɦṷu（hṷ-） 28.8.2 付	li 28.8.3 李	ta 28.8.4 达	han 28.8.5 汉			

一东： ： t'uŋ 统 28.7.2。

二庚： ： džiŋ 正 28.7.5。 miŋ 命 28.1.4。（ - ）š$_1$iŋ（š$_2$-）圣 28.2.3。 š$_1$iŋ 承 28.2.9。 liŋ 令 28.5.7。

三阳： ： š$_1$aŋ 上 28.1.1。 ： gėŋ 降 28.3.5。 dzėŋ 将 28.4.3。 ： ɣoŋ 皇 28.2.1。

四支：：ŋi 宜 28.5.6。di 帝 28.2.2。dži 旨 28.2.4 / 职 28.3.1。zi 袭 28.2.10。li 李 28.2.5；28.6.1；28.8.3 / 丽 28.4.6。ži 二 28.7.3 / 日 28.7.7。

：tsʻhi 此 28.6.5。：gue 国 28.4.7。

五鱼：：（-）ɦu̯u（hu̯-）府 28.5.3 / 付 28.8.2。ɦu̯u 符 28.3.7 / 父 28.2.11。wu 武 28.4.1。hu 虎 28.3.6。ɣu 户 28.5.2；28.5.5。

六佳：：daj 带 28.3.3。：dhij 德 28.4.2。

七真：：gėun 军 28.4.4。džėun 准 28.6.4。

八寒：：wan 万 28.5.1；28.5.4。（）ham（-n）汉 28.2.7。han 汉 28.6.3；28.8.5。

九先：：tʻen 天 28.1.2。nen 年 28.7.4。

：su̯ėn 宣 28.8.1。ʼu̯ėn 元 28.7.1 / 原 28.3.4。

：gėon 眷 28.1.3。**十萧：**：gaw 高 28.4.5。

十一尤：：tsiw 就 28.3.2。$š_1$iw 授 28.3.8。

十二覃：十三侵：十四歌：：kʻo 可 28.2.8。

十五麻：：ʼu̯ė 月 28.7.6。[ ]：ta 达 28.2.6；28.6.2；28.8.4。

29. 追封兖国夫人制词（元统三年，1335）（增页 48，版十七）八思巴字 102 字次。

1	$š_1$aŋ	tʻen	gėon	miŋ				
	29.1.1	29.1.2	29.1.3	29.1.4				
	上	天	眷	命				
2	ɣoŋ	di	$š_1$iŋ（$š_2$-）	dži				
	29.2.1	29.2.2	29.2.3	29.2.4				
	皇	帝	圣	旨				
3	tšim	ju̯i	jan	dzhi	ŋiw	tši	kʻuŋ	$š_1$iŋ（$š_2$-）
	29.3.1	29.3.2	29.3.3	29.3.4	29.3.5	29.3.6	29.3.7	29.3.8
	朕	惟	颜	子	侑	食	孔	圣
	tšʻėun	tsʻiw	$š_1$i（$š_2$-）	ten	ʼue	kėun	gue	tʻuŋ
	29.3.9	29.3.10	29.3.11	29.3.12	29.3.13	29.3.14	29.3.15	29.3.16
	春	秋	释	奠	为	郡	国	通
	zhi	ŋiw	ŋiw	mew				
	29.3.17	29.3.18	29.3.19	29.3.20				
	祀	又	有	庙				

4

·ėu	lu	ki	dzhi	sun	shi（z-）	dzi	ŋi
29.4.1	29.4.2	29.4.3	29.4.4	29.4.5	29.4.6	29.4.7	29.4.8
於	鲁	其	子	孙	祠	祭	宜
žėu	kʻuŋ	$š_1$i	gė	žin	dži	li	dzėw
29.4.9	29.4.10	29.4.11	29.4.12	29.4.13	29.4.14	29.4.15	29.4.16
如	孔	氏	家	人	之	礼	爵
dži（tš-）	gu	daŋ	kʻi（k-）				
29.4.17	29.4.18	29.4.19	29.4.20				
秩	固	当	及				

5

ki	pue（pʻ-）	jėn（·-）	ɦu̯u	dhij	dzėu	ji	sėŋ
29.5.1	29.5.2	29.5.3	29.5.4	29.5.5	29.5.6	29.5.7	29.5.8
其	配	焉	夫	德	足	以	相
ki	gėun	dzhi	dzhij	gim	dži	ɦėim（h-）	jėu（'-）
29.5.9	29.5.10	29.5.11	29.5.12	29.5.13	29.5.14	29.5.15	29.5.16
其	君	子	则	今	之	歆	于
$š_1$i（$š_2$-）	ɦėŋ（h-）	ji	bue（bi）				
29.5.17	29.5.18	29.5.19	29.5.20				
世	享	以	比				

6

lėuŋ	kʻu̯e	li	dži	gė	bu	ji	ŋi
29.6.1	29.6.2	29.6.3	29.6.4	29.6.5	29.6.6	29.6.7	29.6.8
隆	阙	里	之	家	不	亦	宜
hu（ɣ-）	tsʻi	suŋ	daj	$š_1$i	kʻo	džue	ɦu̯uŋ（hu̯-）
29.6.9	29.6.10	29.6.11	29.6.12	29.6.13	29.6.14	29.6.15	29.6.16
乎	妻	宋	戴	氏	可	追	封
ju̯ėn	gue	ɦu̯u（hu̯-）	žin				
29.6.17	29.6.18	29.6.19	29.6.20				
兖	国	夫	人				

7

tši（似误作）	džiŋ	su	ŋi	liŋ	džėun	tsʻhi

	29.7.1	29.7.2	29.7.3	29.7.4	29.7.5	29.7.6	29.7.7
	谥	贞	素	宜	令	准	此
8				(-　-)			
	’u̯ėn	t‘uŋ	sam	nėn（-e-）	u	’u̯ė	ži
	29.8.1	29.8.2	29.8.3	29.8.4	29.8.5	29.8.6	29.8.7
	元	统	三	年	五	月	日

一东：：k‘uŋ 孔 29.3.7; 29.4.10。t‘uŋ 通 29.3.16 / 统 29.8.2。（-）ɦu̯uŋ（hu̯-）封 29.6.16。suŋ 宋 29.6.11。：lėuŋ 隆 29.6.1。

二庚：：džiŋ 贞 29.7.2。miŋ 命 29.1.4。（-）$\check{s}_1$iŋ（$\check{s}_2$-）圣 29.2.3; 29.3.8。liŋ 令 29.7.5。

三阳：：daŋ 当 29.4.19。$\check{s}_1$aŋ 上 29.1.1。

：sėŋ 相 29.5.8。（-）ɦėŋ（h-）享 29.5.18。：ɣoŋ 皇 29.2.1。

四支：：ki 其 29.4.3; 29.5.1; 29.5.9。（-）k‘i（k-）及 29.4.20。ŋi 宜 29.4.8; 29.6.8; 29.7.4。di 帝 29.2.2。dži 之 29.4.14; 29.5.14; 29.6.4 / 旨 29.2.4。（-）dži（tš-）秩 29.4.17。tši 食 29.3.6。（似误作）tši 谥 29.7.1。（）bue（bi）比 29.5.20。dzi 祭 29.4.7。ts‘i 妻 29.6.10。（-）$\check{s}_1$i（$\check{s}_2$-）世 29.5.17 / 释 29.3.11。$\check{s}_1$i 氏 29.4.11; 29.6.13。ji 以 29.5.7; 29.5.19 / 亦 29.6.7。li 里 29.6.3 / 礼 29.4.15。ži 日 29.8.7。

：dzhi 子 29.3.4; 29.4.4; 29.5.11。ts‘hi 此 29.7.7。（-）shi（z-）祠 29.4.6。zhi 祀 29.3.17。

：gue 国 29.3.15; 29.6.18。džue 追 29.6.15。（-）pue（p‘-）配 29.5.2。’ue 为 29.3.13。：ju̯i 惟 29.3.2。

五鱼：：gu 固 29.4.18。bu 不 29.6.6。（-）ɦu̯u（hu̯-）夫 29.6.19。ɦu̯u 夫 29.5.4。su 素 29.7.3。（-）hu（ɣ-）乎 29.6.9。lu 鲁 29.4.2。u 五 29.8.5。

：dzėu 足 29.5.6。·ėu 於 29.4.1。（-）jėu（’-）于 29.5.16。žėu 如 29.4.9。

六佳：：daj 戴 29.6.12。：dhij 德 29.5.5。dzhij 则 29.5.12。

七真：：žin 人 29.4.13; 29.6.20。：sun 孙 29.4.5。

：gėun 君 29.5.10。kėun 郡 29.3.14。džėun 准 29.7.6。tš‘ėun 春 29.3.9。

八寒：：jan 颜 29.3.3。

九先：：t‘en 天 29.1.2。ten 奠 29.3.12。（-　-）nėn（-e-）年 29.8.4。

：（-）jėn（·-）焉 29.5.3。

：’u̯ėn 元 29.8.1。ju̯ėn 兖 29.6.17。：gėon 眷 29.1.3。

十萧：：mew 庙 29.3.20。：dzėw 爵 29.4.16。

十一尤：：ŋiw 有 29.3.19 / 又 29.3.18 / 侑 29.3.5。ts'iw 秋 29.3.10。

十二覃：：sam 三 29.8.3。

十三侵：：gim 今 29.5.13。tšim 朕 29.3.1。

：（-）ɦėim（h-）歆 29.5.15。

十四歌：：k'o 可 29.6.14。

十五麻：：gė 家 29.4.12；29.6.5。：'u̯ė 月 29.8.6。：k'u̯e 阙 29.6.2。

30. 加封颜子父母制诏（元统三年，1335）（增页 49，版十八）八思巴字 102 字次。

1	$š_1$aŋ	t'en	gėon	miŋ				
	30.1.1	30.1.2	30.1.3	30.1.4				
	上	天	眷	命				
2	ɣoŋ	di	$š_1$iŋ（$š_2$-）	dži	tšim	ju̯i	k'uŋ	dzhi
	30.2.1	30.2.2	30.2.3	30.2.4	30.2.5	30.2.6	30.2.7	30.2.8
	皇	帝	圣	旨	朕	惟	孔	子
	dži	taw	taj	ji（ŋ-）	ɦėw	dži	ji	ɦu̯u
	30.2.9	30.2.10	30.2.11	30.2.12	30.2.13	30.2.14	30.2.15	30.2.16
	之	道	大	矣	学	之	以	復
	džėu							
	30.2.17							
	诸							
3	$š_1$iŋ（$š_2$-）	tšu̯ėn	dži	ži	dhij	ki	dzuŋ	džė
	30.3.1	30.3.2	30.3.3	30.3.4	30.3.5	30.3.6	30.3.7	30.3.8
	圣	传	之	而	得	其	宗	者
	ki	ju̯i	jan	$š_1$i	hu（ɣ-）	tšuŋ	ki	
	30.3.9	30.3.10	30.3.11	30.3.12	30.3.13	30.3.14	30.3.15	
	其	惟	颜	氏	乎	崇	其	
4	taw	ži	baw	ɦu̯uŋ（hu̯-）	ki	$š_1$u	tshi	tš'ėu
	30.4.1	30.4.2	30.4.3	30.4.4	30.4.5	30.4.6	30.4.7	30.4.8
	道	而	褒	封	其	所	自	出

	li	je	gu	lė	$š_1$iŋ ($š_2$-)	ji	laj	
	30.4.9	30.4.10	30.4.11	30.4.12	30.4.13	30.4.14	30.4.15	
	礼	也	故	列	圣	以	来	
5	· ėu	k'uŋ	muŋ	dži	k'aw	bi	ji	gi
	30.5.1	30.5.2	30.5.3	30.5.4	30.5.5	30.5.6	30.5.7	30.5.8
	於	孔	孟	之	考	妣	亦	既
	baw	si	dži	ji (ŋ-)	tšim	ti	min	
	30.5.9	30.5.10	30.5.11	30.5.12	30.5.13	30.5.14	30.5.15	
	褒	锡	之	矣	朕	迪	民	
6	ɦėiŋ (h-)	ɦėw	ŋi	li	k'aw	wun	'u̯ėn	miŋ
	30.6.1	30.6.2	30.6.3	30.6.4	30.6.5	30.6.6	30.6.7	30.6.8
	兴	学	议	礼	考	文	爰	命
	ŋiw	shi	gi (gėi)	jan	$š_1$i	dži	sėn	
	30.6.9	30.6.10	30.6.11	30.6.12	30.6.13	30.6.14	30.6.15	
	有	司	稽	颜	氏	之	先	
7	$š_1$i ($š_2$-)	hu̯uŋ	dži	dzuŋ	gue	dzė	ji	ji
	30.7.1	30.7.2	30.7.3	30.7.4	30.7.5	30.7.6	30.7.7	30.7.8
	世	封	之	宗	国	节	以	壹
	ɦėue	gu	ki (k'-)	shi	· ėu	ki	gi̯a (-ė-)	
	30.7.9	30.7.10	30.7.11	30.7.12	30.7.13	30.7.14	30.7.15	
	惠	顾	岂	私	於	其	家	
8	dzaj	ɦėŋ (h-)	zhi	ŋiw	ŋem	'ėuŋ	$š_1$i ($š_2$-)	wu
	30.8.1	30.8.2	30.8.3	30.8.4	30.8.5	30.8.6	30.8.7	30.8.8
	哉	享	祀	有	严	永	世	无
	k'i (k-)	ɦu̯u	jan	wu	jiw	k'o	tshiŋ	
	30.8.9	30.8.10	30.8.11	30.8.12	30.8.13	30.8.14	30.8.15	
	极	父	（缺汉字）	无	繇	可	赠	
9	k'i	gue	guŋ	tši	wun	jėu	muw	tsi

	30.9.1	30.9.2	30.9.3	30.9.4	30.9.5	30.9.6	30.9.7	30.9.8
	杞	国	公	谥	文	裕	母	齐
	gėŋ	š$_1$i	džue	ɦu̯uŋ（hu̯-）	k'i	gue	ɦu̯u（hu̯-）	
	30.9.9	30.9.10	30.9.11	30.9.12	30.9.13	30.9.14	30.9.15	
	姜	氏	追	封	杞	国	夫	
10	žin	tši	don	ɦėn（h-）	ŋi	liŋ	džėun	ts'hi
	30.10.1	30.10.2	30.10.3	30.10.4	30.10.5	30.10.6	30.10.7	30.10.8
	人	谥	端	献	宜	令	准	此
11	'u̯ėn	t'uŋ	sam	nen	u	'u̯ė	ži	
	30.11.1	30.11.2	30.11.3	30.11.4	30.11.5	30.11.6	30.11.7	
	元	统	三	年	五	月	日	

一东：guŋ 公 30.9.3。k'uŋ 孔 30.2.7；30.5.2。t'uŋ 统 30.11.2。tšuŋ 崇 30.3.14。muŋ 孟 30.5.3。hu̯uŋ 封 30.7.2。ɦu̯uŋ（hu̯-）封 30.4.4；30.9.12。dzuŋ 宗 30.3.7；30.7.4。'ėuŋ 永 30.8.6。

二庚：miŋ 命 30.1.4；30.6.8。š$_1$iŋ（š$_2$-）圣 30.2.3；30.3.1；30.4.13。liŋ 令 30.10.6。tshiŋ 赠 30.8.15。ɦėiŋ（h-）兴 30.6.1。

三阳：š$_1$aŋ 上 30.1.1。gėŋ 姜 30.9.9。ɦėŋ（h-）享 30.8.2。

ɣoŋ 皇 30.2.1。

四支：gi 既 30.5.8。k'i 杞 30.9.1；30.9.13。ki（k'-）岂 30.7.11。ki 其 30.3.6；30.3.9；30.3.15；30.4.5；30.7.14。k'i（k-）极 30.8.9。ŋi 宜 30.10.5 / 议 30.6.3。ji（ŋ-）矣 30.2.12；30.5.12。di 帝 30.2.2。ti 迪 30.5.14。dži 之 30.2.9；30.2.14；30.3.3；30.5.4；30.5.11；30.6.14；30.7.3 / 旨 30.2.4。tši 谥 30.9.4；30.10.2。bi 妣 30.5.6。tsi 齐 30.9.8。si 锡 30.5.10。š$_1$i（š$_2$-）世 30.7.1；30.8.7。š$_1$i 氏 30.3.12；30.6.13；30.9.10。ji 壹 30.7.8。ji 以 30.2.15；30.4.14；30.7.7 / 亦 30.5.7。li 礼 30.4.9；30.6.4。ži 而 30.3.4；30.4.2 / 日 30.11.7。

dzhi 子 30.2.8。ts'hi 此 30.10.8。tshi 自 30.4.7。shi 司 30.6.10/ 私 30.7.12。zhi 祀 30.8.3。gi（gėi）稽 30.6.11。

gue 国 30.7.5；30.9.2；30.9.14。džue 追 30.9.11。

（圆）ɦėue 惠 30.7.9。ju̯i 惟 30.2.6；30.3.10。

五鱼：gu 顾 30.7.10 / 故 30.4.11。ɦu̯u（hu̯-）夫 30.9.15。ɦu̯u 父 30.8.10 /

復 30.2.16。wu 无 30.8.8; 30.8.12。š$_1$u 所 30.4.6。（-）hu（ɣ-）乎 30.3.13。

: džėu 诸 30.2.17。tš'ėu 出 30.4.8。· ėu 於 30.5.1; 30.7.13。jėu 裕 30.9.6。u 五 30.11.5。

六佳: : taj 大 30.2.11。dzaj 哉 30.8.1。laj 来 30.4.15。: dhij 得 30.3.5。

七真: : min 民 30.5.15。žin 人 30.10.1。: wun 文 30.6.6; 30.9.5。

: džėun 准 30.10.7。

八寒: : jan 颜 30.3.11; 30.6.12。（应为“颜”字，原缺汉字）jan30.8.11。

: don 端 30.10.3。

九先: : t'en 天 30.1.2。nen 年 30.11.4。

: sėn 先 30.6.15。（-）ɦėn（h-）献 30.10.4。

: tšu̯ėn 传 30.3.2。'u̯ėn 元 30.11.1 / 爰 30.6.7。: gėon 眷 30.1.3。

十萧: : k'aw 考 30.5.5; 30.6.5。taw 道 30.2.10; 30.4.1。baw 褒 30.4.3; 30.5.9。

: ɦėw 学 30.2.13。（ 圆）ɦėw 学 30.6.2。

十一尤: : ŋiw 有 30.6.9; 30.8.4。jiw 繇 30.8.13。: muw 母 30.9.7。

十二覃: : sam 三 30.11.3。: ŋem 严 30.8.5。

十三侵: : tšim 朕 30.2.5; 30.5.13。

十四歌: : k'o 可 30.8.14。

十五麻: : džė 者 30.3.8。dzė 节 30.7.6。lė 列 30.4.12。

: （ ）gi̯a（-ė-）家 30.7.15。: 'u̯ė 月 30.11.6。: je 也 30.4.10。

31. 授吴澄左丞上护军制诰（后至元六年，1340）八思巴字 65 字次。

1

š$_1$aŋ	t'en	gėon	miŋ
31.1.1	31.1.2	31.1.3	31.1.4
上	天	眷	命

2

ɣoŋ	di	š$_1$iŋ（š$_2$-）	dži	ɣan	lim	ɦėw	tšhi
31.2.1	31.2.2	31.2.3	31.2.4	31.2.5	31.2.6	31.2.7	31.2.8
皇	帝	圣	旨	翰	林	学	士
dzhi	š$_1$en	taj					
31.2.9	31.2.10	31.2.11					
资	善	大					

3

ɦu̯u（hu̯-）	dži	dži	gaw	tuŋ	siw	gue	š$_1$hi（š$_2$-）

	31.3.1	31.3.2	31.3.3	31.3.4	31.3.5	31.3.6	31.3.7	31.3.8
	夫	知	制	诰	同	修	国	史
4	u	tšiŋ	k'o	tshiŋ	dzhi	dhij	taj	ħu̯u（hu̯-）
	31.4.1	31.4.2	31.4.3	31.4.4	31.4.5	31.4.6	31.4.7	31.4.8
	吴	澄	可	赠	资	德	大	夫
	gėŋ	si	dhiŋ					
	31.4.9	31.4.10	31.4.11					
	江	西	等					
5	tš'ėu	ħėiŋ	džuŋ	š$_1$ėu（š$_2$-）	š$_1$hiŋ（š$_2$-）	dzo	š$_1$iŋ	š$_1$aŋ
	31.5.1	31.5.2	31.5.3	31.5.4	31.5.5	31.5.6	31.5.7	31.5.8
	处	行	中	书	省	左	丞	上
	ɣu	gėun	džue					
	31.5.9	31.5.10	31.5.11					
	护	军	追					
6	ħu̯uŋ（hu̯-）	lim	tš'u̯ėn	kėun	guŋ	tši	wun	džuŋ（-i-）
	31.6.1	31.6.2	31.6.3	31.6.4	31.6.5	31.6.6	31.6.7	31.6.8
	封	临	川	郡	公	谥	文	正
	ŋi	liŋ	džėuŋ（-n）	ts'hi				
	31.6.9	31.6.10	31.6.11	31.6.12				
	宜	令	准	此				
7	dži	'u̯ėn	lėu	nen	š$_1$i	ži	'u̯ė	ži
	31.7.1	31.7.2	31.7.3	31.7.4	31.7.5	31.7.6	31.7.7	31.7.8
	至	元	六	年	十	二	月	日

一东： ：guŋ 公 31.6.5。tuŋ 同 31.3.5。džuŋ 中 31.5.3。ħu̯uŋ（hu̯-）封 31.6.1。

二庚： ：džuŋ（-i-）正 31.6.8。tšiŋ 澄 31.4.2。miŋ 命 31.1.4。š$_1$iŋ（š$_2$-）圣 31.2.3。š$_1$iŋ 丞 31.5.7。liŋ 令 31.6.10。

：dhiŋ 等 31.4.11。tshiŋ 赠 31.4.4。š$_1$hiŋ（š$_2$-）省 31.5.5。

：ħėiŋ 行 31.5.2。

三阳： ：š$_1$aŋ 上 31.1.1；31.5.8。：gėŋ 江 31.4.9。：ɣoŋ 皇 31.2.1。

四支： ：ŋi 宜 31.6.9。di 帝 31.2.2。dži 知 31.3.2 / 旨 31.2.4 / 至 31.7.1 / 制 31.3.3。tši 谥 31.6.6。si 西 31.4.10。$š_1$i 十 31.7.5。ži 二 31.7.6 / 日 31.7.8。

：tšhi 士 31.2.8。dzhi 资 31.2.9；31.4.5。ts'hi 此 31.6.12。（-）$š_1$hi（$š_2$-）史 31.3.8。

：gue 国 31.3.7。džue 追 31.5.11。

五鱼： ：（-）ħu̯u（hu̯-）夫 31.3.1；31.4.8。ɣu 护 31.5.9。u 吴 31.4.1。

：tš'ėu 处 31.5.1。（-）$š_1$ėu（$š_2$-）书 31.5.4。lėu 六 31.7.3。

六佳： ：taj 大 31.2.11；31.4.7。：dhij 德 31.4.6。

七真： ：wun 文 31.6.7。

：gėun 军 31.5.10。kėun 郡 31.6.4。（）džėuŋ（-n） 准 31.6.11。

八寒： ：ɣan 翰 31.2.5。

九先： ：t'en 天 31.1.2。nen 年 31.7.4。$š_1$en 善 31.2.10。

：tš'u̯ėn 川 31.6.3。'u̯ėn 元 31.7.2。：gėon 眷 31.1.3。

十萧： ：gaw 诰 31.3.4。：ħėw 学 31.2.7。

十一尤： ：siw 修 31.3.6。

十二覃：十三侵： ：lim 林 31.2.6 / 临 31.6.2。

十四歌： ：k'o 可 31.4.3。dzo 左 31.5.6。

十五麻： ：'u̯ė 月 31.7.7。

32. 重阳万寿宫宣付焦德润圣旨碑（至正十八年，1358）

汉字 48 字次，八思巴字 48+5=53（镶边大字（）5 字头无相应汉字）字次。共出现 48 个八思巴字字头。

0　镶边大字（无相应汉字）

	（-）			
su̯ėn	ħu̯u（hu̯-）	dzėw	dhij	žėun
32.0.1	32.0.2	32.0.3	32.0.4	32.0.5
（宣）	（付）	（焦）	（德）	（润）

1

$š_1$aŋ	t'en	gėon	miŋ
32.1.1	32.1.2	32.1.3	32.1.4
上	天	眷	命

2

		（-）					
ɣoŋ	di	$š_1$iŋ（$š_2$-）	dži	dzėw	dhij	žėun	k'o

	32.2.1	32.2.2	32.2.3	32.2.4	32.2.5	32.2.6	32.2.7	32.2.8
	皇	帝	圣	旨	焦	德	润	可
	$\check{s}_1$iw	miŋ						
	32.2.9	32.2.10						
	授	明						
3	žin	tšuŋ	ŋi	tuŋ	’u̯ėn	džin	žin	den
	32.3.1	32.3.2	32.3.3	32.3.4	32.3.5	32.3.6	32.3.7	32.3.8
	仁	崇	义	洞	元	真	人	典
4	liŋ	ɦu̯uŋ	’u̯ėn	lu	taj	džėuŋ（tš-）	jaŋ	wan
	32.4.1	32.4.2	32.4.3	32.4.4	32.4.5	32.4.6	32.4.7	32.4.8
	领	奉	元	路	大	重	阳	万
	$\check{s}_1$iw							
	32.4.9							
	寿							
5	gėuŋ	tš‘hi	ŋi	liŋ	dzėw	dhij	žėun	džėun
	32.5.1	32.5.2	32.5.3	32.5.4	32.5.5	32.5.6	32.5.7	32.5.8
	宫	事	宜	令	焦	德	润	准
	ts‘hi							
	32.5.9							
	此							
6	dži	džiŋ	$\check{s}_1$i	ba	nen	ba	’u̯ė	ži
	32.6.1	32.6.2	32.6.3	32.6.4	32.6.5	32.6.6	32.6.7	32.6.8
	至	正	十	八	年	八	月	日

一东：：tuŋ 洞 32.3.4。tšuŋ 崇 32.3.2。ɦu̯uŋ 奉 32.4.2。

：gėuŋ 宫 32.5.1。džėuŋ（tš-）重 32.4.6。

二庚：：džiŋ 正 32.6.2。miŋ 明 32.2.10 / 命 32.1.4。$\check{s}_1$iŋ（$\check{s}_2$-）圣 32.2.3。

liŋ 领 32.4.1 / 令 32.5.4。

三阳：：$\check{s}_1$aŋ 上 32.1.1。jaŋ 阳 32.4.7。：ɣoŋ 皇 32.2.1。

四支：：ŋi 宜 32.5.3 / 义 32.3.3。di 帝 32.2.2。dži 旨 32.2.4 / 至 32.6.1。$\check{s}_1$i 十 32.6.3。ži 日 32.6.8。：tšhi 事 32.5.2。ts‘hi 此 32.5.9。

五鱼：：（-）ȟu̯u（hu̯-）（付，汉字原缺）32.0.2。lu 路 32.4.4。

六佳：：taj 大 32.4.5。：dhij（德，汉字原缺）32.0.4。dhij 德 32.2.6；32.5.6。

七真：：džin 真 32.3.6。žin 人 32.3.7 / 仁 32.3.1。

：džėun 准 32.5.8。žėun（润，汉字原缺）32.0.5。žėun 润 32.2.7；32.5.7。

八寒：：wan 万 32.4.8。

九先：：den 典 32.3.8。t'en 天 32.1.2。nen 年 32.6.5。

：su̯ėn（宣，汉字原缺）32.0.1。'u̯ėn 元 32.3.5；32.4.3。

：gėon 眷 32.1.3。

十萧：：dzėw（焦，汉字原缺）32.0.3。dzėw 焦 32.2.5；32.5.5。

十一尤：：š$_1$iw 授 32.2.9 / 寿 32.4.9。

十二覃：十三侵：十四歌：：k'o 可 32.2.8。

十五麻：：'u̯ė 月 32.6.7。［　］：ba 八 32.6.4；32.6.6。

33. 重阳万寿宫授杨德荣圣旨碑（至正二十三年，1363）

八思巴字 72 字次。

1	š$_1$aŋ	t'en	gėon	miŋ				
	33.1.1	33.1.2	33.1.3	33.1.4				
	上	天	眷	命				
2	ɣoŋ	di	š$_1$iŋ（š$_2$-）	dži	š$_1$em（š$_2$-）	si	ȟu̯uŋ	'u̯ėn
	33.2.1	33.2.2	33.2.3	33.2.4	33.2.5	33.2.6	33.2.7	33.2.8
	皇	帝	圣	旨	陕	西	奉	元
	lu	taj	tšėuŋ	jaŋ				
	33.2.9	33.2.10	33.2.11	33.2.12				
	路	大	重	阳				
3	wan	š$_1$iw	gėuŋ	du	ti	dem	jaŋ	dhij
	33.3.1	33.3.2	33.3.3	33.3.4	33.3.5	33.3.6	33.3.7	33.3.8
	万	寿	宫	都	提	点	杨	德
	'ėuŋ	k'o						

	33.3.9	33.3.10						
	荣	可						
4	š$_1$iw	džėu	lu	taw	gėw	du	ti	dem
	33.4.1	33.4.2	33.4.3	33.4.4	33.4.5	33.4.6	33.4.7	33.4.8
	授	诸	路	道	教	都	提	点
	miŋ	taw						
	33.4.9	33.4.10						
	明	道						
5	tšėuŋ（多 ė）	džin	tuŋ	ɣu̯o	džin	žin	džėu（tš-）	tši
	33.5.1	33.5.2	33.5.3	33.5.4	33.5.5	33.5.6	33.5.7	33.5.8
	崇	真	洞	和	真	人	住	持
	š$_1$em（š$_2$-）	si						
	33.5.9	33.5.10						
	陕	西						
6	ɦu̯uŋ	’u̯ėn	lu	taj	tšėuŋ	jaŋ	wan	š$_1$iw
	33.6.1	33.6.2	33.6.3	33.6.4	33.6.5	33.6.6	33.6.7	33.6.8
	奉	元	路	大	重	阳	万	寿
	gėuŋ	tšhi						
	33.6.9	33.6.10						
	宫	事						
7	ŋi	liŋ	jaŋ	dhij	’ėuŋ	džėun	tsʻhi	
	33.7.1	33.7.2	33.7.3	33.7.4	33.7.5	33.7.6	33.7.7	
	宜	令	杨	德	荣	准	此	
8	dži	džiŋ	ži	š$_1$i	sam	nen	tsʻi	’u̯ė
	33.8.1	33.8.2	33.8.3	33.8.4	33.8.5	33.8.6	33.8.7	33.8.8
	至	正	二	十	三	年	七	月
	ži							
	33.8.9							
	日							

一东：：tuŋ 洞 33.5.3。（多）tšėuŋ（多 ė）崇 33.5.1。ɦu̯uŋ 奉 33.2.7；33.6.1。

：gėuŋ 宫 33.3.3；33.6.9。tšėuŋ 重 33.2.11；33.6.5。’ėuŋ 荣 33.3.9；33.7.5。

二庚：：džiŋ 正 33.8.2。miŋ 明 33.4.9 / 命 33.1.4。（-）š$_1$iŋ（š$_2$-）圣 33.2.3。liŋ 令 33.7.2。

三阳：：š$_1$aŋ 上 33.1.1。jaŋ 阳 33.2.12；33.6.6 / 杨 33.3.7；33.7.3。：ɣoŋ 皇 33.2.1。

四支：：ŋi 宜 33.7.1。di 帝 33.2.2。ti 提 33.3.5；33.4.7。dži 旨 33.2.4 / 至 33.8.1。tši 持 33.5.8。ts'i 七 33.8.7。si 西 33.2.6；33.5.10。š$_1$i 十 33.8.4。ži 二 33.8.3 / 日 33.8.9。

：tšhi 事 33.6.10。ts'hi 此 33.7.7。

五鱼：：du 都 33.3.4；33.4.6。lu 路 33.2.9；33.4.3；33.6.3。

：džėu 诸 33.4.2。（-）džėu（tš-）住 33.5.7。

六佳：：taj 大 33.2.10；33.6.4。：dhij 德 33.3.8；33.7.4。

七真：：džin 真 33.5.2；33.5.5。žin 人 33.5.6。：džėun 准 33.7.6。

八寒：：wan 万 33.3.1；33.6.7。九先：：t'en 天 33.1.2。nen 年 33.8.6。

：’u̯ėn 元 33.2.8；33.6.2。：gėon 眷 33.1.3。

十萧：：taw 道 33.4.4；33.4.10。：gėw 教 33.4.5。

十一尤：：š$_1$iw 授 33.4.1 / 寿 33.3.2；33.6.8。

十二覃：：sam 三 33.8.5。

：dem 点 33.3.6；33.4.8。（-）š$_1$em（š$_2$-）陕 33.2.5；33.5.9。

十三侵：**十四歌**：：k'o 可 33.3.10。：ɣu̯o 和 33.5.4。

十五麻：：’u̯ė 月 33.8.8。

34. 加封定光圣旨抄件刻本（至正二十六年，1336）八思巴字 44 字次。

1	š$_1$aŋ	t'en	gėon	miŋ	
	34.1.1	34.1.2	34.1.3	34.1.4	
	上	天	眷	命	
2	ɣoŋ	di	š$_1$iŋ（š$_2$-）	dži	’u̯ėn
	34.2.1	34.2.2	34.2.3	34.2.4	34.2.5
	皇	帝	圣	旨	圆

3	· iŋ 34.3.1 应	bu（p‘-） 34.3.2 普	tshi 34.3.3 慈	t‘uŋ 34.3.4 通		
4	š1iŋ（š2-） 34.4.1 圣	taj 34.4.2 大	š1hi（š2-） 34.4.3 师	tiŋ 34.4.4 定		
5	gṷaŋ 34.5.1 光	k‘o 34.5.2 可	gė 34.5.3 加	ɦṷuŋ（hṷ-） 34.5.4 封		
6	džuŋ 34.6.1 忠	· iŋ 34.6.2 应	p‘u 34.6.3 普	tshi 34.6.4 慈		
7	t‘uŋ 34.7.1 通	š1iŋ（š2-） 34.7.2 圣	taj 34.7.3 大	š1en 34.7.4 禅		
8	š1hi（š2-） 34.8.1 师	ŋi 34.8.2 宜	liŋ 34.8.3 令	tiŋ 34.8.4 定		
9	gṷaŋ 34.9.1 光	džėun 34.9.2 准	ts‘hi 34.9.3 此			
10	dži 34.10.1 至	džiŋ 34.10.2 正	ži 34.10.3 二	š1i 34.10.4 十	lėu 34.10.5 六	tšen（n-） 34.10.6 年
11	giw 34.11.1 九	’ṷė 34.11.2 月				

一东： t‘uŋ 通 34.3.4; 34.7.1。 džuŋ 忠 34.6.1。 ɦṷuŋ（hṷ-）封 34.5.4。

二庚： tiŋ 定 34.4.4; 34.8.4。 džiŋ 正 34.10.2。 miŋ 命 34.1.4。

š$_1$iŋ（š$_2$-）圣 34.2.3；34.4.1；34.7.2。· iŋ 应 34.3.1；34.6.2。liŋ 令 34.8.3。

三阳： ：š$_1$aŋ 上 34.1.1。：gu̯aŋ 光 34.5.1；34.9.1。：ɣoŋ 皇 34.2.1。

四支： ：ŋi 宜 34.8.2。di 帝 34.2.2。dži 旨 34.2.4 / 至 34.10.1。š$_1$i 十 34.10.4。ži 二 34.10.3。

：tsʻhi 此 34.9.3。tshi 慈 34.3.3；34.6.4。（-）š$_1$hi（š$_2$-） 师 34.4.3；34.8.1。

五鱼： ：pʻu 普 34.6.3。（-）bu（pʻ-）普 34.3.2。：lėu 六 34.10.5。

六佳： ：taj 大 34.4.2；34.7.3。

七真： ：džėun 准 34.9.2。

八寒：九先： ：tʻen 天 34.1.2。（-）tšen（n-）年 34.10.6。š$_1$en 禅 34.7.4。

：ʼu̯ėn 圆 34.2.5。：gėon 眷 34.1.3。

十萧：十一尤： ：giw 九 34.11.1。

十二覃：十三侵：十四歌： ：kʻo 可 34.5.2。

十五麻： ：gė 加 34.5.3。：ʼu̯ė 月 34.11.2。

35. 加封伏虎圣旨抄件刻本（至正二十六年，1336）八思巴字 43 字次。

1	š$_1$aŋ 35.1.1 上	tʻen 35.1.2 天	gėon 35.1.3 眷	miŋ 35.1.4 命	
2	ɣoŋ 35.2.1 皇	di 35.2.2 帝	（-） š$_1$iŋ（š$_2$-） 35.2.3 圣	dži 35.2.4 旨	· ue 35.2.5 威
3	dzi 35.3.1 济	（-） bu（pʻ-） 35.3.2 普	mew 35.3.3 妙	（-） hėue（ɦ-） 35.3.4 惠	
4	（-） š$_1$iŋ（š$_2$-） 35.4.1 圣	taj 35.4.2 大	（-） š$_1$hi（š$_2$-） 35.4.3 师	ɦu̯ow 35.4.4 伏	
5	hu 35.5.1 虎	kʻo 35.5.2 可	gė 35.5.3 加	（-） ɦu̯uŋ（hu̯-） 35.5.4 封	

6	džuŋ	hėn	· ue	dzi		
	35.6.1	35.6.2	35.6.3	35.6.4		
	忠	显	威	济		
7	p‘u	taj	š$_1$en	š$_1$hi（š$_2$-）		
	35.7.1	35.7.2	35.7.3	35.7.4		
	普	大	禅	师		
8	ŋi	liŋ	ħu̯ow	hu		
	35.8.1	35.8.2	35.8.3	35.8.4		
	宜	令	伏	虎		
9	džėun	ts‘hi				
	35.9.1	35.9.2				
	准	此				
10	dži	džiŋ	ži	š$_1$i	lėu	nen
	35.10.1	35.10.2	35.10.3	35.10.4	35.10.5	35.10.6
	至	正	二	十	六	年
11	giw	’u̯ė				
	35.11.1	35.11.2				
	九	月				

一东： ：džuŋ 忠 35.6.1。（-）ħu̯uŋ（hu̯-）封 35.5.4。

二庚： ：džiŋ 正 35.10.2。miŋ 命 35.1.4。（-）š$_1$iŋ（š$_2$-）　圣 35.2.3; 35.4.1。liŋ 令 35.8.2。

三阳： ：š$_1$aŋ 上 35.1.1。：ɣoŋ 皇 35.2.1。

四支： ：ŋi 宜 35.8.1。di 帝 35.2.2。dži 旨 35.2.4 / 至 35.10.1。dzi 济 35.3.1; 35.6.4。š$_1$i 十 35.10.4。ži 二 35.10.3。

：ts‘hi 此 35.9.2。（-）š$_1$hi（š$_2$-）师 35.4.3; 35.7.4。

：· ue 威 35.2.5; 35.6.3。：（-）hėue（ħ-）惠 35.3.4。

五鱼： ：p‘u 普 35.7.1。（-）bu（p‘-）普 35.3.2。hu 虎 35.5.1; 35.8.4。

：lėu 六 35.10.5。

六佳： ：taj 大 35.4.2; 35.7.2。

七真： ：džėun 准 35.9.1。

八寒：九先： ：t'en 天 35.1.2。nen 年 35.10.6。$š_1$en 禅 35.7.3。

：hėn 显 35.6.2。：gėon 眷 35.1.3。

十萧： ：mew 妙 35.3.3。

十一尤： ：giw 九 35.11.1。：ɦu̯ow 伏 35.4.4；35.8.3。

十二覃：十三侵： ：

十四歌： ：k'o 可 35.5.2。

十五麻： ：gė 加 35.5.3。：'u̯ė 月 35.11.2。

（二）令旨

36. 皇子安西王付李道谦令旨（至元十四年，1277）八思巴字 69 字次。

0　镶边大字（无相应汉字）

0	liŋ	dži	ɦu̯u（hu̯-）	li	taw	k'ėm		
	36.0.1	36.0.2	36.0.3	36.0.4	36.0.5	36.0.6		
	（令）	（旨）	（付）	（李）	（道）	（谦）		
1	tšaŋ	$š_1$hiŋ（$š_2$-）	t'en	k'i	li	li		
	36.1.1	36.1.2	36.1.3	36.1.4	36.1.5	36.1.6		
	长	生	天	气	力	里		
2	ɣoŋ	di	ɦu̯u（hu̯-）	·im	li			
	36.2.1	36.2.2	36.2.3	36.2.4	36.2.5			
	皇	帝	福	荫	里			
3	ɣoŋ	dzhi	·an	si	'u̯aŋ	liŋ	dži	baw
	36.3.1	36.3.2	36.3.3	36.3.4	36.3.5	36.3.6	36.3.7	36.3.8
	皇	子	安	西	王	令	旨	葆
	džin	taj	$š_1$hi（$š_2$-）	tsen				
	36.3.9	36.3.10	36.3.11	36.3.12				
	真	大	师	前				
4	džėu	lu	taw	gėw	ti	gėu	li	taw
	36.4.1	36.4.2	36.4.3	36.4.4	36.4.5	36.4.6	36.4.7	36.4.8
	诸	路	道	教	提	举	李	道
	k'ėm	bi	ki					

	36.4.9	36.4.10	36.4.11					
	谦	比	及					
5	wun	dzhiw	ji	laj	k'o	ti	dem	$\check{s}_1$em（$\check{s}_2$-）
	36.5.1	36.5.2	36.5.3	36.5.4	36.5.5	36.5.6	36.5.7	36.5.8
	闻	奏	以	来	可	提	点	陕
	si	u	lu	si	$\check{s}_1$ėu	shi		
	36.5.9	36.5.10	36.5.11	36.5.12	36.5.13	36.5.14		
	西	五	路	西	蜀	四		
6	tš'u̯ėn	taw	kėw	ghiw	daŋ	džėun	ts'hi	
	36.6.1	36.6.2	36,6.3	36.6.4	36.6.5	36.6.6	36.6.7	
	川	道	教	勾	当	准	此	
7	dži	'u̯ėn	$\check{s}_1$i	shi	nen	u	'u̯ė	ži
	36.7.1	36.7.2	36.7.3	36.7.4	36.7.5	36.7.6	36.7.7	36.7.8
	至	元	十	四	年	五	月	日

一东：

二庚：：liŋ（令，原文缺汉字）36.0.1；令 36.3.6。：（-）$\check{s}_1$hiŋ（$\check{s}_2$-）生 36.1.2。

三阳：：daŋ 当 36.6.5。tšaŋ 长 36.1.1。

：'u̯aŋ 王 36.3.5。：ɣoŋ 皇 36.2.1；36.3.1。

四支：：k'i 气 36.1.4。ki 及 36.4.11。di 帝 36.2.2。ti 提 36.4.5；36.5.6。dži（旨，原文缺汉字）36.0.2；旨 36.3.7 / 至 36.7.1。bi 比 36.4.10。si 西 36.3.4；36.5.9；36.5.12。$\check{s}_1$i 十 36.7.3。ji 以 36.5.3。li 里 36.1.6；36.2.5 /（李，原文缺汉字）36.0.4；李 36.4.7 / 力 36.1.5。ži 日 36.7.8。

：dzhi 子 36.3.2。ts'hi 此 36.6.7。shi 四 36.5.14；36.7.4。（-）$\check{s}_1$hi（$\check{s}_2$-）师 36.3.11。

五鱼：：（-）ħu̯u（hu̯-）（付，原文缺汉字）36.0.3 / 福 36.2.3。lu 路 36.4.2；36.5.11。u 五 36.5.10；36.7.6。：gėu 举 36.4.6。džėu 诸 36.4.1。$\check{s}_1$ėu 蜀 36.5.13。

六佳：：taj 大 36.3.10。laj 来 36.5.4。

七真：：džin 真 36.3.9。：wun 闻 36.5.1。

：džėun 准 36.6.6。

八寒：·an 安 36.3.3。

九先：t'en 天 36.1.3。nen 年 36.7.5。tsen 前 36.3.12。

tš'u̯ėn 川 36.6.1。'u̯ėn 元 36.7.2。

十萧：taw（道，原文缺汉字）36.0.5；道 36.4.3；36.4.8；36.6.2。baw 葆 36.3.8。

gėw 教 36.4.4；36.6.3。

十一尤：ghiw 勾 36.6.4。dzhiw 奏 36.5.2。

十二覃：dem 点 36.5.7。（ - ）$š_1$em（$š_2$- ）陕 36.5.8。

k'ėm（谦，原文缺汉字）36.0.6；谦 36.4.9。

十三侵：·im 荫 36.2.4。

十四歌：k'o 可 36.5.5。

十五麻：'u̯ė 月 36.7.7。

37. 阿难答秦王付李道谦令旨（至元二十年，1283）八思巴字 68 字次。

1	tšaŋ	$š_1$hiŋ（$š_2$- ）	t'ėn（-e- ）	k'i	li	li	
	37.1.1	37.1.2	37.1.3	37.1.4	37.1.5	37.1.6	
	长	生	天	气	力	里	
2	ɣoŋ	di	ȟu̯u（hu̯- ）	· im	li		
	37.2.1	37.2.2	37.2.3	37.2.4	37.2.5		
	皇	帝	福	荫	里		
3	［'a］	nan	da	tsin	'u̯aŋ	liŋ	dži
	37.3.1	37.3.2	37.3.3	37.3.4	37.3.5	37.3.6	37.3.7
	阿	难	答	秦	王	令	旨
	$š_1$em（$š_2$- ）	si	u	lu	si	džėu（$š_{1-}$）	
	37.3.8	37.3.9	37.3.10	37.3.11	37.3.12	37.3.13	
	陕	西	五	路	西	蜀	
4	shi	tš'u̯ėn	taw	kėw	ti	dėm（-e- ）	gėm
	37.4.1	37.4.2	37.4.3	37.4.4	37.4.5	37.4.6	37.4.7
	四	川	道	教	提	点	兼
	liŋ	tšuŋ（少 ė ）	jaŋ				

	37.4.8	37.4.9	37.4.10				
	领	重	阳				
5	wan	š$_1$iw	gėuŋ	tšhi	li	taw	k'ėm
	37.5.1	37.5.2	37.5.3	37.5.4	37.5.5	37.5.6	37.5.7
	万	寿	宫	事	李	道	谦
	?	?					
	bi	ki					
	37.5.8	37.5.9					
	比?	及?					
6		?	?	?			
	wun	dzhiw	ban	gėu	džin	žin	miŋ
	37.6.1	37.6.2	37.6.3	37.6.4	37.6.5	37.6.6	37.6.7
	闻	奏	颁?	举?	真	人	名
	ɣaw	ji	laj	·i	kiw		
	37.6.8	37.6.9	37.6.10	37.6.11	37.6.12		
	号	以	来	依	旧		
7	ghiw	daŋ	džėun	ts'hi			
	37.7.1	37.7.2	37.7.3	37.7.4			
	勾	当	准	此			
8	dži	'u̯ėn	ži	š$_1$i	nen	š$_1$i	ji
	37.8.1	37.8.2	37.8.3	37.8.4	37.8.5	37.8.6	37.8.7
	至	元	二	十	年	十	一
	'u̯ė	ži					
	37.8.8	37.8.9					
	月	日					

一东：：gėuŋ 宫 37.5.3。（少）tšuŋ（少 ė）重 37.4.9。

二庚：：miŋ 名 37.6.7。liŋ 领 37.4.8 / 令 37.3.6。

：（- ）š$_1$hiŋ（š$_2$- ）生 37.1.2。

三阳：：daŋ 当 37.7.2。tšaŋ 长 37.1.1。jaŋ 阳 37.4.10。

：'u̯aŋ 王 37.3.5。：ɣoŋ 皇 37.2.1。

四支：：k'i 气 37.1.4。？ ki 及（原文不清）37.5.9。di 帝 37.2.2。ti 提 37.4.5。

dži 旨 37.3.7 / 至 37.8.1。？ bi 比（原文不清）37.5.8。si 西 37.3.9; 37.3.12。$š_1$i 十 37.8.4; 37.8.6。· i 依 37.6.11。ji 一 37.8.7。ji 以 37.6.9。li 里 37.1.6; 37.2.5 / 李 37.5.5 / 力 37.1.5。ži 二 37.8.3 / 日 37.8.9。

：tšhi 事 37.5.4。ts'hi 此 37.7.4。shi 四 37.4.1。

五鱼：：（-）ĥu̯u（hu̯-）福 37.2.3。lu 路 37.3.11。u 五 37.3.10。

：gėu 举？ 37.6.4。（）džėu（$š_1$-）蜀 37.3.13。

六佳：：laj 来 37.6.10。

七真：：džin 真 37.6.5。tsin 秦 37.3.4。žin 人 37.6.6。

：wun 闻 37.6.1。：džėun 准 37.7.3。

八寒：：nan 难 37.3.2。ban 颁？ 37.6.3。wan 万 37.5.1。

九先：：（-）t'ėn（-e-）天 37.1.3。nen 年 37.8.5。

：tš'u̯ėn 川 37.4.2。'u̯ėn 元 37.8.2。

十萧：：taw 道 37.4.3; 37.5.6。ɣaw 号 37.6.8。：gėw 教 37.4.4。

十一尤：：kiw 旧 37.6.12。$š_1$iw 寿 37.5.2。

：ghiw 勾 37.7.1。？ dzhiw（不清）奏 37.6.2。

十二覃：：（-）dėm（-e-）点 37.4.6。（-）$š_1$em（$š_2$-）陕 37.3.8。

：gėm 兼 37.4.7。k'ėm 谦 37.5.7。

十三侵：：· im 荫 37.2.4。

十四歌：**十五麻**：：'u̯ė 月 37.8.8。[ ]：da 答 37.3.3。['a] 阿 37.3.1。

（三）皇太后玉册

38. 元加上皇太后尊号玉册（无年款）八思巴字 26 字次。

1	jew	džaŋ	ži	dziw（g-）	tšu̯ėn	k'ėi	
	38.1.1	38.1.2	38.1.3	38.1.4	38.1.5	38.1.6	
	瑶	章	而	久	瑑	启	
2	jėu	te	ji	dzaj	li（tš'-）	dzin（g-）	k'en（-ė-）
	38.2.1	38.2.2	38.2.3	38.2.4	38.2.5	38.2.6	38.2.7
	瑜	牒	以	载	摛	谨	遣
	$š_1$ė（$š_2$-）	t'aj	· ue	t'aj			
	38.2.8	38.2.9	38.2.10	38.2.11			
	摄	太	尉	太			

3							
	š₁hi（š₂-）	tsin	’u̯aŋ	ŋiw	š₁iŋ	sėŋ	ba（baj）
	38.3.1	38.3.2	38.3.3	38.3.4	38.3.5	38.3.6	38.3.7
	师	秦	王	右	丞	相	伯
	jan	ɦu̯uŋ					
	38.3.8	38.3.9					
	颜	奉					

一东：：ɦu̯uŋ 奉 38.3.9。

二庚：：š₁iŋ 丞 38.3.5。

三阳：：džaŋ 章 38.1.2。：sėŋ 相 38.3.6。：’u̯aŋ 王 38.3.3。

四支：：（-）li（tš‘-）摛 38.2.5。ji 以 38.2.3。ži 而 38.1.3。

：（-）š₁hi（š₂-）师 38.3.1。

：k‘ėi 啓 38.1.6。：·ue 尉 38.2.10。

五鱼：：jėu 瑜 38.2.1。

六佳：：t‘aj 太 38.2.9；38.2.11。（）ba（baj）伯 38.3.7（蒙古人名用字）。dzaj 载 38.2.4。

七真：：（-）dzin（g-）谨 38.2.6。tsin 秦 38.3.2。

八寒：：jan 颜 38.3.8。

九先：：（-）k‘en（-ė-）遣 38.2.7。：tšu̯ėn 瑑 38.1.5。

十萧：：jew 瑶 38.1.1。

十一尤：：（-）dziw（g-）久 38.1.4。右 38.3.4。

十二覃：十三侵：十四歌：十五麻：：（-）š₁ė（š₂-）摄 38.2.8。：te 牒 38.2.2。

（四）中书省牒

39. 授吴澄应奉翰林文字将仕佐郎同知制诰兼国史院编修官（大德四年，1300）八思巴字180字次。

1							
	ɣoŋ	di	š₁iŋ（š₂-）	dži	li	džuŋ	š₁ėu（š₂-）
	39.1.1	39.1.2	39.1.3	39.1.4	39.1.5	39.1.6	39.1.7
	皇	帝	圣	旨	里	中	书
	š₁hiŋ（š₂-）	te					
	39.1.8	39.1.9					
	省	牒					

2	u	tšiŋ					
	39.2.1	39.2.2					
	吴	澄					
3	te	ɦu̯uŋ					
	39.3.1	39.3.2					
	牒	奉					
4	tšʻi	kʻo	š$_1$iw	· iŋ	ɦu̯uŋ	ɣan	lim
	39.4.1	39.4.2	39.4.3	39.4.4	39.4.5	39.4.6	39.4.7
	敕	可	授	应	奉	翰	林
	wun	tshi	dzėŋ	tšhi	dzo	laŋ	
	39.4.8	39.4.9	39.4.10	39.4.11	39.4.12	39.4.13	
	文	字	将	仕	佐	郎	
5	tuŋ	dži	dži	gaw	gėm	gue	š$_1$hi（š$_2$-）
	39.5.1	39.5.2	39.5.3	39.5.4	39.5.5	39.5.6	39.5.7
	同	知	制	诰	兼	国	史
	’u̯ėn	bėn	siw	gon	te	dži	džėun
	39.5.8	39.5.9	39.5.10	39.5.11	39.5.12	39.5.13	39.5.14
	院	编	修	官	牒	至	准
6	tšʻi	gu	te				
	39.6.1	39.6.2	39.6.3				
	敕	故	牒				
7	taj	dhij	shi	nen	žėun	ba	’u̯ė
	39.7.1	39.7.2	39.7.3	39.7.4	39.7.5	39.7.6	39.7.7
	大	德	四	年	闰	八	月
	ži	te					
	39.7.8	39.7.9					
	日	牒					

8	džuŋ	ħu̯uŋ	taj	ħu̯u（hu̯-）	džuŋ	š₁ėu（š₂-）	ts'am
	39.8.1	39.8.2	39.8.3	39.8.4	39.8.5	39.8.6	39.8.7
	中	奉	大	夫	中	书	参
	dži	džiŋ	tšhi	džaŋ			
	39.8.8	39.8.9	39.8.10	39.8.11			
	知	政	事	张			
9	džuŋ	ħu̯uŋ	taj	ħu̯u（hu̯-）	džuŋ	š₁ėu（š₂-）	ts'am
	39.9.1	39.9.2	39.9.3	39.9.4	39.9.5	39.9.6	39.9.7
	中	奉	大	夫	中	书	参
	dži	džiŋ	tšhi	mi	r	ɣo（ɣu̯o）	džė
	39.9.8	39.9.9	39.9.10	39.9.11	39.9.12	39.9.13	39.9.14
	知	政	事	迷	儿	火	者
10	dzhi	š₁en	taj	ħu̯u（hu̯-）	džuŋ	š₁ėu（š₂-）	dzo
	39.10.1	39.10.2	39.10.3	39.10.4	39.10.5	39.10.6	39.10.7
	资	善	大	夫	中	书	左
	š₁iŋ	'ėo（'u̯ė）	g	pu（b-）	G		
	39.10.8	39.10.9	39.10.10	39.10.11	39.10.12		
	丞	月	古	不	花		
11	dzhi	dhij	taj	ħu̯u（hu̯-）	džuŋ	š₁ėu（š₂-）	ŋiw
	39.11.1	39.11.2	39.11.3	39.11.4	39.11.5	39.11.6	39.11.7
	资	德	大	夫	中	书	右
	š₁iŋ	p'ėm	sin				
	39.11.8	39.11.9	39.11.10				
	丞	?	?				
12	dzhi	dhij	taj	ħu̯u（hu̯-）	džuŋ	š₁ėu（š₂-）	ŋiw
	39.12.1	39.12.2	39.12.3	39.12.4	39.12.5	39.12.6	39.12.7
	资	德	大	夫	中	书	右

	š$_1$iŋ	jaŋ					
	39.12.8	39.12.9					
	丞	杨					
13	’ėuŋ	lu	taj	ħu̯u（hu̯-）	džuŋ	š$_1$ėu（š$_2$-）	piŋ
	39.13.1	39.13.2	39.13.3	39.13.4	39.13.5	39.13.6	39.13.7
	荣	禄	大	夫	中	书	平
	džaŋ	džiŋ	tšhi				
	39.13.8	39.13.9	39.13.10				
	章	政	事				
14	’ėuŋ	lu	taj	ħu̯u（hu̯-）	džuŋ	š$_1$ėu（š$_2$-）	piŋ
	39.14.1	39.14.2	39.14.3	39.14.4	39.14.5	39.14.6	39.14.7
	荣	禄	大	夫	中	书	平
	džaŋ	džiŋ	tšhi				
	39.14.8	39.14.9	39.14.10				
	章	政	事				
15	’ėuŋ	lu	taj	ħu̯u（hu̯-）	džuŋ	š$_1$ėu（š$_2$-）	piŋ
	39.15.1	39.15.2	39.15.3	39.15.4	39.15.5	39.15.6	39.15.7
	荣	禄	大	夫	中	书	平
	džaŋ	džiŋ	tšhi				
	39.15.8	39.15.9	39.15.10				
	章	政	事				
16	’ėuŋ	lu	taj	ħu̯u（hu̯-）	džuŋ	š$_1$ėu（š$_2$-）	piŋ
	39.16.1	39.16.2	39.16.3	39.16.4	39.16.5	39.16.6	39.16.7
	荣	禄	大	夫	中	书	平
	džaŋ	džiŋ	tšhi				
	39.16.8	39.16.9	39.16.10				
	章	政	事				
17	ŋin	ts‘iŋ	’ėuŋ	lu	taj	ħu̯u（hu̯-）	džuŋ

	39.17.1	39.17.2	39.17.3	39.17.4	39.17.5	39.17.6	39.17.7
	银	青	荣	禄	大	夫	中
	š$_1$ėu（š$_2$-）	dzo	š$_1$iŋ	sėŋ			
	39.17.8	39.17.9	39.17.10	39.17.11			
	书	左	丞	相			
18	t‘aj	ћu̯u（hu̯-）	lėu	gėun	gue	tšėuŋ	tšhi
	39.18.1	39.18.2	39.18.3	39.18.4	39.18.5	39.18.6	39.18.7
	太	傅	录	军	国	重	事
	k‘aj	ћu̯u（hu̯-）	ŋi	tu ŋ	sam	shi	džuŋ
	39.18.8	39.18.9	39.18.10	39.18.11	39.18.12	39.18.13	39.18.14
	开	府	仪	同	三	司	中
	š$_1$ėu（š$_2$-）	ŋiw	š$_1$iŋ	sėŋ			
	39.18.15	39.18.16	39.18.17	39.18.18			
	书	右	丞	相			
19	džuŋ	š$_1$ėu（š$_2$-）	liŋ				
	39.19.1	39.19.2	39.19.3				
	中	书	令				

一东： ：tuŋ 同 39.5.1; 39.18.11。džuŋ 中 39.1.6; 39.8.1; 39.8.5; 39.9.1; 39.9.5; 39.10.5; 39.11.5; 39.12.5; 39.13.5; 39.14.5; 39.15.5; 39.16.5; 39.17.7; 39.18.14; 39.19.1。ћu̯uŋ 奉 39.3.2; 39.4.5; 39.8.2; 39.9.2。

：tšėuŋ 重 39.18.6。'ėuŋ 荣 39.13.1; 39.14.1; 39.15.1; 39.16.1; 39.17.3。

二庚： ：džiŋ 政 39.8.9; 39.9.9; 39.13.9; 39.14.9; 39.15.9; 39.16.9。tšiŋ 澄 39.2.2。piŋ 平 39.13.7; 39.14.7; 39.15.7; 39.16.7。ts‘iŋ 青 39.17.2。（ - ）š$_1$iŋ（š$_2$-）圣 39.1.3。š$_1$iŋ 丞 39.10.8; 39.11.8; 39.12.8; 39.17.10; 39.18.17。·iŋ 应 39.4.4。liŋ 令 39.19.3。：（ - ）š$_1$hiŋ（š$_2$-）省 39.1.8。

三阳： ：džaŋ 张 39.8.11 / 章 39.13.8; 39.14.8; 39.15.8; 39.16.8。jaŋ 杨 39.12.9。laŋ 郎 39.4.13。

：dzėŋ 将 39.4.10。sėŋ 相 39.17.11; 39.18.18。：ɣoŋ 皇 39.1.1。

四支： ：ŋi 仪 39.18.10。di 帝 39.1.2。dži 知 39.5.2; 39.8.8; 39.9.8 / 旨 39.1.4 / 至 39.5.13 / 制 39.5.3。tš‘i 敕 39.4.1; 39.6.1。mi 迷 39.9.11。li 里 39.1.5。ži 日 39.7.8。（ "儿" 39.9.12，用于蒙古人名尾）

：tšhi 仕 39.4.11 / 事 39.8.10；39.9.10；39.13.10；39.14.10；39.15.10；39.16.10；39.18.7。dzhi 资 39.10.1；39.11.1；39.12.1。tshi 字 39.4.9。shi 司 39.18.13 / 四 39.7.3。（-）$š_1$hi（$š_2$-） 史 39.5.7。：gue 国 39.5.6；39.18.5。

五鱼：：gu 故 39.6.2。（古 39.10.10，用于蒙古人名中）（-）pu（b-）不 39.10.11。（-）ḥu̯u（hu̯-）夫 39.8.4；39.9.4；39.10.4；39.11.4；39.12.4；39.13.4；39.14.4；39.15.4；39.16.4；39.17.6 / 府 39.18.9 / 傅 39.18.2。lu 禄 39.13.2；39.14.2；39.15.2；39.16.2；39.17.4。u 吴 39.2.1。

：（-）$š_1$ėu（$š_2$-） 书 39.1.7；39.8.6；39.9.6；39.10.6；39.11.6；39.12.6；39.13.6；39.14.6；39.15.6；39.16.6；39.17.8；39.18.15；39.19.2。lėu 录 39.18.3。

六佳：：k'aj 开 39.18.8。t'aj 太 39.18.1。taj 大 39.7.1；39.8.3；39.9.3；39.10.3；39.11.3；39.12.3；39.13.3；39.14.3；39.15.3；39.16.3；39.17.5。：dhij 德 39.7.2；39.11.2；39.12.2。

七真：：ŋin 银 39.17.1。？ sin（原文缺汉字）39.11.10。：wun 文 39.4.8。

：gėun 军 39.18.4。džėun 准 39.5.14。žėun 闰 39.7.5。

八寒：：ɣan 翰 39.4.6。：gon 官 39.5.11。

九先：：nen 年 39.7.4。$š_1$en 善 39.10.2。

：bėn 编 39.5.9。：'u̯ėn 院 39.5.8。

十萧：：gaw 诰 39.5.4。

十一尤：：ŋiw 右 39.11.7；39.12.7；39.18.16。siw 修 39.5.10。$š_1$iw 授 39.4.3。

十二覃：：ts'am 参 39.8.7；39.9.7。sam 三 39.18.12。

：gėm 兼 39.5.5。？ p'ėm 原文汉字缺）39.11.9。

十三侵：：lim 林 39.4.7。

十四歌：：k'o 可 39.4.2。dzo 左 39.10.7；39.17.9 / 佐 39.4.12。

：（）ɣo（ɣu̯o）火 39.9.13。

十五麻：：džė 者 39.9.14。：G 花 39.10.12（用于蒙古人名尾）。

：'u̯ė 月 39.7.7。（）'ėo（'u̯ė）月 39.10.9（用于蒙古人名中）。

：te 牒 39.1.9；39.3.1；39.5.12；39.6.3；39.7.9。[ ]：ba 八 39.7.6。

40. 授吴澄将仕郎江西等处儒学副提举（大德七年，1303）八思巴字 150 字次。

1			（-）				（-）
	ɣoŋ	di	$š_1$iŋ（$š_2$-）	dži	li	džuŋ	$š_1$ėu（$š_2$-）
	40.1.1	40.1.2	40.1.3	40.1.4	40.1.5	40.1.6	40.1.7
	皇	帝	圣	旨	里	中	书

	š$_1$hiŋ（š$_2$-）	te					
	40.1.8	40.1.9					
	省	牒					
2	· iŋ	ħụuŋ	ɣan	lim	wun	tshi	dzėŋ
	40.2.1	40.2.2	40.2.3	40.2.4	40.2.5	40.2.6	40.2.7
	应	奉	翰	林	文	字	将
	tšhi	dzo	laŋ	tuŋ	dži		
	40.2.8	40.2.9	40.2.10	40.2.11	40.2.12		
	仕	佐	郎	同	知		
3	dži	gaw	gėm	gue	š$_1$hi（š$_2$-）	'ụėn	bėn
	40.3.1	40.3.2	40.3.3	40.3.4	40.3.5	40.3.6	40.3.7
	制	诰	兼	国	史	院	编
	siw	gon	u	tšiŋ			
	40.3.8	40.3.9	40.3.10	40.3.11			
	修	官	吴	澄			
4	te	ħụuŋ					
	40.4.1	40.4.2					
	牒	奉					
5	tšʻi	kʻo	š$_1$iw	dzėŋ	tšhi	laŋ	gėŋ
	40.5.1	40.5.2	40.5.3	40.5.4	40.5.5	40.5.6	40.5.7
	敕	可	授	将	仕	郎	江
	si	dhiŋ	tšʻėu	žėu			
	40.5.8	40.5.9	40.5.10	40.5.11			
	西	等	处	儒			
6	ħėw	ħụuw（hụ-）	ti	gėu	te	dži	džėun
	40.6.1	40.6.2	40.6.3	40.6.4	40.6.5	40.6.6	40.6.7
	学	副	提	举	牒	至	准
7	tšʻi	gu	te				

	40.7.1 敕	40.7.2 故	40.7.3 牒				
8	taj 40.8.1 大	dhij 40.8.2 德	ts'i 40.8.3 七	nen 40.8.4 年	$š_1$i 40.8.5 十	ji 40.8.6 一	'u̯ė 40.8.7 月
	ži 40.8.8 日	te 40.8.9 牒					
9	t'uŋ 40.9.1 通	ɦu̯uŋ 40.9.2 奉	taj 40.9.3 大	ɦu̯u（hu̯-） 40.9.4 夫	džuŋ 40.9.5 中	$š_1$ėu（$š_2$-） 40.9.6 书	ts'am 40.9.7 参
	dži 40.9.8 知	džiŋ 40.9.9 政	tšhi 40.9.10 事	duŋ 40.9.11 董			
10	džuŋ 40.10.1 中	ɦu̯uŋ 40.10.2 奉	taj 40.10.3 大	ɦu̯u（hu̯-） 40.10.4 夫	džuŋ 40.10.5 中	$š_1$ėu（$š_2$-） 40.10.6 书	ts'am 40.10.7 参
	dži 40.10.8 知	džiŋ 40.10.9 政	tšhi 40.10.10 事	do（du̯o） 40.10.11 朵	dji（daj） 40.10.12 歹		
11	dzhi 40.11.1 资	$š_1$en 40.11.2 善	taj 40.11.3 大	ɦu̯u（hu̯-） 40.11.4 夫	džuŋ 40.11.5 中	$š_1$ėu（$š_2$-） 40.11.6 书	dzo 40.11.7 左
	$š_1$iŋ 40.11.8 丞	$š_1$aŋ 40.11.9 尚					
12	dzhi 40.12.1 资	dhij 40.12.2 德	taj 40.12.3 大	ɦu̯u（hu̯-） 40.12.4 夫	džuŋ 40.12.5 中	$š_1$ėu（$š_2$-） 40.12.6 书	ŋiw 40.12.7 右

	š$_{1}$iŋ	ɣuŋ					
	40.12.8	40.12.9					
	丞	洪					
13	ʼėuŋ	lu	taj	ħu̯u（hu̯-）	džuŋ	š$_{1}$ėu（š$_{2}$-）	piŋ
	40.13.1	40.13.2	40.13.3	40.13.4	40.13.5	40.13.6	40.13.7
	荣	禄	大	夫	中	书	平
	džaŋ	džiŋ	tšhi				
	40.13.8	40.13.9	40.13.10				
	章	政	事				
14	gu̯aŋ	lu	taj	ħu̯u（hu̯-）	džuŋ	š$_{1}$ėu（š$_{2}$-）	piŋ
	40.14.1	40.14.2	40.14.3	40.14.4	40.14.5	40.14.6	40.14.7
	光	禄	大	夫	中	书	平
	džaŋ	džiŋ	tšhi				
	40.14.8	40.14.9	40.14.10				
	章	政	事				
15	ŋin	tsʻiŋ	ʼėuŋ	lu	taj	ħu̯u（hu̯-）	džuŋ
	40.15.1	40.15.2	40.15.3	40.15.4	40.15.5	40.15.6	40.15.7
	银	青	荣	禄	大	夫	中
	š$_{1}$ėu（š$_{2}$-）	dzo	š$_{1}$iŋ	sėŋ			
	40.15.8	40.15.9	40.15.10	40.15.11			
	书	左	丞	相			
16	gim	dzhi	gu̯aŋ	lu	taj	ħu̯u（hu̯-）	džuŋ
	40.16.1	40.16.2	40.16.3	40.16.4	40.16.5	40.16.6	40.16.7
	金	紫	光	禄	大	夫	中
	š$_{1}$ėu（š$_{2}$-）	ŋiw	š$_{1}$iŋ	sėŋ			
	40.16.8	40.16.9	40.16.10	40.16.11			
	书	右	丞	相			
17	džuŋ	š$_{1}$ėu（š$_{2}$-）	liŋ				
	40.17.1	40.17.2	40.17.3				
	中	书	令				

一东：：dun 董 40.9.11。t'un 通 40.9.1。tun 同 40.2.11。džun 中 40.1.6; 40.9.5; 40.10.1; 40.10.5; 40.11.5; 40.12.5; 40.13.5; 40.14.5; 40.15.7; 40.16.7; 40.17.1。hu̯un 奉 40.2.2; 40.4.2; 40.9.2; 40.10.2。ɣun 洪 40.12.9。

：'ėun 荣 40.13.1; 40.15.3。

二庚：：džin 政 40.9.9; 40.10.9; 40.13.9; 40.14.9。tšin 澄 40.3.11。pin 平 40.13.7; 40.14.7。ts'in 青 40.15.2。（-）$š_1$in（$š_2$-）圣 40.1.3。$š_1$in 丞 40.11.8; 40.12.8; 40.15.10; 40.16.10。·in 应 40.2.1。lin 令 40.17.3。

：dhin 等 40.5.9。（-）$š_1$hin（$š_2$-）省 40.1.8。

三阳：：džan 章 40.13.8; 40.14.8。$š_1$an 尚 40.11.9。lan 郎 40.2.10; 40.5.6。

：gėn 江 40.5.7。dzėn 将 40.2.7; 40.5.4。sėn 相 40.15.11; 40.16.11。

：gu̯an 光 40.14.1; 40.16.3。：ɣon 皇 40.1.1。

四支：：di 帝 40.1.2。ti 提 40.6.3。dži 知 40.2.12; 40.9.8; 40.10.8 / 旨 40.1.4/ 至 40.6.6/ 制 40.3.1。tš'i 敕 40.5.1; 40.7.1。ts'i 七 40.8.3。si 西 40.5.8。$š_1$i 十 40.8.5。ji 一 40.8.6。li 里 40.1.5。ži 日 40.8.8。

：tšhi 仕 40.2.8; 40.5.5 /　事 40.9.10; 40.10.10; 40.13.10; 40.14.10。dzhi 资 40.11.1; 40.12.1 /　紫 40.16.2。tshi 字 40.2.6。（-）$š_1$hi（$š_2$-）史 40.3.5。

：gue 国 40.3.4。

五鱼：：gu 故 40.7.2。（-）hu̯u（hu̯-）夫 40.9.4; 40.10.4; 40.11.4; 40.12.4; 40.13.4; 40.14.4; 40.15.6; 40.16.6。lu 禄 40.13.2; 40.14.2; 40.15.4; 40.16.4。u 吴 40.3.10。

：gėu 举 40.6.4。tš'ėu 处 40.5.10。（-）$š_1$ėu（$š_2$-）书 40.1.7; 40.9.6; 40.10.6; 40.11.6; 40.12.6; 40.13.6; 40.14.6; 40.15.8; 40.16.8; 40.17.2。žėu 儒 40.5.11。

六佳：：（）daji（daj）歹 40.10.12（蒙古人名用字）。taj 大 40.8.1; 40.9.3; 40.10.3; 40.11.3; 40.12.3; 40.13.3; 40.14.3; 40.15.5; 40.16.5。：dhij 德 40.8.2; 40.12.2。

七真：：ŋin 银 40.15.1。：wun 文 40.2.5。：džėun 准 40.6.7。

八寒：：ɣan 翰 40.2.3。：gon 官 40.3.9。

九先：：nen 年 40.8.4。$š_1$en 善 40.11.2。

：bėn 编 40.3.7。：'u̯ėn 院 40.3.6。

十萧：：gaw 诰 40.3.2。：ɦėw 学 40.6.1。

十一尤：：ŋiw 右 40.12.7; 40.16.9。siw 修 40.3.8。$š_1$iw 授 40.5.3。

：（-）hu̯uw（hu̯-）副 40.6.2。

十二覃：：ts'am 参 40.9.7; 40.10.7。：gėm 兼 40.3.3。

十三侵：ꡅꡏ：ꡂꡅꡏgim 金 40.16.1。ꡙꡅꡏlim 林 40.2.4。

十四歌：ꡆ：ꡂꡆ k'o 可 40.5.2。ꡛꡆ dzo 左 40.11.7；40.15.9 / 佐 40.2.9。

ꡧꡆ：ꡊꡆ（ꡊꡧꡆ）do（du̯o）朵 40.10.11。

十五麻：ꡧꡦ：ꡝꡧꡦ 'u̯ė 月 40.8.7。ꡊ：ꡉꡊte 牒 40.1.9；40.4.1；40.6.5；40.7.3；40.8.9。

41. 授吴澄从仕郎国子监丞（至大元年，1308）八思巴字 204 字次。

行	转写	编号	汉字
1	ɣoŋ	41.1.1	皇
	di	41.1.2	帝
	š$_1$iŋ（š$_2$-）	41.1.3	圣
	dži	41.1.4	旨
	li	41.1.5	里
	džuŋ	41.1.6	中
	š$_1$ėu（š$_2$-）	41.1.7	书
	š$_1$hiŋ（š$_2$-）	41.1.8	省
	te	41.1.9	牒
2	dzėŋ	41.2.1	将
	tšhi	41.2.2	仕
	laŋ	41.2.3	郎
	tsen	41.2.4	前
	gėŋ	41.2.5	江
	si	41.2.6	西
	dhiŋ	41.2.7	等
	tš'ėu	41.2.8	处
	žėu	41.2.9	儒
	ɦėw	41.2.10	学
3	ɦu̯uw（hu̯-）	41.3.1	副
	ti	41.3.2	提
	gėu	41.3.3	举
	u	41.3.4	吴
	tšiŋ	41.3.5	澄
4	te	41.4.1	牒
	ɦu̯uŋ	41.4.2	奉
5	tš'i	41.5.1	敕
	k'o	41.5.2	可
	š$_1$iw	41.5.3	授
	tsėuŋ	41.5.4	从
	tšhi	41.5.5	仕
	laŋ	41.5.6	郎
	gue	41.5.7	国
	dzhi	41.5.8	子
6	gėm（-i̯a-）	41.6.1	监
	š$_1$iŋ	41.6.2	丞
	te	41.6.3	牒
	dži	41.6.4	至
	džėun	41.6.5	准

7	tšʻi	gu	te					
	41.7.1	41.7.2	41.7.3					
	敕	故	牒					
8	dži	taj	’u̯ėn	nen	š$_1$i	’u̯ė	ži	te
	41.8.1	41.8.2	41.8.3	41.8.4	41.8.5	41.8.6	41.8.7	41.8.8
	至	大	元	年	十	月	日	牒
9	džuŋ	ɦu̯uŋ	taj	ɦu̯u（hu̯-）	džuŋ	š$_1$ėu（š$_2$-）	tsʻam	dži
	41.9.1	41.9.2	41.9.3	41.9.4	41.9.5	41.9.6	41.9.7	41.9.8
	中	奉	大	夫	中	书	参	知
	džiŋ	tšhi	haw					
	41.9.9	41.9.10	41.9.11					
	政	事	郝					
10	džuŋ	ɦu̯uŋ	taj	ɦu̯u（hu̯-）	džuŋ	š$_1$ėu（š$_2$-）	tsʻam	dži
	41.10.1	41.10.2	41.10.3	41.10.4	41.10.5	41.10.6	41.10.7	41.10.8
	中	奉	大	夫	中	书	参	知
	džiŋ	tšhi	u	pji（ba）	du	la		
	41.10.9	41.10.10	41.10.11	41.10.12	41.10.13	41.10.14		
	政	事	乌	八	都	剌		
11	dzhi	š$_1$en	taj	ɦu̯u（hu̯-）	džuŋ	š$_1$ėu（š$_2$-）	dzo	š$_1$iŋ
	41.11.1	41.11.2	41.11.3	41.11.4	41.11.5	41.11.6	41.11.7	41.11.8
	资	善	大	夫	中	书	左	丞
	haw							
	41.11.9							
	郝							
12	’ėuŋ	lu	taj	ɦu̯u（hu̯-）	jėw（-e-）	š$_1$iw	piŋ	džaŋ
	41.12.1	41.12.2	41.12.3	41.12.4	41.12.5	41.12.6	41.12.7	41.12.8
	荣	禄	大	夫	遥	授	平	章
	džiŋ	tšhi	džuŋ	š$_1$ėu（š$_2$-）	dzo	š$_1$iŋ	ɣo	

41.12.9　41.12.10　41.12.11　41.12.12　41.12.13　41.12.14　41.12.15

政　事　中　书　左　丞　何

13

ŋui（-in）　ts'iŋ　'ėuŋ　lu　taj　ɦu̯u（hu̯-）　džuŋ　š₁ėu（š₂-）

41.13.1　41.13.2　41.13.3　41.13.4　41.13.5　41.13.6　41.13.7　41.13.8

银　青　荣　禄　大　夫　中　书

ŋiw　š₁iŋ　bo（-u̯o）　loė（-o）　t'ė　mu　r（ži）

41.13.9　41.13.10　41.13.11　41.13.12　41.13.13　41.13.14　41.13.15

右　丞　波　罗　帖　木　儿

14

'ėuŋ　lu　taj　ɦu̯u（hu̯-）　džuŋ　š₁ėu（š₂-）　ŋiw　š₁iŋ

41.14.1　41.14.2　41.14.3　41.14.4　41.14.5　41.14.6　41.14.7　41.14.8

荣　禄　大　夫　中　书　右　丞

bo（-u̯o）　lod（-o）　t'a　š₁（š₁i）

41.14.9　41.14.10　41.14.11　41.14.12

波　罗　达　识

15

'ėuŋ　lu　taj　ɦu̯u（hu̯-）　džuŋ　š₁ėu（š₂-）　piŋ　džaŋ

41.15.1　41.15.2　41.15.3　41.15.4　41.15.5　41.15.6　41.15.7　41.15.8

荣　禄　大　夫　中　书　平　章

džiŋ　tšhi

41.15.9　41.15.10

政　事

16

thij　dzin　džuŋ　š₁ėu（š₂-）　piŋ　džaŋ　džiŋ　tšhi

41.16.1　41.16.2　41.16.3　41.16.4　41.16.5　41.16.6　41.16.7　41.16.8

特　进　中　书　平　章　政　事

17

gu̯aŋ　lu　taj　ɦu̯u（hu̯-）　džuŋ　š₁ėu（š₂-）　piŋ　džaŋ

41.17.1　41.17.2　41.17.3　41.17.4　41.17.5　41.17.6　41.17.7　41.17.8

光　禄　大　夫　中　书　平　章

džiŋ　tšhi

41.17.9　41.17.10

政　事

18	kʻaj 41.18.1 开	ḥu̯u（hu̯-） 41.18.2 府	ŋi 41.18.3 仪	tuŋ 41.18.4 同	sam 41.18.5 三	shi 41.18.6 司	džuŋ 41.18.7 中	š$_1$ėu（š$_2$-） 41.18.8 书
	ŋiw 41.18.9 右	š$_1$iŋ 41.18.10 丞	sėŋ 41.18.11 相	ḥėiŋ 41.18.12 行	džuŋ 41.18.13 中	š$_1$ėu（š$_2$-） 41.18.14 书	piŋ 41.18.15 平	džaŋ 41.18.16 章
	džiŋ 41.18.17 政	tšhi 41.18.18 事						
19	kʻaj 41.19.1 开	ḥu̯u（hu̯-） 41.19.2 府	ŋi 41.19.3 仪	tuŋ 41.19.4 同	sam 41.19.5 三	shi 41.19.6 司	taj 41.19.7 太	baw 41.19.8 保
	džuŋ 41.19.9 中	š$_1$ėu（š$_2$-） 41.19.10 书	dzo 41.19.11 左	š$_1$iŋ 41.19.12 丞	sėŋ 41.19.13 相			
20	kʻaj 41.20.1 开	ḥu̯u（hu̯-） 41.20.2 府	ŋi 41.20.3 仪	tuŋ 41.20.4 同	sam 41.20.5 三	shi 41.20.6 司	lėu 41.20.7 录	gėun 41.20.8 军
	gue 41.20.9 国	tšėuŋ 41.20.10 重	tšhi 41.20.11 事	džuŋ 41.20.12 中	š$_1$ėu（š$_2$-） 41.20.13 书	ŋiw 41.20.14 右	š$_1$iŋ 41.20.15 丞	sėŋ 41.20.16 相
21	džuŋ 41.21.1 中	š$_1$ėu（š$_2$-） 41.21.2 书	·iŋ（l-） 41.21.3 令					

一东：：tuŋ 同 41.18.4; 41.19.4; 41.20.4。džuŋ 中 41.1.6; 41.9.1; 41.9.5; 41.10.1; 41.10.5; 41.11.5; 41.12.11; 41.13.7; 41.14.5; 41.15.5; 41.16.3; 41.17.5; 41.18.7; 41.18.13; 41.19.9; 41.20.12; 41.21.1。ḥu̯uŋ 奉 41.4.2; 41.9.2; 41.10.2。

：tšėuŋ 重 41.20.10。tsėuŋ 从 41.5.4。ʼėuŋ 荣 41.12.1; 41.13.3; 41.14.1; 41.15.1。

二庚： ：džiŋ 政 41.9.9; 41.10.9; 41.12.9; 41.15.9; 41.16.7; 41.17.9; 41.18.17。tšiŋ 澄 41.3.5。piŋ 平 41.12.7; 41.15.7; 41.16.5; 41.17.7; 41.18.15。ts'iŋ 青 41.13.2。（-）š$_1$iŋ（š$_2$-） 圣 41.1.3。š$_1$iŋ 丞 41.6.2; 41.11.8; 41.12.14; 41.13.10; 41.14.8; 41.18.10; 41.19.12; 41.20.15。liŋ 令 41.21.3。

：dhiŋ 等 41.2.7。（-）š$_1$hiŋ（š$_2$-） 省 41.1.8。：ĥėiŋ 行 41.18.12。

三阳： ：džaŋ 章 41.12.8; 41.15.8; 41.16.6; 41.17.8; 41.18.16。laŋ 郎 41.2.3; 41.5.6。

：gėŋ 江 41.2.5。dzėŋ 将 41.2.1。sėŋ 相 41.18.11; 41.19.13; 41.20.16。

：guaŋ 光 41.17.1。：ɣoŋ 皇 41.1.1。

四支： ：ŋi 仪 41.18.3; 41.19.3; 41.20.3。di 帝 41.1.2。ti 提 41.3.2。dži 知 41.9.8; 41.10.8/ 旨 41.1.4/ 至 41.6.4; 41.8.1。tš'i 敕 41.5.1; 41.7.1。si 西 41.2.6。（）š$_1$（š$_2$i）识 41.14.12（蒙古人名用字）。š$_1$i 十 41.8.5。li 里 41.1.5。ži 日 41.8.7。（）r（ži）儿 41.13.15（蒙古人名用字）。

：tšhi 仕 41.2.2; 41.5.5 / 事 41.9.10; 41.10.10; 41.12.10; 41.15.10; 41.16.8; 41.17.10; 41.18.18; 41.20.11。dzhi 资 41.11.1 / 子 41.5.8。shi 司 41.18.6; 41.19.6; 41.20.6。

：gue 国 41.5.7; 41.20.9。

五鱼： ：gu 故 41.7.2。du 都 41.10.13。mu 木 41.13.14。（-）ĥu̯u（hu̯-） 夫 41.9.4; 41.10.4; 41.11.4; 41.12.4; 41.13.6; 41.14.4; 41.15.4; 41.17.4 / 府 41.18.2; 41.19.2; 41.20.2。（）u（·u）乌？ 41.10.11（蒙古人名用字）。lu 禄 41.12.2; 41.13.4; 41.14.2; 41.15.2; 41.17.2。u 吴 41.3.4。

：gėu 举 41.3.3。tš'ėu 处 41.2.8。（-）š$_1$ėu（š$_2$-） 书 41.1.7; 41.9.6; 41.10.6; 41.11.6; 41.12.12; 41.13.8; 41.14.6; 41.15.6; 41.16.4; 41.17.6; 41.18.8; 41.18.14; 41.19.10; 41.20.13; 41.21.2。lėu 录 41.20.7。žėu 儒 41.2.9。

六佳： ：k'aj 开 41.18.1; 41.19.1; 41.20.1。t'aj 太 41.19.7。taj 大 41.8.2; 41.9.3; 41.10.3; 41.11.3; 41.12.3; 41.13.5; 41.14.3; 41.15.3; 41.17.3。：thij 特 41.16.1。

七真： ：ŋui（-in）银 41.13.1。dzin 进 41.16.2。

：gėun 军 41.20.8。džėun 准 41.6.5。

八寒：九先： ：nen 年 41.8.4。tsen 前 41.2.4。š$_1$en 善 41.11.2。

：'u̯ėn 元 41.8.3。

十萧： ：baw 保 41.19.8。haw 郝 41.9.11; 41.11.9。

：jėw（-e-）遥 41.12.5。：ĥėw 学 41.2.10。

十一尤：：ŋiw 右 41.13.9；41.14.7；41.18.9；41.20.14。 $š_1$iw 授 41.5.3；41.12.6。

：（-）ħu̯uw（hu̯-）副 41.3.1。

十二覃：：ts'am 参 41.9.7；41.10.7。sam 三 41.18.5；41.19.5；41.20.5。

：（-）gėm（-i̯a-）监 41.6.1。

十三侵：十四歌：：k'o 可 41.5.2。dzo 左 41.11.7；41.12.13；41.19.11。ɣo 何 41.12.15。（-）loė（-o）罗 41.13.12（蒙古人名用字）；41.14.10（蒙古人名用字）。

：（-）bo（-u̯o）波 41.13.11；41.14.9。

十五麻：：t'ė 帖 41.13.13。：'u̯ė 月 41.8.6。

：te 牒 41.1.9；41.4.1；41.6.3；41.7.3；41.8.8。

[ ]：t'a 达 41.14.11（《字韵》"达"字有、两读）。（）paji（ba）八 41.10.12（蒙古人名用字）。la 剌 41.10.14（蒙古人名用字）。

（五）碑额

42. 只必帖木儿大王令旨（牛儿年（1277）十月初六日）八思巴字 4 字次。

taj	'oŋ（'u̯aŋ）	liŋ	dži
42.1.1	42.1.2	42.1.3	42.1.4
大	王	令	旨

一东：二庚：：liŋ 令 42.1.3。

三阳：：（）'oŋ（'u̯aŋ）王 42.1.2。

四支：：dži 旨 42.1.4。

五鱼：六佳：：taj 大 42.1.1。

七真：八寒：九先：十萧：十一尤：十二覃：十三侵：十四歌：十五麻：

43. 重修崇庆院之记（至元二十六年，1289）八思巴字 7 字次。

tšėuŋ	siw	tšuŋ	k'iŋ	'u̯ėn	dži	gi
43.1.1	43.1.2	43.1.3	43.1.4	43.1.5	43.1.6	43.1.7
重	修	崇	庆	院	之	记

一东：：tšuŋ 崇 43.1.3。：tšėuŋ 重 43.1.1。

二庚：：k'iŋ 庆 43.1.4。

三阳：四支：：gi 记 43.1.7。dži 之 43.1.6。

五鱼：六佳：七真：八寒：九先：：'u̯ėn 院 43.1.5。

十萧：十一尤：：siw 修 43.1.2。

十二覃：十三侵：十四歌：十五麻：

44. 中山府儒学圣旨碑碑额（至元三十一年，1294）八思巴字 13 字次。

ŋiw	’u̯ėn	džuŋ	š$_1$an	ɦu̯u（hu̯-）	žėu	ɦėw
44.1.1	44.1.2	44.1.3	44.1.4	44.1.5	44.1.6	44.1.7
有	元	中	山	府	儒	学
š$_1$ue（š$_2$-）	lėu	ti	t‘u	dži	bue	
44.1.8	44.1.9	44.1.10	44.1.11	44.1.12	44.1.13	
水	陆	地	土	之	碑	

一东：：džuŋ 中 44.1.3。

二庚：三阳：四支：：ti 地 44.1.10。dži 之 44.1.12。

：bue 碑 44.1.13。（-）š$_1$ue（š$_2$-）水 44.1.8。

五鱼：：t‘u 土 44.1.11。（-）ɦu̯u（hu̯-）府 44.1.5。

：lėu 陆 44.1.9。žėu 儒 44.1.6。

六佳：七真：八寒：：š$_1$an 山 44.1.4。

九先：：’u̯ėn 元 44.1.2。

十萧：：ɦėw 学 44.1.7。

十一尤：：ŋiw 有 44.1.1。

十二覃：十三侵：十四歌：十五麻：

45. 刘义神道碑碑额（大德四年，1300）八思巴字 12 字次。

taj	’u̯ėn	wu	lew	dzėŋ	gėun	liw
45.1.1	45.1.2	45.1.3	45.1.4	45.1.5	45.1.6	45.1.7
大	元	武	略	将	军	刘
guŋ	š$_1$in（tš-）	taw	dži	bue		
45.1.8	45.1.9	45.1.10	45.1.11	45.1.12		
公	神	道	之	碑		

一东：：guŋ 公 45.1.8。

二庚：三阳：：dzėŋ 将 45.1.5。

四支：：dži 之 45.1.11。：bue 碑 45.1.12。

五鱼： ：wu 武 45.1.3。

六佳： ：taj 大 45.1.1。

七真： ：（-）$š_1$in（tš-）神 45.1.9。：gėun 军 45.1.6。

八寒：九先： ：'u̯ėn 元 45.1.2。

十萧： ：taw 道 45.1.10。：lew 略 45.1.4。

十一尤： ：liw 刘 45.1.7。

十二覃：十三侵：十四歌：十五麻：

46. 加封孔子制诏碑碑额（大德十一年，1307）八思巴字 4 字次。

džew	$š_1$ėu（$š_2$-）
46.1.1	46.1.2
诏	书

一东：二庚：三阳：四支：五鱼： ：（-）$š_1$ėu（$š_2$-）书 46.1.2。

六佳：七真：八寒：九先：十萧： ：džew 诏 46.1.1。

十一尤：十二覃：十三侵：十四歌：十五麻：

47. 重修伏羲圣祖庙记（至大三年，1310）八思巴字 6 字次。

1				2			
	ɦu̯u	qi（h-）	$š_1$iŋ（$š_2$-）		dzėu（多 ė）	dži	bue
	47.1.1	47.1.2	47.1.3		47.2.1	47.2.2	47.2.3
	伏	羲	圣		祖	之	碑

一东：二庚： ：$š_2$iŋ 圣 47.1.3（ 讹作 ）。

三阳：四支： ：dži 之 47.2.2。hi 羲 47.1.2（ 讹作 ）。：bue 碑 47.2.3。

五鱼： ：ɦu̯u 伏 47.1.1。dzu 祖 47.2.1（多 ）。

六佳：七真：八寒：九先：十萧：十一尤：十二覃：十三侵：十四歌：十五麻：

48. 傅岩庙碑碑额（延祐元年，1314）八思巴字 6 字次。

tšuŋ	gen	hu̯u	guŋ	mew	bue
48.1.1	48.1.2	48.1.3	48.1.4	48.1.5	48.1.6
崇	謇	傅	公	庙	碑

一东： ：guŋ 公 48.1.4。tšuŋ 崇 48.1.1。

二庚：三阳：四支： ：bue 碑 48.1.6。

五鱼： ：hu̯u 傅 48.1.3。

六佳：七真：八寒：九先： ： gen 謇 48.1.2。

十萧： ： mew 庙 48.1.5。

十一尤：十二覃：十三侵：十四歌：十五麻：

49. 张氏先茔碑（元统三年，1335）八思巴字 32 字次。

1	taj	ʼu̯ėn	tšʻi	shi	gu	ʼėuŋ	lu	taj
	49.1.1	49.1.2	49.1.3	49.1.4	49.1.5	49.1.6	49.1.7	49.1.8
	大	元	敕	赐	故	荣	禄	大
2	ɦu̯u（hu̯-）	lew	jaŋ	dhiŋ	tšʻėu	ɦi̯iŋ（-ė-）	džuŋ	$š_1$ėu（$š_2$-）
	49.2.1	49.2.2	49.2.3	49.2.4	49.2.5	49.2.6	49.2.7	49.2.8
	夫	辽	阳	等	处	行	中	书
3	piŋ	džaŋ	džiŋ	tšhi	tšėu	gue	džue	ɦu̯uŋ（hu̯-）
	49.3.1	49.3.2	49.3.3	49.3.4	49.3.5	49.3.6	49.3.7	49.3.8
	平	章	政	事	柱	国	追	封
4	gėi	gue	guŋ	džaŋ	$š_1$i	sėn	ʼėuŋ（j-）	bue
	49.4.1	49.4.2	49.4.3	49.4.4	49.4.5	49.4.6	49.4.7	49.4.8
	蓟	国	公	张	氏	先	茔	碑

一东： ： guŋ 公 49.4.3。 džuŋ 中 49.2.7。 （ - ）ɦu̯uŋ（hu̯-）封 49.3.8。

： ʼėuŋ 荣 49.1.6。 （ - ）ʼėuŋ（j-）茔 49.4.7。

二庚： ： džiŋ 政 49.3.3。 piŋ 平 49.3.1。 ： dhiŋ 等 49.2.4。

： （ - ）ɦi̯iŋ（-ė-）行 49.2.6。

三阳： ： džaŋ 张 49.4.4 / 章 49.3.2。 jaŋ 阳 49.2.3。

四支： ： tšʻi 敕 49.1.3。 $š_1$i 氏 49.4.5。

： tšhi 事 49.3.4。 shi 赐 49.1.4。 ： gėi 蓟 49.4.1。

： gue 国 49.3.6；49.4.2。 džue 追 49.3.7。 bue 碑 49.4.8。

五鱼： ： gu 故 49.1.5。 （ - ）ɦu̯u（hu̯-）夫 49.2.1。 lu 禄 49.1.7。

： tšʻėu 处 49.2.5。 tšėu 柱 49.3.5。 （ - ）$š_1$ėu（$š_2$-）书 49.2.8。

六佳： ： taj 大 49.1.1；49.1.8。

七真：八寒：九先： ： sėn 先 49.4.6。 ： ʼu̯ėn 元 49.1.2。

十萧： ： lew 辽 49.2.2。

十一尤：十二覃：十三侵：十四歌：十五麻：

50. 云南王藏经碑（后至元六年，1340）八思巴字 6 字次。

’u̯in	nam	’u̯aŋ	tsaŋ	gėiŋ	bue
50.1.1	50.1.2	50.1.3	50.1.4	50.1.5	50.1.6
云	南	王	藏	经	碑

一东：二庚：：gėiŋ 经 50.1.5。

三阳：：tsaŋ 藏 50.1.4。：’u̯aŋ 王 50.1.3。

四支：：bue 碑 50.1.6。

五鱼：六佳：七真：：’u̯in 云 50.1.1。

八寒：九先：十萧：十一尤：十二覃：：nam 南 50.1.2。

十三侵：十四歌：十五麻：

51. 灵济昭祐显圣王庙记（至正十年，1350）八思巴字 8 字次。

liŋ	dzi	džew	ŋiw	hėn	$š_2$iŋ	’u̯aŋ	bue
51.1.1	51.1.2	51.1.3	51.1.4	51.1.5	51.1.6	51.1.7	51.1.8
灵	济	昭	祐	显	圣	王	碑

一东：二庚：：$š_2$iŋ 圣 51.1.6。liŋ 灵 51.1.1。

三阳：：’u̯aŋ 王 51.1.7。

四支：：dzi 济 51.1.2。：bue 碑 51.1.8。

五鱼：六佳：七真：八寒：九先：：hėn 显 51.1.5。

十萧：：džew 昭 51.1.3。

十一尤：：ŋiw 祐 51.1.4。

十二覃：十三侵：十四歌：十五麻：

52. 宝昌州创建接官厅记（至正十六年，1356）八思巴字 5 字次。

baw	tš‘aŋ	džiw	gėj（i̯a）	miŋ
52.1.1	52.1.2	52.1.3	52.1.4	52.1.5
宝	昌	州	廨	铭

一东：二庚：：miŋ 铭 52.1.5。

三阳：：tš‘aŋ 昌 52.1.2。

四支：五鱼：六佳：：gi̯aj 廨 52.1.4（此处 作 ）。

七真：八寒：九先：十萧：：baw 宝 52.1.1。

十一尤：：džiw 州 52.1.3。

十二覃：十三侵：十四歌：十五麻：

53. 代祀北镇记（无年款）八思巴字 6 字次。

taj	zhi	bue	džin	dži	gi
53.1.1	53.1.2	53.1.3	53.1.4	53.1.5	53.1.6
代	祀	北	镇	之	记

一东：二庚：三阳：

四支：：gi 记 53.1.6。dži 之 53.1.5。：zhi 祀 53.1.2。：bue 北 53.1.3。

五鱼：六佳：：taj 代 53.1.1。七真：：džin 镇 53.1.4。

八寒：九先：十萧：十一尤：十二覃：十三侵：十四歌：十五麻：

（六）年款

54. 付范士贵执照（至元二十七年，1290）八思巴字 12 字次。

dži	’u̯ėn	ži	$š_1$i	ts‘i	nen
54.1.1	54.1.2	54.1.3	54.1.4	54.1.5	54.1.6
至	元	二	十	七	年
$š_1$i	ži	’u̯ė	tš‘u	ts‘i	ži
54.1.7	54.1.8	54.1.9	54.1.10	54.1.11	54.1.12
十	二	月	初	七	日

（……，“范士贵”，夹在八思巴字蒙古语中）

一东：二庚：三阳：

四支：：dži 至 54.1.1。ts‘i 七 54.1.5；54.1.11。$š_1$i 十 54.1.4；54.1.7。ži 二 54.1.3；54.1.8 / 日 54.1.12。

五鱼：：tš‘u 初 54.1.10。

六佳：七真：八寒：九先：：nen 年 54.1.6。：’u̯ėn 元 54.1.2。

十萧：十一尤：十二覃：十三侵：十四歌：十五麻：：’u̯ė 月 54.1.9。

55. 免税粮符文碑（大德二年，1298）八思巴字 6 字次。

taj	dhij	ži	nen	’u̯ė	ži
55.1.1	55.1.2	55.1.3	55.1.4	55.1.5	55.1.6
大	德	二	年	月	日

一东：二庚：三阳：四支：ꡞ：ꡔꡞži 二 55.1.3 / 日 55.1.6。

五鱼：六佳：ꡗ：ꡈꡗ 大 taj55.1.1；ꡞꡗ：ꡊꡞꡗ 德 dhij55.1.2；

七真：八寒：九先：ꡠꡋ：ꡋꡠꡋnen 年 55.1.4。

十萧：十一尤：十二覃：十三侵：十四歌：十五麻：ꡧꡦ：ꡝꡧꡦ 'ụė 月 55.1.5。

56. 衍圣公给俸牒（大德四年，1300）八思巴字 7 字次。

ꡈꡗ	ꡊꡞꡗ	ꡚꡞ	ꡋꡠꡋ	ꡂꡞꡓ	ꡝꡧꡦ	ꡔꡞ
taj	dhij	shi	nen	giw	'ụė	ži
56.1.1	56.1.2	56.1.3	56.1.4	56.1.5	56.1.6	56.1.7
大	德	四	年	九	月	日

一东：二庚：三阳：四支：ꡞ：ꡔꡞži 日 56.1.7。ꡞ：ꡚꡞshi 四 56.1.3

五鱼：六佳：ꡗ：ꡈꡗ taj 大 56.1.1；ꡞꡗ：ꡊꡞꡗ dhij 德 56.1.2；

七真：八寒：九先：ꡠꡋ：ꡋꡠꡋnen 年 56.1.4。

十萧：十一尤：ꡞꡓ：ꡂꡞꡓgiw 九 56.1.5

十二覃：十三侵：十四歌：十五麻：ꡧꡦ：ꡝꡧꡦ 'ụė 月 56.1.6。

57. 庆元儒学洋山砂岸复业公据碑（延祐二年，1315）八思巴字 7 字次。

ꡗꡞꡋ（-ꡠ-）	ꡃꡞꡓ	ꡔꡞ	ꡋꡞꡋ（-ꡠ-）	ꡟ	ꡝꡧꡦ	ꡔꡞ
jin（-e-）	ŋiw	ži	nin（-e-）	u	'ụė	ži
57.1.1	57.1.2	57.1.3	57.1.4	57.1.5	57.1.6	57.1.7
延	祐	二	年	五	月	日

一东：二庚：三阳：四支：ꡞ：ꡔꡞži 二 57.1.3 / 日 57.1.7。

五鱼：ꡟ：ꡟu 五 57.1.5。

六佳：七真：八寒：九先：ꡠꡋ：ꡋꡠꡋnen 年 57.1.4。ꡗꡞꡋ（-ꡠ-）jin（-e-）延 57.1.1。

十萧：十一尤：ꡞꡓ：ꡃꡞꡓ ŋiw 祐 57.1.2。

十二覃：十三侵：十四歌：十五麻：ꡧꡦ：ꡝꡧꡦ 'ụė 月 57.1.6。

58. 善选法师传戒碑（至正二十四年，1364）八思巴字 5 字次。

ꡆꡞ	ꡆꡞꡃ	ꡋꡠꡋ	ꡝꡧꡦ	ꡔꡞ
dži	džiŋ	nen	'ụė	ži
58.1.1	58.1.2	58.1.3	58.1.4	58.1.5
至	正	年	月	日

一东：二庚：ꡞꡃ：ꡆꡞꡃdžiŋ 正 58.1.2

三阳：四支：ꡞ：ꡆꡞdži 至 58.1.1。ꡔꡞži 日 58.1.5。

五鱼：六佳：七真：八寒：九先：ꡠꡋ：ꡋꡠꡋ nen 年 58.1.3。

十萧：十一尤：十二覃：十三侵：十四歌：十五麻：ꡧꡦ：ꡝꡧꡦ 'ụė 月 58.1.4。

三　八思巴字文献与蒙古字韵比较韵表

我们在研究过程中将全部资料用字列了总的比较韵表，但限于本书篇幅，我们只能列出“公”“孔”两个小韵系来示例我们的具体做法。至于韵表的总体情况可参看“上篇 第一章 八思巴字文献与《蒙古字韵》的异同”中的总韵表简表。

表例：

首先每一份材料用字单独编制一韵表，最终将所有材料用字编制一总韵表。

两种韵表遵循统一的编制原则，该原则为：材料中字头的整体排列遵从《蒙古字韵》（后简称《字韵》），表现为：

（1）首先按韵（《蒙古字韵》十五韵）编排用字；

（2）其次每韵内部先按韵母分类（依《字韵》体例顺序），每个韵母内部则按《字韵》所用排列八思巴字字头的顺序（依固定声母次序）排列；

（3）单字的信息则按每一字先写出八思巴字字头，再写出相应汉字（如文献中原无汉字，为了研究方便又需加入时，则将填入的汉字置于括号中），后列出标志该字头（以八思巴字为准）的位置代码（第 1 个数字为我们所编的该字头所属文献的代码，第二个数字为该字头在文献中的行（为表述方便，列径称行）数，第三个数字为该字头在所处行中的字位数，即是第几个字，数字中间以“ . ”隔开，如“ꡂꡟꡃ 宫 1.3.7”表示“ꡂꡟꡃ”处在代码为 1 的“龙门神禹庙圣旨碑”的第 3 行第 7 字位置；若该字头出现 2 次以上，则不同数字组之间以“ ; ”隔开。若正文之外，另有碑额或镶边大字体则以 0 计其行数，碑额另为一独立文本或正文无八思巴字者则另当别论。下同）。

（4）若单字拼写形式与《字韵》不合（此处《字韵》以照那斯图、杨耐思著《蒙古字韵》校本为准，与校后字形相同者即视为相合，如四支韵中 [illegible]，《字韵》写本中原作 [illegible]，校本改为 [illegible]，则以校后的 [illegible] 为准），则先写出文献中的原有形式，后边括号中给出《字韵》拼写形式（为节省篇幅，只给出拼写有异的字母，其他字母不再重复写出，后者以“-”代替，如“尧”字，碑刻中作 [illegible]，《字韵》作 [illegible]，今在括号中只写作“-[illegible]-”；再如“生”字碑刻中多作 [illegible]，而《字韵》作 [illegible]，今括号中给出的《字韵》拼写形式仅写作“[illegible] -”）以资比较。另，文献中字形笔画不清难以辨识者亦在括号中注明或后加“？”（八思巴字不清则注于八思巴字后，汉字不清则注于汉字后）。

（5）同一八思巴字字头与 2 个以上同音汉字（有的声调不同）对应时，八思巴字只在第一个汉字前出现（若八思巴字头拼写并不一致或有的字形剥蚀难辨因而难以确定其与相应字的拼写是否一致，则可分开书写），后边不同汉字及相关信息以“/”隔开，同一八思巴字字头下的汉字排序以它们在《蒙古字韵》中出现的先后次序为准（如不同声调者按“平上去入”的次序排列，同声调的则按其在《字韵》中出现的先后为序）。

（6）若碑刻等文献中原字剥蚀毫无印迹可循时，整理时则空出相应位置，若字体有部分可以辨识，则写上该部分，另一不能辨识部分以“？”替代。统计字数时这种字一般不计入。

一东：ꡟꡃ：

001 ꡂꡟꡃ guŋ：公 5.8.12；6.23.10；7.17.12；8.14.4；14.15.8；14.15.18；16.6.4；16.24.4；17.9.11；18.9.13；21.6.8；22.6.7；25.9.11；26.10.9；27.23.6；30.9.3；31.6.5；45.1.8；48.1.4；49.4.3。

功 16.23.1；18.6.4；18.7.3；25.4.12；26.5.7；26.6.6。工 5.4.33；6.10.1；7.8.3；8.6.10。

贡 5.5.8；6.10.7；7.9.5；8.7.7。

002 ꡁꡟꡃ kʻuŋ：孔 5.2.14；6.3.2；7.2.14；8.2.14；11.3.4；11.3.10；11.3.16；12.3.4；12.3.10；12.4.3；12.4.9；13.2.8；13.2.14；13.2.20；13.3.1；18.2.8；25.3.4；29.3.7；29.4.10；30.2.7；30.5.2。

003 ꡊꡟꡃ duŋ：东 10.5.10；10.6.4；17.4.12；22.5.4。董 1.3.10；1.9.1；40.9.11。

004 ꡉꡟꡃ tʻuŋ：通 16.7.1；29.3.16；34.3.4；34.7.1；40.9.1。统 14.12.5；16.14.14；18.3.4；27.5.1；28.7.2；29.8.2；30.11.2。

005 ꡈꡟꡃ tuŋ：同 5.7.22；6.20.9；7.15.12；8.12.10；10.10.7；20.3.14；21.3.4；22.3.5；23.3.7；24.3.3；24.4.10；31.3.5；39.5.1；39.18.11；40.2.11；41.18.4；41.19.4；41.20.4。洞（该汉字《蒙古字韵》未收）1.7.8。动 14.10.10；14.8.8。

洞（该汉字《蒙古字韵》未收）32.3.4；33.5.3。

006 ꡋꡟꡃ：

007 ꡆꡟꡃ džuŋ：中 5.2.6；6.2.6；7.2.6；8.2.6；10.9.1；14.7.11；14.11.4；16.5.12；20.3.8；21.2.10；21.5.4；22.2.10；22.4.8；23.3.1；24.2.10；27.5.4；27.11.5；31.5.3；39.1.6；39.8.1；39.8.5；39.9.1；39.9.5；39.10.5；39.11.5；39.12.5；39.13.5；39.14.5；39.15.5；39.16.5；39.17.7；39.18.14；39.19.1；40.1.6；40.9.5；40.10.1；40.10.5；40.11.5；40.12.5；40.13.5；40.14.5；40.15.7；40.16.7；40.17.1；41.1.6；41.9.1；41.9.5；41.10.1；41.10.5；41.11.5；41.12.11；41.13.7；41.14.5；41.15.5；41.16.3；41.17.5；41.18.7；41.18.13；41.19.9；41.20.12；41.21.1；44.1.3；49.2.7。衷 14.14.6。

忠 16.6.2；16.19.7；16.22.13；16.24.6；34.6.1；35.6.1。种 3.5.10。众 5.6.3；6.15.1；7.11.12；8.9.6。

008 ꡅꡟꡃ tšʻuŋ：充 26.3.3。冲 1.3.12；1.9.3（这二例碑刻用简体字“冲”,《字韵》无“冲”有“衝”）。

宠 18.8.13；25.8.18。

009 ꡄꡟꡃ tšuŋ：崇 5.2.28；6.4.6；7.3.13；8.3.5；10.9.6；16.18.5；17.12.4；18.7.1；27.14.4；30.3.14；32.3.2；33.5.1（字形作ꡄꡊ ꡟꡃ，多ꡊ）；43.1.3；48.1.1。

010 ꡎꡟꡃ：

011 ꡍꡟꡃ：

012 ꡌꡟꡃ：

013 ꡏꡟꡃmuŋ：孟 18.2.12；26.2.5；27.19.4；30.5.3。

014 ꡜꡧꡟꡃ hṷuŋ：风 11.6.2（ꡜꡧ 讹作 ꡤ。下同）；12.7.9；13.4.9；16.11.6；17.11.3；25.6.14；26.8.13；26.9.11。

封 4.4.2（ꡜꡧ 讹作 ꡤ。下同）；4.5.5；10.4.6；11.6.11；12.8.7；13.4.18；14.14.12；16.4.7；16.24.1；18.9.7；21.7.5；22.6.3；22.7.5；23.4.9；25.9.6；26.10.4；27.23.1；29.6.16；30.7.2（这一例声母不讹，正作 ꡜꡧ）；30.4.4；30.9.12；31.6.1；34.5.4；35.5.4；49.3.8。

015 ꡤꡟꡃ ɦṷuŋ：奉 5.2.29；6.4.7；7.3.14；8.3.6；14.6.13；19.3.8；20.2.10；22.4.9；32.4.2；33.2.7；33.6.1；38.3.9；39.3.2；39.4.5；39.8.2；39.9.2；40.2.2；40.4.2；40.9.2；40.10.2；41.4.2；41.9.2；41.10.2。凤 17.4.14。

016 ꡈꡟꡃ：

017 ꡒꡟꡃdzuŋ：宗 14.12.2；17.5.3；17.13.1；30.3.7；30.7.4。总 5.7.29；6.21.6；7.16.4；8.12.17。

018 ꡐꡟꡃ：

019 ꡑꡟꡃ：

020 ꡛꡟꡃsuŋ：宋 29.6.11。

021 ꡚꡟꡃ：

022 ꡔꡟꡃ：

023 ꡜꡟꡃ：

024 ꡣꡟꡃɣuŋ：洪 1.7.7；40.12.9。

025 ꡗꡟꡃ：

026 ꡝꡟꡃ：ꡦꡟꡃ：

027 ꡂꡦꡟꡃgėuŋ：宫 1.3.7；2.4.11；32.5.1；33.3.3；33.6.9；37.5.3。恭 4.8.3；10.5.3；17.9.3。

供 5.5.22；6.12.10；7.10.5；8.8.3。共 14.8.14。

028 ꡁꡦꡟꡃ：

029 ꡀꡦꡟꡃ：

030 ꡅꡦꡟꡃ tšėuŋ：平声：重 17.11.11（“重华”之“重”）；43.1.1。

去声：仲 27.17.4。重 2.4.7（“重阳”之“重”。因为下例声母讹为不送气清音，推断当读不送气音）；32.4.6（声母 ꡅ 讹作 ꡄ）；33.2.11；33.6.5；37.4.9（该例拼作 ꡅꡟꡃ，少 ꡦ）；39.18.6；41.20.10。

031 ꡆꡦꡟꡃdzėuŋ：從（從横）26.2.16。

032 ꡐꡦꡟꡃ：

033 ꡑꡦꡟꡃtsėuŋ：从 15.2.5；16.11.3；41.5.4。

034 ꡛꡦꡟꡃ：

035 zėuŋ：颂 26.8.2。讼 5.4.28；6.9.6；7.7.12；8.6.5。

036 ：

037 ：

038 'ėuŋ：荣 1.5.1；14.17.7；16.5.3；16.5.8；33.3.9；33.7.5；39.13.1；39.14.1；39.15.1；39.16.1；39.17.3；40.13.1；40.15.3；41.12.1；41.13.3；41.14.1；41.15.1；49.1.6。

永 10.7.12；11.8.7；12.11.1；13.6.1；14.3.7；18.9.1；30.8.6。咏 14.3.16。

039 ：

040 jėuŋ：庸 17.12.7；27.5.5。茔 49.4.7（该例 误作 ）。勇 16.8.4。

用 5.7.26；6.21.3；7.16.1；8.12.14；25.7.4。

041 lėuŋ：隆 25.9.1；27.14.6；27.22.2；29.6.1。龙 17.4.6。

042 ：

二庚：

043 giŋ：矜 16.7.9。景 27.15.4。敬 4.8.2；5.6.6；6.15.4；7.12.1；8.9.9；10.5.2；11.5.17；12.7.6；13.4.6。

044 k'iŋ：庆 16.8.5；16.25.2；17.11.14；17.15.2；43.1.4。

045 ：

046 ：

047 diŋ：丁 5.5.26；6.13.4；7.10.9；8.8.7。鼎 16.6.6。

048 ：

049 tiŋ：定 10.10.11；16.15.8；21.9.2；22.9.2；23.6.2；24.6.2；34.4.4；34.8.4。

050 niŋ：宁 5.9.17；6.27.5；7.19.17；8.16.17；10.8.12。

051 džiŋ：贞 4.7.4；10.8.9；29.7.2。正（平声）2.6.6；19.5.5；21.9.5；22.9.5；23.6.5；24.6.5；28.7.5。政 5.7.15；5.7.37；6.20.2；6.22.4；7.15.5；7.16.12；8.12.38.13.7；14.17.13（ 讹 作 ）；16.23.11；39.8.9；39.9.9；39.13.9；39.14.9；39.15.9；39.16.9；40.9.9；40.10.9；40.13.9；40.14.9；41.9.9；41.10.9；41.12.9；41.15.9；41.16.7；41.17.9；41.18.17；49.3.3。正（去声）16.14.13；18.3.10；18.7.14；31.6.8（字形讹作 ）；32.6.2；33.8.2；34.10.2；35.10.2。

052 tš'iŋ：称 4.7.9；26.7.11。

053 tšiŋ：澄 15.2.13；15.3.12；19.2.13；19.4.3；20.2.15；20.4.6；21.3.9；22.4.1；23.4.3；24.3.8；24.5.6；31.4.2；39.2.2；40.3.11；41.3.5。郑 14.5.10；16.6.5。

054 biŋ：兵 16.9.14。

055 ：

056 piŋ：平 1.4.9（？此处汉字不清）；14.17.11；16.23.9；39.13.7；39.14.7；39.15.7；39.16.7；

40.13.7; 40.14.7; 41.12.7; 41.15.7; 41.16.5; 41.17.7; 41.18.15; 49.3.1。並 3.6.7。病 5.5.39; 6.14.7; 7.11.8; 8.9.2。

057 miŋ: 明 4.8.5; 5.8.2; 6.22.9; 7.17.2; 8.13.12; 10.5.4; 11.3.14; 11.9.2（剥蚀）; 12.4.1; 12.12.1; 13.2.18; 13.6.14; 17.4.16; 32.2.10; 33.4.9。名 4.2.7; 11.9.5（剥蚀）; 12.12.4; 13.6.17; 14.14.15; 17.2.8; 18.7.12; 37.6.7。铭 52.1.5。

命 4.1.4; 5.1.4; 6.1.4; 7.1.4; 8.1.4; 10.1.4; 11.1.4（剥蚀）; 12.1.4; 13.1.4; 14.1.4; 16.1.4; 17.1.4; 17.12.2; 18.1.4; 18.3.12; 18.8.14; 19.1.4; 20.1.4; 21.1.4; 22.1.4; 23.1.4; 24.1.4; 25.1.4; 26.1.4; 27.1.4; 27.21.4; 28.1.4; 29.1.4; 30.1.4; 30.6.8; 31.1.4; 32.1.4; 33.1.4; 34.1.4; 35.1.4。

058 dziŋ: 精 17.7.12。旌 16.4.11。

059 tsʻiŋ: 清 16.6.11; 17.7.2; 17.12.9。青 16.5.7; 39.17.2; 40.15.2; 41.13.2。请 16.20.5。

060 tsiŋ: 静 17.7.3。靖 1.4.1; 10.7.13。

061 :

062 :

063 $š_2$iŋ: 圣 1.0.3（碑额无相应汉字）（讹作，下同）; 1.3.3; 1.9.10; 2.2.3; 3.3.3; 4.2.3; 4.7.6; 5.2.3; 5.4.5; 5.9.1; 6.2.3; 6.7.5; 6.26.1; 7.2.3; 7.6.5; 7.19.1; 8.2.3; 8.5.5; 8.16.1; 10.2.3; 11.3.7; 11.4.2; 11.7.4; 11.8.9; 12.2.3; 12.3.7; 12.4.6; 12.9.4; 12.11.3; 13.2.3; 13.2.11; 13.2.23; 13.5.4; 13.6.3; 14.2.3; 15.2.3; 16.2.3; 16.3.1; 17.2.3; 18.2.3; 18.4.1; 19.2.3; 20.2.3; 21.2.3; 22.2.3; 23.2.3; 24.2.3; 25.2.3; 25.3.9; 25.6.8; 25.8.9; 25.9.10; 26.2.3; 26.6.7; 26.10.8; 26.7.2（该例声母不讹，正作形）; 27.2.3; 27.3.3; 27.6.5; 27.23.5; 28.2.3; 29.2.3; 29.3.8; 30.2.3; 30.3.1; 30.4.13; 31.2.3; 32.2.3; 33.2.3; 34.2.3; 34.4.1; 34.7.2; 35.2.3; 35.4.1; 39.1.3; 40.1.3; 41.1.3; 47.1.3; 51.1.6（该例声母不讹，正作形）。胜 16.13.14; ？对应汉字为“外”？ 27.15.2。

064 $š_1$iŋ: 成 5.6.38; 6.18.5; 7.14.3; 8.11.4; 10.7.10; 11.7.2（剥蚀）; 12.9.2; 13.5.2; 14.10.4; 25.4.8。城 1.7.10。

承 11.5.14; 12.7.3; 13.4.3; 14.15.13; 16.22.9; 27.4.5; 27.21.6; 28.2.9; 丞 15.2.11; 16.5.15; 21.5.8; 31.5.7; 38.3.5; 39.10.8; 39.11.8; 39.12.8; 39.17.10; 39.18.17; 40.11.8; 40.12.8; 40.15.10; 40.16.10; 41.6.2; 41.11.8; 41.12.14; 41.13.10; 41.14.8; 41.18.10; 41.19.12; 41.20.15。盛 11.6.13; 12.8.9; 13.4.20; 27.19.2。

065 :

066 ·iŋ: 英 16.22.2; 26.9.10。应 1.4.2; 5.3.3; 6.6.1; 7.4.14; 8.3.21; 10.7.3; 10.9.8; 16.3.3; 34.3.1; 34.6.2; 39.4.4; 40.2.1。鹰 16.17.7。

067：

068：

069 liŋ：灵 4.6.3；10.9.9；16.22.3；17.8.1；51.1.1。　龄 16.3.5。　领 1.10.3；2.4.6；14.4.8；17.13.10；32.4.1；37.4.8。
令 2.5.3；5.9.22；6.28.1；7.20.4；8.17.2；15.3.10；17.14.9；19.4.1；20.4.4；21.8.4；22.8.4；23.5.7；24.5.4；28.5.7；29.7.5；30.10.6；31.6.10；32.5.4；33.7.2；34.8.3；35.8.2；36.0.1（此属镶边大字，汉字原缺）；36.3.6；37.3.6；39.19.3；40.17.3；41.21.3；42.1.3。

070 žiŋ：仍 1.10.6；3.7.4；10.9.11；14.14.13。

：

071：

072：

073 dhiŋ：得？（原文为“得”，依拼写与文义俱当为“登”）25.3.3。
等 1.8.9；1.12.7；3.3.12；3.7.10；5.2.13；6.3.1；7.2.13；8.2.13；21.5.1；31.4.11；40.5.9；41.2.7；49.2.4。

074：

075：nhiŋ 能 16.7.15；16.8.3。

076：

077：

078：

079：

080：

081：

082：dzhiŋ 曾 27.2.6。

083：tshiŋ 赠 16.5.5；16.22.11；21.4.4；22.4.7；30.8.15；31.4.4。

084：

085 š$_2$hiŋ：生 1.1.2（ 讹作 。下同）；2.1.2；3.1.2；5.5.33；6.14.1；7.11.2；8.8.14；10.3.5；14.5.13；15.1.2；16.20.15；36.1.2；37.1.2。省 3.3.8（ 讹作 ，下同）；21.5.6；31.5.5；39.1.8；40.1.8；41.1.8。

086：：

087：

088：

089：

090：

091 ħėuŋ：雄 16.6.9。

：

092 gėiŋ：经 16.9.3；17.7.15。耿 26.9.16。

093 k'ėiŋ：磬 11.9.4（剥蚀）；12.12.3；13.6.16。

094 hėiŋ：兴 16.12.10；17.5.6；30.6.1（声母讹作）。

095：：

096：：

097 ħėiŋ：行 1.10.4；3.6.8；4.9.3；5.7.2；5.8.22；5.9.4；5.9.12；6.18.9；6.25.1；6.26.4；6.26.12；7.14.7；7.18.7；7.19.4；7.19.12；8.11.8；8.14.14；8.16.4；8.16.12；11.10.6；12.13.7；13.7.6；14.18.7（此处作）；16.24.11；18.10.11（此处作）；21.5.3；25.7.7；25.9.15（此二处作）；26.5.9（此处呈圆形）；26.5.14；26.10.13（此二处作）；27.15.5；27.24.4（此二处作）；31.5.2；41.18.12；49.2.6（此处作）。衡 26.2.17（拼作，与一东“洪”等拼写相同）。

三阳：：

098 gaŋ：刚 14.8.2。纲 17.8.17。

099 k'aŋ：康 4.4.9。

100：

101 daŋ：当 5.2.27；6.4.5；7.3.12；8.3.4；16.9.7；29.4.19；36.6.5；37.7.2。

102 t'aŋ：汤 1.8.6。

103 taŋ：唐 26.9.6。螳 16.17.1。荡 16.10.8。

104：

105 džaŋ：张 39.8.11；49.4.4. 章 11.4.17；12.5.8；13.3.13；14.16.14；14.17.12；16.17.12；16.23.10；38.1.2。39.13.8；39.14.8；39.15.8；39.16.8；40.13.8；40.14.8；41.12.8；41.15.8；41.16.6；41.17.8；41.18.16；49.3.2。

彰 25.8.15；26.7.13；长 14.6.5。掌 17.10.5；17.13.5。

106 tš'aŋ：昌 14.16.8；16.21.12；17.10.1；27.20.4；52.1.2。

107 tšaŋ：长 1.1.1；2.1.1；3.1.1；15.1.1；16.14.5；17.4.9；36.1.1；37.1.1。

108：

109：

110：

111：

112：

113 huaŋ：方 14.13.4（讹作。下同）；16.15.2；26.2.12。访 5.7.17（讹作。下同）；5.7.39；6.20.4；6.22.6；7.15.7；7.16.14；8.12.5；8.13.9。放 26.5.16。

114：

115 waŋ：妄 5.9.11；6.26.11；7.19.11；8.16.11。望 5.5.28；6.13.6；7.19.11；8.8.9；16.6.14。

116：

117：

118 tsaŋ：藏 25.7.11；50.1.4。

119 saŋ：丧 18.5.2（八思巴字不清）。

120 š$_2$aŋ：商 3.3.6（讹作）。

121 š$_1$aŋ：常 1.11.1；3.6.15；5.9.15；6.27.3；7.19.15；8.16.15。尝 10.4.4。尚 3.3.6；11.9.9；12.12.8；13.6.21；14.13.11；17.12.3；25.8.16；26.8.6（该例讹作）；40.11.9。上 4.1.1；4.6.7；5.1.1；5.2.34；6.1.1；6.5.2；7.1.1；7.4.4；8.1.1；8.3.11；10.1.1；11.1.1（剥蚀）；12.1.1；13.1.1；14.1.1；14.6.14；16.1.1；17.1.1；18.1.1；19.1.1；20.1.1；21.1.1；21.5.9；22.1.1；23.1.1；24.1.1；25.1.1；26.1.1；27.1.1；28.1.1；29.1.1；30.1.1；31.1.1；31.5.8；32.1.1；33.1.1；34.1.1；35.1.1。

122 ɣaŋ：航 16.14.11。

123：

124 jaŋ：阳 1.4.10；2.4.8；17.8.14；32.4.7；33.2.12；33.6.6；37.4.10；49.2.3。杨 33.3.7；33.7.3；39.12.9。扬 16.17.8。养 5.6.14；5.6.25；6.16.1；6.17.2；7.12.9；7.13.5；8.9.17；8.10.9；18.4.9。

125 laŋ：郎 15.2.7；15.3.4；19.2.7；39.4.13；40.2.10；40.5.6；41.2.3；41.5.6。

126 žaŋ：攘 16.9.11。

（-）：

127 gėŋ：疆 16.3.13。姜 1.4.5；30.9.9。江 3.3.10；16.14.6；31.4.9；40.5.7；41.2.5。讲 5.6.32；6.17.9；7.13.12；8.10.16。降 1.9.9；5.8.30；6.25.9；7.18.15；8.15.5；10.2.8；14.2.7；28.3.5。

128 k'ėŋ：羌 16.12.6。

129：

130 ŋėŋ：仰 1.8.12；1.10.7；11.5.18；12.7.7；13.4.7。

131 dzėŋ：将 14.2.6；25.5.6；25.6.10（这二例字形作）；28.4.3；39.4.10；40.2.7；40.5.4；41.2.1；45.1.5。

132：

133：

134 sėŋ：相 5.7.21；6.20.8；7.15.11；8.12.9；14.15.12；29.5.8；38.3.6；39.17.11；39.18.18；40.15.11；40.16.11；41.18.11；41.19.13；41.20.16。想 10.11.4。

135 ：

136 hėŋ：乡 16.8.13（ 讹作 ）。享 29.5.18（声母 讹作 ）；30.8.2（声母 讹作 ）。

137 ɦėŋ：降 16.15.6。

138 ：

139 lėŋ：良 11.6.7；12.8.3；13.4.14；14.3.9；17.4.17。

粮 5.5.20；5.6.11；6.12.8；6.15.9；7.12.6；7.10.3；8.8.1；8.9.14。

：

140 gu̯aŋ：光 1.3.5；16.19.14；16.23.5；17.8.10；25.8.19；26.10.1；34.5.1；34.9.1；40.14.1；40.16.3；41.17.1。

广 10.8.11；21.4.10。

141

142

143

144

145

146

147

148

149 ʼu̯aŋ：王 10.6.6；10.7.4；10.8.1；10.8.13；10.9.10；11.5.5；11.7.7；12.6.1；12.9.7；13.3.19；13.5.7；26.5.10；36.3.5；37.3.5；38.3.3；42.1.2（此处拼作 ，与《字韵》不同）；50.1.3；51.1.7。

往 14.3.12；16.4.14；18.6.10。

150 ：：

151 džhaŋ：庄 5.5.10；6.11.9；7.9.7；8.7.9。

152 tšʻhaŋ：抢 16.9.10（此字拼写只有声母 ，少了韵母 ）。

153 ：

154 ：：

155 ɣoŋ：皇 1.0.1（碑额无相应汉字）；1.3.1；1.8.4；2.2.1；3.3.1；4.2.1；5.2.1；5.4.3；6.2.1；6.7.3；7.2.1；7.6.3；8.2.1；8.5.3；10.2.1；11.2.1；11.10.1（这两处八思巴字剥蚀）；12.2.1；12.13.2；13.2.1；13.7.1；14.2.1；15.2.1；16.2.1；16.25.1；17.2.1；17.11.13；17.15.1；18.2.1；19.2.1；20.2.1；21.2.1；22.2.1；23.2.1；24.2.1；25.2.1；26.2.1；27.2.1；28.2.1；

29.2.1；30.2.1；31.2.1；32.2.1；33.2.1；34.2.1；35.2.1；36.2.1；36.3.1；37.2.1；39.1.1；40.1.1；41.1.1。

ꡧꡦꡃ：

156ꡜꡧꡦꡃ hu̯ėŋ：晛 4.6.4（ꡜ 讹作 ꡜ）。

四支：ꡞ：

157ꡂꡞgi：儿 27.10.1。既 16.4.13；27.14.5；30.5.8。记 43.1.7；53.1 .6。

158ꡁꡞ k'i：起 1.5.6。杞 30.9.1；30.9.13。岂 16.4.5；18.8.1；30.7.11（声母讹作 ꡀ）。器 14.9.14。气 1.1.4；2.1.4；3.1.4；15.1.4；36.1.4；37.1.4。入声：乞 3.4.3。

159ꡀꡞki：其 3.5.15；5.4.41；6.10.9；7.8.11；8.6.18；10.5.8；14.10.5；14.15.5；14.15.16；16.4.12；16.8.7；16.16.2；16.19.2；16.20.11；18.3.9；18.4.13；18.9.8；25.3.20；25.8.2；25.8.6；27.20.1；27.21.5；29.4.3；29.5.1；29.5.9；30.3.6；30.3.9；30.3.15；30.4.5；30.7.14。期 26.9.4。及 1.7.3；1.12.1；5.5.7；5.5.31；6.11.6；6.13.9；7.9.4；7.10.14；8.7.6；8.8.12；29.4.20（该例声母ꡀ 讹作ꡁ）；36.4.11；ꡀꡞ？及（不清）37.5.9。

极 16.18.2；30.8.9（该例声母ꡀ 讹作ꡁ）。

160ꡃꡞ ŋi：宜 2.5.2；5.9.21；6.27.9；7.20.3；8.17.1；10.11.5；14.5.12；15.3.9；17.14.8；19.3.12；20.4.3；21.8.3；22.8.3；23.5.6；24.5.3；28.5.6；29.4.8；29.6.8；29.7.4；30.10.5；31.6.9；32.5.3；33.7.1；34.8.2；35.8.1。

仪 11.5.2（八思巴字剥蚀）；12.5.11；13.3.16；14.3.5；39.18.10；41.18.3；41.19.3；41.20.3。沂 10.5.12。(ꡃ 讹作 ꡁ)；27.23.2。矣 25.5.11（字形讹作 ꡗꡞ）；26.6.14（字形讹作 ꡗꡞ）；30.2.12；30.5.12（此二例讹作 ꡗꡞ）。议 19.3.9；20.2.11；30.6.3。义 10.5.7；11.8.6；12.10.13；13.5.25；16.8.10；26.8.16；32.3.3。毅 16.6.3。

161ꡊꡞdi：邸 16.11.2。底 26.9.5。帝 1.0.2（碑额无相应汉字）；1.3.2；2.2.2；3.3.2；4.2.2；4.7.7；5.2.2；5.4.4；6.2.2；6.7.4；7.2.2；7.6.4；8.2.2；8.5.4；10.2.2；11.2.2（剥蚀）；12.2.2；13.2.2；14.2.2；15.2.2；16.2.2；17.2.2；17.11.7；18.2.2；19.2.2；20.2.2；21.2.2；22.2.2；23.2.2；24.2.2；25.2.2；26.2.2；27.2.2；28.2.2；29.2.2；30.2.2；31.2.2；32.2.2；33.2.2；34.2.2；35.2.2；36.2.2；37.2.2；39.1.2；40.1.2；41.1.2。

162ꡉꡞ t'i：体 5.7.19；6.20.6；7.15.9；8.12.7；17.6.6。替 17.5.8。

163ꡈꡞti：提 2.2.13；2.4.3；5.7.32；6.21.9；7.16.7；8.13.2；17.8.15；33.3.5；33.4.7；36.4.5；36.5.6；37.4.5；40.6.3；41.3.2。

地 3.5.13；5.5.3；6.11.2；7.8.14；8.7.2；10.3.7；11.8.14；12.11.8；13.6.8；27.12.3；44.1.10。迪 16.20.1；30.5.14。

164ꡋꡞ：

165ꡆꡞ dži：知 5.9.19；6.27.7；7.20.1；8.16.19；10.11.6；14.5.4；14.5.18；14.6.10；17.14.1；20.3.11；

21.3.1; 22.3.2; 23.3.4; 24.2.13; 24.4.7; 31.3.2; 39.5.2; 39.8.8; 39.9.8; 40.2.12; 40.9.8; 40.10.8; 41.9.8; 41.10.8。

支 5.6.9; 6.15.7; 7.12.4; 8.9.12。祇 14.16.11; 26.7.4.

之 4.3.2; 4.4.4; 4.8.6; 5.2.16; 5.5.40; 6.3.4; 6.14.8; 7.3.1; 7.11.9; 8.2.16; 8.9.3; 10.4.10; 10.5.6; 11.6.6; 11.6.12; 11.8.5; 11.8.11; 11.8.15; 11.9.7; 12.8.2; 12.8.8; 12.10.8; 12.10.12; 12.11.5; 12.11.9; 12.11.13; 12.12.6; 13.4.13; 13.4.19; 13.5.20; 13.5.24; 13.6.5; 13.6.9; 13.6.13; 13.6.19; 14.3.6; 14.12.6; 14.13.8; 14.13.14; 14.15.9; 14.16.2; 16.3.6; 16.4.3; 16.4.8; 16.9.5; 16.9.12; 16.12.7; 16.12.13; 16.17.3; 16.17.9; 16.19.13; 16.20.4; 16.21.1; 16.21.6; 16.21.10; 16.21.13。17.2.13; 17.3.6; 17.7.11; 17.7.17; 17.9.10; 18.3.5; 18.4.2; 18.4.10; 18.5.7; 18.8.8; 25.3.6; 25.3.11; 25.4.11; 25.5.3; 25.5.17; 25.7.5; 25.7.9; 25.7.17。26.2.9; 26.2.15; 26.3.2; 26.4.6; 26.4.10; 26.5.3; 26.8.12; 26.9.8。27.3.5; 27.5.6; 27.10.2; 27.14.3; 27.15.6; 27.19.1; 27.21.1; 29.4.14; 29.5.14; 29.6.4; 30.2.9; 30.2.14; 30.3.3; 30.5.4; 30.5.11; 30.6.14; 30.7.3; 43.1.6; 44.1.12; 45.1.11; 47.2.2; 53.1 .5。

旨 1.0.4（碑额无相应汉字）; 1.3.4; 1.9.11; 2.2.4; 3.3.4; 4.2.4; 5.2.4; 5.4.6; 5.9.2; 6.2.4; 6.7.6; 6.26.2; 7.2.4; 7.6.6; 7.19.2; 8.2.4; 8.5.6; 8.16.2; 10.2.4; 11.2.4（剥蚀）; 12.2.4; 13.2.4; 14.2.4; 15.2.4; 16.2.4; 17.2.4; 17.9.15; 18.2.4; 19.2.4; 20.2.4; 21.2.4; 22.2.4; 23.2.4; 24.2.4; 25.2.4; 26.2.4; 27.2.4; 28.2.4; 29.2.4; 30.2.4; 31.2.4; 32.2.4; 33.2.4; 34.2.4; 35.2.4; 36.0.2（此属镶边大字，汉字原缺）; 36.3.7; 37.3.7; 39.1.4; 40.1.4; 41.1.4; 42.1.4。

指 14.5.1。止 25.8.7。致 18.8.5; 26.4.6; 27.11.4.

至 1.14.1; 2.6.1; 3.9.1; 4.10.1; 5.10.1; 6.29.1; 7.21.1; 8.18.1; 11.7.3; 12.9.3; 13.5.3; 15.5.1; 17.2.15; 18.2.10; 20.5.1; 25.10.1; 26.11.1; 27.11.2; 27.25.1; 31.7.1; 32.6.1; 33.8.1; 34.10.1; 35.10.1; 36.7.1; 37.8.1; 39.5.13; 40.6.6; 41.6.4; 41.8.1; 54.1.1; 58.1.1。

志 16.12.15。制 14.5.11; 20.3.12; 21.3.2; 22.3.3; 23.3.5; 24.3.1; 24.4.8; 31.3.3; 39.5.3; 40.3.1。职 14.15.6; 14.8.13（不清）; 28.3.1。

166ꡅꡞ tš'i: 摛 38.2.5（声母ꡅ讹作ꡔ）。侈 25.6.18。炽 16.21.11。

敕 10.9.12; 39.4.1; 39.6.1; 40.5.1; 40.7.1; 41.5.1; 41.7.1; 49.1.3。

167ꡆꡞ tši: 持 1.11.4; 33.5.8。治 11.6.4; 12.7.11; 13.4.11; 14.17.2（ꡆ讹作ꡚ）; 20.5.2; 25.9.3; 26.9.9。

滞 14.10.13（ꡆ讹作ꡚ）。示 10.11.3（ꡆ讹作ꡛ）。谥 14.18.1; 16.6.1; 16.17.14; 16.24.5; 29.7.1（声母ꡆ似误作ꡅ）; 30.9.4; 30.10.2; 31.6.6。秩 4.3.3; 27.14.2; 29.4.17（声母ꡆ讹作ꡚ）。直 19.3.5; 20.2.7。

实 17.8.9；18.7.9；27.6.3；。食 29.3.6。

168 ňi：尼 27.17.5（该例声母讹作 ）。

169 bi：妣 30.5.6。比 29.5.20（该例拼作 ）；36.4.10。 ？比（不清）37.5.8。

俾 14.8.11；14.14.7。臂 16.17.2。必 14.15.14；16.14.2。

170 ：

171 ：

172 mi：弥 25.8.14。迷 39.9.11。弭 14.9.13。米 5.6.10；6.15.8；7.12.5；8.9.13。

173 hu̯i：飞 17.4.7（ 讹作 。下同）。非 3.8.5（ 讹作 。下同）；5.9.9；6.26.9；7.19.9；8.16.9；10.5.1；11.3.9；12.3.9；12.4.8；13.2.13；13.2.25；26.8.14。

174 ：

175 wi：微 16.17.4；17.7.13。未 4.5.7；10.4.12；16.4.9；16.21.15；25.8.4。

176 dzi：济 16.9.4；35.3.1；35.6.4；51.1.2。 祭 5.5.29；6.13.7；7.10.12；8.8.10；29.4.7。 际 16.9.13。

即 5.6.21；6.16.8；7.13.1；8.10.5。绩 14.7.5。

177 ts'i：妻 23.4.4；29.6.10。

七 2.6.4；5.10.7；6.29.7；7.21.7；8.18.7；11.11.6；18.11.5；26.3.15；33.8.7；40.8.3；54.1.5；54.1.11。

178 tsi：齐 30.9.8。 籍 3.5.1；16.7.3；27.11.1。 集 5.4.24；6.9.2；7.7.8；8.6.1；17.14.2；19.3.3；20.2.5。

179 si：西 2.3.7；2.3.10；10.7.5；16.12.5；31.4.10；33.2.6；33.5.10；36.3.4；36.5.9；36.5.12；37.3.9；37.3.12；40.5.8；41.2.6。 悉 10.11.7；14.9.12。 昔 14.11.5；16.9.1；17.3.8；27.2.5。锡 30.5.10。惜 25.5.12。

180 zi：习 5.6.33；6.17.10；7.13.13；8.10.17。袭 17.11.4；28.2.10。

181 $š_2$i：施 4.9.2（ 讹作 ，下同）；5.9.3；6.26.3；7.19.3；8.16.3；11.10.5；12.13.6；13.7.5；14.10.16；14.18.6；16.24.10；18.10.10；25.4.17；25.9.14；26.10.12；27.24.3。诗 26.8.3。始 16.12.3（ 讹作 ，下同）。

世 5.2.21（ 讹作 ，下同）；5.4.1；6.3.9；6.7.1；7.3.6；7.6.1；8.2.21；8.5.1；11.5.9；12.6.5；13.3.23；14.2.12；14.12.10；16.19.12；18.3.13；18.5.13；25.8.12；26.2.8；27.18.5；29.5.17；30.7.1；30.8.7。失 16.17.5（ 讹作 ，下同）。释 29.3.11。适 14.11.2（ 讹作 ，下同）。识 16.20.10（ 讹作 ，下同）；（识 41.14.12 该例为蒙古人名用字，整个音节仅出现 （ ），寄于此）。式 10.10.12（ 讹作 ，下同）。

182 $š_1$i：时 4.4.10；5.7.7；6.19.4；7.14.12；8.11.13；10.10.3；25.7.16。 是 14.2.8；16.21.7；16.22.8。

氏 21.7.3; 22.7.3; 23.4.6; 25.3.5; 29.4.11; 29.6.13; 30.3.12; 30.6.13; 30.9.10; 49.4.5。

恃 5.9.7; 6.26.7; 7.19.7; 8.16.7。视 16.14.4。寔 18.6.12。

十 1.14.3; 2.6.3; 3.9.4; 3.9.7; 4.10.4; 5.10.4; 6.29.4; 7.21.4; 8.18.4; 11.11.3; 12.14.3; 13.8.3; 31.7.5; 32.6.3; 33.8.4; 34.10.4; 35.10.4; 36.7.3; 37.8.4; 37.8.6; 40.8.5; 41.8.5; 54.1.4; 54.1.7。

183 ꡜꡞhi：羲 1.8.2（ꡜ讹作ꡜ）；47.1.2（ꡜ讹作ꡕ）。饎 14.14.4（声母剥蚀不清）。

184 ꡖꡞ·i：医 10.8.4。依 1.9.7; 1.9.12; 5.3.10; 5.8.28; 6.6.8; 6.25.7; 7.5.7; 7.18.13; 8.4.7; 8.15.3; 37.6.11。

懿 27.16.1。意 4.8.7; 18.8.9; 27.13.4。邑 5.3.2; 6.5.11; 7.4.13; 8.3.20。

185 ꡗꡞji：伊 17.4.8（此处ꡗ讹作ꡙ）。壹 30.7.8。

一 3.6.1; 3.9.8（此二例ꡗ讹作ꡙ）; 5.10.5; 6.29.5; 7.21.5; 8.18.5; 11.11.4; 12.14.4; 13.8.4; 16.14.8; 17.6.2; 25.3.15; 25.7.15; 27.6.1; 37.8.7; 40.8.6。 益 14.16.7; 25.4.19; 27.20.3。

186 ꡙꡞji：贻 14.12.8。

以 4.5.10; 4.7.8; 5.5.21; 5.7.23; 6.12.9; 6.20.10; 7.10.4; 7.15.13; 8.8.2; 8.12.11; 10.2.7; 10.3.2; 11.3.13; 11.7.13; 12.3.13; 12.4.12; 12.10.1; 13.2.17; 13.3.4; 13.5.13; 14.6.2; 14.6.12; 14.12.3; 14.14.10; 16.5.1; 16.7.7; 16.10.7; 16.21.8; 17.4.5; 17.10.3; 18.5.4; 18.8.4; 25.4.7; 26.7.12; 27.8.2; 27.8.5; 29.5.7; 29.5.19; 30.2.15; 30.4.14; 30.7.7; 36.5.3; 37.6.9; 38.2.3。 已 5.8.29; 6.25.8; 7.18.14; 8.15.4; 10.4.3; 16.18.1; 25.3.18。异 26.2.18。

裔 14.16.10。艺 5.6.35; 6.18.2; 7.13.15; 8.11.1。亦 16.7.14; 18.4.4; 29.6.7; 30.5.7。奕 17.10.17。

易（入声，意为“交换”）14.14.14; 17.7.10（《周易》的“易”）。

187 ꡙꡞli：里 29.6.3。 履 17.12.6。 裹 1.1.6; 1.2.6; 2.1.6; 3.1.6; 3.2.6; 11.7.11; 12.9.11; 13.5.11; 15.1.6; 36.1.6; 36.2.5; 37.1.6; 37.2.5; 39.1.5; 40.1.5; 41.1.5。

李 2.0.3; 2.3.1; 2.5.4; 28.2.5; 28.6.1; 28.8.3; 36.0.4（此属镶边大字，汉字原缺）; 36.4.7; 37.5.5。

理 1.7.12; 3.8.6; 5.4.25; 5.8.26; 5.9.10; 6.9.3; 6.25.5; 6.26.10; 7.7.9; 7.18.11; 7.19.10; 8.6.2; 8.15.1; 8.16.10。

礼 25.4.10; 29.4.15; 30.4.9; 30.6.4。 吏 5.2.11; 6.2.11; 7.2.11; 8.2.11。 丽 28.4.6。 俪 27.18.4。

励 5.8.6; 6.23.4; 7.17.6; 8.13.16; 18.5.9. 力 1.1.5; 2.1.5; 3.1.5; 14.13.1; 15.1.5; 18.4.11; 36.1.5; 37.1.5。历 17.3.4。

188 ꡔꡞ ži：儿 39.9.12（此处用于蒙古人名尾，故整个音节仅标ꡔ 音，寄于此）。41.13.15（此处用于蒙古人名尾，故整个音节仅标ꡔ 音，寄于此）。

而 4.5.4; 11.3.6; 11.4.1; 12.3.6; 12.4.5; 13.2.10; 13.2.22; 14.5.17; 14.6.9; 14.9.18; 14.14.16; 16.8.2; 16.11.8; 16.13.6; 16.14.15; 17.4.13; 18.3.2; 18.7.5; 18.7.11; 25.3.17; 25.5.9; 25.8.13; 26.5.8; 26.5.15; 26.8.5; 27.4.1; 27.12.1; 30.3.4; 30.4.2; 38.1.3。 尔 16.16.7; 17.10.4.

二 1.14.4; 1.14.6; 3.9.3; 4.10.3; 4.10.7; 5.5.25; 6.13.3; 7.10.8; 8.8.6; 10.12.3; 10.12.5; 17.15.3; 21.9.3; 22.9.3; 23.6.3; 25.4.5; 25.10.3; 26.11.3; 27.25.3; 28.7.3; 31.7.6; 33.8.3; 34.10.3; 35.10.3; 37.8.3; 54.1.3; 54.1.8; 55.1.3; 57.1.3

日 1.14.8; 2.6.8; 3.9.10; 4.10.9; 5.10.9; 6.29.9; 7.21.9; 8.18.9; 10.12.7; 11.8.17; 11.11.8; 12.11.11; 12.14.8; 13.6.11; 13.8.8; 14.19.6; 15.5.7; 16.25.7; 17.15.7; 18.11.7; 19.5.7; 20.5.7; 21.9.7; 22.9.7; 23.6.7; 24.6.7; 25.5.8; 25.10.7; 26.11.7; 27.26.1; 28.7.7; 29.8.7; 30.11.7; 31.7.8; 32.6.8; 33.8.9; 36.7.8; 37.8.9; 39.7.8; 40.8.8; 41.8.7; 54.1.12; 55.1.6; 56.1.7; 57.1.7; 58.1.5。入 25.3.8。

� ꡞ：

189 ꡗꡞ：

190 ꡖꡞ：

191 ꡚꡞ tšhi：士 5.5.9; 5.6.1; 6.11.8; 6.14.9; 7.9.6; 7.11.10; 8.7.8; 8.9.4; 19.3.7; 20.2.9; 20.3.6; 21.2.8; 22.2.8; 23.2.8; 24.2.8; 24.4.2; 31.2.8。 仕 15.2.6; 39.4.11; 40.2.8; 40.5.5; 41.2.2; 41.5.5。

事 1.9.5; 2.5.1; 3.4.9; 5.8.13; 5.8.25; 6.24.1; 6.25.4; 7.17.13; 7.18.10; 8.14.5; 8.14.17; 14.4.12; 14.5.9; 14.10.2; 14.17.14; 16.23.12; 17.14.7; 32.5.2; 33.6.10; 37.5.4; 39.8.10; 39.9.10; 39.13.10; 39.14.10; 39.15.10; 39.16.10; 39.18.7; 40.9.10; 40.10.10; 40.13.10; 40.14.10; 41.9.10; 41.10.10; 41.12.10; 41.15.10; 41.16.8; 41.17.10; 41.18.18; 41.20.11; 49.3.4。

192 ꡒꡞ dzhi：资 11.9.10; 12.12.9; 13.6.22; 14.3.18; 17.8.5; 18.4.5; 21.4.5; 24.4.3; 31.2.9; 31.4.5; 39.10.1; 39.11.1; 39.12.1; 40.11.1; 40.12.1; 41.11.1。兹 10.11.1; 14.13.5（此处ꡒ讹作ꡐ）; 16.3.8。紫 16.23.4; 40.16.2。

子 5.2.15; 6.3.3; 7.2.15; 8.2.15; 11.3.5; 11.3.11; 11.3.17; 11.7.19; 12.3.5; 12.3.11; 12.4.4; 12.4.10; 12.10.7; 13.2.9; 13.2.15; 13.2.21; 13.3.2; 13.5.19; 14.12.14; 15.2.9; 15.3.6; 18.2.9; 18.2.13; 19.2.9; 25.3.14; 26.2.6; 26.3.8; 27.3.1; 27.4.2; 27.19.5; 29.3.4; 29.4.4; 29.5.11; 30.2.8; 36.3.2; 41.5.8。

193 ꡓꡞ tsʻhi：此 1.13.5; 2.5.8; 3.8.10; 5.9.8; 5.9.24; 6.26.8; 6.28.3; 7.19.8; 7.20.6; 8.16.8; 8.17.4;

15.4.2；17.14.14；19.4.5；20.4.8；21.8.6；22.8.6；23.5.9；24.5.8；28.6.5；29.7.7；30.10.8；31.6.12；32.5.9；33.7.7；34.9.3；35.9.2；36.6.7；37.7.4。

194 ꡑꡜꡞ tshi：慈 17.7.7（ꡑ 讹 作 ꡐ）；34.3.3；34.6.4。 字 39.4.9；40.2.6。 自 16.12.4；18.6.3；27.7.5；30.4.7。

195 ꡛꡜꡞ shi：思 16.15.12；27.4.3.

司 1.10.11；3.6.14；5.2.9；5.7.11；5.7.18；5.7.40；6.2.9；6.19.8；6.20.5；6.22.7；7.2.9；7.15.1；7.15.8；7.16.15；8.2.9；8.11.17；8.12.6；8.13.10；10.10.1；14.9.1；15.3.7；19.2.10；30.6.10；39.18.13；41.18.6；41.19.6；41.20.6。

私 30.7.12。斯 14.8.6；26.3.11；27.9.2；27.20.5。死 16.20.14。赐 49.1.4。

四 2.3.12；4.3.8；10.3.12；15.5.3；36.5.14；36.7.4；37.4.1；39.7.3。肆 16.7.6；17.5.13；18.8.11。

196 ꡕꡜꡞ zhi：词 5.4.27；6.9.5；7.7.11；8.6.4。祠 29.4.6（声母 ꡕ 讹作 ꡛ）。辞 26.6.2（声母 ꡕ 讹作 ꡛ）。似 16.21.9。

祀 4.3.4；5.5.30；6.13.8；7.10.13；8.8.11；10.4.11；10.10.8；11.7.12；12.9.12；13.5.12；29.3.17；30.8.3；53.1.2。嗣 16.20.2。

197 ꡚꡜꡞ $š_2hi$：师 2.2.8（ꡚ 讹作 ꡚ。下同）；5.5.32；6.13.10；7.11.1；8.8.13；11.5.6；12.6.2；13.3.20；16.12.14；17.7.1；17.13.2；26.2.10；34.4.3；34.8.1；35.4.3；35.7.4；36.3.11；38.3.1。

史 20.4.2（ꡚ 讹 作 ꡚ， 下 同 ）；21.3.7；22.3.8；22.5.8；23.4.1；24.3.6；24.5.2；31.3.8；39.5.7；40.3.5。

使 1.12.2（ꡚ 讹作 ꡚ，下同）；3.7.7；5.4.12；6.7.12；7.6.12；8.5.12；11.7.9；12.9.9；13.5.9；14.5.3。

ꡦꡞ：

198 ꡂꡦꡞ gėi：稽 10.6.10；18.6.8；26.7.1；27.5.2（字形讹作 ꡂꡞ）；30.6.11（字形讹作 ꡂꡞ）。

蓟 49.4.1。继 1.3.13；14.13.6。

199 ꡁꡦꡞ k‘ėi：启 17.2.10。啓（《字韵》未出现此汉字。据音韵地位应列此位）38.1.6。

200 ꡀꡦꡞ：

201 ꡜꡦꡞ：

202 ꡣꡦꡞ ḣėi：奚 11.9.3（剥蚀）；12.12.2（ꡣ 讹作 ꡜ）；13.6.15（ꡣ 讹作 ꡜ）。

ꡟꡠ：

203 ꡂꡟꡠ gue：归 16.14.12；17.3.7。轨 16.15.4。会 10.6.9。

国 4.3.1；5.2.23；5.9.13；6.4.1；6.27.1；7.3.8；7.19.13；8.2.23；8.16.13；14.17.17；15.2.8；15.3.5；16.18.7；16.23.14；16.24.3；18.9.12；18.10.3；19.2.8；20.4.1；21.3.6；22.3.7；23.3.9；24.3.5；24.5.1；25.9.8；26.2.14；26.10.6；27.23.3；28.4.7；29.3.15；

29.6.18；30.7.5；30.9.2；30.9.14；31.3.7；39.5.6；39.18.5；40.3.4；41.5.7；41.20.9；49.3.6；49.4.2。

204：

205：

206：

207：

208：

209 nue：内 4.4.5；5.4.19；6.8.7；7.7.3；8.5.19。

210 džue：追 11.6.10；12.8.6；13.4.17；14.3.15；16.23.15；18.9.6；21.7.4；22.6.2；22.7.4；23.4.8；26.6.9；29.6.15；30.9.11；31.5.11；49.3.7。

211 tšʻue：推 18.5.14。

212：

213：

214 bue：碑 44.1.13；45.1.12；47.2.3；48.1.6；49.4.8；50.1.6；51.1.8。彼 5.9.5；6.26.5；7.19.5；8.16.5。贲 18.9.2。

诐 26.5.13（讹作）。秘 17.8.2。閟 14.3.8。辈 5.7.8；6.19.5；7.14.13；8.11.14。

北 4.6.8；10.8.2；17.4.4；53.1.3。

215 pʻue：丕 11.5.15（讹作，下同）；12.7.4；13.4.4；16.19.9（不讹）；25.8.20（声母讹作）；27.22.3（讹作）；配 26.6.10（声母讹作）；27.15.3（声母讹作）；29.5.2（声母讹作）。

216 pue：备 5.7.24；6.21.1；7.15.14；8.12.12。弼 14.13.12（讹作）。

217 mue：靡 16.16.4；16.21.3。美 17.11.5。每 27.8.4。

218：

219：

220 tsue：摧 16.13.1。蕞 16.16.6。

221 sue：绥 14.8.5。虽 16.17.15；17.8.3；18.3.11；25.7.12。粹 17.6.9。岁 10.10.2；14.7.2；18.3.1。

222 zue：随 5.6.20；6.16.7；7.12.15；8.10.4。

223 $š_2$ue：水 44.1.8（讹作）。税（讹作）3.5.9；3.5.14。

224 $š_1$ue：垂 5.2.18；6.3.6；7.3.3；8.2.18；14.12.4；16.3.9。

225 hue：诲 5.6.31（讹作。下同）；6.17.8；7.13.11；8.10.15。

226 ɣue：会 17.5.2。或 5.4.22；5.9.6；6.8.10；6.26.6；7.7.6；7.19.6；8.5.22；8.16.6。

227 ·ue：威 35.2.5；35.6.3。尉 38.2.10。慰 22.5.7。蔚 26.9.14。域 25.3.12。

228 ʼue：危 16.13.5。　为 4.6.10；5.6.2；6.14.10；7.11.11；8.9.5；10.6.1；10.6.12；10.7.9；

10.8.8；10.9.5；10.10.10；14.2.15；18.9.10；18.10.1；25.5.1；27.9.4；29.3.13。　伟 14.7.4；16.6.7。苇 16.14.9。位 18.7.6；27.12.4。

谓 11.4.11（剥蚀）；12.5.2；13.3.7；26.6.4。外 5.2.7；6.2.7；7.2.7；8.2.7；外？ 14.7.15（汉字不清楚）。

229 lue：雷 16.10.5；累 1.9.8。

230 ：：

231 gėue：规 11.6.8；12.8.4；13.4.15；14.12.7。

232 ：

233 ：

234 ：

235 ɦėue：惠 27.9.1（字形作 ）；30.7.9（ 呈圆形）；35.3.4（声母 讹作 ）。（：）

236 hėue（此字头《字韵》写本声母作 s，当为晓母 h。如此则又与"隳"小韵重。《韵会》此独立为"麾"字母韵。讨论见《校本》p166。我们暂作晓母处理）：挥 14.5.2（ 声母讹作 ）。

：

237 ：

238 jṷi：惟 4.2.6；4.5.1；10.4.7；11.8.8；12.11.2；13.6.2；14.2.18；14.12.11；16.7.4；17.11.15；18.2.6；25.3.2；29.3.2；30.2.6；30.3.10。维 17.9.1。遗 16.13.11。役 3.4.8；3.6.6；5.4.34；6.10.2；7.8.4；8.6.11；16.12.8。

五鱼：：

239 gu：古 11.6.5；12.8.1；13.4.12；39.10.10（该例用于蒙古人名中，整个音节仅标 ，暂寄于此）。顾 25.8.8；30.7.10。故 10.10.13；14.3.17；14.10.14；16.5.4；25.6.16；30.4.11；39.6.2；40.7.2；41.7.2；49.1.5。固 29.4.18。

240 k'u：枯 16.16.1。苦 14.9.16。

241 du：都 5.2.35；5.2.37；6.5.3；6.5.5；7.4.5；7.4.7；8.3.12；8.3.14；14.4.5；14.4.18；14.5.6；33.3.4；33.4.6；41.10.13。

242 t'u：土 1.6.2；5.5.4；6.11.3；7.9.1；8.7.3；44.1.11。吐 14.8.4。

243 tu：图 16.16.13；17.11.8。独 18.3.7。渎 1.8.8；4.3.7；5.4.30；6.9.8；7.7.14；8.6.7；10.3.13；10.10.6。

244 nu：怒 25.4.3。

245 ：

246 tš'u：初（汉字不甚清楚）14.13.10；54.1.10。

247 tšu：助 1.2.5；3.2.5。

248 bu：不 1.12.8；5.9.18；6.27.6；7.19.18；8.16.18；14.8.3；14.9.6；14.14.1；14.16.5；16.7.5；

16.7.8；16.13.7；18.7.7；18.7.13；25.4.1；25.4.4；25.5.7；25.5.15；25.7.18；26.3.5；26.9.2；29.6.6；39.10.11（声母ꡍ讹作ꡌ）。

249 ꡍꡟp'u：普 34.6.3；34.3.2（该例声母ꡍ讹作ꡌ）；35.7.1；35.3.2（该例声母ꡍ讹作ꡌ）。

250 ꡌꡟ：

251 ꡏꡟmu：木 41.13.14。

252 ꡤꡟ hụu：夫 14.4.3（ꡤ讹作ꡤ。下同）；14.17.10；16.5.11；16.23.8；18.10.6；19.3.11；20.2.13；20.3.10；21.2.12；21.4.8；21.8.1；22.3.1；22.5.2；22.8.1；23.3.3；23.5.4；24.2.12；24.4.6；29.6.19；30.9.15；31.3.1；31.4.8；39.8.4；39.9.4；39.10.4；39.11.4；39.12.4；39.13.4；39.14.4；39.15.4；39.16.4；39.17.6；40.9.4；40.10.4；40.11.4；40.12.4；40.13.4；40.14.4；40.15.6；40.16.6；41.9.4；41.10.4；41.11.4；41.12.4；41.13.6；41.14.4；41.15.4；41.17.4；49.2.1。俯 16.19.15。府 5.2.40（ꡤ讹作ꡤ。下同）；5.7.31；6.5.8；6.21.8；7.4.10；7.16.6；8.3.17；8.13.1；14.4.10；28.5.3；39.18.9；41.18.2；41.19.2；41.20.2；44.1.5。抚 16.15.7。

付 2.0.2（ꡤ讹作ꡤ）；28.8.2；32.0.2（此属镶边大字，汉字原缺）；36.0.3（此属镶边大字，汉字原缺）。

傅 39.18.2；48.1.3。福 1.2.2（ꡤ讹作ꡤ，下同）；3.2.2；36.2.3；37.2.3。覆 5.7.20；6.20.7；7.15.10；8.12.8。

253 ꡰꡟ ɦụu：符 14.7.14；16.10.1；17.3.3；28.3.7. 夫 16.16.14；18.7.2；26.3.14；27.5.3；27.13.6；29.5.4。父 11.7.18；12.10.6；13.5.18；14.12.13；18.4.6；18.4.14；18.9.9；21.3.10；22.4.3；28.2.11；30.8.10。

辅 16.17.10；17.6.4。伏 1.8.1。復 14.15.15；25.4.9；25.9.9；30.2.16。服 14.16.12；25.8.17；26.7.5。

[负 16.13.15。误拼作ꡰꡟ，当为ꡰꡦꡓ，在十一尤]

254 ꡓꡟwu：无 4.5.9；11.3.12；12.3.12；12.4.11；13.2.16；13.3.3；14.9.15；14.10.11；16.3.12；16.13.10；17.2.7；25.4.13；25.4.16；30.8.8；30.8.12。毋 1.11.9；3.7.11；5.4.16；5.5.13；5.8.16；6.8.4；6.12.1；6.24.4；7.6.16；7.9.10；7.18.1；8.5.16；8.7.12；8.14.8。巫 10.8.5。武 11.5.1（剥蚀）；12.5.10；13.3.15；14.4.14；14.15.7；28.4.1；45.1.3。

务 5.6.36；6.18.3；7.14.1；8.11.2。物 4.4.7；5.4.40；6.10.8；7.8.10；8.6.17；27.12.6。

255 ꡒꡟdzu：祖 5.4.2；6.7.2；7.6.2；8.5.2；11.4.12；12.5.3；13.3.8；14.12.1；16.3.2；17.4.2；22.4.2；22.6.8；47.2.1（多ꡙ）。

做 3.5.4（ꡒ讹作ꡐ。该字《蒙古字韵》未收。据其音韵地位知为精母）。

256 ꡑꡟ ts'u：措（此处汉字不甚清楚）14.10.18。

257 ꡐꡟtsu：祚 11.9.13；12.12.12；13.6.25。

258 su：苏 16.15.15。素 14.15.10；17.12.5；29.7.3。

259 $š_2u$（该字头《字韵》写本不区分 、 字形）：疏 14.14.8（字形作，下同）；16.5.2。所 3.6.11（字形作，下同）；5.2.26；5.5.17；5.6.4；6.4.4；6.12.5；6.15.2；7.3.11；7.9.14；7.11.13；8.3.3；8.7.16；8.9.7；10.3.1（字形不误，作。但《蒙古字韵》写本作，校本未校）；11.4.10（字形作，下同）；12.5.1；13.3.6；14.6.1；14.6.11；14.10.12；16.15.9；17.13.15；18.6.2；18.8.3；30.4.6。数 17.3.5。

260 hu：呼 11.7.17；12.10.5；13.5.17。戲 14.15.2（此处声母剥蚀不清）；16.20.7；17.10.14；25.7.3；26.8.1；27.17.2。虎 28.3.6；35.5.1；35.8.4。

261 ɣu：胡 14.13.18。湖 21.4.9。乎 25.5.13；26.4.5；26.4.14；29.6.9（声母 讹作 ）；30.3.13（讹同上）。

户 28.5.2；28.5.5。护 1.2.4；1.11.3；3.2.4；21.6.1；22.5.9；31.5.9。

262 ·u：乌 41.10.11（该例为蒙古人名用字，拼写为 ）。呜 11.7.16；12.10.4；13.5.16。

於 14.15.1；16.20.6；17.10.13；25.7.2；26.7.16。扵 27.17.1（该例似“於”字之讹。《字韵》该字头下无此字）。

263 lu：鲁 26.8.11；29.4.2。 路 1.4.11；1.10.9；2.2.10；2.3.9；5.2.39；5.7.28；6.5.7；6.21.5；7.4.9；7.16.3；8.3.16；8.12.16；17.13.12；32.4.4；33.2.9；33.4.3；33.6.3；36.4.2；36.5.11；37.3.11。潞 16.24.2。

禄 14.17.8；16.5.9；16.23.6；39.13.2；39.14.2；39.15.2；39.16.2；39.17.4；40.13.2；40.14.2；40.15.4；40.16.4；41.12.2；41.13.4；41.14.2；41.15.2；41.17.2；49.1.7。

ꡦꡟ：

264 gėu：举 2.2.14；5.7.13；5.7.33；6.19.10；6.21.10；7.15.3；7.16.8；8.12.1；8.13.3；10.4.13；11.6.9；12.8.5；13.4.16；14.10.17（此处汉字不太清楚）；36.4.6；37.6.4；40.6.4；41.3.3。

据 3.3.5；5.8.20；6.24.8；7.18.5；8.14.12。

265 k'ėu：驱 16.10.4。屈 16.15.10。曲 5.2.30；6.4.8；7.3.15；8.3.7。

266 kėu：衢 14.7.8。距 26.5.12。惧 5.9.20；6.27.8；7.20.2；8.16.20。

267 džėu：诸 1.11.7；2.2.9；5.2.38；5.4.9；5.5.11；5.8.14；6.5.6；6.7.9；6.11.10；6.24.2；7.4.8；7.6.9；7.9.8；7.17.14；8.3.15；8.5.9；8.7.10；8.14.6；17.13.11；18.6.9；30.2.17；33.4.2；36.4.1。郰 18.9.11；18.10.2。

贮 5.4.38；6.10.6；7.8.8；8.6.15。翥 17.4.15。主 4.8.8；11.10.3（声母剥蚀）；12.13.4；13.7.3；16.12.2；16.24.8；18.10.8；25.9.12；26.10.10；27.24.1。 著 10.10.9；14.7.3；16.8.11；18.7.10；25.4.20；26.7.9。烛 17.11.10。

268 tš'ėu：枢 21.4.2。处 3.3.13；21.5.2；31.5.1；40.5.10；41.2.8；49.2.5。黜 26.5.5。出 5.5.18；

5.7.6; 6.12.6; 6.19.3; 7.10.1; 7.14.11; 8.7.17; 8.11.12; 30.4.8。

269 tšėu：柱 16.23.13; 49.3.5。住 33.5.7（声母 讹作 ）。述 11.4.13; 12.5.4; 13.3.9; 14.13.7; 27.23.4。

270 ：

271 dzėu：足 29.5.6。沮 1.11.11; 5.8.18; 6.24.6; 7.18.3; 8.14.10。

272 ：

273 tsėu：聚 5.4.23; 6.9.1; 7.7.7; 8.5.23。

274 sėu：胥 17.5.1。 肃 5.7.14; 5.7.36; 6.20.1; 6.22.3; 7.15.4; 7.16.11; 8.12.2; 8.13.6; 16.24.7。宿 16.6.13。夙 18.5.1。衃 5.6.13;6.15.11;7.12.8;8.9.16;16.17.11。恤 3.7.3。

275 zėu：绪 11.5.16; 12.7.5; 13.4.5; 17.8.11; 27.22.4。续 16.19.4。

276 $\check{s}_2$ėu：书 3.3.7（ 讹作 。下同）; 5.3.7; 6.6.5; 7.5.4; 8.4.4; 16.6.15; 21.5.5; 26.4.2; 26.8.4（不讹）; 27.6.2（ 讹作 。下同）; 31.5.4; 39.1.7; 39.8.6; 39.9.6; 39.10.6; 39.11.6; 39.12.6; 39.13.6; 39.14.6; 39.15.6; 39.16.6; 39.17.8; 39.18.15; 39.19.2; 40.1.7; 40.9.6; 40.10.6; 40.11.6; 40.12.6; 40.13.6; 40.14.6; 40.15.8; 40.16.8; 40.17.2; 41.1.7; 41.9.6; 41.10.6; 41.11.6; 41.12.12; 41.13.8; 41.14.6; 41.15.6; 41.16.4; 41.17.6; 41.18.8; 41.18.14; 41.19.10; 41.20.13; 41.21.2; 46.1.2; 49.2.8。庶 14.10.1（ 讹作 。下同）。

277 $\check{s}_1$ėu：殊 16.21.4; 16.22.6。孰 26.3.9; 27.18.3。淑 14.14.2。
蜀 2.3.11; 36.5.13; 37.3.13（声母 讹作 ）。

278 ：

279 ·ėu：於 1.4.8; 1.7.4; 3.7.13; 5.4.18; 6.8.6; 7.7.2; 8.5.18; 17.5.10; 17.6.1; 17.8.6; 17.8.12; 17.9.16; 17.11.6; 17.11.17; 18.2.11; 25.6.13; 25.6.19; 27.11.3; 29.4.1; 30.5.1; 30.7.13。扵 14.2.11; 14.15.4。后面三字声母讹作 ：14.7.6; 14.9.2; 14.11.3。27.7.1; 27.15.1; 27.16.4; 27.18.1。彧 17.6.16; 17.14.12。

280 'ėu：虞 26.9.7。于（该字《蒙古字韵》未收。据音韵地位当在此位）14.5.14; 14.6.6; 14.12.16; 29.5.16（声母 讹作 ）。籞 14.6.8。
禹（ ，仅有汉字，无相应八思巴字字形，疑为漏刻，今据《字韵》补。其排序应为 1.8.6。处在"舜"、"汤"之间，但因其八思巴字拼写未出现，所以"汤"的八思巴字拼写序号今为 1.8.6。）; 禹 16.3.11; 16.8.12; 16.14.1; 16.18.3; 16.18.13; 26.6.12。宇 1.8.11; 4.4.3; 5.6.17; 6.16.4; 7.12.12; 8.10.1。御 27.8.1。遇 16.11.9。玉 17.11.9。

281 jėu：余 3.5.16; 16.10.9; 18.2.16; 23.4.5。畬 16.18.9。舆 17.9.8。予 14.2.17; 14.14.5。腴 14.5.16。瑜 38.2.1。与 10.10.4。窳 14.9.17。裕 16.3.10; 30.9.6。谕 5.2.5; 6.2.5;

7.2.5；8.2.5。育 27.13.1。

282 ꡙꡦꡓ lèu：闾 10.8.6；16.8.14。六 16.7.2；31.7.3；34.10.5；35.10.5。陆 44.1.9。律 17.9.5。录 39.18.3；41.20.7。

283 ꡔꡦꡓ žėu：如 29.4.9。茹 14.8.1。儒 5.7.34；5.8.23；6.22.1；6.25.2；7.16.9；7.18.8；8.13.4；8.14.15；40.5.11；41.2.9；44.1.6。

ꡟ：

284 ꡟ u：吾 25.7.20。吴 10.7.7；15.2.12；15.3.11；19.2.12；19.4.2；20.2.14；20.4.5；21.3.8；21.4.1；22.3.9；22.4.4；23.4.2；24.3.7；24.5.5；31.4.1；39.2.1；40.3.10；41.3.4。五 2.3.8；3.9.5；10.3.10；10.4.8；15.5.5；19.5.3；29.8.5；30.11.5；36.5.10；36.7.6；37.3.10；57.1.5。

乌 41.10.11（该例为蒙古人名用字，据《字韵》应拼作 ꡝꡟ，今拼写为 ꡟ，已列入 ꡝꡟ 韵中）。

六佳：ꡗ：

285 ꡂꡗ gaj：盖 1.5.7（ꡂ 剥蚀）；11.3.1（剥蚀）；12.3.1；13.2.5；25.5.5。

286 ꡁꡗ k'aj：开 17.6.10；27.6.4；39.18.8；41.18.1；41.19.1；41.20.1。忾（汉字不清）14.3.3。

287 ꡃꡗ ŋaj：艾 16.22.1。

288 ꡊꡗ daj：歹 40.10.12（该例为蒙古人名用字，拼作 ꡊꡗꡠ，暂寄于此）。带 28.3.3。戴 29.6.12。

289 ꡉꡗ t'aj：泰 21.9.1；22.9.1；23.6.1；24.6.1。太 11.7.14；12.10.2；13.5.14；17.4.1；20.3.7；21.2.9；22.2.9；23.2.9；24.2.9；38.2.9；38.2.11；39.18.1；41.19.7。

290 ꡈꡗ taj：台 14.7.12。殆 10.4.14。大 1.2.1；2.2.7；3.2.1；4.2.9；4.7.3；5.2.36；6.5.4；7.4.6；8.3.13；10.12.1；11.8.16；11.11.1；12.9.1；12.11.10；12.14.1；13.5.1；13.6.10；13.8.1；14.2.9；14.4.2；14.4.4；14.5.5；14.17.9；15.5.2；16.5.10；16.18.6；16.20.12；16.23.7；17.2.5；17.12.17；18.6.6；18.7.4；19.3.10；20.2.12；20.3.9；21.2.11；21.4.7；22.2.11；22.5.1；23.3.2；24.2.11；24.4.5；25.6.11；30.2.11；31.2.11；31.4.7；32.4.5；33.2.10；33.6.4；34.4.2；34.7.3；35.4.2；35.7.2；36.3.10；39.7.1；39.8.3；39.9.3；39.10.3；39.11.3；39.12.3；39.13.3；39.14.3；39.15.3；39.16.3；39.17.5；40.8.1；40.9.3；40.10.3；40.11.3；40.12.3；40.13.3；40.14.3；40.15.5；40.16.5；41.8.2；41.9.3；41.10.3；41.11.3；41.12.3；41.13.5；41.14.3；41.15.3；41.17.3；42.1.1；45.1.1；49.1.1；49.1.8。

代 10.2.6；18.6.11（声母讹作 ꡊ）；53.1 .1。逮 16.12.9。

291 ꡋꡗ naj：乃 14.12.12；26.7.8。

292 ꡇꡗ：

293 ꡅꡗ tš'aj：差 3.4.7；3.6.5。策 16.13.12。

294 ꡄꡗ tšaj：宅 1.3.6。泽 14.17.16；26.4.8。

295 ꡎꡗ baj：百 5.2.8；6.2.8；7.2.8；8.2.8；11.5.4；12.5.13；13.3.18；16.4.1；18.2.14；25.8.11；26.2.7。

伯 38.3.7（该例为蒙古人名用字，整个音节仅出现声母）。

296 p'aj：派 17.6.3。沛 16.4.15。

297：

298 maj：买 3.5.5。卖 3.5.6。

299 dzaj：哉 18.8.10；30.8.1。载 26.9.13；27.7.3；27.10.6；38.2.4。再 16.19.11。

300 ts'aj：採 17.9.7。

301 tsaj：才 3.4.2；3.5.3；16.6.10；18.4.3。材 5.6.39；6.18.6；7.14.4；8.11.5；17.10.11。
在 3.4.14；3.6.12；4.4.1；16.12.16。

302 saj：塞 26.3.4。

303（《字韵》写本不区分、字形）：

304 haj：海 4.3.9。

305：

306：

307：

308：

309 laj：来 14.8.7；14.16.9；16.21.14；27.8.3；30.4.15；36.5.4；37.6.10。赖 14.13.16。

：

310：

311：

312：

313（该字头《字韵》写本不区分、字形）：

314：

315 ɣu̯aj：怀 16.8.15；18.8.6；25.6.3；26.8.9。淮 3.3.11；22.5.3。坏 1.11.12；5.6.19；6.16.6；
7.12.14；8.10.3。

316：

317：

（该韵《字韵》写本作，《校本》以为当作，今从《校本》）：

318 gi̯aj：皆 4.3.10（作。下同）；10.2.11。懈 16.16.5（作。下同）。廨 52.1.4。
戒 17.9.4（作。下同）。格 26.7.6（作）。

319：

320：

321 ɦi̯aj：谐 14.13.13。解 1.7.6（拼作）。廨 52.1.4（此处作）

：

322 kʻhij：克 17.7.4；27.4.4。

323 dhij：德 5.7.1；6.18.8；7.14.6；8.11.7；10.3.8；10.6.3；10.7.1；10.7.11；10.8.10；10.9.7；10.12.2；11.11.2；12.14.2；13.8.2；14.4.1；17.5.9；17.6.15；17.14.11；25.7.14；28.4.2；29.5.5；31.4.6；32.0.4（此属镶边大字，汉字原缺）；32.2.6；32.5.6；33.3.8；33.7.4；39.7.2；39.11.2；39.12.2；40.8.2；40.12.2；55.1.2；56.1.2。

得 1.11.10；1.12.9；3.7.12；5.4.17；5.5.14；5.8.17；6.8.5；6.12.2；6.24.5；7.7.1；7.9.11；7.18.2；8.5.17；8.7.13；8.14.9；18.3.8；27.3.2；27.19.3；30.3.5。

324 ：

325 thij：特 14.3.13；16.18.11；25.6.17（该例声母误作 ）；41.16.1。

326 ：

327 ：

328 ：

329 dzhij：则 14.2.14；25.7.6；25.7.10；26.9.1；29.5.12。

330 ：

331 shij：塞 26.5.1。

332 （该字头《字韵》写本不区分 、 字形）：

333 ：

：

334 ：

335 ：

七真：：

336 gin：谨 38.2.6（声母 讹作 ）。

337 kin：勤 16.16.3。

338 ŋin：银 16.5.6；39.17.1；40.15.1；41.13.1（该例误拼作 ，应为书写错误）。

339 ：

340 džin：真 1.3.8；1.4.3；2.2.6；16.12.1；16.18.8；17.6.12；17.11.2；17.13.7；32.3.6；33.5.2；33.5.5；36.3.9；37.6.5。振 17.8.16；27.19.6。赈 16.15.13。镇 10.2.13；10.4.9；10.5.11；10.6.8；10.7.6；10.8.3；10.9.2；53.1.4。

341 ：

342 tšin：神 4.5.2；4.8.4；10.5.5；11.9.11；12.12.10；13.6.23；17.12.13（此处 讹作 ）；18.9.3；26.6.11；45.1.9（声母 讹作 ）。陈 26.9.3。

343 ：

344 ：

345 pin：贫 5.5.36；6.14.4；7.11.5；8.8.17。

346 min：民 4.4.6；10.3.4；14.9.5；26.4.9；30.5.15。敏 14.10.7。泯 14.16.6。

347 dzin：进 5.6.27；6.17.4；7.13.7；8.10.11；25.8.3；41.16.2。

348 tsʻin：亲 11.8.3（剥蚀）；12.10.9；13.5.21。

349 tsin：秦 37.3.4。38.3.2。

350 sin：新 17.11.16；25.6.12；26.7.10。

信 1.4.7。？（此处原文缺汉字，当为人名用字，暂不计入）39.11.10。

351 ：

352 $\check{s}_2$in：身 14.6.4（讹作，下同）。矧 16.19.1（讹作，下同）。

353 $\check{s}_1$in：辰 17.10.2。　臣 1.12.3；3.7.8；5.4.13；6.8.1；7.6.13；8.5.13；11.8.4；12.10.11；13.5.23；16.3.15；16.23.2。

354 ：

355 ：

356 ：

357 ：jin 胤 16.19.3。

358 ：

359 žin：人 1.3.9；1.4.4；1.11.8；1.12.6；3.7.9；5.2.12；5.5.12；5.8.15；5.8.24；6.2.12；6.11.11；6.24.3；6.25.3；7.2.12；7.9.9；7.17.15；7.18.9；8.2.12；8.7.11；8.14.7；8.14.16；16.7.13；17.2.16；17.6.13；17.9.9；17.13.8；18.10.7；21.8.2；22.8.2；23.5.5；25.3.10；25.3.16；25.6.5；27.3.4；29.4.13；29.6.20；30.10.1；32.3.7；33.5.6；37.6.6。仁 16.8.1；17.6.7；25.5.2；26.8.15；32.3.1。

：

360 ：

361 ：

362 ：

363 ：

364 tun：屯 14.5.7。

365 ：

366 bun：本 1.10.8；5.7.27；6.21.4；7.16.2；8.12.15；26.4.16。

367 ：

368 ：

369 mun：门 17.10.8；17.13.4；25.3.7；26.6.8。

370 hṷun：分 14.14.11（讹作，下同）。氛 16.10.10（讹作，下同）。

371 ħṷun：汾 1.5.4。

372 wun：文 5.7.3；6.18.10；7.14.8；8.11.9；11.4.18；11.7.5；12.5.9；12.9.5；13.3.14；13.5.5；15.3.2；17.6.8；19.2.5；25.9.2；26.3.12；27.9.3；30.6.6；30.9.5；31.6.7；39.4.8；40.2.5。闻 11.3.2；12.3.2；13.2.6；36.5.1；37.6.1。

问 5.4.26；6.9.4；7.7.10；8.6.3。

373 dzun：尊 5.6.5；6.15.3；7.11.14；8.9.8；11.8.12；12.11.6；13.6.6。

374 ：

375 tsun：存 3.7.2。

376 sun：孙 16.20.3；17.6.14；17.14.10；29.4.5。损 5.6.18；6.16.5；7.12.13；8.10.2。

377 ：

378 ：

379 ：

380 lun：论 17.9.12；26.5.4。

：

381 gėun：君 11.8.3；12.10.10；13.5.22；26.3.7；26.4.7；29.5.10。军 1.12.4；5.4.14；6.8.2；7.6.14；8.5.14；14.4.17（汉字不清）；21.6.2；22.6.1；28.4.4；31.5.10；39.18.4；41.20.8；45.1.6。

382 ：

383 kėun：群 14.9.10；16.9.8。

郡 21.6.7（该例韵尾 讹作 ）；21.7.8；22.6.6；22.7.8；23.5.3；29.3.14；31.6.4。

384 džėun：准 1.13.4；2.5.7；3.4.10；3.8.9；5.9.23；6.28.2；7.20.5；8.17.3；15.4.1；17.14.13；19.4.4；20.4.7；21.8.5；22.8.5；23.5.8；24.5.7；28.6.4；29.7.6；30.10.7；31.6.11（该例韵尾 讹作 ）；32.5.8；33.7.6；34.9.2；35.9.1；36.6.6；37.7.3；39.5.14；40.6.7；41.6.5。

385 tšʻėun：春 5.5.23；6.13.1；7.10.6；8.8.4；17.4.10；29.3.9。

386 tšėun：顺 10.7.2（此处 讹作 ）；16.15.3；25.10.2；26.11.2；27.25.2。

387 ：

388 ：

389 ：

390 zėun：循 11.6.3（剥蚀）；12.7.10；13.4.10。

391 š$_2$ėun：舜 1.8.5（ 讹作 ，下同）；11.4.15；12.5.6；13.3.11。

392 ：

393 hėun：训 5.6.30（ 讹作 。下同）；6.17.7；7.13.10；8.10.14。

394 jėun：允 17.3.2。

395 lėun：纶 17.9.14。

396 žėun：闰 39.7.5。润 32.0.5（镶边大字，汉字原缺）；32.2.7；32.5.7。

：

397 ：

398 ：

399 ：

400 ：

401 ：

402 ：

403 ：

：

404 ：

405 ：

406 ：

：

407 ：

408 ’u̯in：云 14.13.9；14.13.17；16.11.7；50.1.1。运 16.3.7。

八寒：：

409 gan：斡 14.10.6。

410 ：

411 ：

412 dan：丹 17.8.13。

413 ：

414 tan：诞 17.2.9。

415 nan：难 14.2.16；37.3.2。

416 ：

417 ：

418 ：

419 ban：颁 18.8.12；？（此处汉字不清）37.6.3。

420 ：

421 ：

422 ：

423 ：

424 ：

425 wan：　万 2.4.9；5.2.20；6.3.8；7.3.5；8.2.20；11.5.8；12.6.4；13.3.22；14.12.9；16.7.12；16.15.1；27.9.6；27.12.5；28.5.1；28.5.4；32.4.8；33.3.1；33.6.7；37.5.1。

426 dzan：赞 14.17.1（此字声母不太清楚）。

427 ：

428 ：

429 ：

430 $š_2$an（该字头《字韵》写本不区分 、 字形）：

山 4.2.8（字形作 ）；10.2.14；10.5.13（字形不误，作 。但《蒙古字韵》写本作 ，校本未校）。10.6.11；10.7.8；10.8.7；10.9.4；17.4.11（字形作 ）；44.1.4（字形作 ）。

产 5.5.5（字形作 ）；6.11.4；7.9.2；8.7.4。

431 han：汉 28.2.7（该例字形讹作 ）；28.6.3；28.8.5。

432 ɣan：寒 5.5.37；6.14.5；7.11.6；8.8.18。　翰 20.3.3；21.2.5；22.2.5；23.2.5；24.2.5；24.3.11；31.2.5；39.4.6；40.2.3。

433 ·an：安 1.12.10；3.8.3；4.7.1；5.4.20；6.8.8；7.7.4；8.5.20；10.3.6；10.6.5；36.3.3。

434 ：

435 jan：颜 25.3.13；29.3.3；30.3.11；30.6.12。30.8.11（该例应为“颜”字，原缺汉字）；38.3.8。

436 ：（ ：）

437 ： ：

438 gon：官 1.10.10；3.6.13；5.2.10；5.4.10；5.4.39；6.2.10；6.7.10；6.10.7；7.2.10；7.6.10；7.8.9；8.2.10；8.5.10；8.6.16；39.5.11；40.3.9。观 25.3.19；26.3.13；27.10.5。

管 1.10.2；5.7.30；6.21.7；7.16.5；8.12.18；17.13.9。馆 17.10.12。

439

440 don：端 26.3.1；30.10.3。

441 ：

442 ：

443 ：

444 ：

445 ：

446 ：

447 ：

448 dzon：缵 11.5.13；12.7.2；13.4.2。

449 ：

450 ：

451 son：算 16.13.9。

452 ：

453 ɣon：完 5.6.23；6.16.10；7.13.3；8.10.7。

454 ：

455 ：：

456 ：

457 ：

458 ：

459 ：

460 ：

461 ：

462 ：

（-）：

463 gėn：艰 16.13.4；16.16.12；奸 14.9.11。

464 ：

465 ：

九先：：

466 gen：謇 48.1.2。

467 k'en：搴（该字《字韵》未收）17.7.14。

468 ：

469 ŋen：言 11.9.6；12.12.5；13.6.18；25.8.10；26.7.7。焉 18.6.7（字形作影母 ）；27.13.5（字形作 ）；29.5.3（字形作 ）。（据《王力古汉语字典》，"焉"字作疑问代词作影母读，语气词则作喻三母读。今计入喻母，作拼写有误论）

470 den：典 11.6.14；12.8.10；13.4.21；26.7.15；32.3.8。

471 t'en：天 1.1.3；2.1.3；3.1.3；4.1.2；4.7.2；5.1.2；6.1.2；7.1.2；8.1.2；10.1.2；11.8.13；12.1.2；12.11.7；13.1.2；13.6.7；14.1.2；14.2.5；15.1.3；16.1.2；17.1.2；17.8.7；17.12.1；18.1.2；18.5.10；19.1.2；20.1.2；21.1.2；22.1.2；23.1.2；24.1.2；25.1.2；25.5.14；26.1.2；27.1.2；27.12.2；28.1.2；29.1.2；30.1.2；31.1.2；32.1.2；33.1.2；34.1.2；35.1.2；36.1.3；37.1.3（该例字形作 ）。

472 ten：田 3.5.11（此处 形似 ）；14.5.8。电 16.10.6。殿 14.13.2。奠 29.3.12。

473 nen：年 1.14.5；2.6.5；3.9.6（ 形 似 ）；2.6.5；4.10.6；5.10.6；6.29.6；7.21.6；8.18.6；10.12.4；11.11.5；12.14.5；13.8.5；14.19.4；15.5.4；16.25.4；17.15.4；18.11.4；19.5.4；20.5.4；21.9.4；22.9.4；23.6.4；24.6.4；25.5.18；25.10.4；26.11.4；27.25.4；28.7.4；29.8.4（该例拼作 ）；30.11.4；31.7.4；32.6.5；33.8.6；34.10.6（声母 讹作 ）；35.10.6；36.7.5；37.8.5；39.7.4；40.8.4；41.8.4；54.1.6；55.1.4；56.1.4；57.1.4；58.1.3。

474 ：

475 ：

476 ：

477 men：缅 25.6.2；26.8.8。勉 5.8.5；6.23.3；7.17.5；8.13.15。免（ 形似 ）3.4.4；3.6.10。

478 tsen：前 27.18.2；36.3.12；41.2.4。钱 5.5.19；6.12.7；7.10.2；8.7.18。

479 ：

480 $\check{s}_1$en：禅 34.7.4；35.7.3。　善 1.4.6；14.15.3；21.4.6；24.4.4；25.4.15；31.2.10；39.10.2；40.11.2；41.11.2。

饍 5.5.35；6.14.3；7.11.4；8.8.16。

481 jen：延 16.8.6；18.11.1；19.5.1；57.1.1（该例误拼作 ）。演 17.10.9；17.12.15。

482 len：莲 17.10.16。

483 žen：然 16.14.3。

：

484 gėn：坚 16.13.2。见 16.15.11。25.8.1（此处 似 ）。25.8.5（此处 呈圆形）。

485 k'ėn：遣 11.7.8（此处 讹作 ）；12.9.8；13.5.8；38.2.7（此处 讹作 ，拼作 ）。

486 džėn：战 16.4.2；26.2.13。

487 ：

488 bėn：编 39.5.9；40.3.7。变 16.13.8。

489 p'ėn：篇 26.3.16（该例 讹作 ）。

490 ：

491 ts'ėn：千 16.3.4；26.9.12；27.7.2。迁 18.5.6；25.4.2。

492 sėn：先 10.4.1；11.3.3；12.3.3；13.2.7；14.15.17；30.6.15；49.4.6。仙 17.12.14。

493 ：

494 hėn：显 16.17.13；25.7.19（ 讹作 ）；35.6.2；51.1.5。献 18.10.5（ 讹作 ，下同）；30.10.4。

宪 5.2.19（ 讹作 ，下同）；5.9.16；6.3.7；6.27.4；7.3.4；7.19.16；8.2.19；8.16.16；11.4.16；12.5.7；13.3.12。

495 ·ėn：（焉 18.6.7。据《王力古汉语字典》，"焉"字作疑问代词作影母读，语气词则作喻三母读。今计入喻母，作拼写有误论。）

496 jėn：宴 5.4.32（　讹作　，下同）；6.9.10；7.8.2；8.6.9。

：

497 gu̯ėn：蠲 3.6.9。

498 ：

499 ku̯ėn：惓（《字韵》未收。《集韵》仙韵群母）26.4.3；26.4.4（此二例声母作　）。

500 džu̯ėn：专 14.8.12。

501 tš'u̯ėn：川 2.3.13；4.2.10；21.6.6；21.7.7；22.6.5；22.7.7；23.5.2；31.6.3；36.6.1；37.4.2。

502 tšu̯ėn：传 17.5.12；18.3.6；27.3.6；27.21.2；30.3.2。瑑 38.1.5。

503 ：

504 ：

505 ：

506 su̯ėn：宣 2.0.1；5.8.1；6.22.8；7.17.1；8.13.11；11.7.6；12.9.6；13.5.6；16.3.16；16.19.8；16.22.12；18.10.4；22.5.6；28.8.1；32.0.1（此属镶边大字，汉字原缺）。选 5.7.25；6.21.2；7.15.15；8.12.13。

507 ：

508 ：

509 ：

510 ɦu̯ėn：玄 4.7.5；17.2.11；17.6.11；17.10.7；17.13.3。县 1.5.5；5.3.1；6.5.10；7.4.12；8.3.19。

511 ：

512 'u̯ėn：元 1.14.2；2.6.2；3.9.2；4.10.2；5.10.2；6.29.2；7.21.2；8.18.2；10.6.2；11.10.2（剥蚀）；12.13.3；13.7.2；14.19.3；16.25.3；17.2.12；28.7.1；29.8.1；30.11.1；31.7.2；32.3.5；32.4.3；33.2.8；33.6.2；36.7.2；37.8.2；41.8.3；44.1.2；45.1.2；49.1.2；54.1.2。原 18.6.1；28.3.4。源 26.5.2。爰 30.6.7。员 5.4.11；6.7.11；7.6.11；8.5.11。圆 34.2.5。院 5.3.8；6.6.6；7.5.5；8.4.5；17.14.4；39.5.8；40.3.6；43.1.5。

513 ：

514 ju̯ėn：兖 25.9.7；29.6.17。

515 ：：

516 gėon：眷 4.1.3；5.1.3；6.1.3；7.1.3；8.1.3；10.1.3；11.1.3（剥蚀）；12.1.3；13.1.3；14.1.3；16.1.3；16.18.14；17.1.3；18.1.3；19.1.3；20.1.3；21.1.3；22.1.3；23.1.3；24.1.3；25.1.3；26.1.3；27.1.3；28.1.3；29.1.3；30.1.3；31.1.3；32.1.3；33.1.3；34.1.3；35.1.3。

517 ：

518 ：

：

519 ɦeen：贤 16.9.2；16.20.8；17.5.15；17.14.3；18.8.7；19.3.4（此处声母 写作 ）；20.2.6。

十萧：：

520 gaw：高 28.4.5。诰 20.3.13；21.3.3；22.3.4；23.3.6；24.3.2；24.4.9；31.3.4；39.5.4；40.3.2。

521 k'aw：考 30.5.5；30.6.5。恪 17.9.2。

522 ：

523 ：

524 t'aw：槖 14.7.10。

525 taw：道 2.0.4；2.2.11；2.3.2；2.4.1；2.5.5；5.2.17；5.6.34；6.3.5；6.18.1；7.3.2；7.13.14；8.2.17；8.10.18；17.2.6；17.6.5；17.10.10；17.12.16；17.13.13；17.14.5；18.3.3；22.5.5；26.5.11；27.20.6；30.2.10；30.4.1；33.4.4；33.4.10；36.0.5（此属镶边大字，汉字原缺）；36.4.3；36.4.8；36.6.2；37.4.3；37.5.6；45.1.10。

悼 14.3.11。铎 22.4.5。

526 ：

527 ：

528 ：

529 ：

530 baw：褒 14.16.13；16.18.4；18.6.14；25.6.20；27.16.5；30.4.3；30.5.9。宝 17.7.5；52.1.1.

保 5.7.12；6.19.9；7.15.2；8.11.18；16.22.14；41.19.8。葆 2.2.5；36.3.8。报 16.22.7。

531 ：

532 ：

533 maw：莫 18.6.5（字形作 ，《蒙古字韵》作 ）。漠 17.4.3。

534 ：

535 dzaw：早 14.7.1；16.10.2。 作 5.4.36；5.6.24；6.10.4；6.17.1；7.8.6；7.13.4；8.6.13；8.10.8；16.22.5；17.3.1；27.17.6。

536 ：

537 tsaw：造 5.4.35；6.10.3；7.8.5；8.6.12；17.2.14。

538 saw：骚 1.13.2；3.8.7（不清）。

539 ：

540 haw：郝 41.9.11；41.11.9。

541 ɣaw：号 4.5.6；11.6.16；12.8.12；13.4.23；37.6.8。

542 ：

543 jaw：渥 16.18.15；26.7.14；27.21.3。握 16.10.3。

544 jaw：岳 4.3.6；4.6.9；10.3.11；10.10.5。

545 law：劳 16.4.4；25.4.18。牢 11.7.15；12.10.3；13.5.15。老 5.5.38；6.14.6；7.11.7；8.9.1；17.7.9。乐 17.8.8。

：

546 ：

547 ：

548 ：

549 ：

550 ：

551 džew：昭 4.6.1；10.6.13；16.18.12；16.19.10；51.1.3。招 16.15.5。照 1.9.6；5.3.9；5.8.27；6.6.7；6.25.6；7.5.6；7.18.12；8.4.6；8.15.2。诏 10.11.2；16.12.12；46.1.1。

552 ：

553 tšew：朝 10.4.2；17.12.10。肇 17.5.5。赵 1.7.9。

554 bew：表 11.5.7；12.6.3；13.3.21。

555 ：

556 mew：妙 11.9.8；12.12.7；13.6.20；35.3.3。庙 1.7.2；1.8.10；3.8.1（形似）；5.2.33；5.3.5；5.6.16；5.8.10；6.5.1；6.6.3；6.16.3；6.23.8；7.4.3；7.5.2；7.12.11；7.17.10；8.3.10；8.4.2；8.9.19；8.14.2；29.3.20。

557 ：

558 ：

559 ：

560 ·ew：约 1.11.6；3.7.6；5.4.8；6.7.8；7.6.8；8.5.8。

561 jew：尧 1.7.1（此处原文拼作）；11.4.14；12.5.5；13.3.10。遥 41.12.5（误拼作）。瑶 38.1.1。钥 14.9.4。

562 lew：辽 49.2.2。略 16.6.8；45.1.4。

563 žew：扰 1.13.3；3.8.8；5.8.19；6.24.7；7.18.4；8.14.11。

若 1.3.11；1.9.2；5.6.40；6.18.7；7.14.5；8.11.6；16.14.7；16.19.6；26.6.16。

：

564 ：

565 ：

566 ：

567 ：

568 ：

569 ：

570 ：tš'ėw 超 5.7.5；6.19.2；7.14.10；8.11.11。

571 ：

572 dzėw：焦 32.0.3（此属镶边大字，汉字原缺）；32.2.5；32.5.5。爵 14.14.9；27.14.1；29.4.16。

573 ：

574 ：

575 sėw：小 16.16.8。

576 ：

577 ：

578 jėw：要 5.6.37（ 似 ，下同）；6.18.4；7.14.2；8.11.3。

：

579 ：

580 ：k'ṷaw 廓 16.11.5（ 讹作 ）。

581 ：

582 ：

583 ：

584 ：

585 $\check{s}_2$ṷaw：朔 5.5.27（ 讹作 ，下同）；6.13.5；7.10.10；8.8.8。

586 hṷaw：霍 10.9.3。

587 ：

588 ：

589 ：

（-）：

590 gėw：教 2.2.12；2.4.2；5.8.3；6.23.1；7.17.3；8.13.13；11.8.10；12.11.4；13.6.4；17.5.4；17.14.6；17.10.6（字形作 ）；17.13.14（字形作 ）；17.13.6（字形作 ）；18.4.8；18.5.8（此处 似 ）；25.6.15（ 似 ）；33.4.5；36.4.4；36.6.3；37.4.4。

591 ：

592 ：

593 ḣėw：效 14.12.15（ 似 ）；25.5.4（字形作 ）。校 5.8.8；6.23.6；7.17.8；8.13.18。学 3.8.2；5.3.6；5.5.2；5.7.4；5.7.35；5.8.7；5.8.11；6.6.4；6.11.1；6.19.1；6.22.2；6.23.5；6.23.9；7.5.3；7.8.13；7.14.9；7.16.10；7.17.7；7.17.11；8.4.3；8.7.1；8.11.10；8.13.5；8.13.17；8.14.3；16.7.11；19.3.6（此处声母 讹作 ）；20.2.8；20.3.5；21.2.7；

22.2.7；23.2.7；24.2.7；24.4.1；25.6.9（字形作）；26.7.3（似）；27.6.6；30.2.13；30.6.2（该例呈圆形）；31.2.7；40.6.1；41.2.10；44.1.7。

：

594：

595：

596：

597：（：）

598：

十一尤：：

599giw：九 10.2.9；12.14.6；13.8.6；17.15.5；25.10.5；26.11.5；27.25.5；34.11.1；35.11.1；56.1.5。久 38.1.4（声母讹作）。

600：

601kiw：求 17.5.14。旧 1.10.1；37.6.12。

602ŋiw：有 5.2.22；5.7.10；5.9.14；6.3.10；6.19.7；6.27.2；7.3.7；7.14.15；7.19.14；8.2.22；8.11.16；8.16.14；10.2.12；10.9.13；14.10.3；14.13.15；14.14.3；16.19.5；16.21.5；17.2.17；18.2.15；26.3.6；26.6.5；26.9.15；27.17.3；29.3.1 9；30.6.9；30.8.4；44.1.1。

右 16.5.14；38.3.4；39.11.7；39.12.7；39.18.16；40.12.7；40.16.9；41.13.9；41.14.7；41.18.9；41.20.14。

友 26.8.7。又 29.3.1 8。祐 18.11.2；19.5.2；51.1.4；57.1.2。侑 29.3.5。

603džiw：州 5.2.41；6.5.9；7.4.11；8.3.18；10.2.10。洲 52.1.3。

604tš'iw：畜 16.16.11。

605tšiw：胄 14.2.13。

606：

607：

608：

609：

610ts'iw：秋 5.5.24；6.13.2；7.10.7；8.8.5；29.3.10。

611tsiw：就 28.3.2。

612siw：修 1.7.11；5.6.22；6.16.9；7.13.2；8.10.6；14.6.3；20.3.15；21.3.5；22.3.6；23.3.8；24.3.4；24.4.11；31.3.6；39.5.10；40.3.8；43.1.2。秀 3.4.1；3.5.2。

613：

614 $š_2$iw：收 5.4.37（讹作。下同）；6.10.5；7.8.7；8.6.14。守 14.4.7（讹作）。

615$š_1$iw：酬 18.7.8。寿 2.4.10；32.4.9；33.3.2；33.6.8；37.5.2。

授 2.3.5；15.3.1；17.12.12；19.3.2；20.3.2；24.3.10；28.3.8；32.2.9；33.4.1；39.4.3；40.5.3；41.5.3；41.12.6。

616 ：

617 ɣiw：后 1.6.1；3.4.13；5.6.26；6.17.3；7.13.6；8.10.10；11.3.15；12.4.2；13.2.19；18.5.12；27.16.3；27.20.2。

618 ·iw：优 5.6.12；6.15.10；7.12.7；8.9.15。

619

620 jiw：由 18.2.7。游 16.11.4；21.7.2。繇 30.8.13。

621 liw：刘 45.1.7。留 14.4.6；14.9.3；25.6.6；27.13.3。流 16.6.12。

622 žiw：柔 14.7.17。

：

623 ：

624 ：

625 ：

626 muw：母 18.4.7；18.5.3；18.9.14；21.7.1；22.7.1；30.9.7。茂 27.22.1。

627 hu̯uw：副 40.6.2（声母 讹作 ）。41.3.1（声母 讹作 ）。

628 wuw：谋 16.9.6。

：

629 ghiw：勾 36.6.4；37.7.1。

630 k'hiw：寇 16.9.9。

631 ：

632 ：

633 ：

634 ：

635 ：

636 džhiw：邹 26.8.10；26.10.5。

637 ：

638 ：

639 dzhiw：奏 3.3.9；3.4.11；36.5.2； ？（不清）37.6.2。

640 ：

641 ：

642 ：

643 ：

644 ：

645 ：

：

646 ：

647 ：

648 hėiw：休 4.5.3（此处 讹作 ）；11.6.1（？ ，前半不清）；12.7.8（不误）；13.4.8（该字头此处拼作 ，缺少 ）；18.9.4（此处 讹作 ）。

：

649 hu̯ow：负 16.13.15（此处字形作 ）。阜 4.4.8；5.2.31；6.4.9；7.4.1；8.3.8；10.3.3（此处字形作 ）。伏 35.4.4；35.8.3。

十二覃： ：

650 ：

651 ：

652 ：

653 t'am：探 17.7.8。

654 ：

655 nam：南 10.6.7；16.12.11。

656 ：

657 ：

658 ：

659 hu̯am：泛（ 讹作 ）3.4.6；3.6.4。

660 ħu̯am：凡 1.9.4；5.8.9；6.23.7；7.17.9；8.14.1。范 11.5.3；12.5.12；13.3.17。

661 ：

662 dzam：赞 17.12.8。

663 ts'am：参 39.8.7；39.9.7；40.9.7；40.10.7；41.9.7；41.10.7。

664 ：

665 sam：三 5.10.3；6.29.3；7.21.3；8.18.3；10.2.5；16.25.5；18.5.5；18.11.3；20.5.3；20.5.5；24.6.3；29.8.3；30.11.3；33.8.5；39.18.12；41.18.5；41.19.5；41.20.5。

666 ：

667 ：

668 ：

669 ：

670 ：

671 ꡛꡏ：

672 ꡙꡏlam：览 27.10.4。

ꡠꡏ：

673 ꡂꡠꡏgem：剑 16.7.10。

674 ꡁꡠꡏ：

675 ꡀꡠꡏkem：俭 17.7.6。

676 ꡃꡠꡏŋem：严 5.6.28；6.17.5；7.13.8；8.10.12；30.8.5。

677 ꡊꡠꡏdem：点 2.4.4；33.3.6；33.4.8；36.5.7；37.4.6（该例字形作 ꡊꡦꡏ）。

678 ꡉꡠꡏ：

679 ꡈꡠꡏ：

680 ꡋꡠꡏnem：念 27.9.5（声母讹作 ꡌ）。

681 ꡎꡠꡏ：

682 ꡍꡠꡏ：

683 ꡌꡠꡏ：

684 ꡏꡠꡏ：

685 ꡒꡠꡏ：

686 ꡑꡠꡏ：

687 ꡐꡠꡏ：

688 ꡚꡠꡏ $š_2$em：陕 2.3.6（ꡚ 讹作 ꡚ，下同）；33.2.5；33.5.9；36.5.8；37.3.8。

689 ꡚꡠꡏ $š_1$em：赡 5.5.1；5.6.15；6.10.10；6.16.2；7.8.12；7.12.10；8.6.19；8.9.18。

690 ꡣꡠꡏ：

691 ꡛꡠꡏ：

692 ꡙꡠꡏlem：廉 5.7.16；5.7.38；6.20.3；6.22.5；7.15.6；7.16.13；8.12.4；8.13.8。

693 ꡜꡠꡏ：

ꡦꡏ：

694 ꡂꡦꡏgėm：兼 2.4.5；37.4.7；39.5.5；40.3.3。

695 ꡁꡦꡏk‘ėm：谦 2.0.5；2.3.3；36.0.6（此属镶边大字，汉字原缺）；36.4.9；37.5.7。

696 ꡐꡦꡏtsėm：潜 16.11.1；25.7.13。

697 ꡛꡦꡏ：ꡐꡦꡏ？（原文汉字缺，暂不计入）39.11.9。

ꡗꡏ：

698 ꡂꡗꡏgi̯am：监 14.4.11（ꡗ 作 ꡦ，下同）；15.2.10；41.6.1。

699 ꡁꡗꡏ：

700 ꡑꡗꡏ：

701 ḫi̯am：咸 14.11.1（ 作 ）。

：

702 ：

703 ：

十三侵：：

704 gim：金 16.23.3；17.10.15；40.16.1。今 3.4.12；4.3.5；29.5.13。禁 1.11.5；3.7.5；5.4.7；6.7.7；7.6.7；8.5.7；14.6.7。

705 ：

706 ：

707 ：

708 ：

709 ：

710 tšim：朕 4.2.5；4.8.1；11.5.12；12.7.1；13.4.1；17.9.6；18.2.5；18.8.2；25.3.1；25.6.1；26.6.15；27.7.4；29.3.1；30.2.5；30.5.13。

711 ：

712 ：

713 ：

714 ：

715 ts'im：侵 5.5.15；6.12.3；7.9.12；8.7.14。

716 sim：心 25.6.7；26.4.11（该例 形误）。

717 ：

718 $š_2$im：深 14.3.10（ 讹作 ，下同）；17.8.4。

719 ：

720 ·im：饮 5.4.31；6.9.9；7.8.1；8.6.8。荫 1.2.3；3.2.3；36.2.4；37.2.4。

721 ：

722 jim：淫 26.6.1。

723 lim：林 5.2.32；6.4.10；7.4.2；8.3.9；15.3.3；19.2.6；20.3.4；21.2.6；22.2.6；23.2.6；24.2.6；24.3.12；31.2.6；39.4.7；40.2.4。 临 1.5.3；21.6.5；21.7.6；22.6.4；22.7.6；23.5.1；27.7.6；31.6.2。廪 5.5.34；6.14.2；7.11.3；8.8.15。
凛 26.4.12；26.4.13。

724 žim：任 14.2.10；26.3.10。

：

725 ：

726：

727：

728：

：

729 hėim：歆 29.5.15（声母 讹作 ）。

十四歌：：

730：

731 k'o：可 2.3.4；2.5.6；4.6.5；14.16.15；15.2.14；16.14.10；16.22.4；16.22.10；17.12.11；18.9.5；19.3.1；20.3.1；21.4.3；22.4.6；23.4.7；24.3.9；25.9.4；26.6.3；26.10.2；27.16.2；27.22.5；28.2.8；29.6.14；30.8.14；31.4.3；32.2.8；33.3.10；34.5.2；35.5.2；36.5.5；39.4.2；40.5.2；41.5.2。

732 ŋo：我 11.9.14；12.13.1；13.6.26；14.11.6；16.17.6。

733 do：多 14.13.3。

734：

735：

736：

737 dzo：左 21.5.7；31.5.6；39.10.7；39.17.9；40.11.7；40.15.9；41.11.7；41.12.13；41.19.11。佐 39.4.12；40.2.9。

738：

739：

740：

741：

742 ɣo：何 16.16.15；17.5.7；41.12.15。河 1.5.2；1.7.5；1.8.7。盍 16.18.10。合 5.8.21；6.24.9；7.18.6；8.14.13。

743：

744 lo：罗 41.13.12；41.14.10（此二例属蒙古人名用字，拼作 ，多 ）。

：

745 gu̯o：过 25.4.6（此处字形作 ）。

746 k'u̯o：科 17.7.16。

747 du̯o：朵 40.10.11（该例拼作 ，少 ）。

748：

749 tu̯o：堕（汉字不甚清楚）14.9.7。夺 5.5.16；6.12.4；7.9.13；8.7.15。

750：

751 buo̯：波 41.13.11；41.14.9（此二例属蒙古人名用字，拼作 ，少 ）。

752 ：

753 ：

754 muo̯：［莫 18.6.5 不当在此，字形作 ，《蒙古字韵》作 ）］。

755 ：

756 ：

757 ：

758 ：

759 ：

760 ɣuo̯：和 14.8.10；27.11.6；33.5.4。火 39.9.13（原文拼作 ，少 ）。

761 ：

762 ：

：

763 ：

十五麻：：

764 ：

765 ：

766 ：

767 t'ė：帖 41.13.13。

768 ：

769 džė：者 1.10.5；4.9.1；5.2.25；5.6.7；5.7.9；6.4.3；6.15.5；6.19.6；7.3.10；7.12.2；7.14.14；8.3.2；8.9.10；8.11.15；11.3.8；11.5.10；11.10.4；12.3.8；12.4.7；12.6.6；12.13.5；13.2.12；13.2.24；13.3.24；13.7.4；14.18.5；16.20.9；16.20.13；16.24.9；18.10.9；25.9.13；26.6.13；26.10.11；27.24.2；30.3.8；39.9.14。哲 25.6.4。辄 16.16.10。

770 ：

771 ：

72 ：

773 ：

774 dzė：節（此处汉字不甚清楚）14.14.17；16.21.2；16.22.15；30.7.6。

775 ts'ė：切 3.6.2；3.7.1。

776 sė：亵 5.4.29；6.9.7；7.7.13；8.6.6。

777 $š_2$ė：舍 25.7.8（ 讹作 ）。摄 38.2.8（ 讹作 ）。设 5.3.4（ 讹作 。下同）；6.6.2；7.5.1；8.4.1；14.10.15。

778 ：

779 ：

780 ：

781 ：

782 ：

783 lė：列 30.4.12。

784 ：

：

785 gṷa：娲 1.8.3。

786 ：

787 ：

788 ：

789 ：

790 hṷa：花 39.10.12（用于蒙古人名尾，整个音节仅标 音，暂寄于此）。
化 5.8.4（ 讹作 。下同）；6.23.2；7.17.4；8.13.14；11.9.12；12.12.11（字形不误。下同）；13.6.24；25.5.10。

791 ɣṷa：华 14.5.15；17.11.12。

792 ：

793 ：

（ ）：

794 gė：家 5.2.24；6.4.2；7.3.9；8.3.1；27.18.6（ 似 ）；29.4.12；29.6.5；30.7.15（该例字形作 ）。
加 1.11.2；4.5.8；4.6.6（该例字形作 ）；5.6.29；6.17.6；7.13.9；8.10.13；10.4.5；10.5.9；11.6.15；12.8.11；13.4.22；16.4.6；25.7.1；25.9.5（该例 呈圆形）；26.10.3（该例 呈圆形）；27.8.6；27.16.6（此二例 呈圆形）；27.22.6；34.5.3；35.5.3；假 25.5.16（ 头圆）。

795 ：

796 ：

797 ħė：暇 27.10.3（声母讹作 ）。下 1.13.1；3.8.4；5.4.21；6.8.9；7.7.5；8.5.21；18.5.11。

：

798 gṷė：决 16.13.13。

799 ：

800 ：

801：

802：

803：

804：

805：

806：

807：

808：

809：

810：

811 'ṷė：月 1.14.7；2.6.7；3.9.9；2.6.7；4.10.8；5.6.8；5.10.8；6.15.6；6.29.8；7.12.3；7.21.8；8.9.11；8.18.8；10.12.6；11.8.18；11.11.7；12.11.12；12.14.7；13.6.12；13.8.7；14.19.5；15.5.6；16.25.6；17.15.6；18.11.6；19.5.6；20.5.6；21.9.6；22.9.6；23.6.6；24.6.6；25.10.6；26.11.6；27.25.6；28.7.6；29.8.6；30.11.6；31.7.7；32.6.7；33.8.8；34.11.2；35.11.2；36.7.7；37.8.8；39.7.7；39.10.9（该例用于蒙古人名中，拼作）；40.8.7；41.8.6；54.1.9；55.1.5；56.1.6；57.1.6；58.1.4。

812 jṷė：阅 16.8.9。

813：

814：

：

815 gṷe：厥 27.4.6（声母讹作）。

816 k'ṷe：阙 11.7.10；12.9.10；13.5.10；18.6.13（字形讹作）；29.6.2。

817：

818：

以下内容《蒙古字韵》写本原缺，《校本》补足。今据《校本》补齐如下八思巴字头（数字前“+”号表示此为今人所补。另，含零形式 a 的音节在声母后加［ ］表示，以便于在表中展示及行文中称说）：

：

+01：

+02：

+03：

+04 ŋe：孽 16.16.9。业 5.5.6；6.11.5；7.9.3；8.7.5；14.15.11；15.3.8；19.2.11。

+05 te：牒 38.2.2；39.1.9；39.3.1；39.5.12；39.6.3；39.7.9；40.1.9；40.4.1；40.6.5；40.7.3；40.8.9；41.1.9；41.4.1；41.6.3；41.7.3；41.8.8。

+06 ꡌꡠ：

+07 [ꡏꡠ]：

+08 ꡐꡠ：

+09 ꡕꡠ ze：谢 22.7.2。

+10 ꡚꡠ $š_1$e：涉 16.13.3。

+11 ꡜꡠ：

+12 ꡗꡠ je：也 10.3.9；11.5.11；12.6.7；13.3.25；18.4.12；25.5.19；26.2.11；30.4.10。葉 17.11.1。

+13 ꡛꡠ：

+14 ꡊ [ ] da：答 4.6.2；37.3.3。

+15 ꡉ [ ] tʻa：达 41.14.11（《字韵》"达"字有ꡉ、ꡈ两读）。

+16 ꡈ [ ] ta：达 28.2.6；28.6.2；28.8.4。

+17 ꡋ [ ] na：纳 3.5.7；3.5.12。

+18 ꡆ [ ]：

+19 ꡅ [ ]：

+20 ꡄ [ ]：

+21 ꡎ [ ] ba：霸 26.5.6。八 4.10.5；17.5.11；32.6.4；32.6.6；39.7.6。
八 41.10.12（该例为蒙古人名用字，拼作ꡎꡗꡦ，寄此）。

+22 ꡍ [ ]：

+23 ꡌ [ ] pa：拔 26.4.15。

+24 ꡏ [ ] ma：马 1.12.5；5.4.15；6.8.3；7.6.15；8.5.15。

+25 ꡤ [ ] hu̯a：发 17.9.13。法 11.4.9（ꡤ讹作ꡰ，下同）；12.4.13；13.3.5。

+26 ꡰ [ ] ɦu̯a：伐 16.15.14；25.4.14。阀 16.8.8。

+27 ꡒ [ ]：

+28 ꡑ [ ]：

+29 ꡛ [ ]：

+30 ꡐ [ ] tsa：杂 3.4.5；3.6.3。

+31 ꡕ [ ]：

+32 ꡚ [ ]：

+33 ꡜ [ ]：

+34 [ꡝ] 'a：阿 37.3.1。

+35 ꡭ [ ] ja：亚 18.3.14；26.10.7。

+36 ꡗ [ ] ja：雅 17.6.17；27.13.2。

+37 ꡙ [ ] la：剌 41.10.14（蒙古人名用字）。

参考文献

古籍文献类

〔朝〕崔世珍　《四声通解》（正德十二年刊本，宁忌浮先生赠复印本）。
顾　瑛　《草堂雅集》，四库全书本。
〔金〕韩道昭著，宁忌浮校订　1992　《校订五音集韵》，中华书局。
〔元〕胡行简　《樗隐集》，四库全书本。
〔元〕黄仲元　《四如集》，四库全书本。
蒋　易　《鹤田集》，北京图书馆藏清抄本（该书笔者未见，据许凡《元代吏制研究》转引）
〔元〕孔　齐　2001　《至正直记》，《宋元笔记小说大观》（六），上海古籍出版社。
〔金〕刘　祁　1983　《归潜志》，中华书局。
〔元〕刘　诜　《桂隐集》，四库全书本。
〔元〕刘　壎　《隐居通议》，四库全书本。
〔元〕刘仁本　《羽庭集》，四库全书本。
〔宋〕陆游　1979　《老学庵笔记》，中华书局（历代史料笔记丛刊·唐宋史料笔记）。
荣　肇　《荣祭酒遗文》，涉闻梓旧本（该书笔者未见，据许凡《元代吏制研究》转引）
〔明〕宋濂等　1976　《元史》，中华书局。
〔元〕盛熙明　《法书考》，四库全书本。
〔明〕苏伯衡　《苏平仲集》，四库全书本。
〔元〕苏天爵　《元朝名臣事略》，中华书局。
〔元〕苏天爵　《元文类》，四库全书本。
〔明〕陶　安　《陶学士集》，四库全书本。
〔元〕陶宗仪　《书史会要》，四库全书本；武进陶氏逸园景刊洪武本。
〔元〕王　礼　《麟原文集》，四库全书本。
〔明〕王　祎　《王忠文集》，四库全书本。

〔金〕王文郁　《新刊韵略》，续修四库全书本。
〔元〕王义山　《稼村类稿》，四库全书本。
〔宋〕吴处厚　1985　《青箱杂记》，中华书局（历代史料笔记丛刊·唐宋史料笔记）。
〔宋〕谢枋得　《叠山集》，四部丛刊续编本。
〔元〕徐明善　《芳谷集》，四库全书本。
〔明〕徐一夔　《始丰稿》，四库全书本。
许　凡　1987　《元代吏治研究》，劳动人事出版社。
〔元〕许有壬　《至正集》，四库全书本。
〔元〕姚　燧　《牧庵集》，四库全书本。
〔明〕叶子奇　1959　《草木子》，中华书局。
〔元〕虞　集　《道园学古录》，四库全书本。
张之翰　《西岩集》，四库全书本。
卓从之　《中州乐府音韵类编》，《续修四库全书》本（据北京图书馆藏明刻本影印）。
《续文献通考》，四库全书本。
《通制条格校注》，方龄贵校注，中华书局2001年版。
《元典章》，《海王邨古籍丛刊》本，中国书店1990；
《大元圣政国朝典章》，台北故宫博物院影印元刊本，1972年。

论著类

〔日〕安部健夫　1993　《元代的知识分子和科举》，《日本学者研究中国史论著选译》第5卷（第636—679页），中华书局。
阿　伦　2007　《回鹘式蒙古文文献中汉字的蒙文转写特点研究》（蒙古文），内蒙古师范大学硕士论文。
包力高　1980　《蒙古文》，《民族语文》第2期，75—78页。
包力高　2009　《八思巴字与回鹘式蒙古文的语音对应》，第16届人类学与民族学世界大会·八思巴字专题会议论文（昆明）。
北京大学中国语言文学系语言学教研室　1989　《汉语方音字汇》 文字改革出版社第二版。
陈庆英　2007　《帝师八思巴传》，中国藏学出版社第2版。
陈鑫海　2008　《〈蒙古字韵〉韵母系统研究》，北京大学硕士学位论文（未刊）。
道　布　1981/2005　《回鹘式蒙古文〈云南王藏经碑〉考释》，《中国社会科学》1981年第3期，又收入《道布文集》70—86页。
道　布　1982/2005　《回鹘式蒙古文及其文献》，《中国史动态研究》1982年第12期，又收入《道布文集》106—111页。
道　布　1983　《回鹘式蒙古文文献汇编》（蒙古文），民族出版社。

道　布　2005　《道布文集》上海辞书出版社。

道　布　1984/2005　《回鹘式蒙古文研究概况》，原载《中国民族古文字研究》362—373 页，中国社会科学出版社 1984 年第 8 月，又收入《道布文集》119—130 页。

道　布、照那斯图　1993、1994/2005　《河南登封少林寺出土的回鹘式蒙古文圣旨碑考释》，《民族语文》1993 年第 5 期、第 6 期，1994 年第 1 期。又收入《道布文集》199—237 页。

道　布、照那斯图、刘兆鹤　1998/2005　《回鹘式蒙古文只必帖木儿大王令旨释读》，《民族语文》1998 年第 2 期。又收入《道布文集》284—297 页。

董同龢　1948　《上古音韵表稿》，载《历史语言研究所集刊》第十八册。

董同龢　2001　《汉语音韵学》，中华书局第一版。

冯　蒸　1992《〈尔雅音图〉音注所反映的宋初四项韵母音变》，《宋元明汉语研究》，程湘清主编，510—578 页，山东教育出版社，济南。

冯　蒸　2001《论切韵指掌图三 / 四等对立中的重纽和准重纽》，《语言》第 2 卷。

嘎日迪　2006　《中古蒙古语研究》，辽宁民族出版社。

高本汉　1940　《中国音韵学研究》，北京：商务印书馆 1940 年初版 1994 年 8 月缩印第一版

桂栖鹏　2001　《元代进士研究》，兰州大学出版社。

韩儒林主编　2008　《元朝史》，人民出版社第 2 版。

何九盈　2007　《汉语三论》，语文出版社。

呼格吉勒图、萨如拉编著　2004　《八思巴字蒙古语文献汇编》，内蒙古教育出版社。

（元）黄公绍、熊忠著，宁忌浮整理　2000　《古今韵会举要》，中华书局。

〔日〕花登正宏　1986　《〈礼部韵略七音三十六母通考〉韵母考》，载中国音韵学研究会编《音韵学研究》第二辑页 234—248，中华书局 1986 年版。

忌　浮　2007　《重读〈论龙果夫《八思巴字和古官话》〉》，载耿振生主编《近代官话语音研究》页 45—50，语文出版社。

江　荻　2002　《藏语语音史研究》，民族出版社。

蒋冀骋　1997　《舌尖元音产生于晚唐五代说质疑》，《中国语文》第 5 期。

金有景　1998　《汉语史上［ï］(ʅ、ʅ) 音的产生年代》，《徐州师范大学学报》第 3 期。

赖江基　1986　《从〈诗集传〉的叶音看朱熹音的韵系》，《音韵学研究》第二辑，中华书局。

李　荣　1956　《切韵音系》，科学出版社。

李方桂　1980　《上古音研究》，商务印书馆。

李立成　2002　《元代汉语音系的比较研究》，外文出版社。

李如龙、陈章太　1991　《闽语研究》，语文出版社。

李思敬　1994　《从吴棫所描写的某些南宋俗音音值证〈切韵指掌图〉的列等》，《音韵学研究》第 3 辑，中华书局。

李新魁　1983　《〈中原音韵〉音系研究》，中州书画社。

李新魁 1986 《汉语音韵学》，北京出版社。

李治安 2014 《元吴澄八思巴字宣敕文书初探》，载《元史论丛》第 14 辑。

李子君 2008 《元代〈礼部韵略〉发覆——兼释至正年间屡刊〈增修互注礼部韵略〉的原因》，载《中国音韵学——中国音韵学研究会南京研讨会论文集·2006》，南京大学出版社。

林 焘、王理嘉 1992 《音系学基础》，语文出版社。

刘晓南 2002 《〈诗集传〉支思部独立献疑》，《王力先生百年诞辰纪念论文集》，商务印书馆。

刘晓南 2005 《〈韵会〉赀字母韵考论》，《中国语文》第 2 期。

刘镇发 2009 《从音系的角度看官话方言在元明以后增生的浊声母和次浊声母》，《语言研究》29 卷 1 期。

〔苏〕龙果夫 1930/1959/2004 《八思巴字与古官话》，原发表于《苏联科学院通报》人文科学部分（1930），唐虞译、罗常培校订。1959 年科学出版社以《八思巴字与古汉语》的书名出版。现收于罗常培、蔡美彪编著《八思巴字与元代汉语》，中国社会科学出版社 2004 年增订本。

陆志韦 1946 《释〈中原音韵〉》，《燕京学报》第 31 期，收入《陆志韦近代汉语音韵论集》，商务印书馆 1988 年第 1 版。

陆志韦 1985 《古音说略》，即《陆志韦语言学著作集（一）》 中华书局。

罗常培 1933 《唐五代西北方音》，台北中研院历史语言研究所单刊甲种之十二，中华民国二十二年，上海。

罗常培、蔡美彪编著 1959/2004 《八思巴字与元代汉语》增订本，中国社会科学出版社。

麦 耘 2004 《汉语语音史上的 ï 韵母》，中国音韵学研究会和石家庄师范专科学校编《音韵论丛》，齐鲁书社。

〔美〕尼·鲍培原著、郝苏民译补 1986 《〈八思巴字蒙古语碑铭〉译补》，内蒙古文化出版社。

聂鸿音 1994 《西夏语中汉语借词的时间界限》，《民族语文》第 1 期。

聂鸿音 1998 《回鹘文〈玄奘传〉中的汉字古音》，《民族语文》第 6 期。

宁继福 1985 《中原音韵表稿》，吉林文史出版社。

宁继福 1990 《〈中原音韵〉与高安方言》，《陕西师范大学学报》第 1 期。

宁忌浮 1992 《五音集韵的“重纽”假象》，载胡竹安、杨耐思、蒋绍愚主编《近代汉语研究》页 225—234，商务印书馆。

宁忌浮 1997 《〈古今韵会举要〉及相关韵书》，中华书局。

〔日〕桥本万太郎 1968［2000］ 《八思巴文母音转写の一问题》，桥本万太郎著作集刊行会编：《桥本万太郎著作集》（第三卷·音韵），p165—176，〔日本〕内山书店（东京）。

秦 晔 2006 《〈蒙古字韵〉声母及介音的几个问题》，北京大学硕士学位论文（未刊）。

瞿霭堂 1983 《藏语韵母的演变》，《中国语言学报》第一期，商务印书馆，第 250—268 页。

邵荣芬　1979　《汉语语音史讲话》，天津人民出版社。

邵荣芬　1982　《切韵研究》，中国社会出版社。

宋洪民　2006　《也谈〈中原音韵〉“寒山”“桓欢”分立的依据》，《古汉语研究》第1期。

宋洪民　2007a　《八思巴字形式a译写汉语时产生的问题与策略及其对藏文今后厘定的参考价值》，《语言科学》，6卷3期（2007年5月），91—101页。

宋洪民　2007b　《从八思巴字对音看〈蒙古字韵〉的“寒”韵》，《语言科学》第6期，69—81页。

宋洪民　2008　《金元词用韵与〈中原音韵〉》，中国社会科学出版社。

宋洪民　2010a　《八思巴字译写汉语元音时以单代双现象考察》，宣读于“中国音韵学研究会第十五届学术讨论会”（2008年8月20日于南昌），会议论文集由江西人民出版社2010年出版。

宋洪民　2010b　《元代八思巴字文献所反映的浊音清化》，《古汉语研究》第3期。

宋洪民　2011a　《从八思巴字文献看〈蒙古字韵〉及元代北方官话中“观”系字的读音》，《西夏学》第七辑。

宋洪民　2011b　《〈蒙古字韵〉“穹”“倾”同形异音探析》，浙江大学《中文学术前沿》第三辑。

宋洪民　2012　《〈蒙古字韵〉、〈韵会〉重纽虚假现象研究，》，载《第11届国际汉语音韵学会议论文集》九州出版社2012。

宋洪民　2013a　《八思巴字拼写系统中的“影、疑、喻”三母》，《民族语文》1期。

宋洪民　2013b　《〈古今韵会举要〉因袭〈蒙古字韵〉浅析》，《汉语史学报》第十三辑。

宋洪民　2014　《从八思巴字文献材料看〈蒙古字韵〉的性质与地位》，《语文研究》4期。

宋洪民　2017　《八思巴字官印用字与〈蒙古字韵〉比较研究》，《中国语言学》第九辑。

宋洪民、韩振英　2010　《从八思巴字文献材料看〈蒙古字韵〉的成书时间》，《语言研究》第2期。

宋洪民、吴建伟　2015　《〈蒙古字韵〉侯类晓匣母字研究》，《古汉语研究》第1期。

孙伯君　2009　《从契丹小字“沓”看支思韵在辽代的分立》，《中国语文》第1期。

孙伯君　2010　《西夏新译佛经陀罗尼的对音研究》，中国社会科学出版社。

王　力　1980　《汉语史稿》，中华书局　（新1版）。

王　力　1985　《汉语语音史》，中国社会科学出版社。

王　尧　1979　《藏文》，《民族语文》第1期，71—75页。

王硕荃　2002　《古今韵会举要辩证》，河北教育出版社。

〔韩〕王玉枝　1997　《蒙古字韵研究》，〔韩国〕全南大学校博士学位论文（全州），安奇燮指导。

乌　兰　2012　《元朝秘史》校勘本，中华书局。

吴宗国主编　2003　《盛唐政治制度研究》，上海辞书出版社。

武·呼格吉勒图　1992　《八思巴字和蒙古语文献》评介，《民族语文》第2期，25—33页。

萧启庆　2007　《内北国而外中国》，中华书局。

萧素英　2008　《书评（评柯蔚南〈八思巴汉语手册〉）》，《汉学研究》第 26 卷第 1 期。

〔美〕薛凤生　1999　《汉语音韵史十讲》，华语教学出版社。

杨耐思　1959/1997　《八思巴字对音——读龙果夫〈八思巴字与古官话〉后》，《中国语文》1959 年 12 月号。又载杨耐思《近代汉语音论》37—45 页，商务印书馆 1997。

杨耐思　1981　《中原音韵音系》，中国社会科学出版社。

杨耐思　1984a/1997　《汉语"知、章、庄、日"的八思巴字译音》，载《音韵学研究》第1辑，中华书局 1984。又载杨耐思《近代汉语音论》75—86 页，商务印书馆 1997。

杨耐思　1984b/1997　《汉语"影、幺、鱼、喻"的八思巴字译音》，载《中国民族古文字研究》，中国社会科学出版社 1984。又载杨耐思《近代汉语音论》62—74 页，商务印书馆 1997。

杨耐思　1986　《近代汉语"京、经"等韵类分合考》，载中国音韵学研究会编《音韵学研究》第 2 辑页 220—233，中华书局 1986。又载杨耐思《近代汉语音论》87—104 页，商务印书馆 1997。

杨耐思　1988/1997　《元代汉语的浊声母》，载《中国语言学报》第 3 期，商务印书馆 1988。又载杨耐思《近代汉语音论》117—128 页，商务印书馆 1997。

杨耐思　1989/1997　《〈韵会〉〈七音〉与〈蒙古字韵〉》，原载吕叔湘等著《语言文字学术论文集》，知识出版社 1989 年版。又载杨耐思《近代汉语音论》129—145 页，商务印书馆 1997。

杨耐思　1991/1997　《八思巴字汉语音系拟测》，原载《语言研究》1991 年增刊。又载杨耐思《近代汉语音论》176—180 页，商务印书馆 1997。

杨耐思　1997　《八思巴字汉语声类考》，载杨耐思《近代汉语音论》页 181—187，商务印书馆 1997。

杨耐思　2004　《八思巴字汉语译写中的一个特例》，《语言科学》第 4 期。

杨耐思、照那斯图　1981　《八思巴字研究概述》，《民族语文》第 1 期。

杨征祥　1996a　《〈蒙古字韵〉疑、鱼、喻三母分合研究》，第一届南校区中文系研究生论文研讨会论文，中山大学中国文学系（高雄）。

杨征祥　1996b　《蒙古字韵音系研究》，"国立成功大学"中国文学研究所硕士论文（台南），李添富指导。

姚大力　1986　《元代科举制度的行废及其社会背景》，载《元史及北方民族史研究集刊》第 6 期。

喻世长　1984　《蒙古秘史》中圆唇元音的汉字表示法，《中国语言学报》第二期。

张卫东　1983　《试论八思巴字的冠 h 韵母》，《民族语文》第 6 期。

张渭毅　2003　《魏晋至元代重纽的南北区别和标准音的转变》，载北京大学《语言学论文》

第二十七辑。
照那斯图、杨耐思　1984　《八思巴字研究》，载《中国民族古文字研究》，中国社会科学出版社。
照那斯图、杨耐思　1987　《蒙古字韵校本》，民族出版社。
照那斯图　1980　《论八思巴字》，《民族语文》第1期，37—43页。
照那斯图　1983　《南华寺藏元代八思巴字蒙古语圣旨的复原与考释》，《中国语言学报》第一期，商务印书馆，第221—232页。
照那斯图　1987　《八思巴文元音字母字形问题上的两种体系》，《民族语文》第4期。收入照那斯图1990。
照那斯图　1989　《八思巴字中的零声母符号》，《民族语文》第2期。
照那斯图　1990、1991　《八思巴字和蒙古语文献Ⅰ研究文集》（1990），《八思巴字和蒙古语文献Ⅱ文献汇集》（1991），［日本］东京外国语大学アシア・アフリカ言语文化研究所（东京外国语大学亚非语言文化研究所）（东京）。
照那斯图　1999　《蒙古文和八思巴字元音字母的字素分析》，《民族语文》第3期，6—11页。
照那斯图　2004　《〈蒙古字韵〉拾零》，《语言科学》第2期73—78页。
照那斯图　2007　《八思巴字蒙古语文献的语音系统》，《民族语文》第2期，第44—51页。
赵荫棠　1936　《中原音韵研究》，商务印书馆1936年重印第1版
郑再发　1965　《蒙古字韵跟跟八思巴字有关的韵书》，台湾大学文史丛刊。
郑张尚芳　1998　《〈蒙古字韵〉所代表的音系及八思巴字一些转写问题》，载《李新魁教授纪念文集》，中华书局。
中国大百科全书编纂委员会　1988　《中国大百科全书·语言文字卷》，北京：中国大百科全书出版社。
竺家宁　1986　《古今韵会举要的语音系统》，台湾：学生书局。
服部四郎　1946　《元朝祕史の蒙古语を表はす漢字の研究》，龍文書局印行（昭和二十一年）。
Chang-kyun Yu（俞昌均）1973 *MÊNG-KU YÜN-LÜEH*（《较定蒙古韵略》）.Chinese Materials and Research Aids Service Center,Inc.
Coblin.W.South（柯蔚南）2007 *A Handbook of 'Phags-pa Chinese*.（八思巴字汉语手册）University of Hawai' i Press（美国夏威夷大学出版社）。
Hashimoto，Mantaro J.（桥本万太郎），1974—1975［1978］，Medieval Chinese in hP' ags-pa Script（近代汉语的八思巴字对音），Hashimoto，Mantaro J.：hP' ags-pa Chinese（八思巴字汉语），页75—164，［日本］文字と言语班，Study of Languages and Cultures of Asian & Africa，Monograph Series No.10—11，东京外国语大学アシア・アフリカ言语文化研究所（东京外国语大学亚非言语文化研究所）
Nakano，Miyoko（中野美代子），1971，A phonological Study in the 'Phags-pa Script and the

Meng-ku Tzu-yün（八思巴字和《蒙古字韵》音韵研究），页 172，〔澳大利亚〕Faculty of Asian Studies in association with Australian National University Press，Canberra（亚洲研究学会和澳大利亚国立大学出版社联合出版，堪培拉）

Poppe，Nicholas.1957.*The Mongolian Monuments in hP' ags-pa Script.* Wiesbaden：Otto Harrassowitz.

Zhongwei Shen（沈钟伟） 2008 *Studies on the Menggu Ziyun*（《蒙古字韵研究》. Institute of Linguistics,Academia Sinica.（台北"中研院"语言学研究所《语言暨语言学》专刊甲种之十六）

后记

这本研究八思巴字碑刻的书终于要出版了，适逢中国人民举行盛大的“纪念世界反法西斯胜利暨中国人民抗日战争胜利 70 周年”庆典活动。中国的全面抗战用了整整 8 年时间，而我的八思巴字研究，从业师照那斯图先生 2007 年底邀我同他一道研究八思巴字文献材料算起，至现在的 2015 年下半年，也已经历了整整 8 个年头。

打印出的书稿就放在案头，我却缺乏仔细审视它的勇气。面对这份连自己都不太满意的答卷，心里充满了忐忑与不安。书一旦交付出版社出版，那可就是泼出去的水，说出的话要负责任，而其中的不足甚或是谬误再无修改的机会，所谓驷不及舌，覆水难收。这本小书学界会作何评价？还是大家根本就懒得评价？更重要的是，它能否实现当初照那斯图老师的设想？每念及此，当初跟从照那老师学习八思巴字的情形就历历在目。

中国社会科学院民族学与人类学研究所，对于我来说，可谓山在虚无缥缈间。因为我的硕士、博士读的都是汉语史专业，所以从来都没想到自己会与这个研究机构产生任何瓜葛。但一个偶然的机缘，那就是 2006 年的南京音韵学会议上，我与照那斯图老师有了一面之缘。因为我当时已经对八思巴字和《蒙古字韵》有了兴趣，所以见到照那老师很是高兴。不过，照那老师当时对我并不熟悉。直到 2007 年我投到《语言科学》的两篇有关八思巴字的文章由老师来审稿，他才开始关注我。于是我们建立了联系，照那斯图老师提议由我来研究他多年收集的八思巴字汉语文献。可以说，该研究不仅得到了业师的材料惠赠，而且一直是在老师的精心指导下进行的。而今先生早归道山（2010），谨以此书表达对先生的深切怀念。拙著付梓，本应由恩师照那斯图先生作序，但已天人两隔，令人怅恨。无奈，只好以照那先师给笔者布置研究任务时所发电子邮件（2008年1月28日7：41分）权当序言，以此告慰先师在天之灵并自我鞭策。全文如下：

洪民：

信看到，有些问题作个答复。

1，八思巴字正字法方面，历史文献资料涉及不多，我主要从实际资料中归纳所得若干条，从我第一篇理论性文章《论八思巴字》起，陆陆续续提出了一些见解，但都比较零散。在几年前，以《八思巴字正字法研究》为题写出一篇初稿，但至今未修改发表。以后你有机会来京，可以给你看。

2，你曾经问过的一些资料，例如我在东京出的两本书，现已绝版，我处也早就没有了，你来了可以复制；波普的那本书（汉译本）我倒可给你找到一本。

3，对《蒙古字韵》的研究，后起的年轻人要比前人做得好一些。台湾有个杨征祥，从规模说至今没人超过他。具体专题研究方面，国内外有一些年轻人正在崛起，前几年有几位以八思巴字为对象，写过博士论文并出过专著，大有可贺之处，但主要对八思巴字本身了解不深，提出了一些不正确的观点。

4，除了《蒙古字韵》外，《百家姓》、《译语》等文献，**尤其数以百计的八思巴字译写汉语的实际文献资料，尚未有人系统研究，特别是将这些资料与《蒙古字韵》的对比研究，以相互参证搞清关系，远没有进行，如你有兴趣，出站报告选题可从这里考虑**，或来这一次来不了我们可以这方面进行合作。

5，《蒙古秘史》可以成为你学习蒙古语的对象，但我尚未明确得到如你来我所博士后站到底选择什么方向，我以为学习重点必须以自己的研究方向为依据。

6，对梵藏对音资料不很丰富，相对说梵文稍多，藏文很少。我说八思巴字对它们使用的是传统原则，是指大多数情况而言的。专门译写藏文的东西几乎没有，有的只是在蒙古语文献中所出现藏语的一些专名的译音，其中有的与藏文相一致，有的则不然，所以出现后一种情况，很可能与人为的不同主观依据有关。

我最近很忙，得悉你回老家过春节，赶写了这封信，余你返校后再说。

祝你全家高高兴兴过春节，万事如意！

照那斯图

研究任务确定后，中国社会科学院陈奎元院长特批照那斯图老师可以和聂鸿音先生合作招收博士后，于是我又并在照先生的推荐下，于 2008 年 7 月成为民族所的一名博士后，合作导师就是照那斯图先生和聂鸿音先生。从此我便有幸在二位先生的指导下从事八思巴字的学习与研究工作。二位先生帮我制定了博士后期间的科研计划，并得到了二先生的诸多关怀，在此谨向聂先生和已归道山的照那斯图先生致以深深的谢意。

出站后，我又以此为题申请了国家社科基金项目（2009—2011），结项时获得了优秀等级。此后，在学习和研究的过程中，我又不断调整自己的一些想法，逐步形成了今天书稿的框架。“都云作者痴，谁解其中味！”我们的创作虽然没有这么悲壮，但个中的滋味是苦是甜也只有个人知道。重复的话不想多说，下面转引《中国社会科学报》对笔者的一则报道以透露心声：

优秀项目是一字字“磨”出来的

——访国家社科基金项目负责人宋洪民

2012 年 12 月 19 日 15：09 来源：中国社会科学报

“这项成果资料翔实、思路清晰、方法科学、结论可信，是一项学术价值厚重的基础研究成果”，“课题组下了苦功夫，得出了独到见解……”全国社科规划办工作人员近日在审核结项成果时，从几位专家鉴定意见中欣喜地感到，“元代汉语音系研究——基于八思巴字文献资料”项目成果是一项不可多得的优秀作品。

这项鉴定等级为“优秀”的成果是何人承担的？又是怎样完成的？带着这样的疑问，笔者走访了项目负责人，原鲁东大学、现山西大学教授宋洪民，请他谈了谈治学过程中的心得和体会。

跋山涉水　苦觅材料

宋洪民个子不高，方方的脸庞，透出一股坚毅；大大的眼睛，有一种深邃和执着。尽管外表看来有点瘦弱，但他做起学问来，却有一种不达目的誓不罢休的劲头。

宋洪民开门见山道出了他最深刻的感受：“做学术研究一定要充分占有材料，要站在学术研究和理论前沿，必须下苦功、抗干扰、全身心投入。”

宋洪民告诉记者，自己的研究成果首先归功于他的导师、“八思巴字”权威专家照那斯图先生。照那斯图先生毕生从事“八思巴字”研究，十分注重积累相关资料。但他深感自己年事已高、力不从心，就要求宋洪民对现有“八思巴字”材料进行整理研究，与《蒙古字韵》做一全面比较。宋洪民发挥自己音韵学专业所长，对元代汉语音系做了更为深入的研究。这也是他申报国家社科基金项目“元代汉语音系研究——基于八思巴字文献资料”的缘由。

而材料搜集的艰辛，是可想而知的。当年照那斯图先生为了搜集材料，跑遍了大江南北，小心翼翼地亲手捶拓碑文。有些材料，如有关元代学者吴澄父亲、祖父封诰的文献，更是从日本访回。为了实地考察元代碑文，宋洪民在临汾尧都博物馆仔细寻访。听说山东烟台牟平昆嵛山有元代加封地方官的碑刻，便急匆匆赶去，扒开杂草，在断裂的石碑间仔细揣摩。饿用大饼充饥，行随车轮辗转。谈起这段经历，宋洪民感慨地说，为了自己喜爱的学术研究，苦并快乐着。

废寝忘食　踏实研究

课题研究历时三年，顺利结项。回顾整个研究过程，繁琐、艰辛……

课题组首先面临的是“八思巴字”汉语实际应用文献材料的全面整理与音系归纳。

“八思巴字”译写汉语的实际应用文献（圣旨碑刻等）现存不少，但迄今无人进行系统整理研究。对厚厚的材料进行全面整理，谈何容易？如何保证研究的质量？这个严峻的问题很快冲淡了宋洪民申报项目成功的喜悦。

多少个不眠之夜，他披衣下床，走进书房，把一份份材料逐字编制成韵表，在稿纸上将韵字誊写清楚，仔细核对。暑往寒来，初步的整理工作告竣，再将其输入电脑。在电脑前潜心研究的日日夜夜，使他的颈椎疼得更厉害了，双眼视力也开始下降。但换来的是项目的初步完成——对现存圣旨碑刻等“八思巴字”汉语实际应用文献进行了全面整理研究，按韵重新编排，归纳出语音系统，从中得出了活的“八思巴字”汉语拼写语音系统。

在此基础上，课题组对“八思巴字”汉语音系和元代韵书音系进行比较，包括“八思巴字”文献音系与《蒙古字韵》比较、《古今韵会举要》与《蒙古字韵》比较。在“八思巴字”文字体系理论及音系对应关系研究基础上，对“八思巴字”

符号与汉语真实音值间的对应关系做出了较为全面准确的分析描述。

在研究方法上，课题组坚持将“八思巴字”文字体系的一般理论与具体的“八思巴字”汉语文献的拼写实际相结合，将不同韵书的同时代材料的共时分析与今天方言与韵书的相互印证的历时研究结合起来，将《蒙古字韵》音系的个案研究与元代音系的系统研究结合起来，创获至丰：对圣旨碑刻等“八思巴字”汉语实际应用文献加以全面整理研究，归纳分析，建立了一个活的“八思巴字”汉语拼写语音系统。把从文献中归纳的语音系统与《蒙古字韵》比较，进一步明确其性质和地位。将《蒙古字韵》与《古今韵会举要》及《中原音韵》比较，明确三者间的关系及各自在元代语音史上的地位，从而为普通话源头——北音的研究做出更为全面的阐释。

心无旁骛　成就精品

采访结束时，宋洪民又一次谈到，任何学术研究必须有靠得住的资料支撑，这样论证才能站得住脚，成果才能有高质量。有了材料，研究者必须有很强的抗干扰能力，做到专心致志，全心投入。为了做出高质量的研究成果，他几乎断绝了与外界的联系，以至于在孩子眼里他成了“书呆子”。这就是做成优秀项目的“秘诀”。

在研究中，宋洪民曾学习前修时贤的方法，将“八思巴字”标音与汉语方言相印证。如中古疑母字与喻母三等字在“八思巴字”标音中一律拼为疑母，他从方言中搜寻蛛丝马迹，尝试用今天的闽方言来比对，但总感到有龃龉不合之处。他苦苦思索，寻找答案。在一次送孩子上学的公交车上，他突然想到可能是“八思巴字”拼写规则的制约造成了这种难以索解的拼写形式。回家后，他赶紧摊开材料，打开《蒙古字韵》，从“八思巴字”拼写规则入手寻绎。果然，这个问题终于得到了解决。而且，不少特殊拼写也尝试从这一角度进行了解释。当然，学界能否接受还需要时间检验，但他毕竟靠自己努力得出了可以自圆其说的一家之言。

一分耕耘一分收获。正是宋洪民及课题组成员这种不怕辛苦、不怕费时、不怕麻烦的严谨认真的治学态度和治学精神，才催生、浇灌并最终结出这项优秀学术成果。

在学习和研究的过程中，我还得到了不少先生的无私帮助。其中特别应该感谢的是宁忌浮先生。宁先生在年高体弱、心脏病时时发作的情况下通读了全稿并提出了很详细的修改意见。为表达对先生的感激之情，特将该封电子邮件照录如下：

宁忌浮先生 2010 年 10 月 21 日 20：34 分电子邮件：

洪民先生：

您好！

首先向您道歉：拖拉两个月才给您回复，失礼了。您的书稿读过了，但读得很不认真。原想借读您书稿的机会，深入学习八思巴字。可是由于反应迟钝，学习很吃力，加之上了年纪，慢慢懒惰下来，便放弃了深入学习的念头。惭愧！不深入钻研，当然很难读懂。所以，对您的书稿，提不出什么有价值的意见。洪民先生，辜负了您对我的信任。深感对不起您。

说一点感觉吧。三年苦功啊！不寻常。探索深刻，分析细密。翻开【下篇】，更令人惊叹。58 种八思巴字文献！工程如此浩大，工作如此不苟。佩服。向您致敬！【上篇】文字有重复，字句可再精炼些。此书是八思巴字及《蒙古字韵》研究的新收获。期盼出版问世。

发现一些笔误，都是技术性的疏失。抄录如下，供修改时参考。

一、八思巴字文献与《蒙古字韵》的异同 p15-28

如下几处数字统计请核实：

1. p23 九先 字次 333- 11

2. p28 八字头总数 413

3. p28 字次总数 5128—101

4. p28 与《蒙古字韵》不合用例占全部用例的比率 101 / 5128 ≈ 1•97 %

二、《蒙古字韵》声韵配合表 p 103—116

1. 东一 明并滂帮

《字韵》东韵滂母无字

2. 庚二 心从清精 清母无字

3. 庚三 疑 溪见 无疑有群

4. 庚四 晓母平去共 5 字，无假四等字

5. 阳一 来母无三等字

6. 阳二 影母无二等字，江韵无群母

7. 寒一“潺”等 3 字，《广韵》山仙二韵均收，《新刊韵略》只收于山韵。假二崇当删。去声“绽”等 2 字是澄母字，当注出。

8. 先三 无来母

9. 萧一 泥母内有肴韵娘母“挠鐃闹”等字

10. 萧三 群母无四等字，所收“翘”等 3 字，均在《集韵》宵韵，《韵镜》列四等，即假四

11. 覃一 非母无字

12. 覃二 并明二母无字，帮母有字

13. 侵一 船母有字：葚

14. 麻一 定母无字

15. 麻一 滂母只有撇“撇瞥”二字，屑韵字。“瞥”又见于薛韵，假四。滂母无三等字

16. 麻一 明母无三等字

庚、阳、支、鱼、真、寒、先、尤、覃韵末尾小韵都未列入声韵配合表，不妥。

三、《韵会》疑、鱼、喻的全面考察 p146—163

1. 147 页五尾“旧韵鱼岂切”，“鱼”——“语”

2. 148 页 废韵 脱“旧韵鱼刈切”

3. 148 页 迄韵 鱼乙切——鱼乞切

4. 151 页 姥韵 五《韵会》有“旧音阮五切”

5.《字韵》四支 鱼母去声有“外”字，《韵会》去声九泰：

外 鱼会切 音与伪同 旧音五会切

在考察表中未查到

6.《字韵》二庚 喻母 去声有“硬孕”等三字。《韵会》去声庚敬净劲韵：

硬 喻孟切 羽次浊音 旧韵鱼孟切

在考察表中未查到

宁继福 10 月 21 日

宁先生是正多处，使拙作中的不少硬伤消于无形。这里需要提及的是，宁先生邮件中提到的拙作中很明显的一种缺陷：“**庚、阳、支、鱼、真、寒、先、尤、覃韵末尾小韵都未列入声韵配合表，不妥。**”在此我感到非常惭愧，因为尽管年高德劭的宁先生对后辈提出了殷切期望，但对于“入声韵”我提不出新的看法，所以只能暂付阙如。我会在本书出版后，在接下来的研究中，对这个问题加以深入思考。

另外，在学习期间还得到了杨耐思先生的教诲和鼓励。杨先生与照那老师同住一栋楼，二老合作三十年之久，在八思巴字与汉语音韵学的研究中取得了世人瞩目的成就。在京学习期间，照那老师常带我去拜访杨先生，有时一块儿吃饭。杨先生谈吐中，时时闪烁着智慧的火花。我经常提一些很基础的问题，杨先生总是耐心地讲解，让我受益匪浅。在拙著即将付梓之际，年近九旬的杨耐思先生又欣然命笔题签，为拙著增色，其中饱含学术前辈对后学的殷殷期待与无私奖掖之情。鲁国尧先生也对我的研究多有鼓励和帮助，总是给我发电子邮件或打电话，让我好好传承这门“绝学”。

我的博士导师南京大学教授李开先生（今为澳门科技大学特聘教授）也时刻关心我的成长，并在拙著即将付梓时欣然赐序，为拙著增色不少。还有带我走进语言学殿堂的我的硕士导师山东师范大学吴庆峰教授，也时时鼓励我转益多师，汲取各家之长，以光大章黄门楣（吴老师受教于黄侃弟子山东大学的殷孟伦教授）。山东大学冯春田教授也时刻关心着我的成长并给予了很多无私的帮助。我还要感谢我的家人对我研究工作的支持，我的老母和仙逝的父亲总是以我为荣，让我时时有一种成就感，成为我不断奋斗动力的不竭源泉。我的哥、嫂则承担起了赡养老母的重任，让我安心进行教学和研究。我的妻子张红梅更是经常在我苦恼时，劝慰和开导我，让我又重新鼓起努力奋斗的勇气和信心。我的女儿宋嘉靖也会在我陷入苦恼时给我以意想不到的鼓励和帮助，她曾推荐我看《居里夫人传》《挺住，意味着一切》《一个人的朝圣》《海边的卡夫卡》等励志小说，尽管我直到现在也没能抽出时间去读，但从女儿对我讲的故事梗概及其教育意义，我已从中受到了很多启迪，汲取了力量，并重新鼓起了继续努力的勇气。可以说，我的每一点进步，都饱含着家人的深情和汗水。另外，在中国社会科学院民族所博士后流动站学习期间，也得到了研究所领导揣振宇书记和所里的罗·乌兰教授、孙伯君老师、胡鸿雁老师的热情帮助，在此也向他们表示感谢。我还要感谢那些在研究过程中给过我支持和帮助的一些师友，他们是：山西大学乔全生教授，安徽师范大学储泰松教授和崔达送教授，广西师范大学孙建元教授，江苏师范大学刘淑学教授，还有我的老师辈的大师兄中国传媒大学张民权教授。本书的出版还要归功于我的师兄商务印书馆古代汉语辞书编辑室主任乔永先生，乔师兄一直关心我在学术上的成长，极力促成本书的出版并为书稿的编辑付出了大量艰辛的劳动，在此也致以最诚挚的谢忱。还有我的学生高树伟（今为北京大学研究生），在整理资料的过程中，帮我做了不少工作，付出了大量的劳动，在此也向他致以我由衷的感谢。

最后再向仙逝的恩师照那斯图先生致以深深的谢意。